华夏历史一本通

上古——东汉

第五卷

张生栋 ◎ 著

花城出版社
中国·广州

图书在版编目（CIP）数据

华夏历史一本通．上古—东汉：全6册／张生栋著．-- 广州：花城出版社，2022.9
ISBN 978-7-5360-9604-2

Ⅰ．①华⋯ Ⅱ．①张⋯ Ⅲ．①中国历史－上古-东汉时代－通俗读物 Ⅳ．①K209

中国版本图书馆CIP数据核字(2022)第132960号

出 版 人：张 懿
责任编辑：陈诗泳 梁宝星 凌春梅
技术编辑：薛伟民
装帧设计：迟迟工作室

书　　名	华夏历史一本通．上古—东汉 HUAXIA LISHI YIBENTONG SHANGGU DONGHAN
出版发行	花城出版社 （广州市环市东路水荫路11号）
经　　销	全国新华书店
印　　刷	广东鹏腾宇文化创新有限公司 （广东省珠海市高新区唐家湾镇科技九路88号10栋）
开　　本	787毫米×1092毫米 16开
印　　张	154.5　6插页
字　　数	2470,000字
版　　次	2022年9月第1版　2022年9月第1次印刷
定　　价	488.00元（全6册）

如发现印装质量问题，请直接与印刷厂联系调换。
购书热线：020-37604658　37602954
花城出版社网站：http://www.fcph.com.cn

目 录

001	第九章	西汉（下）
003	第二十五节	"腹诽"之罪、张汤讯鼠、知人的赵禹、苦读典范、张汤被诛
028	第二十六节	平定南越、酎金失侯、平定东越
042	第二十七节	征服朝鲜、开发西南夷、征服西域、汗血宝马
065	第二十八节	倾国倾城、苏武牧羊、李陵兵败、司马迁遭腐刑、苏李诀别
093	第二十九节	江充受宠、巫蛊之祸
112	第三十节	李广利叛汉、轮台罪己诏、汉武帝求仙
125	第三十一节	立子杀母、托孤霍光、权倾朝野、政敌造反
148	第三十二节	伊霍之事
160	第三十三节	囚徒天子、古剑情深、稳步收权
176	第三十四节	霍氏灭门、张氏显贵
198	第三十五节	猜忌刘贺、刘胥诅咒、贤臣能吏满朝堂、宣帝中兴
237	第三十六节	联合乌孙击匈奴、匈奴分裂、呼韩邪归汉、郅支单于、乌孙内乱
255	第三十七节	西域入版图、赵充国定西羌
266	第三十八节	萧望之误人子弟
284	第三十九节	奸宦石显、明犯强汉者虽远必诛、陈汤有功无赏
305	第四十节	昭君出塞
312	第四十一节	长寿皇后王政君、王氏专权、"日食"文章、牛衣对泣
332	第四十二节	王莽和淳于长、汉宫飞燕
348	第四十三节	一朝四太后、王氏被黜、断袖之癖
359	第四十四节	重返权力中心、赐号"安汉公"、女儿成皇后、加号"宰衡"、九锡之赏
377	第四十五节	符命出现、翟义反莽、王莽代汉

395	第四十六节	王莽改制
412	第四十七节	四面树敌
428	第四十八节	烽烟四起、内外交困、众叛亲离
450	第四十九节	绿林赤眉、兵败昆阳、城破身死、重评王莽

第九章 西汉（下）

第二十五节 "腹诽"之罪、张汤讯鼠、知人的赵禹、苦读典范、张汤被诛

漠北之战,匈奴大败并从此走向衰落,而汉朝也损失较重。在相当长的一段时间里,双方都无力再战,于是开始打外交牌。伊稚斜单于听取赵信的计策,派使者出使汉朝,请求和亲。刘彻召集大臣们商议,有人说和亲,有人说出击。丞相长史任敞说:"匈奴刚刚被我大汉击败,内外交困,正当借此机会让他们臣服汉朝,做汉朝的藩臣,每年春秋两季到边境来朝见陛下。"于是刘彻就派任敞出使匈奴。伊稚斜听说任敞献计汉朝皇帝要让他做汉朝的外臣,心里非常生气,于是扣留了任敞。而与此相对应地,汉朝也扣留了匈奴的使者。但因为双方都元气大伤,再加上霍去病等良将去世,所以都是在冷战状态下相互扣留使者,而没有采取军事行动。

战争的耗费是巨大的,由于武帝一朝连年对匈用兵,导致朝廷不仅花光了汉朝初年休养生息所积累的所有财富,而且还入不敷出,而富商大贾却囤积居奇,富可敌国。许多人私自铸钱,导致国家收入缩水,财富流失,也致使经济十分混乱。为了改变这种不利局面,增加朝廷的财政收入,刘彻与大臣们商议,除了在经济上采取盐铁官营并打击商人等方式增加收入之外,还进行了前后六次币制改革,把铸币权收归中央。

而在币制改革过程中,臭名昭著的"腹诽"这一罪名,由此正式登上历史的舞台。

公元前117年,刘彻与廷尉张汤商议发行"白鹿皮币"。理由是当时的铜钱

由于私铸盗铸而偷工减料，粗制滥造越铸越轻，数量却越来越多，物价则由于连年战争而越来越高，且许多生活必需品稀缺。人们要出去买东西，携带大量的铜币不方便。于是就想造出一种币质独特且面额较大的货币，以解决这种问题。商量来商量去，于是就决定造币皮。当时皇家苑林中的鹿非常多，于是就收集鹿皮，作为制造"白鹿皮币"的材料。在一尺见方的鹿皮上面绘制特有的图案，这就是所谓的钱币了。可不要小看这一平方尺的鹿皮，在当时，它可足足值40万钱呢。

"白鹿皮币"发行之后，那些诸侯和贵族到长安朝见皇帝之时，都要花40万钱购买这一张鹿皮，玉璧要在这张皮币的衬垫下才可以进献，实际上这就成了一种变相的勒索。这种"白鹿皮币"在中国货币史上被视为是后世纸币的滥觞，徒见其形，不见其实。

刘彻和张汤商议已定，召来了大司农颜异，征求他的意见，因为这毕竟是大司农管辖范围内的事情。如果君臣意见统一，那么还需要颜异去推动鹿皮币的发行。

颜异是复圣颜回的第十世孙，名儒颜之推的嫡系先祖，是个很有操行且廉洁正直的人，他对朝廷这种不厚道的做法自然很不赞成，他直言不讳地反对说："现在王侯贵族前来朝见陛下，献上的玉璧通常都值好几千钱，如今一张鹿皮反而要值40万，这实在是本末太不相称了。"

刘彻听了之后，很不高兴，觉得颜异不支持自己。这倒无关乎刘彻和张汤个人的品行问题，因为中央的财政实在是招架不住了，必须想一些巧取豪夺的办法才行。

任何一个朝代，任何一个地方，都很有那么一些人，善于见风使舵，谄媚奉迎。此时见皇帝发怒，这些人于是立即向朝廷告发了颜异，说颜异发表不同政见，跟朝廷唱反调。

刘彻本来心里也对颜异有气，于是就把案件交给廷尉张汤审理。

张汤本来之前就与颜异有仇隙，此时趁机公报私仇，说颜异"腹诽而心谤"。证据是：颜异和客人谈话，客人说颁行的诏令不合适，颜异没有说话，只是嘴唇微微动了动。张汤认为颜异作为九卿，见诏令不合适，不直接当面向朝廷提出，却在心里诽谤，大逆不道，应该判处死刑。于是颜异被杀。颜异死后，"白鹿皮币"被发行。但因为其作价实在太高，就像颜异所说的那样，"本末不相称"，所以不久之后就废止了。

须要说明的一点是:"腹诽"这一罪名,并不是张汤的首创。公元前131年田、窦之争,窦婴的政敌田蚡强加给他的其中一条罪名就是"腹诽而心谤",窦婴最后被杀,与此大有关系。而此时颜异被杀,"腹诽"却是正式的罪名,并被正式写入法条。自此以后,这个匪夷所思的罪名,成为后世一些统治者清除不同政见者的最佳武器,并大行其道。

那么廷尉张汤是什么来历呢?他这些严苛的执法手段又是从何而来的呢?

张汤和之前的郅都、宁成一样,都是西汉著名的酷吏。而张汤的声名,显然比以上二位要大得多。

张汤是杜陵人(今陕西省西安市东南),他的父亲曾经担任长安丞。张汤年幼的时候,有一天张父外出,就把张汤留在家里,让他看家。但张父回来之后,却发现家里的肉被老鼠偷吃了。张父十分愤怒,认为张汤没有尽到看家的责任,于是就把张汤狠狠地抽了一顿鞭子。

张汤挨打之后,心里非常生气,于是就掘开老鼠洞,找到了偷肉的老鼠和老鼠所偷的肉。之后,他开始像审讯犯人一样,用刑具对付并审讯老鼠,起草了给老鼠定罪的法律文书,通过了一审,再审,并把老鼠和所偷的肉全部呈在堂下,以示证据确凿,最后,对老鼠验明正身,处以磔刑(分尸)。

张父回家后,看见房间的地上摆着写有文字的竹简,残剩的肉,还有碎尸的老鼠,十分纳闷,于是就拿起竹简来看。这一看,张父立即惊愕万状,因为他从竹简中发现了两件事情:第一,他知道了张汤在他离家后做了什么事情;第二,他发现张汤所写的这个判决老鼠的"法律文书",竟然像办案多年的老狱官所写的那样老练!

经此一件事情,张父发现了儿子的特长,于是就刻意培养经营儿子的长处,开始让张汤学习法律。张父死后,张汤出任为长安吏。

张汤所做的这件事情,在历史上也很有名,叫作"张汤讯鼠"。从这一件小事上,完全可以印证张汤成年后担任廷尉等职务后的行事风格:如果谁让我不舒服,我就会让谁死得很惨,并且还证据确凿,铁案如山。通过这件事情,也可以看出张汤性格中极度残忍的一面,他最终成为西汉史上著名的酷吏,动辄以严刑峻法置人于死地,就与他性格中的这种残忍因素大有关系。

张汤担任长安吏过了好长时间,一直没有得到晋升的机会。

皇太后王娡的哥哥田胜曾任九卿,曾因犯罪被关押在长安。张汤对田胜非常关照,竭尽全力帮助他。田胜后来顺利出狱,并被封为周阳侯,所以对张汤非常感激，和他建立了非常深厚的友谊。此后，田胜带着张汤一一拜访长安城中的贵族，与权贵们结交，这为张汤后来的显贵打下了非常好的人脉基础。

后来张汤担任给事内史，担任宁成的属官，因为办事没有差错，所以宁成又把他推荐给丞相，把他调任为茂陵尉，处理茂陵周边的事务。

等到田胜的哥哥田蚡担任丞相之后，由于田胜的缘故，张汤被征召为丞相史。不久，田蚡又向刘彻推荐他，把他补任为侍御史，让他处理案件。

张汤的发迹，始于追查武帝前皇后陈阿娇的巫蛊案件。在办理那一起案件之时，张汤深入追查巫蛊事件的所有涉案者，并一一量刑定罪。因为这个缘故，刘彻认为他非常能干，于是晋升他为太中大夫。

说到这里，就不能不提到和张汤共事的另一位酷吏、廉吏兼贤大夫赵禹。

赵禹是扶风邰县人（今陕西省咸阳市武功县西南）。他之前曾担任太尉周亚夫的属官，周亚夫担任丞相之后，赵禹任丞相史。因为赵禹办事极为公正廉洁，所以相府中的人都称赞他办事公道正派。但周亚夫不喜欢赵禹，他们那一班老臣，都喜欢无为而治，宽缓待人，不喜欢用严苛的手段来约束人。为此周亚夫并不重用赵禹，他说："我也知道赵禹办事非常公正，并且非常能干，可赵禹这个人写的法律文书非常严密深刻，这样的人，不能让他担任更高级别的职务。"因此赵禹一直没有得到升迁的机会。一直等到刘彻即位，赵禹才慢慢地升到了御史的职位。一个偶然的机会，刘彻读了赵禹所写的文章，觉得观点犀利深刻，他认为赵禹非常有才能，于是提拔他担任太中大夫，和张汤一起修订各类法令。

张汤和赵禹共同制定修改各项律令，法条严密深刻，对在职的现任官吏要求尤为严格，以迎合刘彻提出的"外儒内法"。因为二人修订的法律深合刘彻之意，所以没过多久，赵禹就升任为中尉，调任为少府，而张汤也升任为廷尉。

如此严厉的法令，自然引起了朝中大臣们的普遍不满。赵禹平时为人廉洁正派，不党不私，大臣们找不到攻击他的理由，所以把矛头全部指向了张汤。正直而性格急躁的汲黯就曾多次当着刘彻的面质问责骂张汤说："你身为正卿，却对上不能弘扬先帝的功业，对下不能遏止天下人的邪恶之心，使国家安定，使百姓富裕，使监狱为之一空没有罪犯，这两个方面你都一无是处。而对于那些人们不赞同的错事坏事，你却一直在做，肆意破坏法令，以成就自己的功业，你怎么能把高祖皇帝定下的规章制度胡乱更改呢？照这样下去，你会断子绝孙的。"汲黯时常和张汤争辩，张汤在辩论的时候，总是引用森严的法律条文，苛求细节；而汲黯却讲的都是通用的大道理，坚决不为张汤所谓的那些法令条文所屈服。他怒骂张汤说:"天下人都说绝不能让刀笔吏身居公卿之位,看来果真是这样。如果一定要按照张汤制定的法令行事,那么一定会让全天下的人都恐惧得双脚并立不敢走路,眼睛也不敢正视了!"

大臣们反对归反对,法令一经皇帝批准颁布,谁也没办法阻止施行。严厉的法律加上自己担任廷尉,让张汤感觉越来越有用武之地。张汤和赵禹在共事过程中配合默契,意见相合,再加上赵禹工作严谨细致,所以张汤对赵禹非常尊敬,对待赵禹就像对待自己的兄长一样。

不过,赵禹最令人称道的地方还不是他办事的严谨公正,而是他识人的慧眼独具。

有这么一件事情,在当时非常著名,而这件事情跟大名鼎鼎的卫青有关系。

有一天,刘彻下诏,从大将军卫青府中招募舍人到朝中担任郎官。卫青受诏之后,就从舍人里面选择那些家境富裕的子弟,叫他们准备好马匹衣服佩剑等,然后准备上朝向刘彻报告。

这个时候,恰巧担任少府的赵禹前来拜访卫青,卫青就把这些准备推荐担任郎官的富家子弟全部叫出来让赵禹过过目。赵禹也不推辞,于是不厌其烦地一一询问这些舍人,问他们一些基本的朝廷礼仪、办事规程和军事常识,谁知把这十多个人全部问了个遍,竟然没有一个人能答得上来。

赵禹对卫青说:"我听说,将门之下必有将类。古人也说:不了解一个国家的君主,你可以看他派出的使者是什么样的;不了解一个人,你可以看他结交了一些什么样的朋友。如今皇上下诏从大将军的府上招募舍人,表面上来看只是为了选拔郎官,实际上是想看看大将军平常是否与贤者为伍,身边是否招揽有才德之士。如今大将军如果只是把这些富贵人家的子弟推荐上去,这些人无才无智,毫无谋略,就像木偶人穿了华丽的衣服一样,这怎么能行呢?如果陛下见了这些人,因此而对您产生不好的看法,那恐怕就不太好了。"

卫青听了之后,惊愕之下也觉得赵禹说得有理,于是问赵禹该怎么办?

赵禹问:"大将军府上还有别的舍人吗?"

卫青说有。

于是赵禹建议卫青把所有的舍人都叫出来,由他帮忙代为挑选。

卫青不好驳赵禹的面子,于是命人把门下的一百多名舍人全部叫了出来。

赵禹把这一百多名舍人一一问了一遍,最后只留下了田仁和任安两个人。他对卫青说:"大将军的舍人里面,只有这两个人可用,其他的都不中用。"

那么田仁和任安是两个什么人呢？他二人又是怎么入了以严谨苛细而著称的赵禹的法眼的呢？

田仁是景帝时期妥善处置梁王刘武刺杀袁盎事件的那个以贤能著称的田叔的小儿子。田叔最后死在鲁相任上，鲁国送给田家一百金作为奠仪。但作为儿子的田仁却拒绝了，他说："我不能为了一百金而败坏先人的名声。"其清廉自好可见一斑。

田叔廉洁自律的良好品性深深地影响了儿子，所以田叔死后，不再有俸禄的田家很快一贫如洗，连基本的生活都成了问题。不得已，田仁只好到大将军卫青的府上当了舍人。

任安字少卿，是荥阳人。很小的时候就成了孤儿，家里非常贫穷。他替人赶车到长安，到了长安之后就留了下来，想在长安谋个差事，却没有人引荐他。于是任安就趁着这段时间了解各地户口人数及风土人情等。武功县是扶风西界的一个小县，山谷口靠山处有通往蜀地的栈道。任安觉得武功是个小县城，县里没有豪绅大族，所以应该很容易使自己脱颖而出，于是他就在武功县留了下来，代替别人做一亭的亭卒，后来当了亭长。武功县的百姓常常出去打猎，任安就常常主持为他们分配麋鹿、野鸡、野兔等猎物，合理安排老人、壮丁和小孩子到艰难或是容易的地方去。县里父老对此都非常高兴，称赞任安说："真不赖啊，任少卿做事非常有条理，而且公平公正，有智慧和谋略。"第二天县中的百姓集会，到会的有好几百人，任安说："那个谁谁的儿子谁谁谁怎么没来呢？"众人都对他能够如此迅速地认识县中的人而感到惊讶。

后来，任安被任命为县里的三老，并被举荐为亲民的官吏，出任官秩三百石的官职，管理县中的百姓。后来，因为皇帝出游时任安没有及时陈设供皇帝使用的帷帐，被免去了官职。

失官之后的任安，只好也到大将军卫青的府上当舍人，这一来，他和田仁遇到了一起，两个人经过交谈，彼此都很钦佩对方的才华，于是结为知心好友。

当时卫青府上有很多的舍人，都由府中的家监，也就是大管家统一安排他们的工种。那些家境富裕的富家子弟，因为有钱打点家监，所以都得到了好一些的工种，而田仁和任安没有钱，所以就被家监安排去喂养脾性暴躁的烈马。

田仁和任安来到大将军府当舍人的目的，主要就是考虑到卫青并非贵族出身，且非常有才能，对下属也十分客气，感觉来了之后很容易找到共同语言，并寻得出头之日，谁知现在却被派了个饲养烈马的差事，别提心中有多憋屈了。晚上两个好朋友同睡一张床，田仁就忍不住在任安面前发牢骚说："这个管家真是有眼无珠，没有知人之明。"任安对他说："连将军都没有知人之明，何况是他的管家呢？"

有一次，卫青带着田仁和任安到平阳公主家去，平阳公主家的管家让他俩和公主家的骑奴坐在同一张席子上吃饭。田仁和任安感觉有伤他们的自尊，于是拔刀割断席子，和骑奴分席而坐。平阳公主家的人惊讶之余都非常厌恶他们两个人，但慑于他们二人的威势，没有一个人敢上前呵斥他们。

平心而论，大将军卫青之前也是骑奴，所以田仁和任安也完全没有如此清高的必要。他们一方面埋怨大将军府里的人歧视他们这些舍人，而自身又反过来歧视比他们地位更低的骑奴，看来不论是谁，要想真正地做到公平公正地对待每一个人，那将是多么难啊。所以，在这件事情上，其实也不必苛责卫青轻视贫穷的田仁和任安，也不必苛责田仁和任安自尊心超强羞于同骑奴为伍。因为谁都不是圣人，每一个杰出的人，在走上人生的通途之前，都需要在炼狱里艰难通过属于他们的每一道关卡！

赵禹在大将军府的一百多名舍人中只挑出了田仁和任安两个人，说只有这两个人可用。卫青见赵禹挑出的是田仁和任安这两个穷鬼，心里很不高兴。

赵禹走后，卫青冷冷地对田仁和任安说："你们两个还站在这里干什么，还不赶快准备鞍马、新绛衣去！"

田仁和任安难为情地说："我们两个人家境贫穷，实在没有钱置办鞍马和新绛衣。"

卫青听后立即就怒了，他斥责两个人道："你们两个自己家里穷，跟我有什么关系？看你们愤愤不平的样子，倒好像对我有什么恩德似的，这是什么意思？"

田仁和任安都默不作声。

卫青心里生气归生气，但想想赵禹所说的话，也确实担心把那帮纨绔子弟推荐上去之后会让皇帝刘彻对他产生不好的想法，于是只得把任安和田仁两个人报了上去。

刘彻见卫青上报了选拔的郎官，于是就下诏召见他们。田仁和任安上殿之后，刘彻问他们二人有什么才能方略，并让他们互相评价对方。

田仁说："手提鼓槌，站立军门，让士大夫心甘情愿地拼死力战，我比不上任安。"

任安说:"决断嫌疑,评判是非,辨别管理下属官员,让百姓感觉到公平公正,我比不上田仁。"

刘彻听了非常高兴,他大笑并赞叹说好。于是当即让任安去监护北军,让田仁到黄河边去监护边境的屯田和谷物等事情。

田仁和任安,因为这件事情立即名扬天下。

后来,任安被任命为益州刺史;而田仁因为在边塞护军,所以多次跟随卫青出击匈奴,后升任为丞相长史。这已经是秩禄千石的官了,但不久之后,田仁就失去了这个职位。

再之后,刘彻又派田仁去巡视河东、河南、河内三郡。刘彻东巡的时候,田仁向刘彻上书说:"全国的郡太守之中,大多数人贪赃枉法,图谋私利,三河郡尤为严重。臣请求先监察三河郡的官员。三河郡的太守都在京城内有陛下宠幸的太监做靠山,并与三公有亲戚关系,所以肆无忌惮,应该先通过惩办三河郡守来警示天下的那些奸邪官吏。"

当时河南、河内郡的太守都是御史大夫杜周的堂兄弟侄子,而河东太守是丞相石庆的孙子,当时石家的人担任二千石高官的就有九人,正是家族势力极为显赫庞大的时候。

田仁多次向刘彻上书。杜周和石庆坐不住了,他们就派人来向田仁说好话,并威胁他说:"我们也不敢乱说什么,还请您不要诬蔑我们。"

但田仁没有理会他们,根据他的监察结果,他把三河郡的太守全部移交给了狱吏,经审判后全都处以死刑。

田仁回朝向刘彻报告这些情况,刘彻非常高兴,认为田仁非常有才干,能够做到不畏强权,于是拜田仁为京辅都尉,过了一个多月,又升任为丞相司直。司直是秩禄比二千石的官职,专门负责协助丞相查办不法之事。

田仁升任司直,一时间威震天下。

赵禹偶然之中在大将军府中发掘任安和田仁两个才士,当时的人们都非常钦佩他的识人之能,并为此津津乐道。

赵禹为人非常廉洁孤傲,自从出仕以来,他的家里从来没有招揽过食客。因为赵禹执法严厉,所以朝中的公卿大臣相继请赵禹做客或是前来拜访他,希望能同赵禹拉拉关系,遇事能让赵禹手下留情,但赵禹却从来不答谢他们。赵禹这么做,就是想拒绝那些知交和宾客的邀请,以便按照自己的意愿行事。典故"一意孤行"即来源于此。

赵禹对属下呈上来的法律判决文书，一律予以通过，从不复查，他用这个办法来掌握下属们的过错。

而相比之下，张汤为人就狡诈得多，他通常运用智谋权术来驾驭属下。他之前担任小吏的时候，虚情假意地与长安城中的富商田甲、鱼翁叔等人交朋友，等他官至九卿的时候，更是招纳和结交全国的知名贤士，虽然他在内心里与这些大夫持不同意见，但在表面上，他却装出一副非常敬慕他们的模样。

因为刘彻崇尚儒学，喜好文学，所以张汤在断决大案要案的时候，常常附会儒家学说中的古人大义。一方面，他把请教董仲舒所形成的材料整理为《春秋决狱》，用儒家经义来指导办案；另一方面，他请求让博士的弟子中研习《尚书》《春秋》的人补任廷尉史，以解决法令中的疑难之事。张汤向刘彻上奏的疑难案件，必定会事先为刘彻分别列明断案的原委，刘彻同意的，就赶快记录下来作为廷尉断案的法律依据，并张榜公布，以显示皇帝的英明。如果在奏事时受到刘彻的斥责，张汤就赶快向刘彻请罪，他揣摩刘彻的意图，引证比较贤能的下属的正确言论说："他们本来曾为我提出这样的建议，正如现在陛下责备我的这样，但我却没有采纳他们的意见，我实在是太愚昧了。"所以刘彻也就不好再责备他。

有时候，张汤向刘彻奏事，如果正好对了刘彻的心思，受到刘彻的称赞，他便说："我并不懂得这样向陛下启奏，而是我的属下某某写的奏章。"他想要推荐某个人，就经常用这样的方式在刘彻面前称赞这个人的优点，并遮掩他们的缺点。

张汤将要判决的罪犯，如果刘彻想要治这个人的罪，那么他就把案件交给用法严厉的下属去办；如果刘彻想要赦免这个人的罪行，那么他就把案件交给用法轻缓的下属去办。

如果他将要判决的罪犯是豪强大族，就一定会运用法令千方百计地做出有罪判决；但如果是贫苦的下等平民，他就立即向刘彻口头报告，虽然根据法令来说要治罪，但他还是让刘彻裁决，而刘彻也常常会被他说服，赦免或轻判那些人。张汤的这种做法很符合中国传统社会中杀富济贫、锄强扶弱等心理特征，所以在一定程度上，他赢得了许多中下层人民和一些士大夫的认可。

张汤最终能够做到那么高级别的官，就是因为他特别会做事。拿现在的一句话来说，就是很会来事。他有很多朋友，过段时间就邀请他们一起赴宴饮酒。对于老朋友的子弟及那些境况不好的兄弟，他都照顾得非常周到。他坚持去拜见朝中的三公，常常是不避寒暑。所以张汤虽然执法严苛、心怀嫉妒、办事不完全公正,但他还是得到了非常好的名声。所以那些办案严酷的官吏,大多都成了他的属下,为他所用。

张汤也十分喜好儒学,所以就连公认的心眼小妒嫉心强的丞相公孙弘,都曾多次夸奖他。

之前办理淮南王、衡山王和江都王谋反的案件时,张汤都追根究底,不放过任何疑点。刘彻曾经想要赦免八公之一的伍被,还有与刘安交好的严助。张汤力争说:"伍被是最先替淮南王策划谋反之事的人,而严助作为皇上信任的心腹之臣,竟然跟诸侯私自结交,今天不杀死他们,以后就没办法管束其他的大臣了。"刘彻于是同意了他的意见,杀了伍被和严助。

张汤总是这样,借助办案的机会打击排挤其他的大臣,并为自己邀功。所以张汤越来越受刘彻的信任,于公元前121年,升任为御史大夫。

对于张汤的越发显贵,主爵都尉汲黯越来越不服,越来越愤怒。之前他位列九卿的时候,公孙弘和张汤还是级别很低的小吏,可是现在,他的职位不见晋升,而张汤、公孙弘这些人却纷纷越过他直取公卿之位,这让他很是想不通。汲黯也曾多次责难并诋毁公孙弘、张汤,说公孙弘虚伪奸诈,阿谀取悦皇帝;说张汤舞文弄巧,靠苛细的法律条文和天衣无缝的罪状来给别人罗织罪名,使事实的真相得不到昭示。对此,公孙弘和张汤非常愤怒,他们知道刘彻也不喜欢汲黯,所以多次想要找机会给汲黯安个罪名或是抓住他的把柄杀掉他,包括让汲黯担任右内史等,但都未能如愿。不过,这却并不影响刘彻对公孙弘、张汤的愈加信任和重用。汲黯心里越发不满,有一天他实在忍不住了,就对刘彻说:"陛下使用群臣,就像堆柴火一样,后来的堆在上面。"典故"后来居上"即出于此。刘彻听了之后,默不作声。等汲黯退下去之后,他才对左右说:"一个人果真不可以没有学识,现在看汲黯所说,他真是越来越愚蠢憨直了。"心里越发不喜欢汲黯。

汉朝政府自刘彻即位以来,长时间大规模地对匈奴用兵,再加上修建设置朔方郡、开发西南夷等,所以把汉初六七十年之间积累的财富很快消耗殆尽,导致国库空虚,财政趋于崩溃。在匈奴浑邪王投降汉朝的那一个时期,崤山以东发生水旱灾害,六七十万灾民流离失所,都依靠政府救济。而一些富商大贾却囤积居奇,哄抬物价,大肆剥削百姓,发国难财。

为了解决财政危机,巩固自己的统治,刘彻更加重用张汤等"兴利之臣",打击富商大贾并增加国库收入。

张汤顺着刘彻的心思，请求铸造银钱及五铢钱，垄断全国盐铁的经营权，以排挤富商大贾。

当时的银钱是银和锡的合金，称之为白金。白金又分为三等：一等的叫重八两，呈圆形，饰以龙形的花纹，等价于三千铜钱；二等的叫重六两，呈方形，饰以马形的花纹，等价于五百铜钱；三等的叫重四两，呈椭圆形，饰以龟形的花纹，等价于三百铜钱。又让各县销毁半两的铜钱，并铸造了五铢钱、三铢钱（一铢等于二十四分之一两），在全国发行，同时，严厉打击私铸盗铸钱币的行为，规定凡是盗铸钱币的一律处以死刑。但因为盗铸实在是获利巨大，所以不仅许多官吏，就是许多富户也盗铸钱币，而且盗铸的大都是价值较高的白金。

在全国各地中，楚地是盗铸钱最严重的，因为那里自吴王刘濞和楚王刘戊以来就是私铸盗铸钱比较盛行的地方。

刘彻认为淮阳郡是靠近楚地的重镇，于是就征召因犯小法而免官隐居的汲黯为淮阳郡太守。汲黯拜伏在地上，推辞不肯接受，刘彻多次下诏强迫他，汲黯无法，只好奉诏。皇上刘彻下诏召见汲黯，汲黯哭着对他说：“我自以为死后尸骨将被弃置于沟渠，再也见不到陛下了，没想到陛下又再次收用了我。我常有病，身体状况难以胜任太守之职。我还是希望能当个中郎，出入宫禁之门，为陛下纠正过失，拾遗补阙，希望陛下能允许。”刘彻动员他说：“你是不是看不上淮阳郡太守这个职位？过些时候我就会把你召回来的。只因淮阳郡政事不稳，官民关系不顺，我只好借助你的威望，你就是躺在家里，也绝对会把那里治理得很好。”

汲黯无法，只好辞别刘彻去上任。临走之前，他去探望他觉得为人正派且跟他关系较好的大行令李息，对他说：“我被弃任于外郡，不能参与讨论朝廷的政事了。可是，我最担心的是御史大夫张汤，他的智慧足以拒绝他人的批评，他的奸诈足以掩饰自己的过错，他专用巧佞之语，强辩之词，不愿意正直地替天下人说公道话，而是一心一意去迎合主上的心思。皇上不想要的，他就马上诋毁；皇上想要的，他就立即夸赞。他喜欢无事生非，摆弄法律条文，在朝中他深怀奸诈以牵制皇上的心思，在朝外他挟持为害四方的贼吏来加强自己的威势。您位居九卿之位，如果不及早向皇上进言，那么不久的将来，您和他都会被诛杀的。”但李息畏惧张汤，始终不敢向刘彻进谏。汲黯到达淮阳之后，还按他以前的老法子治理淮阳，没过多久，淮安郡就政治清明。

张汤还和桑弘羊制定并公布了算缗令和告缗令，用来打击富商豪强之家，掠夺他们的财产。

缗是当时的一个量词，一串铜钱即一千文钱叫作一缗。

算缗令和告缗令的主要内容是：

第一，所有商人，不管政府是否登记在册，都要如实向政府申报自己的财产，每二缗即每两千文钱向政府上缴一算即一百二十文的税金，一般的小手工业者，每四缗上缴一算。这就是"算缗"。

第二，除官吏、三老和北边的骑士外，凡是有轺车（当时的一种轻便马车）的，一辆车上缴一算的税金，商人的轺车，每车上缴两算税金，船五丈以上的上缴一算税金。

第三，凡是隐瞒自己的财产，不申报或申报不实的，罚戍边一年，并没收财产。有人告发别人隐匿财产，政府就赏给他一半的钱，另一半收入国库。这就叫"告缗"。

第四，凡政府登记在册的商人，一旦发现其或家属占有土地和奴婢，即没收全部财产。

可想而知，算缗令和告缗令公布之后，会出现什么样的情况！结果就是富豪和商人都争先转移隐匿他们的财产，再加上许多贪官污吏趁机侵害百姓，而朝中的一些大臣也有不少人反对，所以无论朝野，痛骂张汤等人的都非常多。直到后来，刘彻大怒之下诛杀了破坏告缗令执行的酷吏义纵，告缗令才得以顺利推行。此后中等以上的富商大都因被告发而倾家荡产，国库才算稍稍地充实了一些。

前文曾经提到过卜式这个人，他因牧羊而致富。卜式的父母死的时候，卜式还有一个弟弟正年幼。等到弟弟成年之后，卜式于是就和弟弟分家另过。他只赶走了几百只羊，而把房屋和其他的家产全部留给了弟弟。卜式在山中放了十几年的羊，他的羊已经繁殖到了一千多只，于是他就用这些增值的财富再次为自己购买了田宅。而弟弟却把他之前留下的家业全部败光了，于是卜式又多次把自己的家产分给弟弟。

汉朝政府攻打匈奴之初，卜式上书朝廷，想要捐出他的一半家产来支持国家的灭匈大计。结果刘彻征询了公孙弘的意见之后，没有同意。卜式于是回到老家，继续牧羊。等到这个时候朝廷财政发生了危机，山东发生了灾害，各县的府库为之一空，卜式于是捐出二十万钱给河南郡守，让他救济流民。河南郡把捐助者的名单上报给朝廷，刘彻一眼就从名册中发现了卜式的名字，他欣喜地说："这不就是之前想要捐出一半家产帮助攻打匈奴的那个人吗？"于是就赐还给卜式十二万钱。卜式拿到这些钱之后，又全部捐给了县里。

算缗令和告缗令一出，所有的富豪都千方百计地隐匿财产，只有卜式还想继续向国家捐款，帮助国家渡过难关。刘彻通过前后对比卜式的一系列所作所为，最终认定卜式确实是一个品德高尚、为人宽和的忠厚长者，之前公孙弘对他的评价确有不妥之处。于是就拜卜式为中郎，赐予左庶长的爵位，良田十顷，并布告天下，借此想要树立一个榜样，让那些富户全效法卜式，帮助朝廷。

但卜式却不愿意做官，刘彻开导他说："我的上林苑中也有羊，想让你替我放牧。"卜式这才答应。于是他这个郎官，就穿着草鞋到上林苑中替皇家牧羊。过了一年多，上林苑中的羊都长得肥肥壮壮，而且还增加了不少。刘彻有一天入园看到这些羊，心里非常高兴，赞叹之余，就饶有兴趣地问卜式牧羊有什么诀窍。卜式回答说："天下的道理都是相通的，不仅牧羊是这样，就是治理百姓（牧民）也是这样。要按照他们生活起居的时间和规律，按时按季让他们作息，并及时赶走那些在里面捣乱的坏分子，不要让他们为害整个群体，这就可以了。"刘彻听了之后，大为惊奇，他感觉这个牧羊人真是不简单，有思想，有方略。于是就拜他为缑氏县（今河南省洛阳偃师市境内）的县令，试用他，看他为官到底能不能胜任。结果缑氏县大治。于是刘彻发现卜式确实有才能，又把他升为成皋令。通过这些事情，刘彻发现卜式既朴实，又忠诚，后来，又把他升任为齐王太傅，让他教育诸侯王。

不过，在全国范围内，像卜式这样的人，只是极少极少的一部分人，所以朝廷根本无法用榜样的力量来使所有的人都自愿这么做。既然富商们不想这么做，那么朝廷迫于无奈，只好用严酷的法令巧立名目来勒索剥夺。

在那一段时间里，张汤每次上朝奏事，都拿刘彻最关心的增加国库收入这一话题进行谈论，所以刘彻非常感兴趣，常常和他一谈就谈到天黑，连吃饭都忘记了。当时的丞相李蔡和他的后任庄青翟，在某种程度上几乎形同虚设，因为大部分的事情刘彻都听张汤的意见。张汤患病时，刘彻曾经亲自前去探望，由此可以看出，张汤所受的宠信达到了怎样的程度。

张汤的发迹和得宠，在于刘彻想说想做但碍于皇帝身份不便说不便做的，他都替刘彻做了，而且说得到位，做得彻底，并替刘彻担了恶名，试问这样的臣子，哪个皇帝不喜欢不器重呢？

汉朝与匈奴征战数年，虽然汉方最终取得了较大的胜利，但耗费的人力、物力、财力也是非常巨大的。所以从战争一开始，对匈奴究竟是和亲还是出战的争论就从来没有停止过。

漠北之战汉朝大胜，匈奴远遁漠北，然后派使者前来请求和亲。刘彻照例召集大臣们商议，然后准备统一一下大臣们的思想。

博士狄山说："还是和亲对我们更有利。"

刘彻便问和亲的好处在哪里。

狄山回答说："军队就像是凶器一样，不应该多次动用。之前高皇帝想要攻打匈奴，结果被匈奴围困在平城七天七夜，最后不得不与匈奴和亲。孝惠帝、高皇后时，天下因此而得以太平无事。等到孝文帝的时候，想要对匈奴采取军事行动，所以汉朝北部边境生机萧条，百姓苦于战事。孝景帝时，吴、楚七国叛乱，孝景帝往来于两宫之间，胆战心惊好几个月。吴、楚七国之乱被平定后，景帝一朝再不轻易言兵，国家富裕充实。如今从陛下开始发兵攻击匈奴，使得我们国家十分空虚，边境地区的百姓极度贫穷困乏。由此看来，不如和亲。"

如果撇开国家的尊严和长久的战略大计，那么狄山所说无疑是对的，不仅是对的，而且一针见血，褒扬了汉朝开国以来的每一任皇帝，并贬斥了现任皇帝刘彻，以前的皇帝都会过日子，只有现任皇帝是个败家子。

如果是在说别人，那么刘彻还好辩解，如今说到了自己头上，刘彻实在是不好争辩，作为一个皇帝，哪有在大臣们面前否定自己的祖先而肯定自己的道理呢？

刘彻气愤之余，于是就问张汤，狄山说得对不对？

敢于拿前面几任皇帝否定现任皇帝，哪怕说得确实是天地之间的真理，那也必定是错的！刘彻在一众大臣中只征求张汤的意见，摆明是要让善于揣摩他心思的张汤攻击狄山。

所以张汤一张口就侮辱狄山说："这是个愚蠢的儒生，没有一点见识。"

狄山一听立即就气坏了，他无知？他无知能成为博士？你张汤有多高明？

于是狄山也开始攻击张汤："我确实是愚，但我是愚忠。但像御史大夫张汤那样，却是诈忠。之前张汤审理淮南王、江都王谋反的案件，以恶毒的文辞肆意诋毁诸侯，离间宗室骨肉之亲，使每一个藩臣的内心都不安生。我早就知道张汤表面忠诚而心怀诡诈，是诈忠。"

张汤之前严办淮南王和江都王的谋反案件，实际上那也是在揣摩刘彻心思后做出的抉择，因为张汤知道刘彻想要最大限度地打击诸侯王并削夺他们的权力，所以才会穷追到底。如今狄山在攻击张汤时突然拿这个当靶子，这就让刘彻感觉到狄山是故意让他在大臣们面前难堪,是在指桑骂槐,含沙射影。

所以刘彻更加愤怒,刚刚狄山批评他,他不好辩解;现在狄山批评张汤,刘彻当然可以发声。于是他质问狄山:"既然你说与匈奴和亲有这么多好处,那么我让你到边境当一个郡的太守,你能做到让匈奴不入侵抢掠吗?"

狄山傻眼了,因为和亲归和亲,打仗归打仗,辩论归辩论,博士们只管发表议论,说对了我有先见之明,说得不对那是执行政策的人出了问题,我也还有保留我意见的权利,至于最终决定究竟是和亲还是打仗,那也是将军和大行的事情,跟博士没有任何关系,发表议论又不会流血负伤,站着说话腰不疼,从古到今文臣谁都是这么做的,现在怎能因为博士发表了不同意见就赶鸭子上架,让博士去做武将做的事情呢?这个公报私仇也来得太快了些!

刘彻不按规则出牌,那么狄山就知道了,刘彻确实是气疯了,于是只好老老实实地回答说:"不能。"

刘彻穷追不舍:"那么让你当一个县的县令,你能做到让匈奴不入侵吗?"

狄山也说不能。

刘彻不依不饶:"那么一个烽障呢?"

狄山被逼得无路可退,他知道自己要是还说不能,那就立即会被下狱治罪。于是只好回答说:"能。"

好,这可是你自己说的!刘彻等的就是狄山的这句话,于是当即下令,派遣狄山到汉匈边境,负责一个烽障。

狄山去了边境之后,刚刚过了一个多月,匈奴人就入侵了那个烽障,大肆杀掠一番,并把狄山的头也砍了。

消息传回长安,人人震恐。从此以后,大臣们吓得大气都不敢再出一口,谁都不敢再提和亲的事情。

刘彻对付狄山的这个办法,也成了后世一些帝王或权臣对付异己的不二法宝:多余的话一句不说,你说什么有利,好,那我就让你去,看你是不是宇宙间最全能无敌的复合型人才?如果不是,那就趁早闭嘴,别等你丢了性命才喊冤叫屈说"专业不对口"!

作为大臣,发表意见要特别讲究方式方法,如果不小心戳着了皇帝的痛处,那么无论赞成还是反对都是死路一条。以狄山为例,如果他在触怒刘彻之后改口反对和亲,赞成战争,那么刘彻一定会说:"非常好,朕就知道狄爱卿是一个忠君爱国的勇武之士,现在我让你带一万人马,你能做到不让匈奴击败吗?"

狄山的回答肯定是："不能。"

刘彻："那五千人呢？"

狄山的回答必定是："也不能。"（如果回答能，直接转到后面的第一种情况！）

刘彻："那一千人呢？"

狄山后面的回答有两种：

第一种："我能。"那么狄山就会立即被派上战场，结果会和之前一样，在战场上被匈奴人砍头。

第二种："我不能。"结果，刘彻大发雷霆："给你这么多人你都无法在对匈作战中取得胜利，你还敢妄言开战，真是惑君误国，廷尉，下狱治之。"结果也会是死路一条。

劝谏之难，难就难在此处，连刘彻这样历史上赫赫有名的明君都如此，那些昏聩之主就更别提了。

为此作为廷尉的张汤，处处顺着刘彻的心思，时时揣摩刘彻的心思，所以他得到了刘彻的宠信和重用，并且官也越升越高。

张汤的朋友田甲，虽然是个商人，却有着良好的操行。之前张汤担任小吏的时候，田甲和他经常有金钱上的往来。等到张汤当了廷尉和御史大夫，因为有些事情他做得实在过分，所以田甲就常常责备他，倒很有古代节烈之士的那种风范。

张汤在担任御史大夫第七个年头的时候，因为树敌过多，最终被仇家抓住把柄送进了监狱。

河东郡人李文曾经与张汤有仇怨，但不巧的是，李文不久便被任命为御史中丞，成了张汤的下属。

李文越发生气，所以利用职务之便，多次从上奏的奏章中寻找对张汤不利的证据，但都没有找到。张汤知道了李文的所作所为，心里十分忌恨李文。

张汤有个特别喜欢的下属名叫鲁谒居，他知道张汤对李文不满，于是暗中指使他人上奏影射李文，说李文有图谋不轨的奸邪之事。刘彻把案件交给张汤办理，于是张汤公报私仇，将李文判处了死刑。张汤知道此事系鲁谒居所为，因此心里十分感激鲁谒居。

张汤办完了案子，然后去向刘彻报告，刘彻就问他说："告发李文图谋不轨的事情到底是怎么引起的？"

张汤假装吃惊地说:"这大概是因为李文和以前的熟人结了仇,因此而引发的吧。"

刘彻便不再说什么。

在这之后,如果不是因为发生了一件事情,或许张汤还可以在御史之位上继续任职,甚至有可能升任丞相。但该发生的事情,还是发生了。

这件事情说起来极其稀松平常,平常得几乎都有点写不到书面上,这件事情就是鲁谒居生病了。

鲁谒居住在里巷的一户人家养病,张汤亲自前去探病,并为鲁谒居按摩双足。就这么小小的一个举动,就被人看在了眼里,然后断送了张汤的大好前程。

当时的赵国,因为境内多铁矿,所以国内经常靠冶铁来增加国家收入。但自从朝廷决定盐铁官营以来,赵国的冶铁业便被收归国有,收入全部归朝廷。赵王刘彭祖十分不满,多次上书指控盐铁官营,而作为御史大夫的张汤却每每排斥刘彭祖。刘彭祖极为恼怒,于是派门客暗地里四处搜求张汤的不法之事。张汤为鲁谒居按摩双足这件事情,便被赵王的门客作为张汤的秘事之一上报给了刘彭祖。

如果涉及的是别的人,刘彭祖或许还要考虑一下,到底要不要上报朝廷。但一听涉及的是鲁谒居,刘彭祖就决定不那么客气了。因为鲁谒居也曾审理刘彭祖的案子,却丝毫没有顾及刘彭祖的情面,所以刘彭祖对他也是心怀怨恨。

于是刘彭祖上书告发张汤和鲁谒居二人说:"张汤是朝廷的重臣,而鲁谒居不过是他的一个下属小吏,鲁谒居生病,张汤却亲自跑到他那里为他按摩双足,我怀疑他们二人可能在酝酿什么大阴谋。"

刘彻接到刘彭祖的奏章,也觉得其中有些蹊跷,于是把这件事情交给廷尉审理。但廷尉还没有来得及审案,鲁谒居就因病死了。于是廷尉就把鲁谒居的弟弟抓了起来,然后关进了监狱。

张汤为了营救鲁谒居的弟弟,于是借审问其他罪犯的机会,到监狱里去探望鲁谒居之弟。但见了之后,因为有其他的人在旁,所以张汤就装着不认识他。

张汤城府深,但鲁谒居之弟可就没那个心机了,他并没有领会张汤的真实用意,因此十分怨恨张汤,于是委托他人上书告发了之前张汤与鲁谒居共同陷害李文的阴谋。

刘彻看见奏章之后,十分生气,于是把案件交给减宣处理。

那么减宣是什么人呢?减宣也是一个当时和张汤、郅都、赵禹等人齐名且心狠手辣,杀人不眨眼的酷吏。而且,减宣跟张汤有仇。

减宣接手张汤的案件之后，立即深挖细查，大有不把张汤送上刑场不罢休之势，并且案件办到了什么程度，也不向刘彻报告。

这个时候，如果不是发生了另外一件事情，那么张汤也还不至于下狱，但很多时候，某个人的成功或是失败，都是长期以来各种因素相互交织的结果，种下了什么因，便会收获什么果，确实是天理昭昭，应验不爽。

这个时候，有人盗走了汉文帝陵园里的送葬钱。丞相庄青翟便与张汤相约，上朝时一起向皇帝谢罪，张汤答应了。

谁知见到刘彻之后，张汤却改变了主意。他认为只有丞相需要按四季到陵园里巡视，谢罪也应该由丞相谢罪，而他作为御史大夫，陵园失窃不在他的职责范围内，所以没有必要担责任。最后的结果是，只有庄青翟一个人向刘彻承认了错误，而张汤却在一旁装聋作哑。刘彻于是把这件事情交给御史办理。

张汤退下来之后，心想如果借此事件把丞相庄青翟扳倒，那么丞相之位就非他莫属了。于是就准备向刘彻报告，说丞相庄青翟明知有人偷钱却故意纵容，打算以此追究丞相的罪过。

庄青翟得知消息后，心里非常害怕。而害怕的结果就是，庄青翟决心要跟张汤斗个你死我活。

当时庄青翟手下有三个长史，而这三个长史都和张汤有仇。这三个人分别是朱买臣、王朝、边通。

朱买臣是中国历史上一个励志得有点扭曲、有点心酸的人。

朱买臣字翁子，吴县（今属江苏）人。吴、楚七国之乱时，他和妻子逃难到会稽郡。他家里很穷，却非常喜欢读书，所以并没有把心思花到置办家业上。为了维持生计，他每天到山中砍柴，然后靠卖柴来换取食物。他常常挑着一担柴火，一边走，一边背书，周围的人都对他投来异样的、嘲讽的目光。朱买臣的妻子也跟着他一起担柴，她实在无法接受路人像看待一个怪物那样看待她丈夫，于是多次叫朱买臣不要在路上背书了，可朱买臣不但不听，反而背书的声音比之前更响更快了。

朱妻感觉非常羞耻，于是请求和他离婚。朱买臣笑着说："我到五十岁的时候就会富贵，现在已经四十多岁了。你跟着我受了那么长时间的苦，等我富贵了就会回报你的功劳。"

朱妻见他没个正经，气恼地说："像你这样的人，最终会饿死在沟渠里，怎么能富贵呢？"朱买臣实在无法挽留，只好听凭妻子离去。

妻子走了之后，朱买臣自己一个人在山里砍柴，砍了柴之后仍像之前那样边走边背书。有一天他背着柴火路过坟地，实在饿得走不动了，就在坟场里歇脚。他的前妻和她的现任丈夫一起上坟，看见朱买臣又冷又饿，于是就叫住他，给他饭吃。

过了几年，朱买臣经人介绍，到会稽郡谋了一个差使。当时有个惯例，到了每年的年末，各郡都要把一郡的户口、赋税、盗贼、狱讼等情况编造成册，然后送往朝廷，让朝廷进行考核，名叫上计（相当于现今中央对各省的年终考核）。而被派去送这些考核簿册的官吏，就叫上计吏。这一年的年末，会稽郡的上计吏们要去长安，于是派遣朱买臣作为押运物资的吏卒。当时长安有各郡的郡邸（类似于现今的各省驻京办），他们到达长安之后，就在会稽郡的郡邸住了下来，然后把报告递了上去。但一直过了好长时间，也没有回音，于是只好一直等。在这段时间里，朱买臣带的盘缠用尽了，食物也吃完了，那些上计吏及吏卒就轮流接济他，送给他东西吃。

一天，朱买臣无意中碰到了同县的老乡严助，当时严助担任中大夫，很受皇帝刘彻欣赏。严助知道朱买臣很有才学，于是就向刘彻推荐了朱买臣。

刘彻于是召见朱买臣，想看看他到底有何长处。朱买臣在刘彻面前，把他之前在山间挑柴背书的劲头全部拿了出来，谈《春秋》，说《楚辞》，听得刘彻大为高兴，于是拜朱买臣为中大夫，和严助一起追随在他左右，当他的文学侍从。

当时正赶上朝廷准备要修建朔方郡，公孙弘进谏，认为修城会导致民力耗竭，财政紧张。而刘彻认定修建朔方是利在千秋的事情，于是就派朱买臣去和公孙弘辩论，朱买臣出言不凡，在公孙弘面前连发十问，而素以博学著称的公孙弘竟然一个也答不上来，最后只好做出让步，同意在停止开发西南夷之后专一修筑朔方郡。

此一番亮相，朱买臣的表现堪称完美，他在刘彻心中的印象，自然是越来越好。但没过多久，朱买臣就因犯事被免官。丢官之后的朱买臣，只好跑到会稽郡驻长安的郡邸，在看守郡邸的守邸人那里借住吃饭。一直过了很久，刘彻才又召回他，让他待诏。

当时，东越国反复无常，时叛时降，令刘彻很是头痛。

朱买臣于是向刘彻献计说："以前东越王带兵驻守在泉山（今福建省晋江市泉山）之上，那里地势险要，一人守险，千人莫上。如今我听说东越王向南迁移换了地方，距离泉山有五百里，驻守在大泽中。如果我们派兵从海上直接攻击泉山，盛陈舟船于泉山之下，指挥将士进攻，地毯式向南推进，那么消灭东越国就会非常容易了。"

刘彻听了之后，觉得朱买臣很有战略眼光，提出的作战计划也颇有水准，他非常高兴，于是拜朱买臣为会稽郡太守。

这个时候的刘彻，对朱买臣可说是寄予厚望，他一方面对朱买臣委以重任，另一方面结合"衣锦还乡"这个国人最深层的心理因素，对朱买臣进行了极大的心理安抚！换句通俗一点的话说，就是刘彻不仅给了朱买臣官做，而且充分地照顾到了他的情绪。朱买臣面子里子都有了。

刘彻对朱买臣说："富贵了之后不归故乡，就好比穿着锦绣衣服在夜间行走一般，现在你认为怎么样啊？"朱买臣除了感动，还有什么可说的呢？他之前在会稽郡衣不蔽体，食不果腹，受了他人多少冷眼，遭了他人多少嘲笑，连妻子都不顾他的哀求弃他而去，而如今，皇帝却要让他到那个地方去当一郡之长，去当那些曾经嘲笑过他、轻视过他的人的父母官，还有比这更能让一个人扬眉吐气的吗？还要比这更能证明一个人的成功吗？连当年大名鼎鼎英雄盖世的项羽都无法摆脱"衣锦还乡"这个情结，更别说是其他人了！于是朱买臣至为感动地向刘彻叩了一个头，然后就带着太守的大印出了宫。

朱买臣"衣锦还乡"的方式，与当年秦国丞相范雎去见他的故人须贾时的情景颇有几分相似。当然了，朱买臣与他将要见的那些人之间，倒没有那么深的仇恨。

朱买臣出宫之后，就换上之前穿的旧衣服，然后把太守的官印揣在怀里，一路走着去了会稽郡在长安城中的郡邸。这个时候，正是年底各郡前来京中上计的时候，会稽郡大一些的官吏都来了，包括守丞也在其中。

朱买臣进了郡邸，那些上计吏正聚在一起吃饭喝酒，对他连正眼都没有瞧一瞧。朱买臣于是走进后厅，仍旧和以前一样，和守邸人一起吃饭。差不多快吃饱的时候，朱买臣觉得这一场好戏也该是拉开帷幕的时候了，于是故意把怀里揣的官印的绶带露出了一些。

京城长安是什么地方？京城长安就是达官显贵云集的地方，同时也是全国各地之中信息最发达集中的地方，所以就算是这里的守门人，也多少具备一点政治常识，否则，他们就根本无法胜任他们的日常工作。什么级别的官员穿什么颜色什么花纹的衣服，官印上系着什么颜色什么形状的绶带，都是一清二楚，要不然，他们就根本没办法在这个寸土寸金的地方立足。

所以守邸人一看见朱买臣怀里露出的丝带，立即就吃了一惊，因为他认了出来，那是系官印的绶带。守邸人赶快拉出官印来看了看，这一看，守邸人立即惊得目瞪口呆，原来那枚官印正是会稽郡太守的大印。

怎么能更通俗地形容目前的这个状况呢？这个情景差不多就是：会稽省的省委书记一直空缺，会稽省的省长带着大小官吏到首都来参加考核，然后在驻京办里吃饭喝酒。驻京办的门房老大爷和一个之前老来他这里蹭饭的家伙吃饭，饭吃完了，才猛然发现这个经常蹭饭的家伙竟然就是新任的省委书记。震惊不震惊呢？那是相当震惊的！

守邸人赶快跑了出去，把他发现的情况告诉了大厅里吃饭喝酒的大小官吏，官吏们都喝醉了，高声呵斥守邸人说："你胡说八道什么呀？"

守邸人一本正经地说："你们如果不相信，可以进来看一看啊。"

于是一个平日里根本看不起朱买臣的官吏就走了进去，然后从朱买臣的怀里拿过官印来看。都是久历宦海的人，所以对官印焉有不识之理？那铜质，那绶带，那文字，不是太守的大印是什么？这个人吓得掉头就跑，跑出来高声喊叫说："千真万确，是真的。"

大厅里坐着喝酒的官吏们全都又惊又怕，赶快把这个情况报告了守丞，然后一帮人挤挤攘攘地排成排，然后挨个儿到中庭去拜见新任的太守朱买臣，朱买臣这才不慌不忙地从后厅里走了出来。

过了一会儿，京都的厩吏驾着四匹马拉的马车已经来迎接朱买臣了，准备要送他到会稽郡去上任。于是朱买臣就上了马车，向会稽郡方向进发。

会稽郡离长安非常远，所以朱买臣还没有到达会稽，消息早就已经传了过去。会稽郡留守的官吏们听说新任太守马上要来，于是赶快征发郡中的百姓，让修整沿途的官道。然后郡中各县的大小官吏都前去迎接他，前后的马车足有一百多辆。

朱买臣乘驿车进入吴县地界的时候，发现他的前妻正在和她的现任丈夫在路边修路。于是停下车子，命人把他的前妻和她的丈夫拉在了后面的车上。到了太守府之后，朱买臣就把他的前妻和现任丈夫安顿在了后花园里，然后供给他们一日三餐。

平心而论，朱买臣的前妻也是一个老实本分的贫民，之前她跟朱买臣在一起，其实并不是嫌弃朱买臣穷，而是她实在无法忍受朱买臣在路上背书时被别人嘲笑，所以她选择了离开朱买臣。现在呢，朱买臣突然之间成了一郡的太守，这个官职，相比于京中的其他达官显贵来说，显然不算什么，但这对于一郡之中的普通百姓来说，那就是大得不得了的高官了。太守下令让她住在府中，她能拒绝吗？能反抗吗？

　　根据朱买臣之前在会稽郡邸的所作所为，基本可以窥探他此刻的内心，此时他这么做，其中一个很明显的用意，那就是要让他的前妻后悔，看看，我之前说让你再等几年，不要离开我，现在怎么样，我真的富贵了，你心里作何感想？当然了，朱买臣这么做，显然也有报答前妻的成分在内，之前跟着他受了那么多苦，现在让她不要再劳作，住在太守府里，也算是对她的一种补偿吧。

　　可是，朱买臣显然高估了别人的心理承受能力，其他人不可能像他那样，面对别人的嘲笑和轻视仍然无动于衷、嬉笑自若，更何况，他的前妻是一个有自尊心的人，否则，她之前也不会离开朱买臣。那么现在朱买臣把她接在太守府中，她的心里又作何感想呢？她后悔吗？可能有一点点！但更多的是什么呢？那就是来自精神上的痛苦和折磨。朱买臣这么做，无疑就是在明明白白地告诉全郡的人，看，她当初是多么无情，多么有眼无珠！就算朱买臣没有此意，却没有一个人能阻止她这么想。换了任何一个神志正常，有尊严的人，都无法忍受这种摧残。所以过了一个多月，朱买臣的前妻就上吊自杀了。

　　对于朱买臣的这些做法，历史上有一些批评的声音，认为是他变相杀了他的前妻，这种看法是有一定道理的。但历史上更多的，却是人们对朱前妻的谴责，认为当初是她嫌弃朱买臣的贫穷才离开了朱买臣。到了后世，一些好事者甚至据此编出了一则名叫"覆水难收"的故事出来，说是朱买臣富贵之后，他的前妻跑来跪在马前希望能复婚，结果朱买臣对她的行为大为鄙弃，端起一盆水就泼在了马前，对她说："如果你能让倒在地上的水再回到盆中，我们就复婚。""覆水难收"一词，也因此成为形容夫妻离异而难以复合的一个高频词汇。后面的这种说法需要澄清，后世之所以谴责朱妻，是因为封建礼教盛行之后，人们须要用三从四德来束缚妇女，让她们为男人守贞，从一而终。另一方面，古时讲究耕读传家，许许多多的贫寒士子寒窗苦读求取功名，但最终能够身居高位的毕竟只是少数，所以有相当一部分人须要用这个故事来意淫，幻想有一天金榜题名飞黄腾达之后骑着高头大马用无声的语言去羞辱那些曾经抛弃、轻视过自己的人，以达到某种心理上的平衡。另外，从封建时代到现在，主流价值观一直崇尚读书、崇尚知识、崇尚学问，所以，即使当初朱买臣喜爱读书已经喜爱得有一点扭曲病态，但人们仍然对他的这种行为进行了肯定并褒奖、弘扬，认为这是一种刻苦勤奋苦读乐读的行为,所以编成故事来激励更多的人努力学习。"覆水难收"这个故事流传至今的原因,并不是因为真实的历史,所以对此必须要有明确的认识。

朱买臣的前妻自杀之后,朱买臣于是送给她的现任丈夫一些银钱,让他安葬了她。

朱买臣又把之前那些曾经帮助过他、送饭给他吃的人全部找来,然后一一报答他们的恩德。

朱买臣被拜为会稽郡太守之时,刘彻就曾降诏给他,让他到会稽之后,就准备战船、粮食,以及水上作战用的器具,等准备齐备之后,朝廷就会下达诏书,派出军队跟随他前去征伐东越国。

朱买臣在会稽履职一年多时间,做好了出战的准备,于是朝廷下达命令,由他带兵和龙𬸦侯韩说一起攻打东越。因为立下战功,于是刘彻召他进京,拜为主爵都尉,享受九卿的待遇。

担任主爵都尉几年之后,朱买臣因犯法被免官,后又被起用为丞相府长史。而这个时候,张汤担任了御史大夫。

之前朱买臣和严助担任中大夫作为刘彻的文学侍从正显贵的时候,张汤还是个小吏。那个时候的张汤,见了朱买臣等人都是碎步小跑,跪拜迎送,显得特别尊敬他们,也特别有礼貌,就像当年的田蚡对待窦婴一样。

到后来张汤升任廷尉,办理淮南王谋反一案时,趁机打击朱买臣的同乡好友严助。因为严助曾到淮南国宣旨,用大道理说服质疑朝廷出兵帮助南越攻打闽越的淮南王刘安,并带着他到长安向刘彻谢罪,刘彻非常高兴,原谅了刘安。为此,刘安在后来入朝时曾馈赠严助许多厚礼,与严助深交。张汤抓住这一点,极力坚持让刘彻杀了严助,所以朱买臣非常怨恨张汤。

这个时候朱买臣被重新起用为丞相长史,而张汤因为显贵,经常代行丞相之职,权势远在丞相之上。因为职务关系,所以朱买臣曾多次去谒见张汤。而张汤也知道朱买臣之前曾经很受皇帝宠信,或许是出于一种妒嫉和排斥心理,所以他多次故意凌辱朱买臣。有一次朱买臣去谒见张汤,张汤傲慢地坐在床上,不与朱买臣见礼,他的下属也对朱买臣没有礼貌。

朱买臣当时已被公认是楚、吴之地比较有名望有成就的士人,而张汤没有礼遇这个曾经的上级朱买臣,所以朱买臣心里对张汤更为怨恨,甚至有与张汤同归于尽的想法。

丞相府里的另外两个长史,一个王朝,是齐地人,凭儒家学术而显贵,官至右内史；另一个是边通，曾学习长短纵横之术，性格十分刚烈暴躁，曾两次担任济南国相国。他们和朱买臣之前都曾比张汤的职位高，但后来却因犯法丢官，重新起用之后，担任丞相府长史，不得不在张汤面前委曲求全。而张汤也知道这三个人素来显贵，所以多次找机会折辱打压他们，给他们下马威，想让他们在自己面前俯首帖耳，但三个人都不愿意屈服，心里对张汤非常怨恨，常常想要报复张汤，却苦于找不到机会。

而如今，机会终于来了。

三个人听说张汤想要陷害丞相庄青翟，觉得跟丞相合力，应该可以把张汤拉下马，于是就合谋说："最初张汤与相君商量好要到皇上面前去谢罪，但见了皇上却出卖了相君。现在他借宗庙之事弹劾相君，摆明了是要将相君取而代之。我们知道他做过的那些坏事。"

于是派人把张汤的商人朋友田信抓了起来，说张汤每次向皇帝提出经济方面的政策建议，田信都事先知道，所以提前囤积货物，借此聚敛巨额财富，并把所赚的钱给张汤分了不少。另外，张汤还有其他的不法之事。

这些事情很快传到了刘彻的耳中，他心里越发起疑，于是就叫来张汤问他说："我想要干什么，商人们都提前知道，加倍囤积货物，这肯定是有人把我的想法告诉了他们。"

张汤却并没有向刘彻谢罪，他假装惊讶地说："绝对是有人这么做了。"

刘彻十分生气。

皇帝心中的熊熊大火只待一个火星来点燃，而这个点火的人适时地出现了。这个人就是减宣，他来向刘彻报告了张汤与鲁谒居之间的事情。

刘彻听了之后，心里更加生气，越发觉得张汤这个人居心险恶，阴险狡诈，并且当面撒谎欺君，于是接连派出了八批使者，按照案卷上记载的罪名责问张汤。

张汤对这些指控的罪名一一进行了辩解，并不服罪。刘彻没办法，于是指派赵禹去审问张汤。

赵禹和张汤是老朋友了，他知道刘彻十分震怒，于是责备张汤说："你为何如此不知分寸呢？你所经办的案件，被你处死的人不知有多少！如今他们指控你的事情，样样都有根据，皇上非常重视你的案子，想让你自己妥善处置，你为什么要多次对证答辩呢？"

张汤于是明白了刘彻对他的态度，于是上书向刘彻谢罪说："臣张汤没有立下尺寸之功，最初从一个刀笔小吏起家，多亏了陛下的信任，才得以位列三公，并不想开脱任何的罪责。可是阴谋陷害张汤的，是丞相府的三位长史。"之后就自杀了。

张汤死了之后，他的家产不足五百金，都来自自己的俸禄和皇帝的赏赐，没有其他的产业。也就是说，张汤的财产都是合法收入，没有贪赃之事。而且，张汤非常清廉。所以朱买臣、王朝、边通等人所说的张汤故意向田信等人泄露国家机密并与商人分钱的事情不成立。

张汤的儿子及兄弟们想要厚葬张汤，张汤的母亲却愤怒地斥责他们说："张汤是天子的大臣，现在被恶言诬告而死，又何必要厚葬呢？"于是用牛车拉着没有外椁的棺材去安葬。

刘彻听到这件事情之后，叹息说："没有这样的母亲，生不出这样的儿子。"于是把朱买臣等三长史全部下狱，然后处死。丞相庄青翟也被逼自杀。

刘彻想起张汤在世之时的种种好处，心里十分懊悔。虽说张汤确有不法之举，但张汤在贯彻执行自己的意志之时，那种鲜明的立场和坚决的态度是其他大臣根本无法相比的。刘彻十分怜惜张汤，于是对他的儿子张安世予以倾斜照顾，在职务上提拔他。而张汤的朋友田信则被释放。

而此时，汲黯临去淮阳郡之前对大行李息所说的那番话也传到了刘彻耳中，刘彻觉得汲黯不仅贤良，而且很有先见之明，于是就判李息有罪。然后下诏让汲黯享受诸侯国国相的待遇，依旧掌管淮阳郡。七年之后，汲黯死于淮阳太守的任上。汲黯死后，刘彻怀念正直的汲黯，提拔他的弟弟汲仁担任九卿，儿子汲偃官至诸侯国相。汲黯姑母的儿子司马安年轻时也与汲黯同为太子洗马，他精通法律，巧于为官，其做官四次做到九卿，死于河南郡太守任上。司马安的弟兄们由于他的缘故，同时官至二千石职位的有十个人。濮阳人段宏起初侍奉盖侯王信，王信推荐段宏，段宏也两次官至九卿。不过，汲黯这些做官的濮阳同乡都非常敬畏汲黯，甘居其下。汲黯一生正直，在他死后，历代给予了他非常高的评价。

第二十六节 平定南越、酎金失侯、平定东越

张汤死了,但他与汉武帝刘彻所主导的一系列旨在增加国库收入的经济改革和国家政策却并没有停止。

经过施行这些政策,国家的财政收入是有了一定程度的增加,但须要花钱的地方仍然非常多。汉朝经过与匈奴连续多年的征战,双方都精疲力竭,在漠北之战后好长一段时间里,汉、匈双方都没有爆发过大规模的战争。

不过,在当时,汉政府须要对付的可不仅是匈奴这一个劲敌,南边的南越,东边的东越,西南诸夷部落,西羌及西域各国等都不安生,时叛时降,反复无常,令汉朝政府颇为忧虑。所以在这一段时间里,刘彻开始集中精力,专一解决南越、东越、朝鲜、西南夷及西域等一系列问题。

南越和东越的称谓都是相对于汉朝的地理方位而言的,南越在汉朝的南方,所以称之为南越;东越处在汉朝的东方,所以称之为东越。而在西汉初年,东越又因为分为闽越和东瓯(或称东海国)两个小国。闽越的国君无诸和东瓯的国君摇,都是春秋五霸之一越王勾践的后代。

秦统一六国之后,无诸、摇都被废去王号,降为君长,把越地设为闽中郡(治侯官,今福建省福州市闽侯县)。秦始皇死后,诸侯群起而叛秦,无诸和摇于是归附番阳令吴芮,跟随诸侯一起攻打秦国。秦朝灭亡之后,项羽主持分封,却没有封无诸和摇,所以无诸和摇没有归附西楚。楚、汉战争爆发后,无诸和摇带领越人帮助刘邦。汉五年,刘邦为了进一步争取无诸,于是复立无诸为闽越王,管辖之前的闽中郡故地,建都东冶(今福州市)。刘邦死后,刘盈当了皇

帝,大臣们都说摇在楚汉战争中立下许多战功,于是又封摇为东海王,建都东瓯(今浙江省温州市一带),所以后来又把东海国称之为东瓯国,把摇称之为东瓯王。

孝景帝时吴、楚七国造反,派人联络闽越和东瓯,闽越不愿随刘濞叛乱,但东瓯却派了一万军队。刘濞在梁国被周亚夫击败之后,逃往丹徒,想依附东瓯,但东瓯却在汉朝的利诱之下杀死了刘濞,并把刘濞的首级送给了汉朝。所以汉朝最终再没有追究东瓯跟随吴、楚造反的事情,让所有的东瓯军队都回了故地。

刘濞的太子刘子驹逃到闽越,他痛恨东瓯人出尔反尔杀了他的父亲,所以就常常鼓动闽越攻打东瓯。

刘彻即位的第三个年头,即建元三年,公元前138年,闽越发兵攻打东瓯,把东瓯打得大败,最后把东瓯团团包围。东瓯被困城内,粮草断绝,兵疲食尽,除了开城投降已经无路可走了。在这万分危急之时,东瓯王想起了强大的汉朝,于是就派出使者,向汉朝求救。

刘彻于是召集大臣们,就是否出兵东越进行讨论。

大臣们众说纷纭,莫衷一是,刘彻就问主兵的太尉田蚡是什么意见。田蚡回答说:"臣以为,越人之间相互攻击,本来就是当地的一种常态。再加上越人反复无常,根本不值得我们兴师动众去救援他们。再者说了,东越之地,自秦朝的时候就弃置不用,没有把他们当作藩属国看待。"

中大夫严助站出来反驳说:"我们最担心的是力量不足无法救援他们,道德浅薄不能感化他们。如果真的有这个能力,为什么要弃东越于不顾呢?再者说,秦朝最后把都城咸阳都弃置了,更何况是越地呢?如今这些小属国因为走投无路前来向天子告急,如果天子不管不问,那么他们该去找谁主持正义呢?我们大汉又该拿什么让天下万国臣服于我们呢?"

刘彻听了之后,深受震动,他批评田蚡说:"太尉的意见实在是不足取。我现在刚刚即位,也不想拿虎符让郡国发兵。"于是派遣严助,让他带着天子的符节前往会稽郡,从会稽郡调兵处置东越国事务。

会稽郡的太守(这个时候还不是朱买臣)没有见到朝廷明令发兵的圣旨,见严助只是拿着天子的符节前来,于是就找借口拖延不想发兵,严助非常生气,于是杀了一个司马,并宣称是奉了皇帝的旨意。会稽太守这才不敢再阻拦,于是严助顺利地调动了郡中兵马,然后取海路前去救援东瓯。

闽越正在围攻东瓯,听说汉朝发兵前来帮助东瓯,畏惧强大的汉朝,撤兵而去。严助得以顺利地完成使命。

东瓯因势向朝廷上书，请求迁徙到中原地带，刘彻同意，于是把东瓯的四万多越人全部迁到了江淮之间，居住在庐江郡（今安徽省合肥市庐江县）。

再说南越。

南越因为陆贾的缘故，自汉文帝时与汉朝恢复正常的邦交。景帝、武帝二朝如故，是汉朝的藩属国。

南越王赵佗于建元四年（公元前137）去世，他死的时候，已经是一百多岁的高龄了。因为他十分长寿，所以他的儿子们都先于他而死。王位传给了孙子赵胡。

公元前135年，闽越王郢趁赵胡刚刚即位，在国内还没有积累威望，于是发兵攻打南越。赵胡为王时间较短，根基尚浅，且国内人心还未尽服，不敢与闽越硬拼，于是派使者前往汉朝，请求宗主国汉朝做主说："南越和闽越都是大汉的藩臣，不能擅自兴兵相互攻击。如今闽越兴兵侵凌臣国，臣不敢发兵应战，只有请圣明的天子裁决了。"

刘彻对赵胡的做法非常赞赏，认为南越恪守藩属国的礼节，于是派大行令王恢带兵出豫章，大司农韩安国带兵出会稽，兵分两路征伐闽越。

汉军还没有越过阳山岭，闽越王郢听说汉军来攻，于是就带领军队凭借险要的地形来抗拒。郢的弟弟馀善是个野心家，他见汉朝出兵来攻，立即动了乱中取事之心，于是私下里和越国丞相和宗族将领商议说："越王擅自发兵攻打南越，没有向朝廷报告，所以现在天子发兵来讨伐。如今汉兵势大，就算是我们目前侥幸得胜，但后面来的汉军会越来越多，不到闽越灭亡是不会罢休的。为今之计，不如杀了越王，向汉天子请罪。如果汉天子接受，汉兵撤走，那我们越国就会保全；如果天子不接受，那我们再力战也不晚，就算是不能取胜，那也能逃到大海里去。"

越相和宗族们都认为馀善说得有理，于是派人暗杀了越王郢，然后把郢的人头献给了汉将王恢。

王恢说："我们带兵前来的目的就是要杀死越王郢，现在他的项上人头已经在这里了，再加上越人已经服罪，没有动用武力就消除了祸患，没有比这更有利的事情了。"于是派人将情况通报韩安国，然后派遣使者将越王郢的头送往京师，报告刘彻。

刘彻见馀善杀了越王郢，于是下诏让王恢和韩安国罢兵："郢是制造动乱的首恶,现在已经伏诛,无诸的孙子繇君丑没有参与谋逆,可以嗣位为王。"于是派使者前往闽越,立丑为越繇王,奉闽越祖先的祭祀。

余善因为杀了越王郢,所以越国贵族和百姓都对他十分畏服,余善因此自立为越王。繇王势力单薄,无法阻止余善这么做,只好听之任之。消息传到汉朝,刘彻觉得不能为了余善一个人再兴师动众,同时也为了肯定余善杀死郢并稳定闽越的功劳,于是下诏:"余善最先和郢一起阴谋作乱,但他后来主动杀了郢,使军队未曾辛劳,黎民不曾受苦,功莫大焉。"刘彻趁机立余善为东越王,与越繇王平起平坐。

汉军出兵解除了闽越对南越的威胁,刘彻派严助为使,一是顺道路过淮南国,说服上书反对朝廷用兵的淮南王刘安;二是前往南越国,把出兵的始末告诉南越王赵胡,让南越国感恩汉朝。

赵胡接旨,并跪拜叩谢说:"天子为臣兴兵讨平闽越,我至死也无法报答天子的恩德。"于是派太子赵婴齐前往长安担任皇帝的侍卫(实际上就是为了取信于汉朝而入子质)。

严助临走的时候,赵胡又对他说:"南越国刚刚遭受了兵乱,请天使先回去吧。等我将国内安顿好了,马上就会前往长安朝见天子。"

严助走后,南越国的大臣就赶快劝谏赵胡说:"汉朝兴兵诛杀了越王郢,这实际上也是在借机威吓南越。况且之前先王曾说过,侍奉天子只要不失礼节就可以,最重要的是不能因为爱听好话就去朝见。一旦去了,就再也没有返回的可能,这可是亡国的势头啊。"

赵胡听了之后,才知道自己作为一个国王,道行还有些浅。于是假称有病,不到长安去朝见。

过了十多年,赵胡确实患了重病,于是太子赵婴齐就请求回国为赵胡料理后事,刘彻同意了。公元前122年,赵胡死,赵婴齐继任为南越王。赵婴齐把之前赵佗所用的"南越武帝"的印玺收了起来,以示不敢僭越冒用尊号。

赵婴齐在长安担任侍卫之时,娶邯郸一家姓樛的女子为妻。生了个儿子取名叫赵兴。此时赵婴齐即位,于是上书请立樛氏女为王后,赵兴为太子,汉朝同意了。

汉政府多次派使者劝赵婴齐入朝拜见皇帝,但赵婴齐因为自己多次在南越国擅自诛杀大臣,担心去了长安之后会被皇帝责怪,比照内地的诸侯那样降罪于他,于是称病不去朝见,只是派他的次子赵次公到长安去担任侍卫。

公元前115年，赵婴齐死，赵兴继任为王，其母樛氏被尊为王太后。

当初樛太后在长安还没有嫁给赵婴齐之时，曾经与灞陵人安国少季（复姓安国，名少季）私通。赵婴齐死后，公元前113年，汉朝派安国少季为使前往南越国，谕告赵兴和樛太后像内地的诸侯那样前往长安朝拜皇帝。陪同安国少季一同前去的，还有辩士谏大夫终军、勇士魏臣等人。卫尉路博德带兵驻屯在桂阳，以等候接应。

赵兴年纪还很小，所以一切都听樛太后的。樛太后是中原人，内里也一心向着汉家。她为公的一面是有利于汉朝的，但在私德方面，却为南越国及她的夫家带来了大祸，因为她见到之前的老情人安国少季，竟然与他再次私通。

南越国的许多人都知道樛太后的丑行，所以对她十分不屑，不愿意归附于她、听命于她。

樛太后担心南越国的大臣们会作乱，也想依靠汉朝这个强大的后盾，于是多次劝越王赵兴及大臣们归属汉朝。并因此通过使者向汉朝上书，请求比照内地的诸侯，三年朝见皇帝一次，并撤除边境的关塞。

因为樛太后的这些主张都是有利于汉朝和汉、越融合的，所以汉政府全都答应了。于是趁此机会，赏赐给南越国丞相吕嘉银印，还有内史、中尉、太傅这些官级官员印信，其余的官吏由南越国自行任命。刘彻这么做，实际上是加强了对南越国的控制，想借机收回南越国高级官员的任免权。同时，刘彻还下诏，废除了汉朝在文帝时就废除而南越国依然适用的黥刑、劓刑等肉刑，施行汉朝的法律，比照内地的诸侯。派去的使者，都留下来镇抚南越。

樛太后和赵兴于是收拾行装，为入朝拜见皇帝做准备。

再说南越国的丞相吕嘉。

吕嘉是南越国的三朝元老，是当地越族人的代表和首领，被称为"越众酋师"，即越族人的首领和师长。吕嘉少年时曾接受中原文化，赵佗建立南越国之后，为了巩固统治，所以任用一些受过中原文化熏陶的越族人担任高级官吏，以争取拉拢当地越人，吕嘉因此得以担任丞相（赵佗后期）。

吕嘉曾先后担任武王赵佗、文王赵胡、明王赵婴齐三朝的丞相，深受当地越人信任和拥戴，在南越国的威望甚至比赵胡、赵婴齐等人还高，可说是权高位重，深乎众望。

不过吕嘉对中原的汉文化却并不排斥，一直采取推崇的态度，所以他在丞相任上，积极推广中原文化和农耕技术，对促进岭南地区汉、越民族之间的融合，做出了一定的贡献。

吕嘉因为久居大位，所以他的宗族子弟之中，在南越国担任高级官吏的就达七十多人，他的儿子娶的都是赵氏一门的公主，女儿则全部嫁给了赵氏王族子弟，并且，吕嘉还与苍梧的越中王赵光（与南越王同宗，且赵、秦本出一姓，所以赵光自称为秦王）联姻结亲。因此，吕嘉在南越国盘根错节，势力很大，耳目众多。南越国的一举一动，可说是无不在吕嘉的掌控之下。

到了赵兴一朝，吕嘉的年纪也大了，他是个饱经世事的老者，对于王朝的兴衰成败，比起赵兴这些少不更事的娃娃，可说是颇有一番真知灼见。

汉朝要让南越国的太后和国王前去朝见，这站在汉朝的立场上来看，当然是要积极鼓励的；但是站在南越国的立场上，则是非常危险的，因为这预示着要被汉朝吞并和灭亡。况且汉朝已经开始这么做了，今天收回了丞相等官吏的任免权，明天要做什么谁也无法知晓，等到汉朝完全掌控了局势，找借口废黜南越王，也不是没有可能的事。

所以，当赵兴在樛太后的鼓动下向汉朝上书，表示将要去长安朝见之时，吕嘉就曾多次劝谏赵兴，陈说利害，让他不要那么做，但赵兴却并没有采纳吕嘉的谏言。一方面，赵兴一个十几岁的孩子，国家大事的决断上他还必须听从母亲樛太后的建议，毕竟汉朝强大，如果违逆了汉朝的意愿，那么南越国也会有灭国之危；另一方面，也不排除刚刚即位的赵兴手中没有实权，想要借助汉朝的力量握稳权力的想法。基于以上因素，赵兴打定主意要去长安朝见汉朝皇帝，否决了吕嘉的建议。

见赵兴不听自己的话执意要去长安，吕嘉心里很不是滋味。南越王去朝见汉朝天子，于公于私，对吕嘉都不利。如果汉朝真的扣留南越王，那么南越国将会灭国；如果汉朝虽不扣留南越王却顺势加强对南越的控制，那么高级官吏都由中央任命，他吕嘉的宗族势力和地位将会不保。

吕嘉因此产生了废黜赵兴，另立新君的打算。所以，他也称病不见汉朝使者。

而汉朝使者也都觉察到了吕嘉的异样，但是凭他们的力量，根本没办法除掉吕嘉。

樛太后担心吕嘉会抢先发难杀死他们，于是就摆酒设宴，命令所有大臣都要赴宴，想要借助汉朝使团的力量，在酒宴上杀死吕嘉等人。

吕嘉知道樛太后心里做何打算，特意安排他的弟弟带兵守在宫外，然后才来赴宴。在宴席上，汉朝的使者面朝东坐，樛太后朝南坐，南越王赵兴朝北坐，吕嘉及南越国大臣都朝西坐，陪着汉朝使者饮酒。

宴席上，樛太后指责吕嘉说："南越归属汉朝，对国家来说非常有利，而丞相却不赞同，这是为什么呢？"

吕嘉不愿让南越归属汉朝的理由，在这个场合当着汉朝使者的面，那是怎样都不能说的，樛太后质问吕嘉，实际上就是想要激怒汉朝使者，让他们趁机杀掉吕嘉。

安国少季等人却犹豫不决，都不敢动手。

吕嘉见宴席间气氛紧张，颇有杀气，且来赴宴的都不是自己的亲信，于是立即起身，准备离开宴会现场。

樛太后眼见计划将要落空，心中十分恼怒，于是拿起一柄长矛，就想刺杀吕嘉，却被赵兴阻止了。

吕嘉得以脱身。回到相府之后，他立即把他弟弟手下的兵卒分拨了一部分，然后加强了相府的护卫。之后，吕嘉假称有病，不再去见南越王和汉朝的使者。同时与大臣密谋，准备发动兵变。

南越王赵兴知道吕嘉对南越国是忠诚的，自始至终不想杀掉他。而对于赵兴的态度，吕嘉也是心知肚明，所以，接连数月过去，吕嘉并没有采取行动。

而樛太后则不然，吕嘉不死，她就永远也不可能成为至高无上的太后，像中原的吕雉那样为所欲为，至少说，南越国真正的权力就无法掌控在她手上。所以，她必欲杀死吕嘉而后快。因为她与安国少季私通的事情，南越国的大臣和百姓都很鄙视她，不愿意依附她。樛太后想要凭自己的力量杀掉吕嘉，又没有这个能力。

南越国君臣不和，赵兴和樛太后无力制约丞相吕嘉，而汉朝的使者又怯懦不敢做出决断，这个消息传回长安，刘彻心里十分不满。他觉得既然赵兴和樛太后一心想要归附，而且他们背后还站着强大的汉朝，只有吕嘉一个人反对，也根本不足为虑，汉朝没必要派出大部队前去平定乱局。他决定派庄参为使，带两千人前去南越，协助赵兴等人制服吕嘉。

刘彻显然错估了南越国内的形势，并低估了吕嘉的实力。

庄参一针见血地指出："如果是为了两国友好而前去，只须要带几个人就足够了；但如果想要用武力平定南越，那么两千人根本起不了什么作用。"所以他坚决推辞，不愿意出使南越。

对于庄参的忠谏，刘彻根本听不进去，于是他斥退了庄参。

原济北相韩千秋，原是颍州郏县（今河南省平顶山市郏县）有名的壮士，他自告奋勇地说："一个小小的南越国，又有南越王和太后做内应，只有一个相国吕嘉，有什么可怕的？给我两百个勇士，让我去南越，我一定斩下吕嘉的人头回来向陛下报捷。"

刘彻对韩千秋的壮举十分欣慰，于是派韩千秋为校尉，和樛太后的弟弟樛乐带领两千兵士前往南越国。

实事求是地讲，如果当时的安国少季出使之时，带领两千汉兵，并且能在酒宴上当场将没有防备的吕嘉擒杀，那么有赵兴和樛太后坐镇，南越国的其他大臣碍于君臣之礼，应该也不敢轻举妄动，掌控局势还是有可能的。但如今樛太后已与吕嘉撕破脸皮，局势已经大坏，就是傻子也知道樛太后想要与汉朝联合起来除掉吕嘉，吕嘉能束手就擒坐以待毙吗？

所以，吕嘉听到汉朝派韩千秋和樛乐率两千人前来，立即和其他的大臣们进行了一系列部署。他们先是在国内发布号令，营造舆论说："大王非常年轻。太后是内陆人，又与汉朝的使者通奸，她一心想要让南越当汉朝的属国，拿着南越国的所有珍宝献给汉朝皇帝以讨好他。她把所有的侍从带到长安之后，就会卖给别人当奴仆。她只顾她眼前的一时之利，而从来没有考虑过赵氏的江山社稷，为南越国的黎民百姓做长远打算。"

越人素来对吕嘉十分信服，吕嘉大打舆论战，立即煽起了越人的仇恨。吕嘉见民心服己，立即和他的弟弟带兵攻进了王宫，然后杀死了赵兴、樛太后及汉朝的使者。

随后，吕嘉向国内各郡县发出告示，并派人通报苍梧的秦王赵光，拥立赵婴齐与越女所生的长子赵建德为越王。南越国国内的局势，迅速被吕嘉所掌控。

再说韩千秋，他和樛乐带着两千汉兵进入越境，接连攻破了南越国的几座小城。面对勇猛却轻敌的韩千秋，吕嘉决定运用诱敌深入之策。于是他下令沿途各县的越人让开道路，并提供食物，让汉军前进。

越人的举动进一步麻痹了韩千秋，于是他和樛乐带兵继续深入越境。而他并不知道，在他们行进的前方，南越早就布下了重重伏兵。

当年南越鼎盛的时候，赵佗率领南越军队敢与汉朝分庭抗礼，可想而知南越国的军事实力也还是不弱的。所以韩千秋等人前进到距南越都城番禺四十里的地方，立即被南越国的伏兵团团包围。汉军虽勇，但到底难抵南越国的大军，最后全军覆没。

吕嘉消灭韩千秋所带的两千汉兵之后，把汉朝使者所持的符节封在匣子里，然后派人送往汉朝边境。吕嘉在送符节的时候写了一封信，信中写了许多谦卑的话，向汉朝谢罪。同时，吕嘉调集南越大军，封锁汉朝通往南越的各路要塞。

南越杀死汉兵并公开与汉朝对抗，一时令汉方朝野共惊。许多大臣义愤填膺，纷纷上书请求攻打南越。刘彻也十分震怒，他一方面抚恤韩千秋等人的家属，封韩千秋之子韩延年和樛乐之子樛广德为侯，一方面部署征伐南越事宜。

其时西部的羌人也侵凌汉朝边境，刘彻派出数万骑兵迎击羌人。再加上朝廷派出六十万人在上郡、朔方、西河、河西屯田，耗费依然巨大，兵器、马匹、粮草等都非常紧缺，财政异常紧张。

这个时候的刘彻，迫切需要诸侯和百姓发扬风格，替他分忧解难，有钱的出钱，有物的出物，有人的出人，同心同德，同仇敌忾，共同捍卫国家的尊严。

而在这个时候，齐相卜式请求攻打南越的奏章也就送到了刘彻案前。卜式在奏折中说："我听说主忧臣辱，主辱臣死。如今南越造反，我愿带领家族子弟及齐国所有熟悉舟船的百姓，与南越决一死战。"

卜式的上书，就像寒冬里吹进刘彻心扉的一股暖流，令刘彻至为感动。刘彻觉得，大臣们还是非常理解他的，百姓们也还是非常支持他的，如果人人都像卜式这样无私无畏、奋勇求战，那么何愁南越不灭，西羌不平？

于是刘彻下诏表彰卜式说："卜式之前只是个种田放牧的农民，但他却不计私利，每逢有多余的钱，总是毫无所求地捐给县里。如今天下不幸发生了非常紧急的事情，而卜式自告奋勇地带领宗族子弟及齐国百姓前往南越决死，虽然没有参加战斗，但他内心一心为国的这种责任感却显露无遗。特赐爵关内侯，赏金六十斤，田十顷。"之后布告天下。

刘彻的原意，是希望通过表彰卜式而让天下诸侯群起响应，积极捐款捐物，但布告发出去之后，各郡县及诸侯却没有一个人站出来主动请求从军攻打西羌和南越。

刘彻十分生气，于是授意少府，在这一年的祭祀之日，严加审核列侯上交的金子。

西汉政府自汉文帝时规定，每年的八月在首都长安祭祀高祖庙，列侯都要按照封国人口数的多寡进献黄金助祭，每千人贡金四两。而皇帝则赐给列侯们喝一种重酿的醇酒，这种酒名叫"酎"。所以诸侯们的献金也就称之为"酎金"，由少府检验并收取。这项制度执行之初，列侯们倒还规规矩矩，上交的金子成色和分量都很足，质量不错。但到后来，列侯们谁都不想出这个冤枉钱，但又不得不出，于是只好在金子的分量和成色上做文章。而对列侯的这些做法，皇帝和少府都是心知肚明，但都睁一眼闭一眼，谁都没有较过真。因为这毕竟名义上是献给死去的先人的，活人不好当场发作，背个不孝之名。但是现在看来不认真不行了，既然这些列侯不愿出钱出力帮助自己攻打南越，那么他刘彻也就不客气了，一切都按法律办。

结果，在这一年的八月，列侯上交的金子之中，有106人的金子不合格。于是刘彻下令夺去这106人的侯爵。这一事件，就是西汉历史上著名的"酎金失侯"事件。

酎金失侯的106人之中，比较著名的有周勃的孙子周建德，卫绾的儿子卫信，卫青的儿子卫不疑和卫登，左将军公孙贺，龙嚣侯韩说等，《三国演义》中说汉昭烈帝刘备的先祖刘胜之子刘贞，也是在这一次事件之中，被剥夺了爵位。

此后，刘彻拜卜式为御史大夫，希望卜式能起到之前张汤所起的作用。

但卜式上任之后，即发现了各郡国盐铁官营的弊端。官府制作的铁器和农具，质量较差，而且非常昂贵，甚至强行卖给百姓。所有的船都征税，但经商的越来越少，物价却越来越高。于是卜式就让孔仅上书反映这些问题，结果刘彻看到之后，心里大不高兴，从此不再喜欢他，后明升暗降贬卜式为太子太傅。

刘彻大体准备停当，于是下达征伐南越的诏书，调遣罪人和江淮以南的水军共二十余万人，兵分五路，向番禺进发。

元鼎五年（公元前112）秋，卫尉路博德为伏波将军，率兵从长沙国桂阳下湟水（当时发源于桂阳的一条河，流往今广东省肇庆市四会市一带）；主爵都尉杨仆为楼船将军，出豫章，下横浦（古水名，即今广东省北江、浈水）；两个归降汉朝的南越将领分别为戈船将军、下厉将军，出零陵，一路直下漓水（今广西漓江），一路直抵苍梧（今广西梧州市苍梧县）；越人将领驰义侯遗率领巴蜀的罪人，并调遣夜郎国（今云南省昭通市彝良县以南为夜郎国）的军队，直下牂牁江（今贵州省六盘水市北盘江水系）。五路大军，一齐向番禺进发。

汉朝征伐南越，东越王馀善的心里立即打起了小算盘。馀善是那种特别会见风使舵且投机钻营的人。汉朝和南越开战，他立即向汉朝上书，请求带领八千兵卒跟随楼船将军杨仆攻打南越。实际上，馀善根本没有替汉家出力的意思，他是想抓住汉朝与南越交战的机会，趁汉军失利或是战败从中渔利，扩大闽越的势力。从另一个层面来讲,如果南越真的被灭,那么接下来汉朝就会对付东越,唇亡齿寒,枭雄馀善,不会不明白这个道理。

馀善的请战书报上去之后,朝廷觉得既然这些藩属国愿意出力,那也是好事一桩,于是就同意了。

馀善见汉朝同意,于是带兵前行,到达揭扬(今广东省揭阳市)之后,就以海上风浪太大无法前行为由停了下来。他表面上是帮助汉朝攻打南越,但暗地里却派人前往南越,与吕嘉联络。

馀善的心怀鬼胎并没有影响汉军的征战,相反,汉军以高昂的士气一路推进,与南越军队进行了激烈的战斗。

战争持续了一年多时间。公元前111年冬,楼船将军杨仆率领精兵率先攻陷寻峡(今广东省韶关市始兴县西),并攻破番禺城北的石门(今广州市番禺区西北),缴获了南越的战船和粮食,乘胜向南推进,击败了南越国的锋锐部队,之后率数万大军等候伏波将军路博德的军队。

路博德率领的是被赦的罪人,因为路途遥远,后面的许多人都没有到齐,在与杨仆会师之时,才到了一千多人。机不可失,时不再来,路博德经与杨仆商议,决定立即进军,以免延误战机。于是两军合兵,一同进军。

杨仆率领精兵在前,路博德率领罪人殿后,一直攻到番禺城下。赵建德和吕嘉都在城中,率领越军固守。

杨仆选择有利的地形,将大军驻扎在番禺城的东南面。而路博德则驻扎在番禺城的西北面,两军对番禺城形成包围之势。

其时正赶上天黑,杨仆击败南越军队,然后放火烧城。因为杨仆生性残暴,滥杀无辜,杀降不说,甚至把死人从坟墓里挖出来冒充斩获的敌军,所以南越人都不愿向杨仆投降。而路博德因早先随霍去病在汉、匈漠北之战中大胜匈奴而立功封侯,再加上他军纪严明,宽厚仁德,所以南越人都非常佩服他的威名。于是路博德趁机派出使者,招降越人。

当时天已经黑了,路博德手下到底有多少兵马,南越人都不知道,而番禺城中已经被杨仆放起大火,所以南越将士纷纷向路博德投降。路博德赐给这些降将印信,再让他们去招降城中的其他越军。

杨仆的攻势十分猛烈,汉军将士如虎驱羊,从番禺城的东南面攻入,到黎明时分,已经出了城西北,直入路博德的军营。而这个时候,南越军队架不住杨仆的火攻,全部出城投降了路博德。

而就在当天晚上，感到大势已去的吕嘉和赵建德已带着几百名亲随逃入海中，乘船往西而去。

路博德从投降的南越贵族口中打听到吕嘉和赵建德的去向，于是派兵追击。最后，赵建德被路博德的校尉司马苏弘擒获，吕嘉被原南越国郎官孙都擒获。其时刘彻正在东巡，闻听吕嘉被擒，非常高兴，于是以"擒获吕嘉"之意，在当地设了一个县，赐名为"获嘉县"，这就是今河南省新乡市获嘉县县名的来历。

苍梧王赵光听说南越兵败，汉军得胜，于是和揭阳县令等向汉朝投降。南越的桂林郡监居翁也带领三十多万越人向汉朝投降。

所以在这个时候，戈船将军和下厉将军的军队，以及驰义侯调动的夜郎军队还未到达，南越就已经被平定。路博德因在漠北之战后被封为符离侯，此时刘彻再次为他增加了封邑。杨仆被封为将梁侯。

刘彻下令将原南越国属地设置九个郡，分别是儋耳郡（治今海南省儋州市三都镇）、珠崖郡（治今海南省海口市琼山区龙塘镇）、南海郡（治今广州市）、苍梧郡（郡治广信县，今广西梧州市与广东省肇庆市封开县一带，广东广西分界的"广"就是指最初的广信县）、九真郡（治胥浦县，今越南清化省清化市西北）、郁林郡（即秦朝时的桂林郡，治布山）、日南郡（今越南中部地区，治西卷，今越南广治省广治市西北）、合浦郡（郡治徐闻，今广东省湛江市海康县域）、交趾郡（治今越南首都河内），将原南越国直接并入了汉朝的版图。汉朝的疆域，向南一直推进到了今越南的南部。至此，赵佗所创立的南越国，历经五代九十三年被汉朝所灭。

汉军在攻打南越的时候，东越王馀善上书请求一起攻打南越，但直到此时汉朝平定南越，也没见馀善一兵一卒。

楼船将军杨仆于是上书，请求借战胜南越的威势，趁机攻打东越。刘彻考虑到汉军远征南越，十分疲惫，没有答应杨仆的请求，而是让大军在豫章的梅岭（今江西省赣州市宁都县北）休整待命。

公元前111年秋，馀善听说杨仆上书要求攻打闽越，并且汉军在东越边境驻扎待命，知道汉朝马上就会对付他，于是立即发兵，封锁了汉军前往东越的必经之路。

馀善任命他的将军驺力等人为"吞汉将军"，狂妄异常。他还私刻了"武帝"的玉玺，自立为皇帝，用来给越军打气。越军进攻汉朝的白沙（古地名，今江西省南昌市东北）、武林（今南昌市东北）、梅岭，攻杀了汉军的三个校尉。

当时汉朝派大农令张成、故山州侯刘齿在当地驻屯，但两个人都不敢迎击东越军队，而是撤退到安全地带，刘彻闻讯大怒，于是以畏敌怯懦之罪，杀了他们。

在这个时候，刘彻想起了之前征伐南越得胜并上书请求攻打东越的杨仆，决定再次起用他为将，让他带兵出征。但杨仆为人残暴，且居功自傲，常常在朝中夸耀他平定南越的功劳，刘彻为了诫勉他，于是下诏责备他说：

"将军你立下的功劳，只有首先攻破石门、寻峡等险要之地这一点，并没有斩将夺旗的事实战功，还有什么值得到处炫耀的呢？攻破番禺的时候，你把投降的人作为你擒获的俘虏，把坟墓里的死人掘出来作为你斩获的敌军，这是你的第一件罪过。赵建德和吕嘉罪孽深重，不容于天下，你坐拥数万精兵却不尽力追赶，致使他们逃脱并以东越为后援，这是你的第二条罪过。将士们接连几年露宿在外，我在朝会上都不再置办酒席，而你却不知体恤士卒，而是假借花言巧语，请求乘传车到边塞，然后借此回家，怀里揣着金印银印，垂挂三根印绶，在乡里到处炫耀，这是你的第三条罪过。顾恋妻室而耽误返程的时间，却以道路不好作为开脱的理由，已经对君王丧失了起码的尊重，这是你的第四条罪过。想要配备蜀刀，问你价钱多少，你回答说均为几百钱，武器库每天都有兵器出库而你却假装不知，用诡诈冒犯君王，这是你的第五条罪过。接到诏令而不到兰池宫来见我，第二天又不向我回话。假如你的属下有问不答，有令不从，你该如何治他的罪呢？如果以此类推，人人都这样，那么天地之间还有什么信义可言？现在东越造反，叛军已经深入汉境，你能率兵抗敌补救这些过失吗？"

刘彻一番严厉的斥责，令杨仆大为惶恐，他赶快回答说："我愿尽力死战，以赎罪立功。"

同时，原龙嵒侯韩说，因为之前曾同朱买臣攻打东越，因此对东越的情况比较熟悉，但韩说酎金失侯，于是刘彻也重新起用他，任命他为横海将军，让他带兵出会稽郡句章（今浙江省宁波市一带），渡海从东面进军。

杨仆则从武林方向出兵，迎击已经攻入汉境的东越军队。

刘彻又派出所另外三路军队，以策应韩说和杨仆。分别是：中尉王温舒出梅岭；两个投降汉朝的南越人戈船将军、下厉将军分两路，从若邪（山名，今浙江省绍兴市南）、白沙进军。

五路大军，于元封元年（公元前110）冬，全部挺进东越境内。馀善悉发越军，拒守险要，抗击汉军。东越徇北将军守卫武林，一度击败了杨仆手下的数名校尉，杀死了汉军长吏，杨仆最终带领钱塘人辕终古斩杀了徇北将军。

前方汉军在军事上取得胜利，刘彻决定利用外交战线扩大战果。原东越国的越衍侯吴阳在长安，刘彻于是派他前往东越，劝馀善投降。馀善知道自己降汉只有死路一条，于是执意不听。

等到韩说的军队到达的时候，吴阳策反了他封地的七百人，然后带着他们攻打东越军队。吴阳和建成侯敖的部下，同繇王居股商议说："馀善首先兴兵作乱，并且强迫劫持我们这些人听从他的命令。现在汉军已经到来，人马众多，非常强大，东越失败将是必然的。不如我们用计除掉馀善，然后分头向汉军投降，说不定还能侥幸逃脱罪责。"

商议已定，于是一起杀了馀善，然后带领东越军队投降了韩说。投降的繇王居股及吴阳等人都被封侯。韩说被重新封为案道侯，他手下的一名校尉也被封侯。其他几路军队都没有立下足以封侯的战功。

刘彻觉得东越一带地势险要，民风强悍，叛降多次，反复无常，于是下令将东越人全部迁徙到江淮之间，东越及闽越自此灭亡。

第二十七节　征服朝鲜、开发西南夷、征服西域、汗血宝马

平定了南方的南越及东南方的闽越、东越之后，刘彻把目光投向了东北方向的朝鲜。

因为在中国历史上，朝鲜自始至终与中国保持着一种大体附属且相对稳定亲密的关系，中国作为宗主国，曾多次援助朝鲜，包括经济、政治、军事、抵御外侮等，荣辱与共，风雨同舟，直到近代。所以，有必要从头看一下朝鲜的历史。

根据朝鲜在13世纪创造的《三国遗事》记载，公元前2333年，天神桓雄和"熊女"（熊变的女子，或是以熊为图腾的部落女子）所生的后代檀君王俭在平壤（今朝鲜平壤）筑造了一座城，这座城因名为王俭城。王俭就在那里建立了最初的朝鲜国——檀君朝鲜。檀君朝鲜是朝鲜的神话传说，于史无据。

周武王灭商之后，商纣王的叔父箕子带着商代的礼仪和制度率五千商朝遗民东迁至朝鲜半岛北部，被那里的原始土著居民推举为国君，建立"箕氏侯国"。箕子所处的这一个时代，称之为"箕子朝鲜"。朝鲜人称呼箕子为"箕圣"，而把自己的国家称之为"箕圣国"。

在战国后期的燕国全盛时期，燕国曾经攻占真番（今韩国北部一带）和朝鲜，把他们作为自己的藩属国，并为他们设置官吏，修筑关塞城堡。秦国灭燕国，朝鲜也就成为辽东郡以外的边界国家。

汉朝建立之初，因为朝鲜距离中原较远，难以守卫，所以重新修复了辽东郡原来的关塞，到浿水（今朝鲜青川江和大同江的古称）为界，属燕国管辖。

汉高帝刘邦后期，燕王卢绾叛乱，逃到了匈奴。他的部将卫满也赶快流亡，

带着一千多部众，打扮成当地少数民族居民的模样，出塞并渡过浿水，居住在原秦国的一块空旷之地。之后，卫满及其部众使用武力，逐渐控制了当地百姓及原燕国、齐国的逃亡者，并将势力范围一直扩张到了汉阳（今韩国首尔）一带。从而取代箕子朝鲜，成了朝鲜新的统治者。公元前194年，卫满在朝鲜称王，并建都王俭城，自此，朝鲜历史上的"卫满朝鲜"开始。

汉孝惠帝和高后时期，天下初定，辽东郡的郡守和卫满达成协议：卫满做汉朝的外臣，保护边塞之外的蛮夷，不让他们侵扰汉朝边境；朝鲜境内的各蛮夷首领想要到汉朝朝见天子，卫满不得禁止。

辽东郡守把协商的情况报告朝廷，朝廷同意了这个协议。卫满得以凭借他强大的兵力和财力，侵伐并招降周边的小国，真番、临屯（今朝鲜咸镜南道一带）都来投降并归属于他，卫满朝鲜的疆域方圆达数千里。

文、景两朝，汉朝与朝鲜始终保持着一种和平状态。在这期间，卫满死去，王位传给了他的儿子，儿子死后，王位又传给了孙子卫右渠。

卫右渠在位期间，被引诱并逃亡到朝鲜的汉朝人越来越多，而卫右渠却并未到长安来朝见皇帝。真番周围许多小国想要上书朝见皇帝，但卫右渠却不同意。

基于这样的情况，公元前109年，在消灭东越的次年。刘彻派涉何为使者，前往朝鲜责备卫右渠，通知让他到长安朝见皇帝，但卫右渠却并不奉诏。

涉何无法说服卫右渠，只好回国。在离开朝鲜边境的浿水之时，涉河派车夫刺杀了护送他回国的朝鲜副王，然后迅速渡河，快马跑进了汉朝关塞。

涉何回到长安，向刘彻报告出使的经过，并吹嘘说："我杀死了朝鲜的一个将军。"刘彻并没有责怪他的这种旨在挑起两国纠纷的鲁莽行为，反而认为他有杀死朝鲜将军的美名，于是就任命涉何为辽东郡东部的都尉。

卫右渠对涉何杀死护送他的朝鲜副王的行为非常怨恨，经过一番策划，派兵偷偷渡过浿水，然后发动突然袭击，杀了涉何。

刘彻闻讯大怒，于是下令招募罪人，赦免他们的罪过，然后发兵攻打朝鲜。

公元前109年秋天，刘彻派楼船将军杨仆从齐地出发，乘船渡过渤海，取水路进攻。左将军荀彘率领五万大军，率兵出辽东郡，从陆路讨伐卫右渠。

见汉军来攻，卫右渠立即调兵遣将，据守险要之地，抵抗汉朝军队。荀彘手下的一个卒正轻敌，率领辽东兵冒进，结果被朝鲜军队击败，这一小部汉军逃散而归。荀彘大怒，按军法处斩了这个卒正。

而杨仆率领的另一路军队却于此时抢先到达王俭城。杨仆渡海登陆之后，应该要等待荀彘，与大部队会师之后再进发。但杨仆求胜心切，不等荀彘到来，就带着七千名齐地汉兵赶到了王俭城下。

卫右渠在城中，通过哨探得知杨仆的兵少，而荀彘所率的大部队却被朝鲜军队阻拦在浿水之西无法前进。卫右渠于是率领朝鲜军队出城攻打杨仆。杨仆兵少无力抵挡，军队被击溃，汉军士卒四散而逃。

杨仆战败，士卒逃散，一下子成了光杆司令，无奈之下只好逃往山中，然后陆续收聚逃散的士兵，过了十多天，才算把四散的士兵重新聚在一起。

荀彘率军攻打驻守在浿水之西的朝鲜军队，始终未能正面突破而前进一步。

刘彻见两路汉军均未能在军事上取得胜利，于是就想通过外交手段取胜。他派卫山为使，依靠汉军的强大兵威去向卫右渠宣诏，劝卫右渠投降。

卫右渠见到卫山，叩头谢罪说："我早就愿意投降了，只是怕杨、荀两位将军用欺诈的手段杀死我。如今我已见到了天子的符节，完全可以信赖使者，请允许我们归降。"于是卫右渠派遣太子前往汉朝谢罪，并向汉朝献上了五千匹马，又向汉朝军队提供了军粮。

卫山出使，前面的环节都没有出现问题，可说是取得了预期的效果。但到后来，却因为他未能有效控制局面，从而让卫氏朝鲜的归降中途流产。

卫满的太子渡浿水的时候，带领朝鲜军民约有一万多名，手里全都拿着兵器。他们正准备要渡河，卫山和荀彘都怀疑这些人要趁机作乱，于是就与太子交涉，说既然太子已经归降并要前往长安，那么就不应该让这些人携带武器。

可是这么一说，卫满的太子也起了疑心，他担心手下的人不带兵器，渡河之后，就会被卫山和荀彘以欺诈的手段杀害。于是放弃渡河，带着这些朝鲜军民转身回了王俭城。

这一来，荀彘和卫山都傻眼了。卫山无法，只好因京向刘彻复命，刘彻听了事情的经过，对卫山未能在关键时刻力挽狂澜而感到痛心，一怒之下杀了卫山。

在这期间，荀彘率领汉军攻破了朝鲜军队的浿水防线，然后带兵向前往，一直推进到王俭城下，并包围了王俭城的西北。

躲在山中的杨仆听说荀彘带大部队来到，于是立即带兵前去和荀彘会师，然后驻扎在王俭城的城南。

卫右渠见归降不成，汉军又围攻甚急，只得率领朝鲜军队坚守城池。汉军一连攻打了好几个月，都未能攻破王俭城。

荀彘之前长时间在宫中担任侍中，刘彻非常宠幸他。他是将兵之后，非常凶悍，再加上在浿水打了胜仗，所以一军将士，都非常骄傲。

而杨仆带领齐国士卒，取海路进攻，本来就有许多伤亡，加之王俭城下被卫右渠击败，所以士兵都非常恐惧，将领们心里也很惭愧，此时他们包围王俭城，杨仆心里根本就没有取胜的把握，经常手持议和的符节，想要用和平的手段招降朝鲜。

所以在这个时候，两路汉军的战略意图不一，就出现了非常大的麻烦。荀彘想要用战争来征服，而杨仆想要用和谈来招降，谁也说服不了谁。

荀彘率军猛攻王俭城，城中的朝鲜军队渐渐无法承受，于是卫满就暗中派人去找杨仆，和杨仆商议投降的事情。双方的使者往来，还没有做出决定。

而在荀彘这边，他等得急不可待，多次派人与杨仆商议，想要与杨仆确定一个共同攻打王俭城的时间，但杨仆觉得马上就会与朝鲜达到和约，所以并不理会荀彘。

荀彘心里非常生气，他知道杨仆在私下约降朝鲜，于是也派人与朝鲜方联系，想让朝鲜向他投降，朝鲜人却对凶悍的荀彘没有好感。而杨仆因为在攻打东越之前受到过刘彻的警告，所以他在军中处事稳妥了一些，因此朝鲜人对杨仆非常信任，想要向杨仆归降。

而很明显，卫右渠向谁投降，平定朝鲜的这桩功劳就是谁的。这么下来，荀彘和杨仆始终无法形成合力，一时陷入僵局。

荀彘心想，之前杨仆曾经有战败并失军的罪行，如今又与朝鲜私下接触议和，朝鲜却并没有投降，就怀疑杨仆是不是要造反，但因为没有证据，他也不敢贸然采取行动。

两路军队毫无进展，刘彻非常恼怒，于是下诏说："将帅真是无能。之前派卫山前去传达旨意，让右渠投降，右渠已经决定投降，并派太子前来长安，但卫山这个使者却未能当机立断见机行事，又与左将军荀彘的计谋出现了偏差，所以最终坏了朝鲜投降的约定。现在两个将领围城，相互之间又意见不一，所以久拖不决。现在我派济南太守公孙遂前去，可以根据两军的具体情况做出最为恰当的决定。"

公孙遂到达朝鲜之后，先见到了荀彘。荀彘对他说："朝鲜早就应该被攻克了，但时至今日没有攻下，这其中是有原因的。"于是就把他多次与杨仆约定攻打朝鲜而杨仆不来会师，且他怀疑杨仆要造反的事情告诉了公孙遂。末了，荀彘又说："现在情况已经危急到了这种程度，必须马上把杨仆抓起来，否则，他一定会成为汉军的大害。而且，还不仅是他一个人造反的问题，弄不好他会与朝鲜的军队联合起来攻灭我军。"

公孙遂听了荀彘的一面之词，也不再找杨仆了解情况，武断地就认为荀彘说的是对的。于是就以天子的符节召杨仆到荀彘的军营中议事。

杨仆觉得是皇帝派来的使者召他，没有怀疑，于是就来了。谁知来了之后，公孙遂立即下令让荀彘手下的人把他抓了起来，然后把两路军队合并，全部交给荀彘指挥。

公孙遂满以为自己这件差事办得漂亮，于是就把结果报告了刘彻。虽然刘彻没有亲眼看见朝鲜的战况，但他还能从之前两位将军送来的战报之中判断谁是谁非。所以刘彻一看见公孙遂的报告，立即就明白自以为是的公孙遂办了一件蠢事，大怒之下，杀了公孙遂。

杨仆被抓，公孙遂被杀，荀彘知道他要是不把王俭城攻破，那他的罪名就会更重。于是合并两军，竭尽全力攻打朝鲜。

在汉军的猛攻之下，朝鲜的情形越来越紧急。朝鲜的相国路人、相韩阴、尼谿相参、将军王唊相互商量说："本来准备要向楼船将军杨仆投降，但杨仆却被抓了起来。现在只剩下左将军荀彘一个人，他合并了两路汉军，攻势越来越猛烈。我们恐怕再坚持不下去了，可是王又不肯投降。"于是路人、韩阴、王唊都从城中逃出，前往汉军营中投降。而路人则死在了出逃的路上。

公元前108年夏天，尼谿相参派人杀了朝鲜王卫右渠，然后向汉军投降。但汉军还没来得及进驻王俭城，城中却又发生了变化。卫右渠的大臣成巳又带兵开始抗拒汉军。荀彘命卫右渠的儿子卫长降，路人的儿子路最到城中去告谕百姓，成功争取到了朝鲜军民的支持，于是杀了成巳，平定了朝鲜。

刘彻下令在朝鲜设置了四个郡，分别是真番郡、临屯郡、乐浪郡（今朝鲜国北部和中部）、玄菟郡（治今朝鲜咸镜南道境内，包括今朝鲜咸镜南道、咸镜北道以及我国的辽宁省、吉林省东部一带）。

尼谿相参、韩阴、王唊、长降等人都被封侯，路最因为他父亲路人死于战事，很有功劳，所以也被封侯。

而平定朝鲜的两个汉军将领，结局却出人意料。荀彘被召回京城，按照法律，他犯了因为争功而相互嫉妒，致使作战计划被破坏的罪行，被斩首弃市。

而杨仆也犯了罪行，他渡海之后到达洌口（朝鲜半岛上的渡口），应该在那里等候荀彘，然而他却擅自行动攻打王俭城，致使汉军伤亡惨重。按律当死，但他用钱赎了罪，被废为庶民。

汉军在连续平定南越、闽越及朝鲜之后，接下来又将重点放在了开发西南夷及征服西域各国上。

前面在讲述司马相如事迹时提及，西南夷是人们对我国西南地区的统称。因为他们处在巴郡和蜀郡的西南，因此被人们称之为"西南夷"。西南夷主要包括现今的贵州、云南、四川、广西的大部分地区，有夜郎、滇、昆明、徙、筰都等数十个国家。

在战国后期的楚国，楚威王派将军庄蹻率领军队沿长江而上攻取了巴郡、黔中郡以西的地方。庄蹻到达滇池之后，发现滇池方圆约三百里都是肥沃的平地，有数千里辽阔。于是庄蹻就凭借强大的军威平定了这个地方，把此地纳入了楚国的疆域。

庄蹻平定此地之后，准备回楚国向楚王回报，结果其时楚威王已死，继位的楚怀王被秦国夺取了巴郡和黔中郡。因为中间道路不通，庄蹻只好又回来，凭借强大的军队在当地称王，并改变他们的服装式样，遵从当地的风俗，然后做了滇人的统治者。

秦朝的时候，秦始皇派将军常頞开通了五尺道（从今四川省成都市、宜宾市到云南省昭通市、滇池），然后在这些国家设置了一些官吏。

又过了十多年，秦朝灭亡，汉朝建立，便与这些国家断了联系，而把蜀郡原来的边界当了关塞。

巴郡和蜀郡的老百姓都偷偷地越过关塞到这些国家去做买卖，和这些国家交换马匹、牦牛等牲畜，甚至还有家奴，因此巴、蜀两郡都非常殷富。

汉朝对西南夷的开发，还要从公元前135年闽越与南越的那一场纷争说起。闽越王郢攻打南越，刚刚即位的南越王赵胡就向汉朝求助。刘彻派大行令王恢和大农韩安国攻打闽越。汉军还未到达，闽越的馀善就杀了郢并宣布向汉朝投降。

汉军不战而屈人之兵，于是王恢就委派番阳令唐蒙先到南越，将汉军替南越出兵的情况委婉地告诉南越，好为接下来朝廷的使者正式出使南越做好铺垫。

南越王赵胡非常感激，拿出蜀郡的特产枸酱招待唐蒙，唐蒙非常惊讶，问这是从哪里得来的。南越人回答说："从西北的牂柯江里而来，牂柯江有好几里宽，流经番禺城下。"

唐蒙记住了这件事情。回到长安，他找来蜀郡的商人，向他们求证这件事情。商人回答说："没错，只有蜀郡出产枸酱，当地有很多人拿它偷偷去夜郎卖。夜郎紧靠牂牁江，江面宽百余步，完全可以行船。南越想用自己的财物收买夜郎，可是尽管他们的势力范围直达西边的同师（今云南省保山市一带），但也没能让夜郎国臣服。"

唐蒙核查得实，于是就向刘彻上书说："南越王使用皇帝专用的黄屋之车，车上插着大旗，早在违规僭越。他的土地东西一万多里，名义上是汉朝的外臣，实际上是一州之主。如今从长沙和豫章郡前去，水路多半被隔绝，难以前行。我私下听说夜郎国拥有的精兵有十多万，取水路从牂牁江而下，出其不意，攻其不备，这可谓是制服南越国的一条奇计。以汉朝的强大，巴蜀的富饶，打通前往夜郎的道路，在那里设置官吏，应该是非常容易的。"

刘彻看了唐蒙的奏章，觉得唐蒙提出的方案可行，于是就同意了唐蒙的提议。并任命他为郎中将，率领一千汉军，以及负责粮食、辎重的一万多后勤补给人员，从巴、蜀的笮关（今四川省雅安市汉源县一带）进入夜郎，见到了夜郎侯多同。

唐蒙给了多同很多赏赐，又用汉王朝的威势和恩德开导他，提出汉朝要在夜郎设置官吏的条件，并可以让多同的儿子当令长。多同于是召来周围的小首领商议。这些人都贪图汉朝的丝绸布帛，觉得汉朝到夜郎的道路非常险峻，不可能占领夜郎，于是就打定主意，接受了唐蒙的约定。

唐蒙大功告成，回京报告刘彻，刘彻非常高兴，于是把夜郎国设为犍为郡（初治今贵州省遵义市，东汉及三国时移治今四川省宜宾市）。

之后，唐蒙受命调遣巴、蜀两郡的兵士，修筑通往牂牁江的道路。司马相如也受命为郎中将，前往邛都、笮都，并在那里设置了一个都尉，十多个县，让他们归属巴郡管理。

此时巴郡、蜀郡、广汉郡、汉中郡开通前往西南夷的道路，被征调的士卒及运粮的人有好几万，但几年过去，道路没有修通，而因疲惫、饥饿、潮湿等伤亡的士卒却非常多。再加上西南夷屡次造反，调遣军队去攻打，耗费了大量的人力、物力、财力，却没有成果。

刘彻对此非常忧虑，于是委派公孙弘前去察看。公孙弘回来，说了开发西南夷的许多不利之处。等到公孙弘当了御史大夫，朝廷又准备修建朔方郡，公孙弘极力反对，刘彻为了说服公孙弘修建朔方，不得已做出让步，停止了对西南夷的开发。只在南夷的夜郎设置了两个县一个都尉，而让犍为郡自己保全自己，并逐步完善官吏体制。

公元前126年，博望侯张骞出使西域归来，说他在大夏时曾经看到过蜀郡出产的布帛，邛都的竹杖，他让人询问这些东西的来历，结果当地人回答说："从东南边的身毒国（即天竺国，古印度）弄来的，从这儿到那里的路途有数千里，可以和蜀地的商人做买卖。"身毒和天竺是当时人们对古印度的两种不同音译，因此，后文不论是身毒还是天竺，都指古印度。

因为当地人盛传在邛都之西二千多里外有个身毒国。所以张骞趁机在刘彻面前说，大夏在汉朝西南方，非常仰慕中国，却对匈奴阻隔他们与中国的道路而忧虑，假若能开通蜀地到身毒国的道路，那么从身毒国前往大夏这些国家，道路既近又方便，对汉朝有利无害。说得刘彻兴奋不已，于是命之前跟随司马相如出使西夷的副使王然于、柏始昌、吕越人等，让他们从西夷之西出发去寻找身毒国。

王然于等人到达滇国之后，滇王尝羌留下了他们，并为他们派出了十多批人到西边去寻找前往身毒国的捷径。但过了一年多，寻路的人全被昆明国所阻拦，没能通往身毒国。

有一天，滇王在闲谈中问汉朝使者说："汉朝和我国相比，哪个大？"汉朝的使者非常吃惊，实在是想不通一个跟汉朝的一个郡差不多大小的国家，竟要与汉朝比大小。后来，汉朝使者到达夜郎，夜郎侯也提出了同样的问题。这都是因为道路不通互不了解，各自以为自己的国家最大，却不知道汉朝更为广大。典故"夜郎自大"因此而来，比喻妄自尊大。

汉朝使者回到长安，在刘彻面前极力陈说滇国也是一个大国，值得让他们亲近和归附汉朝，刘彻对此非常动心，记在了心里。

南越的吕嘉杀死韩千秋等人与汉朝决裂的时候，刘彻于是派驰义侯到犍为郡征调西南夷的军队。且兰国（今贵州省福泉市一带）的君主害怕他的军队被调走之后，周围的国家就会乘机掳掠他的老弱之民，于是就同他的军队谋反，杀了汉朝使者和犍为郡的太守。

汉朝于是调动巴郡、蜀郡原想去攻打南越的八个校尉，率领被赦从军的罪犯去攻打且兰，并击败了他们。

正赶上南越已被平定，汉朝的八个校尉于是在撤军的途中平定了且兰国。且兰国经常阻隔汉朝与滇国之间往来，且兰被平定后，南夷遂平，于是在那儿设置了牂牁郡（今贵州省境内）。

夜郎侯之前依靠南越，南越被灭亡后，汉军又回来诛杀反叛者，夜郎侯见状，于是就到长安朝见。刘彻封他为夜郎王。

汉朝相继平定了南越、且兰、邛都，并杀了筰侯，周围的小国都非常震恐，于是向汉朝称臣。汉朝于是把邛都设置为越嶲郡（治今四川省凉山州西昌市东南），筰都设置为沈犁郡，厓駹设置为汶山郡（治今四川省阿坝州茂县北），广汉西边的白马氏民族故地设置为武都郡（今甘肃省陇南市礼县南）。

之后，刘彻派王然于利用破南越及诛南夷郡长的军威，委婉劝告滇王前来朝见汉天子。

滇王有军队数万人，他东北邻有劳浸和靡莫两个小国，都和滇王同姓，相互依靠，不愿意归属汉朝。并且，劳浸和和靡莫多次侵犯汉朝的使者和吏卒。

元封二年（公元前109），刘彻调动巴、蜀二郡的军队攻打并消灭了劳浸、靡莫，大军逼近滇国。因为滇王一开始愿意归降汉朝，所以刘彻没有诛杀他。

滇王离开西夷，举国向汉朝投降，请求为他们设置官吏，并且进京朝见刘彻，于是把滇国设置为益州郡（郡治今云南省昆明市晋宁县），赐予滇王王印，让他仍然统治他的百姓。

至此，汉朝在南越设九郡，同时在灭亡南越的同年，又设置了零陵郡（治今广西桂林市全州县），在西南夷设七郡，共十七郡。

西南夷的少数民族之中，彝族占绝大多数。"彝"通"夷"。1956年，毛泽东在北京与彝族干部商议，将"夷"改为"彝"，意为房子（彑）下面有"米"有"丝"，有吃有穿，象征兴旺发达，所以把"夷族"改为了"彝族"。

解决西羌和西南夷问题之后，刘彻开始了开拓西域的征程。

汉王朝对西域的征服，一个很重要的原因来自张骞。

张骞公元前126年出使大月氏回来之后，详细地向刘彻报告了他在西域的经历和大宛、大月氏、大夏、康居、乌孙等西域诸国的情况，介绍了这些国家的珍宝、特产以及风土人情等。使刘彻及汉朝大臣了解到了西域的葡萄、汗血宝马、苜蓿、石榴、胡麻、芝麻与鸵鸟蛋等中原没有的东西。

张骞建议刘彻通过赠送财物的方法使这些国家归属汉朝，成为汉朝的外臣，刘彻非常感兴趣，尤其对大宛的汗血宝马至为喜爱。

刘彻曾派张骞等人从西南夷出发寻找前往身毒国的道路，结果被昆明国阻拦而未能如愿。

汉、匈漠北之战后，匈奴失去河西走廊，向西北退却，依靠西域各国的人力、物力来对抗汉朝。刘彻打算联合西域各国夹攻匈奴，于是就多次问张骞大夏等国的事情。

张骞因为在公元前121年随李广出击匈奴时误期而犯罪,被废为庶人。此时见刘彻询问关于西域各国的情况,觉得应该是一个再次立功的好机会,于是就详细地向刘彻介绍了乌孙国的情况。

乌孙国原和大月氏在敦煌祁连一带游牧,都在匈奴的西边。他们的王名叫昆莫(也叫昆弥、昆靡,或简称靡),现任乌孙王是猎骄靡,也就是猎骄昆莫的意思。后猎骄靡的父亲难兜靡被大月氏所攻杀。其时的猎骄靡尚且年幼,于是匈奴的冒顿单于就收养了他。猎骄靡成年之后,老上单于就让他带兵出征,由于猎骄靡作战勇猛,多次建功,所以老上单于就把原属难兜靡的百姓交给他统治,并让他长期镇守在匈奴的西面。乌孙自此得以复国。

此后,猎骄靡不断地攻打周围的小部落,扩张势力范围,手下精于攻战骑射的将士达到了好几万。

冒顿单于之时,匈奴曾击败大月氏,大月氏被迫西迁至伊犁河流域。老上单于继位之后,于是联合猎骄靡,合力攻打迁往伊犁河流域的大月氏,大月氏被击败,南迁到大夏境内。老上单于死后,猎骄靡于是带着他的部众离开敦煌、祁连间,向西迁徙至伊犁河流域,到达今哈萨克斯坦境内巴尔喀什湖东南一带,与之前留下来的塞种人、大月氏人一起游牧。

乌孙国的势力越来越强大,于是猎骄靡开始保持中立,不再去朝拜匈奴。军臣单于十分愤怒,派兵袭击乌孙国,却未能取得胜利。匈奴人以为有神灵保佑乌孙国,于是与乌孙国保持一定的距离,不再大规模攻打乌孙国,只是保留着仍然臣使乌孙的名义,在表面上约束号令乌孙。

匈奴在漠北之战被汉军打得大败,再加上浑邪王投降汉朝,所以原浑邪王所居之地一直空虚,张骞就建议利用西域诸国贪图汉朝财物的这一特点,拉拢乌孙国,让乌孙国迁徙到原浑邪王所居的敦煌祁连间,实际上也就是之前乌孙国所居的故地,和汉朝结为兄弟之国,联合起来攻打匈奴。

如果能使乌孙国臣服汉朝,那么就可以顺势招抚乌孙之西的大夏等国,让他们也成为汉朝的附属国。

刘彻觉得张骞的建议非常值得采纳,于是拜张骞为中郎将,统率三百人,每人两匹马,牛羊上万头,携带巨量的金币绸缎,再次出使西域。

同张骞一同出使的还有为数不少的持符节的副使,在经过可联络的邻近国时,张骞就派副使前去打通关节。

张骞到达乌孙国后,猎骄靡接见他这个代表汉天子的使者时所持的礼节与对待单于的一样。张骞对此感到非常惭愧，认为这是猎骄靡对汉朝的轻视。张骞之前曾经到过西域诸国，他知道这些国家都非常贪图汉朝的财宝。为了赢得猎骄靡对汉朝的尊重，张骞于是说："按照我们汉朝的礼节，天子赐予礼物，如果国王不跪拜领受，那么就意味着想退回这些礼物。"

猎骄靡确实很想收下汉朝的礼物，听了张骞所说的话，于是向代表汉天子的汉朝使者行跪拜礼，然后收下了礼物。张骞利用他的聪明和智慧，为汉朝赢得了尊严。

张骞此番出使的一个重要目的就是希望能够说服猎骄靡，让乌孙国能够迁徙到原来浑邪王所住的那块地方。张骞暗示猎骄靡说："如果乌孙国能够往东迁徙到原来浑邪王所居的地区，那么汉朝就会把公主嫁给昆莫做夫人。"

当时乌孙国国内并不团结。猎骄靡已经老了，因为距离汉朝较远，所以不知道汉朝究竟有多大。并且匈奴对乌孙国有恩，乌孙国臣服匈奴已经有好长一段时间，地界又靠近匈奴，乌孙国的大臣们也非常畏惧匈奴，不想迁移。因此，猎骄靡心里非常犹豫，既不能说服其他的大臣，也无法下决心按照张骞的建议进行迁徙。

所以张骞在乌孙国停留了很长一段时间，也无法说服乌孙国跟汉朝结盟。

猎骄靡有十多个儿子，排行居中的一个儿子名叫大禄。大禄其实是乌孙国的一个官职名称，地位仅次于昆莫，类似于汉朝的丞相兼太尉，既有行政权又有兵权，势力非常大。因为猎骄靡的这个儿子担任大禄，所以史书就把他称之为大禄。大禄在猎骄靡的众多儿子之中是最有实力的，并且善于统率其他人，所以他带领一万多名骑兵居住在另一个地方。

大禄的哥哥是太子，太子有个儿子叫岑娶，但太子却很早就死了。太子临死之前，对父亲猎骄靡说："我死了以后，您一定要将岑娶立为太子，不要立其他人。"猎骄靡哀伤之下，于是就答应了他，最终立了岑娶为太子。

大禄没有被立为太子，心里非常怨恨，于是收罗其他兄弟，然后率领他的部下叛乱，计划攻打猎骄靡和岑娶。

猎骄靡年纪大了，时常担心大禄杀死岑娶，于是也拨给岑娶一万多名骑兵，让他居住在另一个地方，然后他自己留下一万多名骑兵自卫。这样一来，乌孙国的军队和部众就一分为三。虽说乌孙国的大事仍然由猎骄靡做主，但因为内部分裂，所以猎骄靡也不敢与张骞订立盟约。

张骞无奈，只好分派副使出使大宛、康居、大月氏、大夏、安息（今伊朗高原和两河流域)、身毒、于阗及邻近各国。

之后，猎骄靡派出向导和翻译，送张骞返国。张骞带着乌孙国的使者数十人，马数十匹返回汉朝，回谢汉朝。也想借此让乌孙使者暗中观察了解汉朝，看汉朝到底有多么广大。

此番出使，张骞于公元前119年出发，历经四年，于公元前115年返回。张骞回国之后，被刘彻拜为大行，列于九卿之中。但仅仅过了一年多时间，年仅五十岁的张骞就死了。张骞的早逝，应该与他长时间在野外及干旱的沙漠行军，食物短缺，饮水不足，阳光暴晒，塞风劲吹，导致健康受到严重损害有很大关系。

张骞出使西域，引进了西域的天马、汗血马等良种马，葡萄、胡萝卜、石榴、核桃、苜蓿等植物，还有地毯、西域各国的乐器、歌舞等，丰富了中原的物质生活。而与此同时，张骞也把中原的冶铁、开渠、凿井等技术和丝绸、漆器、金属工具等物品传播了出去，促进了西域各国经济社会的发展。

张骞了解到的西域各国的风土人情，是汉朝对西域各国进行了解的开始。公元前60年（汉宣帝时），西汉政府在乌垒城（今新疆巴音郭楞蒙古自治州轮台县境内）设置了西域都护府，总管西域一切事务，从此，新疆地区正式归属于中央政府的统治。

张骞是中国历史上第一个走出国门的使者，他两次出使西域，建立了中国同西亚和欧洲的通商关系，中国的丝绸等物品从长安出发，经河西走廊，西出玉门，取新疆天山南、北路，越过葱岭，运到安息，再从安息转运到西亚和欧洲的大秦（汉朝时中国对罗马帝国的称呼），开辟了历史上著名的"丝绸之路"。著名的史学家司马迁盛赞张骞出使西域为"凿空"，意思是"开通大道"。

公元前105年，汉朝使者沿着张骞的足迹，来到了今天的伊朗境内，并拜见了安息国国王。汉朝的使臣在安息国王的宫殿里将丝绸铺开，其华丽和绚烂，一下子就征服了安息国王。国王非常高兴，用鸵鸟蛋和一个魔术表演团回赠汉朝皇帝刘彻。这一事件，标志着连接东方中国和西方罗马帝国的丝绸之路正式建立。

张骞的不畏艰险两次出使，为加强国与国之前的交往，促进中西方文化的交流，做出了杰出的贡献，也对中国和西方的历史产生了极为深远的影响。因此，张骞的名字，长久为中西方人民记忆！

再说随张骞一起来到中原的乌孙国使者。他们来了之后，不禁为汉朝的强盛、繁华、富庶和广大所深深地震撼。回国之后，他们把看到的情况详细地向猎骄靡做了汇报。猎骄靡虽说感念之前匈奴帮他复国的恩德，但他也不愿长期作为匈奴的附属国，所以在了解到汉朝的富庶和强大之后，猎骄靡非常看重汉朝，想借助汉朝的威势与匈奴分庭抗礼，为乌孙国争得尊严和独立。

又过了一年多时间，张骞第二次出使西域所派出的副使和出使大夏的使者一齐返回长安，汉朝与西域各国的往来，才渐渐频繁了起来。

因为西域各国都非常信任张骞，所以尽管张骞死了，但此后出使的使者仍然使用他的爵号，都自称是博望侯。博望侯张骞，就像汉朝的一张金字招牌一样，西域各国都乐于见到他，并以此毫无条件地信任他、友好地对待他！

匈奴是直到张骞死后才知道乌孙与汉朝来往之事的，对此，匈奴非常愤怒，想要攻打乌孙国。而这个时候，汉朝的使者再一次到达乌孙，并且从它南面到达大宛国、大月氏，并与这些国家建立了友好关系。猎骄靡觉得压力非常大，他想起之前张骞所说的话，于是就派出使者前往汉朝，进献乌孙的良马，希望能迎娶汉朝的公主，与汉朝结为兄弟之国。

乌孙国前来提亲，刘彻就召集大臣们商议。大臣们都说："乌孙国必须先把聘礼送来，我们才能把公主嫁出去。"

早先的时候，刘彻曾用《易经》占卜，上面写着："神马当从西北来。"如今乌孙献上良马，于是刘彻把这些马命名为"天马"。等到后来得到大宛的汗血马，比乌孙的马更强壮，于是把乌孙马改名为"西极"，又把大宛的汗血马称之为"天马"。

也是从这个时候开始，汉朝开始修筑令居以西的长城亭障，初设酒泉郡以通西北诸国，并加派使者前往安息、奄蔡（今哈萨克斯坦、乌兹别克斯坦交界处的咸海一带）、黎轩（今意大利罗马）、条枝（又名条支，西亚古国名，今伊拉克境内底格里斯河和幼发拉底河之间）、身毒国。

因为刘彻非常喜爱大宛的汗血宝马，所以受派遣出使大宛的使者络绎不绝，这些使团，每批多者有数百人，少者百余人，所带的东西，都和当初张骞所带的东西一模一样。

后来因为出使非常频繁，所以派的人就越来越少了。汉朝一年派出的使者，多的有十几批，少的也有五六批，出使国家远的大约八九年才能返回，近的三五年就能返回。

汉朝平定南越、蜀地及西南夷之后，希望能取道西南夷去大夏，但因道路阻隔，始终未能前往大夏。

而汉朝使者取北路经酒泉去大夏的使者一多，那么沿途各国得到的汉朝的丝绸、布帛及财宝都非常多，渐渐地他们已不再稀罕汉朝的这些物品。

而与此相对应的则是，汉朝使者却越来越多。

自张骞出使西域被封侯并位列九卿，许多随从出使的官吏士卒都非常羡慕，所以争着上书，讲述西域的珍宝和怪异之事，总之是希望能够担任使者，到外国去出使。

刘彻觉得那些国家非常遥远，一般人根本不愿意去。所以只要有人申请，立即就批准，然后赐予他们符节，却从来不问他们的出身和品行如何。这样一来，这些使者在出使的过程中常常会做出侵吞财物且违背出使本意的事情。

刘彻觉得这些人熟悉西域的情况，所以就常常将他们判处很重的罪行，然后让他们拿钱赎罪，从而再度让他们充当使者出使。

这就形成了一种恶性循环。此时的使者，大都是一些喜欢说大话却品行不端的人，再加上出身贫穷，所以常常把郡县送给西域的礼品据为己有，然后在国外低价卖出并获取私利。而西域各国，则对这些使者相互矛盾不实的话感到厌恶。想来想去觉得汉朝的军队离得非常远，就算是得罪了这些使者，汉朝的军队也不可能到达这里，于是就断绝了供给这些使者的食物和日常用品，不再想理睬他们。

汉朝使者生活物资匮乏，对西域各国非常怨恨，于是开始相互攻击。楼兰（今新疆哈密市罗布泊之西，都城若羌）、姑师（又名车师，今新疆吐鲁番市西北一带）这些国家，虽然是小国，但处在汉朝通往西域的交通要道上。他们攻击汉朝使者更加厉害，有一个叫王恢的使者（这跟调解东越南越之间纠纷并参加马邑之围的那个王恢不是同一个人），就被他们攻劫得苦不堪言。

而雪上加霜的是，匈奴的轻骑兵也常常瞅准机会在半道上截击汉朝使者。使者们在西域处境艰难，于是就在回国后争相向刘彻报告这些国家的危害，并说这些国家虽然都修筑了城邑，但兵力却都不强，汉朝军队非常容易就会打败他们。

刘彻觉得这样下去不是办法，于是派赵破奴率领数万人攻打匈奴及西域这些对待汉朝不友好的国家。

赵破奴是九原人，他曾经逃亡匈奴，后来归汉。担任骠骑将军霍去病的司马，公元前121年随霍去病出北地攻打匈奴到达居延海那次，赵破奴因为战功卓著，以一千五百户被封为从骠侯。漠北之战，赵破奴再随霍去病出征，因有功被加封三百户。但在著名的"酎金失侯"事件中，赵破奴也未能幸免，失去了侯爵。

对那些资质平庸不学无术而依赖父荫的公侯子弟,被剥夺侯爵之后,刘彻没有再多加考虑,但像韩说、赵破奴这些人,刘彻还是为他们提供了机会,希望他们能够用他们出色的军事才能为国家效力,并再次立功封侯。

此时刘彻任命赵破奴为匈河将军,前去攻打匈奴。但在西域截杀汉朝使者的匈奴轻骑都是突击队,类似于近、现代的军事特别行动小组,完成任务,马上就会撤走,绝对不会愚蠢到留下来与敌方的大部队交锋的地步。所以赵破奴带数万大军赶到西域,却连匈奴骑兵的影子都没有见到。

第二年,也就是公元前108年,赵破奴率兵攻打楼兰和姑师。王恢因为此前多次被楼兰及姑师拦截,所以在他把这种情况报告刘彻之后,于是刘彻就下令让他协助赵破奴攻打楼兰及姑师。

赵破奴任命王恢为先锋,前去攻打楼兰和姑师。他们带着七百多名轻骑兵,一战生擒楼兰王,并击败了姑师,楼兰臣服于汉。而姑师直到差不多二十年后才臣服于汉朝。公元前89年,刘彻命重合侯莽通率四万骑兵攻打匈奴,途经车师北。莽通指挥楼兰、尉犁(今新疆巴音郭楞蒙古自治州库尔勒市一带)、危须(今新疆巴音郭楞蒙古自治州和硕县一带)等西域六国的兵马进攻车师,以扫除大军前进的障碍。在六国军队的包围之下,车师最终投降汉朝。

此时汉军以七百兵力降服楼兰,立时威震乌孙、大宛及西域诸国。攻劫使者的事情,从此销声匿迹。赵破奴获胜班师,被封为浞野侯,王恢被封为浩侯。于是,汉朝从酒泉郡出发一路修筑亭障,一直修到了玉门关。

在这个时候,汉朝与乌孙国的交往,开始进入蜜月期。汉朝军威威震乌孙,因为此前曾向汉朝提亲并得到了汉朝的同意,于是乌孙王猎骄靡以一千匹良马作为聘礼,求娶汉朝公主。刘彻做主,将江都王刘建的女儿刘细君嫁给了猎骄靡。

匈奴听说汉朝把宗室的女子嫁给了猎骄靡,于是也把匈奴的公主嫁给了猎骄靡。乌孙国毕竟离匈奴更近一些,猎骄靡哪边都不得罪,于是封匈奴公主为左夫人,而以汉朝的细君公主为右夫人。而匈奴及乌孙都是以左为尊的,所以在当时,乌孙国敬畏匈奴,仍然甚于敬畏汉朝。

但猎骄靡也想出了一个折中方案,匈奴走下坡路已是不争的事实,将来乌孙国与汉朝结盟已是大势所趋,自己已经年老,乌孙国未来如何,全看继承人与汉朝的关系如何。于是他以自己年老为由,建议让已经被他立为继承人的孙子岑娶纳细君为妻。

匈奴和乌孙这些游牧民族,往往存在这样的风俗,就是妇女可以改嫁自己丈夫的兄弟、非亲生的儿子甚至孙子以及其他的亲属。历史上将这种婚姻制度称之为"收继婚制"。

收继婚制由原始部落群婚制演变而来，寡妇由继承者或夫家亲属收继。主要原因是这些游牧民族散落在辽阔的草原上，部落之间相隔非常远，不同部落的男女很少有机会接触，所以丧偶的女性改嫁困难，大多被夫家的部落成员续娶。

而饱受文明礼仪浸染的中原人显然对这样的风俗感到很不适应。刘细君不同意，于是就上书朝廷，向皇帝说明此事（后来的解忧公主及王昭君都是如此）。

汉朝为了实现与乌孙国联合起来攻打匈奴的目的，于是下旨让细君与岑娶成婚，于是细君又嫁给了岑娶。细君婚后生一女名少夫，不久病死，汉朝又把楚王刘戊的女儿解忧公主嫁给了岑娶。后来猎骄靡死，岑娶即位，是为军须靡，此是后话，后文再讲。

在这一时期，随着汉朝与西域各国之间的来往越来越频繁，来到中原的西域胡人也越来越多。他们深眼窝，络腮胡，非常会做生意。西域的魔术、杂技、角抵等技艺表演大量传入中原，而且每年都有不同的花样。为了夸耀汉朝的富有，刘彻每次出巡，都带着为数不少的外国使者，让他们参观各地的仓库和存储的物资，并赐给他们丰厚的食物，营造酒池肉林，以示汉朝的富有。

西域人大都非常喜欢饮酒，那里的大部分国家都用葡萄酿酒，富有的人家，藏酒多达一万多石，能够保存数十年之久。

汉朝的使者回来的时候，带回了大量的葡萄、苜蓿种子。于是刘彻就倡导大量种植苜蓿和葡萄，以用来养马和酿酒。这样一来，大部分的离宫和别苑旁边的田地里，都种上了苜蓿和葡萄，看上去一眼望不到边。而汉朝一些因战败而逃亡的士兵则在西域留了下来，教当地人铸造兵器和器皿，所以许多西域人从汉朝得到的金银，都用来铸造了器皿。

因为刘彻非常喜欢马，所以一些到过西域的使者就对刘彻说："大宛国有宝马，名叫汗血马，但他们却藏在贰师城，不愿意交给我们。"刘彻本来就对大宛的良马情有独钟，如今听说大宛有更好的马，立即心花怒放。

于是刘彻派遣壮士车令，带着千金及一个金马，前往大宛国出使，请求大宛王交换贰师城的好马。

贰师是个音译词，汉代的贰师城在现今的吉尔吉斯斯坦共和国奥什，与"贰师"的读音非常接近。

车令等人到达大宛国之后，向大宛国申明来意。之前大宛国已经得到了很多汉朝的金银和器物，因此不再看重汉朝的东西，他们的贵族大臣们聚集起来相互商议："汉朝距离我们那么远远，况且中间还要经过沼泽地，伤亡非常大。他们若取北路前来攻打大宛，那么北边有匈奴拦截他们，他们若取南路来大宛，那么南边沿途缺乏水草，途中没有城镇，取食困难。汉朝的使者成批地前来，常常因为缺乏粮草，死者过半，他们又怎么能派大军前来呢？所以说，就算是我们拒绝他们，他们也对我们无可奈何。况且贰师城的马，那可是大宛国的宝马，怎么能轻易送人呢？"

贵族们商议已毕，于是正式答复汉朝使者，称不愿意把大宛的汗血马交给汉朝。

汉朝使者一听大怒，他仗着汉朝的强大势力作后盾，当即在朝堂上破口大骂，然后击碎了金马，掉头而去。

汉朝使者的辱骂令大宛国的贵族们恼羞成怒，他们纷纷说："汉朝使者怎么能如此轻视我们。"于是表面上送汉朝使者离开，而暗地里却吩咐东边的郁成国（今奥什东一带）在汉使归国的路上截杀了他们，并抢走了他们的财物。

汉朝使者带着大宗财物前往大宛国，求马不成反而被杀，并且财物也被抢夺，立即使刘彻勃然大怒。

那些曾经出使过大宛国的使者如姚定汉等人都说大宛国兵力不强，如果汉朝派出三千甲兵，用强弓射击他们，那么就可以尽数俘虏大宛军队，攻破大宛城。

之前汉朝曾派浞野侯赵破奴率七百骑兵攻打楼兰并俘获楼兰王，所以刘彻认为姚定汉等人所说的是对的，并且那个时候，刘彻正宠爱李夫人，想要让李家的人封侯，于是就拜李夫人的哥哥李广利为贰师将军，派属国的六千骑兵，及郡国品行顽劣的年轻人好几万人，一齐攻打大宛。

刘彻此次发兵的目的是想夺取大宛国贰师城的汗血宝马，所以就把李广利封为"贰师"将军。

大军既发，赵始成担任军正，浩侯王恢因为熟悉西域情况，担任大军的向导，李哆担任校尉，掌管军务。

这一年是太初元年，即公元前104年。这一年关东出现了严重的蝗虫灾害，东部的蝗虫一直飞到了西部的敦煌。

李广利所率的汉军向西顺利通过了盐泽地，沿途的小国都非常恐惧，所以全都坚守城池，不愿意向汉军提供食物。而汉军经过长途行军，战斗力锐减，攻打这些小国常常是费尽气力，却无法破城。偶尔攻下一两座小城，稍稍缓解小部分军队紧缺的粮草。但大部分的军队则是攻城不下,围攻几天之后无可奈何地离开。

等到汉军到达大宛国东面的郁成城的时候,能够跟上前锋部队的步卒只有几千人,并且全都饥饿难耐,疲惫不堪。

李广利率领这些又饿又累的几千汉军攻打郁成城,结果被郁成城中的守军打得大败,汉军死伤非常惨重,攻城不利。

李广利与李哆、赵始成等人商量说:"我们好不容易赶到郁成城,依汉军目前的战斗力,连郁成城尚且攻不下,更何况大宛国的国都呢?"于是决定退兵。然后带着剩下的残兵撤兵东回。

汉军从敦煌出发到最终返回敦煌,前后耗时两年。出发时有数万人,而返回时,所剩的士卒只剩下原来的十分之一二。

李广利在撤军回国的途中,就派出使者向皇帝报告说:"讨伐大宛路途遥远,粮草供应不济,将士们都不怕打仗,只怕吃不饱肚子。现在汉军兵力非常少,根本无力攻打大宛国。我们请求暂且收兵,等朝廷派出更多的援军之后再去攻打他们。"

刘彻接到李广利等人的上书,非常生气,他怨恨李广利等人没有取得胜利,在西域小国面前损害了大汉的国威。他下令玉门守将不许放西征的将士入关,有敢入关者,一律斩首。

李广利非常害怕,于是就遵照刘彻的指令驻留在了敦煌,没敢越过玉门关。

而在李广利率军攻打大宛国的这一个时间段里,汉朝和匈奴之间也发生了一件重大的战事。

匈奴伊稚斜单于在公元前114年死去,其子乌维单于即位,公元前105年,乌维单于死,其子乌师庐即位。因为乌师庐年少,所以被称之为"儿单于"。

儿单于因为年纪小,喜怒无常,喜欢杀人,所以大部分匈奴贵族在恐惧之下,都产生了叛变的念头。再加上这年冬天匈奴天降大雪,大部分牲畜被冻饿而死,国内形势非常严峻。

匈奴的左大都尉想要杀死儿单于投降汉朝,但又担心仅凭自己的力量杀死单于之后难以逃脱,于是就暗中派人前来与汉方联系,希望汉朝能派兵前来接应。

刘彻接信之后,非常高兴,于是就派公孙敖前往朔方郡高阙关西北修筑受降城(大约在今内蒙古乌拉特中旗石兰计的狼山山口西北),准备迎降匈奴左大都尉。

公元前103年，受降城筑成，但距离匈奴仍然非常远。于是刘彻又派浞野侯赵破奴率两万骑兵，出朔方郡西北两千多里，到浚稽山（今蒙古国图勒河、鄂尔浑河南部），接应左大都尉。

左大都尉听说汉朝的接应大军来到，于是准备发起刺杀儿单于的行动，不料事情败露，被儿单于察觉，儿单于先发制人，杀了左大都尉。之后，儿单于派遣左方兵攻打赵破奴的军队。

赵破奴奋勇反击，杀死俘虏匈奴兵数千人之后向南撤退。儿单于调集匈奴大军在后紧紧追赶，在距离受降城还有四百里的地方，匈奴军队追上了汉军，赵破奴所率的两万汉军被八万匈奴骑兵包围。

汉军被困荒漠，没有水源，赵破奴于是在夜间亲自出去寻找水源，结果被匈奴人生擒。

赵破奴被擒，汉军群龙无首，军中的护军郭纵和副帅维王（匈奴降将）担心回到汉朝之后会被治罪处死，于是带着两万大军投降了匈奴。

儿单于非常高兴，于是派兵趁胜攻打受降城，但因受降城防守坚固，没能攻下，于是在汉朝边境劫掠一番后退去。

汉朝损失了两万大军，一时朝野震动，许多大臣都极力主张停止攻打大宛，集中精力对付匈奴。

但刘彻却不这么想，他既然已经决定了要攻打大宛，那就说什么也不能放弃。连大宛这样一个小国都不能击败，那么大宛之西的大夏这些国家，就会更加轻视汉朝，大宛国的汗血宝马，就更加不会轻易得到，乌孙和仑头（今轮台县东南）这些小国，就会更加肆无忌惮地劫掠汉朝使者，所有的外国小邦，都会嘲笑汉朝。大汉朝和汉天子的尊严，又该置于何处？汉朝在西域各国中的地位，将会受到前所未有的影响。

刘彻大怒之下，将竭力反对攻打大宛的邓光等人下狱问罪，然后赦免囚徒和那些犯罪的士卒，增派那些品行恶劣的年轻人，还有边地的骑兵，在一年多的时间里，出敦煌的军队就达到了六万人，而这还不包括自带衣食自愿随军作战的人。随军的牛有十万头，战马三万多匹，驴、骡子、骆驼上万头，运输的粮草物资多得不可胜数，兵器应有尽有，一时之间，天下为之骚动。相传，当时光是接受诏令征伐大宛的校尉就有五十多位。

当时，中原的打井技术虽然传入了西域，但大宛国的城中却没有水井。城内的饮水，全部来自城外的河流。汉朝根据大宛国的这一弱点，制定了有效的攻防策略。他们随军派遣了水利专家，准备改变大宛城外暗河的流向，一来可以切断大宛人的水源，二来可以利用河水攻击大宛国的外城。

同时，刘彻增派十八万甲士，驻于酒泉、张掖以北，并设置居延（今内蒙古额济纳旗）、休屠（今甘肃武威市凉州区四坝镇）二县，以护卫敦煌。征发全国的七种罪人，负责给李广利运输粮草物资。一时之间，在去敦煌的路上，人车相连，络绎不绝。

这一次，刘彻志在必得，他拜两个善于相马的人为执驱校尉，准备攻破大宛后选取汗血宝马。

在人力、物力、财力得到充分保障的情况下，李广利带兵再次征伐大宛。因为汉军兵力异常强大，所以沿途小国不敢抵抗，纷纷出城迎接，供给汉军饮食。

可是当汉军到达仑头国的时候，该国却不肯投降。于是李广利指挥汉军攻城，打了几天之后，城破，汉军屠城。这一行为导致的直接后果就是西域各国无不胆寒，此后再不敢与汉军抵抗。

汉军从仑头出发继续西进，不久到达大宛。在大宛国城下，先期集结的汉军有三万多人。大宛国军队出城迎战，被汉军用强弩射败。大宛军队退入城中，坚守不出。

李广利准备率汉军前去攻打郁成城，但又担心大宛城中的守军趁机在后偷袭，所以开始猛攻大宛国都城。按照之前既定的方案，派水工切断了水源，改变了水道，大宛城中的守军立即陷入了断水的绝境。

汉军围困大宛城，连攻四十多天，外城被破坏，汉军突入城中，俘虏了大宛国的贵族勇将煎靡。

煎靡战败，立即令大宛举国震恐。大宛贵族们带着败兵退入内城，开始紧急商量对策。

大军压境加上全城断水，大宛国贵族的精神防线终于垮了。他们开始互相埋怨，推卸责任，并同时把矛头指向了大宛国的国王毋寡。

他们商议说："汉朝之所以攻打大宛，就是因为大宛王毋寡藏匿良马不肯给汉朝，又杀死了汉朝使者。我们要是杀死毋寡，献出良马，向汉军求和，那么汉军应该会撤兵。如果汉兵仍然不撤兵，那我们再拼死力战也不晚。"

商议已定，大宛贵族一起杀死了大宛王毋寡，然后派出贵人使者，手持毋寡的头到李广利军中求和。大宛国的使者说："汉军如果停止进攻，与我们讲和，那么我们就会献出全部的良马供你们随意挑选，并且我们还会为汉军供应粮草。

如果不愿意与我们讲和，那么我们就会杀尽所有的汗血马，然后与汉军决一死战。并且康居派来的救兵也马上就要到了，到那个时候，我们由内向外，康居由外向内，汉军腹背受敌，究竟谁胜谁负，还真是无法预料。你们到底会做出什么样的决定，还请你们认真地考虑一下吧。"

这个时候，康居派来的援军就驻扎在城外距汉军不远处，他们的探子侦察到汉军兵力强大，所以不敢进攻汉军，只是远远地窥视。

李广利于是和赵始成、李哆等人商议说："听说大宛城中找来了会打井的中原人，并且他们城中的粮食还有很多。我们这次大军前来的目的就是要杀死毋寡，现在首恶毋寡已经被杀，大宛国把他的人头送到了这里，我们的目的也就达到了。如果我们不答应和他们讲和，那么他们就一定会坚守城池，康居大军等到我军疲惫之时发动突袭，那么我们就会必败无疑。"

汉军之中的高级将领们都认为答应大宛的求和比较有利，于是就同意了大宛国的请求。

于是大宛国献出贰师城的汗血马，让汉军自由挑选，并拿出城中的粮草，供应汉军。

汉军精心挑选了上等宝马数十匹，中等以下的公马母马共三千多匹。之后，拥立大宛贵族之中对汉亲善的将军昧蔡为大宛王，与他盟誓之后罢兵。

远在长安的刘彻听说汉军取胜，获得了大宛国的汗血宝马，大喜过望，亲自创作了一首歌，让乐人们传唱："天马来兮从西极。经万里兮归有德。承灵威兮降外国。涉流沙兮四夷服。"这首歌的歌名叫《西极天马之歌》。

因为已与大宛国结盟，所以汉军也就没有进入大宛国都城的内城，之后就撤兵东归了。

当初李广利从敦煌带兵西进之时，觉得汉军人数众多，担心沿途各国无力供给粮食，于是把军队分成几支，分南北两路进军。

校尉王申生、原鸿胪壶充国等人率一千余人，从另一路到达郁成城。郁成人之前曾经杀死汉朝使者，知道降汉没有好下场，再加上此时见这一路汉军兵少，于是坚守城池，不肯向汉军投降。

王申生部离李广利的大军只有二百里，所以他非常轻视郁成，非常傲慢地斥责郁成王，并要求郁成国向汉军供应粮草。郁成国不愿意向汉军提供粮草，并且侦察到王申生所部兵力较弱，所以就在某个早晨，组织三千甲士发动了突然袭击。

王申生一来兵少，二来没有准备，结果当场被郁成人杀死，一千多汉军除了不到十个人逃脱之外，几乎全军覆没。

　　逃出的这些汉军士兵星夜前去投奔二百里之外的汉朝大军，并把王申生兵败的消息带给了李广利。而在这个时候，大宛国已经臣服了汉朝。

　　于是李广利命令搜粟都尉上官桀率汉朝大军前去攻打郁成，在汉军的猛攻之下，郁成城被攻破，郁成王赶快逃往康居。

　　上官桀在后紧紧追赶，一直追到了康居，然后向康居王索人。

　　康居听说大宛已被汉军攻破，汉军势力非常强大，担心不答应汉军要求，为康居招来灭国之祸，于是把郁成王交给了上官桀。

　　上官桀得到郁成王，于是命四名骑兵把郁成王捆绑起来，然后押送到李广利那里。

　　康居离郁成有数百里之遥，四个人押送一个国家的国王，不出事便罢，如果出了事，那谁都担待不起。所以四个骑兵相互商量说："郁成王是汉朝极为痛恨的人，如今要是活着押送，一旦发生意外，那就是不得了的大事。"决定杀死郁成王，只把他的人头带回去。

　　可是却又没有一个人敢于先动手。来自上邽的骑兵赵弟年纪最小，所以在另外三名骑兵的怂恿之下，拔剑杀死了郁成王，然后砍下了他的头，先是追上了上官桀，之后又与上官桀一起追上了李广利。

　　李广利第二次出兵的时候，为了确保汉军取得胜利，刘彻派遣使者出使乌孙国，让乌孙国派遣援军，与汉军合力攻打大宛。

　　乌孙国毕竟离大宛近，而离汉朝远，所以派兵倒是派了，却持观望态度，没有前来与汉军会师。

　　李广利击败大宛获胜东归之时，沿途小国听说大宛被汉军击败，所以都派贵族子弟随汉军前往汉朝进贡，朝拜天子，并顺便留在长安做人质。

　　此次汉军出征大宛，军正赵始成奋力战斗功劳最大；上官桀英勇作战，敢于长驱直入康居，押送郁成王；李哆出谋划策，使汉军回到玉门关的有一万多人，军马一千多匹。

　　这一次出兵，汉军并不缺少食物，战死疆场的也并不多，但汉军的损失依然非常大。究其原因，是因为李广利治军不严，手下的高级将佐贪污横行，不爱恤士卒，克扣普通士卒的装备粮饷，所以导致死了很多人。

　　但刘彻念在他们远行万里讨伐大宛，所以并没有计较他们的过失，而是封李广利为海西侯。又封那个敢于斩杀郁成王的赵弟为新畤侯。军正赵始成封为光禄大夫，上官桀升任为少府，李哆拜为上党太守。

军官之中，升任九卿的有三人，升任诸侯国国相、郡守、二千石级别官员的有一百多人，二千石级以下的官员有一千多人。

那些凡是自愿前去参军的人，他们所得到的官职，都超出了他们最初的期望。不过，那些因为罚罪而从军的人，则没有为他们计功。赏赐给士卒的金钱，价值达四万金。

汉军前后两次征伐大宛国，从公元前104年（太初元年）开始，到公元前101年结束，历时四年。

汉朝征服大宛并立昧蔡为王后撤军，过了一年多时间，大宛贵族认为昧蔡过于阿附汉朝，损害了大宛国的利益，于是一起杀了昧蔡，然后立毋寡的弟弟蝉封为王。然后派遣蝉封的儿子到长安做人质。

大宛国的这个做法令汉朝非常为难，虽说大宛贵族杀了汉军所立的王，让汉朝有失颜面。但他们立了新王之后却表示要继续臣服于汉朝，并遣子入朝为质，这又让汉朝挑不出他们的毛病。再说前两次战争的情形还历历在目，远隔万里大动干戈，利弊得失不能不令汉方加以慎重考虑，因为大宛离汉朝实在是太远了。所以考虑来考虑去，刘彻觉得不值得为了这样一件小事与大宛国闹翻，所以只好顺水推舟，承认蝉封的合法地位，并派遣使者前往大宛国，赐予礼物，安抚他们。此后，大宛国每年向汉朝进贡两匹汗血宝马，臣服于西汉。

征服大宛之后，西汉又先后派出十多批使者前往大宛以西的西域各国，寻求奇珍异宝，顺便宣扬汉朝征服大宛的武功军威。西汉政府自敦煌以西至盐泽，沿途修筑烽燧亭障，并在仑头等地实行军事屯田，长年驻屯的士兵有数百人。西汉政府在那里设置了使者校尉，管理屯田钱粮等事物，并负责给过往的使者提供食物和水。在西域都护府正式设立之前，汉朝的使者校尉实际上成了代表西汉政府领护西域各国的官员。

第二十八节　倾国倾城、苏武牧羊、李陵兵败、司马迁遭腐刑、苏李诀别

再说这个时候的匈奴。

匈奴的儿单于在擒获汉将赵破奴的第二年，再次率兵准备进攻受降城，但还没有到达受降城，就病死了。匈奴人立他的叔父，也就是乌维单于的弟弟右贤王呴犁湖为单于。

呴犁湖单于在位期间，曾经率匈奴军队大举入侵定襄和云中，杀死并掳掠数千汉民。

李广利征服大宛回国的途中，匈奴人曾计划在半路上截击他，却没有赶上。当年冬天，呴犁湖单于想要攻打受降城，但这个计划也还没有来得及付诸实施，呴犁湖就病死了，他在位仅一年多时间。

呴犁湖单于死后，匈奴贵族立他的弟弟左大都尉且鞮侯为单于。

汉军击败大宛国归来，大汉朝野一片欢腾。刘彻意气风发，想乘胜攻打匈奴，他下诏说："当年高皇帝给我留下了平城这个遗憾，高后时单于写了极其无理的书信。春秋时的齐襄公，报了九世以前的仇，《春秋》对此大加赞赏。"以此来回忆前朝的仇怨，并激励当朝的将士和有志报国的士大夫们，为征伐匈奴做舆论准备。

且鞮侯单于刚刚继位，单于之位还不稳固，时常担心汉朝派兵袭击他。于是就采取了一些缓和的措施，把之前匈奴扣留的不愿归降的汉朝使者路充国等人全部释放回国。

并且，且鞮侯还以非常谦卑的话对汉方说："我在汉朝皇帝面前就像儿子一

样，哪敢同汉天子相比？汉天子，那可是我的父辈啊。"

刘彻听了非常高兴，以为且鞮侯单于有意同汉朝和好，于是派遣使者，带着丰厚的礼物前往匈奴，往赐且鞮侯单于。

孰料，西汉的这一次出使，不仅引发了一桩严重的外交事件，而且使两国之间再次处于敌对状态，乃至兵戎相见。而在这起事件和随后引发的战争中所牵涉到的几个人，则成为中国历史上千古传诵的人物，他们的际遇或令人悲叹，或令人振奋，或令人愧恨，有关他们的文艺作品后世层出不穷，争议历来不断，悲歌慷慨，催人泪下，感染、激励并影响了一代又一代的人，引发了无数的共鸣。

此次代表西汉政府出使匈奴的使者是苏武。

苏武字子卿，西汉杜陵人（今陕西省西安市境），是卫青部将苏建的儿子。苏建在公元前127年以校尉的身份随卫青攻打匈奴，因功被封为平陵侯，但到了公元前123年，就因为赵信投降匈奴而被免为庶人。后来苏建又出任代郡太守，卒于任上。苏建有三个儿子，长子苏嘉为奉车都尉，三子苏贤为骑都尉，苏武排行居中，为栘中厩监。他们兄弟三个人，最初都是因为父亲苏建而被任命为郎，其后逐渐升迁的。

因为此时且鞮侯单于向汉朝政府发出了和好的信号，释放了之前扣留的汉朝使者，并且言语卑下，所以刘彻也决定把之前汉朝扣留的匈奴使者送回去，与匈奴交好。于是拜苏武为中郎将，持皇帝符节，携带大宗财物，前往匈奴答谢且鞮侯单于。这一年是汉武帝天汉元年，公元前100年。

随苏武一起出使的，还有副中郎将张胜和临时担任使臣的常惠，以及招募的一些士人、斥候等一百多人。

但苏武等人到了匈奴之后，才发现且鞮侯单于非常傲慢，倨傲无礼，根本没有表现出汉朝君臣所期望的那种友好态度。

既然出使无法达成盟约，那么徒留无益，苏武等人也就准备着离开匈奴，回归汉国。且鞮侯单于派遣使者，准备护送苏武等人回国。

可就在这个节骨眼上，发生了一件意外之事。

匈奴的缑王、虞常等人策划在匈奴谋反，他们想绑架单于的母亲之后逃回汉朝。缑王是浑邪王（又名昆邪王）姐姐的儿子，公元前121年他与浑邪王一起降汉，但三年前随赵破奴出征匈奴之时，因赵破奴被擒而全军降于匈奴。而虞常则是匈奴丁灵王卫律的部下。

那么卫律又是什么人呢？

卫律本是匈奴人，自小在汉朝长大，他与李广利之弟李延年的关系非常好。

李延年是西汉著名的音乐家，他的父母及兄弟姐妹均通晓音乐，是以演奏和歌舞为职业的艺人，所以称之为出身"倡家"，在当时是一种很低贱的出身。李延年在音乐方面特别有天赋，并且舞也跳得非常好。年轻的时候，他因为犯法而被处以宫刑，后负责饲养宫中的狗。李延年因为生理上跟现时代的人妖类似，所以随着年龄渐长，歌声越发好听，容貌越发俊美。他每次创作新歌并演唱，听的人没有不感慨激昂心潮澎湃的。因为擅长歌舞并颇有造诣，所以李延年很得皇帝刘彻的宠爱，有的人甚至据此说，他是刘彻的男宠。

有一天，刘彻在宫中举行宴会，李延年上前献歌说："北方有佳人，绝世而独立，一顾倾人城，再顾倾人国。宁不知倾城与倾国，佳人难再得。"

北国有一位美人，她姿容出众，举世无双。她要是对守城的士卒看上一眼，那么这些士卒便会忘记守城的任务，使城池失守；他要是对治理国家的国君看上一眼，那么国君就会忘记治理国家的使命，使国家灭亡。难道不知道城池失守和国家灭亡的危害吗？实在是这样的美人世所罕有，很难再得到啊。

这首歌后世名为《佳人曲》，刘彻听了之后，内心对歌中的这位美人非常倾慕，他叹息说："世界上真的有这样的美人吗？"

刘彻的姐姐，即卫青的夫人趁机对刘彻说："李延年有个妹妹，容貌非常秀丽，歌声比李延年还要动听，舞姿比李延年还要曼妙。"

刘彻于是召来李延年的妹妹，一看之下果真是美丽善舞，令人极度心悦。刘彻非常宠爱李延年之妹，号为李夫人。李延年和李广利也因此得以显贵。

后来李夫人为刘彻生下一子，这就是昌邑王刘髆，李延年也因此被封为协律都尉，佩戴二千石的官印，负责宫中的乐器，有时甚至与刘彻共同起卧，很得刘彻的宠爱。

但没过多久，李夫人却患了重病，病情越来越严重。刘彻亲自前去探望她，李夫人用被子蒙住脸辞谢说："妾患病这么长时间，容貌已经毁坏，不可以见皇上。希望把儿子和兄弟托付给皇上。"

刘彻说："夫人病得这么厉害，大概是不能恢复健康了，你让我见一面再托付后事，岂不是更好吗？"

李夫人说："妇人的容颜没有经过妆饰，不可以见君父。妾不敢以轻慢的态度见皇上。"

刘彻说："夫人如果让我看一眼，我一定会加以千金的赏赐，并且授予你的兄弟尊贵的官职。"

　　李夫人断然拒绝说："授不授予尊贵的官职，决定权全在皇上，而不在于见不见一面。"

　　刘彻表示一定要见她一面，但李夫人却转过脸去低声哭泣起来，不再说话。

　　刘彻怏怏不乐，于是很不高兴地离开了。

　　刘彻走后，李夫人的姐妹们责备她说："贵人您为什么不让皇帝看一眼并嘱咐后事呢？你为什么如此痛恨皇上呢？"

　　李夫人解释说："我之所以坚持不让皇上看我，正是想要确确实实地把兄弟儿子托付给皇上啊。我因为有姣好的容貌，而得以从微贱之中得幸于皇上。以美色事人者，色衰而爱弛，爱弛则恩绝。因为美色而得到皇上宠爱的人，必然会因容颜不再而失去宠爱，失宠之后，恩情也就断绝了。皇上之所以对我念念不忘，就是因为我平生美好的容颜。如果他现在看到我容貌毁坏，不再是之前的样子，一定会厌恶我抛弃我，还怎么会记得我并怜悯我的兄弟授予他们官职呢？"

　　李夫人死后，刘彻以皇后的礼节安葬了她。因为她年纪轻轻而早死，所以刘彻非常怜惜她，对她日夜思念不已。

　　齐国的方士少翁欺骗刘彻说，能招来李夫人的魂魄与皇帝相会，刘彻立马就相信了。少翁在宫中挂起帷帐，然后在夜间点起灯烛，陈设酒菜，之后开始作法，而让刘彻坐在旁边的帐子里。在半昏半暗的灯光之下，刘彻远远地望见帐子里出现一位美人，模样特别像李夫人，但他刚想揭起帷帐走近去看，美人却一晃就不见了。少翁说刘彻身上的阳气太重，把李夫人的魂魄吓跑了。少翁欺骗刘彻的方法，实际上就是现代的"皮影戏"。

　　但刘彻却并不知道少翁的骗术，他因此而越发思念李夫人，并为此作诗说："是邪，非邪？立而望之，偏何姗姗其来迟！"（典故"姗姗来迟"出处）那个影子是你吗？不是吗？我站起身来张望，为什么你这么晚了还没有来到？这首歌后人取名为《李夫人歌》。刘彻让宫廷的乐师们把这首歌谱上曲子，然后传唱。他又亲自写了一篇赋，以悼念李夫人。

　　但即便是刘彻对李夫人如此的思念，即便是李夫人临终前以世所罕有的智慧想要保全她的家族，但其后来来的祸患，终究还是来了。

　　李夫人有个弟弟名叫李季，因为时常出入后宫，与后宫的妃嫔发生了奸情。

　　李夫人已死多年，刘彻心中对她残存的爱已经所剩无几，如今李季如此不法，刘彻勃然大怒，下令将李家灭族。李延年等人尽皆被杀。

其时李广利正在征伐大宛回国的途中,所以刘彻没办法追究。而等到李广利得胜归来,刘彻也因为李夫人之故心生懊悔,所以再没有为难李广利。不仅没有为难,反而因他征服大宛的功绩而封他为海西侯。

而在李家被灭族的时候,卫律正在出使匈奴回国的路上。

卫律和李延年的关系非常好,所以受李延年的举荐而出使匈奴,此时李延年一家被灭族,卫律十分害怕,担心回国后同样性命不保,于是反身出逃,投降了匈奴。

匈奴对卫律非常看重,封卫律为丁灵王。等到且鞮侯单于即位,更加宠信卫律。

卫律因为担心回国后被杀而投降匈奴,但其他那些随他出使而被迫投降匈奴的人就不这么想了,这些人对他充满怨恨,因为是卫律让他们离开了繁华的故土,而来到了生活习惯很不适应的游牧之地。他的部下虞常就是其中之一。

缑王和虞常策划归降汉朝之时,卫律当初带来的那些部下,也成为虞常和缑王游说的主要对象。

虞常在汉朝的时候,与副使张胜的关系非常好。在他们策划的这个时间段,苏武等人刚好来到了匈奴。于是虞常就私下里去拜见张胜,对张胜说:"听说汉朝皇帝非常怨恨卫律,我能替汉朝用暗箭射杀他。我的母亲和弟弟都在故土汉朝,希望汉朝能够照顾并赏赐他们。"张胜觉得这没有什么不可,于是就答应了,然后送给虞常不少的财物。

其后过了一个多月时间,且鞮侯单于外出打猎,只留下阏氏和年轻的子弟在家。虞常等人见时机非常好,于是就把之前约定的七十多人聚集起来,准备施行之前商定的劫持人质并逃往汉朝的计划。不料当天晚上,有一个人偷偷溜了出去,把他们出卖了。

单于子弟发兵捉拿虞常等人,结果缑王等人战死,虞常被活捉。

且鞮侯单于回来之后,派卫律审理此案。汉朝副使张胜听到消息,担心之前和虞常所说的那番话被供出来,于是把事情告诉了苏武。苏武说:"事情到了目前这个状况,到时候就一定会牵连到我。如果我受了匈奴的侮辱再死去,就更加对不起国家了。"于是想自杀。张胜、常惠一齐制止了他。

虞常在卫律的严刑拷打之下,始终不承认与汉使同谋,只承认曾经偷偷见过汉朝副使张胜,委托他代为照顾自己的家人。

汉朝使者与匈方降将私下会面,这让且鞮侯单于十分生气。再加上根据卫律的猜测，虞常等人很可能与汉朝使者就谋反一事达成了默契。于是且鞮侯单于召集匈奴贵族商议，想要杀掉汉朝使者。

左伊秩訾制止说："就算是汉朝使者想要共同谋害阏氏的事情是真的，现在要全部杀掉他们，那么等将来有一天有人想要谋害单于，又该如何加刑呢？应该全部招降他们。"

左伊秩訾的这番话博得了绝大多数人的认可，于是单于决定扣留并招降汉朝使者。

单于派卫律全权负责此事，召来苏武接受审讯。

苏武对常惠说："屈节辱命，即使活着，还有什么面目归汉呢？"说着拔出佩刀刺进了自己的胸膛，一时间血流如注。

卫律大惊失色，没想到苏武会如此刚烈。他赶快抱住苏武，派人骑快马找来郎中。找来的郎中很有一套办法，他在地上挖了一个坑，在坑里点上火，然后把苏武放在了坑上，不停地敲他的背，让伤口中的淤血流出。

苏武本来已经断气，经过郎中这么一番紧急救治，又渐渐恢复了呼吸，有了知觉。常惠等人都禁不住哭泣，用车把苏武载回了营帐。

且鞮侯单于听说苏武自杀，非常钦佩苏武的节操，早晚派人探望询问他，而把张胜囚禁了起来。

经过匈奴郎中的悉心调理，苏武的伤势渐渐复原。单于再次派卫律前来劝降苏武，并当着苏武的面审判虞常，想要借此恐吓苏武，让苏武投降。

卫律拔剑杀了虞常，然后对苏武说："汉使张胜图谋杀害单于亲近的大臣，理应判处死刑，但是单于想招募那些愿意投降的人，并赦免他们的罪过。"说着举剑作势要砍张胜，张胜知道自己拒降会是死路一条，于是赶快请降。

卫律十分得意，进一步威胁苏武说："副使有罪，你作为正使，也应当连坐。"

苏武据理力争说："我没有参与任何的计划，又和他没有亲属关系，为什么要连坐？"

卫律理屈，想用对付张胜的那一招对付苏武，于是把剑高高举起，做出一副要砍苏武的样子，但剑到眼前，苏武却岿然不动。

卫律见威逼不行，又开始利诱。他说："苏君，我之前背弃汉朝归顺匈奴，幸蒙单于大恩，赐予了王爵，拥有数万部众，牛马牲畜满山遍野，富贵如此。苏君今日投降，明日也会像我一样。否则，你不过是白白牺牲了自己，拿自己的身躯去做野草的肥料，又有谁会知道啊？"

苏武依然不为所动。

卫律见苏武毫无反应，于是又说："苏君要是听我的劝投降单于，那么我愿意与您结为兄弟。您要是不听我的劝告，以后就算是追悔想要见我，还有现在这么容易吗？"

卫律以为凭着自己丁灵王的身份，这么劝说已经是抬举苏武了，可谁知苏武听后却斥责他说："你作为大汉臣子，不顾天子的恩义，背叛君主、背弃父母，投降蛮夷去做俘虏，你有什么资格让我去见你？况且单于信任你，让你决定他人的死生，你非但不公平持正，却反而想要挑起两个君主之间的矛盾，自己坐观成败。南越国之前杀了汉朝的使者，最后被汉朝消灭而成了汉朝的九个郡；大宛王之前杀了汉朝使者，最后他的人头被悬挂在长安的北门示众；朝鲜杀了汉朝使者，立即就被诛灭。只是匈奴还没等到这一天罢了。你明知我不降，却想杀死我让两国相互攻战，那么匈奴的覆灭就从我开始吧！"

卫律见始终无法胁迫苏武投降，于是就把劝降苏武的过程详细地报告了单于。

在当时的那个历史环境中，由于两国之间战事频仍，所以汉、匈双方的将领、使臣被俘之后迫于形势向对方投降是常见的事情，今天投降，明天再跑回来，也不影响自己继续为原来的国家和国君效力。早期如韩王信，自己投降匈奴，儿子韩颓当、孙子韩婴回了汉朝；燕王卢绾，自己投降匈奴，妻子儿女及孙子卢他之归汉；赵信，原是匈奴人，后投降汉朝，战败后复降匈奴；缑王，随浑邪王降汉，迫于形势投降匈奴，此时又想归汉；三年前率兵攻打匈奴的赵破奴，被生擒后投降，这一年又趁着匈奴不备带着儿子跑回了汉朝……汉、匈双方的国君对此似乎也习以为常。但像苏武这样气节如此坚定而决意不降者，真是凤毛麟角，少之又少。但正因为其稀少，他们忠于国家忠于使命忠于国君的节操才会显得弥足珍贵，也因此而更加为国君所钦佩、器重。

所以且鞮侯单于听说苏武不愿变节投降的消息之后，心里越发敬慕苏武，想要让他投降匈奴，为自己效力。

于是他决意在肉体上折磨苏武，想要让苏武屈服。

他先是下令把苏武关进一个大地窖中，不给他水和食物，想让苏武妥协。

苏武的身下有一块毡子。毡子是匈奴人用羊毛压成的毯子，类似于现今的毛毯，防寒性较好。所以被关进地窖中的苏武，就从毡子上揪下羊毛，然后就着雪，一起咽了下去。就这样，一直过了好多天，苏武既没有讨饶，也没有被饿死。

单于大为惊奇，以为有神人保佑苏武，于是就把苏武迁到了北海边没人的地方（今俄罗斯贝加尔湖）。让他放牧公羊，声称要等到公羊生了羊羔才会让他回来。

使团之中的其他随从如常惠等人，则被安置到其他的地方。

苏武到了北海之后，没有任何人可以给他提供粮食，他只能靠挖掘野鼠洞，靠野鼠所储藏的草籽来充饥。他在牧羊的时候，手里始终拿着汉朝皇帝交给他的符节，就算是回到住处起卧，也一直拿着，所以过不多久，符节上的毛就全部脱落了。

过了五六年，单于的弟弟于靬王到北海打猎，发现苏武会编织打猎的网，矫正弓弩，于靬王非常敬重他，于是送给他衣服和食物。过了三年多时间，于靬王大病，临死之前，赐给苏武马匹、牲畜、衣服和毡子做的帐篷（穹庐）。于靬王死后，他的部下渐渐迁徙到了别的地方，到了冬天，丁零人（贝加尔湖一带）盗走了苏武的牛羊，苏武又一次陷入困穷之中。

再说汉朝一方。苏武等人出使匈奴被扣留，刘彻知道且鞮侯单于想要与汉朝和好的说法只不过是骗人的把戏，于是决意再次攻打匈奴。

公元前99年，刘彻命令贰师将军李广利率三万骑兵出酒泉，攻打在天山（今新疆天山）一带活动的匈奴右贤王部。

为了做好后勤保障工作，刘彻召来李陵，想让他为李广利的大军押送粮草辎重。

前文曾有提及，李陵是李广长子李当户的遗腹子。

李陵字少卿，年轻时曾担任侍中，为建章监。李陵的血液中流淌着他祖父李广的那种倔强和神勇，并继承了李家善于骑射的天赋和基因，他对人仁爱，谦和礼让，所以在将士之中有着非常好的声誉。刘彻认为李陵具有李广当年的风范，于是命他带领八百骑兵。李陵曾经带着这八百骑兵，深入匈奴两千余里，越过居延侦察地形，没有遇到匈奴军队，最后顺利返回。

回来之后，李陵被升为骑都尉，带领精兵五千，在酒泉、张掖等地教习箭术以防卫匈奴。过了几年之后，刘彻派李广利征伐大宛，命李陵带着这五千精兵，作为李广利的后援。到达边塞的时候，正赶上李广利带兵返回。刘彻赐给李陵诏书，让他留下手下的将士，只带五百轻骑出敦煌，前往盐水迎接李广利回师。迎回李广利之后，李陵仍然带领这五千精兵驻屯在张掖。

因为有前次的稳妥表现，所以此次李广利再度出师，刘彻仍然想到了李陵，于是下诏让李陵来京朝见。

上次李广利征伐大宛，虽然最终取得了胜利，但只要是参加过那场战争的人都清楚，这个胜利是怎么得来的。第一次，李广利由于缺乏出色的指挥才能，汉军大败而归。第二次，汉朝倾全国之力为他的军队提供粮草和兵员保障，但班师时军队居然出现了令人难以想象的减员。所以，血气方刚的李陵不想再居于平庸的李广利之下，他想自己独当一面。

李陵从张掖来到长安之后，即前往武台朝见刘彻。他把自己的想法明确无误地向刘彻谈了："臣所带的屯边将士，都是荆楚一带的勇士、奇才、剑客，力大可缚猛虎，射箭百发百中，希望能让我自带一支队伍，到兰干山南以吸引分散单于的兵力，而不要让我为贰师将军运送粮草辎重。"

眼前的李陵，活脱脱就是当年的李广。勇敢、自负、倔强、逞强、求胜心切、不甘居人下……看到李陵，刘彻就不由自主地想到李广。在刘彻看来，当年的李广运气实在是太差了，但他在想要封侯的强烈欲念之下，却屡屡强出头，结果迎接他的只有一次又一次的失败。在最后一次失败之后，万念俱灰的李广，以最为悲壮的方式，结束了自己的生命。

李广自刎之后，不论是军中的将士，还是留守的百姓，都对李广怀着深深的同情。既然绝大多数的人同情李广，那就说明，这些人都认为，李广或多或少受到了不公正待遇。同情一方，必然就会对另一方有所不满。那么军民因同情李广而埋怨的另一方是谁，答案是不言而喻的。刘彻作为千古明君，对将士黎民的心理，不可能毫无觉察。

所以说，李广之死，让刘彻的心理压力非常之大，舆论的矛头最终指向刘彻，无非是要表达这样一个意旨——是刘彻对李广不公，是刘彻逼死了李广，刘彻对李广之死负有主要责任。

所以，从公元前123年李广自刎到公元前99年的这二十四年时间里，刘彻背负的精神枷锁，就从来没有卸下过。李广悲情的一刎，就是要明明白白告诉刘彻：他对刘彻不满，他要以死抗争！对此刘彻心里是一清二楚的。如果李广活着，刘彻大可以跟他辩论一番，辩清楚他的死跟自己毫无关系。但李广死了，刘彻说什么李广也听不见，所以刘彻的怨气根本无处去宣泄，多少年来只能忍在心里，饱受精神的折磨。所以，刘彻对李广的恨，从来就没有止息过。

纵观历史可以发现，明君办事从来就没有公平公正过。他必定要有所偏好，有所取舍，尊显喜欢的人，打压厌恶的人，而不管这个人到底是一心为国还是阿意取容。

所以，在可以选择的情况下，刘彻必定要优先让他宠妃的兄弟亲戚卫青、霍去病、李广利尊贵，而让李广、李陵这些人为卫青、李广利等人服务做陪衬。汉朝是他刘家的天下，所以刘家的功名富贵，他必须以名正言顺的方式，赐给自己最为喜欢的人。

而幸运的是，卫青和霍去病由于才干超群，功勋卓著，所以天下人心服口服，无话可说。那么轮到李广利呢？不恤士卒，贪墨横行，吃败仗也损兵折将，打胜仗也损兵折将，天下百姓，还能对刘彻的任人唯亲不发议论吗？

所以，此时李陵明确表示不想为李广利服务之时，刘彻心中长久封存的对李广仇恨的那个潘多拉魔盒，一下子打开了。如果将领们谁都不愿意辅佐李广利，做李广利的副将，那不就是在明确无误地挑战自己的权威，说自己用错了人吗？

刘彻心里不是不明白李广利是个什么水平的人，但他宠爱李夫人却灭了李夫人的族，现在李家仅剩下李广利，所以，他必须弥补这个亏欠。

于是他直言不讳地对李陵说："你是耻于做别人的下属吧？我调遣了这么多军队，再没有马匹供给你了。"

李陵回答说："没有马匹也不要紧，臣愿意以少胜多，带领手下的五千步兵直捣单于的王庭。"

此时刘彻的心里是极为矛盾的，一方面，因为李广，他不喜欢李陵，这是毫无疑问的；但另一方面，李陵所表现出的这种敢于求战的勇气，却又极对他的脾气，他需要这样的人。所以经过权衡，刘彻批准了李陵的请求，同意他带五千步兵出战，然后命令屯军居延的强弩都尉路博德领兵接应李陵，亦即做李陵的后援。

这样一个决定，显然又是一个大问题。

因为连初出茅庐的李陵都不愿意为有着平定大宛之名的李广利打下手，那么曾经平定南越声名赫赫的路博德又怎么会愿意为一个刚刚领兵的年轻人打下手呢？

他路博德在李陵未出娘胎之时就因跟随霍去病出征匈奴而受封符离侯，其后以卫尉身份官拜伏波将军平定南越，后来虽然因为犯法失侯而被贬官为强弩都尉，但以他的功劳和资历，让他去给一个年轻人断后，那是说什么也无法让他接受的。

所以路博德一看到皇帝的诏令，立即就找借口上了一道奏折。他说："现在正值秋季，匈奴的马正是膘肥体壮的时候，我们不能与匈奴交战。我想把李陵留到明年的春天，然后各带酒泉、张掖的骑兵五千人，攻打东西浚稽山，那么就一定会取得胜利。"

刘彻见到路博德的奏章，立即勃然大怒。他没有觉察到是路博德心里不服，却怀疑是李陵反悔不想出兵，所以故意让路博德这么上书。于是刘彻下诏给路博德说："我想要拨给李陵马匹，而他却说'要以少胜多'（言外之意即不必管他了）。现在匈奴已经侵入西河，你迅速率部赶往西河，守住钩营之道。"

同时又下诏给李陵说："你最迟于九月发兵，从险要的遮虏障（今内蒙古额济纳旗一带）出塞，到东浚稽山南面的龙勒水一带（今蒙古国翁金河附近水域），徘徊以观敌情，如果发现没有异常，就沿着浞野侯赵破奴走过的路线前往受降城休整士卒。情况如何，随时用快马向我报告。另外，你与路博德究竟说了些什么？一并回书给我说清楚。"

以上刘彻诏书中所说的话，都是正史的原载。从上面这些措辞也可以看出，刘彻一方面对李陵说没有马匹拨给他，而另一方面却对路博德说想要拨给李陵马匹而李陵不愿要。然后让本应做李陵后援的路博德赶往西河，而不必管想要以少胜多的李陵。

史书记载的字里行间，将刘彻对李陵的不满显露无遗。李陵在赌气，刘彻显然也在赌气。你好逞强，那我就让你逞强！

再说李陵接到诏令之后，于是带着他手下的五千步兵从居延出发，向北行进了三十天，然后在浚稽山下扎营。李陵将一路上的山川地形绘制成图，派手下骑卫陈步乐回朝，专门向刘彻报告。陈步乐回朝之后，即被刘彻召见。陈步乐详细地向刘彻报告了李陵平素带兵的情况，说李陵带兵有方能得将士死力，将来一定能打胜仗。

刘彻仔细地翻阅李陵绘制的地图，越看心里越熨帖。李陵跟李广不一样，他知道观察地形，他知道运用谋略，打仗不再凭莽力硬拼，仅凭这一点就可以断定，他比李广强。所以刘彻心里非常高兴，于是拜陈步乐为郎中，然后静等李陵等人的捷报。

这一次，汉方总共派出四路军队。

第一路贰师将军李广利，率三万大军，出酒泉；第二路因杅将军公孙敖出西

第九章　西汉（下）　｜　075

河，与第三路强弩都尉路博德会师；第四路骑都尉李陵，率五千步兵出居延。

李广利到达天山之后，斩杀匈奴军首级一万余级，得胜之后，率军回师。但不幸的是，汉军随即被匈奴大军团团包围，汉军拼死力战，最终在赵充国的奋勇搏杀之下突出重围。三万人马，损折了十分之六七。

公孙敖出西河之后，与路博德会于涿涂山（今蒙古国后杭爱省车车尔勒格），没有遇到匈奴军队，毫无所得而还。

第四路李陵，运气差得几乎跟他的祖父李广一模一样！

李陵在浚稽山派出陈步乐之后，就遭遇了且鞮侯单于所带的匈奴兵主力，被匈奴三万多骑兵团团包围。

李陵令汉军驻扎在两山之间，以大车作为营垒，然后命步兵在营垒之外摆开阵势。前排持戟和盾防守，后排用弓和弩攻击。听到鼓声就前进，听到锣声就后退。

且鞮侯单于见汉军人少，于是指挥匈奴骑兵冲击汉军营垒。

李陵指挥步兵反击，千弩齐发，匈奴骑兵应弦而倒，无法近前。

见无法冲动汉军阵势，匈奴骑军于是败退上山。李陵见状，立即指挥步兵在后追击，射杀匈奴骑兵数千人。

且鞮侯单于大惊，快马传召左贤王、右贤王部前来支援。

三部会合，共八万多骑兵，一起围攻李陵。

李陵指挥汉军向南且战且退，几天之后，到达一个山谷中。连日苦战，许多士卒中箭受伤。于是李陵下令三处受伤者退出战斗，载在车上，两处受伤者驾车，一处受伤者坚持战斗。

在这期间，汉军之中出现了一个小插曲。

李陵发现队伍士气不振，战斗力大不如前。觉得队伍之中，是不是有女人。

古代的人比较迷信，认为有妇女在军中，就会影响士气，尤以怀胎的妇女和经期的妇女为甚。不过从科学的角度看，如果妇女随军，将士们自然会儿女情长，英雄气短，有许多的担心和顾虑，所以不敢拼死决战。

于是李陵下令在军中搜查，结果发现在军队出发之时，那些被流放到边塞的关东盗贼的妻女，随军当了许多士兵们的妻子，她们白天藏匿在车中，晚上与士兵们幽会。

搜出这些妇女之后，李陵下令全部斩杀了她们。因为非常之时，非常之举，不杀她们，士卒心思不专，弄不好就会全军覆没。

第二天与匈奴军再战，士卒们果然义无反顾，杀死匈奴兵三千多人。

李陵带兵继续向东南方向突围，沿着故龙城道（指汉朝军队之前通往匈奴龙城的故道）撤退，走了四五天，被大片沼泽芦苇挡住。匈奴发起火攻，在上风处点燃芦苇，企图将汉军将士葬身于火海之中。李陵见状，立即下令汉军自救，放火烧出了一块空地，然后全部撤入烧过的空地，最终得以成功自救。

等向南退却到一座山下的时候，匈奴骑兵已经占领了制高点。且鞮侯单于立在南面山头之上，指挥他的儿子率领骑兵向汉军发起攻击。

李陵所率的步兵在树林之中与匈奴骑兵搏斗，再次杀死匈奴兵数千人，然后发连弩向单于射击，单于大惊，赶快下山退走。

这天李陵擒获了一个俘虏，那个俘虏供述："单于说：'这是汉朝的精锐部队，我们围攻了这么长时间也没有将他们消灭，而他们却日夜向南撤退，把我们引往塞边，那里会不会有伏兵呢？'想要撤军。而许多当户和君长都说：'单于亲自带领数万骑兵攻打汉朝几千人，却不能把他们消灭，那以后还怎么指挥调遣军队呢，而且也会使汉朝越发轻视匈奴。'于是单于下令：'必须在山谷间再度猛攻，还有四五十里才能到达平地，如果在这期间无法消灭汉军，那么到那时再撤军也还来得及。'"

李陵知道接下来汉军仍将面临重重困难，所以丝毫也不敢放松。而在这个时候，汉军的处境越来越艰难，而匈奴的骑兵还非常多，一天之间，与匈奴的战斗就有几十个回合，再度杀死杀伤匈奴兵两千多人。

匈奴兵不能取胜，准备撤走。但就在这时，发生了一件意想不到的事情。

汉军之中，有一个军候名叫管敢，他因为被校尉侮辱，所以偷偷溜出去投降了匈奴。他对且鞮侯单于说："李陵所率的汉军没有后援，并且他们的箭也马上用尽了。只有李陵将军手下和成安侯韩延年手下各有八百人排列在阵势之前。分别以黄、白两种颜色做旗帜。如果单于派精骑射杀旗手，就可以打败他们了。"

韩延年是韩千秋的儿子，韩千秋在南越战死之后，韩延年被封侯，此时汉军出征，刘彻让他以校尉的身份跟随李陵。

且鞮侯单于听了管敢的话，知道前方汉军没有埋伏，而且李陵没有后援，心里十分高兴。于是下令骑兵全力攻打汉军，边打边喊："李陵、韩延年赶快投降！"

匈奴骑兵沿着汉军的退路猛攻汉军，汉军处在山谷之中，而大部分匈奴军却在山上，居高临下四面放箭，矢如雨下。汉军艰难地南行，还没有到达鞮汗山

（今蒙古国境内戈壁阿尔泰山支脉，在内蒙古额济纳旗北一百公里左右），一天之内，五十万支箭就全部用光了，于是丢下战车，轻装撤退。

而在这个时候，汉军所剩士兵仍然有三千多人。弓弩手没有箭，只好砍下战车的辐条当武器，军吏们也只有短刀。

撤到另一座大山之时，汉军再次被赶入狭谷。匈奴骑兵切断了他们的退路，然后在山上放下垒石，许多汉军士兵被活活砸死，无法前进。

黄昏时分，匈奴军队停止了攻击。李陵换上便衣独步出营，制止左右说："你们不要跟着我，让我一个人去干掉单于！"过了很久，李陵才回来，他叹息说："汉军大败，我只有以死谢罪了！"

左右的军吏劝他说："将军威震匈奴，陛下不会让您死的，以后还可以想别的办法回去，像浞野侯赵破奴虽然被匈奴俘获，但他后来逃回去，陛下对他仍然以礼相待，何况对将军您呢！"

李陵打断说："别说了，我不战死，不为壮士。"于是下令把旌旗全部砍断，然后把珍宝埋在地下，准备突围。

之后，李陵又叹息说："要是再有几十支箭，我们也足可以逃走了，可现在没有弓箭和武器再战，等到天亮，我们就只有束手就擒了。不如我们分散逃走，还可能有逃出去报告陛下的人。"

于是命令士卒，每人带上二升粮食，半块冰，相约在大军出发时的边塞遮虏障会合。夜半时分，李陵下令击鼓，号令将士突围，但鼓却被箭射穿无法打响。于是李陵与韩延年一齐上马突围，跟随他们的壮士有十多人。

严密监视汉军动向的匈奴骑兵马上发现了这一切，于是且鞮侯单于指挥数千骑兵在后追杀。汉军是步兵，无论如何也跑不过匈奴的骑兵，所以很快就被匈奴骑兵追上了。搏斗之中，韩延年战死，其他士卒被杀无数。

李陵眼见无法逃脱，而再要是逃窜弄不好汉军士卒就会被匈奴骑兵赶尽杀绝。他长叹一声说："我有何面目去见陛下呀。"于是下马，向匈奴投降。

匈奴兵对李陵投降感到大喜过望，于是停止攻击，上前迎降。李陵出降匈奴为其他突围的汉军士卒赢得了时间，他们趁这个机会得以逃脱，最终约有四百人返回边塞。

汉朝派出四路大军，李广利一路虽然杀死了一万多匈奴人，却付出了伤亡两万人左右的代价；公孙敖和路博德无功而返；李陵几近全军覆没。这样的战果，对汉方的打击不可谓不大。

李陵兵败投降匈奴之处，离汉朝的边塞只有一百多里。边塞官吏把情况上报朝廷，刘彻觉得李陵肯定是战死了，于是就召来了他母亲和妻子，让相面的人看。但相面的人看过之后，却说她们的脸上没有死丧之色，李陵应该还活着。

没过多久，边塞传来消息，说李陵投降了匈奴。

刘彻大怒，召来郎官陈步乐，大声责骂，说当初你说李陵如何如何，如今李陵怎么投降了匈奴？

陈步乐无言以对，惶恐之下，只好自杀谢罪。

满朝大臣见刘彻发怒，于是全都指责李陵，认为李陵罪不容诛。

刘彻于是叫来司马迁，问他对李陵投降匈奴一事有什么看法。

那么司马迁又是什么人，刘彻为什么如此重视他的意见呢？

司马迁字子长，公元前145年出生于龙门（今山西省运城市河津市）。司马家的祖先世代都是周朝的史官。战国时秦国那个与张仪辩论并伐蜀的司马错，就是周朝司马氏的后代，也就是司马迁的直系祖先。

司马迁的祖父司马喜，在汉文帝一朝担任五大夫。因此，司马迁的家境算得上殷实，这为他幼年时受到良好的教育，并在成年后游历山川增长阅历提供了必要的经济保障。

司马迁七八岁的时候，他的父亲司马谈到长安出任太史令一职。而司马迁由于年幼，则继续留在龙门老家学习。

二十岁的时候，司马迁离开龙门老家，来到了长安父亲的身边。司马谈对学有所成的儿子，有一个非常清晰的人生规划，为了能让儿子完成这个规划，他决意派司马迁出外，让他游历名山大川，搜求遗闻逸事，增加阅历见识。

于是司马迁离开长安，南游江、淮，前往会稽山，探访大禹留下的遗迹；观览九嶷山，乘船过沅水、湘水，了解虞舜南巡的事迹，涉足汨罗江，凭吊殉国的屈原；向北渡过汶水、泗水，到齐国和鲁国的都城，观览孔子故乡的遗风；再经过番阳、薛城、彭城，过梁地、楚地，一路沿着秦汉之际历史人物的故乡，感受那一个风起云涌壮观时代，寻访每一个英雄人物的传闻典故，最后回到长安。

司马迁的这一番游历，极大地开阔了他的视野和胸襟，塑成了他坚强不屈的性格、卓尔不群的见识和超越常人的意志，并帮助他树立了远大的志向和宏伟的目标。

当时公孙弘担任丞相，他主张通过儒学考试的方法选拔官吏，因此熟读经史的司马迁被补为博士弟子员，后又以优异的成绩被选拔为郎中。

公元前111年，西汉灭南越，并开始平定西南夷，准备在西南夷设置郡县。于是刘彻派随他东巡的司马迁以郎中将的身份前往西南夷，继唐蒙、司马相如、公孙弘之后，规划新郡的建设。而在司马迁出发之前，刘彻与公卿、儒生们正在商议泰山封禅之事。

封禅是自远古黄帝以来举行的一种祭祀天地的大型典礼，通常在太平盛世或天降祥瑞之时举行。中国古代的国家发源于中原河南，是平原地带，黄河流域、长流流域中下游都没有海拔特别高的山，所以古人理所当然地认为群山之中泰山最高，为"天下第一山"，因此，人间的帝王应该到最高的泰山即离天最近的地方去祭祀天帝，才算真正受命于天（假如那时的人们发现了喜马拉雅山，真不知道该如何登上珠穆朗玛峰）。封的意思是"祭天"（多指天子登上泰山筑坛祭天），禅的意思是"祭地"（多指在泰山下的小丘除地祭地）。封禅所要表达的意义，就是在泰山顶上修筑圆坛以报天之功，在泰山脚下的小丘之上修长方坛以报地之功（天圆地方），所以《史记·封禅书》中称之为"登封报天，降禅除地"。而帝王们封禅实际上为了强调君权神授，进一步巩固自己的统治。远古及夏、商、周三代已有封禅的传说，春秋时齐桓公称霸后想要封禅，但最终被管仲以没有祥瑞出现而劝阻。秦始皇统一六国之后，于公元前219年到泰山举行了封礼，并在那里刻石记功，然后登上梁父山（今山东省泰安市徂徕山南麓），举行了禅礼。

西汉建立之后，到了武帝时代，汉朝日益强盛，汉家的地位日益隆显，所以刘彻决定举行封禅典礼，祭祀天地。

公元前110年春天，刘彻在东巡渤海返回的路上，先到梁父山行禅礼祭地，然后到泰山行封礼祭天。为了纪念这次封禅典礼，刘彻特意将年号改为元封，刘彻也因此成为历史上第一个使用年号的皇帝。

而在这个百年不遇的大型典礼举行的时候，作为参与制定封禅礼仪的司马谈却因生病滞留在了周南（今洛阳），无法继续前行。他知道自己已经无法参加封禅大典了，因此心里又急又气，病情越来越重。

司马迁在完成出使西南夷的任务之后，即立刻赶往泰山，准备参加封禅典礼，但到达周南之时，却在那里见到了病入膏肓、奄奄一息的父亲。

司马谈见儿子归来，禁不住悲从中来，拉着他的手垂泪说："我们的祖先是周朝的太史。远在上古虞舜、夏禹的时候，就取得过显赫的功名，主管天文工作。后来衰落了，难道要断送在我这一代吗？你继任为太史之后，就可以继续我们祖先的事业了。如今天子继承汉朝千年一统的大业，到泰山封禅，而我作为太史却不得从行，这难道是命中注定的吗？难道是命中注定的吗？我死之后，你一定会被任命为太史。做了太史之后，你可一定不要忘记我想要编写的著作啊。

"况且孝，是从侍奉父母开始的，中间经过侍奉君主，最终能扬名立身。若能扬名于后世，为父母争光，这就是最大的孝道。

"天下人称颂周公，是因为他能够记述歌颂周文王、周武王的功德，宣扬周公、召公的遗风，使人通晓周太王、王季的深谋远虑以及公刘的功业，并使始祖后稷受到尊崇。

"周幽王、周厉王以后，王道衰落，礼乐败坏，所以孔子研究、整理以前的文献典籍，振兴被废弃了的王道和礼乐。论述《诗》《书》，写下了《春秋》，直到今天，学者们仍然把他的论述作为最高的准则。

"从鲁哀公得到麒麟到现在，已经四百多年了，其间由于诸侯兼并混战，史书散失、记载断绝。如今汉朝兴起，天下一统，君主贤明，臣子忠义，而我作为太史却没有记载下他们的事迹，断绝了自古以来天下修史书的传统，对此我感到十分惶恐，你可要记在心里啊！"

司马迁听了父亲这些话，低下头流泪回答说："儿子我虽然不聪明，但我一定会牢记您的教导，详细地记载先人所整理过的历史旧闻，把父亲编纂历史的计划全部完成，不敢有丝毫遗漏。"

司马谈死后三年，司马迁果然接替父亲的职位，担任了太史令，开始整理和收集以往的书籍和史料，为完成父亲的遗愿做准备。这一年是公元前108年，司马迁三十八岁。

公元前104年，汉武帝太初元年，四十二岁的司马迁与太中大夫公孙卿、上大夫壶遂等人向刘彻上书，请求更改历法。

汉朝建立之后，大都沿袭和继承了秦朝的典章制度，即汉承秦制。历法也使用"古六历"（黄帝、颛顼、夏、殷、周、鲁）之一的《颛顼历》。但在当时，天文学知识扎实丰富的司马迁等人发现，《颛顼历》对朔（农历每月的第一天）、晦（农历每月的最后一天）的计算与实际情况存在差异，即历法不精确。

御史大夫儿宽刚好懂得经学，于是刘彻便命令儿宽与众博士商议修改历法之事。司马迁与壶遂等人制定了一部新的历法，因这一年正好是太初元年，所以这部历法后世称之为《太初历》。《太初历》在历法计算上更为精密准确，是中国历史上非常重要的一次历法改革，是中华文明在世界天文学上的不朽贡献。而中国最盛大的传统佳节春节，正是来自太初改历。

司马迁等人将重要制定的历法上奏刘彻之后，刘彻于是宣布废除《颛顼历》，改用《太初历》，以每年的正月为一年的岁首（一直沿用至今），色尚黄（也就是黄色是最尊贵的颜色，也就是从这个时候开始，黄色便成了皇帝的专用颜色）。太初历的制定，对后世有非常大的影响。

司马迁担任太史公之后，曾多次随刘彻出外巡行，刘彻知道司马迁作为太史公在修史，而评价一个朝代、一个帝王、一件事情、一个人物孰是孰非，功大还是过大，全在修史的史官笔下，因为他们有一整套臧否人物的标准。

就司马迁评价历史的这个标准，概括起来就是：朝代的更替之间，颂扬汤、武革命，主张以有道伐无道；国与国之间，讲求嫡系正统，主张"尊王攘夷"、"大一统"；人与人之间，主张三纲五常，即君为臣纲、父为子纲、夫为妻纲，仁义礼智信、温良恭俭让、忠孝勇恭廉等。

那么司马迁对李陵战败投降匈奴一事又持一个什么样的衡量标准呢？是否和其他人一样简单地以背国叛君这个观点做结论呢？

司马迁来到朝堂之后，极力替李陵辩护。他说："李陵服侍母亲极为孝顺，对士卒部下讲求信义，常常在国家危难之时奋不顾身地挺身而出。他平素养成了这些良好的修为习惯，堪称有国士之风。今天他不幸打了一次败战，那些为保全身家性命的大臣便极力攻击他的短处，实在太令人寒心了！况且李陵手下的步卒不满五千，深入匈奴腹地，与数万强敌对抗，被杀死击伤的敌兵不计其数而自顾不暇，最后只得召集左、右贤王及凡是能射箭的牧民一起来围攻他。李陵带兵转战千里，箭矢用尽，陷入绝境，将士们赤手空拳，对抗敌人的白刃，冒着敌人的箭雨奋勇搏斗。他能得部下如此死力，就是古代的名将也不过如此。他虽然最终身陷重围而战败，但他所杀死杀伤敌人的战绩也足可以传扬天下。他之所以没有以身殉国，无非是想找机会立功赎罪以回报大汉。"

司马迁评论完毕，满朝的文武大臣都惶恐地看着他。并不是所有的大臣都不讲道理，没有丝毫正义感，只是因为刘彻在大发雷霆，他们确实要见风使舵，明哲保身。

果不其然，刘彻听完司马迁所说的话，立即怒不可遏。

当初刘彻想要让李陵为李广利运输粮草，但李陵却不肯。如今李陵虽然战败，但他以损折四千六百人杀敌一万的战绩，按照当时的评价标准，仍然是功大于过。而以李广利杀敌一万自损两万的战绩，虽然他活着撤了回来，但他比起李陵来仍然要逊色许多。

但事实即便如此,刘彻却不希望听到这样的评价,因为李广利是他任命的,否定李广利就是否定他刘彻,轻视李广利就是轻视他刘彻。所以刘彻坚持认为,司马迁是在信口开河,败坏李广利的声誉,乃至诋毁他这个天子的声誉。盛怒之下,刘彻将司马迁的罪名定为诬罔之罪,按律当斩。

刘彻对司马迁的降罪,可说是长期以来郁结之气的总爆发。

司马迁所著的史书之中,其中记载刘彻父亲刘启生平的《孝景本纪》之中,如实记载了刘启的种种刻薄之处,并且在记载刘彻事迹的《孝武本纪》之中,没有写刘彻雄才大略英明神武开疆拓土征服匈奴、南越、朝鲜、大宛等的壮举,而全写的是刘彻迷信鬼神、寻巫求仙而最终上当受骗的种种不值得称道之处。有一种说法称:刘彻看到这两篇之后非常愤怒,下令将司马迁所写的这两章竹简上的字全部用刀削去。只是碍于上古史官头可断而史不可改的先例,刘彻没有拿司马迁怎么样,但他对司马迁的不满,却牢牢地记在了心里。(但更大的可能是,在刘彻之世,司马迁是不大可能让刘彻看到他的著作的。刘彻对司马迁的痛恨,完全是因为李陵而爱屋及乌、恶其余胥。)

你依仗你史官手中的笔,对我进行无情的描写,那么我也要依仗我国君手中的剑,对你进行残酷的屠戮,看到底是你的笔利,还是我的剑利!

自从权力诞生,自从文字出现,笔与剑的较量,就从来没有停止,也从来不会停止。只要有强权存在,只要有不平出现,笔与剑,就一定会长时间地争斗下去。剑之利,固然可以在一时之间消灭人的肉体,但笔之利,却可以永久地挞伐一个人的灵魂!

按照当时的法令,被判处死刑的人,可以通过缴纳一定赎金的方式,赎去死罪。但以司马迁的俸禄和家底,他显然出不起这笔钱。对于当时赎命钱的标准,通常有"千金买命"之说,即用千金换一命。如若是经常出征的将领,如卫青等人,得胜归来皇帝一赏就是千金,等于赏了一条命。另外就是通过立功封侯,长年在封邑内收租,凑够这笔钱也没有问题。但很显然,司马迁这两个条件都不具备。

那么既然无法用钱赎死,难道就只有一死了之吗?

别的人可以死,司马迁不能死。因为他还肩负着他父亲交给他的修史的重任,生存还是死亡,这真是一个艰难的抉择。每个人自从来到这个世上,就随时都会面临死亡,但究竟该以怎样的方式死去,却是一个大问题。是以有尊严的方式死去，一事无成，还是以屈辱的方式活着，完成自己未竟的事业？司马迁以自己独特的选择，给了后人答案。

除了死，还有生不如死地活着！

在当时，如果出不起赎命的钱，而却想活下来，还有另外的一种选择，那就是请求接受宫刑，即被割去生殖器，成为皇帝身边的太监。

宫刑是一种极为屈辱的刑罚，在当时仅次于死刑，在不孝有三，无后为大的封建时代，作为一个男人，能够为家族传宗接代，那就至少完成了一项职责，一项使命，而象征着繁衍生息的生殖器一旦被割去，则是辱没先人之举。所以，许多人宁愿选择死去，也不愿接受这种极端屈辱的摧残。

但是，司马迁经过冷静的思考，他接受了。

在八年后他写给友人的《报任少卿书》中，司马迁用极为沉郁的笔触，描写了他当时痛苦而复杂的心情。

"人固有一死，或重于泰山，或轻于鸿毛"，就算是身份低贱如奴隶婢妾，他们也可以选择从容地自杀，但这样死去，岂不是比鸿毛还轻，跟那些蛆虫蚂蚁又有什么区别？

司马迁最终悟出，那些从古到今做出一番大事业的人，他们都曾经历过像他那样的艰难和挫折，但他们没有在困厄之中消极沉沦，而是在苦难之中砥砺奋起，最终取得了常人难以企及的非凡成就。周文王姬昌被囚禁在羑里，在囚室里推演出《周易》；孔子在郁郁不得志的贫穷困苦之中，写下了《春秋》；屈原被排挤放逐之后，在悲愤之中写下《离骚》；春秋末期鲁国的史官左丘明双目失明，坚持着撰写了《国语》；孙膑惨遭膑刑之后，写出了《孙膑兵法》；吕不韦被免官贬往蜀地，《吕氏春秋》才得以传世；韩非被关押在秦国监狱，写出了《说难》和《孤愤》；而《诗经》三百篇，大都是贤士圣人发泄愤懑而作。这些人都是因为感情压抑而得不到宣泄，所以才发愤写下了他们的往事，以思考未来，启迪后人。

于是他毅然决然地选择了虽然屈辱却可以活命的宫刑，然后开始发愤撰写他的著作。

在他没有遭遇这个飞来横祸之前，他已经完成了初步的资料收集和草创工作，而在这个时候，他正可以排除一切干扰，将全部的心思投入写作之中。

大约在征和二年（公元前91），司马迁的著作完成。这部巨著记载了从上古传说中的黄帝时期到西汉武帝元狩元年，时间跨度长达三千多年。全书共一百三十篇，五十二万六千五百多字，包括十二帝王本纪、三十诸侯世家、七十人物列传、十表（时事）、八书（制度）等。这部巨著，被后世称之为《史记》。

《史记》是我国第一部纪传体通史，被誉为中国史书的典范，"二十六史"之首，鲁迅称赞它是："史家之绝唱，无韵之离骚。"推崇司马迁说："武帝时文人，赋莫若司马相如，文莫若司马迁。"《史记》与北宋司马光所著的《资治通鉴》被并称为"史学双璧"，给后世带来了非常大的影响。

东汉史学家班固在他所著的《后汉书》中，专门为司马迁写了一篇传记，说司马迁所写的历史"不虚美，不隐恶"，是"信史""实录"。后世绝大多数的学者，都认可班固的这一观点。

其后，历朝历代的许多著名人物都给予司马迁及他的《史记》非常高的评价，称他为历史学的"开山祖师"。《史记》所开创的本纪、世家、表、书、列传五体结构史学框架，被称之为"史家之极则"（清代文学家史学家赵翼言），即史界的最高法则，纵观二十四史，无一能够脱其窠臼。

司马迁忍辱负重完成这一巨著之后，充分吸取了之前的教训，担心被刘彻看到后会焚毁，于是把著作转移到了女儿家中。希望有一天能够让自己的后人把这部著作传播出去。

其后不久，司马迁死去，年约五十六岁，死因不明。据《汉书·旧仪注》记载，司马迁是因为有怨言而被刘彻下狱处死的。

司马迁的女婿名叫杨敞，在汉昭帝朝任丞相。杨敞的小儿子名叫杨恽，非常聪明。年幼的时候，他的母亲，也就是司马迁的女儿常常把《史记》拿出来给他看，杨恽被书中的内容所深深地吸引，他每读此书，都是爱不释手，热泪盈眶，感慨万千。汉宣帝时，杨恽被封为平通侯，他见当时朝政清明，于是上书把外祖父的这部著作献了出来。从此以后，天下人才有幸读到了这一部伟大的著作，并一直流传至今。

刘彻在盛怒之下将李陵的族人打入狱中，并将司马迁处以了腐刑。但随着时间的推移，他开始认真地思考并总结那一场战争失败的原因、教训。李陵之败，实际上就败在了没有后援上，李陵最后战败投降之处，距汉朝的边塞遮虏障只有一百多里，要是汉方及时派兵接应，那么战争的结果很可能就会改写。在这个时候，刘彻猛然意识到了当初路博德上书的用意。他悔恨地说："我应该在李陵出塞之后，再下诏让强弩都尉路博德去接应。都是因为提前下诏，才让这个心怀奸诈的老家伙钻了空子。"可是，刘彻能治路博德的罪吗？不能，因为路博德提前接诏之后，心里也确实很委屈，让他一个元勋给一个年轻人当助手，换了谁谁会乐意呢？但如果李陵已经出塞并与匈奴接仗，路博德接诏后再不出兵找借口上书，那么刘彻就完全可以以贻误战机的罪名惩罚他。当初路博德的上书，不妨也看作是另外一种思路，刘彻如果不采纳，那么路博德就必须去接应李陵，没有商量的余地。但遗憾的是，刘彻做出了另外一个决定，让路博德去了西河。所以，致使李陵无援的这个后果，需要刘彻来承担责任，因为命令是刘彻下的，路博德只是在奉命行事。

所以刘彻在想明白这一层之后，特意派遣使者去慰问了李陵手下那些逃回来的士卒。

刘彻是历史上有名的明君，在吃了败仗之后，他能够立即想明白是哪个将领耍了手腕蒙蔽了自己，并在此后采取相应的处置措施。而那些昏聩之主呢？恐怕就是一次又一次地深陷这种欺骗而毫无觉察，或是虽有觉察却无能为力，而最终走上亡国之路的吧！

李陵投降匈奴大约一年后，刘彻派人带兵深入匈奴境内，希望能迎接李陵回来。

但刘彻所派的这个人，又受到了人们的质疑，许多人据此猜测，刘彻是不是根本就不想让李陵回来。这一件事情也因此而成为西汉历史上的一桩悬案，引发了诸多的猜想。

刘彻派出去迎接李陵的这个人是因杆将军公孙敖。

联系前文就会发现，李广自刎之前，与卫青争执的焦点就是公孙敖。那一场战争之前，公孙敖也失去了侯爵，迫切需要一场胜仗来重新获取爵位；而李广征战一生，年近七十还没有封侯，也迫切需要一场胜利来赢得封爵。但因为公孙敖是卫青的好朋友，年轻时曾从窦太后手中舍命救卫青，所以卫青最终把这个机会给了公孙敖。而卫青这个决定导致的结果就是，李广失道自杀。李广自杀的悲怆之举，不仅把卫青推向了道德批判的舆论场，也让刘彻一同陪绑，而公孙敖作为当事人，又岂能置身事外呢？那件事情之后，李广的三子李敢激愤之下击伤了卫青，卫青选择了隐忍不言，而卫青的外甥霍去病则在射猎的林苑中直接射死了李敢。

那么据此来判断，处在卫、霍阵营的公孙敖与李家之间的关系，到底是友谊的成分居多还是仇恨的成分居多呢？恐怕绝大多数的人都会倾向于后者。

所以，后世读史的人阅至此处，立即开始怀疑刘彻派公孙敖前去迎接李陵是不是别有用意。但因为这件事情于史无据，所以成了一桩无头的公案！

公孙敖带兵前往匈奴，最终无功而返。他回来向刘彻报告说："我们抓获了匈奴的俘虏，他们说，李陵在协助单于训练士卒以对付汉军，所以我们没有接到他。"

如果说之前界定李陵是真降还是假降还存在一定困难的话，那么此时有了公孙敖的证言，还显得不够明确吗？所以刘彻听了之后，下令族灭李陵家人，他的母亲、兄弟和妻子都被诛杀。

李家这一支，前有李广自杀，后有李敢被射杀，接下来李蔡自杀，最后李陵降敌，李家被灭族，所以陇西一带的士人，都以自己作为李家的同宗而感到羞耻。

此后不久，有汉朝使者到达匈奴。李陵就问使者说："我为汉朝领步卒五千人横扫匈奴，因没有救援而吃了败仗，有什么对不起汉朝的？而汉朝却杀了我全家？"

使者说："陛下听说李少卿在帮助匈奴练兵。"

李陵愤怒地说："那是李绪，不是我。"

李绪是汉朝塞外的一个都尉，驻守奚侯城（汉朝北部边塞），匈奴前去攻打他的时候，李绪投降了匈奴。单于对李绪非常优待，他的座次常在李陵之上。李陵痛恨李绪为匈奴练兵而使自己全家被诛，于是派人刺杀了李绪。

单于的大阏氏非常生气，想要杀掉李陵。且鞮侯单于赶快把李陵藏到了北方，大阏氏死后，才让他回来。

匈奴人崇尚武力，所以他们非常敬重硬汉。且鞮侯单于在与李陵对决时领教了李陵的厉害，所以他非常钦佩李陵的勇武，于是把女儿嫁给他，立他为右校王，立卫律为丁灵王，他们都成了匈奴掌权的贵族。

与李陵的身在匈奴心在汉不同，卫律因为李延年被族诛，所以早就死了归汉的心，一心一意为匈奴效力。所以，他在且鞮侯单于面前所受的信任，要远高于李陵。因此卫律常常侍奉单于左右，而李陵则经常在外带兵，只有遇到大事才会召他入朝商议。

汉武帝死后，汉昭帝即位，大将军霍光、左将军上官桀辅政，他们一向与李陵关系非常好，于是就派李陵之前的好友陇西人任立政等三人去匈奴招李陵归汉。

任立政等人到达匈奴后，单于置酒款待，李陵、卫律都在座。任立政等人虽然见到了李陵，却不方便私下讲话，只好用目光向李陵示意，几次把佩刀上的环弄掉，趁捡环时握住李陵的脚，暗示他可以回汉朝去。

单于款待完之后，李陵和卫律又持牛酒慰问汉使，一起游戏饮酒。李陵和卫律二人，都穿着匈奴人的服装，并梳着匈奴人的发型。

任立政在席间大声地说："汉朝已宣布大赦，国内安乐，陛下年少，由霍子孟、上官少叔辅政。"想用这些话使李陵动心，李陵沉默不语。看了半天自己的头发，然后摸着头发说："我已经成了匈奴人啦！"

过了一会儿，卫律起身去厕所，任立政见机会难得，赶快对李陵说："少卿，你受苦了，霍子孟、上官少叔向你问好。"

李陵说："霍大人与上官大人应该都好吧！"

任立政说："他们都请少卿回故乡去，富贵不用担心。"

李陵小声对任立政说："少公，我回去倒是容易，但我怕再一次蒙受耻辱，你让我怎么办啊？"

话音未落，卫律回来了，他听到了李陵他们后面所说的话，也猜到他们之前说了些什么。于是说："李少卿是有才能的人，并非只在一个国家才有用武之地，从前范蠡泛舟五湖、遍游天下，由余离开西戎前往秦国建功立业，现在何必谈论这么亲密的话呢？"说完离开了酒席。

任立政见卫律离开，于是赶快问李陵："少卿到底做何打算？"

李陵摇头说："大丈夫不能反复无常，再次遭受羞辱。"

任立政等人见无法说服李陵，只好返回汉朝。

当初，苏武与李陵都担任郎官，侍中。苏武公元前100年出使匈奴被扣留，仅仅过了一年，李陵便战败投降匈奴。在最初的那段时间里，李陵都觉得自己无颜去访求苏武。好长一段时间过去，单于派李陵去北海看望苏武，为苏武安排酒宴和歌舞，顺便劝降苏武。

李陵对苏武说："单于听说我和您的关系一直很好，所以派我来劝您，他会非常诚心地对待您。照目前这个情况，您无法回到汉朝是明摆着的。所以您白白地在这无人之地自讨苦吃，谁能见到您的信义之心呢？

"您的大哥苏嘉担任奉车都尉，随皇帝到雍城棫阳宫，扶辇下殿阶，辇撞到柱子上，折断了车辕。最后以大不敬的罪名受到弹劾，不得已拔剑自杀了。皇帝赐给他二百万的安葬费。

"你的弟弟苏贤随皇上去河东郡祭祀后土,宦骑与黄门驸门争夺船只,宦骑将黄门驸门推到河里淹死,宦骑逃走。皇上命令苏贤追捕宦骑,结果却未能捕获,惶恐之下,苏贤服毒自杀。

"我带兵离开长安之前,您的母亲去世了,我送葬到阳陵。您的妻子还年轻,听说已经改嫁了。只剩下两个妹妹、两个女儿和一个儿子,如今又是十多年过去,也不知道是死是活。

"人生就像早上的露珠那样短暂,又何必在这里长时间地折磨自己。我刚刚投降的时候,每天神情恍惚,非常痛心自己背负了汉朝,再加上老母亲被囚禁在保宫,所以您现在不想投降的心情,又怎么能超过当时的我呢?况且陛下年事已高,喜怒无常,大臣无罪而被灭族的有好几十家,安危不可预知。子卿您这么做,又是为了谁呢?希望您听从我的劝说,不要推辞。"

苏武说:"我们父子没有立下任何功德,都是因为皇帝的玉成,才得以位列将军,爵至通侯。兄弟三人都能成为皇帝的近臣,常想肝脑涂地,报答陛下。现在如果能够牺牲自己而为国效力,就算是蒙受斧钺、汤镬那样的酷刑,也是心甘情愿。臣子侍奉君主,就像儿子侍奉父亲一样。儿子为了父亲而死,没有什么怨恨。请您不要再劝我了。"

李陵与苏武共饮了几天,又说:"希望您认真考虑一下我说的话。"

苏武说:"我认定自己已经是死去很久的人了!大王如果一定想要让我投降,那么就请立即结束眼前的饮宴,让我死在您的面前!"

李陵见苏武对汉朝如此忠诚,慨然长叹说:"唉,您才是真正的义士!我李陵与卫律的罪行,直通于天!"说着泪流满面,泪湿衣襟,告别苏武而去。

李陵不好意思亲自送礼物给苏武,于是就让他的妻子赐给苏武几十头牛羊,在生活上给予苏武无微不至的照顾。后来李陵又到北海,对苏武说:"边界上抓住了云中郡的一个俘虏,说太守以下的官吏百姓都穿白的丧服,说是陛下驾崩了。"苏武听到这个消息,面向南面放声大哭,吐血,每天早晚哭吊达几个月之久。

汉昭帝即位几年之后,匈奴与汉朝再次和亲。汉朝要求匈奴遣归苏武等人,但匈奴却诈称苏武等人已死。

后来汉朝的使者又到匈奴,苏武之前的使团成员常惠请求看守他的人带着他一齐去见汉朝使者,才得以在夜间相见。

常惠向汉朝使者详细地讲了事情的经过,然后给汉朝使者出了个主意说:

"明天您见到单于,就对单于说,汉朝天子在上林苑中射猎,射下来一只雁,雁的脚上绑着一封帛书,说苏武在某个湖边牧羊。"

汉朝使者非常高兴,见到单于之后,果然按照常惠所教的说辞责问单于。单于毫无防备,心里非常吃惊,左顾右盼一阵,不得已只好承认说:"苏武等人确实还活着。"于是决定让苏武等人回汉。

李陵知道苏武归汉已经是没有悬念的事情了,于是摆酒向苏武祝贺说:"今天您还归,扬名于匈奴,功显于汉室。即使古代史书所记载的事迹,图画所描绘的人物,又怎么能超过您呢!我李陵虽然无能怯懦,但假如汉廷能够宽恕我的罪过,不杀我的老母,使我能够实现在奇耻大辱之下积蓄已久的志愿,就如同当年曹沫在盟会上劫持齐桓公订盟那样立功赎罪,这是我日夜不敢忘记的事情!可是皇帝下令逮捕并杀了我的全家,成为当世最大的耻辱,我还有什么可值得留恋的呢?唉,就这样吧,让您明白我的心意罢了!我已成异国之人,这一分别,就永无相见之日了!"

李陵说着拔剑起舞,唱道:"径万里兮度沙幕,为君将兮奋匈奴。路穷绝兮矢刃摧,士众灭兮名已聩。老母已死,虽欲报恩将安归!"走过万里行程啊穿过了沙漠,担任将军为君王带兵啊奋战匈奴。归路断绝啊刀箭毁坏,兵士们全部死亡啊我的名声已败坏。老母亲已经死去,我虽然想要报恩啊可是又能到哪里去!

这首歌后世称之为《别歌》,表达了李陵与苏武分别之时,内心悲伤而怅恨的心情。

歌毕,李陵伤感不已,涕泪齐下,于是与苏武诀别。

之后,单于召集之前苏武使团的那些属下,除去之前已经投降匈奴和死亡的,随苏武回汉者总共只剩下九个人。

公元前81年春天,苏武回到汉都长安。汉昭帝下令让苏武带着一份祭品去拜谒汉武帝园庙,就像当年的延陵季子回国之后,在吴王僚的墓前向吴王僚报告出使经过一样,至少在仪式上,要圆满地完成国君交给他的使命。

之后,汉昭帝拜苏武为典属国(负责管理投降汉朝的外国人),享受俸禄中二千石的待遇。赐给金钱二百万,官田二顷,住宅一处,以嘉奖他的忠贞不屈。

随他出使的副使常惠、徐圣、赵终根三个人,都官拜郎中,各赏赐给丝绸二百匹。其余的六个人,因为年龄已经很大,准于他们告老还乡,各赏赐给金钱十万,并免去他们终身的徭役。

苏武从公元前100年出使匈奴被扣留,直到公元前81年返回,整整在匈奴度过了十九年。他出使的时候，正值壮年，等回来的时候，已经是须发皆白。

汉宣帝时期，宣帝赐给苏武关内侯的爵位，食邑三百户。皇后的父亲许广汉、皇帝的舅舅王无故和王武、车骑将军韩增（案道侯韩说之子，韩嫣之侄）、丞相魏相、御史大夫丙吉等这些贵族，都非常敬重他。

苏武在匈奴的时候，李陵替他挑选了一个匈奴妻子，生了一个儿子名叫通国，后苏武请求汉宣帝，用金银和丝绸把苏通国赎了回来。

苏武活了八十多岁，公元前60年去世。苏武死后，汉宣帝将他列为麒麟阁十一功臣之一，以表扬他的功绩并彰显他的节操。

而李陵在匈奴生活了二十多年，于公元前74年病死胡地。

苏武是中国历史上杰出的爱国者，他坚强的意志和坚定的信仰，既维护了国家的尊严，也维护了个人的尊严，其忠诚的节操和高洁的品行，得到后人无上的推崇和敬仰。千百年来，有关他事迹的各类文学艺术作品不绝于史，广为传播，从而使他垂名书帛，流芳千古。如秦腔《苏武牧羊》、故事剧《苏武牧羊记》，还有为数不少的诗词和歌曲等。

而李陵则不然，有关他的一生，在历史上引起了巨大的争议，有人认为他是一个杰出的将领，有人认为他是一个可耻的叛徒。北宋杨继业率军抗击辽军，战败之后，家喻户晓的文学作品《杨家将》说他悲愤之下撞死在了李陵碑上，而实际上杨继业是在被俘之后绝食而死的。文学作品如此描写，在突出杨继业忠烈的同时，对李陵这个陪衬人物反面刻画的意图也是显而易见的。

李陵的一生，始终在国恨家仇的矛盾痛苦中度过。他的曲折经历，也成为后世不少文学艺术作品的原型。他和苏武泣别的场景，不断地被后人用各种艺术手法所表现。汉朝五言组诗《李陵苏武赠答诗》（简称苏李诗），是汉诗中的经典，在文学史上占有非常重要的地位，但这些诗是否真是李陵、苏武的作品却饱受争议，有人认为，这些诗是六朝时期的拟作。

不过，后世的许多著名诗人及评论家却并没有理会这些组诗的真伪，如诗圣杜甫、初唐四杰之一的骆宾王、唐宋八大家之一的苏轼及北宋著名词人秦观等人，都对这些作品给予了非常高的评价，认为苏、李的诗作文章天成、文辞巧妙，后世的许多诗人如班婕妤、曹丕等人都受了他们的影响。

北周名将李穆，自称是李陵的后代；唐高祖李渊，自称是十六国时期西凉王李暠的后代，而李暠则自称是李广的十六世孙。

公元648年，一支来自今唐朝西北数千里、今俄罗斯叶尼塞河上游地区的黠戛斯朝贡团，在其酋长失钵屈阿栈率领下，抵达唐朝首都长安。黠戛斯酋长自称是汉朝李陵的后裔，与唐朝皇帝是同宗，要与唐朝皇帝"认亲"。李陵当时被匈奴封为右校王后，负责管辖被匈奴征服的坚昆一带地区（今俄罗斯叶尼塞河上游地区到我国新疆伊犁哈萨克自治州阿勒泰市一带），而坚昆正好是黠戛斯的古称。另外，黠戛斯人大多为赤发绿瞳，而自称是李陵后裔的黠戛斯人则为黑发黑瞳，明显具有和黄种人混血的特征。因此，黠戛斯酋长自称是李陵的后裔，可信度还是很高的。黠戛斯酋长一行受到了唐太宗的热情款待，双方认亲成功，把酒言欢，黠戛斯酋长请求归属唐朝，唐太宗当即同意，并在那里设置了坚昆都督府。现我国少数民族柯尔克孜族和中亚的吉尔吉斯人，就是黠戛斯人的后代。

第二十九节　江充受宠、巫蛊之祸

回头再说李陵降匈之后的汉朝。

公元前99年的军事行动，汉方损失惨重，没有取得预期的目的。为了挽回大汉的颜面，天汉四年（公元前97），刘彻再次命令汉军出征匈奴。这一次，李广利仍是主帅，他率领六万骑兵，七万步兵，从朔方出塞；强弩都尉路博德率领一万多骑兵，接应李广利；游击将军韩说率步兵三万人，出五原；因杅将军公孙敖率骑兵一万、步兵三万，出雁门。

且鞮侯单于听说汉军来袭，于是将妇孺老幼和财产辎重全部迁徙到余吾水（今蒙古人民共和国的图勒河，又名土拉河）之北，然后亲自率领十万大军，在余吾水南岸等候李广利的大军。

李广利得知匈奴大军严阵以待，想要撤军回国，却被匈奴军所缠斗。李广利与且鞮侯单于连战十多天，双方互有杀伤却未分胜负，最后李广利率汉军突围而出。

韩说一路无功而返。

而公孙敖则非常惨。公孙敖所部遇到的是匈奴左贤王部。公孙敖与左贤王战，战局对汉方十分不利，汉军死伤惨重，公孙敖见势不妙，赶快收军撤退。由于公孙敖损失的汉军人数远远超过他杀伤的匈奴军人数，所以按照军法，他被关进了监狱，判处了死刑。

在这个时候，卫青等人早已死去，再没有什么人能够帮到公孙敖，所以公孙敖觉得自己生还无望，为了求生，就选择了装死，逃亡到民间藏匿。但没过多久，他诈死的事情被发觉，公孙敖再一次被抓了起来。

此后，匈奴由于贵族争位而内部矛盾重重，所以无暇攻击汉军，而汉军也没有攻打匈奴。

公元前96年，且鞮侯单于病死，他的长子左贤王立，是为狐鹿姑单于。

且鞮侯单于有两个儿子，长子任左贤王，次子任左大将。且鞮侯单于临死之前，遗命由长子左贤王继任单于之位，但在他死后，左贤王还没有到达王庭，贵族们却觉得左贤王有病，于是改立左大将为单于。

左贤王在途中听说贵族们已立左大将，不敢前来王庭。已继位的左大将于是派人去召回左贤王，坚持要让位于他。

左贤王借口自己有病而推辞，但左大将却并未就此改变自己的初衷。且鞮侯单于遗命传位左贤王，虽然贵族们立了他，但他觉得自己名不正言不顺，并且还使自己兄弟之间感情有了裂痕，于是他决意要让位给左贤王。他对左贤王说："如果你觉得自己有病活不长久，那么这样好了，如果你哪天不幸病死了，再传位给我，好不好？"

话说到了这个分上，左贤王无法再推辞，于是就接受了左大将的请求。左贤王立，是为狐鹿姑单于。

狐鹿姑单于即位后，于是任命左大将为左贤王，准备等自己死后由弟弟嗣位。

可是无病的左贤王竟然没能活得比有病的狐鹿姑单于更久，他死在了狐鹿姑单于的前面。

在这个时候，狐鹿姑单于如果真是感念弟弟让位的恩德，那么他就应该让弟弟的儿子继承左贤王之位，将来再传位给他。可是狐鹿姑单于没有这么做，他让弟弟的儿子先贤掸做了日逐王，而让自己的儿子做了左贤王。

匈奴的官职层级里面，最高的是单于，接下来依次是左、右贤王，左、右谷蠡王，左、右大将，左、右大都尉，左、右大当户，左、右骨都侯。匈奴人把贤者称之为"屠耆"，所以经常让太子做左屠耆王。而此时先贤掸所做的日逐王，是狐鹿姑单于新增设的一个王号，地位在左贤王之下，右贤王之上。

因为这个缘故，后来匈奴内部产生了非常大的矛盾，并直接导致了匈奴的分裂。这是后话，后文再讲。

而在这一时期，汉朝也发生了一件非常重大的事情，这件事情的影响之巨大，不仅使许多史学家认为由此改变了中国的历史，同时也认为这是使强盛的西汉由盛转衰的标志性事件。

这件事情，要从一个名叫江充的人说起。

江充字次倩，赵国邯郸人。江充本名叫江齐，他有个妹妹，擅长弹琴和歌舞，嫁给赵国太子刘丹为妃，江齐因此成为赵王刘彭祖的座上客。

因为刘丹品行不端，所以当时赵国流传的许多王室丑闻，都与他有关。刘丹怀疑是江齐把自己的这些丑事报告给了刘彭祖，所以非常痛恨江齐，于是派人追捕江齐。江齐得知消息后，赶快逃出了赵国。

刘丹没有抓到江齐，于是把江齐的父母兄弟全部抓了起来，然后安个罪名，全部杀死了他们。

江齐见自己全家被杀，于是赶快向西逃往京城，入关之后，改名为江充。

江充到达长安，径直到宫门上书，告发赵国太子刘丹与他的亲姐姐及赵王刘彭祖的后宫妃嫔奸乱，并与郡国的一些不法豪绅相互勾结，狼狈为奸，横行无忌，而郡国的官吏却拿他没有办法。

江充的奏折递上去之后，刘彻看了非常愤怒，于是派遣使者前往郡国，发兵包围赵王宫，然后把刘丹抓起来关进了魏郡的诏狱，命令郡国的官吏和朝廷的廷尉一齐审讯刘丹。审讯的结果，刘丹被判处死刑。

刘彭祖是刘彻同父异母的哥哥，为了搭救儿子，于是上书刘彻说："江充只是一个犯法逃亡的小臣，他为了逃脱自己的罪行，所以诽谤诬陷自己的君父，想惹怒陛下之后借陛下的力量来替他报私仇。他将来终究难逃烹醢之刑，却不知悔改。我愿从赵国选拔勇敢的士卒从军，尽死力攻打匈奴，希望能以此为刘丹赎罪。"

刘彭祖的书信呈上去之后，刘彻没有同意，刘丹的太子之位最终被废。

再说江充，他到达长安上书之后，即被刘彻在犬台宫召见。

他前去朝见之时，请求让他穿着平时所穿用的服饰去朝见皇帝，刘彻同意了。

江充得到允许，于是穿着丝织的袍子，围着燕尾式的裙裾，戴着插有鸟羽的步摇冠进宫。

江充本来就身材魁梧，相貌堂堂，再加上此时一副妇女意味的打扮，所以使刘彻远远一望，就觉得他英气勃勃，更添妩媚，因为刘彻不仅喜欢漂亮的女人，也喜欢英俊的男人，如韩嫣、李延年等。

刘彻看见江充从阶下步态飘逸地走来，情不自禁地对左右大臣说："燕、赵之地，确实是多奇俊之士。"江充近前之后，刘彻问他一些当世的时政，江充的回答深合刘彻之意，刘彻听了非常高兴。

于是江充借机请求出使匈奴，刘彻问他到了匈奴之后怎么办。江充说："我会根据事情的发展变化来灵活地随机应变，等了解敌人的情况之后再做决定，不能预先制订出不切实际的策略。"

刘彻觉得江充确实有见识有才能，于是就拜他为谒者，派他出使匈奴。

江充的出使果然取得了预期的效果，归来之后，刘彻拜他为直指绣衣使者，也就是直接受命于皇帝的特殊使者，类似于明朝的锦衣卫特务，权力很大。负责追捕三辅（即京畿地区，京兆尹、左冯翊、右扶风）的盗贼，并负责监察贵族们的越礼奢侈等行为。

当时的京城，皇亲贵族及大臣多有越礼之举，且奢侈无度，江充对他们一一进行了检举弹劾，奏请没收他们车马，并让他们在北军待命，等候出击匈奴。

江充的奏章递上去之后，因长期攻伐匈奴而深感缺钱、缺人、缺马的刘彻立即就批准了。于是江充传文给光禄勋（就是以前的郎中令，主管皇宫警卫）和中黄门，把那些该去北军营待命者的名单全部抄了过去，然后告知各门守卫，禁止这些人没有得到命令就出入宫殿。

江充的这一做法，让京城的贵族子弟极为惶恐，他们一齐前去朝见刘彻，请求能够通过缴纳赎金的方式，为自己赎罪。刘彻同意，让他们按照自己的官职大小向北军缴纳相应的赎金，最终北军得到金钱好几千万。

通过这件事情，刘彻觉得江充既忠诚，又正直，执法不避权贵，所办的事情都非常合乎自己的心意，于是刻意提携江充。

江充有一天出外，看见刘彻的姑姑兼岳母馆陶长公主的车马在皇帝专用的驰道中行驶，于是大声呵斥制止。刘嫖说："我有太后的诏令。"江充说："长公主有太后的诏令，那就可以行走，其他人没有，所以绝对不行。"于是上书弹劾，将刘嫖随从的车马全部没收入官。

后来江充随刘彻前往甘泉宫，出来后碰上太子刘据的家臣驾车在驰道上行走，于是江充就把他抓了起来，然后交给官吏审问。刘据得知消息之后，赶快派人向江充道歉并求情说："我不是爱惜那些车马，实在是不想让皇上听到这件事情，从而责怪我平时不管教身边的人。请江君宽大处理一下。"

但江充却并没有理睬刘据，而是径直报到了刘彻那里。

刘彻夸奖江充说："每一个做臣子的，都应该像江充这样啊。"从此更加信任江充。江充由是威震京师。

江充后来升任为水衡都尉，主管上林苑，兼保管皇室财物，铸钱、造船、治水等事，是二千石的官职，与京城三辅京兆尹、左冯翊、右扶风是同级官员。他的宗族堂兄弟及好友都因此得到了不少好处。时间一长，被刘彻称赞为"奉法不阿"的江充，自然也因犯法而被免官。

有人受宠，自然就会有人失宠，有人受到器重，自然有人就会被轻视，这是个此消彼长的规律，任何人概莫能外。而在江充大见信用的这一段时间里，太子刘据的处境可说是越来越艰难。

来回顾一下太子刘据的成长之路。

公元前122年，年仅七岁的长子刘据被立为太子。那个时候，卫青和霍去病声望正隆，刘据的地位可说是坚如磐石。

刘据年龄再大一些之后，刘彻开始在大臣们之中为刘据选择老师。

刘彻还是在做太子的时候，景帝朝有一位以处世恭谨、家教严明而闻名的大臣名叫石奋。石奋十五岁的时候，正碰上楚、汉争雄，石奋担任小吏侍奉刘邦，刘邦通过和他交谈，非常喜欢他的恭敬，于是就问他家里还有些什么人，石奋回答说母亲双目失明，还有个姐姐，会鼓琴。于是刘邦就把石奋的姐姐召入宫内，封为美人。石奋没有什么才学，但他侍奉皇帝时的恭敬有礼，那是任何人都比不了的。所以到景帝朝时，石奋已积功至九卿之位。因为他们一家父子四人全部是二千石的官员，所以汉景帝称他为"万石君"。

石奋个人的修为恭谨到了什么程度呢？举例来说，他已经告老还乡了，可是每年来参加朝会之时，路过皇宫的门楼，一定会下车用小碎步走过去，这种礼仪当时叫作"趋"；看见皇帝的车马，就一定会按着车前的横木来表达敬意。

那么他的家教严谨到了什么程度呢？他的子孙，谁要是犯了错误，石奋马上就会谴责他的过失，或者是坐着不说话，不吃饭，直到子孙态度诚恳地来承认错误，并保证此后不敢再犯，他才会原谅他们。

皇帝赐给石奋食物，石奋每次都是下跪叩拜，低着头吃，就像皇帝在他的面前一样。因为这个缘故，他的子孙也都学他的样子，谨遵礼节，孝顺恭敬。他们一家的修为，就算是齐地和鲁地的儒生，也感觉自愧不如。

等到刘彻立刘据为太子时，石奋已死。石奋最为恭谨孝悌的长子石建也因为父亲的去世过于悲痛而离开人世。于是刘彻最终选出万石君的少子，时任沛太守的石庆作为太子太傅。

第九章 西汉（下） | 097

当时，因为刘彻尊崇《春秋公羊传》，所以就派德高望重的文学之士辅导刘据学习《春秋公羊传》。待到刘据通晓《春秋公羊传》之后，又想学习《春秋穀梁传》，当时有一位专门研习《春秋穀梁传》的学者人称瑕丘江公（瑕丘人，姓江），与研习《春秋公羊传》的董仲舒齐名。所以刘据开始私下里向瑕丘江公学习《春秋穀梁传》。

刘据成年后，刘彻为他举行了隆重的冠礼，并专门为刘据在长安城南修建了一座苑林，称之为博望苑。尽管刘彻对臣子结交宾客深恶痛绝，但对自己的儿子，却显得非常开明，刻意栽培，专门修建了这座苑囿供刘据交往宾客，并允许刘据可以按照自己的兴趣爱好行事。因此，当时许多有才能而并非修习儒家学说的人纷纷前来依附在刘据的门下，因为他们的思想与刘彻的治国思想不同，在刘彻那里得不到任用。

刘据性格仁慈宽厚、温和谨慎，和刘彻截然不同，所以刘彻常嫌他不像自己那样精明强干。后来刘彻宠幸的王夫人生了皇子齐怀王刘闳，李姬生了燕刺王刘旦、广陵厉王刘胥，李夫人又有了昌邑哀王刘髆，加上时光流逝卫子夫渐渐衰老，所以刘彻对皇后卫子夫和太子刘据的宠爱逐渐衰减，因为这个缘故，卫子夫和刘据心里十分不安。

以刘彻的聪慧和精明，他马上就察觉到了卫子夫和刘据的心思。为了安抚皇后和太子，于是他找了个机会对卫青说："汉家许多事情，都还处于草创阶段，再加上四夷不断侵凌我国，我如果不变更制度，后世就将没有依据的法度；我如果不出师征伐，天下就不能安定，因此不能不使百姓受些劳苦。但倘若后代也像我这样去做，就等于重蹈了秦朝灭亡的覆辙。太子诚实稳重好静，必定能安定天下，不会使我感到忧虑。要找一个能够以文治国的，还有谁能比太子更贤德呢？听说皇后和太子有不安的感觉，难道真是如此吗？你可以把朕的意思转告他们。"

卫青听完之后叩头感谢，并转告卫子夫。卫子夫听了之后，特意摘掉首饰，前去向刘彻请罪。并且，每当刘据劝阻征伐四方之时，刘彻就笑着说："由我来担当艰苦的重任，而将安逸的生活留给你，不也是挺好的吗？"

刘彻晚年，常常外出巡幸，每次出宫，便将国事交付给刘据，后宫事务交付给卫子夫。刘据和卫子夫如果在这期间做出了什么决定，等刘彻回来之后就必定要拣最重要的向他报告，一般来说，刘彻没有不同意的，有时甚至不过问。

刘彻用法非常严厉，所以他任用的多是严苛残暴的酷吏；而刘据待人宽厚，所以经常将一些他认为处罚过重的事从轻发落。刘据这样做的结果是，他虽然赢得了百姓的爱戴，却得罪了那些执法大臣。卫子夫担心长此下去会引来横祸，于是经常告诫刘据应注意顺从皇帝的意思，不应擅自纵容宽赦罪人。刘彻听说这件事情之后，肯定了刘据的做法，而否定了卫子夫的意见。

所以按照这个趋势下去，大臣们之中，为人宽厚的都依附了刘据。而那些用法严苛的酷吏则全部开始说他的坏话。因为奸吏大多结党营私，所以在刘彻身边赞赏刘据的人越来越少，而故意诋毁他的人却越来越多。霍去病和卫青相继死后，那些奸邪之臣认为刘据不再有强大的外戚势力做靠山，担心刘据即位之后会对自己不利，所以开始构陷刘据。

刘彻国事繁忙，很少与儿子们在一起，与卫子夫也很少见面。有一天，刘据进宫去谒见卫子夫，日影过去好长时间，才从宫里出来。黄门苏文因此向刘彻报告说："太子调戏宫女。"刘彻听了之后，于是下令将太子宫中的宫女增加到两百人。刘据觉得很奇怪，后来知道了这件事情，心里对苏文十分不满。

苏文与小黄门常融、王弼等经常暗中寻找刘据的过失，然后再去添油加醋地向刘彻打小报告。对此，卫子夫常常恨得咬牙切齿，希望让刘据禀明刘彻，杀死苏文等人。但刘据却说："只要我不做坏事，又何必担心苏文等人说坏话呢！皇上圣明，绝对不会相信那些邪恶的谗言，根本用不着忧虑。"谁知刚过了没几天，刘彻突然感觉身体有点不舒服，于是派常融去召太子，常融先回宫，对刘彻说："太子听说陛下龙体有恙，面带喜色。"刘彻听了之后，默然无语。等到刘据来到，刘彻暗中观察他的神色，却发现他脸上有泪痕，却在自己面前强颜欢笑，刘彻感到非常奇怪，于是暗中查问，才得知了事情的真相，于是将常融处死。

通过这件事情，卫子夫开始刻意提防，远避嫌疑，所以尽管长时间不再受刘彻宠爱，却仍能使刘彻对她以礼相待。

公元前113年，刘据纳鲁国一个姓史的女子为良娣（良娣比太子妃低一个等级），生了一个男孩，名叫刘进，因为他的母亲姓史，再加上是皇帝的孙子，所以人们称他为"史皇孙"。

如果说仅仅是刘彻身边诸如常融、苏文这些小人物陷害刘据，那么依他们的能力和水平，还不至于给刘据造成大的麻烦，但江充这个人不一样，他有才能，并且也深得刘彻的信任，而他一旦跟刘据较上劲，那么他所造成的破坏则是毁灭性的。

江充抓住刘据在驰道上行车的家臣并报告给了刘彻，没有给刘据留下丝毫回旋的余地。所以事情过后，江充也开始后怕。觉得将来刘据一旦即位，肯定会报复自己，于是江充开始想方设法找机会陷害刘据。

而这个机会，被江充等到了。

前文曾经提到，卫子夫的大姐名叫卫君孺，后来由刘彻做主，嫁给了太仆公孙贺。

公孙贺曾随卫青出征匈奴，在功被封为南奅侯，但在公元前112年的酎金失侯事件中，公孙贺也因所献的酎金成色不足而褫夺了侯爵。

后来，刘彻曾想给公孙贺复侯的机会，让公孙贺领兵出征匈奴，但公孙贺却无功而返。

公元前103年，丞相石庆死。刘彻想让公孙贺担任丞相，但因为前面有丞相由列侯担任的先例，所以刘彻先封公孙贺为葛绎侯，之后下诏让公孙贺接任丞相。

公孙贺得到侯爵并不推辞，但一听要让他担任丞相，马上开始极力推辞，表示难以胜任这一职位。

按说丞相是百官之首，许多人为官一生，为的就是出将入相，公孙贺又为何要极力推辞呢？

只要看一看公孙贺的几个前任的最终结局，就可以找到答案！

窦婴死于非命；许昌坐窦太后丧事不办，被免；田蚡横死任上；薛泽和公孙弘幸运一点，一个被免，一个老死任上；其后李蔡因犯法狱中自杀；庄青翟因张汤之事被逼自杀；赵周在酎金失侯事件中，被控明知列侯所献的酎金成色不足而不报被捕下狱，自杀；石庆虽然家风严谨，且恭敬无人能比，但仍然免不了被刘彻时常训斥谴责。那么以公孙贺的能力，他能保证自己比前面几任做得更出色并能全身而退吗？

对此，公孙贺自己是有自知之明的。如果无法胜任，被免官事小，而遭遇惨祸，那对整个家族来说，将是致命的。

所以皇帝的诏令下达之后，公孙贺就跪在地上，拒不接受丞相的印绶。他一边叩头，一边哭泣说："我不过是一个边地的鄙俗之人，靠骑马射箭得以担任官职，以我的才能，实在是无法胜任宰相一职，请皇上收回成命。"

公孙贺的推辞和哭泣，那真是发自肺腑的，他看到丞相的印绶，仿佛就看到了催命的刀斧，所以哭得非常哀伤。刘彻和朝堂上的大臣们见他如此悲伤，也不禁跟着他落泪。但刘彻任用他的初衷，却并不是想要取他性命的。所以刘彻对大臣们说："扶起丞相。"但公孙贺跪在地上，说什么也不肯起来。

最后刘彻怒了，起身离开了朝堂，公孙贺见实在无法推辞，只好接受了任命。

大臣们都对公孙贺的做法感到不理解，所以散朝之后，都问他为什么要那么做。公孙贺说："主上贤明，而我的才能不足以担任丞相一职，恐怕此后将会受到严厉的责罚，我的危险，从这个时候起，就真正地降临了。"

但公孙贺有这样的见识，并不见得他家里的人都有这样的见识。

公孙贺与卫君孺所生的儿子叫公孙敬声，公孙贺升任丞相之后，太仆之位空缺，刘彻于是擢升公孙敬声为太仆，父子俩并居公卿之位。

公孙敬声觉得自己是皇后的侄子，所以为人非常骄横，奢侈无度，并且不守法纪。征和年间，他擅自挪用北军的军费一千九百万，事情败露之后，被关进了监狱。

从事情后来的发展趋势看，如果公孙贺不救这个败家的儿子，或许公孙一家还能躲过灾祸，也不会给太子刘据带来致命的打击，西汉王朝，也不会就此由盛而衰。可是，普天之下，又有几个人能未卜先知呢？又有几个父亲会眼睁睁地看着自己的儿子被押赴刑场而无动于衷呢？

当时，有一个阳陵人名叫朱安世。他也和之前的郭解等人一样，是个侠士。常常仗着自己的势力横行京师，触犯朝廷的法律。刘彻下诏通缉朱安世，但好长时间过去，朱安世却一直逍遥法外。

从这一点上看，朱安世这个人，绝对不是一个简单的人物，他比之前的郭解等人，势力更强大。他与许多宫廷之中的实权人物之间，绝对有着非常密切的联系，否则，以刘彻的英明神武，连大宛、匈奴、朝鲜、南越这些国家都可以征服，怎么会抓不到一个小小的侠士？

刘彻因为抓不到朱安世而非常恼怒，此时公孙敬声下狱，公孙贺为了救儿子，于是主动上书刘彻，请求让他去缉捕朱安世，用来替公孙敬声赎罪。

刘彻同意了。

朱安世能够一次又一次地躲过朝廷的追捕，说明他朝中有不少的眼线，而公孙贺久历宦海，自然也是深知这一点。于是，他充分发挥自己作为丞相的职权优势，动用一切可以动用的力量，最终抓住了朱安世。

朱安世得知自己落网是因为丞相公孙贺想要拿自己去为他的儿子公孙敬声赎

罪，立即笑着说："丞相将要祸及宗族了。南山上的竹子，不够用来书写我将要揭发的罪行，斜谷里的树木，不够用来制作那些犯事的人所要戴的枷锁。"于是在狱中上书，上告公孙敬声与皇帝的女儿阳石公主私通，并且让巫师用祭词诅咒皇上，同时在皇帝前往甘泉宫的专用驰道上埋藏木偶人，用恶言诅咒皇帝。

当时刘彻正在病中，本来就怀疑自己得病是不是有其他的什么原因，等见到朱安世的揭发之词后，立刻勃然大怒，命令廷尉严厉追查此事。

就这样，公孙贺不仅没有救出儿子，反而把自己又陷了进去。经过廷尉的严格审理，公孙敬声巫蛊之事查无实据，但他们父子之间的一些罪行却由此暴露出来。父子二人双双死于狱中，家被族灭。阳石公主和诸邑公主也牵连其中，以巫蛊的罪名被处死。卫青的长子卫伉和卫长公主的儿子曹宗也受牵连，被下狱处死。这一年是公元前91年，汉武帝征和二年。

公孙贺父子被杀之后，刘彻下诏说："前丞相公孙贺依仗和我的旧关系，利用丞相之位和权力做邪恶的事情。他增加肥沃的良田为子弟、宾客谋利益，丝毫不顾黎民百姓；戍边的士卒缺衣缺粮，他却没办法解决，贪图钱财，使百姓贿赂位居上流的官吏，我已经忍了他很久了。可是他终究不知悔改，竟然想拿边防大事作为他的后援，让内地各郡自己压缩经费，为边郡的军队制作战车；又让耕地的农民自己运输粮草到边境，严重扰乱了农事，造成了极大的浪费；下级官吏妄自增加税收，使百姓流离失所；又假称受诏，用奸邪的手段逮捕朱安世。他的这些罪行，廷尉已经审理得清清楚楚，无须多说。现在任命涿郡太守刘屈氂为左丞相。分丞相长史为两府，待选拔推荐出更贤能的人再任命右丞相。亲近亲人，任用贤才，这是周朝和唐尧的做法。将澎地的两千两百户封给左丞相刘屈氂，为澎侯。"刘屈氂是刘彻的庶兄，中山靖王刘胜的儿子。

从上面这道诏书可以看出，刘彻作为一个人君，其信口雌黄的本领真不是一般人能够想象的。公孙贺父子有贪污受贿的不法之举，这个恐怕任何人都不会怀疑，公孙贺父子自己也无法否认。但若说戍边的将士缺衣少食而公孙贺无法解决，这可就太冤枉公孙贺了，因为汉朝连年征战，耗费巨大，别说是公孙贺，就连刘彻自己也无法解决。公孙贺让内郡给边郡送粮造车，这实际上正是刘彻求之不得的事情，但公孙贺一出事，刘彻就立马把这些罪责一股脑儿地全推到公孙贺身上；最离奇的在最后，竟说公孙贺假传圣旨，以奸邪的手段逮捕朱安世。这可真是令人目瞪口呆，到底是谁想要逮捕朱安世而促使救子心切的公孙贺主动请缨的呢？

伴君如伴虎，公孙贺虽有先见之明，但他自己却并没有能力掌控自己的命运，最终导致全家死无葬身之地！

而公孙贺被灭族，只是这场大灾祸中的一个小小的开端。

因为通过这件事情，许多人发现，只要上告别人用巫蛊之术诅咒皇帝，哪怕他是再怎么高级别的大臣，哪怕他是再怎么势力庞大的贵族，也照样可以下狱处死，罪至灭族，而全然不顾诅咒皇帝的事情到底是否属实，而告状的人不管犯了什么样的罪行，最后却可以安然无恙。

朱安世的做法，给许多奸邪之人带来了灵感。江充就是其中之一！

当时的人普遍迷信地认为，巫蛊之术可以害人，而实施巫蛊之术的办法就是让巫师祠祭或是将桐木偶人埋在地下，诅咒自己痛恨的人，被诅咒的人就会大祸临头。

刘彻后宫的宠妃很多，但前后失宠的也不少，比较著名的就有皇后级的陈阿娇和卫子夫。有些失宠的夫人美人为了重新获得皇帝的宠爱，于是便请女巫进宫，试图通过巫蛊之术，让皇帝重新喜欢自己，同时使那些受宠的夫人遭受灾祸。所以后宫之中，不时出现巫蛊之事，并牵连到朝中的大臣。当时，来到长安的巫师非常多。一些女巫来到宫中，教宫中美人躲避灾祸的办法，在每个房间里都埋上木头人，进行祭祀。后来，这些美人因相互妒忌而争吵时，就轮番告发对方诅咒皇帝、大逆不道。刘彻听了自然是勃然大怒，于是将被告发的人全部处死，后宫妃嫔、宫女以及受牵连的大臣共杀了数百人。

刘彻晚年多病，所以对有人用巫蛊之术害他的说法深信不疑。这年秋天，刘彻驾幸甘泉宫，在白天睡觉之时，梦见有好几千木头人手持棍棒向他打来，刘彻从梦中猛然惊醒，立即感觉很不舒服，神情恍惚，病势越来越沉重。

江充见刘彻的年纪越来越大，担心刘彻死后刘据杀死自己，于是立即生了奸邪之心，向刘彻上奏说皇帝之所以生病，是因为有人在行巫蛊诅咒皇帝。

江充一句话，立即说中了刘彻的心病，刘彻恼怒之下，于是任命江充为特使，专门负责巫蛊一案。至此，西汉历史上这一场著名的惨祸，被江充拉开大幕。

江充接到命令之后，于是指挥巫师四处掘地寻找木偶人，并逮捕了那些用实施巫术，夜间祷祝及那些自称能见到鬼魂的人，又命人事先在一些地方洒上血污，然后把周围的人全部抓起来审问，将那些染上血污的地方指控为他们用巫术害人的地方。这些人如果不承认，就用烧红的铁钳烙烫他们的肢体，强迫他们认罪。在这种恐怖气氛之下，于是百姓相互之间进行诬告，说对方用巫术害人，审案的官吏于是全都给他们定了大逆不道的罪名，因受牵连而死者，前后共计数万人。

此时刘彻因为上了年纪，再加上他的病一直不见好，所以怀疑周围的人全都用巫蛊之术诅咒他。而那些被逮捕治罪的人，不论是否真的有罪，却没有一个人敢诉说自己的冤屈。江充再一次窥到了刘彻的心思并捏准了众人的心理，于是指使胡人巫师檀何向刘彻说，皇帝的病一直不好，是因为宫中有蛊气，不将这蛊气除去，皇帝的病就一直不会好。刘彻深以为然，于是派遣案道侯韩说、御史章赣、黄门苏文等人协助江充侦查巫蛊案件。

江充等人从后宫中不受宠幸的夫人开始查办，依次查到了皇后卫子夫的宫中，连皇帝的宝座都被毁坏，到处挖地找蛊。最终在当年秋天的七月，在太子的东宫挖到了桐木人偶。

这个桐木人偶是从哪里来的，是什么时候由什么人埋在太子宫中的，谁都无法说清，是不是江充或是江充指使的巫师埋的，谁也没有证据证明。但木偶是在太子宫中挖出来的，那么太子刘据就要为此负责任。

刘据见从自己的宫中挖出了桐木人偶，立时恐惧万状，他知道自己没有做过这种事情，但他却无法证明自己的清白。当时刘彻在甘泉宫养病，宫中只有卫皇后和太子刘据等人在。紧急之下，刘据召来太子少傅石德，问他该怎么办？

石德担任太子的老师，如果太子犯了罪，太子会不会受到处罚不一定，但太子的老师则绝对会受到处罚。战国时秦国的秦惠文王当太子之时，因为犯了法，他的老师公子虔和公孙贾就被商鞅处以了刑罚。前事不忘，后事之师。现在江充等人在太子宫掘出了桐木偶人，谁也无法自证清白，那么石德等人将来被处死都是轻的，弄不好就会被灭族。

被逼上绝路的石德于是对刘据说："先前丞相公孙贺父子、两位公主及卫伉等就因这个罪名而连坐被杀，现在巫师与皇上的使者又从宫中挖出了木偶人，这个木偶人不知是巫师放的呢，还是确实就有，这是我们谁也无法解释清楚的。事情到了这个地步，已经再没有其他的办法。您可以假传圣旨，将江充等人逮捕下狱，彻底追查出他们的奸谋。况且陛下有病住在甘泉宫，皇后和您派去请安的人都没能见到陛下，陛下是否还活着都没办法弄清楚，现在奸臣如此凶恶，太子难道忘了秦朝的扶苏之事了吗？"

刘据为难地说："我这当儿子的，怎么能擅自诛杀大臣！不如前往甘泉宫请罪，或许能侥幸无事。"刘据打算亲自前往甘泉宫，向刘彻当面解释，但江充却抓住桐木人偶之事不依不饶，极力逼迫。

刘据知道自己已经没有了别的选择。秦朝扶苏被逼自杀，秦朝瞬间覆亡，为天下所笑。刘据饱读圣贤之书，不会不知道这段历史。如果父亲真的已经死了，而自己被这些奸臣所包围，那么起兵反抗，就不仅是为了自己，也是为了刘家的江山社稷。刘据无法脱身，又想不出别的办法，于是下定决心，按照石德的计策行事。

刘据派门客冒充皇帝使者，逮捕了江充等人。案道侯韩说长期在外带兵作战，毕竟有些见识，他怀疑使者是假的，不肯接受诏书，结果当场被刘据的门客杀死。御史章赣带伤逃走，前往甘泉宫向刘彻报信。

刘据亲自前往刑场监杀江充，他责骂江充说："你这赵国的贼子，先前在你们赵国的国王父子之间制造矛盾还嫌不够，如今又想在我们父子之间制造矛盾吗？"于是杀了江充，并命人将江充手下的胡人巫师烧死在上林苑中。黄门苏文逃走，径直前往甘泉宫向刘彻告状。

刘据虽然杀了江充，但仍然没能控制宫中的局势，因为他所能指挥的兵马非常有限，并且他真的不知道刘彻是否还活着。危急之下，刘据派门客无且带着他的符节，趁夜进入未央宫长秋门，通过女官倚华将情况报告了皇后卫子夫。然后调动了皇家的马车运载射手，打开武器库拿出武器，又调发了保卫长乐宫的卫兵。

再说刘彻，他在章赣和苏文先后报告情况之后，断言说："太子肯定是害怕了，又愤恨江充等人，所以才发生了这样的变故。"于是派使者前去召刘据。谁知这个使者却是个怕死鬼、窝囊废，他不敢进入长安，却回去向刘彻报告说："太子已经造反，要杀我，我逃了回来。"

三人成虎。如果刘彻在听了前两个人说太子造反之时，心里还存有一丝侥幸，但如今他派去的没有任何利害关系的第三方使者再这么说，就不由得让他不信。

再说长安城中的丞相刘屈氂，他听到太子起兵的消息之后，也以为是刘据造反，所以立即抽身就逃，连丞相的官印都丢了。刘屈氂在出逃的路上，知道刘彻在甘泉宫避暑养病，于是派长史乘驿站快马奏报刘彻。刘彻问长史说："丞相在做什么？"长史回答说："丞相封锁消息，没敢发兵。"

刘彻生气地说："事情已经尽人皆知，还有什么秘密可言！丞相真是没有周公的遗风，周公难道不能杀管叔和蔡叔吗？"于是赐给刘屈氂皇帝的玺书，命令他说："捕杀叛逆者，朕自有赏罚。应用牛车当盾牌做掩护，不要和叛军短兵相接，要多多杀伤对方的士卒，消灭对方的有生力量。紧守城门，决不能让叛军冲出长安城！"

至此，事情无可挽回。

长安城中的刘据在调集士卒之后，向文武百官发出号令说："陛下因病困居甘泉宫，我怀疑可能发生了变故，奸臣们想乘机叛乱。"想借此让文武百官支持自己，但大臣们却在骑墙观望。

刘彻知道事态紧急，于是从甘泉宫返回，暂居于长安城西的建章宫，然后下令征调三辅附近各县的军队入城，并部署中二千石以下官员，归丞相兼职统辖。

刘据也派使者假传圣旨，将关在长安中监狱里的囚徒全部赦免放出，命少傅石德及门客张光等分别统辖；又派长安囚徒如侯持他的符节前去征发长水和宣曲（在长安城西南）两地的胡人骑兵，让他们一律全副武装前来会合。

此时，侍郎莽通受刘彻的指派，率先赶到了长安，他得知如侯前去调兵，于是迅速追赶并抓获了如侯。莽通对胡人骑兵说："这个符节是假的，不要听从他的调遣。"于是杀了如侯，并带领胡人骑兵进入长安。又征调船兵，交给大鸿胪商丘成指挥。

之前，因为刘邦说自己是赤帝之子，所以汉朝崇尚红色，皇帝的符节都是纯红色的。这时刘据所用的符节全都是这一种。而在这个紧急时刻，为了让自己的符节与刘据的有所区别，所以刘彻在新的符节上改加了黄缨（因为太初改历之后，崇尚黄色）。

刘据带领自己的部下与刘屈氂所指挥的军队交战，因为刘据兵少，所以渐渐落了下风。再加上此时刘彻已经到了建章宫，所以长安城中的人都知道刘彻还活着，因此人人都相信是太子刘据在造反，没有人敢支持他。

尔后，刘据来到北军军营南门之外，站在车上，将护北军使者任安召出，交给他符节，命令任安发兵。但任安拜受符节之后，却退入营中闭门不出，不肯帮助刘据。

刘据见状，无奈带人离开，将长安四市的市民约数万人强行武装了起来。到达长乐宫西门之时，正遇到丞相刘屈氂所率的军队，双方会战五天，死亡数万人，鲜血像水一样留入街边的沟渠。

前来增援刘屈氂的军队越来越多，而刘据一边的人马却越来越少。刘据兵败，只得向南逃到长安城的覆盎门。丞相司直田仁正率兵把守城门，他是熟读经史的将才，觉得刘据与刘彻是父子关系，两人之间因发生误会而导致出现这样的结局，是非常不幸的事情。将来他们总会有误会澄清的一天，所以下令打开城门，让刘据逃了出去。

刘屈氂随后率军赶来，见田仁放了刘据，愤怒之下，就想要杀死田仁。旁边的御史大夫暴胜之劝阻他说："司直是朝廷二千石的官吏，理应向皇帝奏请，怎么能擅自斩杀他呢！"于是刘屈氂放了田仁。

暴胜之是西汉名臣，曾经担任直指绣衣使者（和江充所担任的职务一样）。治理郡国有一套非常有效的办法，在大臣之中有非常高的威望。暴胜之有知人的美称，人们都说他能像伯乐识别千里马那样识别人才。暴胜之后来负责监督考核各郡国的官员，官至御史大夫。

此时暴胜之认为刘屈氂不能直接杀田仁，从制度上来说，是对的。但在这个时候，刘彻愤怒之下，大臣们不论对错，只要不符合他的心意，那就只有死路一条。

刘彻听说暴胜之阻止刘屈氂杀田仁，大怒斥责说："司直放走谋反的人，丞相杀他，是执行国家的法律，你为什么要擅加阻止他？"暴胜之惶恐不安，只好自杀而死。

对于任安，拜受了太子的符节却没有出兵，刘彻觉得他心怀二心。恰好在这个时候，任安因为责打了北军营中掌管钱物的一个小吏，这个小吏上书告发了他，说当时任安接受太子符节的时候，对太子说："最好能给我更加光鲜的。"这句话成了历史上的一桩无头公案，有的人认为，任安说这话的意思是他已经知道太子的符节是假的，所以要让太子给他更加光鲜的有黄缨的符节。但有的人认为，任安的意思是，让太子给他一些鲜好的兵甲。而后面的这一种解读，成了让任安丧命的直接证据。刘彻听了之后，定性说："任安是个奸猾的老官僚，他见太子和丞相交兵，想坐观成败，谁胜了就帮谁，有二心。任安犯下要被判处死刑的罪行很多，我常常不予追究，让他活了下来，现在他却心怀奸诈，有不忠之心。"

于是下令将田仁和任安一齐处以腰斩之刑。这一对贫贱之交，未能同年同月同日生，却在同年同月同日死，但田仁死得还多少有些价值，因为他做出了自己的决定，而任安却死得非常窝囊。

任安在司马迁遭受腐刑并担任中书令之后，因为司马迁深得刘彻的尊宠，所以他就给司马迁写了一封信，信中引用古代贤臣的事例，建议司马迁能够利用在皇帝身边工作并获得皇帝信任的便利条件，向朝廷推荐贤才，即"推贤进士"。司马迁因为工作繁忙，一直未曾给任安回信。

而在这个时候任安下狱之后，司马迁担心再不向任安回信，恐怕就再也没有给他回信的机会了，压抑在自己心中的愤懑之情也将无处宣泄，而自己还将被包括朋友在内的世人所误解。于是提笔写下了给任安的回信，这就是前文曾经提到的千古名篇《报任少卿书》，也叫《报任安书》。

发生在刘彻父子之间的战事平息之后，刘彻兑现前言，开始论功行赏。莽通因为擒获如侯，长安男子景通抓获太子少傅石德，功劳最大，分别被封为重合侯和德侯。商丘成奋力战斗，擒获太子舍人张光，封为秺侯。

太子的所有门客，因为曾随太子出入宫门，所以一律处死；凡是跟随刘据发兵的，一律以谋反罪灭族；那些并非真心想要跟着太子起兵而被太子胁迫的，一律流放到敦煌。

而协助太子起兵的皇后卫子夫，也未能幸免。刘彻派宗正刘长乐、执金吾刘敢前去收皇后的玺绶，卫子夫既无法证明自己的清白，也无法证明儿子的清白。刘彻此时的做法，让她感觉到无比绝望：多少年的夫妻了，既然你不相信我，那我说了还能起什么作用呢？悲怒之下，卫子夫以最为节烈的方式，选择了以死明志。

因为太子逃亡在外，所以刘彻在长安城的各门部署了军队，加强防守。

刘据兵败逃走之后，刘彻雷霆震怒。而大臣们在刘彻毫无章法的严厉惩处之下，都因忧虑恐惧而不敢上前解劝他。

壶关三老令狐茂上书说："我听说父亲就好比是天，母亲就好比是地，儿子就好比是天地之间的万物，所以只有上天平静，大地安然，阴阳调和，万物才能茂盛生长；只有父慈，母爱，儿子才能孝顺。阴阳不和，则万物就会半路夭折，父子不和，那么家室就会丧亡。所以如果父亲不像父亲，那么儿子就会不像儿子；国君如果不像国君，那么臣子就会不像臣子。虽然有粮食，又哪里能吃得到呢？之前的虞舜，他可以说是孝顺至极了吧，可是他的父亲瞽叟却仍然不满意；孝己被诽谤，伯奇被流放，要说他们都是骨肉至亲，父子之间却互不信任，这是什么缘故？都是因为长期积累的毁谤之言所导致的啊。

"所以由此看来，没有不孝顺的儿子，只有不察觉实情的父亲。如今皇太子本是汉朝的嫡嗣，将承继万世大业，实行祖宗的重托，论关系又是皇上的嫡长子。江充，不过是一介平民，一个市井之中的奴才，陛下却对他尊显重用，让他挟至尊之命来迫害皇太子，纠集一批奸邪小人，欺诈栽赃、逼迫陷害，使陛下与太子的父子至亲关系隔绝闭塞不通。太子进则不能面见皇上，退则被乱臣所困，独自蒙冤，无处申诉，忍不住愤恨的心情，奋起而杀死江充，却又害怕皇上降罪，被迫逃亡。太子作为陛下的儿子，盗用父亲的军队，不过是为了救难，使自己免遭别人的陷害罢了，臣认为这并非有什么险恶的用心。《诗经》上说：'绿蝇往来落在篱笆上，平易近人的君子不要听信谗言。谗言没有止境，必然会扰乱整个天下。'

"之前的时候，江充曾以谗言害死赵国太子，天下可说无人不晓，他的罪行，本来就已经很严重了。而今陛下不加调查，就过分地责备太子，发雷霆之怒，征调大军追捕太子，还命丞相亲自指挥，致使智慧之人不敢进言，善辩之士难以张口，我心中实在感到痛惜。我听说伍子胥竭尽忠诚而失去了尊号，比干仁至义尽而牺牲了自己。所有的忠臣志士，之所以竭尽忠诚不顾斧钺的诛杀而前来陈述他愚昧的看法，为的是纠正国君的过失而使国家安定啊。《诗经》上说：'抓住那个进谗言的人，把他扔给豺虎。'希望陛下放宽心怀，平心静气，不要苛求自己的亲人，不要对太子的错误耿耿于怀，赶快结束对太子的搜捕，不要让太子长期逃亡在外！我以对陛下的一片忠心，随时准备献出我短暂的性命，待罪于建章宫外。"

奏章递上去，刘彻看了之后有所触动，但他一时在感情上转不过弯来，所以没有公开发布赦免太子的诏令。

刘据向东逃到湖县（今河南省三门峡灵宝市西北阌乡县西南），隐藏在泉鸠里的一户人家。主人家境贫寒，经常织卖草鞋来奉养他们。后来刘据听说有一位富有的旧相识住在湖县，便派人去寻找他，结果却导致消息泄露，当地的地方官率兵围捕刘据。刘据自忖无法逃脱，于是回到屋里，顶住房门，然后自缢而死。前来搜捕的兵卒中，有一山阳男子名叫张富昌，用脚踹开房门，新安县（今河南省洛阳市新安县）令史李寿跑上前去，将刘据抱住解下，但一切为时已晚，刘据已经气绝身亡。主人与搜捕刘据的人格斗而死，刘据的两个儿子也一同遇害。

常言道，虎毒不食子，此时的刘据虽然没有得到清白，但刘彻对他的死仍然感到悲伤。刘彻颁下诏书说："行为是非难以辨明却要施行封赏，为的是申明信义。封李寿为邘侯，封张富昌为题侯。"

时间一长，官吏和百姓以巫蛊害人罪相互告发的，经过调查发现多有不实，许多人不再相信巫蛊能够害人。此时刘彻也感觉到太子刘据是因为被江充逼迫，惶恐不安之下才起兵的，并没有造反的意思。

这个时候，正好守卫汉高祖祭庙的郎官田千秋上书，称有紧急的奏章，他在奏章中为刘据鸣冤说："做儿子的擅自动用父亲的军队，其罪应受鞭打。天子的儿子误杀了人，又有什么罪呢？我梦见一位白发老翁，教我上此奏章。"

到了这个时候，刘彻心中的那一层窗户纸，也就是所谓的明君不会犯错的面子，被田千秋轻轻捅破。可以借神的名义，可以借梦的名义，但就是不能指责刘彻的错误。田千秋以他的聪明，巧妙地做到了这一点。

于是刘彻召见田千秋，对他说："我们父子之间的事，外人一般是难以插言的，只有您知道其间的不实之处。这是高祖皇帝的神灵派您来指教我的啊，您应当担任我的辅佐大臣。"立即任命田千秋为大鸿胪（九卿之一的典客，掌管外交民族事务），并下令将江充满门抄斩，并将苏文烧死在横桥之上。

这个时候，先前的事情立即掉了个个儿。所有参与征伐太子刘据的人，都被降罪处罚，那个曾在泉鸠里对太子兵刃相加的人，因功被任命为北地太守，此时被灭族；张富昌和李寿被逼自杀；在战胜刘据的过程中立下大功的莽通和商丘成，在此后不久，以各种理由被逼造反或自杀。

刘彻怜惜刘据无辜遭害，于是特地修建了一座思子宫，又在湖县建了一座归来望思之台。天下人听说这件事后，都为此感到悲伤。

皇后卫子夫和史良娣死后，被草草葬在城南，史皇孙、皇孙妃王夫人及他们的女儿葬在广明，皇孙二人随太子刘据一齐遇害者，与刘据一同葬在湖县。

这就是西汉历史上影响甚大的巫蛊事件。

巫蛊事件给西汉王朝造成了非常重大的损失，首先是刘据自杀导致在刘彻死后缺乏成熟的接班人，导致西汉政府执政断层、经验断层，为其后霍光专权创造了客观条件，西汉的政治在很长一段时间内，处于停滞或倒退状态。

其次，这次事件，直接造成大量的人才被毁灭，导致人才断层。田仁、任安、暴胜之、石德、韩说、赵破奴，以及其后被报复而死的莽通、商丘成、刘屈氂等人，不计其数，而这仅仅是史书上留下姓名的，而更多正在成长之中的没有留下名字的贤士，在那场无辜的惨祸之中白白地送掉了性命。大量的政治上层人物被杀，皇亲国戚受到牵连诛杀，导致国本动摇，而强盛的西汉，便也无可避免地走向了衰落。

最后，巫蛊事件的发生，前后有近四十万无辜的人受到牵连，一时之间，天下人人自危，西汉统治阶层的威信受到了前所未有的冲击。

而这么大的一次事件，又有谁会相信仅仅是由江充这一个小人物引发的呢？其中缘由，值得让人深深思考，雄才大略的汉武帝刘彻，恐怕对这个事件负有不可推卸的责任。

第三十节　李广利叛汉、轮台罪己诏、汉武帝求仙

那么，因平定京师之乱而立下大功的刘屈氂等人，又是被刘彻以什么样的罪名诛杀的呢？

这还要从汉朝与匈奴的一场大规模的战争说起。

巫蛊事件之后一年，即公元前90年，即位六年的狐鹿姑单于率领匈奴大军侵入汉朝上谷、五原，杀死当地的官吏并掳走百姓牲畜。汉朝还未来得及出师，匈奴再次侵入五原、酒泉，两郡的都尉全部战死。

这年三月，刘彻派出三路大军，出击匈奴。贰师将军李广利率七万人出五原，御史大夫商丘成率三万余人出西河，重合侯莽通（又名马通）率四万骑兵出酒泉。

狐鹿姑单于听说汉方派出近十四万大军，于是下令将匈奴的辎重粮草尽数迁往赵信城北面的郅居水（今蒙古国北部色楞格河）。单于的儿子左贤王将他的百姓迁徙到余吾水六七百里外的兜衔山下。完成这些部署之后，单于亲率精兵渡过姑且水（今蒙古国首都乌兰巴托西南），列阵等待汉军。

御史大夫商丘成兵出匈奴之后，没有见到匈奴军队，准备返回。匈奴于是派出大将和李陵率领三万多骑兵追击商丘成军。追至浚稽山，与商丘成所部相遇。汉军转战九日，攻破匈奴骑兵的阵地，杀死杀伤为数不少的匈奴军队。战至蒲奴水（今蒙古国翁金河），匈奴军队见战局于己不利，收兵而回。

商丘成取胜的这一场战役，人们普遍认为，是不忘汉恩的李陵没有为匈奴尽力而导致的结果，因为内心极为矛盾的李陵，一方面无法违抗单于的命令，必须

要带兵追击汉军；而另一方面，他却不愿意将利刃砍向曾经与自己并肩作战的兄弟，所以，李陵的消极怠工，是这一路汉军取胜的重要因素之一。

再说另一路的莽通。他兵出酒泉到达天山之后，匈奴派大将偃渠和左右呼知王率两万多名骑兵与汉军对敌。匈奴军见汉军兵力优于己方，所以引兵退去。莽通无所得，也无所失。当时，汉朝担心车师国的军队会趁机在半路上伏击莽通所部，于是派闿陵侯带一支兵马前去攻打车师国。这一路汉军包围车师国之后，俘虏了车师国国王和大量民众之后返回。

再说李广利一路。李广利率大军兵出五原之后，匈奴派右大都尉与卫律率五千骑兵在夫羊句山峡（今蒙古国南戈壁省省会达兰扎德嘎德城西）迎击汉军。李广利派遣属国的两千胡人骑兵与卫律等人交战，匈奴军战败逃走，死伤者有数百人。

汉军大胜，乘胜向北追击，一直追到范夫人城（该城为一位姓范的将军所筑，筑城之时，将军病死，他的妻子激励众将士奋力保全此城，因此名为范夫人城，在今达兰扎德嘎德城西北）。匈奴兵四散奔逃，不敢与占优势兵力的汉军对抗。

然而，就在汉军大占优势的这个关键时刻，却发生了一件令汉军将士闻之色变的事情。这件事情对汉军将士尤其是汉军主将李广利来讲，无异于晴天霹雳！

这件事情就是，大军主将李广利的家人被汉廷投进了监狱。

那么李广利的家人究竟所犯何事，而被刘彻降罪下狱呢？都是因为李广利！

李广利在此番出师离开京城之时，丞相刘屈氂前去为他钱行。李广利的女儿嫁给刘屈氂的儿子，两人是儿女亲家。前一年发生的巫蛊之祸导致太子刘据自杀，刘彻又没有立新的太子，太子之位空缺，这就给许多人留下了觊觎的余地。

李广利的妹妹李夫人生前极为受宠，为刘彻生下一子刘髆，封为昌邑王。此时李广利就想让他的这个外甥争取太子之位，希望刘屈氂能够积极出力。于是他对刘屈氂说："希望丞相早早请求立昌邑王为太子。如果将来昌邑王即位为帝，丞相还怕自己的地位富贵不能长保吗？"

刘屈氂是刘彻的侄子，刘彻无论是立哪个儿子当太子，都跟刘屈氂没有多大的关系。但昌邑王刘髆不同，他是李广利的亲外甥，李广利本就地位尊贵，很有势力，同时又是自己的亲家公。如果立昌邑王刘髆为太子，对自己只有好处没有坏处。想到这里，刘屈氂立即就答应了。

李广利与刘屈氂结成这个政治盟约，信心满怀地带兵出征匈奴。谁也没有想到，他们之间的这个约定会为他们带来灭族之祸。

这年六月，内谒者令郭穰向朝廷告发，说丞相刘屈氂的妻子因为刘屈氂曾经多次遭到皇帝的责备，所以对皇帝不满，因此请巫师祈祷神灵，诅咒皇帝早死。同时密告刘屈氂与李广利共同向神祝祷，希望昌邑王刘髆将来做皇帝。

刘彻闻言大怒，立即下令廷尉严查。廷尉经过调查，奏称郭穰所告属实。于是刘屈氂以大逆不道之罪，被判处死刑。对刘屈氂痛恨至极的刘彻下达命令，把刘屈氂打入囚车，先是游街示众，然后在东市将他腰斩，刘屈氂的妻子儿女也在华阳街被斩首。

如果在巫蛊之祸中，刘屈氂处置得当，及时在刘彻父子之间进行沟通，问明刘据起兵的原因，及时报告刘彻，然后安排他们父子见面谈话，就完全可以消除他们父子之间的误会，避免这一场惨祸，但刘屈氂没有发挥丞相应该发挥的作用。他先是惊惶失措地逃窜，在表面上造成了刘据造反的事实，后又指挥大军全力围捕，没有在两军对垒之前给刘据提供任何辩解及谈判的机会，导致事态一发不可收拾。这是刘彻痛恨刘屈氂的最根本的原因。最初，刘屈氂率大军战胜了刘据，平定了内乱，刘彻在悲伤之余，对他的表现还是非常满意的，但随着田千秋的上书，刘彻评价那一场事件参与者的标准，马上倒了过来。刘屈氂之死，已不过是迟早之事！

刘屈氂被杀之后，田千秋被任命为丞相，封富民侯。刘彻的这一任命，更加鲜明地表达了他对前太子刘据的态度。田千秋没有什么特别的才能，也没有出色的学问，更没有立下战功，只因为说了一句话使刘彻醒悟到太子死得冤枉，便在旬月之间做了丞相并封侯，真是世所罕有。所以许多人为此质疑不断。后来汉朝的使者出使匈奴，匈奴单于问他说："听说汉朝新任命了一位丞相，他因为什么得到丞相的职位呢？"使者回答说："因为上书言事的缘故。"单于说："如果是这样，那么汉朝设置丞相，根本用不着贤才，随便一个男子上书就能得到了。"使者回来后，向刘彻报告了单于所说的话。刘彻大怒，认为这个使者有辱使命，于是把他交给狱吏处置。过了好久，才释放了他。

刘屈氂全家被杀，李广利的家人随即也被逮捕。

太医令随但与李广利关系十分要好，于是赶快派遣心腹家人，星夜赶往匈奴的汉军大营，将这一消息传递给了李广利。

李广利听说自己的妻儿被逮捕，立时如五雷轰顶。他既为自己的妻儿担心，又为眼前的战事忧虑。刘彻为什么没有直接杀死他的家人，而是把他们囚禁了起来。到底是担心杀了他们之后会导致他直接率领汉军投降匈奴，还是对他留有希望，希望他立功赎罪，就像他上次攻打大宛一样？可是，假如自己立功回去之后没有被赎免，又怎么办？毕竟李家已经经受过一次灭族了，再灭，就绝根了！

李广利方寸大乱，一时之间不知道该如何是好。

李广利的掾吏胡亚夫也因为避罪而从军，担心回去之后会被诛杀。他劝李广利说："将军的夫人和家人全部被押入大牢，如果将军回去之后，也被降罪下狱，那您将会悔之不及？"

李广利犹豫不决，心想如果投降匈奴，那么自己的妻子儿女将会必死无疑。不如深入敌境，如果能够大胜匈奴，或许回去之后，刘彻会对他网开一面。

打定主意之后，李广利于是下令汉军继续向北推进，一直推进到了郅居水。

这注定是一场赌局，如果获胜，李广利就可以为他的家人赢得一线生机，而赌注，则是七万汉军的性命。

李广利率汉军到达郅居水之时，单于所率的匈奴军队已经离去。李广利于是派遣护军率领两万骑兵渡过郅居水追赶匈奴骑兵。

北进的过程中，汉军与匈奴左贤王及左大将所部遇合，双方大战，汉军斩杀匈奴左大将，杀死杀伤匈奴兵甚多，汉军大胜。但汉军的处境也非常危险，千里行军，深入敌后，兵马困顿，没有后援，一旦被占优势兵力的敌军包围，后果不堪设想。

其时，李广利家人被收押的消息已经在军中高级将佐之中传播开来。军中长史和决眭都尉煇渠侯商议说："李广利的心思根本就没有用在运兵作战上，他把全军将士置于如此危险的境地，只想侥幸立功，恐怕失败马上就会降临，我们将死无葬身之地。"于是暗中策划把李广利扣押起来。

长史和都尉的密谋被李广利觉察，李广利杀死了长史和都尉。李广利知道军心已乱，担心发生骚乱，于是率军向南撤退至燕然山（今蒙古共和国杭爱山）。

汉军冒进的军情被狐鹿姑单于及时察知，在综合分析之后，单于认为汉军往返行军数千里，劳师远征非常疲惫，于是亲自率领五万骑兵截击汉军，汉军死伤非常多，匈奴军的伤亡也很大。

但狐鹿姑单于毕竟是有备而来，他的思路非常明确。而李广利却心不在焉，神情恍惚，相比之下，匈奴一方的指挥者首先在智略上就已经完胜汉军一方。

当天晚上，疲惫的汉军在大漠中沉沉睡去，而匈奴军队却并没有闲着，他们在狐鹿姑单于的指挥下，在汉军营前悄悄地挖了一道深好几尺的深沟。

天明时分，匈奴骑兵从汉军后方发动了突袭，汉军慌忙之中，想要出营列阵，却人仰马翻，栽倒在深沟之中，一时之间，汉军欲战不能，欲退不得，立时大乱。

李广利失神地望着眼前的这一切，难道，这就是他的宿命吗？

疲惫而无助的汉军在匈奴骑兵锋利的屠刀之下，成片成片地倒下去，汉家七万将士的性命，就这样葬送在李广利的手中。

眼前的亲兵已所剩无几，而匈奴的大军却越围越多，走投无路的李广利，只好选择向狐鹿姑单于投降。李广利手下逃回汉朝的士卒，只有十几个人。

狐鹿姑单于知道李广利是那一个时期汉朝出征的主要将领，在朝中非常显贵，所以非常抬举李广利，于是把女儿嫁给他，对他的尊宠，甚至超过了卫律。

李广利投降匈奴的消息传到汉朝，他被关押在监狱里的妻子儿女，尽皆被杀。李家经过前后两次灭族，可说是被杀了个一干二净。

狐鹿姑单于击败汉朝大军之后，于是派使者前往汉朝，给汉朝送去了一封态度极其傲慢的信。他在信中说："南有大汉，北有强胡。匈奴，是天之骄子，不会为了一些小小的礼节而自寻烦恼。现在，我们想要与汉朝建立一种新的关系，求娶汉朝公主为妻。汉朝需要每年送给我们美酒万石，谷米五千斛，各类丝绸一万匹，其他的东西还和以前的约定一样，只要答应我们的条件，那我们以后保证再不攻打汉朝边境。"

对于匈奴的无理要求，刘彻当然不会答应，于是也派遣使者前往匈奴，去申明汉方的立场。

狐鹿姑单于也知道会是这样一个结果，于是等汉朝使者到来之后，安排左右大臣为难汉朝的使者。

匈奴人说："汉朝素来自称是礼仪之邦，可是我们却听贰师将军说，汉朝的前太子发兵造反，这是怎么回事啊？"

这次出使匈奴的汉朝使者是一个厉害角色，他回答说："事情不是那么回事，是丞相为了私怨而与太子争斗，太子发兵，想要杀死丞相，丞相因此才诬陷太子造反，我国查明原因，已经按律诛杀了丞相。再者说，太子起兵，只不过是儿子动用了父亲的军队，当处以鞭刑（田千秋的原话，从此成为为刘据定性的标准措辞），是一些很小的过失。这怎么能比得上贵国的冒顿单于亲手杀死他的父亲自立为单于，并且常常娶后母为妻的行为呢？像这样的行为，才是真正的禽兽之行。"

狐鹿姑单于本想在群臣面前捉弄汉朝使者，没想到反被汉朝使者当着满朝文武取笑了一番，心里十分生气，于是下令扣留汉朝使者，直到三年以后，才放他回汉。

再说李广利。因为他的家人已经被汉朝全部杀死，所以没有任何退路的李广利一心一意想为匈奴效力，很受狐鹿姑单于的宠信。这一点与李陵有本质的区别。

有人得宠，就会有人失宠，这是个千古真理。李广利的受宠使卫律极为嫉妒，卫律决心除掉李广利。

李广利投降匈奴一年多时间，正赶上狐鹿姑单于的母亲生病，久治不愈。卫律于是授意巫师，说单于母亲之所以生病，是因为过去的老单于在发怒。

因李广利多次带兵攻打匈奴，所以死去的单于在生前极为痛恨他，曾发誓说要活捉他后用来祭神。如今李广利就在匈奴，为什么不把他杀了祭神呢？

匈奴人开化晚，比中原人还要迷信，狐鹿姑单于对老单于发怒之事深信不疑，于是命令把李广利抓起来祭神。

李广利万没有想到，汉朝没有他的容身之地，自己忍受屈辱变节投降，原以为在匈奴可以苟且偷生，谁知道竟然连匈奴也不能容他，上天真是把他捉弄得太惨了。于是他愤恨地诅咒说："我死之后，必灭匈奴。"

李广利死后，很凑巧地赶上匈奴连续几个月雨雪不断，牲畜大量死亡，又瘟疫流行，百姓死伤无数，种植的庄稼也不能成熟。

狐鹿姑单于非常恐惧，认为是李广利的鬼魂在作祟，于是赶快为李广利修建祠堂，并祭祀告慰他的亡灵。

因为李广利损失了数万汉军，汉朝元气大伤。所以一些大臣主张，将汉朝对匈奴的战略方向由进攻转向防御。在李广利死的这一年，大臣桑弘羊等人向刘彻上书，建议在轮台戍兵以备匈奴，但经历了宫廷喋血、太子自杀、大将降敌、损兵折将等种种打击的刘彻，感到了一种前所未有的消沉和清醒。他对自己之前的所作所为进行了深刻的反思，然后颁布了一道自我反省罪过的诏书。因为这道诏书名义上是为了驳回桑弘羊等人戍兵轮台的奏议，所以历史上称之为"轮台罪己诏"。这也是中国历史上第一份内容丰富、保存完整的罪己诏。

在这道诏书中，刘彻解释了派遣李广利征伐匈奴的原因，是为了维护汉朝的尊严，至于为什么单单选择李广利，是因为占卜发现，派李广利最吉利。谁知道占卜的结果与事实刚好相反，李广利战败，士卒逃散，他心里非常悲伤。

为此，刘彻在诏书中对此后的统治方针进行了修正，禁止官吏苛暴地对待百姓，废除增加赋税的法令，鼓励百姓发展生产，并恢复养马免除徭役赋税的法令，不使武备受到影响。

于是西汉的历史大车，再一次走到了休养生息的路途上。而这条路，正是饱经战争摧残的黎民百姓所热切向往的路。

刘彻在诏书中认错说：他过去做了许多的错事，使天下百姓忧愁困苦，心里非常后悔，却难以挽回。从此以后，凡是有损害百姓利益，浪费天下钱财的事情，一律停止。

刘彻的这道罪己诏，对于征伐匈奴和选派李广利为将的理由，解释得非常牵强，许多人都不以为然。只有最后反思自己的这一段，才略见诚恳之态。但即便如此，却也已经是非常难得。

刘彻颁布罪己诏，是一个非常高明的政治手段，他以一种前所未有的卑下姿态，取得了黎民百姓的谅解，因为在这之前，专制制度下的皇帝高高在上，从来都是德比尧舜，功盖三皇，神文圣武，又怎么会做错事呢？又怎么会认错呢？中国的老百姓，自古以来要求都不高，他们忍受剥削，忍受重压，忍受杀戮，忍气吞声，忍辱负重，不论帝王之前如何苛刻地对待他们，但只要这个帝王能够低头认错，他们马上就会被感动，就会情不自禁地原谅他。还有比中国的老百姓更善良的老百姓吗？秦始皇至死不愿认错，导致秦朝的覆亡，而刘彻自我检讨，使汉朝的国祚得以延续，政治的魔力，真是令人叹为观止，难以置信。所以后世的司马光评价说，汉武帝有亡秦之失，却免去了亡秦之祸。

而刘彻下罪己诏，其中还一个很重要的因素，就是因为他求仙的失败。

在历史上，秦始皇与汉武帝常常并列，称之为秦皇汉武。他们彪炳千古的历史功绩，常常被历史所称道，而他们二人也有一个相同的瑕疵之点，那就是都希望能够长生不老，永享世间的荣华富贵。

公元前133年，刘彻在前往雍县举行祭祀的时候，求到了神君。

神君本是长陵的一个女子，她生了一个儿子之后，因为儿子夭折，所以在悲伤之下也死了。她死后，显灵在她妯娌宛若身上。宛若于是把她供奉在自己的家里，很多人听说之后，前往祭祀她。刘彻的外祖母，也就是王娡的母亲臧儿曾经前去祭祀过宛若，后来，臧儿的子孙非常尊贵显赫。所以许多人都认为这是神君在相助，神君的名声越来越大。

刘彻即位之后，他的母亲王娡把神君迎进宫中，在蹄氏观供奉了起来，用丰厚的礼品祭祀她。有时候能听到她的声音，却见不到她的人影。后来神君提出要离开，于是刘彻下令建造了柏梁台供她居住。

据说霍去病还没有飞黄腾达的时候，曾经前去祭祀神君并向她祈祷。神君于是显出她的原形，并刻意打扮了一番，想要与霍去病交合。（对于这样的怪现象，可以这样理解：宛若假扮神君装神弄鬼，在宫中待的时间长了，饱受情欲的煎熬。而霍去病是卫少儿的儿子，卫子夫能被刘彻一眼看中，足证她的美貌异于常人，那么她的姐姐卫少儿样貌自然也不会差，卫少儿愿与霍仲孺私通，说明霍仲孺长相也不差，他的另一个儿子霍光是当时有名的美男子可以证明这一点，那么卫少儿与霍仲孺所生的霍去病长什么模样难道还不好理解吗？霍去病绝对也是个美男子，一下子吸引了假装神仙的宛若，所以宛若想和他私通。）霍去病见神君提出这样的要求，惊讶之余，严词拒绝了她，对她说："我以为你非常圣洁，所以才斋戒沐浴，前来祈福，现在你竟然想同我淫乱，这怎么能称得上是神明呢？"从此霍去病决心永不再来。神君非常惭愧。后来霍去病得了重病，刘彻命人向神君祈祷，神君说："霍将军精气少，命不长久。我曾经想通过男女交合的方式用太一精给他补充一下，可以为他延长寿命，但霍将军不理解我的用意，从此再也没有去过我那里。现在，他已经没有办法救活了。"果然，没过多久霍去病就死了。太子刘据失败后不到一年，神君便走了。后来东方朔纳宛若为小妻，生了三个儿子，后来宛若和东方朔一齐死了。

这时，有一个名叫李少君的人，也凭祭祀灶神致福、求得长生不老的方术谒见刘彻，刘彻非常敬重他。李少君是早已死去的深泽侯推荐入宫主管方药的。他隐瞒了自己的年龄、籍贯和经历，常对人说他已经七十岁了，能驱使鬼神，使人长生不老。

李少君凭这个方术游遍诸侯各国，没有妻室子女。人们听说他能驱使鬼神，并有长生不老之术，所以争相赠送财物给他。因此，李少君手头常常有花不完的钱，用不完的丝绸和衣食用品。许多老百姓觉得他不治理产业而非常富有，又不知他到底是什么人，所以就更加相信他，争着侍奉他。

李少君这个人非常聪明，常常会奇迹般地猜中一些事情。他曾经陪同田蚡喝酒，坐中有一位九十多岁的老人，李少君便提起了这位老人曾与他的祖父游玩射猎的一处地方，这位老人幼时确实跟着他的祖父去过那里，认识那个地方，所以听了之后非常惊讶。满座宾客都感觉非常吃惊。

李少君拜见刘彻之时，刘彻手边刚好有一件古铜器，于是拿出来问他是什么东西。李少君说:"这个铜器是齐桓公十年时陈放在柏寝台上的。"刘彻于是命人研究铜器上所刻的字,结果真的是齐桓公时代的器皿。宫里的人听了之后都非常吃惊,以为李少君是神仙,活了至少已经几百岁了。

李少君见人们都非常相信他,于是就对刘彻说:"祭祀灶神就能招来鬼神,招来鬼神丹砂就可以变成黄金,拿这些黄金铸造用来饮食的器皿,就可能使人延年益寿。延年益寿就可以见到海中蓬莱仙岛上的神仙,见到神仙之后,再举行封禅典礼就可以长生不死,黄帝就是这样的。我曾经在海上漫游,见到安期生,他给了我一颗枣吃,那颗枣足有瓜那么大呢。安期生是神仙,往来于蓬莱仙境,与他有缘就会见到他,与他无缘他就隐藏起来。"

刘彻信以为真,于是开始亲自祭祀灶神,并派遣方士到海上寻找蓬莱仙境中的安期生之类的神仙,并派人把丹砂和药剂混合在一起,想要用它们炼出黄金。

过了一段时间,李少君得病死了。恰巧在他死前,刘彻做了一个梦,梦见与李少君一起登嵩山,在半路上,有一个天使乘坐龙从云朵中而来,说"太一真人请李少君"。刘彻梦醒之后,对左右说:"李少君将会丢下我走了。"

所以李少君死后,刘彻认为他并不是真的死了,而是得道升天了,于是命另外几个方士学习李少君的方术,然后到蓬莱去寻找神仙安期生,结果一无所获。但这个说法却被沿海燕、齐一带的一些迂腐方士传得神乎其神,并争相效仿。

又过了一年,齐地人少翁以精通鬼神的方术求见刘彻,得到召见。那个时候,刚好刘彻宠爱的李夫人死了,于是少翁就在帷帐中作法,说要招来李夫人的魂魄与皇帝相会。刘彻远远地望见李夫人好像出现了,于是非常信任少翁,封他为文成将军,并赐给他许多礼物,用宾客的礼节对待他。

少翁对刘彻说:"皇上如果真想见到神仙,那么宫室、被服等不像神仙用的,神仙是不会来的。"刘彻信以为真,于是就下令制作神车,并在神车上画上各色的云气图案,并按少翁的要求,在不同的日子分驾不同颜色的神车驱除恶鬼。又营建了甘泉宫,宫中设有台室,室内画有天神、地神、太一等众神形象,又摆下精美的祭器,用来招致天神。

但时间过去一年多,少翁的法术却并未灵验,神仙一个也没有来。

少翁非常着急,为了取信于刘彻,于是将一块写了字的绢帛喂给牛吃了下去,却假装不知道有此事,然后对人说这牛的肚里有奇异的东西。人们把牛杀了之后,在牛的肚子里看到了写有字的绢帛。绢帛上的文字稀奇古怪,刘彻怀疑这件事情,于是命人调查。

结果有人认出那绢帛上的笔迹是少翁的。一审问，果然是少翁伪造的帛书。刘彻大怒，下令杀死了少翁，然后密令任何人不得张扬此事。

　　此后，刘彻为了求仙，又大兴土木，建造了柏梁台（供神君居住），修建了三十丈高的铜柱，足足要七个人才能合抱过来，铜柱顶端铸造了铜质的仙人，仙人手中端着承露盘，用来收集甘露，和玉屑饮用，认为可以延年益寿，长生不老。

　　少翁死后的第二年，刘彻在鼎湖病得很厉害，巫医们用尽了各种办法，却毫无效果。有一个人就推荐了一个巫师，刘彻派人去问那个巫师，巫师说："天子不要忧虑病情。病稍好的时候，勉强支撑着到甘泉宫来与我相会。"刘彻病情刚一好转，就亲自去了甘泉宫，很凑巧的，病马上痊愈了。刘彻非常高兴，传令大赦天下，并设置寿宫来供这个巫师。

　　刘彻在宫中供奉了许多神，这些神里面，最尊贵的是太一神。刘彻进宫之前，每次都是先斋戒，再才进入。宫里的巫师就像主人一样，来了之后需要向他恭恭敬敬地领取食物。神仙要说话的时候，刘彻必须离开房间，神仙所说的话由巫师传达下来。刘彻命人记录神仙所说的话，称之为"画法"。其实这些话语根本没有什么特别之处，一般人都能懂得，但刘彻看了非常喜欢。刘彻所做的这些事情，因为非常秘密，所以很少有人知道。

　　公元前112年春天，乐成侯丁义又上书推荐了一个名叫栾大的方士。栾大本是胶东康王刘寄的宫人，和从前的少翁是一个师父的徒弟，后来担任刘寄宫中担任配制药品的尚方令。丁义的姐姐是刘寄的王后，没有替刘寄生下子嗣。刘寄死后，其他妃嫔所生的儿子被立为胶东王。丁义的姐姐与他人淫乱，继任的庶子非常厌恶她，彼此用法令互相攻击。丁义的姐姐听说少翁被杀之后刘彻非常后悔，就想讨好刘彻。于是就派遣栾大通过丁义求见刘彻，在刘彻面前谈论方术。

　　刘彻杀了少翁之后，又悔恨他死得太早，可惜他的方术没有全部传下来。所以见到栾大之后，非常高兴。

　　栾大这个人，长得英俊高大，说话很有水平，显得很有方略，他常常吹牛说大话，却一点也不慌张。

　　栾大吹牛说："我曾经往来于海中，见过安期生、羡门这些神仙，但他们觉得我地位卑微，所以不信任我。又觉得康王不过是诸侯罢了，不值得传授方术。我曾经多次向康王提出建议，康王又不任用我。我的老师说：'黄金可以炼成，黄河决口也可以堵塞，不死之药可以求得，仙人也可以招来。'但是我担心会像文成将军那样遭到杀身之祸，那样方士都会闭口不言，哪里还敢再谈论方术的事呢？"

刘彻骗他说："文成将军是误食马肝而死的。你如果真能把你师父的方术修炼出来，我怎么会吝惜金银珠宝和高官厚禄呢？"

栾大说："我的师父并不是有求于人，而是别人有求于他。陛下如果真想把神仙招来，那就必须尊重他的使者，让他有亲属，以客礼相待，不能轻视，还要让他们佩带各种印信，这样才能使他们和神仙通话。但即便这样，神仙肯不肯相见还很难说呢。只有最大可能地尊重他的使者，然后神仙才有招来的可能。"

听栾大说了半天大话，刘彻就想验证一下他到底有何本领，让他表演一个法术。于是栾大就在刘彻面前为他表演斗棋。这样的法术，实际上是趁那个时候许多人科技知识普遍匮乏，把磁石粉涂在棋子上，利用磁铁相吸相斥的原理而蒙蔽人的一种手段。刘彻看到那些棋子在棋盘上互相撞击，立时信以为真。

当时刘彻正对黄河决口感到忧虑，而方士用丹砂炼黄金的事情也一直没有成功。见栾大有这样的本领，于是刘彻就拜他为五利将军。过了一个多月时间，又赐给他天士将军、地士将军、大通将军、天道将军的四枚金印，并封他为乐通侯，赏赐给他一座列侯级的甲等府邸，一千名奴仆，还把最宠爱的女儿卫长公主嫁给他，赏赐黄金一万斤，把封号改为当利公主。

刘彻亲自前往栾大的府上，派去慰问并送给他礼物的使者，络绎不绝。皇亲国戚见刘彻如此宠信栾大，于是也纷纷上门拜见他，并送给他礼物和饮食。

刘彻刻了"天道将军"的玉印，派使者身穿羽衣，夜间站在白茅上，栾大也身穿羽衣，站在白茅上接受玉印，以表示不是天子的臣子，而是佩带"天道"、将为天子引导天神降临的神仙使者。

栾大常常在家夜间祭祀众神，想求神仙光临，但神仙却一个也没有来到。后来，栾大收拾行装，说是要往东到海上去求见他的师父。

刘彻对栾大起了疑心，于是暗中派人跟踪他，看他到底要去做什么。栾大出长安之后，一直向东行走，但他却并没有入海，而是去了泰山祭祀。

栾大回来之后，在刘彻面前撒谎说见到了他的师父，但他的师父道术已尽，大多不能应验了。刘彻大怒，知道栾大一直在欺骗他，于是下令杀了栾大。

后来，汾阴的一个巫师在祭祀时，发现了一只大鼎。当地的官吏不敢隐瞒，把这件事情报告了朝廷。刘彻在确定这个巫师没有骗人的情况下，把这只鼎进献宗庙，后来运到甘泉宫。

大臣们都恭维说，远古的时候伏羲氏造了一只神鼎，表示天下一统，黄帝又造了三只鼎，象征天、地、人。夏禹收集九州的铜，铸了九鼎。凡是遇到圣明的君主，神鼎就会出现，而周朝德行衰微，所以九鼎也就不见了。现在大鼎再次出现，说明皇帝是真命天子，上天为他降下了祥瑞。刘彻听了非常高兴。

齐国有个名叫公孙卿的人就说，刘彻得到宝鼎的时辰与当年黄帝得到宝鼎的时辰正好相同，而黄帝早就已经成为神仙，升天了。

刘彻听了更加高兴，就命人把公孙卿找来，问他是怎么知道的。

公孙卿说他是从一个名叫申功的人那里听到的，而申功已经死了。申功是齐人，生前和安期生等神仙有过交往，他曾经接受黄帝的真言，却没有书，于是就写在那个鼎上，黄帝说：汉家要是兴盛了，就能得到那个鼎。汉朝的圣主在汉高祖的孙子或是曾孙之中出现。宝鼎出现之后，就会与神交流，封禅之后，就能成仙升天。黄帝当年接待神仙的地方，就是现在的甘泉宫。黄帝当年开采铜矿铸造大鼎，铸成之后，一条长胡须的龙从天而降，迎接黄帝。黄帝于是骑在了龙背上，他的许多大臣和妃嫔也上了龙背，总共带走了七十多人。剩余的小臣们没有办法，就扯着龙须不放，龙须被扯断了，黄帝的一张弓也掉了下来。百姓们仰望着黄帝乘龙上天，抱着龙须和弓大声哭喊。后世就把黄帝升天的地方称之为鼎湖，把掉下来的那张弓叫乌号。

刘彻听了非常感兴趣，由衷地感叹说："哎呀，要是我能像黄帝那样成仙升天，那么丢弃妻子儿女，就像脱掉鞋子那样容易啊。"于是封公孙卿为郎官，派他到东方的太室山去恭候神仙。

冬天的时候，公孙卿在河南恭候神仙，说他在缑氏城看见了仙人的踪迹，有个像野鸡一样的神物，在城上来回走过。刘彻听到之后，于是亲自前往缑氏城，前去观看神仙的踪迹。

去了之后，当然是什么也没有见到，于是他不满地问公孙卿说："你不会仿效文成将军和五利将军两个人吧？"

公孙卿说："神仙不会有求于人主，只有人主有求于神仙。求仙之道，如果不宽限时日，神仙是不会来的。说到神仙这种事，看起来像遥远荒谬，但日久天长，神仙终究是可以招来的。"刘彻非常疑惑，终究是没拿公孙卿怎么样。

自从得到那个宝鼎之后，刘彻就和公卿、大臣及儒生们商议封禅的事情，但儒生们都不知道之前封禅的仪式是怎样的，可又拘泥于《诗》《书》不敢自由发挥。最终刘彻否决了儒生们的说法，而采用了祭太一神的仪式，登上泰山举行了封禅仪式。

后来刘彻东巡到海上，齐地人上书陈说神奇方术的人数以万计，却没有一个能应验的。刘彻于是增派船只，命令那些说海中有神仙的人去寻访蓬莱仙人，而这些人足有数千之多。

公孙卿常常拿着皇帝的符节，在名山上等候，到蓬莱之后，他说自己在夜晚见到一个人，身高有好几丈，等走近他时，突然就不见了。只看到他的脚印很大，像大型野兽的脚印一样。大臣们之中，也有人说见到一个老人牵着一只狗，说他想见天子，但转眼之间就不见了。

刘彻看到那个大脚印之后，将信将疑，等到大臣们之中说起那个老人之时，刘彻于是就相信了。他住在海上，给方士们提供驿车，并派出上千人去寻找神仙，但仍然是一无所获。

没过多久，公孙卿说他在东莱山见到了神仙，好像听到神仙说"想见天子"，刘彻大为高兴，于是赶快赶到缑氏城，拜公孙卿为中大夫，然后住下来等候神仙，但却没能见到神仙。

公孙卿辩解说："神仙是可以见到的，但是皇上每次都是来去匆匆，所以没办法见到神仙。陛下最好在京城建造一座道观，就像缑氏城一样，摆放干肉、枣果等祭品，神仙应该会来的。并且神仙喜欢住在楼上。"于是刘彻就命人在长安建造了蜚廉观、桂观，在甘泉建造益延寿观，派公孙卿捧着符节，摆设供品等候神仙。又建造通天台，在台下摆设供品，希望招来神仙之类。但仍然是毫无所获。

刘彻还是不甘心，在派人出外寻访神仙的同时，自己也遍游名山大川，希望能见到神仙。公元前89年，遭受太子自杀之痛及汉军大败之耻的刘彻在心灰意冷之下最后一次东巡，在海边等了十多天，希望能见到神仙，但最终连神仙的影子也没有见到，只好失望地往回走。

受骗多年的刘彻终于清醒，意识到这么多年来都被方士所愚弄，于是赶走了身边所有的方士，然后颁布了罪己诏，向天下人承认自己的过失。

而在这个时候，刘彻也油尽灯枯，生命走到了尽头。

第三十一节 立子杀母、托孤霍光、权倾朝野、政敌造反

自知时日无多的刘彻，开始思考选立接班人的事情。

除了自杀的太子刘据之外，刘彻还有五个儿子，分别是王夫人所生的齐怀王刘闳，李姬所生的燕剌王刘旦、广陵厉王刘胥，李夫人所生的昌邑哀王刘髆，还有赵婕妤所生的刘弗陵。

先说刘闳。刘闳是刘彻的次子，他的母亲王夫人生前非常受宠。《史记》记载，方士少翁在帷帐中为刘彻招魂的，实际上是王夫人，而《汉书》记载是李夫人。

因为王夫人非常受宠，相应地，刘闳也深得刘彻的宠爱。

元狩六年（公元前117），霍去病向刘彻上书，奏请刘彻封皇子刘闳、刘旦、刘胥三人为诸侯王（当时刘髆和刘弗陵还没有出生），因为被封诸侯王之后，他们就必须去就国，不能留在长安。霍去病上书的目的，许多人都认为是为了维护太子刘据的地位，因为其他的皇子离开了京城，就没有人再跟刘据争宠。

霍去病上书之后，其他的大臣们也纷纷附和，于是刘彻再三推辞之后，最终同意了。而那个时候，王夫人正在病卧，刘彻就亲自前去问她说："你的儿子应当封王，你想把他封在哪个国家？"

王夫人说："有陛下做主，臣妾又有什么可说的呢？"

刘彻说："话虽这么说，但从你的心里来说，你想把他封在什么地方？"

王夫人说："希望把他封在洛阳。"

刘彻说："洛阳有武库和敖仓，是天下要冲之地，是汉朝的大都城。从先帝

以来，就没有一个皇子封在洛阳为王的。除了洛阳，其余地方都可以。"

王夫人不再吭声，想逼刘彻就范。

刘彻想了想说："关东的国家之中，没有哪个比齐国更大。齐国东边靠海，而且城郭大，古时光是临淄城就有十万户人家，天下若论肥沃的土地，没有比齐国更多的了。"

王夫人知道他的儿子已经得到最好的封赏，但因为她病卧在床不能起身谢恩，于是用手击头，感谢刘彻说："实在是太幸运了。"

这一年的夏天，刘闳被封为齐王，同一天，三子刘旦被封为燕王，四子刘胥为广陵王。

过不多久，王夫人死了，刘彻非常悲痛，派使者拜死去的王夫人为齐国王太后。

刘闳受封齐王到齐国之后，于公元前110年不幸早死，因为他年纪太小，所以没有留下子嗣，他的封国被废除。当时天下人都说，齐国不适合封王。

再说刘旦。从刘旦的母亲李姬同时生下他和刘胥兄弟两人的情况来看，李姬应该也是很受刘彻宠爱的。刘旦被封为燕王之后，于是前往燕国就国。刘旦自小喜爱读书，成年后博学多才，能言善辩，儒家经典和杂家学说无一不通，又喜欢星象、历法、倡优、射猎等事，大肆招揽游侠及士人。

巫蛊事件发生后，太子刘据兵败自杀。而次子刘闳也早夭，所以刘旦觉得作为三子的他，按次序会被立为太子。公元前88年，刘彻正好生病，刘旦于是派遣使者来到京师，向刘彻上书说他愿意入京宿卫，以防止发生意外。太子已死，老皇帝病重，而成年的藩王请求入宿卫，这是什么意思，只要不是傻瓜，任何人都能猜得出来。所以刘彻一看到刘旦的奏章，就立即勃然大怒，他把刘旦的奏折狠狠地掷到地上，然后大骂说："生下儿子，就应当安置在齐、鲁等礼义之乡，把他封在燕、赵之地，果然生了争权之心。"于是下令将刘旦的使者斩杀在北门。然后以藏匿亡命之徒违反汉律的罪名，削去燕国的三个县。

刘旦太着急了，而一着急，就让遭受丧子之痛且年老多病的刘彻感觉他实在是居心不良，想盼他早死，所以自此以后非常厌恶他，至于想立太子，那更是绝无可能。

再说刘胥。刘胥喜好歌舞和音乐，喜欢到处游历。在这几方面可说是继承了乃父刘彻的基因。但接下来的几方面，却让刘彻忧虑不已。刘胥身材高大，体魄壮健，力能扛鼎，这是他的长处，而他竟然空手与熊、野猪等猛兽搏斗。这使刘彻不由自主地想到了扛鼎而死的秦武王，觉得他行为不合乎法度，没有人君的素养，所以也断了立他为嗣的念头。

昌邑王刘髆的舅舅李广利与刘屈氂商议立他为太子，事泄之后，刘屈氂被腰斩，李广利投降匈奴，舆论上很不好，绝对不可能立他为太子。公元前88年，刘髆病死了。

那么现在只剩下最小的儿子刘弗陵。

刘弗陵的母亲是赵婕妤，家在河间郡。刘彻巡狩路过河间时，随行观天象、占卜吉凶的望气者对他说：此地有奇女子。刘彻本来喜好女色，听了之后，立即下诏派人寻找。

一会儿的工夫，随行官员就找到了一位年轻漂亮的女子，带到了他的跟前。据说这个女子自生下来之后，双手就握成拳状，虽然现在已长到十几岁，却一直无法伸开。刘彻叫过这个女子，见她果然双拳紧握，于是伸手轻轻一掰，女子的双拳立即被掰开。手心里还握着一只小玉钩。

大臣们见状都跪地齐呼万岁，以恭维刘彻拥有神奇之力，刘彻非常高兴，于是下令将这个女子扶入辎车，带回皇宫，对她宠爱异常，号称拳夫人，因进位为婕妤之后住在钩弋宫，所以又称钩弋夫人。

钩弋夫人的父亲生前曾经在京师任职，后犯法被处以宫刑，做了宦官，担任中黄门。死在长安，死后葬在雍门。

从钩弋夫人父亲的经历来看，貌美的钩弋夫人得到刘彻的宠幸实在是一种必然。后世许多人据此认为，在她的父亲还活着的时候，她的美貌就已被京城许多的官员所得知。刘彻巡狩过河间，随行的官员因为刘彻求仙失败心情烦闷而战战兢兢，为了取悦刘彻，所以串通望气者演了这出好戏。什么双拳生下来就无法展开，只不过是一种欲擒故纵的骗人把戏罢了。

刘彻得到钩弋夫人并宠幸她时，已经是六十一岁的高龄了。公元前94年，钩弋夫人为刘彻生下了一个儿子，取名刘弗陵，号称钩弋子。钩弋夫人的妊娠周期足有十四个月之长，刘彻听了之后说："听说之前的唐尧也是孕胎十四个月而生，现在钩弋子也是这样。"于是下令将他出生的门称之为"尧母门"。

刘弗陵长到五六岁的时候，刘彻觉得他体格健壮、聪明伶俐，很有自己年轻时候的模样，所以常常在人前人后说："这个孩子特别像我。"又觉得他的出生异于常人，所以对他更为宠爱，于是萌生了立他为太子的想法。

但考虑到他的年纪还非常小，而他的母亲却还年轻，担心立他为太子之后，一旦自己死去，钩弋夫人会淫乱宫廷并像吕后那样专权，所以犹豫了好长时间。

但尽管犹豫，刘彻还是下定决心，要立刘弗陵为太子。他命令画工，画了一张周公背着周成王上朝的图画，然后赐给了霍光。所以大臣们都知道刘彻想立刘弗陵，并让霍光辅政。

钩弋夫人有一次随行前往甘泉宫，偶有小过，刘彻立即厉声斥责她。钩弋夫人非常惶恐，于是赶快摘下首饰，跪在地上向刘彻请罪。刘彻下令说："拉出去，送进监狱。"钩弋夫人回过头来，眼泪汪汪地望着刘彻，刘彻大声地催促她说："快走，你活不成了。"不久之后，钩弋夫人忧死于云阳宫（也有人说是被刘彻下令处死的）。她死的时候，飞沙走石，天昏地暗，百姓们都为她的死感到悲伤。宫中的使者连夜抬着她的棺材出去安葬，并在坟墓上做了标记。

有一天刘彻闲来无事，就问身边的人，老百姓对钩弋夫人之死有什么看法。左右回答说："人们都说，陛下既然立了她的儿子，为什么要除去他的母亲？"刘彻说："对，这确实不是一般的小孩子和蠢人所能理解的。自古以来，国家之所以频繁遭受内乱，就是因为主少母壮，皇帝太小而太后正年轻。太后独断专横，淫乱宫禁，没有什么人能够禁止得了她。你们难道没听说过吕后的事情吗？"

后元二年（公元前87）二月，弥留之际的刘彻立刘弗陵为太子，四天之后，刘彻病死，享年七十岁。年仅八岁的刘弗陵即位，是为汉昭帝。

刘彻是西汉第七位皇帝，在位五十四年。

刘彻在任期间，在地方设置了部刺史（公元前106），在全国十三部各置刺史一人，督察地方政治。刺史的主要任务是督察诸侯王、郡守和地方豪强，是皇帝监视诸侯王动静的耳目，最初是监察官，并没有正式的官属。后来刺史权力日益增大，到了西汉晚期，可以任命地方官吏并决断刑狱，汉成帝时，改刺史为州牧。东汉光武帝时，又把州牧改为刺史。到了东汉晚期，刺史的监察作用消失，成为凌驾于守、相之上的地方行政长官，灵帝时，重又改为州牧。从那时起，许多州牧成为拥兵自重的地方军阀。部刺史的设置带来的历史影响，大抵如此。

刘彻还是一个诗人。

公元前113年，刘彻率群臣，到河东郡汾阴县祭祀后土，写下了著名的《秋风辞》。

秋风起兮白云飞，草木黄落兮雁南归。

兰有秀兮菊有芳，怀佳人兮不能忘。

泛楼船兮济汾河，横中流兮扬素波。

箫鼓鸣兮发棹歌，欢乐极兮哀情多。少壮几时兮奈老何！

这首诗是中国文学史上"悲秋"的名作，受到许多人的推崇和赞誉。

刘彻的其他诗作有《李夫人歌》《天马歌》等。

同时，刘彻作为一个皇帝，也在历史上荣膺多项第一。

他是第一个把儒学确立为封建正统思想的皇帝；第一位使用年号的皇帝；第一位在统一的国家制定并颁布《太初历》的皇帝，以正月为每年的岁首这个传统，一直流传至今；中国第一部纪传体通史《史记》在他的任期内完成；推广耧车（土法播种机）下种，这种方法在中国一直沿用了两千多年；派张骞通西域，促进了东、西方经济、文化的交流，首开丝绸之路；从西域引进苜蓿、葡萄等，并从大宛引进了良种马——汗血宝马，改变了秦汉以前战马比较矮小的历史（秦始皇兵马俑中的匹马都比较矮小），促进了中原军事力量的发展；他是第一个设置中朝的皇帝，第一个设置刺史的皇帝等。

刘彻北击匈奴、东并朝鲜、南平百越、西伐大宛，极大地开拓了汉朝的版图，奠定了中华疆域版图，他的谥号"武"，足以概括他的一生。虽然刘彻晚年穷兵黩武，大肆杀戮，昏聩求仙，奢侈无度，并一手造成了西汉的衰微，但他的历史功绩和对中国历史的贡献，得到了历史上许多重量级人物如班固、曹丕、曹植、李世民、司马光、朱熹、曾国藩、孙中山、毛泽东等的肯定和赞誉。汉武盛世，被誉为中国历史上三大盛世之一（另外二者是唐开元盛世、清康乾盛世，都未能逃脱盛极而衰的结局）。

刘彻死后，庙号为世宗。在魏晋南北朝以前，死去的皇帝能否追尊庙号有着非常严格的规定，按照"祖有功而宗有德"的标准，西汉十四个皇帝之中，仅有四个人拥有庙号，而刘彻是继太祖刘邦、太宗刘恒之后的第三位。

刘彻临死之前，任命奉车都尉霍光为大司马大将军，与车骑将军金日磾（音密迪）、左将军上官桀、御史大夫桑弘羊等人共同辅佐刘弗陵。

那么刘彻所任命的这些辅政大臣，都是什么来历呢？依次来看一看。

霍光字子孟，是霍去病的异母弟。他们的父亲名叫霍仲孺，是河东平阳人（今山西省临汾市）。霍仲孺与在平阳侯家中服役之时，与卫少儿私通生下了霍去病。他服役完毕之后返回河东老家，另娶妻子，从不承认自己与卫少儿私通的事情，并与卫少儿断了往来。

卫子夫受到汉武帝宠幸之后，霍去病因此而显贵，更因大胜匈奴而官至骠骑将军。

霍去病长大以后，才知道自己的父亲是霍仲孺，却没有机会前去认亲。

霍去病在一次率领军队出击匈奴的时候，专程从河东路过。河东郡的太守闻讯赶快前往郊界迎接，替霍去病背负箭矢，导引军队。霍去病到达平阳馆舍之后，派人前去请霍仲孺。

霍仲孺被请来之后，赶快"趋"入拜见霍去病，霍去病赶快上前迎拜，并跪着向他说："我之前并不知道是您的儿子。"

霍仲孺趴在地上给霍去病叩头说："我能把后半生托付给将军，这都是上天的安排啊。"

霍去病于是为霍仲孺购买了许多田宅和奴婢，然后离开。

霍去病在得胜回朝之时，又一次经过河东郡，然后把年仅十多岁的霍光带到了长安。

因为从小受到良好的教育，加上宫廷生活的熏陶，养成了霍光端正谨慎的性格。由于霍去病的缘故，霍光被任命为郎官，并逐渐升迁为诸曹、侍中。霍去病死后，霍光担任奉车都尉、光禄大夫，刘彻外出就侍奉车旁，入朝就侍奉左右，出入宫禁二十多年，小心谨慎，从来没有犯过一次错误，因此刘彻越来越信任他。

刘彻决定要立刘弗陵为太子之时，于是就为年幼的刘弗陵物色辅政大臣。但把朝中的大臣们全部考察了一遍，觉得只有霍光能担当此重任，可以把国家托付给他，于是就把画工所画的周公负成王的画赐给了霍光。

刘彻临死之前，霍光哭着问他说："如果真的发生意外，谁当嗣位为帝？"

刘彻说："我前些日子赐给你那张画，你没有理解我的用意吗？立小儿子，你像周公那样辅佐他。"

霍光听了之后叩头谦让说："我不如金日䃅。"

而金日䃅也谦让说："我是外国人，不如霍光。"

于是刘彻任命霍光为大司马大将军，遗诏封他为博陆侯，与金日䃅、上官桀、桑弘羊共同辅佐少主。

金日䃅字翁叔，本是匈奴休屠王的太子，在今甘肃省武威市凉州区、民勤县一带驻牧。因为霍去病缴获休屠王的祭天金人，并在居延海大败浑邪王所部，所以匈奴单于恼怒浑邪王和休屠王造成了非常大的损失，想把他们召去杀掉。浑邪王和休屠王非常害怕，于是图谋降汉。但到中途的时候，休屠王却觉得他的损失较小，估计单于不会杀他，于是心生悔意。浑邪王见休屠王反悔，于是杀了他，兼并了他的部众四万多人，一齐投降了汉朝。

当时金日䃅只有十四岁，与他的母亲和弟弟一齐进入汉宫，在黄门养马。

一晃过去好长时间，有一天汉武帝在宴游之时，看见后宫之侧全是马匹，心里非常高兴，于是下令阅马（其效果相当于现今检阅坦克、装甲车等）。

金日䃅等十几个养马的人牵着马从殿下而过，其他的牵马人全都左顾右盼，到处偷眼观看，但只有金日䃅目不斜视。他身长八尺二寸（汉朝一尺合今23厘米，金日䃅身高1.88米），容貌非常威严恭敬，牵的马又非常肥壮，汉武帝非常惊讶，于是就问这个养马人的情况。宫人把金日䃅的情况详细地报告了汉武帝，汉武帝对他的生平深感奇异，于是即日赏赐金日䃅并拜他为马监。因为霍去病曾缴获休屠王的祭天金人，所以汉武帝赐他姓金。金日䃅后来逐渐升迁为侍中、驸马都尉、光禄大夫。

金日䃅虽然深得皇帝的信任，但他却非常小心谨慎，从来没有犯过错误，汉武帝非常喜欢他，赏赐给他的金钱，累计达千金之多。金日䃅出则陪侍车驾，入则侍奉左右，很受皇帝的宠信。朝中的一些皇亲贵戚都怨恨地说："陛下无意中得到一个胡儿，竟然把他看得那么贵重。"汉武帝听到之后，更加厚待金日䃅。

金日䃅的母亲毕竟出身于匈奴王庭，所以她教育两个儿子特别有法度，汉武帝得知以后，特别敬重她。金母病死后，汉武帝下诏在甘泉宫为她画像，署名为"休屠王阏氏"。金日䃅每次看见画像都下拜，对着画像流泪，之后离开。

金日䃅的两个儿子都被汉武帝所宠爱，是汉武帝逗乐子的弄儿，常在皇帝身边。有一次，弄儿从后面搂住汉武帝的脖子，金日䃅在前面，看见后生气地瞪着他。弄儿一边跑一边哭着说："爹爹发火了。"汉武帝对金日䃅说："为什么要生我弄儿的气！"后来弄儿长大，行为不谨慎，在殿下与宫女戏闹，金日䃅正好看见，厌恶他的淫乱，于是杀了弄儿。这个弄儿就是他的长子。汉武帝得知后大怒，责问金日䃅。金日䃅叩头谢罪，把为什么杀弄儿的情况报告了汉武帝。汉武帝听了非常哀伤，为弄儿掉泪，但从此内心里却更加敬重金日䃅。

巫蛊之祸发生前，侍中仆射莽何罗（本姓马，后人改为莽，其弟莽通也是一样）与江充交好，莽何罗的弟弟莽通更因与太子力战而被封为重合侯。汉武帝后来得知太子冤屈，将江充灭族，并将他的党羽全部诛杀，同时转手报复当初参与太子之事并立功获封的人。丞相刘屈氂后来以巫蛊之罪被灭族，御史大夫商丘成也以诅咒皇帝的罪名被逼自杀，莽何罗和莽通眼看着之前立功的人一个个转眼之间变成罪臣，心里非常害怕，于是相互商议，准备密谋刺杀汉武帝。

金日䃅发现莽何罗兄弟神情异样，心里非常怀疑他们，于是暗中观察他们的动静，与他们一起上殿下殿。莽何罗也觉察到了金日䃅的用意，因此，一直得不到机会动手。

这一天，汉武帝驾临林光宫，金日䃅有小病在房间内休息。莽何罗与弟弟莽通以及小弟马成安假传圣旨深夜外出，一起杀了使者，发兵起事。

第二天早上，汉武帝还未起床，莽何罗无故从外进入。金日䃅正在上厕所，感觉有些不对劲，赶快进入汉武帝卧室，躲在内门后。一会儿，莽何罗袖藏利刃，从东厢而上，他看见金日䃅，神色大变，赶快跑向汉武帝的卧室，不料慌忙之中撞到了宝瑟摔倒在地，金日䃅得此机会，赶快上前抱住莽何罗，随即高声喊叫："莽何罗造反！"

汉武帝从床上惊起。周围的侍卫们拔出刀来，想要杀死莽何罗，汉武帝担心伤了金日䃅，示意侍卫不要动刀。莽何罗被侍卫包围毕竟心怯，金日䃅奋力揪住他的脖子，把他摔倒在地，侍卫立即上前，把莽何罗捆绑了起来。

经过审讯，莽何罗、莽通兄弟被灭族，而金日䃅则以其忠诚、勇敢而名闻天下。

金日䃅在汉武帝身边几十年，从来不用目光直视汉武帝。汉武帝赏赐给他宫女，他不敢亲近。汉武帝要把他的女儿纳入后宫，他也不敢答应。他的为人就是像这样忠厚谨慎，汉武帝由此更加钦佩他的志节。

汉武帝临终前，嘱托霍光辅佐太子刘弗陵，霍光要谦让，表示金日䃅更合适。但金日䃅却说："我是外国人，那样会让匈奴轻视汉朝。"于是汉武帝就让金日䃅担任霍光的副手。为了加强政治联姻，霍光把女儿嫁给金日䃅的嫡子金赏。汉武帝遗诏以讨平莽何罗的功劳封金日䃅为秺侯，但刘弗陵即位后，金日䃅却以皇帝年少，不愿意接受封爵。后来金日䃅病重，经霍光奏请，才正式把侯爵的印信授予病床上的金日䃅。第二天，金日䃅就死了，谥为敬侯。

上官桀字少叔，陇西上邽人（今甘肃省天水市）。他年轻时为羽林期门郎，特别有勇力。有一天，他跟随汉武帝去甘泉宫，路上正好赶上大风，马车不能前进，于是汉武帝就下令解下车盖，让上官桀拿着，以减轻风的阻力。上官桀手里捧着车盖，迎着大风，仍然没有落在马车的后面；不久下起了雨，他就赶快拿起车盖替汉武帝遮雨。汉武帝非常欣赏他的勇力，于是升任他做了未央厩令。汉武帝偶有小病在宫中养病，病好之后去看马，结果发现马大多都瘦了。汉武帝大怒，怒斥上官桀说："你认为我再也见不着这些马了吗？"准备要治他的罪，上官桀跪地叩头说："我听说皇上圣体不安，每天既担心又害怕，心思实在是不在养马上。"话还没有说完，眼泪就唰唰地落了下来。汉武帝见状，认为他对自己非常忠诚，从此越发亲近他，并升任他做了侍中，逐渐升为太仆，位居九卿。（此外，还有一个担任搜粟都尉的上官桀，与这个上官桀不是同一个人，那个上官桀随李广利征大宛时，将郁成王追至康居并擒获，因功封为少府，要注意区别。）汉武帝病重之时，封太仆上官桀为左将军，遗命辅政，又以之前捕杀莽通的功劳，封他为安阳侯。

桑弘羊是洛阳人，出身于富商家庭。当时的洛阳人素以善于经商而闻名，桑弘羊一家也不例外。年轻的桑弘羊，在家庭和周围环境的影响下，对数学和商业活动产生了浓厚的兴趣，并因此而深谙算术和经商之道。

汉景帝末年，年仅十三岁的桑弘羊就以"精于心算"而名闻洛阳。朝廷下发诏书，特招桑弘羊入宫，另有一说是桑弘羊捐官入朝，担任侍中，侍奉太子刘彻并作为刘彻的陪读。因为长期在刘彻身边伴读，所以使桑弘羊与刘彻结成了极为亲密的关系，刘彻对他所具备的才能也有了一个非常深刻的了解。所以刘彻即位以后，桑弘羊便成了他的得力助手。

刘彻即位之初，因为有西汉前期七十多年的积累，所以国家财政非常充裕，但由于连年征战、大兴土木再加上求仙拜神，所以没过多久，国家的财政就出现了严重危机。

为了解决财政危机，汉武帝开始让精于理财的桑弘羊充分发挥特长，提拔他为大农丞，以期增加国家的财政收入。

桑弘羊与张汤等人制定并推行算缗令、告缗令，大幅度地向商人征税并没收隐匿收入者的财产，加上盐铁官营，使国库得到了较大程度的充实。

同时，又把国家的公田租给丧失土地的农民，然后向他们征税。并移民到边疆屯戍，不仅加强了边防力量，也增加了国家财富。

推行币制改革，禁止郡国和民间私铸盗铸钱币，将铸币权收归中央，稳定了币制，同时也稳定了市场和流通，巩固了西汉的统治。

公元前110年，由于出色的理财能力，桑弘羊被任命为治粟都尉，代理大农令，开始掌管西汉帝国的财政。在这期间，桑弘羊创立了均输法和平准法，就是由国家控制物资的收购、运输和贸易，某种商品价格上涨过快时，就由国家以平价销售，把物价压降下来；同时，如果某种商品价格过低，就由国家抬高价格收购，刺激物价回升。通过均输和平准，一方面平抑物价，不使投机商人盘剥百姓，另一方面使国家在收购和销售的过程中盈利，增加国库收入。

桑弘羊所创立的均输法和平准法，在我国历朝历代以各种不同的名称一直沿用了两千多年。在稳定物价和增加国家收入方面的效果非常明显，但弊端也不少。比如均输法，官吏收购粮食，收粮官就故意刁难农民，明明是一等粮，故意验成二等粮，以较低的价格买进，然后以较高的价格卖出，从中谋利。再比如平准法，某地方官和某商人官商勾结，某商人以较低的价格囤积了一批皮革之后，地方官下发命令，开始征收皮革，用行政手段抬高皮革的价格，这个商人便立即发了横财。这些弊端导致官商勾结，营私舞弊，从而损害了国家和广大百姓的利益。

此外，桑弘羊还大力推行纳粟拜爵、补官及赎罪政策，以向国家多交粮食的方式捐官、买爵或是赎罪，这些措施的施行，极大地增加了国库收入。但这些政策的弊端也非常明显，那就是导致社会不公和吏治败坏，破坏了司法公正。许多富人可以免除徭役，犯了罪交钱就可以免受处罚，而穷苦的老百姓却样样都得承受。

公元前100年，桑弘羊被正式任命为大司农，又开始推行酒类专卖，为国家赚取了丰厚的利润。

公元前97年，桑弘羊因堂兄弟的子弟犯法而受到株连，被贬为搜粟都尉。但汉武帝只是降低了桑弘羊的职务，并没有真正追究他的罪责，仍然让他代理大司农的职务。

公元前89年，桑弘羊和田千秋等人上书，建议扩大轮台屯田规模，以保障军粮供应，但其时汉武帝已经心灰意冷，他批评桑弘羊等人，并下罪己诏自我检讨。

不过，虽然桑弘羊受了批评，但汉武帝对桑弘羊这个理财专家的才能和贡献还是非常认可的，没有桑弘羊，他要完成打击匈奴、征伐大宛等一系列军事行动，那是无法想象的。一个国家和一个人一样，要想干一番事业，没有钱是绝对不行的，钱怎么来，就需要善于理财的人来经营、打理。所以，汉武帝遗命桑弘羊辅佐儿子刘弗陵，用意非常明显。其时，桑弘羊已被任命为御史大夫，此前汉武帝曾赐给他左庶长的爵位，并赏赐黄金二百斤。

以上就是四位辅政大臣的基本情况。

刘弗陵即位之时，由于只有八岁，所以朝政大事，全部由霍光决断。丞相田千秋谨慎忠厚，从来没跟霍光闹过意见。时间一长，霍光反倒有些不好意思，于是就对田千秋说："当初我和您一起接受先帝的遗诏辅佐陛下，现在我治理内政，您处理外事，应该经常开导督促我才是，使我不要辜负了天下人民的重托。"田千秋十分谦恭地说："请将军多留心，这就是天下极大的荣幸了。"对霍光专权不发表任何的异议。田千秋态度如此，所以霍光非常尊敬他。田千秋由于年老，所以刘弗陵特意下诏优待他，每次上朝时，允许他坐小车进入宫殿，因此，田千秋又被人们称之为"车丞相"。这就是田千秋又名车千秋的缘故。

霍光以大司马大将军身份辅政并领尚书事，宣告了与丞相所率领的外朝相对应的"中朝"的正式诞生。一时之间，霍光权倾朝野。

但也有许多人对霍光、金日䃅等四人接受遗诏辅政表示质疑，怀疑是他们在矫诏。

卫尉王莽（不是后来的新帝王莽）有个儿子叫王忽，担任侍中，他扬言说："先皇驾崩的时候，我经常在他的身边侍奉，哪里有遗诏封霍光、上官桀、金日䃅为侯的事情？只不过是那几个小儿串通起来，互相抬高自己罢了。"

流言传到霍光耳中，霍光大为震怒，于是痛责王莽，王莽知道儿子闯下大祸，于是用毒酒鸩杀了王忽。

霍光为人沉稳，处事从容谨慎，身高七尺三寸（1.68米），皮肤白皙，眉目疏朗，胡须非常飘逸（跟后世的关羽差不多），是当时有名的美男子。

霍光每次进出宫廷和下殿出门时，落脚和停步的地方都是固定的，有几个好事的郎官和仆射发现了这个现象，于是暗中悄悄地观察，竟然发现真的不差分毫。霍光的秉性就是这样谨慎端正。

霍光辅佐八岁的刘弗陵，政令都由自己发布，所以普天之下的人，都想一睹他的风采。

有一天晚上，宫殿里发生怪异的事情，大臣们一整夜惊慌不已。于是霍光叫来保管皇帝符节玉玺的尚符玺郎，打算把符节和玉玺收回，但尚符玺郎却不愿交给霍光。霍光想要夺取符节玉玺，郎官按剑说："你可以得到我的头，但你却无法得到天子的符节和玉玺！"霍光听了之后，觉得这个郎官忠于职守，立即大放宽心，并表扬他做得对。

第二天，皇帝下发诏令（实际上就是霍光下诏），把这个郎官提升二级。大臣和百姓听说这件事情之后，对霍光的评价都非常好。

四个顾命大臣辅政之初，关系还是非常融洽的。霍光的长女嫁给上官桀的儿子上官安为妻子。霍光每逢休沐日休息，亲家公上官桀就代他处理政务。霍光的另一个女儿嫁给金日䃅的儿子金赏为妻，三家联姻，关系更加密切。但这一切，随着一年后金日䃅的死而出现了裂痕。

当时刘弗陵只有八岁，母亲钩弋夫人又被汉武帝赐死，生活上无法自理。所以霍光等人经过商量，于是为刘弗陵的姐姐鄂邑公主增加汤沐邑，并封她为长公主，住在皇宫里面，抚养刘弗陵。因为她之前的丈夫袭封盖侯，所以又叫她盖长公主、盖主。

盖长公主由于死了丈夫，于是和一个名叫丁外人的门客私通。霍光考虑到盖长公主对刘弗陵的重要性，不愿意对她过分苛求，经过奏请刘弗陵，于是下诏，命令丁外人侍奉盖长公主。

长姐如母，这个时候的盖长公主，实际上扮演着刘弗陵母亲的角色，相当于是皇太后。盖长公主挑选了周阳氏的女子送进宫来，把她许配给刘弗陵。

而当时，上官安与霍光之女所生的女儿年龄与刘弗陵差不多，上官安就打算让年仅六岁的女儿上官氏做皇后。但他在找岳父霍光商量之时，霍光却认为外孙女年纪还太小，所以就没有同意。

但上官安不死心，他与丁外人素来关系较好，所以又去找丁外人。他对丁外人说："听说长公主要挑选女子进宫，我的女儿容貌端庄，如果能趁长公主选女入宫的机会进宫做了皇后，我们父子在朝廷为官，又有皇后女儿为依靠，成与不成，就全在你了。汉家的惯例是让列侯娶公主为妻，有我父子在朝提出建议，你还担心自己封不了侯吗？"

丁外人一听喜出望外，于是立即把这件事情告诉了盖长公主，盖长公主听了之后，也觉得这是个两全其美的事，对谁都有利，于是就下诏让上官安的女儿进宫做了婕妤，上官安封为骑都尉。又过了一个多月，就册立上官氏为皇后。

上官氏被封为皇后之后，上官安因为是国丈，立即被封为桑乐侯，食邑一千五百户，接替死去的金日䃅，出任车骑将军。上官一家，从此更为显赫。

但上官安这个人品行不端，修养也差。对于突如其来的富贵，他显然有些忘乎所以。他在殿上领受赏赐，出来后对他的宾客们说："我和我的女婿一起喝酒，真快活！"炫耀所得的服饰，并派人先回家里，打算把自己之前所穿的衣服烧毁。

在家里，上官安喝醉了酒，就光着身子在内宅里行走，和他父亲的姬妾侍婢淫乱。他的儿子病死了，就仰头怒骂上天。

上官安年纪轻轻就成为国丈，丁外人功不可没。现在丁外人替他办了事情，那么他就必须得办到之前答应丁外人的事情。

于是，上官安屡次请求霍光，封丁外人为侯，却被霍光拒绝。儿子不行，老子再来，于是上官桀又出面请求霍光，建议拜丁外人为光禄大夫，希望能通过这样的手段，让丁外人得到皇帝的召见，之后再为封侯铺路，但也被霍光拒绝。

上官父子不死心，于是又联络燕王刘旦，让刘旦上书，请求封丁外人为侯。刘弗陵接到诏书之后，征求霍光的意见，霍光说："高祖与大臣约，无功不得封侯。"坚决不同意。

上官桀的岳父宠爱的充国是一名太医监，有一天擅自跑到殿上，被捉拿下狱，按法律应当处以死罪。上官桀向霍光求情，霍光没有同意。直到冬天快要过去的时候，盖长公主替充国交纳二十匹马以赎罪，这才免去他的死罪。因此，上官桀、上官安父子深深地怨恨霍光，而感激公主的恩德。

丁外人封不了侯，那就不能光明正大地娶盖长公主，不能光明正大，那就只能每天像做贼一样偷偷摸摸。所以，丁外人和盖长公主也对霍光非常痛恨。对此，上官父子非常惭愧，惭愧之余，对霍光更加痛恨。

在汉武帝时期，上官桀就已经是太仆，位居九卿之列，职位比奉车都尉霍光要高。等到刘弗陵即位，父子二人一个是车骑将军，一个是左将军，皇后又是上官安的亲女儿，却无法掌握最高权力。而霍光仅仅是皇后的外祖父，却独揽大权，不把他们放在眼里，因此上官桀感觉非常不平，就想把霍光手中的权力夺回来。

但要从霍光手上夺权，光靠上官桀父子的力量显然不够，联合盖长公主也不够，因为霍光是大司马大将军，军队的最高指挥权在霍光手上。

四个辅政大臣死了一个，上官桀要反对霍光，就必须联合另一个——桑弘羊。

桑弘羊是一个经济专家，不是政治家；而霍光是一个政治家，不是一个经济学家。所以二人的理念有很多不相同的地方。汉武帝死后，桑弘羊和以前一样，继续推行他的经济政策，以确保国家的财政收入，而这些官营政策无一例外地遭到了地主、贵族和富商大贾的强烈反对。霍光辅政后，为了缓和统治阶级内部的矛盾，争取贵族的支持，巩固自己的地位，主张在一定程度上放松国家垄断的经营项目，不要管得太严，但桑弘羊却主张必须严管。

桑弘羊为国库增加了巨额收入，觉得自己有功于国家，于是就想替自己的亲属及子弟谋取官职，但是，他也遭到了霍光的拒绝。

桑弘羊屡次为亲属求封而被霍光拒绝，自然而然地倒向了与他有着相同利益诉求的上官桀阵营。

桑弘羊等人的政治取向被霍光敏锐地觉察到了。为了打击政敌，霍光决定对桑弘羊还以颜色。

公元前82年，前御史大夫杜周之子、谏大夫杜延年上书，建议施行汉文帝时期崇尚节俭、与民休息的政策，正中霍光下怀。于是霍光下令让全国各地推举"贤良""文学"之士。公元前81年，霍光与丞相田千秋接受诏令，召集这些贤良文学之士，召开商议罢黜盐、铁、酒专营政策的会议。

这次会议史称"盐铁之议"。在会议上，从民间来的贤良文学之士与桑弘羊就民间疾苦的原因、对匈奴的政策和治国理念等方面进行了激烈的辩论。贤良文学之士对盐铁官营等政策进行了全盘否定，说均输、平准等政策是在"与民争利"，并攻击汉武帝颁布罪己诏之前的内外政策。桑弘羊为了维护汉武帝的权威和自己的地位，与这些贤良文学之士进行了针锋相对的争辩。经过几个月的论证，会议结束，郡国酒类专营和关内铁器官营政策被废除，改为征收赋税，盐价降低，与匈奴之间的关系不再剑拔弩张（标志为苏武归汉）。霍光成功地利用贤良文学之士批评和打击了自己的政治对手桑弘羊，并赢得了社会舆论支持。

霍光的回击使上官桀等人越发感觉不安。政治斗争不是你死就是我亡，而最后取得胜利的往往是善于把握时机并适时出击的人。

上官桀等人经过权衡，总感觉自己一方的力量不够强大，决定联合对朝廷不满且最有实力的外藩刘旦来共同攻击霍光，这样，外有大军压境，内有坚强同盟，就算是霍光有三头六臂，也无法招架。

燕王刘旦在刘据死后上书请求入宿卫，汉武帝在大怒之下斩其使者并削其三县，刘旦碰了一鼻子灰。汉武帝死后，刘弗陵即位，赐给各诸侯王玺书，宣布先皇死讯及新皇即位事宜。其他的诸侯王接到玺书之后，都流泪痛哭（是否真的悲痛无关紧要，但不哭丧则意味着不孝），而刘旦接到玺书后却不哭丧。他的理由是玺书的规格比之前的小，怀疑京师有变。于是派遣他的心腹近臣寿西长、孙纵之、王孺等人前往长安，以问丧礼为名，探听朝中的消息。

王孺等人见到执金吾郭广意，问："先皇驾崩的时候，是什么病？新立的皇帝是谁？多大年龄？"

郭广意回答说："先皇驾崩之前，大臣们都待诏五柞宫，宫中都说先皇驾崩了，各位将军共同拥立了太子为新皇，年纪八九岁，不过先皇下葬之时，新皇并没有出来吊唁。"

王孺等人还想找盖长公主问一下情况，但公主已经奉召住进宫中，无法见到，于是只得返回燕国，向刘旦报告。

刘旦说："先皇弃群臣而去，没有留下遗诏，又没有见到盖长公主，这里面绝对有问题。"于是再次派遣中大夫前往长安上书，请求在各郡国为汉武帝立宗庙。

霍光接到刘旦的奏折之后，没有同意刘旦的请求，却下令赐给刘旦金钱三千万，并为他增加封邑一万三千户。

刘旦接报，愤怒地说："我本应该当皇帝，还需要别人的什么赏赐？"于是和宗室中山哀王的儿子刘长、齐孝王的孙子刘泽等密谋，假称接受了汉武帝的遗诏，可以管理地方的官吏和行政事务，修治武器装备，以防止意外事件的发生。

之后，刘旦下达命令，怒斥群臣之中没有贤人，然后让他们出主意。

燕国的大臣们听了都非常惶恐，郎中成轸对刘旦说，他没有得到应得的皇位，应该起来主动争取，而不是坐下来等待。如果刘旦起兵，燕国人民就算是妇女小孩都愿意站出来支持他。

其他的大臣都不敢吭声，刘旦以为大臣们都同意成轸的建议，并且民心也全部向着他，于是发布命令说："之前高后的时候，立假太子刘弘为皇帝，诸侯们侍奉了整整八年。吕后死了以后，大臣们诛杀诸吕，迎立孝文皇帝，天下才知道刘弘不是孝惠帝的儿子。我是武帝的亲儿子，现在却得不到拥立，上书请求为孝武帝立庙，又不见答应。所立的新皇帝，有可能不是先皇的儿子。"

于是和刘泽等人谋划写下檄文，说新皇帝不是汉武帝的儿子，而是大臣们所立的假皇帝，号召天下人一起起来讨伐。之后，派人把檄文传向各郡国，在百姓之中大造舆论。

一切商量妥当，刘泽就起身回临淄，打算回去之后发兵，与刘旦一齐造反。

而刘旦则开始招揽亡命之徒，又收聚民间铜铁，用来制造兵器，并不时出外检阅军队，专等起兵之日。

此时的刘旦，俨然以未来的皇帝自居，出入僭用天子仪仗，左右近臣都称侍中（皇帝身边的侍从才可以称侍中）。郎中韩义等人多次劝谏，刘旦大怒，杀了韩义等十五人。

公元前86年8月,刘泽回到齐国都城临淄,想要刺杀青州刺史隽不疑,结果被刘成告发。

隽不疑在当时与暴胜之齐名。暴胜之担任直指绣衣使者的时候,因督捕盗贼而到达隽不疑的老家勃海(今称渤海)。暴胜之老早以前就听说隽不疑非常有才能,于是专门派人请他前来。隽不疑接到邀请,戴着进贤冠,佩着宝剑就来了,但到了门口之后,却被门吏告知必须解下宝剑才能入内。隽不疑说:"宝剑是君子用来防身用的,绝对不能解下来。如果非要让我解下,那么我就请求告辞。"门吏赶快把他的话报告暴胜之,暴胜之越发感觉隽不疑不同于常人,于是亲自出来迎接。暴胜之见隽不疑容貌非常威严,打扮也非常严整,所以对他更加尊敬。落座之后,暴胜之向他问以当世的时事,隽不疑侃侃而谈,门下那些从事都是从各州郡选拔出来的官吏,听了他的见解,无不惊讶失色。于是暴胜之知道隽不疑确实有才能,上书举荐他,后来汉武帝征召隽不疑,拜他为青州刺史。

暴胜之以善于知人而著称,而隽不疑则以明晓大义而著称。

此时隽不疑听说刘泽等人密谋造反,于是当机立断,派人分头抓捕刘泽及他的党羽。抓获之后,立即向朝廷报告。

朝廷收到隽不疑的报告之后,下令有司追查此事,最终查证属实,并牵连到了燕王刘旦。考虑到刘旦是刘弗陵的亲兄长,所以霍光网开一面,压下此案,赦免了刘旦的罪过,只将刘泽等人正法。

隽不疑因功升任京兆尹。五年后,隽不疑又有一次精彩亮相,而这次亮相,直接维护了汉昭帝刘弗陵的帝位。

公元前82年,有一个男子乘着黄色的车子,竖着黄色的旗子,穿着黄色的短衣,戴着黄色的帽子来到京城,在皇宫北门上书,自称是卫太子刘据。

刘弗陵看到上书之后,立即惊出了一身冷汗,霍光看了之后,也一时没了主意。满朝文武大臣全都被吓了一大跳。刘据之前是死是活谁都无法说清,民间因为同情他的人实在太多,所以都盛传他还活着。汉武帝生前,对他的死也深感懊悔,恨不得他立马活过来接自己的班。如今他突然归来,那是不是意味着,刘弗陵要把皇位还给他?

这显然是一个巨大的政治事件,是对刘弗陵和霍光政治智慧的巨大考验,如果处置不当,极有可能会引发政治旋涡,导致国家动乱。

霍光和刘弗陵经过紧急商议,于是下发诏书,让朝中的公卿、将军和中二千石以上的官员全部前来辨认，看这个男子到底是不是卫太子刘据。右将军接受命令，专门带领军队，在宫殿之外警卫，以防止发生意外事件。朝中的丞相、御史、中二千石以上的官员挨个儿看了一遍，谁都不敢发表意见。刘据死了已经差不多十年时间，那些跟他朝夕相处的人全都被处死，幸存的大臣虽然记得他的相貌，但十年过去，再怎么亲近的人也会产生恍惚，所以乍看之下，都感觉非常相像。可是，谁都不敢断言这个男子到底是不是卫太子刘据。如果说是，那麻烦可就大了，谁能担得起这个责任；如果说不是，那证据在哪里？万一人家真是卫太子怎么办？那个时候又没有DNA检测技术，可真是难倒了满朝文武。

就在这个时候，京兆尹隽不疑带人赶到了。他是负责京城行政、治安等事务的最高长官，所以发生这种事情，他有权管理。他到了之后，直接命令他手下的官吏将这个自称是卫太子的人抓起来。

大臣们都非常吃惊，善意地劝阻他说："这个人究竟是不是卫太子还不好说，最好还是等弄清楚再说。"

隽不疑见众人疑惑，于是大声地说："各位大人为什么要害怕卫太子呢？春秋时，卫灵公的太子蒯聩和卫灵公的宠妃南子闹矛盾，触怒卫灵公后违命逃走，卫灵公死后，蒯聩的儿子姬辄被立为国君，这就是卫出公。那个时候蒯聩想回来，但他的儿子卫出公却不接纳他，发动军队阻止他。《春秋》上肯定卫出公的做法是对的。卫太子之前得罪了先皇，就算是逃走以后没有自杀，今天自发前来，那也是朝廷的罪人。"于是下令将自称卫太子的人送进了诏狱。

大臣们一琢磨，还真是这么回事。就算是刘据之前再怎么有民望，再怎么令人同情，但政治的法则决定了一个国家只能有一个政治核心，既然已经立了新的皇帝，就算是汉武帝死而复生，他也不能改变这个现实。战国时的赵武灵王、废太子赵章及赵惠文王父子之间宫廷喋血的惨痛事实，至今历历在目，令人心悸。普通百姓之家就是停妻再娶换个女主人都会闹得惊天动地，更别说是一个国家换国君了。

此时这个卫太子如果是假的，那就一切都好说；如果是真的，那他只有两种选择，要么死路一条，要么牢底坐穿。等到刘弗陵死了以后，刘弗陵愿意传位给他大臣们愿意拥立他他就当皇帝，否则他就只能老死狱中（或是好运临头被赦免）。

刘弗陵从惊魂之中醒过神来，对隽不疑的做法佩服得五体投地。他和霍光特意下诏表彰隽不疑说："所有的公卿大臣，都应当像隽不疑这样，用经术阐明君臣之间的大义。"自此以后，隽不疑名闻天下，在位的大臣都认为自己比不上他。

霍光非常看重隽不疑，想把女儿嫁给他，但隽不疑却坚决地推辞了。

经过审讯，那个自称卫太子的人果然是假冒的。冒充者本是夏阳人，名叫成方遂（又一说叫张延年），以占卜为生。卫太子刘据之前的一个门客到他那里占卜的时候，发现他跟刘据长得非常像，于是就告诉了成方遂。于是成方遂就动了心思，以为来到京城可以凭着人们对卫太子的同情得到富贵，谁知被隽不疑当场拿下。后来官吏们找来成方遂家乡的人进行辨认，拿到了确凿的证据，然后奏报朝廷，按律将他腰斩于市。

再说刘旦谋反的事。刘旦与刘泽一起谋反，刘泽被灭族而他却被赦免，按理说刘旦应该额手称庆从此循规蹈矩才是。毕竟之前淮南厉王刘长、刘安父子的教训摆在那里。但刘旦心里并不服气，他还要继续生事。上官桀等人也知道，刘旦对当朝的皇帝及执政的大臣非常怨恨，于是他们暗中派人与刘旦联络，准备对霍光发起新一轮的攻击。

而刘旦也先后派出孙纵之等十余批人，携带大量金银进京，贿赂盖长公主等人，希望能得到他们的支持，废黜刘弗陵并拥立自己为帝。

公元前81年，上官桀等人逐一记下霍光的过失，然后派人送给刘旦，让刘旦上书告发霍光。刘旦接到书信后十分高兴，立即修书并派人前往京城上书。而刘旦的书信还没有送来，上官桀等人就等不及了，他们安排了几个人，假称是燕王的使者，向皇帝上书。

因为当时霍光专权，所有的奏章都要经领尚书事的霍光先行批阅之后再呈送给皇帝。所以不论是什么样的奏章，都会先经过霍光的手。如果有对霍光不利的事情，霍光肯定会先扣下不让皇帝看见。

但事情也有例外，那就是每逢霍光休沐的时候，上官桀需要代他处理政事。

汉代的休假制度，官吏们每工作五天休息一天，叫作"休沐日"，类似于现在的星期日。这个"休沐日"，霍光不在朝，而上官桀轮替，上官桀等人等的就是这个机会。

他们安排的假燕王使者把奏折递上去之后，上官桀立即趁霍光休息的时间差，把奏折递交了上去。上官桀等人的如意算盘是，趁霍光不在，怂恿刘弗陵迅速批复这道奏章，然后由自己宣布霍光的罪状，再由桑弘羊组织其他的大臣共同胁迫霍光退位。等到霍光休沐之后回来上朝之时，早已回天无术。

以刘旦口气所写告状信的内容是：霍光出外检阅郎官和羽林军的时候，出警入跸，像皇帝出行那样派人清道戒严，并派太官预先为他准备食物，这是严重的僭越行为；苏武在汉武帝一朝出使匈奴，整整被扣留了十九年，可是回朝之后，霍光只让他做了典属国，而大将军长史杨敞，什么功劳也没有，却被任命为搜粟都尉，这是用人不公。另外，霍光还擅自增加大将军府的校尉，想要图谋不轨。霍光独揽大权，为所欲为，我怀疑他一定有什么不可告人的阴谋。我愿意归还我诸侯王的符玺，入宿卫，监督那些奸臣的不法行为。

上官桀把奏书递上去之后，满以为刘弗陵会在愤怒之下迅速批复奏章，然后交给他们去处理，但他没有想到的是，刘弗陵看过之后，居然无动于衷地把奏章压了下来，压根儿再不提这件事情。

上官桀等人弹劾霍光的事情，马上就传到了霍光耳中。第二天上朝的时候，霍光特意不去上朝，而是去了那间挂着周公负成王图的画室。汉武帝让他当周公，那么他正在这么做，现在有人进谗言，刘弗陵必须表明自己的态度，否则，他霍光就没办法干下去了。

刘弗陵不见霍光，于是问大臣们说："大将军在什么地方？"

上官桀回答说："因为燕王控告他有罪，所以他不敢来上朝。"

刘弗陵于是下诏，召霍光入朝。

霍光进殿之后，立即脱下帽子跪在地上向刘弗陵谢罪。

刘弗陵说："大将军请起，我知道燕王的那封信是假的，大将军无罪。"

霍光非常惊讶，要知道，当着满朝文武的面说自己无罪，那也必须拿出确凿的证据才行，否则，大臣们不服不说，霍光还会落下一个更坏的名声：大权独揽，飞扬跋扈，逼迫皇帝不得不袒护自己。于是他问："陛下是怎么知道的？"

刘弗陵说："大将军到广明亭去校阅郎官，不过是近日的事情；大将军府增调校尉，前后也不到十天，远在千里之外的燕王怎能这么快就知道，还把信都写来了？再者说，如果大将军真想为非作歹，还用得着增调校尉吗？"

这个时候的刘弗陵刚刚十四岁，话从他的嘴里说出来，满朝文武大臣全都惊呆了，他们无不为这个年轻皇帝的聪明善断而感到震惊。刘弗陵短短几句话，将一起十分棘手的政治事件化解于无形，颇有四两拨千斤之功效。刘弗陵一句话，立即使霍光的辅政地位得到了稳固。

假称燕王使者上书的人果然逃走了，刘弗陵下诏紧急追捕。上官桀等人非常恐惧，于是就对刘弗陵说："这种小事，根本不值得认真追究。"但刘弗陵不听。因为这件事如果不给霍光一个彻底的交代,那么霍光的心里仍然会有心病。而霍光有心病,他这个皇帝也会当得极不顺畅。这个道理,聪明的刘弗陵怎么能不懂。

从此以后,但凡有上官桀的党羽进言说霍光的坏话,刘弗陵总是发怒说:"大将军是忠臣,先帝专门安排让他辅佐我。今后再敢有诋毁大将军的,一律从严问罪。"上官桀等人见状,从此再不敢说霍光的坏话。而刘弗陵也因此更加亲近霍光并疏远上官桀等人。

上官桀等人控告霍光不成反被刘弗陵疏远,心里十分不满,于是策划发动武装政变。

上官桀父子与盖长公主商定的计划是:由盖长公主出面邀请霍光赴宴,席间埋伏士兵杀掉霍光,然后废黜刘弗陵,并迎立燕王刘旦为帝。

而实际上,上官桀父子还有自己的计划:第一步,由盖长公主出面邀请霍光赴宴,席间埋伏士兵杀掉霍光,夺取军权控制军队;第二步,借助刘旦外来的军事力量,逼刘弗陵退位;第三,用中央军队击退刘旦,上官桀自立为帝。

对于这个计划,上官安的一个心地善良的门客提出了疑问:"如果真这样做了,将来皇后怎么办?"

上官安回答说:"追逐麋鹿的猎狗,哪里还能顾得上小兔子?况且依靠皇后得到尊位,一旦人主改变了主意,就算是想做个平民百姓都没了可能,这是千载难逢的好机会,绝对不能错过。"于是决意发动叛乱。

一切谋划停当,然后派人前去联络燕王刘旦。

刘旦接到上官桀等人的回信之后,安排专门的快马,用来传递情报。为了让上官桀一心一意为他效力,他许诺事成之后,封上官桀为王。同时,派人联络各地的"豪杰"数千人。

做好这些准备工作之后,刘旦就把这些事先告诉了他的国相平,问平有什么看法。

平向他提出忠告说:"大王之前与刘泽一起谋划,事情还没有开始就被朝廷发觉,都是因为刘泽素来喜欢炫耀,又喜好欺侮凌辱别人所致。现在朝中的上官父子,我都不怎么看好。左将军上官桀素来办事不够慎重,并且瞧不起别人;车骑将军上官安年轻而又骄横,我非常担心这件事情就像之前跟刘泽谋划的那样不能成功,即便是成功了,上官父子也不会甘心听命于您,绝对会反过来对付大王啊。"

刘旦不屑地说:"前些日子一个男子前往宫门,自称是卫太子刘据,长安城中的百姓听了之后,纷纷围到宫门口去看,闹出了很大的动静。大将军非常害怕,派出军队结成阵势保护自己。现在我是先帝最长的儿子,天下人人信服,谁敢反对,又有谁会反对呢?"

没过几天,志得意满的刘旦又对群臣说:"盖长公主送来了书信,说大臣们之中,最为担心的就是大将军霍光和右将军王莽。不过幸运的是,前几天王莽已经死了,丞相田千秋也病势沉重。霍光一人独木难支,看来是上天要祝我们成功啊。相信过不了几天,朝廷就会征召我们入京,请大家做好准备,收拾行装准备出发。"

但在其后的一段时间里,燕国却发生了一连串的怪事:

先是下了一场大雨,天晴的时候,一道彩虹照到了宫中的一口井里,紧接着,这口井就干了。

后宫的一群猪突然发狂,奔出猪圈,然后跑进了御厨房,将御厨房里的锅弄进了殿中。

乌鸦和喜鹊互相啄斗,乌鸦溺死于宫中的水池。

有一老鼠竟然在王宫端门之中直立,旋转跳舞。

殿中的门自动关上,怎么也打不开。

南城门不明原因地起火。

一场大风刮来,城楼倒塌,大树被连根拔起。

一颗流星坠落在燕国的地面上。

凡此种种,燕国的百姓全都议论纷纷,宫中的太监宫女都非常恐惧。

刘旦也因此受惊得病,于是派人前去祭祀水神。

实际上,这只不过是流星进入大气层之后与空气剧烈摩擦而导致的正常现象,并伴有风雨和震级较小不易觉察的地震发生。而在那个时候很少有人重视自然科学的时代,发生这样的现象,只能按照董仲舒的学说被冠以阴阳灾异之名并去穿凿附会某些即将发生的事情。

刘旦有个宾客叫吕广,善于观察天文,于是就对刘旦说:"五行怪异,会有兵围城,时间在九、十月间。汉朝的大臣之中,会有被诛杀的。"

刘旦听了之后,又忧虑又害怕,于是对吕广说:"谋事不成,而怪异之事却频现。照你的说法,将有大军围城,这可怎么办才好?"

如果刘旦没有与上官桀等人图谋发动叛乱,上述现象依然会发生,只不过他们不会如此紧张恐惧。而现在他们既然把这些天象硬性地跟自己联系在了一起，那么该发生的事情，就必然会发生。

盖长公主与上官桀父子、刘旦密谋的事情，她的门客大都知道。有一个门客的父亲名叫燕仓，担任稻田使者（管理稻田租税的官员）。燕仓得知他们的阴谋之后，于是赶快把这件事情报告给了自己的上司大司农杨敞。因为在燕仓看来，正如之前刘旦攻击霍光的那样，杨敞担任大将军长史，没有什么功劳却被霍光提拔为搜粟都尉，他应该与霍光是属于同一阵营的。

但燕仓行事果断，却没有想到杨敞是个非常胆小的人。他素来谨慎，不敢参与这样的事情，于是就假装生病卧床不起。

不过，司马迁的这个女婿毕竟还是有一点政治敏锐性的，自己装病了，却也不敢把这个消息瞒下去，于是就又派人把事情转告了谏大夫杜延年。

杜延年精通法律，刘弗陵刚刚即位的时候，霍光觉得他很有才能，于是把他补为军司空。公元前83年，益州的夷民反汉，杜延年以校尉身份率领南阳的将士参加平乱，平定益州返回之后，拜为谏大夫。公元前82年，他上书建议恢复汉文帝时的政策，帮助霍光成功地打击了桑弘羊。因此杨敞非常清楚，杜延年就是霍光的门生和下属。

果然，杜延年接到消息，立即前去报告了霍光和刘弗陵。

霍光其实早就知道上官桀等人想要图谋不轨，但只是没能得知他们的详细计划罢了。接到杜延年报告，霍光和刘弗陵立即派遣官吏分头抓捕刘旦的特使孙纵之，以及上官桀父子。上官桀、上官安、丁外人等，尽皆被捕，盖长公主畏罪自杀。

经过审理，上官桀、上官安父子和丁外人都以谋反罪被灭族，桑弘羊也未能幸免（后世不少人认为桑弘羊参与谋反证据不足）。上官皇后因为年纪小，没有参与反谋，并且是霍光的外孙女，所以既没有被杀，也没有被废。

燕仓和杜延年因为报告及时，全部封侯，而杨敞身为九卿却表现不佳，所以没有封侯。

上官桀等人被杀的消息传到燕国，刘旦立时大惊。还没等自己起兵，内应却已泄露，于是他问相国平是否该发兵起事。平告诉他说："左将军已死，天下百姓都知道你们之间的事情，所以起兵已经没有任何用处了。"

刘旦忧愤不已，于是摆酒设宴，和宾客、大臣及姬妾们饮酒消愁。刘旦借酒作歌，用歌声来排解自己的忧闷，埋怨偌大一个燕国，国内竟然没有一个可以依靠的人。刘旦有个姬妾华容夫人，平素深得刘旦宠爱，见状也起舞作歌，附和刘旦。歌声凄凉，酒宴上的人全都流泪哭泣。

过了几天，朝廷的使者到了。朝廷赦免了燕国其他的所有人，但就是没有赦免刘旦。刘旦看了一眼赦令，大声喊叫说："怎么能这样，其他的人都赦免了，就是不赦免我。"于是把他的姬妾夫人全部迎到明光殿，然后准备自杀。左右的人都宽慰他说："有可能会以削地作为惩罚，那样就可以侥幸不死。"他的姬妾夫人也流着泪劝解他，最终阻止了刘旦。

皇帝刘弗陵的特使随后赶到。在赐给刘旦的诏书中，刘弗陵这样说："之前高皇帝建立汉家天下之后，把子弟分封到各地，以保护刘氏江山。先前诸吕阴谋篡逆，幸运的是天不绝刘氏，最终由绛侯周勃讨平了叛乱，然后迎立了孝文皇帝，最终安定了社稷。这难道不是朝中和朝外都有刘氏的功臣及子弟，才最终里应外合，保护了刘家的江山吗？樊哙、郦商、曹参、灌婴这些人，当年手拿武器，冲锋陷阵，跟着高皇帝除凶驱害，南征北战，头发就像乱草一样，吃尽了苦头，可到头来他们所受的封赏，不过是封侯。现今刘家的子弟，没有立下尺寸之功，却裂地而封王，并赏赐给大批的财物，父亲死了儿子袭封，哥哥死了弟弟继承。燕王你是我的骨肉至亲，本来我们应该是一家人，可是你却和外姓旁人相互勾结，意图谋害刘家的江山社稷，亲近外人，疏远亲人，有逆悖之心，无忠爱之义。如果那些列祖列宗有灵，你还有何面目到高祖庙里去祭祀呢？"

刘旦看了之后，知道刘弗陵没有宽恕自己之意，于是自缢而死。他的姬妾夫人随他自杀者，有二十多人。刘旦死后，朝廷赐他谥号"刺"，是恶谥。他的太子刘建被赦免为庶人。

这一年，是公元前80年，汉昭帝元凤元年。

第三十二节　伊霍之事

上官桀父子被杀之后，霍光得到了刘弗陵的充分信任（不信任也没得选择）。霍家的势力一时之间如日中天。霍光的儿子霍禹，霍去病的孙子霍云、孙女婿王汉都是统率宫卫郎官的中郎将；霍云的弟弟霍山任奉车都尉侍中（霍光辅政之前担任的职务）；霍光的大女婿邓光汉任长乐宫的卫尉，二女婿任胜担任中郎将、羽林监，三女婿赵平为骑都尉、光禄大夫，掌管着整个皇宫的警卫力量；四女婿范明友任中郎将，后拜度辽将军，封为平陵侯；霍光姐姐的女婿张朔任给事中、光禄大夫……霍家人几乎垄断了内朝的所有实权职务，形成了一个盘根错节、遍布西汉朝廷的庞大势力网。霍光成了实际上的最高统治者。

在霍光秉政的那些年里，由于执行了汉武帝"罪己诏"所既定的方针政策，所以使得汉武帝后期遗留的社会矛盾得到了有效化解，因汉武帝穷兵黩武所耗竭的国力也得到了较大恢复，西汉王朝的衰退趋势有所扭转，百姓的生活水平有所提高，与周边邻国的关系也处得相对融洽。

但美中不足的是，刘弗陵竟然一直没有子嗣。

导致这样的后果，霍光负有直接的责任。

因为皇后是上官安的女儿，所以刘弗陵根本不喜欢这个皇后。并且刘弗陵娶这个皇后之时，才十一岁，而当时上官皇后只有六岁。假设刘弗陵十四岁性成熟，那么上官皇后也只有九岁，仍然是幼女，根本没办法过夫妻生活，更别说是生孩子了。

可是霍光做出了什么事情呢？因为上官皇后是他的外孙女，他为了让刘弗陵专宠上官皇后，增加怀孕的概率，所以禁止后宫其他的妃嫔进御。

刘弗陵渐渐长大，青春期的躁动和不安使他常感身体不适。太医们都迎合霍光的意思，对刘弗陵说他不宜过性生活，于是霍光命令所有的宫女都穿一种名叫"穷绔"的内裤，这种内裤有前裆，有后裆，系带很多，很不方便解开，为的是避免刘弗陵临幸这些宫女。

刘弗陵不喜欢皇后，并且上官皇后年龄也太小，其他的妃嫔无法接触，宫女又全部穿着解不开的裤子，你让刘弗陵怎么办？直到他死的时候，也没有养育一子半女。

公元前74年，刘弗陵病死，年仅二十一岁，谥号为"孝昭"，葬在平陵。而在他死的时候，上官皇后才十六岁（虚岁）。

上官皇后是汉代继张嫣之后的第二个处女皇后。汉昭帝刘弗陵死后，刘贺被立为皇帝，她被尊为皇太后。刘贺被废，刘询即位，她又被尊为太皇太后，创造了中国历史上最年轻太皇太后的纪录。公元前37年，上官皇后病死，享年52岁，与汉昭帝合葬平陵。上官皇后虽然善终，但她的一生与张嫣一样，是一个深深的悲剧。

汉昭帝死后，由于他没有儿子，所以霍光就召集大臣们，商议应该立谁为皇帝。

汉武帝刘彻的六个儿子之中，此时只有广陵王刘胥还活着，于是大臣们都主张立刘胥。

但霍光却不同意让刘胥即位，理由是刘胥行为不正，汉武帝生前就不主张立他。

这时，有个郎官上书说："周太王废去吴太伯而立了王季，周文王舍去伯邑考而立了周武王，只是看谁更合适，即使废长立幼也是可以的。"

这封奏章深合霍光心意，于是把这封上书交给丞相杨敞等人看，并把这个郎官提升为九江太守。

既然刘胥也不适合被拥立，那么谁是最合适的人选呢？

汉武帝的六个儿子中，长子刘据自杀，次子刘闳早死，三子刘旦谋反，四子刘胥不合适拥立，五子刘髆早死，六子刘弗陵刚刚死去。儿子们当中，都没有可选择的余地，那就再从孙子辈中选择。

长子刘据的两个儿子都与刘据一齐遇害；次子刘闳没有子嗣；三次刘旦谋反，他的儿子被自然排除；四子刘胥不合适拥立，连老子都没份，儿子自然也被排除；六子刘弗陵要是有儿子，就不会出现这样的问题；那么还剩下的，就只有五子刘髆的儿子了。

昌邑哀王刘髆只有一个儿子，名叫刘贺。在刘髆死后，刘贺嗣位为昌邑王，当时，他年仅五岁。

霍光与大臣们经过了解，刘贺没有什么不良嗜好，也没有什么记录在案的不良行径，总之，政治历史清白，是可以做皇帝的。了解完这些之后，于是皇太后下达诏令，派遣代理大鸿胪职务的少府乐成、宗正刘德、光禄大夫丙吉、中郎将利汉前去征召刘贺，让他到京中来为汉昭帝刘弗陵主持丧礼（秦始皇临死前，遗嘱让长子扶苏回咸阳为他送葬，此时霍光征召刘贺前为来刘弗陵主持丧礼，其象征意义都是一样的，即谁典丧，谁继位）。

此时的皇太后上官氏刚刚十五岁，说是她下令，其实上一切都是霍光在背后一手操控。

征召刘贺的使团到达昌邑的时候，已经是晚上了，见到刘贺的时候，正是夜间子时（凌晨一点左右），刘贺命人点起火烛，打开玺书观看。明白使者们的来意之后，刘贺决定接受征召，前往长安。

随刘贺一齐前往长安的，有二百多人。

经过一夜的准备，到了中午，刘贺就出发了。此时的刘贺刚刚十九岁，说起来是成年人，但实际上待人处事还仍然不怎么成熟。在他赴京的途中，就做出了许多难登大雅之堂的事情。

由于刘贺心情非常迫切，所以速度赶得非常快，到下午四五点的时候，就已经赶到了定陶，赶了一百三十五里，侍从人员的马一匹接一匹地死在路上。随他一起进京的郎中令龚遂向刘贺进谏，刘贺于是命令五十多名郎官和谒者返回了昌邑。

刘贺到济阳的时候，知道济阳（今河南省兰考县境）有一种鸡叫"长鸣鸡"，是一种打鸣声比较长的鸡，非常稀有，于是派人去找寻，又在路上买了积竹杖。经过弘农（今河南省三门峡市灵宝市东北）的时候，让他一个高大健壮名叫善的奴仆用装载衣物的车辆装载抢掠来的女子。到了湖县，使者拿这件事情责备昌邑相国安乐，安乐转告龚遂，龚遂于是进去问刘贺，刘贺否认说："没有这事。"龚遂说："即使没有，为什么要让一个善来败坏您的名声呢？请把善交给法官处置，来证明大王的清白。"说完就把善抓起来，交给了卫士长处置。

刘贺到达灞上的时候，朝廷已经得到了消息，于是专门派大鸿胪前去迎接他。主管车马的骑官奉上专供皇帝乘坐的车子。刘贺毫不谦让，于是让他的仆从寿成驾车，郎中令龚遂参乘。

第二天天亮的时候，刘贺到达广明东都门。

龚遂对他说："按礼制，奔丧望见国都就要哭丧。这已是长安的东郭门。"

刘贺说："我咽喉痛，不能哭。"

到了城门，龚遂向他提醒哭丧的礼节，刘贺说："城门和郭门是一样的。"

快到未央宫东门的时候，龚遂说："昌邑国的吊丧帐篷在这个门外的大路北，还没到达吊丧帐篷的地方，有南北方向的人行道，离这里不到几步，大王应该下车，向着宫门面向西匍匐而行，哭得要非常悲痛哀伤才行。"

刘贺同意了，于是照着龚遂所教的礼仪哭丧。

之后，霍光率领大臣们出迎，奉上皇帝的玺印和绶带，拥立刘贺继承帝位。

刘贺继承帝位，按照礼法，他是汉昭帝刘弗陵的继子，于是尊汉昭帝皇后上官氏为皇太后。

刘贺仅仅当了二十七天皇帝，霍光对他的不满就已达到了极致。霍光为什么不满，史书上的记载是刘贺淫乱。

霍光于是召来他以前的下属田延年，问田延年该怎么办？

田延年说："大将军您是国家的中流砥柱，觉得刘贺不合适，为什么不向太后建议，另选更贤能的人立为皇帝呢？"

霍光说："我现在也想这样做，只是不知道古代有这样的先例吗？"

田延年说："伊尹担任殷商的相国，废黜太甲而安定国家，后世称赞他的忠诚。您若能采取这种措施，也是汉朝的伊尹。"

霍光见田延年非常支持自己，于是推荐田延年担任给事中，可以自由出入宫禁，以方便和他商量大事。

之后，霍光就去找车骑将军张安世。

张安世字子孺，是张汤的儿子，年轻时依靠父亲的关系做了郎官。张汤自杀之后，武帝懊悔之下，刻意提拔张安世，让他任给事尚书，也就是担任身边的机要秘书。张安世忠于职守，休沐日也不愿外出，工作非常认真尽责。武帝巡游河东郡的时候，路上丢了三箱书。武帝非常心疼，下诏让左右侍从回忆，其他人都答不上来，只有张安世记得，不仅记得，还把那些书的内容一字不差地写了出来。后来，这些书通过悬赏被找了回来，通过对比，与张安世所写的内容丝毫不差。武帝非常佩服张安世的才能，于是把他提拔为尚书令，拜光禄大夫。

汉昭帝即位之后，霍光执政，由于张安世十分忠厚，所以霍光非常器重他。上官桀父子、桑弘羊和燕王刘旦、盖主谋反被杀后，霍光觉得朝中没有旧臣，仅凭自己一人缺乏足够的号召力控制力，于是奏请任命张安世为右将军、光禄勋，辅助自己。张安世精心辅助霍光十余年，颇有政绩，于是汉昭帝下诏表彰他的功绩，并封他为富平侯。

汉昭帝死后，还没有下葬，为了加强对皇宫及京城的控制，霍光于是报告皇太后，擢升张安世为车骑将军，进一步加强对军队的控制。长期以来，无论霍光做什么，张安世都是鼎力支持，并且霍光也觉得，他没有亏待张安世。只要张安世支持自己，那么废刘贺一事就绝对可行。

果不其然，霍光征求张安世的意见之时，张安世当即表示同意。与内朝重臣达成共识之后，霍光决定再统一外朝大臣的思想，于是特意委派田延年前去找杨敞，把这件事情通知他，看他持什么态度。

此时的杨敞，在前两任丞相田千秋、王䜣相继死后，已经继任为丞相了。

当田延年把霍光准备废去刘贺的打算告诉杨敞之时，杨敞立时震惊异常，又非常害怕。他汗流浃背，说不出一句完整的话，既不表示反对，也不表态支持。

田延年起身去上厕所，杨敞的夫人，也就是司马迁的女儿立即从隔壁房里进来对她的丈夫说："这么重大的事情，现在大将军霍光已经决定了，然后派九卿来给你通气。如果你不赶快答应下来，表明态度支持大将军，而是犹豫不决，那么大将军就一定会先杀掉我们一家。"

司马迁的这个女儿非常有见识，她的话真可谓是一语中的。杨敞一听，觉得再不表态就会立即大祸临头，于是决定听从夫人的话。

这个时候田延年回来了，杨夫人躲避不及，索性大大方方地坐下来，和杨敞、田延年共同商议这件事情。最终杨敞郑重表态，愿意接受大将军霍光的命令，一同废黜刘贺。

田延年得到杨敞的口信，赶快回报霍光。

而在这期间，霍光派出的其他心腹也带来了结果，所有他想要争取的大臣，全都已经答应要与他一齐参与废黜刘贺之事。

霍光知道自己已经成功地左右了群臣，统一了口径，于是召集丞相、御史、将军、列侯、二千石级的官员、大夫、博士前往未央宫召开会议。

大臣们全部到齐之后，霍光说："昌邑王行为昏乱，恐怕要危及江山社稷，我们作为大汉的臣子，怎么办？"

那些事先没有通气的大臣这才知道霍光召他们来是要做什么，于是全都吓得惊慌失措，一个个面无人色，没有一个人敢站出来反对，只是唯唯而已。

田延年见无人表态支持，于是从坐席上站起来，手握剑柄厉声对霍光说："先帝把年幼的孤儿嘱托给大将军您，把天下也委托给大将军您，就是因为觉得大将军您忠诚贤能，可以安定刘氏江山。现在臣民议论纷纷，人心不稳，国家处于非常危险的境地。再说汉朝帝王相传，谥号都有一个孝字，就是为了长久地保有天下，让祖先宗庙能够享受子孙祭祀。如果现在让汉朝的江山断绝祭祀，大将军您即使死了，又有什么面目到地下去见先帝呢？今日的讨论，不得延迟。大臣们之中如果有谁不同意，我请求马上用剑斩了他。"

田延年这番慷慨激昂的陈词，表面上看起来是在指责霍光，实际上却是在恃武力恫吓群臣，谁要是敢反对，谁就会马上大祸临头。

霍光于是惶恐地谢罪说："田延年骂我真是骂得太对了。天下议论纷纷，人心不安，我应该接受责难。"

大臣们见状，于是全都叩头说："天下安危，全在于大将军，大将军不管发什么命令，我们全都听从。"

霍光见大臣们没有反对自己的意见，于是就带着大臣们一起去见皇太后，把刘贺不堪为帝的情形一一向太后陈述。

皇太后乘车来到未央宫承明殿，下令各宫门不许放刘贺从昌邑带来的那班臣子进入。

刘贺到皇太后处朝见回来，乘车想要回温室殿，后宫的宦官各自把守一个门，刘贺一进入，他们就关上了门，不让刘贺带来的那班大臣进入。

刘贺感觉有些不对，就问："为什么这样？"

霍光立即跪在地上向他报告说："有皇太后的诏令，不让昌邑群臣进入。"

刘贺不满地说："慢一点儿行吗，为什么要弄出如此吓人的阵势来呢？"

霍光于是下令把昌邑国的群臣全部赶出宫殿，安置在金马门外。车骑将军张安世率领羽林军骑兵逮捕捆绑了这二百多人，并把他们全部送到了廷尉和诏狱那里看管。

之后，霍光又命令以前昭帝时的侍中、中臣侍看守刘贺。霍光告诫他们说："你们一定要小心谨慎地看守，如果（刘贺）发生死亡或是自杀的事情，那就会使我对不起天下人，让我担上杀害君主的罪名。"

在这个时候，刘贺还不知道自己将要被废，对看管他的那些侍中说："我以前的臣僚和侍从们犯了什么罪？为什么大将军把他们全部抓了起来？"

那些侍中没有一个人回答他的问题。过了一会，有太后诏令召见刘贺。刘贺听到皇太后召见他，心里更加起疑，也非常害怕，就说："我犯了什么罪，皇太后要召见我？"

皇太后披着用珍珠穿成的短袄，穿着盛装坐在帷帐中，几百个侍从卫兵都拿着武器，期门武士也拿着戟，排列在殿下。大臣们按照官阶大小依次上殿，命令刘贺跪在太后面前听候诏书。

刘贺一听，才明白原来是霍光联合丞相杨敞、车骑将军张安世、度辽将军范明友、前将军韩增、御史大夫蔡义、大仆杜延年、大司农田延年、宗正刘德、廷尉李光等人，在联名上书弹劾他。

尚书令大声地宣读这封弹劾奏章说：

"天子之所以是长久地保有宗庙、统一管理天下的人，是因为以慈孝、礼义、赏罚作为根本。孝昭皇帝过早地离开人世，没有后嗣，所以臣杨敞等商议，《礼》说：'做他晚辈的人可以过继做他的儿子。'昌邑王适宜做昭帝的后嗣。因此派宗正、大鸿胪、光禄大夫等拿着旄节前去宣召昌邑王，让他来为孝昭皇帝主持丧事。但昌邑王虽然身穿重孝，但没悲哀之心，丝毫不遵守服丧期间的礼义。

"在赴京的途中竟然喝酒吃肉，并让随从官吏抢掠民女装载在衣车中，送入住宿馆舍淫乱。

"刚到京师谒见太后，立为皇太子，就常常私下命人买鸡和猪肉来吃。

"在孝昭帝灵柩前接受皇帝的玺印，就位后取出玺印不再封起。

"侍从官员轮流拿着皇帝的符节，把昌邑王府的侍从、马倌、官奴共二百多人召引进宫，常与他们在宫禁之中嬉戏玩乐。

"昌邑王亲自到藏符玺的地方拿来节杖十六根，早晚两次哭临孝昭帝灵柩时，命令侍从官员轮流拿着节杖跟随。

"他还写信说：皇帝问候各位侍中，派中御府令高昌送给你们黄金千斤，并赏赐各位娶十个妻子。

"孝昭帝灵柩停放在前殿，却把乐府收藏的乐器拿出来，引进昌邑府的乐工击鼓弹唱，肆意作乐。

"下葬刚回就上前殿，敲击钟磬，召入祭祀太一神和宗庙的乐工从阁道排到牟首池，鼓吹歌舞，把所有的乐器都演奏起来。

"从长安厨中拿出三份太牢酒肴和食器,在阁室中祭祀,祭祀完毕,与随从官吏胡吃海喝。

"驾着皇上专车,仪仗盛大地驱驰到北宫、桂宫,观看戏弄野猪和斗虎的表演。

"把皇太后驾车的小马取来,让官奴骑乘,在掖庭中游戏。

"与孝昭皇帝的宫女蒙等人淫乱,还命令掖庭,有胆敢泄露此事的全部腰斩。"

听到这个地方,皇太后再也忍不住了,大声斥骂说:"够了,作为一个晚辈,怎么能如此胡作非为!"

刘贺吓得赶快离开坐席匍匐在地。

尚书令接着读奏章:

"把诸侯王、列侯、二千石官员应佩带的印绶,以及黑绶、黄绶和被赦免的奴隶佩带,都拿来给昌邑王府的郎官。

"把皇帝符节上的黄色节旄换成了红色的。

"取出宫中府库所藏的金钱、刀剑、玉器、彩缎,赏赐给和他一起游乐的人。

"与随从官员、官奴通宵夜饮,沉湎于饮酒作乐。

"命令太官为他准备天子平时吃的食物。食监上奏说,在服丧期间,不能吃平时吃的食物,他不听,再次命令太官赶快去给他办理,不要通过食监。太官不敢办理,他就派随从官员出宫买回鸡和猪肉,命令守殿门的人拿进来,天天如此。

"又独自夜晚在温室殿陈设九宾之礼,接见他在昌邑所封的关内侯姐夫。

"祭祀祖先宗庙的仪式还未举行,却写下诏书加盖玺印派使者拿着天子的符节,用三份太牢祭祀昌邑哀王的陵庙,自称嗣子皇帝。

"接受皇帝的玺印以来二十七天,使者往来不断,拿着符节下命令给各官署,征调并索取物资,共一千一百二十七次。

"文学、光禄大夫夏侯胜、侍中傅嘉等多次进谏,规劝他的过失,他竟然派人按簿册责问夏侯胜,又把傅嘉捆起来关进监狱。

"昌邑王荒淫无道,迷惑不明,丧失帝王礼义,搅乱朝廷制度。臣杨敞等多次进谏,不但不加改正,反而一天比一天厉害,他的行为恐怕会危及江山社稷,使天下陷入动荡之中。

"臣杨敞等曾同博士臣孔霸等人讨论这件事情，他们都说：高皇帝建立功业，庙号尊为汉太祖，孝文皇帝慈仁节俭，尊为太宗，现在陛下继承孝昭皇帝之后，行为荒淫邪恶，不守规矩。《诗》云：'籍说无知，也已抱子。'五刑之类，没有什么罪行比不孝更大。周襄王不能孝顺母亲，《春秋》说：'天王出外居住在郑国。'他是因不孝而被迫出奔，被天下人所抛弃。江山社稷远比国君要重要，陛下不受命于高祖，不可以秉承上天旨意，祭祀祖先宗庙，做百姓的君父，应当废去。

"我们请求负责官员御史大夫蔡义、宗正刘德、太常苏昌与太祝用一份太牢的祭品，祭祀高庙，告知高祖。

"我们冒死说出这些，请皇太后圣裁。"

皇太后听了大臣们的劾奏，于是下诏说："我同意你们的意见。"

霍光于是让刘贺上前接受太后的诏令。

刘贺说："我听说天子只要有七个诤臣，就算无道也不会失去天下。"

霍光说："皇太后已经下诏废黜，您还算什么天子？"说着抓住刘贺的手，解下他身上佩戴的玺绶呈给皇太后，然后扶着他下殿，出金马门。大臣们都紧随霍光，跟在刘贺的后面为他送行。

刘贺向西跪拜说："我愚蠢糊涂，担当不起汉朝的事。"之后起身上了皇帝乘坐的副车。霍光把他送到昌邑王府邸，向他谢罪说："您的行为使自己被上天弃绝，我们无能，不能以死来报答您。我宁可对不起您，也不能对不起国家。希望您自己保重，我可能永远不会再见到您了。"说着涕泣着离开。

大臣们又向皇太后启奏说："古时候被废弃放逐的人都隔离远方，不能参与政事，请求将昌邑王刘贺迁移到汉中房陵县。"

皇太后没有按照大臣们的提议将刘贺放逐房陵，而是下诏，让刘贺仍旧回昌邑，并赐给他汤沐邑二千户。刘髆原来的财物，全部赐给了刘贺，刘髆的四个女儿，各赐给汤沐邑一千户。昌邑国被废，降为山阳郡（治今山东省菏泽市巨野县）。

霍光以刘贺的那些大臣没有尽到规劝责任让刘贺陷入罪恶为由，下令把那二百多人全部处死，当那些人出狱受刑时，全都在街上大声叫喊说："当断不断，反受其乱。"其中幸免被杀的，只有郎中令龚遂和中尉王阳。他们因多次规劝刘贺而被免去死罪，不过，他们都被处以髡刑（剃去头发）并判处四年徒刑。

以上是霍光废黜刘贺的整个过程。废黜刘贺的罪名是淫乱、荒唐，在二十七天之内做了一千一百二十七件坏事,其中最主要的就是在大丧期间不遵守服丧期间的礼仪,而这样的罪名在以孝治天下的汉朝,是致命的。

刘贺与之前的汉文帝刘恒一样,都不是前任皇帝的子嗣而是被大臣们迎立的外藩。对比刘恒与刘贺进京的整个过程,也可以发现一些端倪。

刘恒被迎立时二十三岁,刘贺被迎立时十九岁,虽然没有直接的证据证明四岁之差就可以导致二人天壤之别的结局,但刘贺在政治上远没有刘恒成熟,却是无可辩驳的事实。

可以试着在二人之间做一些对比。

第一,当初刘恒接到大臣们的邀请之后,非常谨慎,先是召集大臣们商议,并派舅舅薄昭到长安城中打探消息,确认安全之后,才前往长安。而在刘贺身上,人们没有看到这些。

第二,刘恒进京的时候,只带了宋昌、张武等六个人,目标较小,十分低调。而刘贺却带了两百多人,目标太大,过分张扬。很显然,刘贺太不慎重了,带着这样一个声势浩大的团队进京,明显会让长安城中的故将元勋们感觉到前所未有的压力。

第三,刘恒进京之时,太尉周勃并没有一个人独揽大权,大臣之间互相掣肘,所以刘恒即位之后,立即任命宋昌为卫将军,统领南、北二军,控制了军权;任命张武为郎中令,接管了宫中的禁卫。反观刘贺,大将军霍光独揽大权,朝中的大臣之中,没有一个人能够与霍光相抗衡,所以刘贺即位之后,即不能掌握军权,也无法接管宫禁的防务,所以连自身安全都没有保障。

第四,刘恒即位的当天夜里,就下诏大赦天下,以争取民心;而刘贺并没有这么做,或许是他受制于霍光根本就没能力这么做,所以他丝毫没有让天下人感受到他的仁慈和威严。刘恒即位之后,马上加封周勃等功臣,以笼络争取麻痹他们;但刘贺却没有加封任何一个朝中的故旧大臣,包括拥立他的霍光。

第五,刘恒为人至孝,对于朝廷的礼仪,他只会更加模范地遵守,而绝对不会违反,他只会成为大臣们学习的楷模,而不会成为大臣们攻击的靶子;而刘贺行为不检,让人抓住了把柄,而且是一大把,一千一百二十七件!不能说这些事情刘贺没有做过,刘贺绝对做了,这一点,霍光没有冤枉刘贺,否则,在朝会上弹劾他的时候,刘贺完全可以当场否认或是辩解,但刘贺没有。并且在被废之后,刘贺还活了十五年,即使在霍光死后,他还活了九年。所以如果霍光对他的指控是子虚乌有,那么刘贺完全可以在霍光死后留下相关的证据,让历史为他平反，但很明显，这一点也没有。刘贺的前任刘弗陵那么聪明有礼，尚且一直笼罩在霍光的阴影之下，更别说是轻浮平庸的刘贺了。所以归根到底，刘贺个人品行上的瑕疵是他被废的一个很重要的原因。

那么刘贺被废的最主要的原因是什么呢？那就是他的行为已经让霍光感觉到了自身的危险，所以不得不废掉他。

第一，还是来自刘贺自身的品行。立这样一个皇帝，如果等他羽翼丰满坐稳龙椅，那么大臣们遭殃的频率绝对会相当之高，整个朝廷也会乌烟瘴气。从这一点来看，霍光废去刘贺，不排除他对汉室忠诚的一面。

第二，刘贺的行为给霍光造成了威胁。刘贺带去的二百多名臣属在被处死之前，喊叫说："当断不断，反受其乱。"这就证明，刘贺曾经与这些大臣谋划想要除掉霍光，夺取实际权力，但因为没有下定决心或是犹豫未决，让霍光觉察到了，所以霍光先下手为强，除掉了他们。纵观历史上一些英主扳倒权臣的经历，如崇祯诛杀魏忠贤，康熙诛杀鳌拜等，就会发现那真不是一件容易的事情。刘贺还没有站稳脚跟就想除掉树大根深的权臣，其失败是必然的。

第三，刘贺在朝中没有势力，没有威信。刘贺被废之时，就算朝中的大臣慑于霍光的淫威不敢直接站出来反对，那么私下里抒发一下不平的心情难道不可以吗？在霍光死后写下一点文字表露一下心迹难道不可以吗？而截至目前，历史上没有留下任何这样的东西。霍光再怎么有势力，也不可能把每一个大臣的嘴都堵住，把每一个大臣的思想都禁锢。唐朝的李世民发动玄武门之变杀兄诛弟夺嫡，后世留下了许多的证据材料，霍光能比李世民做得更彻底、更干净吗？恐怕未必。由此可见，刘贺没有得到朝中大臣的支持，大臣们觉得实在是不值得为了这样一个人而赔上身家性命。而汉宣帝即位后严延年上书弹劾霍光也证明了这一点，严延年只是指控霍光擅自废立皇帝没有做臣下的规矩，大逆不道，却并没有肯定刘贺的只言片语。

一句话，刘贺的政治才能非常平庸，缺乏政治智慧，他既无法跟汉文帝刘恒相比，也跟霍光不在一个档次。刘贺的父亲早死，他从小就没有受到严格的家庭教育，再加上自小生长在藩国，无拘无束，缺乏管教，并且当藩王懒散惯了，又年轻贪玩，根本不适应中央那种严谨的工作环境。他的资质不足以当皇帝，也不足以翻盘，所以，他最后没有招来杀身之祸，仍旧回到了昌邑。这是他的不幸之处，也是他的幸运之处。

对于霍光废黜刘贺的行为，在历史上有不同的声音。大部分人认为，霍光废黜刘贺是出自对汉室的忠诚，但也有人认为，霍光当初立刘贺就是觉得刘贺没有根基很好控制，感觉有了危险之后废黜刘贺，也是为了继续专权。既然霍光开了这个先例，提供了这样一个范本，那么他的行为，就为后世许多权臣所仿效。这些权臣为了达到个人目的擅行废立之事，往往借的都是"行伊霍之事"的名义。但因为《竹书纪年》对伊尹放逐太甲有不同的记载，再加上后世"行伊霍之事"的都是图谋篡位之人，所以很多人对霍光废黜刘贺的动机产生了很大的疑问。

第三十三节　囚徒天子、古剑情深、稳步收权

国不可一日无君，刘贺被废，霍光开始物色下一个可以被立为皇帝的人。那么谁会是下一个合适的人选呢？

刘贺被废之后，汉武帝的孙子一辈之中，已经再没有合适的人选了，那么接下来，就得从汉武帝的曾孙一辈中寻找。

按次序，继续从汉武帝的长子刘据这一宗开始考察，而非常巧的是，刘据有一个孙子健在。

细心的读者看到这里就会产生疑问：刘据的家人不是在那场动乱之中全部遇害了吗？不错，其他的全部遇害了，而这个孙子当时正在襁褓之中，幸免于难！

刘据的这个孙子，名叫刘病已。刘病已是刘据长子史皇孙的儿子，他的母亲是王夫人，叫王翁须，刚刚生下的时候，刘病已号称皇曾孙。

刘病已能够活下来，跟一位名叫丙吉的大臣有直接的关系。甚至可以这样说，没有丙吉，刘病已早就被杀死了，活不到现在，更不可能成为皇帝的提名人选。

丙吉（有的书中叫作邴吉），字少卿，是鲁国人，西汉名臣。

丙吉年轻的时候研习法律，担任鲁国的狱史，渐渐升迁到廷尉右监的职位。后来因受牵连而获罪，被免职后回到州里，担任从事。

武帝末年发生巫蛊案件，因为丙吉曾经是廷尉右监，所以又被征召到朝廷，武帝命他在郡邸狱中审理巫蛊案件。

当时刘病已刚刚出生几个月，刘据和他的三个儿子一个女儿及王翁须等人全

部遇害，尚在襁褓之中的刘病已，因受牵连被关进郡邸狱中。

丙吉为人宽厚，他知道刘据并不是真的想要造反，所以非常同情刘病已的遭遇，于是挑选监狱里谨慎忠厚的女囚徒，淮阳的女囚郭征卿和渭城的女囚胡组，让她们轮流给刘病已哺乳。并把他放在干净宽敞的囚室里，细心地养护他。

丙吉知道巫蛊事件是冤案，不想冤枉无辜之人。所以经他审理的巫蛊案件，审了几年也没审出个结果。

公元前87年，武帝病重，往来长杨和五柞宫之间，有望气的人说长安狱中有天子气，于是武帝便派使者分别登记监狱中关押的人，下令不论罪行轻重，一律杀掉。

内谒者令郭穰（曾经告发刘屈氂和李广利）夜晚到达郡邸狱，丙吉关上大门，拒绝放他进入。他对郭穰说："皇曾孙在这里。其他的人被无辜杀死都不可以，更何况是皇上的亲曾孙呢？"

郭穰非常恼怒，在大门外一直和丙吉交涉。双方相持到天明，郭穰还是不能进去。于是他气急败坏地回去，向武帝报告这件事情，并弹劾丙吉。

而在这个时候，武帝却恢复了理智上的清醒，生老病死是自然的规律，自己老了，自然会病重，自然会死去，求仙数十年无果已经明确地证明了这一点。杀死再多的人也无法让自己长生不老，所以再不能滥杀无辜，尤其是受冤而死的前太子刘据的孙子，自己的亲曾孙。武帝说："这真是上天的安排啊。"于是下诏大赦天下。

关押在郡邸狱中的罪人，全部因丙吉而活了下来，而其他监狱中的囚犯，则非常不幸地全部被杀死。所以不仅是刘病已，那个监狱里的所有罪犯都蒙受了丙吉的再生之恩。

刘病已在狱中之时，患了非常严重的病，有好几次，都差一点儿死掉，丙吉多次嘱咐护养他的乳母好好用药治疗，总算让他活了下来。丙吉用自己的家财替刘病已置办衣服饮食，把他照顾得非常周到。

刘病已大赦出狱之后，丙吉就派车把他送到了他鲁国的祖母史良娣的老家，交给他的舅舅史恭。史良娣的母亲名叫贞君，当时年纪已经很大了，她见到死里逃生的外孙，非常哀怜，于是亲自抚养他。

后来，武帝下诏，将刘病已收养于掖庭，让宗正把他的名字列入皇室的名册之中。也就是说直到这个时候，刘病已作为武帝曾孙的宗室地位，才有了法律依据。

这个时候的掖庭令是张汤的儿子、张安世的哥哥张贺。张贺之前是刘据的舍人，颇受刘据的信任，刘据死后，他的宾客全部被关进监狱，并判处了死刑，张贺自然也未能幸免。

张贺因受牵连被下狱判处死刑之后，张安世赶快上书替哥哥求情，最后像司马迁一样，以受宫刑的代价，活了下来。再之后，张贺担任了掖庭令。

张贺心里对刘据一家无辜而死非常伤感，回想之前刘据对自己的恩情，所以刻意在他的孙子身上报恩。刘病已被收养于掖庭之后，张贺对他极好，非常恭敬周到地养育他。等到刘病已渐渐长大，张贺自己出钱供刘病已读书，让他学习《诗经》《论语》《孝经》等经典。

刘病已成年之后，张贺见他天资聪颖，于是就想把自己的女儿嫁给他，却被弟弟张安世劝阻。张安世这个人和他的父亲张汤不一样，为人处世极为低调谨慎，因为他已经吸取了武帝朝许多大臣动辄得咎的沉痛教训。当时张安世担任右将军，与霍光共同辅佐汉昭帝。他听说张贺要把侄女嫁给刘病已，于是激愤地责骂他说："皇曾孙是卫太子的后裔，他能够以庶人的身份被养于宫廷，这对他来说，就已经非常幸运了，再不要提把女儿嫁给他的事情。"于是张贺就打消了收他做女婿的念头，转而为他物色其他人家的女子。想来想去，就想到了许广汉。

许广汉是昌邑人，年轻时担任昌邑王的郎官。有一天随武帝前往甘泉宫，误取其他郎官的马鞍放在自己的马背上，后来被发觉，官吏弹劾他随从皇帝出行却盗窃财物，应该判处死刑。后来宫里下诏，死刑犯可以选择受腐刑，许广汉做出了和司马迁、张贺一样的选择，得以不死。后来，许广汉担任宦者丞。在朝廷调查上官桀谋反一案时，许广汉带领手下负责搜查，殿里有数千条可以用来绑人的绳索，满满一筐被封了起来，许广汉没有搜到，而其他的人却搜到了，许广汉再次犯罪被降为鬼薪（当时一种惩罚从事重体力劳动的徒刑），调往掖庭，后担任暴室的啬夫（暴即曝，也就是染坊，染品晒干之意，暴室为宫中的工厂；啬夫是工厂里较下等的负责人）。

而刘病已被养于掖庭之后，与许广汉同住在一个官衙院子里。许广汉的女儿当时刚刚十四五岁，已经许配给内者令欧侯氏的儿子，但正准备出嫁的时候，欧侯氏的儿子却死了。许广汉的妻子于是为自己的女儿算了一卦，卦象显示，她的女儿将来会大贵，许妻心里非常高兴。

张贺得知许广汉女儿又没了主家，于是就请许广汉喝酒。喝到高兴之处，于是对许广汉说："皇曾孙是皇室的近亲，虽然现在地位低下，但将来一定能封关内侯，你的女儿可以嫁给他。"许广汉答应了下来。第二天许广汉回家，把事情告诉了妻子，妻子一听丈夫把女儿许给了没落的刘病已，立即大怒，觉得她女儿富贵的命相肯定会泡汤，于是和许广汉大吵大闹。但许广汉是个守信用重承诺的人，既然已经答应了张贺，就绝无更改之理，于是请人做媒，把女儿许平君许配给了刘病已。张贺自己出钱，像替儿子娶媳妇一样，给刘病已操办了婚事。刘病已娶妻的经历，倒颇跟他的老祖宗刘邦有几分相似，只不过，刘病已在年轻时的名声远比当年的刘邦要好，婚事也比较顺利。一年过去，许平君就替刘病已生了一个男孩。

就这样，没落的刘病已得到了张贺、许广汉和他的外祖史家的鼎力支持。刘病已学习之余，也喜欢游侠，与人斗鸡走马，并到长安郊外的各陵、各县去游玩，了解当地的风土人情。因为这个缘故，年纪轻轻的刘病已，非常深切地体会到了民间中下层老百姓的疾苦，懂得了如何辨别奸邪不法之事，以及朝廷的吏治得失。

史书记载，刘病已身有"异相"，遍身上下甚至脚底都长着长毛，住在长安城南的尚冠里的时候（尚冠里是长安城中里社的名称，"里"和"社"是秦汉时代的居民社会单位，类似于后世的"坊"，以及现今的居民社区），他坐卧过的地方不时有光芒散发出来。他每次到卖饼的店铺里去买饼，被他光顾过的店铺生意马上变得出奇地好，刘病已对此也感到非常奇怪。对于这些怪现象，前几章有过专门探讨，此处不再辨析，有兴趣的读者可以联系前文体会。至于说他遍身长着长毛，其实不外乎他的体毛比其他人更长一些罢了，腹部、腿部、胳膊等处有体毛，这也符合中国古代"好男一身毛，好女一身膘"的健康标准，说明刘病已身体非常健壮。

因为刘病已身上发生了这些怪现象，所以张贺就不时地替他宣扬，并称赞他的才能和德行。张安世知道后，立即阻止了弟弟的行为，他认为当时年轻的刘弗陵在位，张贺不应该称赞刘病已的美德，因为这些怪现象都是"贵征"，是最让人主忌讳的。

而在刘病已成长的这一段时间里，丙吉也逐渐升迁，慢慢地升为车骑将军的军市令，原大将军长史杨敞升任搜粟都尉之后，丙吉接替了他原来的职位，很受大将军霍光的器重。为了让丙吉更方便地帮助他处理政事，霍光又为他加官为光禄大夫给事中，让他可以有出入宫禁的权力。

汉昭帝死后，在前去昌邑迎接刘贺的使团之中，丙吉的存在显得格外重要，因为在那一刻，霍光给予了他前所未有的信任。

刘贺被废之后，霍光再次召集车骑将军张安世等大臣讨论确定准备拥立的皇帝人选。但大臣们议来议去，仍然没有超出刘胥和刘旦这两宗的范围。而这两宗，霍光都觉得不妥。

这个时候，丙吉就给霍光写了一封详细的信，介绍刘病已的情况说："大将军侍奉孝武帝，孝武帝把年幼的新皇托付给您，让您担任天下的重任，孝昭皇帝早崩没有后嗣，天下人对此都非常忧虑，想快点知道继位的皇帝。在为孝昭帝发丧的时候，您按天意拥立了新君，但所立的不是理想的人，您又以大义废除了他，天下人没有不心服的。当今江山社稷及天下苍生的命运完全取决于大将军您做出什么样的决定。我在民间打听，考察他们的说法，同宗诸侯在位的，没有哪个在民间享有声誉。而之前武帝遗诏养在掖庭外家的曾孙刘病已，我以前让他寄居郡邸时，他年龄还非常小，但现在，他已经十八九岁了，刘病已精通经术，有出色的才能，办事稳重又有礼节。希望大将军仔细考察并用占卜参证，如果合适，就先让他入宫侍奉太后，令天下人清楚地知道，然后再决定这件大事。"

霍光接到丙吉的来信，知道丙吉为人厚道，不会妄言夸耀刘病已，再派人去考察，发现刘病已确实很有德行，于是决定立刘病已为新的皇帝

做出决定之后，霍光于是联合丞相杨敞等人向皇太后上奏说：

"《礼》上说：'人伦之道在于亲近亲人，亲近亲人所以尊重远祖，尊重远祖所以也就尊敬近宗。'大宗没有子嗣，所以就选择近支子孙中贤德的人做他的后嗣。

"孝武皇帝曾孙病已，武帝时有诏令掖庭抚养照看，现在已经十八岁了，他从师受业学习了《诗》《论语》《孝经》等典籍，躬行节俭，慈仁爱人，可以做孝昭皇帝的继承人，奉承祖宗的宗庙，做百姓的君父。我们冒着死罪提出上述建议，请皇太后圣裁。"

皇太后同意，下诏说："可以。"

于是霍光派宗正刘德和丙吉等人到刘病已家里，让他洗沐之后，赐给他宫内的衣服穿上。太仆驾着车把他迎接到宗正府斋戒，之后入未央宫见皇太后，先被封为武阳侯（因为平民不可以直接当皇帝）。

之后，霍光和大臣们向刘病已奉上皇帝的玺绶，然后陪着他去拜谒高庙。刘病已即位，是为孝宣皇帝，即汉宣帝。

从公元前74年四月十七日刘弗陵死去，到六月初一日刘贺即位，再到六月底

刘贺被废，再到七月刘病已被立为新的皇帝，仅仅过去了不到三个月时间。

十年之后，也就是公元前64年五月，刘病已下了一道诏书，说古代天子的名字都非常难知，所以非常容易避讳，而因为他的名字过于寻常，百姓们动不动就会因为触讳而犯罪，他感到非常不安，于是把他的名字改为刘询，改名之前所有因触讳而犯罪的人，一律予以赦免。自此，汉宣帝刘病已正式改名为刘询。（后面为了行文的方便和统一，在此提前十年称呼汉宣帝为刘询。）

刘询即位之后，即开始了一系列旨在巩固自己皇位的举措。

霍光为什么同意立刘询，一个很重要的原因也在于：刘询来自民间，没有父母兄弟，没有外戚势力，对霍光来说，非常便于控制。

但对刘询来说，权势赫赫的霍光从他到达宫廷的第一天起，就给他带来了巨大的压力。在前去高帝庙拜谒之时，是霍光陪着他去的，并和他乘坐同一辆车子。对于此时刘询的感觉，史书上用了"芒刺在背"四个字。坐在身边的这个人，连日常走路都严谨得不会走错步数，怎么能不让刘询感到无比恐惧？他辅佐汉昭帝整整十四年，实际上也就当了十四年的最高统治者，汉昭帝在他的任期内，别说是做其他的事情了，连个亲近宫女的权利和自由都没有，最后以二十一岁的少龄，没有留下一子半女，无比怅恨地离开了人世。而他的前任刘贺就更是不值一提，不费吹灰之力被废去，还没有造成大的动荡和政治影响。如此强大的控制力，又怎么不令刘询感到忌惮。

所以，对刘询来说，他要想做一个真正的皇帝，而不是像刘弗陵一样，做一个任人摆布的傀儡，那他就必须从霍光手中夺回权力。但这个夺，需要不动声色，不露痕迹，苦练内功，扎稳根基，才可以瓜熟蒂落，水到渠成，以最小的代价获得最大的成功。而且，刘询必须小心翼翼，谨慎自律，不能让政敌抓住任何的把柄，否则，他或许等不到自己实施计划的那一天，就会像自己的前任一样，毫不留情地被废黜。

一个没有根基的人要想打牢基础，暂时的隐忍确实是必要的，但如果一味妥协，就会使自己永远无法成长。刘询刚刚即位，就遇到了一件考验他的大事。

这件事情就是，他当了皇帝，必须立皇后。

刘询贫贱之时，没有哪个显贵的人家愿意把女儿嫁给他，张贺想嫁，却被当车骑将军的弟弟张安世兜头浇了一瓢凉水，最后亏得张贺是个懂得感恩的人，自己出钱替他张罗了一门亲事，娶了同样贫贱的许广汉的女儿许平君。

刘询即位之后，替他生下儿子的许平君进位为婕妤，而婕妤之上，就是皇后了（昭仪一级，是汉元帝时才加进去的）。而且西汉前期的惯例是，皇后往往由婕妤晋封。

当时，霍光的小女儿霍成君还没有许配人家，并且与皇太后上官氏是亲戚，是上官氏的小姨妈。所以大臣们商议这件事情的时候，都希望能立霍成君为皇后。一来亲上加亲，拉近与皇太后的关系；二来攀上霍光这棵大树，就有了强大的外戚势力。这在大臣们看来，是对刘询有百利而无一害的一件好事，既能结好实权人物大将军霍光，又能向皇帝表达自己的忠心，何乐而不为呢？

可是还没等他们上奏这件事情，刘询得知消息后就抢在前面下了一道诏书。他对大臣们说："我在寒微之时，曾经有一把旧剑，希望众位爱卿能为我找回来。"

这道诏书一下，聪明的大臣们立即明白了，刘询这个人，是一个有独立人格的人，一个有良心的人，贫贱之交不能忘，糟糠之妻不下堂，他想立自己的患难之妻许平君为皇后，所以他在用这种方式向大臣们打隐喻。

于是大臣们上书请求立许平君为皇后，刘询当即同意。

在第一回合的较量之中，霍光完败，刘询完胜。并且，刘询胜得理直气壮，大得人心。刘询的这一举动，不仅为他赢得了民意，还为他树立了威望。如此高超的斗争艺术，不是刘贺之流能够理解和掌握的。

许平君被封为皇后之后，按照惯例，皇后的父亲必须封侯。但霍光以许广汉是刑余之人为由，坚决不同意许广汉封侯。

在这个时候，霍光也敏锐地观察到，刘询是个厉害的角色，从他封皇后这件事情上可以看出，他操控政治的手段驾轻就熟，信手拈来，真是一个天才的政治家。那么遇到了如此厉害的对象，霍光就要考虑，自己是急流勇退，还是继续恋栈。

对此时的霍光来说，他的心情是极为复杂的。刘询是他拥立的，他是第一号功臣，他应该受到最为高度的重视才对，可是，刘询竟然在立皇后一事上，拂了他的面子。找个理由再废掉刘询吗？恐怕不行。废了刘贺之后，侍御史严延年就向刚刚即位的刘询上奏说霍光"擅废立，无人臣礼，不道"。虽然刘询没有理会严延年，大臣们也对严延年敬而远之，但这件事情对霍光的打击，却是显而易见的。很显然，朝野对他废黜刘贺，还是有看法的。再要是废了没有什么坏名声的刘询，那么舆论还不挞伐他吗？朝臣还不背弃他吗？刘氏皇族还不群起而攻击他吗？那是一定的。他霍光之前所辛辛苦苦树立的忠诚形象，弄不好就会以谋逆的罪名毁于一旦，最终落个身败名裂的下场。所以，再行废立，风险实在是太大了。

那么，要乖乖地交出权力吗？却又委实心有不甘。这十多年来，自己殚精竭虑，任怨任谤，为了汉家天下所付出的辛劳和汗水，那真不是一般人能够理解的。况且，自己又没有做错什么，为什么要拱手让出自己的劳动成果呢？

处于矛盾之中的霍光，决定试探刘询的态度，看刘询到底想让他留，还是想让他走。

打定主意之后，霍光于是向刘询提出，他要归政于皇帝。

霍光的心里想什么，刘询心里一清二楚。自己刚刚上任六个月，霍光就提出要归政，自己能同意吗？坚决不能同意。如果同意了，不仅大臣们觉得自己忘恩负义、不能容人，而且天下人也会觉得自己薄情寡义、不念旧恩，那么民意的天平，就会迅速向霍光倾斜，这对势单力薄的自己是极为不利的。

并且，霍光提出要归政于自己，也并不一定就是真心诚意。霍家的人几乎垄断了内朝的各个要职，自己刚刚即位，威信还没有树立起来，还没有得到其他大臣的支持，根本无法和霍光的势力相抗衡。此时霍光以退为进试探自己，如果自己真的会错了意罢免霍光，那么以霍光为中心的权力机器马上就会怠工甚至停止运行，那么在其他大臣抵触情绪的包围之下，自己孤家寡人一个，一件事情都别想办成。所以目前的应对之策，只能是先稳住霍光，打消霍光对自己的猜忌和提防，让自己慢慢站稳脚跟，然后再逐步将权力平稳地过渡到自己手上。这种事情急不得，急则生乱，乱则生变，一着不慎，满盘皆输，作为一个政治人物，不可以不慎重考量。

欲先取之，必先予之。刘询明白这个道理。再者说，对霍光和其他那些拥立自己的功臣，自己必须得有所封赏，以宣示自己的威德，让更多的大臣拥护自己。

于是，刘询非常谦虚地表示，霍光非常有才能，他非常信任霍光，请霍光继续主持朝政。不仅如此，他还郑重宣布，以后事无大小，一律先报请霍光审核，然后再向他启奏。霍光每次前来朝见，他都表现得非常虚心，非常恭敬，非常有礼，表示自己比不上霍光的才能。

同时，刘询下诏封赏霍光的拥立之功，加封霍光食邑一万七千户，与之前的封邑加起来，共两万户。前后赏赐黄金七千斤，钱六千万，各类绸缎三万匹，奴婢一百七十人，马两千匹，上等府邸一座。

车骑将军、富平侯张安世功劳仅次于大将军霍光,加封食邑一万零六百户。张安世的三个儿子张千秋、张延寿、张彭祖全部担任中郎将侍中。

对于其他拥立他的大臣,刘询也各有封赏。已死的丞相杨敞的嗣子杨忠、丞相蔡义、度辽将军范明友、前将军韩增、太仆杜延年、长信少府夏侯胜等,为他们增加了数量不等的封邑。封御史大夫田广明为昌水侯、后将军赵充国为营平侯、大司农田延年为阳城侯、少府乐成为爰氏侯、典属国苏武、廷尉李光、宗正刘德、光禄大夫丙吉、京辅都尉赵广汉等人加爵为关内侯。

这是一个分配胜利果实的大会,也是一个增强君臣团结的盛会。一方面回报那些出力拥立自己的人,安抚那些心怀怨望的人;另一方面拉拢那些徘徊观望的人,麻痹那些谨慎提防的人。刘询所做的这一切目的非常明确,那就是缓和朝廷内部潜伏的政治危机,为自己收回最高权力营造一个稳定有序的政治环境。

做完了这些,刘询开始追根溯源,寻根问祖,为自己继承皇位的正统性和合法性寻找依据。

刘询所做的第一件事情,是为自己的祖父刘据和父亲史皇孙议定谥号。

公元前73年六月,刘询在即位的第二年,颁布诏书说:"故皇太子在湖县,没有谥号,每年每季也没有祭祀。请为他议定谥号,并设置园邑看守墓冢。"

大臣们接到这个诏令,经过商议后上奏说:"礼制规定:'过继做别人后嗣的人,就是人家的儿子。'所以对亲生父母不得祭祀,这是出于对祖先的尊重。陛下是作为孝昭帝的后嗣继承祖宗大业的,所以不能逾越礼制。请巡视孝昭帝为故皇太子在湖县修的坟墓,史良娣的坟墓在博望苑的北面,您的本生父亲史皇孙的墓在广明城北。谥法上说:'谥号,是死者生前行为踪迹的界定。'我们认为您父亲的谥号应该称为'悼',母亲应该称为'悼后',比照诸侯王的规格,设置园邑三百家。故皇太子谥为'戾',设置园邑二百家;史良娣为'戾夫人',设置园邑三十家。每个墓冢都任命守墓的官吏,按照规定保卫供奉。"

上面对刘据和史皇孙的谥号,其中史皇孙的"悼"字是个平谥,含有同情的意味,但刘据的谥号"戾"则是个恶谥。对于这个"戾"字,有人解释说,它应该取蒙冤受屈之意。另外,刘据死在湖县,"戾"旁加"氵",就是"泪"("泪"的繁体字)。而《周书谥法解》上关于"戾"的解释为不悔前过曰戾;不思顺受曰戾;知过不改曰戾。都是恶谥。综合起来,"戾太子"这个谥号,也就是不知改悔的太子。

加谥之后,刘据和史皇孙等人都被改葬。八年以后,主管礼制的官员再次上书，建议将史皇孙尊称为皇考，并为他立庙，增加奉守陵园的百姓达到一千六百家，戾夫人尊为戾后，与奉守戾园的百姓各增加到三百家。

不论是美谥还是恶谥，只要定谥，那就意味着他们的皇族地位得到了追认。刘询此举，不仅对已死的祖父和父亲的身份进行了进一步的确认，给了他们一个名分，也在某种程度上让自己尽了孝道，而这在提倡以孝治天下的汉朝，对巩固刘询的皇位是大有益处的。

刘询所做的第二件事情，是为他的曾祖汉武帝立庙。

公元前72年五月，刘询再次下诏说："我德行浅薄，却有幸继承了祖宗的大业，每天早晚都怀念孝武皇帝躬行仁义，选拔名将，征讨不服，所以匈奴远远地遁走，平定了氐、羌、昆明、南越，边远地区望风而降。又建立了太学、明堂，确定了祭祀天地的礼法，修订了历法，调和了音律；封禅泰山，成功堵塞黄河决口并在上面修筑宣房宫，祥瑞不时出现，象征汉家鼎盛的宝鼎也自动出现，获得了白色的瑞兽麒麟。孝武皇帝的功德盛大之极，实在是无法一一列举。但他的宗庙音乐却与他的功德很不相称，请大臣们重新商议后上奏。"

诏书下达，其他的大臣们都表示赞同，但长信少府（皇太后的老师）夏侯胜却提出了惊人的反对意见，他说："孝武皇帝虽然有驱逐四方强敌、扩大疆土之功，但在战争中战死疆场的将士百姓不计其数，民力耗尽，财富枯竭，再加上奢侈无度，铺张浪费，使天下为之一空，百姓流离失所，几乎有一半的百姓死于非命。蝗灾大面积蔓延，赤地千里，人民相食，至今没有恢复元气。孝武皇帝没有恩德于百姓，所以为孝武帝立庙乐是不合适的。"

此言一出，大臣们无不惊讶失色，他们纷纷指责夏侯胜。

那么夏侯胜是什么人，他为什么要反对为汉武帝立庙乐呢？

夏侯胜字长公，宁阳侯国人（今山东省泰安市宁阳县）。年轻时师从同族长辈夏侯始昌学习《尚书》和《洪范五行传》。夏侯始昌是鲁国人，研习《五经》，向人们传授《齐诗》和《尚书》。董仲舒和韩婴死后，汉武帝非常看重夏侯始昌。当时昌邑王刘髆很受汉武帝的宠爱，所以汉武帝把夏侯始昌选为刘髆的太傅。

夏侯胜从夏侯始昌那里学习《尚书》并发扬光大，成为西汉时今文尚书学"大夏侯学"的开创者，他与他的儿子夏侯建创立的"小夏侯学"并称为"大小夏侯学"。夏侯胜在研修《尚书》之外，还研习阴阳灾异之学，以阴阳灾异推论当时的政治得失。昭帝朝被征为博士、光禄大夫。

汉昭帝死后，昌邑王刘贺被拥立为皇帝。刘贺年轻贪玩，多次出外游玩。夏侯胜就拦在他的车前向他进谏说："天气阴了这么多天却没有下雨，一定有臣下想要谋逆犯上，陛下外出要到哪里去啊？"

刘贺听了非常恼怒，认为夏侯胜是在妖言惑众，于是下令把夏侯胜抓了起来。

官吏们把这件事情报告了霍光，但霍光却并没有按照法令惩治夏侯胜。当时霍光正与张安世谋划废黜刘贺，夏侯胜劝谏下狱，霍光以为张安世走漏了消息，于是把张安世好一番责备。

但张安世却辩解说自己从来就没有泄密，霍光看他的样子不像是在撒谎，于是就把夏侯胜叫来盘问。

夏侯胜说："在《洪范五行传》中有这样的说法：'皇之不极，厥罚常阴，时则下人有伐上者。'恶察察言，故云臣下有谋。"皇帝不遵守法则，所以上天就会以天阴的方式为他降下惩罚，会有臣下攻伐主上。隐讳而不便明言，所以我只能说臣下有图谋。

霍光和张安世听了之后禁不住大惊失色，从此以后，他们非常看重研究经术的儒士。十多天之后，霍光和张安世废了刘贺，然后迎立了刘询。

霍光觉得大臣们时常要到东宫奏事，皇太后垂视政务，应该要知晓经术，所以推荐让夏侯胜教授皇太后学习《尚书》。因此将夏侯胜升任为长信少府，赐爵关内侯。

实际上《洪范五行传》并没有那么神奇，只不过是夏侯胜作为一个经学之士，敏锐地洞察到了一些征兆，然后用经学的语言表达了出来。霍光等人想要治他的罪却无处下手，反倒是夏侯胜的劝谏有理有据，因为书上确实就是这么写的。经过那件事情之后，霍光觉得夏侯胜能从古籍中找到现时政治的依据，真正体现了经学之士的厉害之处，于是把他当作一个人才看待。

此时夏侯胜反对为汉武帝立庙乐，大臣们都纷纷指责他违抗诏书。

夏侯胜说："这道诏书不能执行。作为一个人臣，应该当面说出公平持正的言论，而不是迎合顺从皇帝的旨意。我的意见已经讲了出来，我绝不更改，就算是死了也不后悔。"

丞相蔡义和御史大夫田广明于是弹劾夏侯胜非议皇帝的诏书，诋毁先帝，大逆不道。另外，丞相长史黄霸事先知道夏侯胜要这么做却没有检举阻止，犯了包庇怂恿之罪，建议将夏侯胜和黄霸一同下狱处死。

那么，刘询的态度又是如何呢？

说句实在话，汉武帝刘彻虽然是刘询的亲曾祖，但事实上，这个曾祖父却是将刘询一家残酷灭门的不共戴天的仇人。

所以越是有人批评汉武帝、否定汉武帝，刘询的内心里就越是高兴。

可是，在表面上，刘询却必须得尊崇汉武帝。

因为他的皇位就来自汉武帝，汉武帝虽然杀了他的祖父和父亲，却是他的亲曾祖。刘询要想坐稳皇位，就不但不能否定汉武帝，而且还必须把汉武帝推崇到一个前所未有的高度。因为汉武帝的权威树立得越牢固，刘询的皇位就越稳固。基于这个原因，刘询才决定为汉武帝立庙乐。

夏侯胜说得对不对呢？夏侯胜说得简直是太对了。汉武帝虽然开拓了国家的疆域，但也确实给黎民百姓带来了非常深重的灾难。仅举几例，公元前119年的漠北之战，汉军参战的马匹有十四万匹，但战争结束后，入塞时只剩下不到三万匹；公元前104年李广利第一次征伐大宛，出征时兵卒有数万，但败退回来时，只剩下十分之一二；公元前102年李广利第二次征伐大宛，派出的兵卒有数十万，牛十万头，马三万匹，运输的驴、骡子、骆驼上万头，得胜回师之时，兵卒只剩下万余人，马只剩下千余匹，而且还是校尉李哆想尽办法才得以保全的；公元前90年李广利征匈奴，兵败后七万汉军全军覆没；巫蛊事件，数十万无辜之人卷入其中被杀……

消耗了这么多的财力、物力，死了这么多人，制造了那么大的一起冤案，臣民们的不满情绪那么高，怎么能给汉武帝立庙呢？

满朝的文武大臣都不敢站出来指摘汉武帝，只有夏侯胜站了出来，夏侯胜是不是忠臣呢？夏侯胜实在是一个无可挑剔的忠臣。而且，他对汉武帝的批评，竟然没有一个大臣能够拿出有力的证据进行反驳。

但夏侯胜的忠言，却并不能为此时的刘询所采纳。毫无疑问，刘询在心里对夏侯胜的说法是一千个一万个赞同，但在表面上，他必须得否决夏侯胜、惩罚夏侯胜。因为不为汉武帝立庙，他的嫡曾孙的地位就显示不出来，他的皇位来源的合法性就得不到保证。

所以，当大臣们建议将夏侯胜和黄霸以大逆不道问罪之时，刘询当即同意，将夏侯胜和黄霸关进了狱中。

之后，大臣们议定，尊汉武帝的庙号为"世宗庙"，在庙中演奏《盛德》《文始》《五行》等舞乐。汉武帝生前巡狩过的四十九个郡国，全部建立世宗庙，比照以前为刘邦所立的高祖庙和为刘恒所立的太宗庙。同时下令，为百姓赏赐爵位一级，并赏赐酒、肉，以示普天同庆。

为汉武帝立庙乐，是刘询即位后精心策划的一个政治大手笔。通过立庙，刘询达到了以下目的：

第一，汉昭帝生前没有为汉武帝立庙，而刘询立了。说明刘询才是汉武帝的嫡系子孙，他的继位便显得天经地义、合理合法，这与汉武帝庶子身份的汉昭帝有本质的区别。

第二，刘询为汉武帝立庙，在提倡以孝治天下的汉朝，进一步标榜了自己的孝道。

第三，忠心而正直的夏侯胜出面反对，刘询毫不犹豫地将他定罪下狱，树立了自己的威信。

而刘询所做的这一切，霍光竟然找不出一条反对的理由，因为霍光就是汉武帝临终前指定的顾命大臣。霍光手中的权力是从哪里来的？汉武帝授予的！那么霍光能反对授予他权杖的汉武帝吗？绝对不能！

既然刘询即皇帝位是天经地义的，那么拥立他的霍光只是做了作为一个臣子该做的事情，他的拥立之功，就需要打一个问号。

在第二回合的较量中，刘询通过为汉武帝立庙乐，再次完胜霍光。

刘询成功地达到了为汉武帝立庙的目的，进一步巩固了自己的皇位。不过他对夏侯胜的真实态度，却并没有改变。

夏侯胜和黄霸被下狱之后，他们并没有按照惯例像其他那些犯有"大逆不道"罪行的大臣一样，被夷灭三族，而是被长期关押。

黄霸在狱中请求夏侯胜向自己传授《尚书》，夏侯胜推辞说："我们马上就要死了，还传授什么？"黄霸说："孔子说：'朝闻道，夕死可矣。'"夏侯胜是经学之士，凡夫俗子的话听不进去，孔圣人的话绝对听得进去。所以他接受了黄霸的意见，于是开始为黄霸传授《尚书》。

公元前70年夏，关东发生大地震，山体滑坡，城墙和不少房屋坍塌，死了六千多人。按照董仲舒"天人感应"的说法，天降灾异，说明是上天对人君提出了警告。于是刘询传令大赦天下，夏侯胜和黄霸同时出狱。

夏侯胜出狱之后，担任谏大夫、给事中。

夏侯胜为人质朴，坚守正义，却不重礼仪，没有威严。有时候去见刘询，他竟然当面直呼其他大臣的名字，甚至称呼刘询为"君"，而这都是不符合朝臣礼仪的。但刘询并没有怪罪他，而是更加亲近他。有一天夏侯胜出殿之后，就把刘询对他所说的话传了出去。刘询责备他，他却说："陛下说的是好话，我所以传扬了出去。唐尧的言论遍布天下，至今人们还在传诵。所以只要我觉得可以传扬的，就一定会传扬。"

刘询知道夏侯胜正直，所以朝廷每每遇上大事，都让夏侯胜参加，刘询还特意对他说："先生一定要知无不言，言无不尽，不要因为之前的那些事情而产生顾虑。"

夏侯胜后来再次担任长信少府，并升任太子太傅。接受诏令撰写《尚书》和《论语说》。夏侯胜活到九十岁去世，皇太后赏赐二百万钱为他办葬礼，并为他服丧五日，以报答他传授学问的恩德，天下的儒生都以此为荣。

刘询对夏侯胜的态度，完全可以看出他对汉武帝的真实态度。他尊崇汉武帝，并不是真的认为汉武帝伟大，而是为了高举这面旗帜，以巩固自己的地位。

此消彼长，刘询的地位越稳固，霍光一家人的心里就越不安宁。今日霍光大权在握，在刘询面前什么都好说，明日霍光要是有个三长两短，霍家的富贵可能就会成为过眼云烟。如何长保霍家的荣华富贵，不仅霍光在考虑，霍光的家人也在考虑。而最为可靠的办法，莫过于和现任皇帝或是未来的皇帝缔结姻亲。

之前霍光想把自己的小女儿立为皇后，却在"故剑情深"的刘询面前碰了钉子。为了对刘询还以颜色，霍光态度坚决地抵制封许广汉为侯，一直拖了一年多时间，才做出让步，封许广汉为昌成君。而汉朝时的"君"爵，与战国时的平原君、信陵君等封号是有本质区别的，级别低于列侯不说，还没有实权。

霍光一家想让女儿霍成君显贵，却一直找不到机会。而在这个时候，被立为皇后的许平君却再一次怀孕了。妊娠期间的妇女，多有些小病恙，宫中的女医淳于衍于是担负起了诊治护理许平君的任务。

淳于衍与霍家的关系较为密切，平时经常和霍家来往。淳于衍的丈夫是掖庭的护卫，想通过霍家的关系当安池监，于是便委托自己的妻子到霍家去替自己求这个职位。

于是淳于衍在拜见霍光夫人霍显时便把这个请求提了出来。霍显见淳于衍为这事情求她，心里立即有了主意。她对淳于衍说："大妹子有事相求于我，我也有事相求于大妹子，可以吗？"

淳于衍说："夫人所说的事情，还有什么不能办呢"

霍显于是说："霍将军平素最爱小女霍成君，想让霍成君当皇后，希望大妹子能够帮个忙。"

淳于衍说:"夫人这话是什么意思,我能帮得了什么忙?"

霍显说:"妇女生孩子,这种事情九死一生。如今皇后马上要分娩,可趁机下药毒死,我家的霍成君不就成了皇后了吗?如果这件事情办成了,我愿与大妹子共享富贵。"

淳于衍为难地说:"配方中的药很多,并且医生要先尝,怎么能下得了手?"

霍显说:"这就看大妹子你的本事了,大将军总领天下政事,谁敢说半个不字?我们相互帮助,就看大妹子想不想做这件事情了。"

淳于衍想了想说:"我愿尽力为夫人办成这件事情。"之后,她把中药附子捣碎,然后带进了宫中。

许皇后如期分娩,生了一个女儿。坐月子期间,淳于衍把附子掺在太医配好的丸药之中,熬好后让许皇后喝了下去。附子性辛、甘、大热,主治阳虚阴盛,具有补火助阳的功效。而产妇生产之后,正是阴虚阳盛的时候,所以绝对不能用附子,用了之后,必定会阳气盛极而死。

淳于衍在替许平君治病的过程中,早就清楚地掌握了她的身体状况,所以在药中所下的附子剂量不多不少,刚好能让许平君送命。许平君喝下汤药之后,感觉浑身难受,于是她问淳于衍说:"我怎么头昏脑涨得厉害,药里面不会有毒吧?"

淳于衍说:"没有毒。"

许皇后感觉浑身烦躁呼吸困难,不一会儿,就药发而死。

淳于衍出宫之后,把下药的事情告诉了霍显,因为事情还没有过去,所以霍显也不敢重谢淳于衍。

许平君产后死亡,有人上书告发医护人员护理不周,把她们全部逮捕入狱,劾以不道之罪。

霍显听说这件事情之后,担心淳于衍在大刑之下把她供出来,于是赶快把事情详细地告诉了霍光,请霍光帮忙搭救淳于衍出狱。

霍光听了之后,立即惊愕万状。妻子所做的事情,可是大逆不道的重罪,杀头都是轻的,弄不好就要灭族。作为大汉的社稷之臣,怎么能允许自己的家人如此胡作非为?霍光几乎就想把妻子抓起来投进监狱,可是,一日夫妻百日恩,他又怎么能忍心做出这样的事情来。再者说,霍显这么做又是为了什么,还不是为了女儿霍成君，还不是为了整个霍家。想来想去，霍光最终选择了沉默。

正好赶上需要向刘询启奏某事，于是霍光趁机签署了对淳于衍免于问罪的命令。这样一件伤天害理的事情，就这样被霍光轻轻掩盖过去。

许平君死后，悲痛万分的刘询将她安葬在杜陵之南，并谥为恭哀皇后。而霍家这边，霍显则开始兴高采烈地替女儿霍成君准备出嫁的衣装，打点入宫的用具，然后劝霍光将女儿立为刘询的皇后。

公元前70年三月，在许平君死后一年零两个月之后，霍成君如愿以偿，被被册封为皇后。

当初许平君出身寒微，当上皇后的时间不长，所以她的侍从、车马、服饰都非常节俭。每五天到长乐宫去朝见一次皇太后，亲自捧案献食，以儿媳妇的身份，侍候皇太后用膳，极守妇道。

霍成君立为皇后之后，也按许平君的做法每五天朝见皇太后。而实际上，皇太后是她的亲侄女，所以她每次见到皇太后，皇太后倒要恭恭敬敬地站起来，对她以礼相待。

霍成君自幼长于富贵之家，所以当了皇后之后，不像许平君那样节俭，她的排场越来越大，车马随从都非常之多，赏赐给下属的钱物，数以千万计，与之前的许平君形成了鲜明的对比。

不过，刘询对霍成君倒是十分宠爱（是不是装出来的那就见仁见智了），霍成君因此专宠于后宫。

到了这个程度，霍光放心了，霍显放心了，整个霍家的人都放心了。只要霍成君能够生下一个儿子，那么有霍光在，她的儿子将来一定会被立为太子，之后顺理成章地成为天子，作为天子外家的霍氏一家，还用得着为安危和富贵发愁吗？

但遗憾的是，人算不如天算，专宠后宫的霍成君竟然和之前的陈阿娇一样，一直没有子嗣。并且，霍家的势力在达到巅峰之后，也开始自然回落。公元前68年春，执掌权柄二十年之久的霍光，走到了生命的尽头。

第三十四节 霍氏灭门、张氏显贵

　　霍光病卧在床，刘询亲自前去探病，坐在床前哭泣流泪。眼前的这个人，在自己身边陪了整整六年，在这六年的时间里，自己食不甘味、坐不安席，时刻希望他能够早一点死去，可是如今他真的要死了，内心却又有一种别样的思绪。是这个人，帮助稳固了汉家的天下，但也是这个人，让自己整日惊恐不已。此时的刘询，面对重病将死的霍光，真可谓是百感交集，感慨万千，心情复杂至极，有感激，有痛恨，有不舍，有快意。可以说是伤心地哭泣，也可以说是幸福地流泪。

　　见刘询亲自来家里探病，于是霍光从病床前取出了一封奏书，奏书的内容是："我愿意把我封国的三千户食邑分出来，把我兄长霍去病的孙子，现担任奉车都尉的霍山封为列侯，以奉兄长骠骑将军霍去病之祀。"

　　对于一个行将就木的垂危之人，还有什么不可以答应呢？只要霍光马上就死，别说是封霍山三千户，就是封一万户又有什么妨碍呢？今天能够封出来，明天就能收回来，又有什么令人犹豫的呢？于是刘询痛快地答应下来，把奏书交给丞相和御史商议，批准了霍光的要求，并在当天拜霍光的儿子霍禹为右将军。

　　霍光死后，刘询和皇太后上官氏都亲自前去参加他的丧礼。太中大夫任宣和侍御史五人拿着节杖专门护丧，朝中二千石级别的官员在墓地临时设立机构（相当于近现代的治丧委员会），替他操办丧事。

　　刘询下诏赐给霍家金钱、绸缎、绣被百件，衣服五十箱，玉璧、珍珠和金缕玉衣。以及梓木、柏木、枞木等棺材，丧葬规格与皇帝的相同。装载霍光灵柩的丧车，是黄绸车盖的辌车，征调材官、轻车、北军五校的军士一直列阵到茂陵，为他送葬。赐谥"宣成侯"，宣成，是美谥。又征调三河服役士卒掘墓修坟，在墓地修建祠堂，设置三百家看守陵园，长史、丞掾的陵园随侍，一如霍光生前旧例。

通常情况下，一个人活着的时候取得了什么样的成就，几乎完全体现在他死了之后的葬礼之上。霍光的丧事办得极为隆重体面，皇帝亲自出面为他举行国葬，可以说是备极哀荣。

霍光安葬以后，霍山被封为乐平侯，以奉车都尉头衔统领尚书事务。

刘询又下诏表彰霍光的功德说："已故大司马大将军博陆侯在孝武皇帝身边勤恳侍奉三十多年，辅佐孝昭皇帝十多年，遭逢国家大难，亲自坚持正义，率领三公九卿大夫制定长久国策，以安定国家，天下百姓全靠他而得以康宁。功德伟盛，朕非常赞许他。免除他后辈子孙的徭役，固定他的封爵采邑，世世代代不再征税，他的功劳就像萧相国那样。"

当然，在下诏表彰霍光的同时，刘询也没有忘记自己的岳父许广汉。现在霍光死了，他给了霍家这么多荣耀，给自己的岳父封侯，也显得顺理成章，霍家的人再反对都会感觉不好意思。于是许广汉被封为平恩侯。

同时，刘询又根据霍光临终前的请求，下诏封霍去病的孙子、霍山的弟弟霍云为冠阳侯。

刘询在霍光死后继续封赏霍氏后人，为的就是向天下人宣示：霍光是忠臣，有功于社稷，现在虽然他死了，但绝对不会人走茶凉，我还要继续厚待、重用他的后人。

但事实真的如此吗？恐怕未必。

应该说，刘询这么做之后，霍家的人如果足够聪明，那就要赶快学会夹着尾巴做人。因为月盈则亏，日中则昃，水满则溢，霍家的地位富贵已经达到了无以复加的地步，可皇帝仍然在继续封赏，这都是为了什么？都是为了至高无上的权力！投之以桃，报之以李，我给了你们这么多，你们赶快把权力还给我好不好？

得到这么多封赏，霍家如果知趣，就应该赶快把手中的权力交出来，然后小心谨慎，低调做人，或许还能得到刘询的谅解，但霍家的人却根本没有意识到这一点。

霍光死后，按照惯例，霍禹继承爵位为博陆侯。在这个时候，霍显仍觉得霍光的陵墓不够气派，于是把霍光在世时自己设计的坟地再次扩建，使其更加奢侈宏大，并抓了一些赎了身的官奴和婢妾替霍光看守陵墓。

霍显又大肆扩建宅第，制造了一辆乘坐的专车，用绸缎装饰车座扶手，车身镀上黄金，用熟牛皮包住车轮，轮里面填充棉絮，以免颠簸。霍显就坐在这样的车上，让侍婢们用五彩的丝条拉着她在府里游玩。

霍光生前，宠幸家奴总管冯子都，有什么大事总要与他商量。此后霍光死去，霍显寡居，就与冯子都私通。

霍禹和霍山也同时修建宅第，在平乐馆里纵马游玩。而霍云在应当上朝谒见皇帝的日子，竟然多次称病私自外出。他带着很多的宾客，在黄山苑中张网围猎，让手下的奴隶拿着他的名片代他谒见上级官员。没有人敢责备他的这些行为。

霍显与几个女儿，日夜出入皇太后所住的长信宫中，不管时间迟早，也不管宫里的规矩。

霍家人的这些做法，无异于自掘坟墓。但刘询在民间之时就听说了霍家的这些行为，所以他也并不感到特别惊诧。只要霍家人做事不要超过他容忍的底线，他还是打算继续容忍下去，毕竟他再怎么痛恨霍光，也不想在天下百姓面前落下一个刻薄寡恩的坏名声。

但霍家的人，显然没有给刘询这样的机会。

地节三年（公元前67）四月，刘询下诏，立许平君所生的儿子刘奭为皇太子。霍显愤恨不已，气得连饭都吃不下去，竟至于吐血。她说："这是民间时所生的儿子，怎么能立为太子？将来皇后生了儿子怎么办，难道只能封王吗？"于是教唆女儿找机会毒死太子。霍成君在她母亲的唆使下，多次召来太子，赐给太子食物，想要在里面下毒，但太子身边的保阿（当时抚养教育贵族子女的妇女）每次都先尝食，使霍成君的阴谋无法得逞。霍成君毒不死太子，于是就给太子脸色看，对太子的态度极为不好，这一切，都被刘询看在眼里。不过，他并没有发作，作为一个政治家，他处理家事并不像寻常的夫妻之间那样吵一架了事，而是也采取政治手段，要么不做，要么做绝，现在不吭声，只是为了等到时机来临时再算总账。

刘询决定从霍家人手中收回权力。

凡是霍光的门生故吏，基本上都和霍家处于同一阵营，所以，这些人不能依靠，可以依靠哪些人呢？可以依靠的人，就是霍光生前排斥或是仇视霍光的人。所以，只要是霍光的仇人，刘询就决定重用。

这些人中，比较著名的就有魏相和萧望之。

魏相字弱翁，济阴定陶人，后来迁徙到平陵。

魏相年轻的时候学习《易经》，曾为郡卒史，后被举为贤良，因为他的对策很有水平，于是被汉昭帝任命为茂陵令。魏相担任茂陵令后不久，御史大夫桑弘羊的一个门客冒充御史住进了茂陵传舍。他的态度非常蛮横，以县丞前去拜见他迟到为由，把县丞绑了起来。魏相怀疑这个御史是假的，于是将他抓了起来，查明他的罪行之后按律处以死刑。消息传出之后，县中震动，作奸犯科者立即销声匿迹，茂陵大治。

没过多久，魏相升任河南太守。魏相到任之后，严查奸邪，整顿吏治，郡中的豪强十分畏惧，一个个安分守己，河南得到了较好的治理。

当时丞相田千秋的儿子担任洛阳的武库令。田千秋死后，他的儿子见父亲死了没了靠山，又觉得魏相治郡严厉，担心时间长了会犯罪被杀，于是就自己辞去了官职。

魏相听说之后，赶快派手下的官吏前去追赶他，想喊他回来，但田千秋的儿子却坚决不愿回来。魏相怅恨地说："大将军霍光听到田千秋的儿子辞职，一定会认为我在丞相死后而不能礼遇他的儿子。也会使那些当世的权贵责备我，以后我的处境将会非常危险啊！"

田千秋生前对霍光非常支持，所以他的儿子回到长安之后，霍光果然因此责备魏相说："年幼的新皇帝刚刚继位，认为函谷关是保卫京师的坚固之地，武库是精兵聚集的地方，所以任命丞相的弟弟做函谷关的都尉，任命丞相的儿子做武库令。现在河南太守不深切考虑国家大计，只是看到丞相死了就斥逐他的儿子，这是多么浅薄的举动啊！"

后来有人上告魏相滥杀无罪之人，朝廷将案件交给廷尉审理。河南郡卒戍中任都官的有两三千人，他们拦路向霍光请愿，表示愿意多在军中服役一年时间，以赎免魏相的罪。河南郡的一万多名老者守在函谷关下，想要入关给汉昭帝上书，函谷关的守将赶快这一情况报告给朝廷。但霍光仍然以田千秋之子辞去武库令一事而耿耿于怀，把魏相交给了廷尉治罪。

魏相在监狱里关了很久，过了冬天，正巧赶上大赦才出狱。汉昭帝下令，让魏相仍旧去做茂陵的县令，后来又升为扬州刺史。

朝廷考查郡国的国相们，大多数被贬谪过。魏相与丙吉的关系非常好，当时丙吉是光禄大夫，他给魏相写了一封信，在信中勉励魏相说："朝廷已经非常了解您治理地方的政绩和方法，马上就要起用你了。希望您能够慎重行事并自爱自重，加强自身的修为。"魏相心里非常感激丙吉，于是注意收敛自己的言行。担任刺史两年后，被朝廷征召为谏大夫，没过多久再一次转为河南太守。

刘询即位之后，征召魏相入朝担任大司农，后来又升为御史大夫。

萧望之字长倩，东海兰陵人（今山东省临沂市兰陵县），后来迁徙到杜陵。据说萧望之是萧何的六世孙。但到萧望之之时，他们已经成了务农的农民。萧望之的祖父、父亲都没有做官，以种田为业。

萧望之年轻时非常好学，研修《齐诗》，师事同县的大儒后仓达十年。后来又接受诏令，到太常那里学习，事同学博士白奇，还从夏侯胜学习《论语》《礼服》。京师的儒生们对他的才能都非常赞赏。

汉昭帝时期，大将军霍光秉政，长史丙吉推举儒生王仲翁、萧望之等几个人，他们都被霍光召见。由于此前刚刚发生了上官桀等人阴谋刺杀霍光的事情，所以霍光在诛杀上官桀等人之后，出入都严加戒备。凡是进见他的官民都要露体搜身，除去兵器，由两个侍卫挟持着才能进去。

其他人都对霍光的这一规定没有表示任何异议，但轮到萧望之时，萧望之却不愿意接受这样的搜身，认为这是对他的侮辱。

当侍卫们依例要对他进行搜身之时，萧望之自动出阁，说："不愿见。"侍卫们于是对他叫嚷乱扯。

霍光在室内听到叫嚷声之后出来察看，发现是萧望之，于是吩咐侍卫不要乱扯。

萧望之于是对霍光说："将军您用功德辅佐幼主，要能让崇高的教化流传天下，天下的士人都会伸长脖子踮起脚，争着要来效力辅佐您的。现在前来见您的士人都要受到露体搜身的对待，这恐怕不是周公辅佐成王那样一沐三握发，一饭三吐哺接待天下之士的礼节，也不是招致清贫之士的想法。"

霍光是个沉稳而不善辩驳之人，萧望之能说出这样一番话来，说明他确实有见识，是个人才，如果霍光有礼贤下士之心，完全可以向萧望之解释一下非常时期非常之举的理由，但这么做显然不符合霍光的性格。他执掌朝政多年，权高位重，炙手可热，你萧望之一介儒生，有什么资格跑来教训我？再者，我霍光凭什么要放低身段给你这个儒生解释？

隔阂的产生就是因为缺乏及时必要的沟通而引起的。霍光不解释，那么在人们的心理上，就很容易产生这样一个印象，那就是萧望之站在道德的高地对霍光进行了鞭笞，而霍光没有辩解，显得理亏。

不善言辞的霍光在善于讲大道理的萧望之面前，吃了个哑巴亏，所以霍光非常生气，斥退了萧望之。

丙吉推荐的其他几个人都被补为大将军史，只有萧望之没有被任职。

三年时间过去，当初和萧望之一齐被推荐的王仲翁已经官至光禄大夫、给事中，而萧望之却以射策甲科为郎，被分配看守小苑东门。王仲翁出入前呼后拥，趾高气扬，他回头对看门的萧望之说："不愿意做寻常人做的事情，怎么愿意做看门人呢！"萧望之回答说："人各有各的志向。"

但就是这个小小的看门人，萧望之都做得不够顺利。过了几年，因为他的弟弟犯法而受到牵连，不得留在京城宿卫，免职回乡做了郡吏。

魏相担任御史大夫之后，把他收录为自己的属下。经过考察，让他在大行令手下做了个司礼官。

霍光死后，魏相和萧望之开始不约而同地攻击霍氏。

魏相通过平恩侯许广汉向刘询上书说："《春秋》讥讽世世为卿相的人，憎恶宋国的三代人都做大夫，到鲁国的季孙专权当道，都曾危害国家并引发了祸乱。从孝武帝后元年间以来，王室子弟能得到俸禄，国家的政事却要由冢宰来决定。如今霍光死了，他的儿子又做了大将军，他哥哥的儿子做尚书掌握机要，他家的兄弟女婿们掌有兵权，很有权势。霍光的夫人显和他们家的女眷都在长信宫有名籍，可以自由出入，有的夜里从禁门出入，骄横奢侈，放纵不羁，恐怕将来慢慢地会无法驾驭控制。应该想法削弱他们的权势，破除他们的阴谋，来巩固大汉万世的基业，也使功臣霍光的声名得以保全。"

按照惯例，凡是上书给皇帝的人，都要把奏书写成两份，其中一份为副本，掌领尚书事的官员先开阅副本，如果发现奏书的内容不当，就把另外一份也抽去不上报皇帝。魏相知道这个惯例，所以通过许广汉抽去了副本，以避免被领尚书事的霍山发觉而拦截。

刘询看到魏相的奏书之后，觉得魏相的主张与自己内心的想法暗合，于是加魏相为给事中，让他可以自由出入宫禁，以方便和自己商量大事。

而在霍光死后的第二年，即公元前67年夏天，长安城里下了一场冰雹，萧望之于是也借机上疏，请求皇帝安排接见，说要当面向皇帝陈说发生这种灾异的原因。

霍光活着的时候，萧望之没有得到任用，现在霍光死了，萧望之觉得自己翻身的机会来了。当年他与霍光之间的那一桩事情，在天下传得尽人皆知，刘询当时尚在民间，所以也略有耳闻。所以萧望之一上书，刘询就问左右说："这不是东海的萧生吗？让少府宋畸问明情况，不要有什么隐讳。"

于是萧望之就说："《春秋》记载：鲁昭公三年，鲁国也下了一场大冰雹，当时季氏专权，他最终赶走了鲁昭公。假如当时鲁国国君能够通过这些自然灾害察觉将要发生的变化，鲁国最后是不会发生那样的灾难的。现在陛下凭借圣明的德行即位为国君，想要治理国家寻求贤人，这是和尧、舜一样的用心。但是好的兆头未到，阴阳又不协调，这是大臣执政，一姓独揽权力所导致的啊。附着的枝叶大了将会伤害到树干，私家势力大了公家就会受到危害。只有明主亲自治理政务，选拔同宗，任用贤才，作为心腹大臣，共同参与政事的谋划，命令公卿大臣朝见禀奏事情，清楚地陈述他们职责，用来考核他们的功绩和能力。如果真能像这样，那么所有的事情都会被治理好，公道也会被树立，奸邪之事就会被堵塞，私权也就被废除了。"

萧望之的这一番议论，很显然是针对霍氏专权而发的。刘询见萧望之和魏相一样，也对霍氏专权不满，于是任命萧望之为谒者，成为自己身边接待宾客的近侍。

当时向刘询上书言事的人很多，而刘询显然没有时间一一去看，于是就把这些奏书交给萧望之问明情况，重要的交给丞相、御史大夫处理，次一等的让中二千石级的官员试着执行，满一年后，把试行的情况上报。较差的否决，或罢归田里。这些事情，萧望之处理得都非常符合刘询的心意，他递上去的报告，刘询没有不批准的道理。于是接连把他提拔为谏大夫、丞相司直，一年中提拔了三次，做到了二千石级的职位。

魏相和萧望之的得势，让霍家的人心里很不是滋味。霍显对霍禹、霍山和霍云说："你们不考虑继承大将军留下的事业吗？御史大夫魏相可是我们家的仇人，现在他加官给事中，时常出入宫禁，如果有人挑拨离间，你们还能让自己活着吗？"霍家的人因此非常仇视魏相。

后来，霍、魏两家的家奴争道，一贯骄横的霍氏家奴竟然冲入御史府，想去踏魏相的府门，魏相为了息事宁人，不得已向霍家的家奴叩头谢罪，霍家的家奴这才离开。

与霍家亲善的一些人觉得霍家做得太过分了，于是把这事情告诉霍家，霍显听了之后，才感觉有些不对劲。

公元前66年，刘询以丞相韦贤年老多病为由，罢免了他的丞相之职，然后拜魏相为丞相，封他为高平侯，食邑八百户。

魏相在丞相任期内，整顿吏治，抑治豪强，选贤任能，平昭冤狱，并要求各地官吏俭省节约，轻徭薄赋，奖励百姓开荒耕织，蓄积粮食，对巩固西汉的统治做出了一定的贡献。

魏相拜相之后，得以更加名正言顺地与刘询商议国家大事，有好多次，已经散朝了，而魏相还留在那里和刘询议事，而刘询亲信的许广汉和侍中金安也可以自由出入尚书台。

当时霍山虽然仍然领尚书事，但刘询却下令吏民奏事要采用密封的形式，可以不通过尚书台直接送呈皇帝。并且大臣们要觐见皇帝，也可以直接出入。

对于刘询的这些做法，霍家人感觉是越来越不满。但事态的发展却越来越向着不利于霍家的方向行进。

霍光死后不久，霍显串通淳于衍毒杀许皇后的事情泄露。刘询听说这件事情之后，非常震惊，却无法核实真伪。但有些事情绝对不是空穴来风，依霍家人的所作所为，刘询相信，这种事情他们做得出来。

为了防止霍家人做出更加过激的事情，刘询决定削夺霍家的权力，开始全面打压他们。于是下诏：

把霍光的四女婿度辽将军、未央宫卫尉、平陵侯范明友改任为光禄勋，收回度辽将军的印绶。

把霍光的二女婿中郎将、羽林监任胜调出京城，任命为安定太守。

把霍光姐姐的女婿给事中、光禄大夫张朔调出京城，任命为蜀郡太守。

把霍光的侄孙女婿中郎将王汉改任为武威太守。

把霍光的大女婿长乐卫尉邓广汉改任为少府。

把霍禹改任为大司马，却只让他戴低级武官戴的小冠，不给他印绶，撤销他右将军统率驻军的职务，只是保留了一个和他父亲霍光相同的官名大司马而已。

把霍光的三女婿骑都尉、光禄大夫赵平骑都尉的印绶收回。

从霍家人手中收回兵权之后，刘询将统领军队的将领全部换成了他亲信的许家和史家的子弟。

刘询的这些措施，让霍家人欲哭无泪。

霍禹被改任为大司马后，称病不出。

霍禹以前的属下长史任宣前来探病，霍禹朝这个前下属发泄不满说："我哪里有病？当今天子，如果不是我家大将军，他怎么能到今天这个位置？现在大将军坟墓未干，他就开始疏远我家，反而任用许、史两家，剥夺我的印绶，真是让人无法理解。"

任宣见霍禹非常怨恨，于是就劝他说："大将军的时代怎么可能再度出现！那时掌握国家大权，生杀全在手中。廷尉李种、王平、左冯翊贾胜胡和车丞相的女婿少府徐仁都是因为触犯了大将军而得罪下狱被杀。史乐成出身寒微，得到大将军的宠幸，竟然位列九卿而封侯。百官以下只知道侍奉霍氏家奴冯子都、王子方等，连丞相都不放在眼里。各有各的时代，现在许、史两家本是皇上最亲的亲戚，他们贵宠正是应该的。您为这件事情怨恨，我觉得实在是不对。"霍禹听了之后，默然不语。

想了几天之后，霍禹觉得任宣说得十分在理，再怎么赌气也是白搭，于是不再装病，开始上朝处理公务。

霍显与霍禹、霍山、霍云眼见霍家的势力一天天被削夺，屡次相对哭泣，怨恨自己。

霍山因为领尚书事，知道大臣们上奏的一些内容，于是他说："现在丞相魏相掌握国政，皇上信任他，把大将军时的法令全部改变，把公田和收入都给了贫民，宣扬大将军的过失。

"另外，那些儒生大多贫家出身，远离乡里，客居京城，不能免于饥寒，喜欢乱说大话，不避忌讳，大将军之前根本看不起他们。可是现在，陛下却喜欢与那帮儒生交谈，允许他们每个人都上书论事，大多是议论我家的。

"曾有人上书说大将军时主弱臣强，专制擅权，现在他的子孙掌权，兄弟们越发骄横放纵，恐怕危及国家，天灾与怪异的事屡次出现，全是这些。有些话说得极为过分，我把这些奏书搁下没有上奏。后来上书的人越发狡猾，全部用的是密封的奏章，皇上就让中书令出来取走，不通过尚书台，越来越不相信人。"

霍显问："魏相多次说我家坏话，他难道就没有罪吗？"

霍山说："魏相廉洁正直，哪里有罪？我们家的兄弟与女婿大多行为不谨慎。另外，民间盛传，说是我家的人毒死了许皇后，难道真有这种事情吗？"

霍显听了之后非常恐惧，于是把当时的情况全部告诉了霍山、霍云和霍禹。

霍禹等人听了之后非常吃惊，他们说："既然是这样，为什么不早点告诉我们？现在天子把我家的女婿分散调出京城，绝对就是因为这个原因。做下这样的大事情，将来的惩罚一定不会小，该怎么办？"从这个时候起，霍家人开始有了图谋不轨的想法。

当初，霍光三女婿赵平的门客石夏通晓天文，他对赵平说："荧惑守在御星位置，御星象征太仆和奉车都尉，不是被贬黜就是要处死刑。"因为当时霍山刚好担任奉车都尉，所以赵平心里很为霍山担心。

与霍云的舅父李竟交好的张赦看见霍云一家惶惶不安，于是对李竟说："现在丞相与平恩侯掌权，可以让太夫人对太后说，先把这两个人抓起来杀掉。之后再废掉天子，全在太后的掌握之中。"长安平民张章告发了张赦，事情被交给廷尉处理。执金吾派人追捕张赦、石夏等人，后来刘询签署命令，停止对他们的追捕。

霍山等人听说后更加害怕，相互商议说："这是皇上尊重太后，所以不愿意穷究。但是坏的苗头已经出现，又有弑杀许后的事情，即使陛下宽厚仁爱，恐怕皇上身边的人也不会放过我们，时间长了，还是会追究，而一旦追究就要被灭族，不如先下手为强。"

于是让霍家的诸女各自回家告知她们的丈夫，都说："到哪里去避祸呢？"

这时候，霍云的舅父李竟犯了与诸侯王往来的罪，他的供词涉及霍家，于是刘询下诏，认为霍云、霍山不适合再在宫禁担任职务，将他们全部免除。

霍光的几个女儿对待太后没有礼貌，家奴冯子都屡次犯法，刘询拿这些事情一并责问霍家，霍山和霍禹等人非常害怕。

一时间，霍家鸡飞狗跳，人心惶惶，平时见怪不怪的一些事情，似乎一夜之间全部出现在了霍家，令他们心惊胆战，惶恐不安。霍显做了一个噩梦，她梦见家中的井水溢出来，一直流到了院子里，而做饭的炉灶却跑到了树上。又梦见霍光对她说："知道要逮捕儿子吗？马上就要下令来抓捕他了。"

府里的老鼠突然之间感觉多了起来，猫头鹰多次在殿堂前的大树上鸣叫，府宅的大门无缘无故地毁坏。霍云尚冠里府宅的门也无故毁坏。巷口的人都看见有人在霍云屋上，揭瓦往地上扔，但走近了去看，却又没有人，一时间人人惊怪。

霍禹梦见车骑声正喧闹着来逮捕自己，一家人愁得睡不着觉。

霍山出主意说："丞相魏相擅自减少祭祀宗庙的羊羔、兔、蛙，可以用这个罪名除掉他。"于是策谋让上官太后为宣帝的外祖母博平君设置酒宴，同时召丞相、平恩侯以下大臣，让范明友、邓广汉假借太后的名义抓起来杀掉，然后趁机废掉刘询并立霍禹为帝。

但他们的计谋还没有来得及行动，刘询再次下诏，拜霍云为玄菟郡太守，让他到朝鲜去上任,霍禹以前的属下、太中大夫任宣出为代郡太守。

皇帝一旦盯上某个人,这个人就做什么都是罪过。祸不单行的是,霍山又犯了泄露秘密文件的罪行。他的母亲霍显为他上书,称愿意献出城西的宅第、马千匹,为霍山赎罪,但奏章递上去之后,刘询只是在后面批了个"闻"字,和后世的"知"或"知道了"是相同意思。按照当时的惯例,对于请示类的奏章这样批复叫作"报闻",也就是皇帝根本不想理会这件事情。

而就在这个时候,霍氏阴谋发动政变的事情败露了。刘询苦熬了八年,等的就是这一天。他早就布好了网罗,只等霍家人钻进网里去。

霍云、霍山、范明友全部自杀,霍显、霍禹、邓广汉等被逮捕。

霍禹被判处腰斩,霍显和几个女儿,以及霍禹的兄弟都处以弃市之刑,暴尸街头。

皇后霍成君当初意图毒杀太子的事情也被查出,刘询下诏说:"皇后迷惑失道,残忍狠毒,带毒药和她的母亲博陆宣成侯夫人霍显想要谋害太子,没有人母之恩,不可以再当皇后了。现在从宫中退出,收回皇后的玺绶。"霍成君被废去皇后之位,幽禁在昭台宫,又过了十二年,迁入云林馆,霍成君最终自杀。

卷入霍家谋反一案,受牵连而被诛杀的有几千家。

金日䃅的儿子金赏娶霍光的女儿为妻,霍家谋反事发之前,金赏上书休妻,此时得以保全,没有连坐。

做完了这些,就该到为霍家定性的时候了。刘询下诏说:"不久前东织室令史张赦让魏郡豪绅李竟传话给冠阳侯霍云,一同策划造反,朕因为大将军,所以压下没有张扬,希望他们能够悔过自新。现在大司马、博陆侯霍禹与他的母亲宣成侯夫人霍显,以及堂兄弟子侄冠阳侯霍云、乐平侯霍山、各姐妹的丈夫策谋造反,想欺骗天下百姓,托祖宗的保佑,事先被揭发捕获,全部伏法受诛,我很为他们悲伤。

"那些因为受霍氏欺骗而犯法的人或事,只要发生在七月十八日以前,尚未被官吏发觉而备案的,一律赦免不究。平民张章首先发觉阴谋,告诉期门董忠,董忠转告左曹杨恽,杨恽转告侍中金安上(金日䃅之弟金伦的儿子)。杨恽被朕召见,陈述详细情况,后来张章又书面陈述。侍中史高(史恭的儿子,史良娣的侄子)与金安上建议揭发霍氏谋反之事,又建议不让霍氏家族的人进入宫禁,最终使霍氏的阴谋没有实现。这些人都建立了相同的功劳。

"封张章为博成侯,董忠为高昌侯,杨恽为平通侯,金安上为都成侯,史高为乐陵侯。"

老早以前，针对霍家奢侈无度的现状，茂陵有一个名叫徐福的儒生就说："霍氏将来一定会被灭族，因为他们家太骄奢铺张。奢侈铺张就必然会骄傲自满，骄傲自满就必然会轻侮皇上。而轻侮皇上，这就不是正常的行为了。地位在别人之上，大家必然会忌恨他。霍氏掌权这么长时间，忌恨他们的人实在是太多了。天下人都忌恨他们，而他们的行为又违反常道，等待他们的不是灭亡还会是什么呢？"

于是徐福向刘询上书说："霍氏尊宠太盛了，陛下即使要宠信、厚待他们，也应该经常加以抑制，不要使他们因骄奢而走向灭亡。"但奏章连上了三道，刘询却没有理会。

等到此时霍氏被灭族，揭发霍氏的人都被封侯。有人就为徐福上书说："我听说有个客人经过一户人家，看见这家人的灶是直烟囱，旁边有一堆柴，这个客人对主人说：'把烟囱换成弯的，把柴草移远点（曲突徙薪），不然将会发生火灾。'但主人却没有理睬。不久之后，这家人果然发生了火灾，邻居发觉之后，一起出来救火，最终把火扑灭了。于是主人杀牛设宴，酬谢他的邻居，被火烧伤的人坐上位，其余的人各按功劳大小排座，而没有把建议换弯烟囱移走柴火的人邀请过来。有人就对主人说：'假如当初您听了那个客人的话，用不着今天杀牛摆酒请客，还不会发生火灾。现在按功劳大小宴请宾客，那个建议换弯烟囱搬移柴草的人得不到酬谢，焦头烂额的人反倒成了座上客，这是什么缘故呢？'主人这才恍然大悟，把那个客人请了来。现在茂陵徐福先生屡次上书说霍氏将会产生变乱，应该防范杜绝。假使徐福的建议能被采纳，那么国家也不至于付出裂土封侯的代价，大臣也不会落个因为叛逆而被诛灭的下场。这些事情都已经过去了，只有徐福没有受到赏赐，请陛下明察，看重那些建议搬走柴草换弯烟囱这样带有预防性的计策，让他们居于焦头烂额事后奔忙的人之上。"

这道奏书递上去之后，刘询一副恍然大悟的样子，然后下令赐给徐福丝帛十匹，以示对他的奖赏，然后提拔他担任郎官。

刘询难道不知道曲突徙薪无恩泽、焦头烂额为上客的道理吗？绝对不是，刘询作为一个天才的政治家，他实在是太懂帝王权谋之术了。春秋时郑庄公纵容弟弟共叔段，等共叔段罪行显露之时一举击溃共叔段的做法，被后世无数帝王奉为巩固权位的经典教程，还有"欲擒故纵""将欲取之，必先予之"等，而共叔段与霍氏之流，则多被归结为"多行不义必自毙"，受尽世人的嘲讽。

第九章 西汉（下）

刘询即位的第一天，霍光陪着他去谒见高庙，当时刘询心里恐惧异常，感觉很不自在，如"芒刺在背"。后来车骑将军张安世代替霍光陪刘询参乘，而刘询感觉非常从容自得，心里非常安适。等到此时霍光被灭族，民间都传言说："威震主上的人，绝对不会被主上容忍，霍氏的惨祸，从霍光最初参乘之时就已经萌发了。"

实际上，霍氏之祸，不是萌生于霍光参乘之时，而是萌生于昭帝时与上官桀等人争权之时。回头看一看当时上官桀等人以燕王刘旦名义所写的那封告状信。年仅十四岁的汉昭帝凭借自己的天资聪颖，立即断定那封信是别人伪造的，却并没有提信中的内容是真是假，替霍光洗白。这难道不奇怪吗？一点也不奇怪！因为聪明的汉昭帝一语道破天机，既界定了那封信的真伪，也定性了霍光的僭越和犯上：到广明亭检阅郎官和羽林军，出警入跸，清道戒严，让太官准备食物，政出私门任人唯亲重用杨敞，擅自增加大将军府的校尉等，这都是严重僭越犯上的行为。汉昭帝并没有说这些事情不存在，而是说这些事情发生之后刘旦不会知道得那么快。汉昭帝只是说那封信是假的，但并没有为霍光澄清事实、消除影响、恢复名誉，所以这一罪名，便被老老实实地背在了霍光身上。

纵观霍光废刘贺、立刘询的过程，看上去真是易如反掌手到擒来，而后世英明神武的魏武帝曹操对此却有一句结论性的名言：废立皇帝，是天下最为不祥的事情。也就是说，若非万不得已且大权在握，最好不要废立皇帝，因为做这种事情实在是太凶险了。看看历史上废立过皇帝的人，十有八九都没有好下场，这个代价实在是太大了。

霍光在刘询以"寻找故剑"为名立糟糠之妻许平君为皇后并为庶太子加谥之后，立即就感觉到了这个年轻皇帝的不同寻常。他聪明，深谙权谋之术，不动声色，丝毫不露破绽，即便是在政治旋涡之中傲然挺立十五年之久的霍光，也明显地感觉到了这种步步紧逼的压力。大司农田延年的自杀，就是霍光为了退守自保而牺牲政治盟友倾向的最佳例证。

田延年，字子宾，战国时齐国田氏之后。年轻时由于出色的才干，被霍光选拔到大将军府中。霍光非常看重他，提拔他为长史，不久外放，担任河东郡的太守。在河东任上，田延年选拔尹翁归等人为助手，惩除豪强，使河东郡大治。因政绩突出，入朝为大司农。他选拔的尹翁归，后来成为西汉的名臣，与赵广汉、韩延寿等人齐名。

当初霍光想要废黜刘贺，大臣们廷议之时，全都不敢表态发言，田延年挺身而出，以武力威胁群臣，使大臣们当日做出了决议。刘询被拥立为皇帝之后，田延年因功被封为阳成侯。

田延年仗着自己是霍光的亲信，并且有废黜刘贺拥立刘询的功劳，所以平日的行为也比较骄横。有一天，皇帝的车队经之时，田延年手里拿着兵器却没有退避，冲撞了皇帝的车队，侍御史严延年于是上书弹劾他。但田延年却死不认账，上书辩解。

事情最终交给御史中丞调查。因为刘询即位之初严延年刚刚弹劾过霍光，当时霍光因为事涉自己，所以为了避嫌没有声张。此时严延年再弹劾田延年，立即导致了某些连锁反应。御史中丞不仅没有追查田延年冲撞皇帝车队的事情，却反过来谴责严延年说："你看见大司农手持兵器冲撞车队，为什么不传令宫门，阻止他出入？"反过来弹劾严延年擅自收留罪人，按律应该判处死刑。严延年见势不妙，赶快选择了逃亡。田延年安然无恙。

茂陵的富商焦氏、贾氏等人，花费了几千万钱，收购木炭、芦苇等修造坟墓的物资，提前囤积起来，想卖个好价钱。非常凑巧的是，汉昭帝才二十出头就死了。因为事发突然，所以皇室根本没有预做准备，这些修陵墓的物资一样也没有齐备。

田延年是大司农，主管全国的财政。他不愿意花钱从商人手里购买这些东西，反而想出了一个奸邪的主意，他向皇帝上书说："焦氏贾氏等商人蓄积修建皇帝陵墓的这些物资，就是希望囤积居奇，卖出高价，这不是守法的百姓应该做的事情，应该全部没收入官。"奏章递上去之后，汉宣帝认为有理，于是就批准了。焦氏贾氏等富商原本心里暗自得意，想趁此机会发一笔横财，谁知东西却被田延年白白没收了。焦、贾等商人赔了个血本无归之后，心里非常痛恨田延年，为了报复，于是出钱到处搜求田延年的罪过。

和西汉的许多官员一样，田延年虽然很有才干，但也难以杜绝贪污腐败的劣行。

因为替汉昭帝修建陵墓要用到大量的沙土，而运输沙土又需要大量租用民间的牛车。拉一车沙土，要付给百姓一千钱的运费。田延年利用职务之便，虚报账款，一车沙土算两千钱。前后共拉了三万车沙土，在大司农府报销了六千万钱。实际支出三千万钱，剩余的三千万，便落入了田延年的腰包。

焦、贾两家富商花了许多钱，最终掌握了田延年贪污的事实，于是上书告发田延年。案件最终交到丞相府调查。丞相经过调查，认为田延年贪污三千万钱，大逆不道，准备据实向刘询报告。

因为田延年是霍光的亲信和盟友，霍光得知消息后，于是把田延年叫来，想问明情况之后好帮他消化。

可谁知田延年却矢口否认说："我本来出自将军门下，蒙将军厚恩，才得到了封侯的爵禄，怎么会做那样的事情呢？"

霍光不听则已，一听田延年这么说，就满肚子地不高兴。本来此时的霍光，面对刘询的猜忌，自身都感觉都有些处境不妙，如果田延年认罪，那么罪是田延年犯的，霍光替他到刘询那里讲情也还说得过去，可如果田延年不认罪，那么霍光跑去讲情，倒像是霍光自己贪污了似的。当年讨论废黜刘贺之时，田延年在朝堂上一声断喝，成功塑造了自己忠君爱国的光辉形象，反倒是霍光，就像是一个没有主见的懦夫，在田延年的斥责之下，才唯唯诺诺地做出了决定，真是要多窝囊有多窝囊。尽管当时是在演戏，可霍光每每想起，心里就一直不爽。老是你演好人，让我演坏人，凭什么？现在你犯了罪，还想让我替你背黑锅，这怎么能行？本来我自己的黑锅就已经背得够多了，要是再背，能背得起吗？你的形象经过维护后仍然光辉正面，那我的形象岂不是就更加污浊阴暗了？谁的肩上都压一点担子，是不是谁的日子都会好过一点？你要是主动承担自己的过错，那么我在皇帝心目中的印象，是不是还不至于那么差？你现在背着牛头不认账，我要是再保你，岂不是要把我自己陷进去？

于是霍光对田延年说："既然你没有做过这件事情，那就一定要把这件事情查个水落石出。"

事情闹到这个分上，明眼人都看出了不对。御史大夫田广明就对太仆杜延年说："《春秋》大义，有功可以补过。当初废昌邑王的时候，如果不是田延年那番话，大事就办不成。现在由官府拿出三千万，替田延年赎罪，这有什么不可以的呢？请您把我的话转告给大将军。"

杜延年也非常认可田广明的话，于是就把这番话转告给了霍光。

当田广明的话通过杜延年的口传到霍光耳中时，霍光心里越发不舒服。当初他和田延年在大臣们面前演双簧，这是尽人皆知的事情，废黜刘贺迎立刘询最大的功劳在他霍光，怎么如今在其他人看来，反倒是田延年起了决定性作用呢？揽功诿过，田延年实在是不厚道！把功劳抢在自己的手里，却让别人替他擦屁股，这以后没办法合作了！

于是霍光说："确实，田延年真是勇士。当初在朝堂上讨论的时候，他的话确实让大臣们非常震惊。"霍光说着举起手来捂住胸口，对杜延年说："当初田延年那番话把我吓坏了，我的心口直到今天还隐隐作痛。请您转告田广明大夫，让他告诉田延年，让他到狱中听候审判，一定会给他一个公道的裁决的。"

田广明得到霍光回话，于是派人把这件事情告诉了田延年。田延年听了之后，失望地说："多谢官府这么宽容地对待我。但我还有什么脸面到监狱里去，让众人在背后指指点点笑话我，让狱卒们唾我的脊背呢！"于是把自己关在家里，手里拿着一把刀，在屋里来回踱步。

这个时候的田延年，心里还抱有一丝幻想，他觉得霍光应该不会抛下他，一定会想办法营救他，于是在家里彷徨观望。

过了几天，使者前来通知田延年到廷尉府去接受审问，田延年在屋里听见院子里开读诏书的鼓声响起，知道霍光并没有替自己讲情，于是就举刀自杀了。

田延年的自杀，并没有丝毫影响到霍光死后霍家被灭族的结果。

霍家为什么被灭族，除了刘询"欲擒故纵"，霍氏家人骄横跋扈，还有一个更重要的原因，那就是来自霍光本身。

班固在他所著的《汉书》中这样评价霍光说："不学无术，暗于大理。"也就是说，霍光没有学问，不懂经术，不明白关乎大局的道理。这确是对霍光最为传神的评价。

霍光在汉武帝临死前接受托孤重任，辅佐汉家天下整整二十年，确实为西汉王室立下了汗马功劳，可是霍家为什么又在霍光死后不到两年的时间内，被满门抄斩呢？

就是因为霍光不懂关乎大局的道理。霍显毒杀许皇后，他选择了隐瞒，这倒也还勉强符合"亲亲相隐"的春秋之义。可是霍光在临死之前，仍在为霍家讨封求赏，这就实在是无法为常人所理解。不懂经术的霍光，与深谙经术的刘询斗政治，怎么会不落败？

古人说：道德传家，十代以上，耕读传家次之，诗书传家又次之，富贵传家，不过三代。霍光不把谨严的家风作为传家之宝，教育家人谦虚谨慎、洁身自好，却试图把权力富贵作为传家之宝，让霍氏长久地骑在皇帝的头上，霍家不被灭族的概率真是微乎其微。

拿一同参与废刘贺立刘询的张安世与霍光做比较，就能非常明显地感觉到这一点。

刘询刚刚即位之时，对于车骑将军张安世，也同大将军霍光一样，持一种猜忌、防范的态度。并且,刘询内心深处对张安世的恨,那真不是用言语能够形容的。在刘询即位之前,张安世所做的几件事情,一直让他耿耿于怀。第一件是阻止张贺替他造势传播好名声,第二件是阻止张贺把女儿嫁给他,并且说的那些话还非常不敬。

但事实上,张安世当初所做的那些事情,虽然在主观上有排斥刘询之嫌,但在客观上,却在无形之中起到了保护刘询的作用,没有使刘询招致汉昭帝的忌恨,这才为刘询顺利成长并在日后继承大统创造了一个相对稳定的条件。

但当了皇帝后的刘询却并不这么想,他曾经一度想要找机会杀掉张安世,幸亏没有派系背景的名将赵充国替他实事求是地说了几句公道话,说张安世在汉武帝一朝就悉心为皇家服务十多年,长期以来忠诚谨慎,有功于朝廷,杀掉他恐怕会让大臣们寒心,这才使刘询不得不暂时放弃这个念头。

刘询即位后不久,就曾旁敲侧击地对张安世说:"当初掖庭令张贺夸奖我,而你阻止了他,你这么做是对的。"虽然表面上听起来是在表扬张安世,但张安世只要稍加考虑,内心深处就不能不恐惧到极点。套用现今的一句网络串词来形容,真是"细思极恐"!

刘询即位之时,张贺就已经死了,他非常感念张贺的恩德,准备下诏封赏张贺,追封他为恩德侯,并为他设置守墓的百姓二百家。张贺有一个儿子,死得比张贺还早,再没有儿子,于是把张安世的小儿子张彭祖过继了过去。因为张贺的缘故,张彭祖小时候和刘询一起读书游戏,所以关系非常亲密。为了替张彭祖将来封侯打基础,刘询先赐给他关内侯的爵位。

当刘询把张安世叫来,告诉他自己的这些打算之时,张安世马上极力推辞。他坚决不让刘询追封张贺,设置二百家百姓守墓也非常多,希望能减到三十家。

刘询嘲讽地对他说:"我这么做是为了掖庭令张贺,并不是为了你。"

张安世一听,立即吓得伏在地上,大气都不敢再出一口。

刘询于是下诏为张贺墓地设置陵园,并置守墓人三十家。过了一年,又下诏表彰张贺的功劳说:"在我寒微之时,故掖庭令张贺亲自辅导我学习,教育我成长,他对我的恩情,那是别人根本比不了的,他的功勋非常卓著。《诗》上说:'无言不仇,不德不报。'没有问话不回答的,没有恩德不报答的,特封张贺弟弟的儿子关内侯张彭祖为阳都侯,追封张贺为阳都哀侯。"张贺早死的儿子留下了一个孤孙张霸,当时只有七岁,官拜散骑、中郎将,赐爵关内侯,食邑三百户。

刘询所做的这些，虽然也有站在道德的高地贬斥打压张安世之意，但他的这些行为，却毫无疑问地表明，他是一个懂得感恩的人。而一个懂得感恩的人，其为人处世就自然有值得称道的地方。

渐渐地，刘询就发现，张安世这个人，和霍光不一样。他和霍光在一起的时候，感到非常恐惧紧张；而和张安世在一起的时候，却感觉非常舒适自然。

并且张安世和霍光有最本质的一点区别，那就是张安世谨守臣下之道，不论自己的功劳有多么显赫，见了皇帝之后，确实就像个臣子，而不管这个皇帝手中到底有没有实权，是不是傀儡。因此，不论哪个皇帝都非常喜欢他，喜欢他这种为臣之道，而从内心深处忌惮霍光，并进而厌恶霍光（当然不敢在面上表现出来）。

所以为了对付霍光，张安世就成了刘询拉拢争取的主要对象。

张安世深知"水满则溢、月盈则亏"的道理，所以处处小心谨慎，低调做人。他和儿子张彭祖都被封侯，所受的恩宠超过常人，所以心里常常感到不安，特意辞去了俸禄（不再领工资）。于是刘询就下令都内府库单独把张安世的那些钱存起来，天长日久，数目竟然达到了好几百万之多。张安世虽然身为车骑将军，封为侯爵，食邑一万多户，但他平时所穿的衣服，却仍然是较为粗糙的丝、棉混纺织品，他的妻子贵为侯爵夫人，却仍然在家里亲自纺线。家里有家童七百人，每个人都有手艺和工作，每天不停地劳作，然后把这些货品拿出去卖掉，张安世家因此积累了大量的财富，比霍光家还富有。

张氏家风严厉、勤劳致富、低调谨慎，霍氏骄横不法、奢侈浪费、威权张扬。所以刘询越来越亲近张安世，而越来越忌惮霍光，但在霍光面前却极力隐藏自己内心的真实想法。

张安世的这种为人之道，不仅为皇帝所认可，也为越来越多的同僚所认可。霍光死后，御史大夫魏相立即上书推荐他说："现在大将军的职位空缺，最好马上予以任命，以杜绝大臣的争权之念，使国家安定于祸患未萌之时。车骑将军张安世侍奉孝武皇帝三十多年，忠诚守信，谨慎敦厚，勤劳政事，之前与大将军霍光一齐制定国家大政，天下百姓都蒙受了恩惠，确实是国家的重臣。现在应该进一步尊显张安世，让他出任大将军一职。但不要让他再兼任光禄勋一职，从而让他专心致志地考虑天下大事，辅佐陛下治理国家。张安世的儿子张延寿稳重厚道，可以担任光禄勋，担负起警卫宫廷的任务。"

刘询也想任命张氏父子，从霍氏手中分权。

张安世听到这个消息之后,立即跑去向刘询谢罪说:"我听说陛下将要任命我为大将军,我确实不该提前说这件事情,但我不说,却又不能表达我的真实想法。我自量自己的才能根本不足以担任大将军一职,还请陛下能够哀怜,以保全老臣的性命。"

刘询一听就笑了出来,他说:"您太谦虚了,如果您无法胜任,那还有谁能够胜任呢?"

张安世极力推辞,但刘询就是不同意。

过了几天,刘询下诏,拜张安世为大司马、车骑将军,领尚书事。也是从这个时候起,大将军和骠骑将军经常空缺不予任命,至高就是车骑将军。

几个月后,刘询又下令撤去了车骑将军的屯兵,改任张安世为卫将军,两宫卫尉,城门、北军的军队全部隶属于张安世管辖。

之后,右将军霍禹也被尊任为大司马,但右将军的屯兵也被撤除,霍禹的兵权被削夺。一年多后,霍氏被灭族。张安世虽然一直以来小心翼翼,尽量不让刘询猜忌,但此时霍家被灭族,张安世不免有一种兔死狐悲之感,心里感到越发不安。张安世的一个孙女名叫张敬,嫁给霍禹的母家,也在连坐之列。张安世又担心又害怕,人越来越瘦,脸色也越来越憔悴。

刘询见张安世形容如此,心里非常奇怪,于是就私下里向人打听,得知真实情况之后,于是赦免了张敬,以宽慰张安世。

张安世因此越发担心恐惧,处理政务更加谨慎周密,凡是重大机密事务,张安世从来都是守口如瓶,从不向外人提起。每次刘询召他去商量大事,做出决定之后,他就假称有病退出。等到诏令下达之后,他再装出非常吃惊的样子,派人到丞相府去问,所以朝中的大臣没有一个人知道他曾参与了决策。

张安世为人洁身自好、严格自律。他曾经推荐了一个人,那个人任职后前来酬谢他。张安世非常怨恨,认为自己是在替国家举荐贤能的人才,不应该酬谢他个人。于是和这个人断绝了来往。有一个郎官立了大功,但好长时间也没有升迁,于是就来找张安世,希望能为自己说说话。张安世对他说:"你的功劳大,贤明的君主是知道的。你作为人臣,怎么能自说自己的优劣长短呢?"拒绝为他说情。没过多久,这个郎官果然获得了升迁。将军府里的一个长史升职,向张安世辞行,张安世问他自己有什么过失,这个长史说:"将军作为明主的左膀右臂,但手下的士人却没有得到举荐晋升的,说起这件事情的人都认为是一种讽刺。"张安世说:"圣明的君主在上,贤与不贤非常清楚,作为臣下,努力提高自己的修养就对了，怎么会了解这些士人而去推荐他们呢？"张安世低调做人，远离权势的处世方式，大抵如此。不论做什么，他都以不招致刘询的忌恨为底线。

张安世担任光禄勋期间，有一个郎官喝醉了酒在殿里小便，主管的官员向张安世报告，准备要按律法办这个郎官。张安世觉得不能因为一件小事而杀人，于是就替那个郎官遮掩说："谁知道是不是反水浆造成的呢？怎么能为了一点小过错而治罪于人呢？"又有一个郎官奸淫了官府的婢女，这个婢女的哥哥说了出来，张安世说："奴婢因为发怒，所以诬蔑士人。"让官府责备奴仆。经常这样替别人掩饰小过小错，和同僚相处得非常融洽。

张安世见自己父子尊贵显耀，担心重蹈霍家的覆辙，心里非常不安。于是上书请求将次子张延寿外调，刘询任命张延寿为北地太守。过了一年多时间，刘询觉得张安世年老，于是再次把张延寿调入，任命为左曹、太仆。

公元前62年，张安世生病，他知道自己病得不轻，再要是不休息调理，恐怕就要死在任上，于是上书请求辞去官职并归还侯爵，让自己回乡养老。奏折递上去之后，刘询立即就退了下来。辅政的两个老臣，一个霍家被他灭了族，张安世再要是半路辞官，天下人一定会指责他薄情负义。刘询在诏书中明确地表达了自己的这种观点，他说："将军年老生了病，我听了也非常难过。将军虽然不能处理政务，驰骋万里，但将军是先帝时期的大臣，明于治乱之道，这是我所比不上的，所以才多次向您请教。为什么要上书归还卫将军和富平侯的印绶呢？您这么做，不是让天下人责备我刻薄寡恩忘记老臣吗？这不是我所希望的。希望将军振作起来，好好吃饭，让医生仔细诊治，打起精神，以便颐养天年。"张安世知道如果自己不死，刘询就不会放心，自己只有死在任上，才会使刘询不会有道德的负罪感。现在刘询迫切需要用自己的死来为他恩遇功臣的贤明行为背书，那么自己就绝对不能让他失望。自己已经风烛残年，但子孙后代还需要活着，如果能以自己早死几年的代价换来整个家族的平安幸福，那么自己就算是死了也值。于是张安世勉强支撑着起来，再次处理政务，到了当年的秋天，他就病死了。

张安世这样死去，是一个皆大欢喜的结果。对他的子孙后代来说，他们安全了；对刘询来说，天下人不会有人再指责他，因为张安世替他在天下人面前树立了一个君明臣贤的榜样：只有像张安世这样忠谨勤恳而不是像霍氏那样嚣张跋扈，那么明君就一定会给予他们应有的礼遇。如果有人说刘询苛待了老臣，那么马上就有人会跳出来举张安世的现成例子来反驳："那你看皇帝是怎么对待张安世的？"轻轻一句话，堵上天下人悠悠之口！

刘询赠予张安世印绶，下诏让轻车甲士为张安世送葬，并赐谥为"敬侯"。同时在张氏的老家杜陵之东赐给他一块坟地，并为他修建了祠堂。张安世葬礼的规格仅次于霍光，也是备极哀荣，风光无限。

张安世死后，前将军韩增接替他出任大司马、车骑将军，领尚书事。他的富平侯爵位为次子张延寿所承嗣。

张延寿已经担任九卿之职，承嗣侯爵之后，封地在陈留，还有另外一个食邑在魏郡，光是每年的租税收入就有千余万。张延寿觉得自己本身并没有立下功德，怎么能长久地享受先人的封国，于是多次上书请求减少自己的封邑，又让和刘询关系密切的弟弟张彭祖在刘询面前代为陈说，刘询觉得张延寿有谦让的美德，所以把他改封到平原，封地并为一国，食邑户数还和之前一样，但租税减少了一半。张延寿死后，谥为爱侯。他的儿子张勃嗣位，担任散骑、谏大夫。张勃后来举荐陈汤，陈汤因为在待诏期间没有回家奔丧被论罪，所以举荐他的张勃也被削去了二百户封邑。正在那个时候张勃死了，于是朝廷赐给他"缪"侯的谥号，意思是名实不相符。等到后来陈汤在西域立下大功，人们才知道张勃确实有知人之明。张勃死后，他的儿子张临嗣爵。张临也非常谦虚节俭，每次上朝，都叹息说："桑弘羊和霍禹做我的鉴戒，难道还不深刻吗？"死的时候，将家财分送宗族子弟和故旧亲朋，遗言薄葬不起外坟。张临死后，他的儿子张放继承爵位。张放的儿子张纯在王莽改新及东汉建立后仍然没有失爵，并被改封为武始侯。张氏一门久盛不衰，真是不能不令人惊叹！

从另外一件事情上面，也可以看出霍氏与张氏的区别。

汉昭帝元凤三年（公元前78），霍光拜范明友为度辽将军（因渡过辽水而得名，辽水即今辽河），率兵攻打匈奴。为了培养锻炼霍、张后人，霍禹和张千秋都被任命为中郎将，随军出征。汉军得胜回朝之后，出征的主要将领都去拜谒大将军霍光。霍光于是问张千秋战斗的经过和对敌的策略，以及当地的山川地形，张千秋嘴里陈述战斗经过，手里画地成图，没有任何遗漏。霍光又问霍禹，霍禹没有记住，回答说："这些事情，文书上都有。"霍光因此认为张千秋有才干，而自己的儿子不成器。他叹息说："霍氏家族将要衰败，张氏家族将会兴盛啊。"

连霍光都认为自己的儿子不成器，张安世的儿子更有才干，那么他生前为什么不让自己的儿子担任与他的才能相匹配的较低的职位呢？如果那样，霍家也不会走上被灭族的绝路啊！《周易·系辞下》说：德薄而位尊，知小而谋大，力小而任重，鲜不及矣。德行浅薄却职位尊贵，智力不足却谋略很大，力量很小却担负重任，很少能有成功的。

看看刘询即位之后，霍氏已经垄断了中朝的所有军政大权，但霍光临死之前还在为霍氏讨封，霍光死后已经备极哀荣，可霍显还要擅自扩大他坟墓的规模，霍显母子扩建住宅，用黄金打造安车，极尽奢华。反观张氏，即便是对皇帝有大恩的兄长张贺，张安世也极力推辞不受封赏，并不停地辞封、辞禄，妻子贵为侯爵夫人却亲自在家纺织，儿子在朝中出任显要职务却请求外放，张临遗言薄葬不起坟等。对比如此强烈，试问霍氏怎么能不衰败，张氏怎能不兴旺呢？

许多人都评论说，霍光才智不足，所以他死后不久霍家就遭受灭族之祸；但他节气有余，做事拿得起放得下，没有辜负汉武帝的重托，将濒临衰朽的西汉带入了昭宣中兴的兴盛之世。这样的评价确实是太中肯了。

甘露三年（公元前51），因为匈奴归降，刘询回忆往昔辅佐自己的有功之臣，于是命人画十一名功臣的图像于麒麟阁，以示纪念和表彰。其中霍光位列第一，张安世位列第二，其后依次是韩增、赵充国、魏相、丙吉、杜延年、刘德、梁丘贺、萧望之、苏武。并且，刘询为了表示对霍光的尊重，唯独没有写出霍光的全名，只尊称他为"大司马、大将军、博陆侯、姓霍氏"。

麒麟阁坐落在未央宫，因汉武帝元狩年间打猎获得麒麟而命名。麒麟阁十一功臣，常被后人与东汉光武帝时云台二十八将，唐太宗时凌烟阁二十四功臣并提，有"功成画麟阁，独有霍嫖姚"（唐李白《塞下曲》）、"画图麒麟阁，入朝明光宫"（唐高适《塞下曲》）、"谁家麟阁上，画此一猕猴"（唐长孙无忌戏谑瘦削的欧阳询句）等诗句流传，是作为臣下者位极人臣、荣耀之最的极致象征。

到汉成帝时，为霍光设置了守墓百姓一百户，官吏士卒奉行祭祀之礼。元始二年（公元2），封霍光堂兄弟的曾孙霍阳为博陆侯，食邑千户，为霍光奉祀。九泉之下的霍光，应该也可以瞑目了吧。

第二十五节 猜忌刘贺、刘胥诅咒、贤臣能吏满朝堂、宣帝中兴

霍光死了，霍家灭了，刘询仍然无法安心释怀，因为还有一些让他不放心的人或事。这些人之中，就包括他的前任——被霍光废黜的昌邑王刘贺。

刘询即位后，内心深处非常猜忌被废黜的刘贺，担心他会有什么举动。刘贺被废之后，他原来的昌邑国被降为山阳郡。公元前64年（元康二年），刘询派使者赐给山阳太守张敞玺书说："诏令山阳太守：要谨慎防备盗贼，仔细审查往来过客，注意不要扩散这条诏令！"张敞接到玺书，立即明白了刘询的真实用意，于是常常派属下去监视刘贺的行踪，后来不放心，又亲自前往昌邑王府，和刘贺当面接触。

刘贺住在以前的宫中，宫里的奴婢有一百八十三人，王宫的大门关闭，只开着小门，每天只有一个差役到街上采买食物后送进宫中，其他人都不得出入。郡里派出一名督盗，专门负责审查往来于王宫附近的人，并用王府里的钱雇用兵丁，加强防卫力量。

张敞到达昌邑王府的时候，发现二十六七岁的刘贺身体高大，却患风湿病，行走不便。为了得知刘贺的真实想法，张敞于是拿猫头鹰来试探他，看他有什么反应。古人把猫头鹰叫作鸱枭，认为是恶鸟，不祥。

张敞说："昌邑有很多猫头鹰。"

刘贺听了之后，丝毫也不加考虑，应声回答说："是啊，我以前西行到长安，没有猫头鹰。回来的时候，东行到济阳，就又听到了猫头鹰的叫声。"

张敞见他随口作答，根本没有多加考虑，于是就不再问他，只是将刘贺的妻妾子女按名册点验。

刘贺总共有十六个妻子，二十二个子女，其中十一个儿子，十一个女儿。当点到女儿刘持辔的时候，刘贺突然在张敞面前跪了下来，张敞大惊，赶快把他扶起，然后问他原因。刘贺对张敞说："持辔的母亲，是严长孙的女儿。"

严长孙就是严延年，因为刘询刚刚即位时上书弹劾霍光，后来被迫逃亡。霍家被灭族后，刘询想起严延年，提任他为河南太守。严延年的这个女儿名叫严罗紨，刘贺把这个妻子的情况特意向张敞说明，可能是觉得张敞会抄没他的子女，所以请求从宽发落。

刘贺的父亲刘髆死后留下歌女、舞女张修等十个人，没有为刘髆生下儿子。这些歌女、舞女的等级不是姬妾，只是良人，没有衔级，按照规定，她们在刘髆死后就可以被遣送出宫放回家中。但昌邑国的太傅豹等人把这些人留了下来，认为是昌邑哀王陵园之中的人。张敞认为这种做法不符合法律规定，于是上书请求遣送这些人回家。刘贺听了之后说："守陵园的宫人，病了应该不要诊治，相互杀伤的也不应该用法律惩处，为的就是让她们早点死掉。太守为什么想要把她们放了呢？"

张敞听刘贺这么说，据此断定刘贺这个人天性喜好败乱丧亡，根本不知道施行仁义。

张敞遣送歌女的奏折递上去之后，丞相和御史大夫都认为他的主张是正确的，于是把奏折呈给刘询，刘询批准之后。那些歌女、舞女才被放回家。

张敞经过仔细观察刘贺的着装、言语、行动，发现刘贺被废后沉溺酒色，昏愚痴傻，于是把这些情况详细地报告了刘询，刘询看了之后，才发现自己实在是多虑了，因为刘贺这个人，实在是不值得他猜忌。

公元前63年三月，刘询下诏说："听说虞舜的弟弟象有罪，虞舜为帝却封赏了他。骨肉之亲，明而不绝，现封故昌邑王刘贺为海昏侯，食邑四千户。"

侍中、卫尉金安上上书说："刘贺是上天抛弃的人，陛下实在是太仁慈了，又把他封为列侯。刘贺是个愚顽废弃之人，不应该奉行宗庙，也不应该入朝行朝见天子的礼节。"奏折递上去之后，刘询批准。刘贺于是前往封国豫章（海昏故城在今江西省九江市永修县）。

朝廷对刘贺的监视仍然没有放松。几年之后，扬州刺史柯上奏说，刘贺与故太守卒史孙万世往来。孙万世问刘贺说："您之前将要被废时，为什么不坚守不出宫，斩杀霍光，却听凭别人夺去天子玺印与绶带呢？"刘贺说："你说得对，可惜我错过了机会。"孙万世又认为刘贺将会在豫章封王，不会久为列侯。刘贺说："应该会这样，但不是我们应该谈论的。"

柯的奏折递上去之后，朝廷有关部门经过审讯核实，请求逮捕刘贺。刘询对昏聩的刘贺网开一面，下令不予追究，只是削去了他的三千户食邑。

这种情形一直持续到公元前59年刘贺死去为止。

刘询不放心的另一个人，就是广陵厉王刘胥。

刘胥在汉武帝生前没有被立为太子，汉昭帝即位后，为了安抚这个比自己年长而没有即位的皇兄，特意加封他一万三千户封邑。元凤五年入朝之时，再次加封一万户，赐钱两千万，黄金两千斤，还有宝剑两把、安车一辆、乘车八匹。

刘询即位之后，又封刘胥的四个儿子为列侯，小儿子为王，对他的赏赐都非常丰厚。但刘胥却一直感觉不满意。

当初刘胥见汉昭帝没有儿子，觉得汉昭帝死后，自己有可能被立为皇帝。当时楚地信崇巫鬼，所以刘胥就请了一个楚地的女巫李女须，让她下神诅咒。

李女须请来之后，她装神弄鬼地哭泣说，汉武帝的灵魂附在她的身上，周围的人一听，全都吓得匍匐在地上。李女须以汉武帝的口吻说："我一定会让刘胥当天子。"之后瘫软在地，以示汉武帝的魂魄离开了她。

刘胥非常高兴，赐给李女须很多钱，让她到巫山祈祷。没过多久，正好汉昭帝去世，刘胥误认为是李女须的祈祷起了作用，感叹地说："李女须真是个了不起的巫师啊。"于是杀牛庆祝祈祷灵验。

汉昭帝死后，刘贺被征入长安立为皇帝。刘胥又让李女须祈祷诅咒。事有凑巧的是，刘贺在位二十七天被废，刘胥越发相信李女须不同凡响，屡次赐给她钱物。

刘询被拥立之后，刘胥失望地说："太子孙为什么反而能够被立为皇帝呢？"又让李女须像以前那样祈祷诅咒。

刘胥的女儿是楚王刘延寿王后弟弟的妻子，因为这个关系，所以刘胥和刘延寿多次互相赠送礼物，私下里书信往来。公元前69年十一月，刘延寿因谋反罪自杀。朝廷在审讯刘延寿时，牵连到刘胥。但刘询却下令不要治罪刘胥，还前后赐给他黄金五千斤，赏赐的其他器物更多，以示对刘胥的宽慰。

刘询立刘奭为太子之后，刘胥失望地对他的姬妾南等人说："我终究不能被立为天子。"于是不再让李女须等人诅咒。后来刘胥的儿子刘宝因杀人被剥夺爵位，回到广陵，与刘胥的姬妾左修通奸。事发之后，刘宝被关进监狱，随后被诛杀。相国又上奏剥夺刘胥的草田，分给贫民。刘胥非常愤怒，再一次让巫师像以前一样诅咒。

几个月之后，刘胥诅咒的事情被朝廷发觉。官吏们追查此事，刘胥非常害怕，毒死巫师及宫人二十多人灭口。大臣们都建议杀死刘胥，刘询于是派廷尉、大鸿胪等前往广陵审讯刘胥。

刘胥向使者谢罪说："我真是罪该万死，这些罪状，确实都有。不过事情已经过去好长时间了，请让我回去仔细想一想之后再全部招供。"

刘胥见过使者后回宫，在显阳殿设置酒宴，与太子刘霸及子女刘董訾、刘胡生等夜饮，让他宠幸的姬妾郭昭君、赵左君等鼓瑟歌舞。刘胥一边饮酒，一边悲伤地歌唱。他身边的人都流着泪轮流为他斟酒，酒宴直到鸡鸣时才散。刘胥对太子刘霸说："皇上待我很优厚，而我却辜负了皇上。我死之后，尸骨应当暴露在外。如果有幸允许安葬，也应薄葬，不要厚葬。"说完后自缢而死。

刘胥死后，他宠幸的姬妾郭昭君等二人都自杀为他殉葬。刘询听说刘胥自杀，于是下诏赦免了刘胥的几个儿子，把他们全部废为庶人，赐刘胥谥号为"厉"王。"厉"是个恶谥。

刘询消除了来自霍氏的压力和诸侯王的影响之后，就可以专心致志地施政了。

与之前的其他几任皇帝不同，刘询由于早年生活在民间，所以深知吏治的好坏对于朝政的影响。他握稳权力亲政之后，即开始大刀阔斧地整饬吏治。对此，刘询专门下诏说："有功不赏，有罪不诛，就算是唐尧、虞舜也不能教化天下。"所以，他非常重视表彰奖励有突出政绩的良吏。并且，为了让这些良吏能够安心地治理地方，他并不轻易调动这些官吏，而是在他们原有的俸禄基础上再增加俸禄，赐给他们金钱或是爵位。虽然他们的职务没有升迁，却获得了朝廷九卿一样的政治或经济待遇，从而为其他的官吏树立了榜样，极大地调动了他们的积极性。比如胶东相五成，被认为安抚了大量流民，刘询特意下诏，赐给他关内侯的爵位，黄金百斤，俸禄提升至中二千石。所以虽然五成职务上还是诸侯王的国相，但他实际上却已经享受到了与朝廷九卿相同的待遇。职位有限，但待遇却可以加上去，这对许许多多的地方官吏来说，是一个不小的激励。

在刘询这种卓有成效的导向之下，涌现出了不少像五成这样的良吏、名臣。比如赵广汉、韩延寿、杜延年、尹翁归、龚遂、黄霸、张敞等，至于魏相、丙吉、萧望之等，则更是不能不提。

赵广汉字子都，是涿郡蠡吾县人（今河北省保定市博野县），年轻时担任郡吏、州从事，以廉洁、聪明和礼贤下士而闻名，后被推举为秀才，担任管理物价的平准令，后又被察廉为阳翟县令，因为政绩优异，升为京辅都尉，不久升任为守京兆尹（即代理京兆尹）。

赵广汉到了代理京兆尹的任上，立即做了一件大事。

他的手下，有一名下属官吏，名叫杜建。杜建之前曾经参加过汉昭帝陵墓平陵的督造工作，所以资格非常老。杜建平素为人霸道，他的宾客们也多做些非法谋利的勾当。赵广汉上任之前就了解这些情况，上任之后，就派人先提醒杜建，叫他收手。但杜建觉得自己资历老，再加上和京师的许多达官贵戚之间有盘根错节的关系，所以根本没把赵广汉的警告当一回事。

赵广汉见杜建不思悔改，于是下令将杜建抓起来治罪。

杜建被抓之后，为他说情的人果然接踵而至，这些说情的人里面，有皇帝身边的近臣，有名门豪绅，还有不少高级别的官员。

赵广汉早就预料到逮捕杜建会是这样一个结果，如果放了杜建，那么他这个京兆尹就再也没办法当下去，京师的治安也就永远不可能好转，于是赵广汉强硬地拒绝了这些说情的人。

杜建的族人和宾客见赵广汉软的不吃，绝对来个硬办法，打算把杜建从狱里劫出来。

赵广汉通过自己布置的线人，完全察觉到了他们的动向，他派了一名手下的官吏去警告这些人说："如果你们真的敢劫狱，那么我一定会将你们全部依法灭族。"

此言一出，杜建的族人和宾客果然不敢再轻举妄动。之后，赵广汉下令将杜建弃市，即处死后将尸体扔在大街上示众。示众之时，杜建的同党没有一个人敢上前靠近，京城的百姓对这位新上任的京兆尹非常钦佩。

刘贺被废之后，赵广汉作为京兆尹，参与了迎立刘询的计议，刘询即位之后，因功被赐爵关内侯，迁为颍川太守。颍川郡的治所在阳翟县，赵广汉之前当过阳翟县令，所以对郡中的情况较为熟悉。

当时的颍川郡内，有原氏和褚氏两个大族，他们依仗家族势力，在郡中横行霸道，手下的宾客胡作非为，多为贼盗。之前的郡守，拿他们没有一点办法。赵广汉上任几个月，就查清了原氏和褚氏的罪行，然后杀死了族中的首恶，一时之间，郡中尽皆战栗。

颍川郡的这些豪门大族相互结亲，官吏们之间也拉帮结派，经常阻挠郡中法令的施行，侵害普通百姓的利益。赵广汉非常重视这些事情，下决心整治这些乱象。

为了方便掌握线索，赵广汉发明了接受密信的竹筒，类似于现今的保密举报箱，专门接受举报信件，以方便黎民百姓揭发不法之事。在收到检举揭发的信件之后，赵广汉立即派人核查，一经核实，便依法处置。之后，赵广汉故意隐去举报者的姓名，然后假称是某某豪族的子弟所为，这样一来，这些豪门大族之间，立即出现了内讧，相互之间怨恨不已，转而开始向赵广汉相互告发。渐渐地，这些豪门大族之中的奸利之事越来越少，一个个开始安分守己，郡中风俗大改。

郡中的官吏和百姓见举报的事情赵广汉都能查实，于是纷纷上书举报一些不法之事，赵广汉有了如此广泛的耳目，立即掌握了郡中的所有动向，郡中稍有风吹草动，赵广汉都能迅速地得知并果断进行处置。所以颍川郡盗贼也不敢再作案，因为他们一旦作案，马上就会被赵广汉抓起来。

一时之间，赵广汉的威名传遍了各郡，投降汉朝的匈奴人说，他们在匈奴也听到了赵广汉的大名。

赵广汉担任颍川太守的第二年，朝廷派五位将军出击匈奴，命赵广汉以太守的名义带兵，隶属于蒲类将军赵充国。班师回来之后，再次起用为代理京兆尹，过了一年之后，正式任为京兆尹。

赵广汉对待下属和百姓都非常平和殷勤，凡是办完一件事情，他都把功劳归于属下，说："这是某某属下所为，不是我做的。"所以这些下属对他也非常感激佩服，都乐于为他所用。

赵广汉为人十分聪明，对于每一个下属官吏，他都知道这个人的优缺点、长短处，知道这个人办事有没有尽力，如果有办事不尽力或违法乱纪的，常常是先警告，如果警告之后还不改正，就立即抓起来审理，审理之后立即治罪。没有哪个人能逃脱得了，也没有哪个人被治罪之后觉得自己冤枉。所以每一个下属都服服帖帖。

赵广汉精力充沛，办事非常认真，他处理政务，似乎有一种与生俱来的天赋，接见官吏、百姓，常常废寝忘食，通宵达旦。

赵广汉善于学习和思考，精通一种名叫"钩距"的方法。所谓钩距，类似于现今的数学推理，比如想要了解马的价格，就先问狗的价格，再问羊的，再问牛的,再问到马,然后参照彼此的价格,比较验算,来推测核准,这样就可知道马价的贵或贱,很少有失实的。(典故"问牛知马"即源自此)但这些方法也只有精明强干如赵广汉可以用,其他人也想学他,但没有一个人能学得像他那样精到。

郡中有哪些盗贼,乡里有哪些轻侠,他们住在什么地方,手下的官吏索贿受贿多少钱,赵广汉都了如指掌。

有一天,长安城里的几个年轻人,在一处偏僻的空房子里一起谋划劫持某人,他们的话还没有说完,赵广汉就已经派人来抓捕他们了。这几个年轻人被抓起来之后,经过审问,全都交代了自己的罪行。

有一个富人家的子弟名叫苏回,在朝中担任郎官,被两个人劫持了。案发后仅仅过了一会儿,赵广汉就带着手下的官吏们赶到了。他自己站在院子里,然后让长安丞龚奢去敲门说:"京兆尹赵君劝告两位,请不要杀害人质,这是皇宫的侍卫。你们释放人质,然后出来自首,我一定会善待你们,如果很幸运地碰上大赦,你们说不定还可以被释放出狱。"

劫人的两个歹徒一听,立时惊愕万状。他们早就听说过赵广汉的威名,知道抗拒赵广汉不过是徒劳无功,于是乖乖地打开房门,然后向赵广汉叩头谢罪。赵广汉也向他们回礼说:"你们让人质活了下来,这真是太好了。"于是把两人送进狱中,嘱咐狱吏善待二人,送给他们酒肉。按照惯例,到了冬天,这两个人将要被依法处死,赵广汉于是提前为他们准备了棺材,以及下葬的用具,然后派人告诉他们。这两个人都说:"我们就是死了,也没有什么遗憾了。"

赵广汉有一天召湖都亭长来见他。湖都亭长向西路过界上的时候,界上亭长就和湖都亭长开玩笑说:"到了长安,请代我向京兆尹赵君问好。"湖都亭长到了京兆尹府之后,赵广汉先是和他谈论公事,谈论完公事之后,就问他说:"界上亭长托你向我问好,你为什么不代为传达?"湖都亭长一听,立即惊得面无人色。界上亭长的话是自己在前来长安的路上说的,自己一路快马,刚刚进府,是谁把路上发生的事情告诉赵广汉的,而且速度还这么快?界上亭长赶快跪在地上向赵广汉叩头谢罪,承认确实有这回事。赵广汉于是说:"你回去的时候,代我向界上亭长问好,请他一定要勤勉任事,干好本职工作,我不会忘记他的厚意。"

可想而知,湖都亭长在返回的路上,是一个什么样的心理状态。

从以上几件事情可以看出,赵广汉的耳目众多到了什么程度,了解掌握一件事情迅速到了什么程度，就算是明朝东西厂的锦衣卫，恐怕在赵广汉面前，也要甘拜下风。因为赵广汉还不是专职的特务人员。

为了提高主管巡察缉捕之事的游徼的工作积极性，赵广汉专门上书为这些人增加了俸禄。这些人俸禄提高，于是更加积极卖力地工作，从此也更加自重，从不枉法随便拘留人，京兆地界一时政通人和，官吏和百姓赞不绝口。长安城中的长者们都称赞说，自从汉代兴起，治理京兆的官员没有哪个能比得上赵广汉的。左冯翊和右扶风的官署都设在长安中，二辅的犯法者经常路过京兆地界，所以赵广汉叹息说："扰乱京兆治安的，主要就是二辅啊，如果能让我一个人治理三辅，那还有什么治理不好的呢？"

赵广汉如此能力出众，按照常理来说，他应该会得到更高的任用才是，但事实并非如此。京兆尹这个官，可不是那么好当的。因为京城之中，住的都是一些非常显要的人物，皇亲国戚、高官显贵、豪门巨富，这些人盘根错节，关系错综复杂，处理一个人，得罪一大片，而这些人里面，随便找出几个人，都比赵广汉位高权重、门第显赫，所以赵广汉的处境如何，想都可以想到。

霍光活着的时候，赵广汉侍奉霍光，霍光死后，赵广汉知道刘询心里厌恶霍家，决定与霍家划清界限。他查到霍家有非法屠宰、非法酿酒的罪行，于是亲自带着属下吏卒，直闯入博陆侯霍禹的府中，搜查拘捕私自屠宰造酒的人，砸烂了酿酒的器具，并用刀斧砍坏了霍家的门关。

当时霍成君还是皇后，她听说自己的娘家被赵广汉打砸，立即跑到刘询的面前哭诉。

刘询心里赞许赵广汉的做法，所以仅仅是把赵广汉召来，问了他几句而已。赵广汉见皇帝支持自己这么做，于是开始侵犯那些贵戚大臣。他平素喜欢任用那些旧官吏家年少的子弟，一味地鼓励张扬他们的锋锐之气，而这些人因为年轻气盛，所以大都不计后果，没有哪个人能够替赵广汉解决难题。久而久之，赵广汉得罪的达官贵人越来越多，他的处境也越来越艰难。

有一天，赵广汉的一个门客到长安市上去私自卖酒，被丞相手下的官吏赶走了。门客怀疑是一个名叫苏贤的男子告的密，于是就告诉了赵广汉。

赵广汉公报私仇，于是派长安丞侦查苏贤的罪行。尉史禹因此弹劾苏贤是骑士，应该驻屯在灞上，但他却没有前往驻屯的地方，犯了乏军兴（耽误军事行动或军用物资征集调拨）之罪，于是将苏贤捉拿下狱。

苏贤的父亲上书申冤，并控告赵广汉，案件移交给司法官重新审理，尉史禹获罪被腰斩，有司请求逮捕赵广汉。刘询下诏命令就地审讯，赵广汉承认了自己的罪行，正好赶上大赦，被降了一级俸禄使用。

赵广汉怀疑是苏贤的同乡荣畜出主意让苏贤的父亲这么做，于是以其他的法令判了荣畜的死罪并杀死了他。有人就上书告发了赵广汉，案件被交给丞相和御史大夫，追查得非常急。

当时的丞相是魏相，为了阻止魏相查办自己，于是赵广汉派自己的亲信到丞相府担任门卒，让他伺机打探丞相府里发生的不法之事。

没过多久，魏相的一个贴身婢女因为犯下过错，自缢而死。赵广汉听说之后，怀疑是丞相夫人嫉妒之下杀了这个女婢。当时魏相正斋戒以入宗庙祭祀，赵广汉于是派中郎赵奉寿给魏相传话，想借此要挟魏相，让魏相不要深究自己的事情。

魏相不吃这一套，追查得比之前更加紧急。

赵广汉想要上书告发魏相，于是先向知星象的太史占卜，结果太史说今年会有大臣被诛杀。赵广汉以为这个大臣就是丞相，于是上书控告丞相魏相的罪。

刘询接到上书之后，批示交给京兆尹审理。

赵广汉知道事情紧急，于是亲自带领吏卒冲入丞相府中，召来魏相的夫人跪在院子里接受审问，然后带走了十几个奴婢，讯问她们杀死婢女的事情。

事情闹到这个地步，魏相于是上书为自己辩解说："我的妻子确实没有杀死那个婢女。赵广汉多次犯法，却没有服罪。用欺诈的手段胁迫我，但我大度为怀没有上奏。请陛下派遣清明的使者审理赵广汉所说的我们家的事情。"

刘询于是下令把案子转交给廷尉府审理，最终查明：丞相魏相因为那个婢女犯了过错，所以用鞭子抽了她一顿，婢女出了丞相府之后才自缢而死的，并不像赵广汉所说的那样，是丞相夫人因为嫉妒而杀死了那个女婢。

丞相司直萧望之于是弹劾赵广汉说："赵广汉摧折侮辱大臣，想要胁迫奉公守法的丞相，有损臣节，有伤风化，大逆不道。"

秉公执法的能吏变成了扰乱法纪的奸吏，这让刘询感到非常生气。另外，此前赵广汉和霍光本属同一阵营，霍光死后不久，赵广汉就选择了与霍氏划清界限，这让刘询感觉赵广汉有投机钻营的嫌疑。赵广汉揣摩到了他的心思，提前对霍氏下手，这让刘询后来越想越不对劲，下臣如果猜中了帝王心术，那么皇帝就不再显得天威难测。这是君臣相处的大忌！赵广汉打砸霍家却没有受到处罚让更多的人意识到，刘询并不是在霍禹等人谋反时才突然发作灭了霍氏，而是在老早之前就有了除掉霍氏的打算。赵广汉让刘询的阴暗心理暴露在了阳光之下，这是刘询尤为痛恨赵广汉的地方。

所以，萧望之的奏章递上来之后，刘询立即下令将赵广汉逮捕并送到廷尉府审问。

经过审问，赵广汉又有杀死无辜之人，故意不如实审理案件，擅自斥逐骑士乏军兴等多项罪名，最终被判处死刑。

刘询批准了这一判决。

长安城中的官吏和百姓听说赵广汉被判死刑，守在宫门之外号哭的人有好几万人，他们说："我们活着对天子没有益处，愿意代赵京兆去死，让赵京兆活下来管理抚养百姓。"

百姓的管理确实重要，但谁要是做了让天下人戳皇帝脊梁骨的事情，那谁就一定会死得很惨。最终，赵广汉被腰斩。

赵广汉虽然犯法被杀，但他担任京兆尹期间，廉洁清明，抑制豪强，百姓各得其所，安居乐业。长安城中的百姓思念他的功绩，一直到东汉时仍然在歌颂他。

尹翁归是河东平阳人，是霍去病霍光的老乡，后来迁徙到杜陵。尹翁归幼年丧父，是他的叔叔把他抚养大的。他担任狱中的小吏，对法律非常有研究，也喜欢击剑，剑术非常高明，几乎没有人能是他的对手。

当时霍光秉政，所以霍家人在平阳非常骄横，霍家的家奴拿着武器在集市上斗殴，当地的官吏一点办法都没有。等到尹翁归当了管理集市的官吏，由于他功夫高强，所以霍家人再也不敢造次，其他人就更不用说了。尹翁归为人廉洁，从不接受他人的贿赂，所以商人们都非常畏惧他。

后来，尹翁归辞去吏职，回了老家。那个时候，正赶上田延年拜为河东太守，他到郡中各县视察，到平阳县之后，把之前的五六十个县吏全部召了来，然后亲自考验他们，看他们有什么能力。

田延年让擅长文事者站在东边，让擅长武事者站在西边，其他人都分开站在了两边，但只有尹翁归伏在地上不肯起来。他说："我文武双全，不知道该站在哪边，完全听从太守的差遣。"

功曹都觉得这个小吏非常傲慢，建议斥退，只有田延年说："这有什么关系呢？让我亲自问一问他。"

于是上前问尹翁归一些问题，结果尹翁归的回答令田延年非常惊奇，于是立即任命为卒史，然后跟着他去了太守府。

尹翁归办理案件侦查奸邪所表现出的才能让田延年为之惊叹，交代给他的事情，也办得非常圆满周到。田延年自此非常器重尹翁归，自以为连自己都比不上尹翁归，于是将尹翁归升任为督邮。

当时的督邮，相当于是太守的"钦差大臣"，替太守到郡中各县巡视政事，考察官吏，查究奸利，手中的权力非常大。尹翁归担任督邮期间，非常称职。

后来，尹翁归依次被举荐为缑氏县县尉、都内令、弘农都尉、东海太守。

因为当时的廷尉于定国是东海人，所以尹翁归在前往东海赴任之前，就去拜辞于定国。于定国想要把东海的两个老乡托付给尹翁归，让他到东海后给任命个职位，于是就让两个年轻人坐在后堂里等候。于定国见到尹翁归之后，和他谈论时政，这一谈之下，尹翁归的才能立即使于定国感到吃惊，不敢把两个老乡叫出来见尹翁归。

尹翁归走后，于定国对两个老乡说："这是一个特别有才能的贤将，你们的能力不足以在他手下当差，并且他不徇私情，根本没办法在私下里请托他事情。"

尹翁归在东海上任之后，得知郡中的一个豪强名叫许仲孙，经常依仗势力，在郡中为非作歹，郡中百姓深受其苦，以往的官吏想要治他的罪，都被他动用各种关系得以化解，所以终究没有人能够治得了他。尹翁归查明许仲孙的罪行之后，将他处以弃市之刑，东海一郡震恐，再没有人敢犯禁，郡中大治。不久，尹翁归在官吏考核中以出色的成绩脱颖而出，出守右扶风，右扶风也得到了非常好的治理。

不过，尹翁归治理州郡虽然也重用刑法，但他能够做到清贫乐道，洁身自好，说话的时候，很有谈及私人事情，并且待人谦让有礼，从不仗势凌人，所以他的好名声遍布于朝。当了几年的右扶风之后，尹翁归病死，死的时候家无余财，皇帝非常尊敬他，认为他是个非常贤能的人，特意下诏表彰他，赐给他的儿子一百斤黄金作为丧葬之用。

尹翁归的三个儿子后来也全部当了郡守，小儿子甚至当了九卿，任后将军。和尹翁归同时被田延年选拔的一个名叫闳孺的人，后来官拜广陵相，也非常有政绩。所以当时的人都称赞田延年有识人之能。

韩延寿字长公，是燕国人，后来迁徙到杜陵。年轻时做过郡中的文学之士。韩延寿的父亲韩义，做过燕国的郎中。燕王刘旦准备谋反时，韩义因极力劝阻而被刘旦杀死,燕国人很同情他。

汉昭帝时期,大将军霍光秉政,征召郡国贤良文学之士。当时魏相以文学之士的身份参加取士考试,他认为要用赏罚来勉励好人好事,禁止恶人恶行,当初韩延寿的父亲为了劝阻刘旦谋反而被杀死,朝廷应该表彰奖励他的儿子,以便让天下人明白为人臣的大义。

霍光采纳了魏相的建议,于是征召韩延寿为谏大夫,升任淮阳太守。

韩延寿在淮阳任上政绩非常出色,于是又改任到颍川。

颍川豪强多,很难治理,长期以来,朝廷都为那里选派强有力的郡守来治理。之前赵广汉做颍川太守之时,担心颍川的官吏大多拉帮结派,所以让他们互相告发,为的是明确地了解掌握情况,但从那以后,颍川郡相互告状成为一种风气,百姓之间多结仇怨。

韩延寿到任之后,想要改变这种现状,用礼仪来教化百姓,但又担心百姓不顺从,于是便逐个召集郡中被乡里信任的长老数十人,摆酒设宴,亲自陪同,用礼仪接待,向每个人询问民谣民俗以及百姓的疾苦,向他们陈述让百姓之间和睦相处消除仇怨的方法。

长者们听了之后,都以为这样下去对颍川百姓有利,可以施行,于是一起议定婚丧嫁娶的法度礼仪。

之后,韩延寿按照这套制度治理颍川,取得了一定的效果。几年之后,韩延寿改任为东郡太守,黄霸接替他出任颍川太守。黄霸在任上沿用韩延寿的做法,颍川大治。

韩延寿做官崇尚礼仪,爱好古代教化,每到一个地方就聘请当地贤士,以礼待人,表彰孝顺父母尊敬兄长的人,兴办学校,在乡社里陈列钟鼓管弦,并设置斧钺旌旗,学习射箭驾车。修城郭,收税赋,预先公布日期,按约定的办事,官吏和百姓都非常敬畏他,但也不得不支持他。

韩延寿对待下级官吏,施恩很厚而纪律严明。要是有人欺骗辜负了他,他总是自己痛心地自责说:"难道是我做了对不起他的事吗,他怎么能这么做呢?"下级官吏听了之后都非常后悔,有个县尉后悔得甚至自杀了。还有一个门下掾史,因为后悔而自杀,但由于抢救及时没有死,但最后却哑了。韩延寿听说后,对着这个掾史流泪哭泣,派医生给他治病,厚厚地赏赐他,然后送他回家。

韩延寿有一次外出,临上车时,发现有一个骑吏迟到了,韩延寿让功曹决定处罚的罪名并告示下属。韩延寿回来时路过府门,看门的小卒拦住他的车子,说希望能跟他说几句话，韩延寿于是停下车问他到底想说什么。

这个门卒说："《孝经》上说：'孝敬父亲和侍奉国君是一样的道理。'今天早上，您早早命人驾好了车，却一直没有出门，那个骑吏的父亲前来看望他，到达府门后不敢进来。骑吏听说之后，跑出去谒见他的父亲，而那个时候，恰好您出来登车。因为尊敬父亲而被处罚，不是有伤教化吗？"

韩延寿听了之后说："如果不是你，我将无法了解到自己的过错。"回府之后，就召见了这个门卒。这个门卒本来是个儒生，听说韩延寿有才德，没有门路见到韩延寿，所以代人做门卒。韩延寿见他明事理，于是特用他为掾属。韩延寿善于听从别人的意见建议，大体上就像是这样的。

韩延寿在东郡任职三年，令行禁止，审理和判决的案件大幅减少，成为全国治安最好的地方。

韩延寿后来升迁为代理左冯翊，满一年就因工作称职而获得了正式任命。他在郡中一年多时间，不肯出门巡视下面的县。

丞掾多次劝他说："您应该巡行郡中，了解郡中的民俗民情，考察长吏治理政事的情况。"韩延寿说："县里都有贤德的令长，还有督邮在外分明善恶，巡视各县恐怕无益，加重下面的负担。"丞掾们都认为当时正值春月，可以出外勉励农民耕作养蚕。

韩延寿不得已，于是巡视到了高陵县。结果到那里之后，百姓中有两兄弟一起为田产打官司。韩延寿听了非常伤感，他说："我侥幸出任此职，做一郡之表率，不能宣明教化，致使百姓有骨肉官司，既伤风化，又使贤长吏、啬夫、三老、孝悌受其辱，这都是我的过错，我应该先辞官。"这一天称病不处理政事，然后到驿馆里卧床不起，闭门思过。

高陵县中的吏员都不知道该怎么办才好，令丞、啬夫、三老全都把自己绑起来，跪在外面听候处理。

打官司的宗族长者都开始互相责备，那两兄弟深深自悔，全都削发肉袒请罪，表示愿意做出让步，至死也不敢再争。

韩延寿听了非常高兴，于是开门迎接，取酒肉与他们对饮。

经过这件事情之后，郡中二十四县百姓和睦相处，互相劝勉，很少有再打官司的。

韩延寿对待官吏百姓推心置腹，所以官吏百姓都不忍心欺骗他。

韩延寿的前任是萧望之，韩延寿接任之时，萧望之升任御史大夫。

一个名叫福的侍谒者对萧望之说，韩延寿在东郡当太守时，挥霍了千余万的公款。

萧望之想要查办韩延寿，就去与丞相丙吉商量。丙吉觉得正好赶上大赦，没必要追究这件事情。因为你费尽力气查办一起案件，到头来一个大赦，仍旧无罪释放，实在是没有意义。而正在那个时候，御史要审查东郡，于是萧望之就命令御史趁机审查韩延寿在东郡时的情况。

韩延寿听说萧望之在审查他，于是也安排下属审查萧望之担任左冯翊期间廪牺官挥霍百余万公款的事情，廪牺官被打急了，于是招认是和萧望之一起做的。

韩延寿于是上书弹劾萧望之，并传递文书命令侍卫们禁止萧望之在殿门出入。

萧望之向刘询上书说："我的职责是总领天下，听到奸邪之事不敢不问，韩延寿挥霍公款千余万，我派人前去审查，但现在却被韩延寿要挟。"

刘询听说韩延寿挥霍了千余万公款，立即对韩延寿前所未有地失望。但萧望之怎么样，还需要进一步查验。于是他下令，将韩延寿和萧望之的事情全都调查清楚。

经过调查，左冯翊的廪牲官挥霍公款，没有证据证明和萧望之有关系。而韩延寿所犯的事情，却件件属实。不仅如此，韩延寿在东郡任太守时，衣食住行全部仿效皇帝所用的器物和排场。

萧望之于是弹劾韩延寿僭越犯上，大逆不道。他说："之前韩延寿上书弹劾我，现在我又检举韩延寿的罪行，让别人听了，都以为我怀有不正之心，用不法手段冤枉韩延寿。希望把这些事情安排给丞相，中二千石级的官员，还有博士讨论，看韩延寿到底该如何处置。"

大臣们经过讨论，都认为韩延寿之前所犯的罪行已经非常深重，现在又诬告掌管法律的大臣，想通过这种方法来逃脱罪责，狡猾无道。

刘询非常生气，于是韩延寿被判处弃市之刑。

韩延寿行刑之日，官吏百姓好几千人送他到渭城，老小扶持车毂，争着向他进献酒肉。韩延寿不忍心拒绝，每个人敬的酒他都喝了下去，总共喝了有一石多酒。

韩延寿请托他手下的官吏分头感谢进献酒肉的人说："你们这么远来送我，实在是太辛苦了，我韩延寿就算是死了，也没有什么遗憾了。"百姓没有不流泪的。

韩延寿的三个儿子都做郎官。韩延寿将死之时，嘱咐他的儿子们不要做官，要以自己为鉴戒，儿子们都按父亲的告诫辞去了官职。到他的孙子辈的时候，韩家人才又做官。孙子韩威后来官至将军，他对百姓也多施恩惠，能团结众人，能得别人死力支持。不过后来，韩威也犯了奢侈僭越的罪行被诛杀，跟韩延寿的风格特别像。

龚遂原是昌邑王刘贺的郎中令，在刘贺被废之后，龚遂没有像其他的那些昌邑之臣一起被诛杀，而是因多次劝谏刘贺而免于一死。

当时渤海郡附近郡国每年闹饥荒，盗贼并起，但郡守却不能平乱。为了改变这一现状，刘询决定选拔有能力的官吏去治理，大臣们都推荐说龚遂可以任用，于是刘询就拜龚遂为渤海太守。

当时龚遂已经七十多岁了，刘询召见他的时候，见他个头矮小，感觉与自己想象中的样貌相差甚远，所以心里看不起他。

但既然已经任命了他，于是就勉强问他说："渤海郡混乱不堪，我非常忧虑。你打算用什么办法平息那里的盗贼，让我称心快意？"

龚遂回答说："海滨遥远，没有得到圣上的教化，那里的百姓为饥寒所迫而当地官吏却不知抚恤他们。所以他们被迫拿起武器，在海中为乱。现在陛下是打算让我用武力制服他们呢，还是让我用德政使他们安定下来呢？"

刘询听龚遂这么回答，才知道他确实不是个一般人，刚刚还真是犯了以貌取人的毛病。于是刘询很感兴趣地回答说："选用有德行的人，当然是希望用德政使他们得到安定。"

龚遂于是说："我听说治理乱民就好像整理缠成一团的乱绳，不能心急；只有慢慢地来，然后才可以治理。我希望丞相、御史不要用法令条文来约束我，让我可以便宜行事，我就能让渤海郡由乱入治。"

刘询经过短短的谈话，已经发现龚遂确实有才能，于是就答应了他，赐给他黄金和专车，让他到渤海上任。

龚遂到达渤海地界，郡中官吏听说新太守到来，于是派兵前去迎接，龚遂却将这些兵丁全部遣送了回去，然后发布文书到各县，让各县罢黜追捕盗贼的官吏，说所有手持锄头镰刀等农具的人都是善良的百姓，官吏不得过问，而手执兵器的人则是盗贼。

龚遂一个人乘车到达郡府，郡中马上安定了下来，盗贼大多销声匿迹。虽然有个别地方零星生发了一些抢劫掳掠的事情，但他们听到龚遂的命令之后，立即解散，放下兵器弓箭而手持农具。没过多久，郡中的盗贼就完全平息了，郡中百姓人人安居乐业。

龚遂于是打开粮仓，将粮食借给贫民，选拔任用良吏，安抚管理百姓。龚遂发现当地民风奢侈，喜好工商业而不重视农业生产，于是鼓励百姓发展农业和桑蚕，规定郡内每口人种一棵树、一定量的薤、葱、韭菜，每家喂养两只母猪、五只鸡。百姓有携带刀剑者，全部让他们卖掉刀剑，然后买来牛犊喂养。春、夏两季从事农业劳作，秋、冬两季按所收获的农作物多少征收相应赋税。因此没过几年，郡中全都有了积蓄，吏民都很富裕，郡中官司逐年减少。渤海大治。

刘询听说龚遂治理渤海很有政绩，于是派人召回龚遂，改任他为水衡都尉，以表彰他的功绩。

黄霸字次公，淮阳阳夏人。他自幼攻读法律之学，喜欢做官。汉武帝末年，黄霸以待诏身份捐官做了侍郎谒者，后因兄弟犯罪，被弹劾罢官。后黄霸又捐谷求官，补为左冯翊卒史，秩二百石。左冯翊觉得黄霸是出钱物捐的官，所以有些轻视他，并没有让他担任显要职务，而是让他负责管理钱粮等事。但就是管理粮钱这样的事务，黄霸也处理得非常公正，以廉洁著称。一段时间过去，朝廷发现了他的这个优点，于是把他升任为河东郡的均输长，负责征收、销售和运输郡内货物。没过多久，又因清正廉洁而被举荐为河南太守丞。

黄霸为人十分精明，且熟谙法律条文。但他待人却比较温和谦让，非常擅长统领属下。黄霸处事议政合乎法度，顺应人心，深得太守信任和百姓爱戴。

汉武帝末年，朝廷用法非常严苛。汉昭帝即位后，大将军霍光秉政，几位辅政大臣争权。霍光在上官桀等人阴谋作乱事发之后，觉得还是要用严酷的手段管束大臣。于是继续采用汉武帝末年的严刑峻法，用严厉的刑罚约束臣民。这样一来，各地的官吏都以执法严酷为能，但只有黄霸有宽和仁厚的名声。

刘询即位之后，因为他在民间时深知百姓深受严刑峻法之苦，所以起用执法公正宽和的黄霸，升任他为廷尉正。黄霸在任内多次裁断疑难案件，朝廷上下都认为判决很公平。不久之后，黄霸转任丞相长史。

但在丞相长史任上，黄霸却差点送命。那就是刘询下诏为汉武帝议立庙乐之时，夏侯胜出言反对，黄霸犯了没有检举夏侯胜之罪，两人同时被逮捕下狱。

在狱中，黄霸和夏侯胜结下了深厚的友谊，并向夏侯胜学习《尚书》。两人被赦免出狱之后，夏侯胜被任命为谏大夫，他又让左冯翊宋畸举荐黄霸为贤良，并且亲自在刘询面前举荐黄霸，黄霸被任命为扬州刺史。

黄霸当了三年的扬州刺史，因为治绩显著，在贤良考核中名列上等。所以刘询特意下诏，擢升黄霸为颍川太守，享受比二千石的俸禄，赐给他一丈高的车盖，乘坐的车漆以橘红色的油泥，以示对他的表彰和礼遇。

当时，刘询非常注重对国家的治理，所以多次颁布对百姓有利的诏书，可是许多地方官吏却并没有将这些诏书的内容宣传通报百姓。黄霸知道这是刘询实施的德政，于是选派品行优秀的下属，分别到郡内各县去宣传，让百姓都知道这些诏书的内容。他还让邮亭、乡官全都喂养鸡猪，以便赡养那些鳏寡孤独和贫穷的人。他还制订了详细的安民条款，让那些年老的长者前往百姓中间宣传劝说，让百姓向善防恶，勤于农桑，节约物资钱财，种植树木饲养家畜等。

黄霸非常关心寻常百姓的生活，事无巨细，都考虑得非常周到。他做的这些事情，其他官吏根本无法做到。为了了解民情，他常派官吏微服私访，并亲自以平民身份，深入民间，了解百姓疾苦。

有一次，黄霸想要考察某件事情，就派一名年长廉洁的属吏秘密出行访察。属吏按照黄霸的嘱咐微服出访，不敢在驿亭住宿，饿了就在路边吃东西，这时忽然飞来一只乌鸦，叼走了他手里的肉。恰巧有个百姓要去郡衙，看到了这件事情，于是到郡里就对黄霸讲了这件事情。几天后属吏回来，黄霸迎上前慰劳他说："真是太辛苦了！在路上吃饭还被乌鸦抢走了肉。"这个属吏大惊失色，以为黄霸对他的行踪全都了如指掌，所以对黄霸所问的事情丝毫不敢有所隐瞒。

郡中某乡有孤独老人去世无人安葬，黄霸就亲自给下属们布置任务。他说哪个乡里治所的大树可以砍下来做棺木，哪个驿馆饲养的猪可以用来祭祀等。官吏照他的话去做，发现和他说的丝毫不差。黄霸如此明察秋毫，官吏和百姓都不清楚他是怎么知道这些事情的，只好认为他有神明相助。那些作奸犯科歹人惧怕黄霸的威名，只好去了别的郡县，颍川郡内的盗贼一天比一天少。

黄霸为政，教化为先，刑罚为后，就算是郡中的一些官吏，只要犯的不是大错，他也想方设法保全。许县的县丞年老多病，并且耳聋。督邮给黄霸报告，想要辞退他。

黄霸反对这么做。他说："许县县丞是个廉吏，虽然年纪大了，尚能胜任接待迎送的工作，就算是有点耳背，也没有大的妨碍。应该要多帮助他，不要让有贤德的人失望。"

有人问他这么做的缘故，黄霸回答道："频繁更换长吏，送旧迎新要花不少费用，并且那些奸猾的官吏会乘机销毁账簿文书盗窃财物，公私耗费非常多，而到了最后，所有的这些费用都得在百姓身上出，更换的新官又未必贤德，甚至还不如他的前任，只会添乱罢了。"

在颍川太守任上，黄霸对外治理百姓宽仁大度、对内约束官吏明察秋毫，所以深得吏民拥护，郡内的户口逐年增长，治绩天下第一。刘询于是征召黄霸担任京兆尹，享受二千石的俸禄。

但没过多久，黄霸却因为征发百姓修驰道没有提前报告，又派往北军营中的骑士，人多马少不足骑乘等原因，再度被贬为颍川太守。俸禄降为八百石。黄霸在颍川再度任职八年，把颍川治理得更加出色。

刘询觉得黄霸确实是个贤德的长者，于是下诏表彰他的功绩，赐给他关内侯的爵位，黄金百斤，享受中二千石的俸禄。几个月之后，又把他征为太子太傅，随后提任为御史大夫。

五凤三年（公元前55）三月，七十七岁的黄霸出任丞相，封为建成侯，食邑六百户。

黄霸擅长治民，却不善于为相。他担任丞相期间，政绩远远不及他的前任魏相和丙吉，名声也比治郡时要差。

有一次，黄霸召集朝廷二千石级别的官员和博士，和他们一起接见各郡国前来上计的官吏，想要让各郡推行耕地退让地堎，男人和女人分开走路，道不拾遗等政策，并按照治理政绩，把各郡国的官吏分为几个等次。恰巧在那个时候，京兆尹张敞家里养的一只鹖雀飞到了丞相府。鹖雀是边地一种善斗的鸟，但黄霸却不认识，所以就以为是神雀降临，准备要上书称祥瑞。后来，黄霸得知那只雀是张敞家里养的，感到非常难为情，赶快打消了上书的念头。

张敞反对将官吏分等级的做法，于是就把这件事情上书报告刘询说："丞相提议推行男女异道等政策，在场的官吏都随声附和。我家的鹖雀飞到丞相府，丞相问他们是什么鸟，当时在场的有许多来自边郡的官吏，但他们却都假装不认识。可见众人都非常惧怕丞相的权势。如今朝廷制定的法令已经非常完备了，只须要照做就可以了，根本不须要更改。之前汲黯离开京城的时候，劝大行李息说一定要把张汤的事情报告皇帝，但李息畏惧张汤，一直不敢上书。后来张汤果然犯罪身死，李息也因此被降罪。我这么做并不是在诋毁丞相，而是担心那些郡守因为畏惧丞相的权势不敢反对，回去后擅自更改法令，那就一定会使天下大乱。如果按照丞相的提议，让京师先行实施耕地退让地堎，男人和女人分开走路，道不拾遗等政策，那么不仅无助于风气的好转，反而还会使京师落下一个虚伪做作的坏名声。应该让大臣们训示各地的官吏,推荐人才一定要名符其实,郡中事务一定要按照法令去办,不得擅自变更。对那些心怀诈伪沽名钓誉的人,一要杀掉他,以申明皇上的好恶。"

刘询认为张敞说得对,于是命人将各郡的上计吏全部召来,派侍中按照张敞上奏的意见去告诫他们。黄霸为此感到非常惭愧。

刘询未发迹之前,曾经依靠外曾祖父史家的人,等他当了皇帝之后,史家子弟全部居于显要位置。刘询表兄弟史高担任侍中,因揭发霍禹谋反而被封为乐陵侯。

因为史高很受刘询信任,于是黄霸就向刘询举荐史高,认为史高可以担任太尉。但黄霸的这次举荐却招致了刘询的严厉批评。他命尚书召来黄霸责备说:"太尉这一官职废除已经长时间了,其职责由丞相兼任,之所以这么做,主要是为了息武兴文。如果国家遭遇战乱,边境有事,左右大臣都可以担任将帅。宣明教化,体察下情,使狱中没有无辜之人,使城邑没有盗贼,这是你丞相的职责。但任命将相官吏,这是我的职责。乐陵侯史高是我的近臣,是我的近亲,你为什么要越职举荐他呢?"

尚书令让黄霸陈述他举荐史高的理由,黄霸十分羞惭,于是赶快摘下帽子谢罪,过了好几天,刘询才裁决黄霸无罪。

刘询这么做,主要是担心外朝的丞相和内朝的侍中过从甚密而窃取权力,为后人树立不好的榜样,所以才如此痛责黄霸。

在相位上本来就感觉很不适应的黄霸,本想借此机会增进君臣友谊,谁知道却弄巧成拙,犯了人君大忌。从此以后,黄霸再不敢向刘询进谏。

不过,后人评价黄霸说,自从汉朝兴盛以来,若论治理地方的能力,还是以黄霸为第一。

黄霸年轻的时候担任阳夏县的游徼,有一天与一个相士一同乘车出游,看见一个女子,这个相士说:"这个女子将来必定会富贵,如果不是这样,相书就不能使用了。"黄霸听了之后,于是上前去询问,得知女子是乡里巫姓人家的女儿。于是黄霸就娶她为妻,并与她生活了一生。后来,黄霸果然当了丞相。

黄霸死后被谥为定侯,他和龚遂常被后世作为循吏的代表,并称为"龚黄"。

张敞字子高,河东平阳人,是霍去病的老乡。他的祖父张孺为上谷太守,父亲张福在汉武帝朝官至光禄大夫。

张敞起初是个乡官，后补为太守卒史。由于清正廉洁，逐渐长迁为太仆丞。当时的太仆杜延年非常器重他。

昌邑王刘贺被迎立为皇帝之后，因为行为不合法度，起用从昌邑带来的臣属。张敞就向刘贺进谏，认为刘贺不能选贤任能，没有褒奖朝中的辅政大臣，而那些昌邑来的小臣却纷纷升迁，张敞认为极不妥当。他劝谏后十多天，刘贺就被废黜。张敞因为这次切谏而显名，被擢升为豫州刺史。

刘询即位后，张敞又多次上书言事，刘询见他对朝廷非常忠诚，于是提升他为太中大夫。当时霍光秉政，张敞由于守正不阿得罪了霍光，而被派去主持节减军兴用度之事，后又将他外放为函谷关都尉。

当初刘询刚刚即位，非常担心已废的刘贺，他知道张敞忠诚可靠，于是特意任命张敞为山阳太守，让他暗中监视刘贺。

张敞经过认真观察，发现刘贺胸无大志，并将他的观察结果如实上报刘询，刘询非常满意。

霍光死后，刘询亲政，封霍氏子弟霍山、霍云为列侯，以霍禹为大司马。没过多久，以小过罢免了霍山和霍云，又把霍家的女婿全部调出京城。张敞听说这件事情之后，于是向刘询上书说："我听说公子季友有功于鲁国，大夫赵衰有功于晋国，大夫田完有功于齐国，所以三个国家的国君都酬报他们的功劳，并延及他们的子孙。结果到了最后，田氏篡夺了齐国，赵氏瓜分了晋国，季氏在鲁国专权。所以孔仲尼写下《春秋》，记述这些盛衰之事，并强烈地谴责这些世代承袭的卿大夫。之前大将军霍光决大计，安宗庙，定天下，立下了不小的功劳。当年的周公执掌朝政才七年，而霍光却足足有二十年。天下的所有大事，都在他的手中决断。当他隆盛之时，发生了各种怪异的现象，这都是臣下专权产生的。朝中的大臣们应该也明确地提了出来，说陛下表彰回报霍光，所做的事情已经足够了。现在辅佐之臣专权，贵戚太盛，君臣之间的职分很不分明，我请求罢黜霍氏三侯，让他们全部前往封地就国。还有卫将军张安世，也应该赐给他几案和手杖，让他隐归山林，只需要不时地慰问并召见他，尊重他们并向他们问询时政就可以。应该明确下达诏令：凡是倚仗皇恩提出的要求，一律不予批准，大臣们提出符合道义的要求，经过据理力争才会准许。这样一来，天下人就会认为陛下不会忘记那些功德之臣，而朝臣们也都知书达礼，霍氏子弟也不会因此而担心恐惧。现在霍山和霍云刚刚被罢免，以世态人情来推理，大司马霍禹和他的族人必定会有畏惧之心。天子身边的近臣感到不安，这恐怕不是个好兆头。我想带头在朝中禀奏这件事情，但我镇守在远郡，实在是很不方便。我心中思虑的这些事情精微之极，却不能用言语来表达，而可以用言语表达的，却又无法用文字写下来。所以之前的伊尹五次被推荐给桀，又五次回到汤的身边，萧何多次推荐韩信，但足足过了一年多时间才得以通过。更何况是我在千里之外用这些文字向陛下进言呢？请陛下仔细留意。"

刘询看了张敞的这封奏书之后，对张敞洞悉内情的这种能力非常惊讶。不过，当时的刘询已决意拿霍氏开刀，所以并没有征召张敞，而是把这封奏书压了下来。

张敞在山阳任职一段时间之后，因为山阳郡内太平无事，正好又赶上渤海、胶东盗贼并起，张敞于是上书请求前去治理。奏章递上去之后，刘询立即征召张敞，拜他为胶东相，赐给黄金三十斤。张敞在赴任之前向刘询辞行时提出，治理问题严重的郡县，如果不赏罚严明，就不能劝善惩恶，希望能让那些追捕盗贼有功的属吏，破格享受京城三辅吏卒可以享受的待遇。刘询答应了。

张敞到胶东上任之后，即公开悬赏捉拿盗贼。首开盗贼互相捕杀捉拿可以除罪的先河。下属官吏追捕盗贼有功的，向朝廷推荐调补为县令的多达好几十人。由于措施得力，所以没过多久，境内的盗贼就要么逃散，要么自相捕杀，胶东国内迅速安定了下来。

胶东国的王太后多次出外游猎，张敞上书劝谏，先是称赞她很有德行，在诸侯们之中有好名声，但这个好名声却并不是在外游猎，继而提出如果她田猎之事让天子知道了，恐怕会给王室带来祸患，希望她能为宫中的其他妃嫔做个榜样，不要让百姓对王室发出批评之声。书奏上去之后，王太后立即停止了田猎，不再出游。

在那个时候，黄霸因为治理颍川政绩显著，擢升为京兆尹。但黄霸治理地方很有水平，但到了天子脚下，却有些很不适应，最终京兆尹之职被罢免，仍旧回颍川任太守。

黄霸被罢免之后，刘询想起了张敞，于是下诏征召张敞，任命张敞为京兆尹。

自从前京兆尹赵广汉被杀，后任者换了几个，包括黄霸在内，都不称职，京城长安的治安越来越混乱，街面上的盗贼非常多，百姓和商贾们都深受其害。

刘询就问张敞有什么策略，张敞向刘询保证说，他有办法禁绝京中的盗贼。

张敞上任之后，就找来长安城中的一些老年人，向他们了解情况，最终查明盗贼的首领原来是几个家境很富足的人，他们出外之时还有马童和仆人跟随，身份非常体面，百姓们平时还把他们当作忠厚长者，谁又能想到他们是盗贼首领呢？

张敞查清这些情况之后，于是就把这些贼人首领召到府上，一一列举了他们所犯的罪行，然后责令他们把其他的盗贼全部捉拿，以便为他们自己赎罪。这些贼首说："今天我们被召到官府，其他的同伙盗贼一定会非常惊恐，不知道发生了什么事情，如果能把我们任命为属下官吏，那些同伙们就不怀疑了。"

张敞答应了他们的请求，然后把他们全部任命为官吏，然后把他们放了回去。

这些贼首回家之后，立即摆酒设宴，邀请其他的盗贼入伙。那些同伙不知是计，纷纷前来赴宴，全都喝得酩酊大醉。贼首见这些人喝醉了，于是在他们的衣服上画上了红褐色的记号。

张敞派出差役守在出口，凡是衣服上涂上红色标记的，全部绑了起来。一日之间，竟然抓了好几百人。

张敞下令严审这些盗贼，每人犯案竟然在百余起，张敞于是下令将这些盗贼全部按律诛杀。自此之后，京中的治安秩序一下子好了起来，街市上再也没有了盗贼，刘询对张敞的能力非常赞赏。

张敞思维敏捷，办事果断迅速，赏罚分明，嫉恶如仇，眼里容不得沙子。他治理京城的方法，大体上模仿赵广汉。但若论到广置耳目，惩奸除恶的能力，他和赵广汉之间还有不小的差距。不过，张敞从年轻时就开始研读《春秋》，懂经术，所以他施政的风格是儒、法兼备，常常表彰荣显那些贤德良善之士，不单纯运用刑罚，所以他虽然有时候用法严厉，却没有像赵广汉那样为自己招来祸患，最终保全了自己。

京兆尹这个官不容易当，因为治理的虽说是地方，但是天子脚下的首都，本来京城里的皇亲国戚就多有不法之举，再加上三辅商贾百姓流动性大，所以事务非常繁杂，治理起来非常有难度。之前担任京兆尹的人，往往都是各郡国政绩特别突出的能吏，但担任京兆尹之后，时间长的不过两三年，时间短的不过一年，甚至有几个月的，最后被罢免的时候，往往都是名声尽毁，甚至戴罪在身。而这些人里面，只有赵广汉和张敞任职的时间最长。

张敞担任京兆尹，朝廷每逢有重大的事情，他都会引经据典，举出古今典型的事例，然后提出切合实际的办法，所以朝中的大臣们都非常佩服他，刘询也多次采纳他的意见。

但是张敞不注重自己的外在形象,没有京兆尹应有的官威。每天散朝之后,他让马夫赶着马车快跑,自己则用折扇拍马。

如果仅仅是这些事情,还不足以招致别人的非议,人们对他议论最多也最不可理解的,是他每天早上为他的妻子画眉一事。

张敞的妻子因为年轻时受伤,眉角有缺陷,所以张敞每天都是替妻子画好眉毛之后,再去上朝。时间一长,这件事情便传了出去,长安城中都盛传:张京兆画的眉毛很妩媚很有型。

主管礼仪的官员觉得张敞作为朝廷命官,他的这些行为有损朝廷的颜面,于是就在刘询面前弹劾张敞。刘询觉得有些意外,觉得是不是谣传,于是就召来张敞亲自询问。

谁知张敞大大方方地承认了这件事情,不仅承认了,而且还对刘询说:"我听说闺房之内,夫妇之间亲昵的举动,还有比画眉更过分的呢。"

刘询听了,觉得又好气又好笑,但因为爱惜张敞的才能,所以也就没有责怪他。

张敞画眉与之前的相如窃玉、晋朝的韩寿偷香、南朝(梁)的沈约瘦腰,被人们并称为中国古代四大风流韵事。

不过,刘询也因为这件事情,觉得张敞缺乏威仪,没有再提拔张敞。所以张敞当了八九年的京兆尹,虽然政绩卓著,但始终无法进入九卿的行列。

张敞和萧望之、于定国关系非常好。刚开始张敞和于定国都以向刘贺进谏而获得破格提拔,于定国为大夫平尚书事,张敞出为豫州刺史,当时萧望之是大行丞。

后来萧望之先当了御史大夫,于定国当了丞相,但张敞仍然在郡守的位置上徘徊,最终在当了九年的京兆尹之后,因一件突如其来的事情而被免职。

这件事情要从张敞的好友杨恽说起。

杨恽是原丞相杨敞的次子,年轻时,他经常阅读外祖父司马迁的《史记》,认为《史记》的笔法针砭时弊,微言大义,与《春秋》非常像,这对杨恽后来的性格成因等影响非常大。杨恽年轻时就以才干杰出而著称。他喜欢结交那些有名望的士大夫和儒生,所以有朝中有很高的名望,后来被提拔为左曹。

霍光死后,受到刘询打压并渐渐失势的霍家人预谋造反,朝臣之中,杨恽最先得知消息,于是他迅速告知担任侍中的金日䃅侄子金安上,向刘询告发了霍家。霍氏被灭族之后，杨恽因功被封为平通侯，升为中郎将。

中郎将是主管郎官的。当时的惯例，郎官府衙的办公经费没有保障，郎官自己出钱支付费用，拿到文书，才可以出外。当时因为财用之物如金、银、铜都取之于山上，所以就把郎官出钱的这一惯例称之为"山郎"。按规定是郎官们轮流在殿门值勤，不执勤的就可以出钱后凭拿着的文书出外休假。请假一日，就折抵休沐假一日，所以许多家境贫寒的郎官，一年到头也休不了假。而那些富贵人家出身的郎官，却可以每天出外游玩，或者花钱向上级行贿，买个清闲的肥差。这种不良的做法，引得许多人竞相仿效，导致郎官们忙的忙死，闲的闲死，风气极为不好。这种情况不仅在郎官这一群体中存在，其实也是当时官场的普遍现象，是一种通病。

杨恽对此深恶痛绝，他当了中郎将之后，废除了"山郎"惯例，而是申请让主管财政的大司农保障办公经费，让郎官们"吃皇粮"。谁要是生病、休假，一律按制度规定办，郎官或是谒者如果犯了罪，一律奏请罢免，而对于那些才能优异成绩突出者，则推荐出任郡守，甚至九卿。有了这种公平、公正的约束、激励机制，郎官们的积极性被充分地调动了起来，不论贫富，每个人都认真、积极地做事，求情送礼的弊端被杜绝，宫中令行禁止，郎官们同心协力，风气大为改观。

刘询对杨恽的才能非常欣赏，于是提拔杨恽为诸吏光禄勋，也就是之前的郎中令，位在九卿之列。刘询对杨恽非常器重，杨恽因此宠信用事。

杨敞死的时候，杨恽继承了父亲的五百万家财，等他封侯的时候，把这些钱全部分给了宗族子弟。杨恽的后母没有儿子，杨恽就像对待亲生母亲那样尽孝，后母死的时候，又把几百万钱财全部给了杨恽，但杨恽又把这些钱全部分给了后母的兄弟及侄子。后来杨恽又获得上千万的财产，他仍然把这些钱分给了其他人。杨恽为人疏财仗义，在士人中有非常好的名声。

杨恽为官廉洁无私，所以郎官们都认为他做事非常公平，都乐于为他所用。但杨恽身上也有一些士大夫所共有的通病，那就是喜欢夸自己的德行有多么高洁。并且，杨恽这个人性格之中还有一个致命的缺点，那就是待人苛刻，喜欢告发别人的阴事。他的父亲杨敞生前曾多受霍光关照，但在霍光死后，第一个出面告发霍氏谋反的就是杨恽。杨恽自己认为这是大公无私、不徇私情，但其他人却不这么看。天底下比杨恽更有才能的人比比皆是，但杨恽当了九卿，其他的那些人则没有。没有霍光，杨敞根本当不了丞相，没有杨敞，杨恽怎么会成为郎官？

追根溯源，杨恽受了霍家的恩惠，这是毋庸置疑的。但杨恽对霍家做所的事情，在良心这一道关口前，是需要仔细考量的。

杨恽是个理想主义者，他想要建立一个公平公正的官吏任用制度，简单来说，也就是能者上、平者让、庸者下、劣者出。在管理郎官这个层面，杨恽的这个理想行得通，并且也确实有成效，得到了刘询的认可，所以在被刘询提拔为光禄勋之后，杨恽的自信心和积极性空前高涨。但是，到了更高一级的层面后，杨恽的理想就不可避免地触礁了。

杨恽最初对刘询的期望值很高，希望刘询能够按照他的这一价值标准来选拔官吏，也是这个缘故，杨恽告发了霍家，鼎力支持刘询。但随着刘询渐渐握稳权力，杨恽对刘询的失望程度则越来越大，因为他发现，刘询也搞任人唯亲，选人用人也不公平。

刘询不想公平公正地用人吗？刘询也想！刘询是昏君吗？不是，他是历史上有名的明君。那么为什么在杨恽和世人看来如此显而易见的公平公正的选人用人机制，在刘询这里行不通呢？这里面大有文章！

作为国君，首先要考虑的是如何巩固自己的皇权，所以只要是对巩固皇权有利，他就必须去做，所以他罢免了霍氏旧人，起用了史家和许家的人，因为他只能信任这些人，依靠这些人，这些人确实可能没多大本事，但对他却是绝对忠诚可靠。在最高层，刘询如果不任人唯亲，那么哪天他丢了脑袋都可能不知道是怎么丢的。

而公不公平，是接下来才能考虑的问题。巩固了皇位之后，在中、低一些的职位中，公平公正地选人用人是十分必要的。否则，整个国家的政治就会显得非常黑暗，吏治就会显得非常腐败，就会失去广大臣民的支持，并进而丧失政权。

这么一看，杨恽在政治上的稚嫩就显了出来。这个世界上没有绝对的公平，只有一定范围内、一定时期内即相对条件下的公平，而只要能确保这个比例的公平，就已经是非常不容易了。因为只要有这样的相对公平，绝大多数的人还是可以凭能力、凭政绩晋升的。

但杨恽不这样想，刘询不按照他的思路来，他就认为刘询不公平。

那么站在刘询的立场上来看，公平公正的标准又是什么呢？当初他的祖父刘据含冤而死的时候，杨恽和他的父亲杨敞在哪里？他刘询在狱里差一点儿被杀的时候，杨恽和他的父亲杨敞在哪里？他刘询在狱中病得要死的时候，杨恽和他的父亲杨敞在哪里？他刘询在民间受尽苦楚的时候，杨恽和他的父亲杨敞在哪里？

况且，刘询即位以后，提拔任用帮助过他的那些人，这确实彰显了人间的沧桑正道，如果每一个做善事的人都得不到回报和表彰，那么从今往后，谁还会去做善事？如果正能量得不到弘扬，那么世间怎么还会有正能量？

如果政治制度非常健全完善，任何人的利益都可以得到保障，任何人都能够主动地维护所在的体制，任何人都能够忠诚地拥护皇帝，那么试问，谁不愿意公平公正地选人用人呢？

说句客观公正的话，刘询在历代帝王之中，用人已经算是够公平公正的了。杨恽对此却不理解，他求全责备，渴望完美，希望所有的事情都整齐划一、一个模式。这注定了迎接他的失败，因为这在现实中是绝对行不通的。

在刘询看来，杨恽机械、死板、迂腐，头脑简单，不知变通，他的那一套办法如果在中、下层施行，那还可以取得不错的效果，但如果要在更高的层面推行，那就非出乱子不可。

实事求是地说，杨恽的这一套办法，别说是在两千年前的西汉行不通，就是在民主程度已经非常高的现今，百分之百地施行也有难度。任何一个想法，如果过于超前，脱离了当时的社会实际，那就会遇到很大的阻力。所以提出这种想法的人，可以被称之为思想家，却不是一个合格的政治家。

而糟糕的是，受其性格影响，杨恽对同僚也是极为苛责，凡是冒犯了他的人，他就要想尽一切办法打击报复。并且，杨恽还喜欢告别人的阴状，别人做了什么坏事，绝对会一本奏到皇帝那里，俨然自己就是正义的化身。所以杨恽在朝中结怨甚多，最终和九卿之一的太仆戴长乐结下了仇怨。

戴长乐是刘询在民间时的好友，刘询当了皇帝之后，特意提拔他任职，最终担任太仆。但戴长乐当了九卿之后却有些得意忘形，没能管住自己的嘴巴。

刘询刚即位时，派戴长乐代他到宗庙先去学习祭祖的礼仪，戴长乐回来后，就在下属面前吹嘘说："我亲自见到皇帝并当面接受了诏令，替皇帝到宗庙去学习礼仪，我坐在皇帝的副车上，秺侯金赏（金日䃅的儿子）亲自替我驾车。"

戴长乐的这句话传出之后，有人就上书告发他，说戴长乐泄露关于天子即位的事情，理应下狱问罪。

这个罪名是不轻的，换了一般人处死是轻，灭族都有可能。戴长乐虽说是皇帝的亲信，但也不能例外，所以按规定被交给廷尉审理。至于皇帝要不要赦免他，那就是另一回事了。

戴长乐被抓之后，思来想去觉得再没有别的仇家，于是就怀疑到了杨恽的头上。有仇不报非君子，所以戴长乐也上书揭发杨恽，说杨恽诽谤天子，大逆不道。证据如下：

高昌侯董忠的车飞速地奔入北掖门，杨恽就对富平侯张延寿说："听说之前曾有一辆马车飞速地撞到殿门上，门关折了，马也死了，没过多久，孝昭帝就死了。现在又是这样，这是天意如此，不是人力能够决定的。"

之前杨恽的好友韩延寿被下狱，杨恽代他上书讼冤。郎中丘常就问他说："听说您上书替韩延寿诉讼，韩延寿能免于一死吗？"杨恽回答说："哪有那么容易，忠诚耿直的人，不一定能够保全自己。我尚且不能自保，正如一个老鼠口里衔着比洞口还大的草垫圈，怎么能进洞呢？"

当时匈奴单于派使者访汉，商议和亲归汉一事，中书谒者令拿着匈奴单于使者的外交措辞，让朝中的将军和二千石级别的官员一一观看，问他们对汉匈政策有什么见解。

杨恽说："当初的冒顿单于，得到汉朝鲜美的食物，说是非常恶臭，单于不会降汉，这是明摆着的事情。"

杨恽有一天看到西阁上挂的古人画像，指着桀、纣的画像对乐昌侯王武说："皇帝从这里经过的时候，问桀、纣犯了什么错误，他可算是找到他的老师了。"画像上面还有尧、舜、禹、汤的画像，当时刘询也问了，但杨恽不举那些明君圣王，却当众拿出桀、纣来说事，所以戴长乐觉得他是在诽谤侮辱天子。

杨恽听一些投降汉朝的匈奴人说，匈奴单于被人杀了，就说："遇到不贤明的昏君，大臣为他出谋划策，但他却不采纳，他当然就不会善终。就像秦朝的时候，宠信那些阿谀小臣，诛杀忠良，最后竟然灭了国。如果能够亲近任命贤明的大臣，就一定会延续至今了。古今不过是一个样子，没有什么区别。"

杨恽还对戴长乐说："今年自正月以来，天气一直阴着，却没有下雨雪，这是《春秋》上明确记载的，当初夏侯胜也曾经说过。皇帝出巡，必定走不到河东了。"

戴长乐据此告发，说杨恽胡乱引用古代灭国的一些孤例，诽谤戏谑当今朝廷和皇帝，言语违背常理，实属大逆不道。

此案也被交给廷尉审理，杨恽也被下了大狱。

廷尉调查清楚之后，把案情上报给刘询说："杨恽想要抵赖自己所犯的罪行，他召来自己的户将尊，想要通过尊与张延寿订立攻守同盟，他对尊说：'你去告诉张延寿，戴长乐犯了好几件案子，件件都是死罪，他被处死就是几天之内的事情。我杨恽与张延寿两家缔结了婚姻之亲，当时在场的只有我、张延寿、戴长乐三个人，只要张延寿作证说没有听到我说过那些话，那么就可以与戴长乐的话相抵触，我自然就会无罪了。'但尊却不愿意作伪证。杨恽大怒，手持大刀说：'如果张延寿指证我，那么我就会被灭族了。不要泄露我说的话，让戴长乐听到后给我使坏。'杨恽有幸担任九卿的官职，在天子身边侍卫，天子非常信任他，但他却不尽心竭力，做臣子应该做的事情，反而心怀怨望，胡乱引用古人的话，断章取义，妖言惑众，大逆不道，请将他重重地治罪。"

杨恽是当时非常有名望的人，在朝中的影响力非常大，跟后来东汉末年曹操所杀的孔融、曹魏后期司马昭所杀的嵇康等颇有一比。

处置这样的人，必须慎之又慎，因为稍不注意，就会造成非常大的负面影响。刘询是政治家，处理这样的事情，这是他的强项。

刘询知道杨恽由于和自己政见不和而对自己心怀不满。但考虑到之前他曾经帮助自己铲除了霍氏（尽管杨恽那么做并不是为了刘询而是为了自己的理想），所以决定对他网开一面，暂且不杀他。但这个决定也意味着，他刘询再不欠杨恽什么了，如果杨恽仍然执迷不悟，那么等待他的将是死路一条。

最终，戴长乐和杨恽均被赦免，废为庶人后释放出狱。

杨恽被免去官职和爵位，便在家里修治产业，扩建房宅，凭借原来积累的财产，整日和宾客们饮酒作乐。就这样过了一年多时间，他的好友西河人孙会宗，当时担任安定太守，于是就给他写了一封信劝他，认为大臣被废退之后，应该闭门思过，至少应该有恐惧之意，让人一看就顿生怜悯之心，而不是应该修治产业，和宾客大肆结交，并且让人到处传扬自己的名声。

孙会宗是个非常有智略的人，他说的这些，确实是封建君主专制制度下为人臣者保全自己的不二法宝，战国时吕不韦那么有权势，被嬴政废黜之后仍然大肆结交宾客，最终招来了嬴政夺命的毒酒，前车之覆，后车之鉴，孙会宗提醒杨恽，实在是太及时了。

但杨恽却根本没把孙会宗的劝告当一回事。他生在丞相之家，年轻时就名显朝廷，现在因为说了几句怪话被免职，心里自然是很不服气，于是就写了一封回信，一面挖苦孙会宗，一面借机发泄不满。这封信在历史上被称之为《报孙会宗书》，也比较有名，风格和司马迁的《报任少卿书》颇有相似之处。

在这封信中，杨恽主要写了一段，为自己饮酒作乐的行为辩护，大意是说：自己现在已经是个普通的农民了，平时种地，劳作非常辛苦，到了年冬腊月闲下来之后，就让来自赵国的妻子鼓琴，让几个奴婢唱歌。这些本来是没有什么的，但杨恽在这段话中，引用了一段唱的歌词："田彼南山，芜秽不治，种一顷豆，落而为萁。人生行乐耳，须富贵何时。"这几句歌词的原意是说，在南山上的田没有种好，种的豆子却只收获了豆秸。意思是自己的田没有种好，导致自己衣食无着。但其中隐含的喻意却是非常明显，即汉宣帝刘询没有治理好这个国家。

最后，杨恽挖苦孙会宗说，你的老家西河原是魏国的土地，那个地方，魏文侯时代出过许多有节操的贤士，比如段干木、田子方等人，你之前应该也和他们一样。你离开西河，前去安定当太守，安定那里是山谷之地，以前是匈奴人的旧地，那里的百姓贪婪粗鄙，你现在变成这样，难道是安定的这些风俗改变了你吗？我现在算是看清你的志向了，现在汉朝这么兴旺，那么你努力地去做你的事情吧（言外之意就是你去为贪鄙之风浸染的朝廷效力吧），再不要管我。

杨恽哥哥的儿子杨谭担任典属国，就劝他说："原来的西河太守杜延年，也因为犯罪被免职，现在征为了御史大夫，您的罪轻，并且有功于朝廷，您也马上会被重新起用的。"

杨恽愤怒地说："我有功劳能起什么作用？现在的皇帝，根本不值得让我去效力。"

杨恽和当时的名臣盖宽饶、韩延寿关系非常好，杨谭就附和他说："皇帝做得确实有些不对的地方，像盖宽饶和韩延寿这样为国尽忠的能吏，最后竟然也被杀了。"

杨恽的好友盖宽饶来自魏郡，懂经术。他在担任司隶校尉（汉武帝时设置，专门负责对京城的监察）期间，不论皇亲国戚，犯法者一律弹劾，所以不论是长安城中的公卿贵戚，还是外郡来到长安的官吏，都非常畏惧他，不敢违犯法令。盖宽饶因此被称之为"虎臣"。

盖宽饶性格刚直，高风亮节，志在奉公，对待下属也非常照顾，所以很得下属之心。盖宽饶的家境并不富裕，每月俸禄有几千钱，其中一半就赏给了当耳目送消息的吏民。身为司隶校尉，他的儿子却经常步行前去戍守北方边境，其公正廉洁如此。然而，盖宽饶和杨恽一样，为人苛刻，喜欢陷害他人，在位的官员和贵戚大多跟他结怨。盖宽饶又喜欢借事批评朝政，顶撞刘询，所以刘询对他很不喜欢，常常是表面上表扬，而内心里厌恶。不过念在他是名儒的分上，并没有拿他怎么样，但盖宽饶的晋升之路，也就因此而堵死了。

和盖宽饶同时期的许多同僚，甚至是许多后辈，有的已经官至九卿，而盖宽饶自以为行为清廉，才能过人，并有益于国家，却被平庸之辈超越，心里更加失意不快，多次上疏谏诤，让刘询"远奸小，近贤臣"，刘询在心里更加厌恶他。太子的庶子王生钦佩盖宽饶的为人，深为他的处境担心，于是写了一封信劝他，但盖宽饶却听不进去。

那个时候，刘询正重用刑法，信任宦官。所以盖宽饶就向刘询进谏说："如今圣人之道渐渐地废弃，陛下重用一些刑余的宦官为周公、召公，以严苛的刑法代替《诗》《书》。"又引用《韩氏易言》中的话说："五帝以天下为公，三王以天下为家。五帝官天下，所以把天下传给贤人；三王家天下，所以把天下传给儿子。就好像四季的运行一样，已经建功立业的人常常功成身退，不是合适的人就不应该待在那个位置上。"

当刘询看到这封奏书的时候，勃然大怒。盖宽饶的这封上书，深深地刺痛了他的心，本来他能登上皇位，就跟禅让有些类似。盖宽饶这么说，立即就让他感觉在盖宽饶的心中，他跟之前被废的刘贺没有什么两样。刘询大怒之下，把这封奏折交给二千石级别的官吏，让他们讨论盖宽饶的罪行。执金吾评论说，盖宽饶想让皇帝学尧、舜、禹那样搞禅让，实在是大逆不道。

谏大夫郑昌同情盖宽饶，认为盖宽饶平素忠诚正直，忧于国事，于是上书替盖宽饶求情，但刘询却不再听从，而是下令把盖宽饶交给狱吏。

性情刚烈的盖宽饶不愿受辱，在北阙之下拔出佩刀自刎而死。对他的死，人们都感到非常惋惜。

杨恽素来与盖宽饶相善，盖宽饶之死，本来就让他颇有物伤其类、兔死狐悲之感。而非常不幸的是，此时他与侄子之间的谈话，又传了出去。

当时恰巧发生了日食，有人就上书说，杨恽骄奢，不知悔过，现在发生了日食这样的异常天象，这全都是由杨恽这个人引起的。

奏章被下到廷尉那里，廷尉从杨恽家里搜到了《报孙会宗书》，然后报到了刘询那里。

刘询一见这封信，顿生厌恶之心，尤其是读到"田彼南山"那一段歌词，就更是怒不可遏。

于是廷尉以杨恽犯有大逆不道之罪，判处腰斩之刑。他的妻子儿女全部被充军到酒泉郡。

侄子杨谭犯有不劝谏杨恽改过自新之罪，并且还顺应杨恽，发牢骚抱怨皇帝，被免为庶人。那个告密者被任为郎官，而所有在位与杨恽关系好的官吏，比如未央宫卫尉韦玄成、孙会宗等人，全被免官。

杨恽学到了他外祖父司马迁的形，却没有学到司马迁的神。一封《报孙会宗书》，断送了自己的性命、家人的幸福，也害了一众好友。

杨恽被杀是当时的皇室和外戚联合起来打击士大夫集团的结果，也被视为中国历史上用文字治罪的开始。关于士大夫，后文联系萧望之重点讲述。

张敞由于和杨恽的关系较好，所以上书建议罢免张敞的人非常多，但刘询爱惜张敞的才能，所以把那些奏章压了下来，没有批复。不过，当时的人都普遍认为，张敞被免官将是早晚的事情。

张敞派他追捕盗贼的下属絮舜去办理某一起案件，但絮舜觉得张敞马上就会被免职了，竟然不愿意再为张敞效力，接受命令后就私自回了家。有人就劝絮舜说这么做不对。谁知絮舜听了之后却说："我为这个人尽力已经够多的了，现在他不过是个五日京兆，马上就会被免职了，还能继续办案吗？"

张敞听到絮舜的话之后，立即怒了，于是派人把絮舜抓起来投进了监狱。当时的惯例，在当年的最后一个月处决犯人，如果冬天没有来得及处决，那么到了春天之后，就有可能遇到大赦而出狱。而絮舜下狱的日子，正是当年冬月的最后几天。于是张敞命令手下昼夜不停地审问絮舜，然后迅速判了他的死刑，下令行刑。

絮舜被押赴刑场之前，张敞让主簿拿着他的命令对絮舜说："五日京兆又怎么样？现在冬月已尽，你还想再活下去吗？"即刻下令将絮舜斩首弃市。

这件事情在历史上非常著名，张敞也因此被人们称之为"五日京兆"。五日京兆后来多形容即将被免职的官吏。

絮舜被杀后没几天就立春了。按照惯例，皇帝派出使者巡行天下，察访各郡国有没有冤狱发生。絮舜的家人见状，于是用车拉着絮舜的尸体，拿着张敞当初下发的命令，然后向使者鸣冤。

使者问明情况，于是向朝廷上奏，认为张敞滥杀无辜。

刘询接到奏折之后，觉得絮舜多有不是之处，张敞虽然杀死絮舜有些过分，但在动辄杀人的朝廷来说，也不是什么大事，于是就想为张敞脱罪。在这个时候，他批复了之前那些关于张敞同杨恽有株连，不宜再任京兆尹的奏折，然后将张敞免为庶人。张敞明白了刘询的用意，于是上殿缴还印绶，亡命而去。

张敞逃亡后几个月，京师的秩序又开始大乱，并且冀州也出现了大盗贼。刘询马上想起了张敞，于是前往张敞家中征召张敞。

朝廷的使者到达张家之后，张敞的家人以为是张敞杀絮舜的那件事情惹了祸，所以全都吓得哭了起来。只有张敞笑着对家人说："我已亡命回家，如果是为了那件事情抓我，一个郡吏就可以办到。现在朝廷派使者前来，必定是天子又要起用我了。"说着就收拾行装，随使者入朝。

张敞回到长安之后，就向刘询上了一道奏折，解释他之前杀絮舜的事情说："我之前有幸备位于列卿，担任京兆尹一职，犯了杀死捕贼的下属絮舜的罪行。絮舜是我非常器重的一个下属，我待他不薄，他受我的恩惠不是一次两次，可是他竟然因为有人上书弹劾我，觉得我马上就要被免职了，在接受我的命令之后就回了家，还说我是'五日京兆'，真是忘恩负义，有违公序良俗。我认为絮舜这么做极不妥当，所以枉法杀了他。我杀了无辜之人，现在就是明确判处我的死刑，我也没有什么遗憾了。"

刘询本来就没有打算处罚张敞，怎么可能在这个时候杀死张敞呢？于是拜张敞为冀州刺史。

张敞到任之后，境内的广川王国接连发生盗窃案，可是案件一直没有侦破。张敞派密探查清盗贼居住的地方，然后杀掉了贼首。根据侦查的情况进一步发现，广川王的内弟及同族宗室刘调等人都与盗贼有关系，官吏们追查来追查去，最终追查到了王宫里。

张敞于是亲自带领冀州的官吏，出动数百辆车，包围广川王宫并从宫中将刘调等人搜出捕获。张敞下令将他们全部斩首，然后将首级悬在王宫门外。之后上书弹劾广川王。

刘询不忍心杀死广川王，下令削去了广川王的部分封地。

张敞担任冀州刺史一年多时间，冀州的盗贼就没了踪迹。后来，张敞又被任命为太原太守，任职刚刚一年，太原郡大治。

刘询死后，汉元帝即位，待诏郑朋推荐张敞，说张敞是先帝名臣，可以当皇太子的老师。汉元帝就征求他的老师萧望之的意见，萧望之说张敞是能吏，治理地方颇有才干，但他不修边幅，举止不稳重，恐怕不适合当太子的老师。于是汉元帝就想任命张敞为左冯翊，但就在那个时候，张敞死了。

张敞有个弟弟叫张武，也是个非常有才能的官吏。当初张敞刚刚当上京兆尹的时候，张武也被拜为梁国的国相。当时梁王非常骄横，梁国又有许多的豪强，梁国在当时以难以治理而著称。张敞就张武说："你到梁国之后，打算怎么治理？"张武对张敞非常尊敬并且有些畏惧，谦让不肯说。于是张敞就派下属去为张武送行，叮咛让下属在路上问张武。张武回答说："想要制服聪明而狡猾的马，就必须准备锋利的嚼子和打马棍，梁国是个大地方，官吏和百姓都不守法，必须用刑法来治理梁国。"下属带话回来，张敞非常满意，认为弟弟张武一定会把梁国治理好。张武到梁国之后，治理起地方来果然很有办法，取得了非常好的政绩。

接下来，回头再讲一讲丙吉。

前文曾经提及，丙吉曾经对刘询施以非常大的恩惠，在刘询被迎立为皇帝之时，也起了非常大的作用。

但丙吉为人厚道，从来不夸耀自己的功劳和德行，对之前帮助刘询的事情，他从来都是闭口不提，所以朝廷上下，没有人知道他帮助刘询的那些事情。

刘奭被立为皇太子之时，丙吉被拜为太子太傅，过了几个月，又被任命为御史大夫。

等到霍氏被灭族，刘询开始亲政，亲自掌管尚书省，批阅奏章。这时，掖庭宫中一个名叫则的婢女，让她丈夫上书，说她以前曾经有护养刘询的功劳，刘询看了之后自己无法辨别真伪，因为对于自己还在襁褓中的事情，他是没办法知道的，于是就把奏章下给掖庭令调查。

掖庭令审问则时，则说当时丙吉知道她的情况。掖庭令于是把则带到御史府，让丙吉看。

丙吉一看认出了这个婢女，他斥责则说："你曾经犯过抚养皇曾孙不谨慎的过错，挨过板子，你哪里有什么功劳？只有渭城的胡组、淮阳的郭征卿对皇曾孙有恩罢了。"

丙吉见当年的事情已经瞒不下去了，于是上书奏报胡组和郭征卿两个女囚当年供养刘询的劳苦情况。

刘询看到丙吉的上书之后，才知道自己刚出生不久就蹲了监狱，于是下令让丙吉去寻找胡组和郭征卿这两个人。而这时两个人已经死了，不过她们都有子孙，于是全都受到了厚赏。

同时，刘询下诏免去则的奴婢身份，为她恢复庶人的自由身份，赏赐给十万钱币。

刘询又亲自问丙吉当年的情况，这一问，才知道丙吉对自己数次重生之恩，但这么多年过去，丙吉却始终没有吐露一个字。

刘询非常感慨，觉得丙吉非常厚道，于是下诏给丞相说："朕寒微时，御史大夫丙吉对我有旧恩，他的德行很美。《诗经》上说过，没有有恩德不报答的。封丙吉为博阳侯，食邑一千三百户。"

而封侯的诏令还没有下达，丙吉却病倒了，而且病得非常厉害。刘询听了之后，担心丙吉一病不起让自己报恩的打算落空，所以准备趁他活着的时候，再次为他增加封地。

但通经术的太子太傅夏侯胜却说："这个人不会死的。我听说积有阴德的人，一定会享受他的快乐并影响到他的子孙。现在丙吉还没有得到报答就病得很重，绝对不是致命的病。"没过多久丙吉果然病好了。

丙吉在病床上听说刘询要封自己为侯，上书坚决推辞，理由是不应凭空名受赏。

刘询回答说："朕封您为侯，并不是空名，而您上书归还侯印，是显示朕不道德啊。当今天下太平，您一定要集中精神，少考虑其他的事，请医吃药，自己多保重。"

五年之后，丞相魏相死，丙吉代为丞相。

丙吉最开始担任狱法小吏，后来学习《诗》《礼》，都通晓大义。等到这个时候当了丞相，非常崇尚宽厚，喜欢礼让。丙吉的下属有罪过，不称职，丙吉就给他休长假，让他自己离开职位，从来不查办他们。有人就对丙吉说："君侯做汉相，奸吏营私，却没有受到惩处的。"丙吉说："如果三公之府还有被惩处的官吏，那我自己就显得不识大体了。"

人们听了觉得很有道理，丙吉的后任都把这种做法作为一种约定俗成的惯例。公府不惩处下属官吏，也是从丙吉这个时候开始的。

丙吉对他的下属，都是尽力掩饰他们的过失，而表彰他们的善举。

丙吉的车夫嗜酒如命，经常喝得酩酊大醉。有一天随丙吉外出，他竟然在丞相的车上吐了一车。西曹主吏报告丙吉，想要将这个驭吏赶走。丙吉说："因为醉酒的过失赶走这个人，那让这个人到何处去容身呢？西曹你还是忍让他一下，他不过是弄脏了丞相车上的脚毡罢了。"最终也没有赶走那个车夫。

这个驭吏是边郡人，特别熟悉边塞发布的关于敌情警戒的事情。曾有一次外出，他看见驿站的驿卒拿着一个赤白口袋骑着快马赶到了朝中。而那种赤白口袋，是边郡发布紧急军情专用的。于是他赶快跟随驿骑到公车府去打听情况，得知是匈奴兵侵入了云中、代郡。打听清楚之后，赶快回府向丙吉报告了情况。他对丙吉说："外敌侵入边郡，边郡二千石一级的长吏有年老生病无法出战的，应当提先看顾一下。"

丙吉认为车夫说得很对，于是召集东曹筛察边郡的长吏，然后一一记下了那些人。还没有全部筛察完毕，刘询便下诏召见丞相、御史，问他们匈奴侵入的两个边郡的官吏的情况。

丙吉因为预先有准备，所以一一回答了出来，而御史大夫仓促之间无法得知详情，因此受到了刘询的责备。

丙吉被称赞为时刻忧虑边事不忘职守，这个驭吏功不可没。退朝后丙吉感叹地说："士没有不可容的，他们的才能各有长处。假如我预先没有听到这个车夫的话，怎么会有被奖励的可能呢。"丙吉的属下因此更加认为丙吉贤能。

丙吉有一次外出，正好碰上一群人为了争道而打群架，死伤的人横在路上。丙吉经过的时候，却不管不问，径直让马车驰了过去。他的下属感觉非常奇怪。

丙吉又往前走，碰上有人赶牛，那头牛喘气吐舌，丙吉命人将车停下来，然后派骑吏去问那个赶牛人说："赶牛走了几里路？"

下属实在忍不下去了，认为丙吉作为丞相，人命关天的事情视而不见，而一头牛喘了气却派人去问，实在是有些不知轻重，因此质疑丙吉。

丙吉回答说："百姓斗殴打死人，这是长安令、京兆尹应该管的事情，我只需要一年一次考核他们的政绩优劣，上奏皇上或赏或罚而已。宰相不过问小事，所以不应该当街处置打架斗殴事件。如今立春不久，天气还没有大热，如果牛走的路不长却喘气吐舌，恐怕会节气失调，伴随着什么灾害发生。三公的职责就是调和阴阳，所以我才派人上前去问。"

下属听了之后，立即心服口服，认为丙吉知大体识大局。

五凤三年（公元前55）春，丙吉病倒了。刘询亲自前去探病，问他说："您如果发生意外，谁可以代您为丞相？"

丙吉谦逊地说："群臣的德行才能，明主全都知道，下臣愚钝，无法识别。"刘询知道丙吉不敢逾越君臣之间的礼制，所以就坚持询问，丙吉才谢罪顿首说："西河太守杜延年精通法律，了解国家以往的典章制度，以前任九卿十多年，现在治郡有较好的名声。廷尉于定国执行法令细致公正，天下人认为自己不会受冤屈。太仆陈万年侍奉后母孝顺，敦厚纯朴表现在行动的各个方面。这三个人的才能都在臣之上，希望皇上考察。"刘询认为丙吉对这些人的评价都非常中肯，于是就答应了。

丙吉死后，御史大夫黄霸继任为丞相。杜延年从西河太守任上被征为御史大夫，没过多久病免，以廷尉于定国为御史大夫。黄霸死后，于定国代为丞相，太仆陈万年代为御史大夫，这几个人在任上都很称职，刘询因是称赞丙吉能识人。

丙吉死后被谥为定侯，他的儿子丙显嗣侯，后来有罪被削爵为关内侯，官至卫尉、太仆。丙显年轻的时候担任诸曹，曾经跟随皇帝去高庙，到了做牺牲的那一天，才派人出去取斋戒的衣服。当时丙吉见了大怒说："祭祀宗庙是多么重大的事情，可是丙显却如此不恭敬慎重，将来使我的爵位失去的，一定就是丙显。"夫人连忙替儿子说好话，丙吉才算饶了丙显。丙吉的中子丙禹为水衡都尉，小儿子丙高为中垒校尉。

后来事情的发展果然不出丙吉所料，丙显被削爵为关内侯还是轻的，他在担任太仆十多年的时间里，和他的属下做了许多营私舞弊的事情，家中藏钱千余万，司隶校尉弹劾丙显，认为丙显大逆不道，提请逮捕他。

长安的一个士人伍尊就上书替他求情说："我年轻的时候担任郡邸的小吏，曾经见到孝宣皇帝以皇曾孙的身份被关押在郡邸监狱。当时，治狱的使者丙吉见皇曾孙无辜遭难，心里感到非常难过，于是选派狱里的女囚胡组抚养皇曾孙，丙吉也经常一直看护。

"我当时曾多次在狱中侍奉皇曾孙，后来朝廷下达了将狱中犯人全部处死的诏令，丙吉不避严刑峻法，抗拒大难，保全了皇曾孙。后来遇到大赦，丙吉就对守丞谁如说，皇曾孙不应当再在监狱里，于是派谁如以官方的名义行文给京兆尹，同时把皇曾孙与胡组一起送到京兆尹那里。京兆尹不接受，又退了回来。

"后来胡组服刑期满将要出狱，皇曾孙因长期和她在一起，留恋她不愿离开她，丙吉于是拿出私人的钱雇用了胡组，让她留下来与郭征卿继续把皇曾孙养了好几个月，才让胡组离开。

"后来少内啬夫报告丙吉说：'供养皇曾孙，没有官方的命令。'当时丙吉能够吃到米和肉了，于是便每月拿出自己的俸禄供养皇曾孙。丙吉生病的时候，常常派我不分早晚去照顾皇曾孙，看他的被褥的干湿厚薄。还经常告诫胡组和郭征卿，不得在早晨和夜间离开皇曾孙去游玩。并多次向皇曾孙进献甘甜可口的美食。所以保证了孝宣皇帝健康快乐地成长，真可以说是功德无量。当时他做这些的时候，哪里会知道皇曾孙将来会做皇帝，而希望他报答自己呢？实在是因为他的仁慈恩德内结于心啊。就算是介子推割肉啖君，也不能和他的功德相比。

"孝宣皇帝在位时，我曾经上书说明这些情况。但奏书到了丙吉那里，他谦让不愿意夸耀自己的功劳，删去了我奏书中关于他的那些话，而是把功劳全部归于胡组和郭征卿。胡组和郭征卿都因此被赏赐给田地、房屋和金钱，丙吉被封为博阳侯，我不能和胡组、郭征卿相比。我现在已经年纪大了，贫困地生活着，说不定哪天就会死去，如果我不早一点说出这些，恐怕会使有些功劳不能如实地记录。丙吉的儿子丙显之前犯了小罪，被削夺爵位成为关内侯，我认为应该恢复他原来的封邑和爵位，以报答先人的功德。"

伍尊的奏折递上去之后，汉元帝看了非常感动，于是下诏说："前丞相丙吉对孝宣皇帝有大恩，我不忍心杀他的儿子断绝他的祭祀。"于是仅仅是将丙显免官，削夺封邑四百户，同时赏赐了伍尊。之后，汉元帝又任命丙显为城门校尉。丙显死后，他的儿子丙昌嗣爵关内侯。

后来，汉成帝又感念丙吉对皇室的恩德，于是下诏恢复丙家的爵位，封丙吉的孙子丙昌为博阳侯。于是，丙吉的封国在断绝三十二年之后，再一次恢复。

而丙吉在临死前举荐的杜延年，其实是一个不为刘询所喜欢的人，一切皆因为，杜延年是霍氏旧人。

在霍氏谋反被诛之后，刘询想要贬退杜延年。丞相魏相更是对杜延年成见很深，认为杜延年素来显贵用事，在任期间的不法之事很多。刘询于是下令追查杜延年，但查来查去，只查到苑中的死马较多，官奴婢缺乏衣食等小过错，并没有查出其他大的问题。杜延年因此被免去官职，削户两千（之前有四千三百户）。

但杜延年毕竟是自己的恩人丙吉推荐的，刘询抹不开这个情面，并且经过考察，刘询发现杜延年这个人确实有独到之处。虽然当初和霍家走得很近，但并不像霍氏那样飞扬跋扈。甚而至于，杜延年还是一个用法宽缓、执法公平的人。

当初霍光等人办理燕王刘旦和上官桀等人谋反案件之时，桑弘羊的儿子桑迁逃跑，曾留宿于桑弘羊之前的下属侯史吴家中。桑迁被捕后处死。后来碰上大赦，侯史吴出了监狱。

廷尉王平和少府徐仁在审理这一起反叛案件时，都认为桑迁因父亲谋反而受牵连，侯史吴留宿桑迁不是藏匿反叛者，而是藏匿随从人员，于是以赦令赦免了侯史吴的罪行。

后来，侍御史复查案件，认为桑迁通经术，知道他的父亲桑弘羊谋反却没有谏争，这一行为与谋反者没有区别；侯史吴原是俸禄三百石的官吏，首匿桑迁，不应该与平民百姓隐匿随从者的行为同等对待，所以侯史吴不得赦免。

侍御史奏请复审案件，检举弹劾廷尉王平、少府徐仁放纵谋反者。少府徐仁是丞相车田千秋的女婿，所以田千秋多次为侯史吴说情。田千秋担心霍光不答应，于是利用自己是丞相的便利条件，召集二千石级别的官员和博士会集公车门，集体讨论该如何处理侯史吴。

当时霍光独揽大权，所以参与讨论的人都知道霍光的真实想法，于是全都坚持侯史吴犯罪的意见。田千秋无可奈何。

第二天，田千秋把众人讨论的结果上报给皇帝，霍光于是以田千秋擅自召集二千石级别的官员开会议事，导致内朝和外朝的意见不一致为由，下令将廷尉王平和少府徐仁下狱。

朝中的大臣们都担心丞相田千秋会受到牵连，于是杜延年便上奏与霍光争辩。他说："官吏放纵罪人，有常法为据，如今改为诬指侯史吴为大逆不道，恐怕用法过于严厉了。丞相田千秋一向习惯为下属说好话，并没有别的意思。至于说田千秋擅自召集二千石级别的官员开会，这并没有根据，因为他是丞相，有这样的权力。杜延年愚钝，认为田千秋在丞相的位子上已经很长时间了，自先帝时他就在职，如果不是发生了特别大的变故，就不应该抛弃他。近来百姓都说狱法深刻，狱吏凶狠，如今丞相主持讨论的恰好又是关于狱法之事，如果因为这件事情而牵连到丞相，恐怕会让大臣们非常失望。天下百姓也会议论纷纷，我担心大将军会因此事而丧失名誉于天下！"

霍光觉得杜延年说得有理，于是单单将廷尉王平和少府徐仁以玩法弄权的罪名，全部判处弃市之刑，而并没有再为难丞相田千秋。杜延年能够在霍光专权的时代站在一个公平公正的立场上为其他人说公道话，确实是难能可贵。

此后，杜延年又多次劝霍光施行汉文帝时期的政策，与民宽和，讨论废除盐、酒、铁专卖等，减轻百姓负担，对于恢复汉武帝后期千疮百孔的经济，做出了一定的个人贡献。

并且刘询在民间时，杜延年的儿子杜佗和他的关系也非常好，所以杜延年对刘询的品行较为了解。刘贺被废之后，丙吉上书推荐刘询，杜延年也劝霍光和张安世立刘询，对刘询最终当上皇帝起了一定的推动作用。

刘询即位后，比照当年朱虚侯刘章的功绩，为杜延年封了两千三百户的食邑，与之前的两千户一起，总共四千三百户。

刘询在了解了杜延年的这些过往行迹之后，逐渐对杜延年改变了看法。于是在几个月之后，重新起用杜延年，并拜他为北地郡太守。

杜延年原任太仆，是九卿。现在却突然被任命为边郡的太守，落差太大，所以治郡没有什么政绩。刘询见杜延年政绩不佳，于是下玺书责备他。杜延年于是选拔贤能的官吏，督捕境内的盗贼，打击郡中的豪强，没过多久，北地郡就恢复了平静。一年多后，刘询见杜延年治绩显著，于是派谒者赐给杜延年玺书和二十斤黄金，改任为西河太守。在西河太守任上，杜延年政绩也非常显著。

其时的霍氏被灭族已十多年，刘询心中对霍氏的恨也逐步淡化，再加上丙吉临死前郑重推荐杜延年，这使刘询对杜延年有了一个新的认识，于是征召杜延年入京，接任御史大夫一职。杜延年在御史大夫任上非常称职，任职三年之后，因老病提出辞职，不久去世。

其他名臣良吏还有诸葛丰、文翁、朱邑、召信臣等人，这些名臣或发展生产，或公正执法，或安抚百姓，或惩强锄恶，使这一社会时期呈现出了政治清明、经济繁荣、百姓殷富、民风淳朴的特有太平景象，使汉武帝末年的社会矛盾得到了一定程度的缓解，历史上称之为"宣帝中兴"。

第三十六节　联合乌孙击匈奴、匈奴分裂、呼韩邪归汉、郅支单于、乌孙内乱

刘询在位期间，不仅在政治上颇有建树，在军事上也有许多优异的表现，这主要体现在汉王朝联合乌孙夹击匈奴、西击西羌等一系列战事和设置西域都护府等决策上。

公元前72年，刘询即位的第二年，匈奴多次侵扰汉朝边境，又向西攻打乌孙国。乌孙国于是派人向汉朝求救。

前文讲到，汉朝把细君公主嫁给乌孙昆莫军须靡，细君死后，汉武帝又把解忧公主嫁给了他。

军须靡当昆莫之前，曾经娶过一位匈奴妻子，这个匈奴妻子为他生下一子名叫泥靡。军须靡死的时候，泥靡的年纪还小，于是军须靡遗嘱由他叔父的儿子翁归靡摄政，等泥靡成年后再立为昆莫。

翁归靡摄政后，又与解忧公主成婚，生下三子二女，其中长子名叫元贵靡。

在汉朝和乌孙联合起来攻打匈奴的情况下，匈奴为壮大己方力量，也联合车师国攻打乌孙。同时派出使者前往乌孙，向乌孙索要汉朝的解忧公主。那么此时的匈奴国内，又是什么情况呢？

前文讲到，狐鹿姑单于在位期间，汉方将领李广利所率的七万将士尽没于匈奴，而匈奴也伤亡惨重，国内经济萧条，民生凋敝。自那以后，单于以下的匈奴贵族和亲的愿望非常强烈。

狐鹿姑单于后期，也想与汉朝和亲，但还没有取得实质性进展，他就病死了。

之前，狐鹿姑单于有个同父异母的弟弟担任左大都尉，特别有才能，匈奴贵族都非常拥戴他。狐鹿姑单于的颛渠阏氏（颛渠阏氏不是某个阏氏的专用称号，而是指正阏氏，类似于汉朝的皇后）担心狐鹿姑单于将来不立自己的儿子却立这个弟弟，于是就私下里派人暗杀了左大都尉。左大都尉的同母兄长非常怨恨，于是不再到王庭来朝会。

狐鹿姑单于病死前，对贵族们说："我的儿子还小，没办法治国，我死之后，立我的弟弟右谷蠡王为单于。"

谁知狐鹿姑单于死后，卫律却与颛渠阏氏串通，封锁单于的死讯，然后诈称奉了单于的命令，与贵族们盟誓，拥立狐鹿姑单于与颛渠阏氏所生的儿子左谷蠡王为单于。这就是壶衍鞮单于。这一年，是汉昭帝始元二年，公元前85年。

壶衍鞮单于即位后，也想与汉朝和亲。匈奴左贤王和右谷蠡王都怨恨自己没有被立为单于，所以想率领他们的部众投降汉朝。但是又担心他们的力量薄弱，于是威胁卢屠王，想要与卢屠王一起投降乌孙，然后联合乌孙攻打匈奴。卢屠王不想与他们同谋，于是派人报告了王庭。壶衍鞮单于派人查问，右谷蠡王不仅不承认自己要投降乌孙，反而诬陷说是卢屠王想要投降乌孙，结果卢屠王以谋反罪被杀，匈奴人都为卢屠王感到冤屈。

此后，左贤王和右谷蠡王也前往他们的领地，不再到王庭龙城来朝会。

壶衍鞮单于年纪小，又刚刚即位，他的母亲行为又不正，没有威信，贵族之间也不团结，所以常常担心汉军会趁机发动突袭。

卫律就建议他打井筑城，然后在城内储藏粮食，派人与投降匈奴的那些秦人一起镇守，汉兵就算是来了，也无可奈何。谁知几百眼井打好了，好几千棵树也伐好了，却有人说匈奴人不擅长守城，那么做其实是在给汉军供应粮食。卫律一听觉得有理，于是赶快停了下来。

为了缓和与汉朝的关系，卫律于是积极做工作，劝单于把之前扣留的汉使苏武、马宏等人送还给了汉朝。马宏原来和光禄大夫王忠受命出使西域，结果在路上被匈奴骑兵截杀，王忠战死，马宏被生擒，也没有投降匈奴。

此后，匈奴又几次出兵侵扰汉朝边境，结果均被汉军打得大败，斩首俘虏无数。此后不久卫律死。卫律活着的时候，经常向匈奴贵族谈论与汉朝和亲的好处。但贵族们却并不信服。等到此次打了好几个败仗，国家越发贫困，才又想起了卫律的话。于是一些亲汉的贵族想方设法要与汉朝和亲，却一直没有遇到合适的机会。

公元前78年，汉朝从匈奴降兵口中得知，北方的乌桓（今内蒙古东部西拉木伦河到归流河一带）曾经挖掘了老单于的坟墓，匈奴人非常怨恨，准备派出两万骑兵攻打乌桓。当时的大将军霍光想要派兵在半路上截杀匈奴兵，于是就征求护军都尉赵充国的意见。

但赵充国却不同意霍光的主张，他认为乌桓也多次侵扰汉朝的边境，现在匈奴攻打乌桓，对汉朝有利。并且那个时段匈奴很少入寇汉边，边境非常太平。蛮夷们之间互相攻击，汉朝要是出兵拦截，一定会招来匈奴人的报复，所以，派兵拦截匈奴不是个好主意。

霍光见赵充国不同意，于是又征求他的女婿、中郎将范明友的意见。范明友认为可以攻打。于是霍光拜范明友为度辽将军，率领两万骑兵出辽东，前去攻打匈奴。

匈奴人听说汉军前来，于是引军撤走。

范明友在出发之前，霍光告诫他说："兵不空出，即后匈奴，遂击乌桓。"汉朝派兵出征不是一件小事，如果大军出征，毫无所获而归，那么就一定会招致政敌的非议，所以霍光的用意非常明显，如果错过了匈奴，那就打乌桓，总而言之，一定要取得一场胜利，让那些反对他们的人乖乖地闭嘴。

范明友见匈奴大军撤走，于是按照霍光的战略意图，乘乌桓遭受匈奴重创、损耗极大之机，乘虚而入直奔乌桓，一举击杀乌桓三王及六千多人，使乌桓几乎一蹶不振。范明友得胜回朝后，因功被封为平陵侯，汉军军威威震乌桓及匈奴。

壶衍鞮单于因此越发恐惧，不敢再对汉朝用兵。于是派使者前往乌孙，向乌孙索要汉朝的解忧公主。

解忧公主是乌孙的国母，怎么能随随便便送给匈奴？摄政的翁归靡理所当然地拒绝了。于是匈奴发兵攻打乌孙，攻下了乌孙国东部的车延（今新疆塔城地区沙湾县）、恶师（塔城地区乌苏市）等地。

乌孙派人向汉朝求救，汉朝还没有来得及回答，汉昭帝却死了。等刘询即位之后，乌孙再次派人送来国书说："我国多次被匈奴攻打，我们愿意派出国中的一半精兵五万人马，尽力攻打匈奴，也希望天子能够出兵，帮助一下可怜的公主。"

刘询经过与霍光等人商议，决定出兵攻打匈奴，帮助乌孙。

本始二年（公元前72），刘询派遣大军联合乌孙攻打匈奴。第一路御史大夫田广明为祁连将军，率领四万骑兵，出西河；第二路度辽将军范明友，率三万骑兵，出张掖；第三路前将军韩增，率三万骑兵，出云中；第四路后将军赵充国为蒲类将军，率三万骑兵，出酒泉；第五路云中太守田顺（田千秋之子）为虎牙将军，率三万骑兵，出五原。

汉军此次出动五路大军，十六万骑兵，不仅是西汉历史上最大规模的一次骑兵出征，也是两汉四百年间最大规模的一次骑兵出征。

为了加强两军的协调性，刘询又派校尉常惠持节前往西域，节制乌孙及西域诸国的兵马。常惠原来是苏武的副使，被匈奴扣留后一直不肯投降匈奴，回汉后被拜为郎中，因为非常熟悉匈奴的情况，所以刘询让他节制乌孙军队。

乌孙国翁归靡亲自带领五万骑兵，由西向东向匈奴进发，与五路汉军对匈奴形成包围夹击之势。

匈奴人听说汉方派出了十六万骑兵，十分恐惧，于是提前将老弱牧民和牛、羊等牲畜远远地转移逃走，所以汉方的五路大军战果都不是特别理想。

范明友出塞一千二百多里后，到达蒲离侯水（今蒙古国拜德拉格河），斩杀并俘虏匈奴兵七百多人，缴获马、牛、羊一万余匹。

韩增出塞一千二百余里，到达乌员（今蒙古国南部曼达勒戈壁一带），斩首俘虏一百多人，缴获马、牛、羊两千多匹。

赵充国应该与乌孙军队在蒲类泽（今新疆哈密市巴里坤县巴里坤湖）会师，夹击匈奴军，但因乌孙军队先到，汉军后到，所以未能实现既定的战略意图。赵充国出塞一千八百多里，向西到达候山，斩首俘虏单于的使者蒲阴王等三百余人，缴获马、牛、羊七千多匹。他听说匈奴兵已撤走，于是没有与乌孙军队会师就撤了回来。刘询命令有司记下了他的过失，却宽恕了他。

田广明出塞一千六百余里，到达鸡秩山（今蒙古国杭爱山东部支脉），斩首俘虏十九人，缴获马、牛、羊一百余匹。田广明在那里碰到汉朝的使者冉弘等人，说鸡秩山西有匈奴大军，田广明对战胜匈奴兵信心不足，于是就让冉弘不要说出实情，就说是那里没有匈奴军，然后想要率军班师。御史的属官公孙益寿知道不能这么做，于是就极力劝阻，但田广明不听，执意带兵撤了回来。

田顺带兵出塞八百余里，到达丹余吾水上（今蒙古国翁金河所注入的乌兰湖，乌兰湖现已干涸），就不愿再前进，斩首俘虏一千九百多人，缴获马、牛、羊七万余匹，之后带兵撤回。

刘询对田广明和田顺的行为大为震怒，于是将他们交给狱吏审讯。最终查实：田顺不与其他几路汉军会师，贻误战机，并且还虚报缴获的战利品数量；田广明到达受降城之后，受降城的都尉刚刚死去，灵柩还在堂下，田广明就召来他的寡妻通奸；并且知道敌军在前，却没有带兵前去应战，罪行十分深重。

于是二人全部被下狱，都在狱中自杀而死，两人的封国都被废除。

而乌孙国这一路，却取得了非常大的胜利。

常惠节制乌孙大军，翁归靡亲自带领五万骑兵，从西边攻打匈奴。乌孙大军攻入匈奴右谷蠡王的王庭，捕获单于的父辈、嫂子、居次（匈奴公主），副王及骑将以下三万九千多人，缴获马、牛、驴、骡、骆驼五万多匹，羊六十万只。

获胜之后，常惠和十多名手下随翁归靡一齐回乌孙。在回乌孙的路上，乌孙人盗走了常惠的印绶和符节。常惠回汉之后，自以为出现这样的失误，一定会被降罪处死。但一个事实情况是，当时汉方派出的五路大军都没有取得大的胜利，刘询觉得常惠作为汉朝使者节制乌孙大军，取得了斩杀俘获三万九千多人、缴获牲畜数十万的大胜利，真是战果辉煌，虽有丢失天子符节的罪过，但不能抹杀他的大功，于是封常惠为长罗侯。

之后，刘询再次派遣常惠为使，持金币前往乌孙，赏赐乌孙国有功的贵人。

常惠趁机向刘询奏请，说龟兹国（今新疆阿克苏地区库车县一带）曾经杀死汉朝使者校尉赖丹，汉军还没有声讨他们的罪行，请求顺便攻打龟兹国，但刘询却没有同意。

大将军霍光得知消息后，谈话间暗示常惠到了那边之后可以便宜从事。于是常惠带着五百多名官吏将士前往乌孙，回来路过龟兹国，常惠征发龟兹西面国家的将士两万人，龟兹东面国家的将士两万人，乌孙国兵马七千，从三面攻打龟兹。三军还没有会师，常惠派人先遣责龟兹国王之前杀死汉朝使者的罪状。龟兹国王道歉说："那是我们的先王之前误听了贵人姑翼的谗言，我没有参与这件事情，我无罪。"常惠说："既然如此，那就把姑翼抓起来交给我，我放过大王。"于是龟兹王把姑翼抓起来交给了常惠，常惠斩杀了姑翼，之后回国。

常惠后来接替苏武担任典属国，非常精通对外事宜，多次立下功劳。后来后将军赵充国死，刘询任命常惠为右将军，仍然担任典属国。常惠死后，谥为壮武侯。常惠之前作为苏武的副使出使匈奴而被扣留，在历史上虽然没有坚贞不屈的苏武那样有名，却立下了比苏武更卓著的功勋。

汉朝和乌孙国联合起来攻打匈奴，被俘虏斩杀的匈奴人其实只是其中一部分，还有相当一部分在转移和逃亡的过程中受伤、死亡，至于死去的牛、羊、驴、马等牲畜，更是多得不可胜计，匈奴遭到如此惨重的损失，因此非常怨恨乌孙国。

为了报复乌孙，壶衍鞮单于对乌孙国采取了报复性军事行动。当年冬天，他亲自带领一万多名骑兵出击乌孙，俘虏了乌孙国的许多老弱百姓，准备返回王庭。非常不幸的是，匈奴军队碰上了大雪，一天之内，降下的雪达到一丈深，这一支匈奴军队人马多被冻死，最终回到驻地的，不到原来的十分之一。

见匈奴遭了雪灾，周边的小国纷纷乘虚而入。丁零从北边进攻，乌桓从东边进攻，乌孙从西边进攻。三国共杀死匈奴数万人，夺走马数万匹，牛羊多得不可计数。

再加上因大雪而饿死的人，匈奴百姓死亡者高达十分之三，畜产损失高达十分之五，匈奴遭此变故，变得极度虚弱，许多原来依附的小国纷纷脱离匈奴，而匈奴却无力再控制。

其后汉朝又派三千骑兵出塞，分三路攻打匈奴，俘获了数千人而回，匈奴始终不敢采取报复行动，只是更加希望能与汉朝和亲，因而汉朝边境很少有战事。

匈奴自此由盛转衰。西汉从公元前138年汉武帝派张骞出使西域开始，到公元前72年，经过整整六十六年的苦心经营，终于联合西域各国，成功实现了合围匈奴的战略意图，自此，匈奴再无力与汉朝抗衡。

公元前68年，壶衍鞮单于死，他的弟弟左贤王即位，是为虚闾权渠单于。

虚闾权渠单于继位后，按照惯例，他应该娶壶衍鞮单于原来宠爱的颛渠阏氏，但他却没有这么做，而是以右大将的女儿为大阏氏，废黜了颛渠阏氏。颛渠阏氏的父亲左大且渠对此怨恨不已。

这一时期的匈奴，由于无力到汉朝边境劫掠，因此汉朝撤除了塞外城防，让百姓休养生息。虚闾权渠单于听说这件事情之后非常高兴，召来贵族们商议，想要与汉朝和亲。

左大且渠不想让虚闾权渠单于和亲成功，决定为他制造障碍，于是就说："以前汉朝使者到匈奴来，他们的军队就紧随其后，现在我们也可以效仿汉朝的做法，先派使者去出使，然后紧随其后对他们用兵。"并且自告奋勇与呼卢訾王各率一万骑兵南下，靠近汉朝边塞游猎，两军会师以后，就一起攻打汉朝边郡。

虚闾权渠单于没有意识到左大且渠是在给他使坏，于是就采纳了这个建议。

谁知左大且渠两军还没有靠近汉朝边境，正好有三个匈奴骑兵逃走投降了汉朝，说匈奴要来掳掠。汉朝得知消息，于是下令征发边郡骑兵驻屯到要害之处，共五千骑兵，分三队出塞各数百里，各俘获匈奴数十人而回。

匈奴人阴谋泄露，不敢入侵边郡，只得引兵而回。

这一年，匈奴发生大饥荒，百姓和牲畜死亡者高达十分之六七。即便如此，匈奴人为了防止汉朝报复，又征调了两屯各一万骑兵以防备汉军。

这年秋天，匈奴以前从西域虏来住在左边地区的那些奴隶，数千人驱赶着牛羊，南下投降了汉朝。

第二年，西域各城邦国家联合起来攻打亲附匈奴的车师国，俘获车师国王及民众而去。虚闾权渠单于又立车师王的弟弟兜莫为车师王，收集车师国剩余的民众向东迁徙，不敢住在原来的地方。汉朝见车师国迁徙，于是增派屯田士卒，在车师国的旧地上屯垦。

匈奴怨恨西域各国联合攻打车师，就派左、右大将各率一万骑兵到右边屯田，想以此来给乌孙和西域各国造成压力。并派兵攻打汉朝有车师的屯田军队，未能攻下。

此后，虚闾权渠单于又带着十万骑兵，准备入侵汉边，但因匈奴人投降汉朝消息泄露而未能如愿。

公元前60年，虚闾权渠单于派题王都犁胡次等入汉，请求和亲，但使者还没有到达汉朝，虚闾权渠单于就病死了，在位九年时间。

当初虚闾权渠单于即位后废黜了颛渠阏氏，颛渠阏氏就与右贤王私通。虚闾权渠单于病重之时，右贤王到龙城来朝会。右贤王将要离开龙城时，颛渠阏氏暗中告诉他单于病得很厉害，要他不要远离。

几天后，虚闾权渠单于死。郝宿王刑未央派人到各部召集诸王前来，商议立新单于的事情。匈奴各部距离较远，所以使者派出之后，不可能很快赶到。而在这段时间里，之前被废的颛渠阏氏就和她的弟弟左大且渠都隆奇密谋并积极活动，拥立她的情夫右贤王屠耆堂为握衍朐鞮单于。

握衍朐鞮单于是代他父亲做的右贤王，他是乌维单于的耳孙。握衍朐鞮单于继位之后，也认为与汉朝除了和亲，再没有更好的办法，于是派他的弟弟伊酉若王胜之出使汉朝。

握衍朐鞮单于为人十分凶狠，刚刚即位，就大开杀戒，把虚闾权渠单于在位时当权的贵人刑未央等人全都杀了，而任用颛渠阏氏的弟弟都隆奇掌权，又将虚闾权渠单于的子弟近亲全部罢免，而以自己的亲近子弟代之。

虚闾权渠单于的儿子稽侯珊未能继承单于之位，又见握衍朐鞮单于大肆清除异己，担心自己将会被清洗，于是就赶快出逃，前去投奔他的岳父家乌禅幕小国。

乌禅幕本来是介于乌孙和康居之间的一个小国，因多次受到这些国家侵略，所以他们的首领就带着数千民众降了匈奴。当时的狐鹿姑单于把他弟弟的儿子日逐王的姐姐嫁他们的首领为妻，仍旧让他掌管自己的部众，居住在匈奴右地。

日逐王先贤掸，他的父亲左贤王被拥立为单于之后又让位给狐鹿姑单于，狐鹿姑单于当时曾承诺在他死后让先贤掸的父亲继位。所以匈奴人都说日逐王应该被拥立为单于。

日逐王先贤掸一向与握衍朐鞮单于不和，于是就率领他的部众数万骑兵投降了汉朝。先贤掸降汉之后，被汉朝封为归德侯。

握衍朐鞮单于见先贤掸降汉，于是改立自己的堂兄薄胥堂为日逐王，并杀掉了先贤掸的两个弟弟。

乌禅幕替先贤掸的两个弟弟求情，但握衍朐鞮单于却并不听从，乌禅幕心里对握衍朐鞮单于很是愤怒。

之后匈奴的左奥鞬王死了，按照惯例，也应该让左奥鞬王的儿子继承王位。但握衍朐鞮单于没有这么做，而是立自己的小儿子为左奥鞬王，留住在王庭。

握衍朐鞮单于的做法很令奥鞬贵人愤怒，他们无视握衍朐鞮单于立自己儿子为左奥鞬王的事实，而是共同拥立已故左奥鞬王的儿子为王，然后同他一起向东迁徙。

握衍朐鞮单于大怒，派右丞相率一万骑兵去追杀，但在前去征伐的路上，士兵却逃亡了好几千人，所以这一场征讨，最终无疾而终。

由于握衍朐鞮单于在继位期间以侵害其他旧贵族利益的方式来为自己的亲信和子弟谋利益，再加上暴虐成性，滥杀无辜，所以匈奴贵族大多起了叛心，国内人心不服。

他的太子和左贤王又屡次说左地贵人的坏话，所以左地的贵人们也都非常怨恨。

第二年，乌桓攻打匈奴东边的姑夕王，俘获了姑夕王很多的百姓，握衍朐鞮单于听说之后，非常生气，准备向姑夕王问罪。

姑夕王惶恐不安，就和乌禅幕以及左地贵人一起，共同拥立虚闾权渠单于的儿子稽侯珊为呼韩邪单于，之后征发左地兵力四五万人，向西征讨握衍朐鞮单于。

呼韩邪单于的军队到达姑且水北，还没有与握衍朐鞮单于的军队交战，握衍胸鞮单于的军队就开始四散奔逃。握衍朐鞮单于非常惊慌，于是派人去向他的弟弟右贤王求救说："匈奴人都来攻打我，你愿意发兵帮助我吗？"

他的弟弟右贤王毫不客气地拒绝说："你没有仁爱之心，滥杀兄弟和诸位贵人，你最好死在你的地方，不要来玷污我的土地！"

握衍朐鞮单于愤恨难忍，在众叛亲离、四面楚歌之中自杀而死。

他手下的左大且渠都隆奇弃军逃往右贤王那里，王庭的部众全都投降了呼韩邪单于。

这一年是公元前58年，汉宣帝神爵四年。残忍无爱的握衍朐鞮单于，仅仅在位三年时间，就失位自杀而死。

呼韩邪单于回到王庭几个月后，解散了姑夕王和左地贵人的军队，让他们各回故地。为了巩固自己的单于之位，呼韩邪单于将他流落在民间的哥哥呼屠吾斯找了回来，立为左谷蠡王，之后派人向右贤王部落的贵族们通话，唆使他们杀掉右贤王。

如果呼韩邪单于能够对右贤王网开一面，或许双方还可以和平共处，但呼韩邪单于这一紧逼，右贤王部落的贵族们不干了，他们决定另立单于，推翻呼韩邪单于的统治。

这年冬天，都隆奇和右贤王共同拥立握衍朐鞮单于的堂兄，日逐王薄胥堂为屠耆单于，之后发兵数万人，向东攻打呼韩邪单于。

呼韩邪单于手下兵少，抵挡不住右贤部落的进攻，战败后逃走。

屠耆单于进驻匈奴王庭，封他的长子都涂吾西为左谷蠡王，又封他的小儿子姑瞀楼头（瞀，音冒）为右谷蠡王，之后留居于匈奴王庭。

至此，匈奴出现了两个单于。

第二年秋，屠耆单于派原日逐王先贤掸的哥哥右奥鞬王和乌藉都尉，各率二万骑兵屯驻在东方，以防守呼韩邪单于。

这个时候，西方的呼揭王来到王庭，与唯犁当户策划，一起谗毁右贤王，说右贤王想要自立为乌籍单于。

屠耆单于一听大怒，于是就杀了右贤王父子。但没过多久，屠耆单于就得知右贤王被毁谗的真相，于是他又杀了唯犁当户。

呼揭王非常恐惧，担心自己也被屠耆单于所杀，于是背叛而走，自立为呼揭单于。

右奥鞬王得知消息后，也自立为车犁单于。乌藉都尉也自立为乌藉单于。

至此，匈奴地面上出现了五个单于。

车犁单于和乌藉单于的背叛和自立令屠耆单于非常恼怒，于是他亲自带兵前去攻打车犁单于，而让都隆奇率兵攻打乌藉单于。

车犁单于和乌藉单于都被击败，他们一齐向西北方向逃亡，然后与呼揭单于合兵一处，加起来有四万多人。

这个时候，乌藉单于和呼揭单于都去除了单于的名号，然后联合起来共同拥戴车犁单于。

至此，匈奴之地呈现于三单于并立的局面：呼韩邪单于、屠耆单于、车犁单于。

屠耆单于听说乌藉单于和呼揭单于自去王号共同辅佐车犁单于，于是派左大将、左大都尉率兵四万骑分别驻屯在东方，以防备呼韩邪单于，而自己则亲率四万骑兵向西征讨车犁单于。

车犁单于被击败，向西北方向逃走，屠耆单于于是引兵向西南方向，留住于一个名叫阘敦（阘，音踏，今内蒙古乌拉特中旗西北阴山北麓）的地方。

此后的第二年，呼韩邪单于派他弟弟右谷蠡王等人向西袭击屠耆单于的屯兵，杀虏了一万多人。屠耆单于得知消息后，立即亲率六万骑兵来攻打呼韩邪单于。

屠耆单于所率的骑兵行军一千里，还没到嗕姑（嗕，音入）这个地方，就碰上了呼韩邪单于的军队大约四万人。

双方立即陷入混战，由于屠耆单于劳师远征，而呼韩邪单于却是以逸待劳，所以虽然屠耆单于兵力占优，但很快处于了劣势，屠耆单于兵败自杀。

见屠耆单于兵败，都隆奇于是赶快和屠耆单于的小儿子右谷蠡王姑瞀楼头逃奔汉朝。

车犁单于见呼韩邪单于击败了屠耆单于，于是也东来投降了呼韩邪单于。

至此，匈奴之地只剩下了一个单于，理论上讲，匈奴应该归于一统了，但事实上没有，由于长期混战不休，在名义上刚刚统一的匈奴马上又再次走向了分裂。

呼韩邪单于的左大将乌厉屈和他的父亲呼速累乌厉温敦眼见匈奴连年动乱，对匈奴已经失去了信心，于是率领他们的部众数万人南下投降了汉朝。

汉朝封乌厉屈为新城侯，封乌厉温敦为义阳侯。

车犁单于投降了呼韩邪单于，原来归附于他的乌藉都尉却没有。这个时候，李陵的儿子又拥立乌藉都尉为单于，呼韩邪单于马上派人把他们抓起来杀掉了。

之后，呼韩邪单于率人再次返回王庭。这个时候，呼韩邪单于虽然在内战中取胜，但他的实力仍然不强，部众只有几万人。

实力不足，统治力就不强，就会给别人以可乘之机。屠耆单于的堂弟休旬王指挥他所属的五六百骑兵，攻杀了左大且渠，吞并了他的部众，然后前往匈奴右地，自立为闰振单于，活动在西部一带。

这还不是最糟糕的，呼韩邪单于说什么也没有想到的是，他的哥哥竟然也会在这个节骨眼上背叛他。

他的哥哥呼屠吾期原来流落民间，他即位后将他任命为左谷蠡王，后进位为左贤王，竟然也在这个时候自立门户，自立为郅支骨都侯单于（后面简称郅支单于），据于东方。

匈奴各部之间的混战再起。

其后两年，闰振单于率领他的部众向东攻打郅支单于，结果被郅支单于击败，并兼并了他的军队。实力大增的郅支单于，掉转枪口开始进攻自己的弟弟呼韩邪单于。呼韩邪单于不敌，带着败兵逃走，郅支单于占据了匈奴王庭。

呼韩邪被郅支单于击败后，左伊秩訾王向他献计，劝他向汉朝称臣，以取得汉朝的援助，这样就可以平定匈奴的内乱。

呼韩邪单于经过仔细考虑，觉得这不失为一个好办法，于是征求大臣们的意见。谁知大臣们都反对说："不能这样做，我们匈奴的风俗，从来就是以力胜人为上，以服侍于人为下，我们以马上战斗立国，威名震于百蛮。即便是战死了，也是壮士应有之义。现在兄弟争国，不是兄长获胜就是弟弟获胜，虽然战死也有威名，子孙仍可做诸属国的君长。汉朝虽说强盛，但也始终未能兼并匈奴，为何要违反祖先的规矩，去做汉朝的臣子而使先世单于蒙受耻辱，让其他的各国耻笑呢？投降汉朝，虽说可以换来安宁，但我们还拿什么去做百蛮的首领呢？"

左伊秩訾王反驳说："不对，强弱是随着时势变化的，如今汉朝正处于极为强盛的时期，乌孙等城邦各国全都臣服于汉朝。而我们匈奴自且鞮侯单于以来，一天比一天削弱，至今不能复兴，虽说顽强地生存着，但从来没有过一天的安宁。现在归附汉朝就可安定长存，不归附汉朝就有灭国之危，没有比这更好的办法了！"

匈奴的大臣们互相辩论，谁也说服不了谁。最终，呼韩邪单于采纳了左伊秩訾王的意见，带着他手下的部众南迁，靠近汉朝边境，之后派他的儿子左贤王铢娄渠堂前往长安，替他传达愿意投降汉朝的意向。

郅支单于听说之后，也派他的儿子右大将朐于利前往长安，侍奉汉家天子。

这一年，是公元前53年，汉宣帝甘露元年。

公元前52年，呼韩邪单于到达汉朝五原边塞，向汉方传达情意，希望能参加甘露三年正月的朝贺。

刘询非常高兴，于是派车骑都尉韩昌前去迎接，并令所经的七个郡各派两千骑兵夹道欢迎并护卫。

公元前51年正月，呼韩邪单于朝拜汉天子刘询于甘泉宫，汉朝用最为隆重的仪式，以表示对匈奴单于的尊宠。

从公元前200年汉高祖刘邦被冒顿单于围困于白登七天七夜，再到此时的呼韩邪单于前来朝拜汉朝皇帝，中间经过了整整一百五十年。在这一百五十年里，汉王朝对匈奴的战争时断时续，从最初的忍辱和亲，到后来的主动出击，再到此时的从容受降，汉王朝历代君臣所付出的辛劳和汗水，无数官吏将士黎民百姓的鲜血和生命，终于使匈奴这个宿敌、劲敌低下了强悍的头颅，试问大汉君臣，怎能不为这来之不易的胜利而欢欣鼓舞呢？

让匈奴投降汉朝，是汉朝几代君臣的夙愿，而这个目标能在汉宣帝刘询的任期内实现，则实属不易。

不论代表匈奴正统的呼韩邪单于是窘急无奈来降，还是穷途末路来降，但这终归是一个标志性事件，它标志着汉王朝在对匈作战中取得了压倒性的胜利！

不过，匈奴在相当长的一段时间里，毕竟是汉朝一个十分强劲的对手，所以即便是现在前来投降，也必须给予他必要的尊重。汉朝将呼韩邪单于的位次列于汉方的各诸侯王之上，并特许他在拜见汉朝天子之时，只称臣而不必报出名姓。

同时，赐给他冠带衣裳，黄金印玺和绿绶带，玉具剑，佩刀，一张弓，四支箭，十柄棨戟，一辆安车，一副鞍勒，十五匹马，黄金二十斤，钱二十万，衣被七十七套，各色锦绣丝绸八千匹，丝絮六千斤。

贺礼完毕，使者引导呼韩邪单于先行退朝，到长平歇息。而刘询则从甘泉到池阳宫歇息。次日，刘询登上长平，特意诏令呼韩邪单于不必拜谒，单于左右当户等臣下都可列队观看，他们和各蛮夷国君长王侯共数万人，同在渭桥下夹道迎候。

刘询最后登上渭桥，所有人都齐呼万岁。响彻云霄的呼喊声，象征着汉王朝的兴旺与鼎盛。

之后，呼韩邪单于回到汉朝为他准备的府邸，居住了一个多月，汉朝才让他回国。呼韩邪单于临行时请求，愿留守在光禄塞下，一遇紧急情况就来保卫汉朝的受降城。

于是刘询派长乐卫尉高昌侯董忠，车骑都尉韩昌带领一万六千骑兵，又调边郡兵马数千，护送他从朔方郡鸡鹿塞出境。

刘询又颁布诏令，让董忠等人留下来保卫单于，帮助他诛灭不肯顺从者，并转运边境的谷米干粮接济，前后共三万四千斛，供给匈奴食用。

呼韩邪单于在汉朝所受到如此高的待遇，让郅支单于非常紧张。他非常担心呼韩邪单于在汉朝的支持下对他发起攻击，所以也在这一年派使者到汉朝进贡，希望与汉朝处好关系。刘询来者不拒，对郅支单于也给予了同样优厚的待遇。

第二年，两位单于都派使者前来汉朝朝贺、进贡。因为呼韩邪单于曾经亲自来朝见汉朝皇帝，所以刘询对待呼韩邪单于一方格外优厚。

公元前49年，呼韩邪单于再度入朝，汉朝赐给他的财物与上次一样，并额外增加了衣服、锦帛、丝絮的数量。因为沿途有屯兵，所以不再派遣骑兵护送他回去。

呼韩邪单于初次前来长安朝见之时，郅支单于以为呼韩邪投降了汉朝，以他薄弱的兵力，恐怕再也没有回到匈奴的可能了。于是就带着他的部众向西进发，想要平定匈奴右地。

而在那个时候，屠耆单于的小弟，本来是侍奉呼韩邪单于的，也逃到了右地。他在右地收集了他两个哥哥的残兵共得数千人，自立为伊利目单于。

此时郅支单于前来平定右地，不可避免地与伊利目单于产生了冲突，两军交战，英勇善战的郅支单于杀死了伊利目单于，并兼并了他的部众。此时，郅支单于的势力扩张到了五万多人。

郅支单于听说汉朝出兵出粮援助呼韩邪单于，于是他就留在右地，不再东归。郅支单于自度以他的力量无法平定匈奴，于是就继续向西靠近乌孙，派使者前去见乌孙昆莫，想与乌孙联合。

而这个时候的乌孙国，在十多年的时间里，又发生了许多变化。

当初乌孙和汉朝联合起来大败匈奴之后，公元前64年，乌孙国翁归靡通过常惠向汉朝上书说："乌孙国愿意立汉朝的外孙元贵靡为继承人，希望也能为元贵靡娶一位汉朝的公主，这样一来，乌孙与汉朝缔结双重姻亲，亲上加亲，就一定会完全与匈奴断绝关系。我们愿意交付马、骡各千匹的聘礼。"

刘询到上书之后，把它交给大臣们讨论。大鸿胪萧望之认为："乌孙离我们太远了，地处偏僻，难保不发生变化，还是不要答应他们。"

但刘询考虑到乌孙国刚刚联合汉朝打了一个漂亮的大胜仗，况且汉朝也难以断绝已经与乌孙国建立的这种姻亲关系，所以没有采纳萧望之的建议。于是派使者先行前往乌孙国，迎取乌孙国的聘礼。

翁归靡及太子、左右大将、都尉都派出使者，共三百多人，前往汉朝迎娶公主。刘询于是以解忧公主的侄女相夫为公主，为她设置官属、宫女一百多人，居住在上林苑中，学习乌孙语言。

刘询亲自前往平乐观，会见匈奴的使者、外国的君长，命人演出角抵之戏和歌舞，然后送相夫出嫁。长罗侯常惠接受命令，持节护送相夫前往敦煌。

汉方送亲的队伍还未出边塞，结果却传来了翁归靡已死的消息。翁归靡死后，乌孙的贵族们按照军须靡生前的遗嘱，立他的儿子泥靡为昆莫，号为狂王。

发生这样的变故，常惠于是停在敦煌，然后向朝廷上书说："希望让公主暂时留在敦煌，我快马前往乌孙，谴责乌孙国不立元贵靡为昆莫之后，然后再送公主回国。"

刘询召集大臣们商议，萧望之再次主张说："乌孙国首鼠两端，很难跟他们建立盟约。解忧公主在乌孙国已经四十多年，与乌孙昆莫的感情并不亲密，所以边境未能安宁，这已为事实所验证。如今让公主以元贵靡没有立为昆莫的理由返程回国，也不算失信于乌孙，这是中国之福。如果不把公主迎回来，那么汉朝的麻烦就会没完没了。"

事情起了这样的变化，刘询认为萧望之的话有值得采纳的地方，于是同意，下令迎回了公主。

狂王泥靡又娶了解忧公主，生下一男名叫鸱靡。但狂王与解忧公主的感情不好，又性格粗暴，不得众心。

汉朝派遣司马魏和意、副侯任昌护送乌孙国在汉朝入质的侍子。解忧公主见到他们，向他们说了狂王的种种不是之处，说狂王很容易除掉。于是解忧公主与魏和意、任昌等人密谋，设置了一场酒宴，准备在酒宴上杀掉狂王。

谁知在刺杀的时候，武士的剑没有击中狂王的要害，从一旁落下，狂王受了伤，当即上马疾驰逃走。

狂王的儿子细沈瘦率兵将魏和意、任昌和解忧公主包围在赤谷城（今吉尔吉斯斯坦伊塞克湖州伊什提克），准备要杀死他们。直到几个月之后，西域都护郑吉征发各国的兵马来救，细沈瘦才撤兵而去。

汉朝使者和汉朝公主合谋刺杀乌孙昆莫，给乌孙和汉朝两国原本亲密的外交关系带来了极为不利的影响。如果他们成功杀死狂王并拥立新君，那他们就会成为维护两国亲密关系的功臣，但遗憾的是他们没有成功，让狂王活了下来。那么现在，这一事件便上升到了国与国的层面，汉朝必须有一个起码的态度，宣布魏和意等人的行为是个人行为，并不是汉朝朝廷的意思，不然，没办法给仍然活着的狂王及乌孙贵人一个交代，汉朝历经半个世纪费尽心力与乌孙国建立的亲密关系，也会自此蒙上阴影。那么在这种情况下，魏如意和任昌就成了十恶不赦的罪人！

于是刘询派遣中郎将张遵携带上好的医药前去诊治狂王，并赐给狂王黄金二十斤，以及丝绸杂絮等物，以示对他的安慰。同时，命令使者将魏和意、任昌抓起来关进囚车，一路押到了长安，然后斩首示众。

同去的使者之中，车骑将军长史张翁留下来审问解忧公主，让她交代与汉朝使者密谋刺杀狂王的罪行，解忧公主不服罪，向张翁叩头请求宽待，但张翁却并没有善待解忧公主之意，他揪住解忧公主的头发，大声地辱骂她。

解忧公主感觉很受屈辱，她这么做是为了什么？她远离亲人远离故土，在这个风俗迥异的异国他乡苦苦支撑四五十年，为了什么？还不是为了替大汉朝着想，让乌孙国安定并与汉朝始终保持亲密无间的关系，以加强汉朝对西域各国的控制。现在因为她偶尔出现失误，汉朝怎么能把她以往的功绩一笔抹杀呢？就算是乌孙国真的抓到了她，碍于她的儿子元贵靡等人之面，也并不一定敢把她怎么样，祖国派来的使者，怎么能如此目无尊长，揪着她的头发辱骂她呢？

于是解忧公主向朝廷上书诉说委屈，刘询非常愤怒，所以张翁回汉之后，被诛杀。张翁，实在是没有弄清楚汉朝要他审问解忧公主的真正用意啊。做这种事情，张翁的道行显然浅了，刀笔小吏办不好这种事情，必须通经术的大臣，才可以将这件事情办得滴水不漏啊。

汉朝派去的副使季都带人留下来照顾诊治狂王，对狂王照顾得非常周到，狂王伤愈之后，季都等人返回，狂王派出十多名骑兵专程护送他们回国。季都回到长安，也被降罪下了蚕室，处以宫刑。理由是他在照顾狂王期间，知道狂王不得民心，却没有抓住有利时机除掉狂王。

当时在解忧公主等人密谋杀死狂王的酒宴之上，肥王翁归靡与他匈奴妻子所生的儿子乌就屠见状非常吃惊，于是带着翕侯们（乌孙国共有三个翕侯，系地方军政长官）全部离开乌孙王庭，然后驻屯在北山之中。他扬言他的母家匈奴将会派兵来帮助他，所以许多乌孙人听了之后，都在恐惧之下归附了他。

乌就屠于是依靠这股力量，趁机袭击狂王，然后杀死了他，自立为乌孙昆莫。

虽然狂王有许多不是之处，但乌就屠袭杀狂王自立的行为也为汉方所无法容忍。于是汉朝派破羌将军辛武贤率一万五千兵马驻屯在敦煌，以备乌孙国发生内乱之后迅速前去平定。

而在这个时候，汉方的一位杰出的女性，却在无意之中帮了乌就屠的忙。这位女性姓冯，名嫽，原是解忧公主的婢女，因为她通读史书，又擅长处理外交事务，所以多次受解忧公主的委托出使西域各城郭，赏赐并安抚那些城邦的守将和国王，在这些国家的君臣之中树立了非常高的威信，所以人们都尊称她为冯夫人。

冯嫽后来嫁给乌孙国的右大将为妻，而右大将与乌就屠的关系非常好。所以汉朝的西域都护郑吉就派冯嫽前去劝说乌就屠，说汉朝大军出征，必定会将他消灭，不如请他赶快向汉朝请降。

乌就屠明白汉朝的力量有多么强大，听了之后非常害怕，于是请求说："我愿意归附汉朝，只希望能保留一个小昆莫的封号就可以了。"

于是刘询征召冯嫽到长安，问她有关乌就屠的情况，冯嫽都详细地向他做了报告。刘询见冯嫽答复非常清晰，对乌孙国内的形势也非常了解，知道她的见解必定是真知灼见，于是就派遣谒者竺次、期门甘延寿为副使，正式委任冯夫人为汉使，让她乘坐锦车，手持汉节，前去乌孙国宣诏。

冯夫人下令让乌就屠到赤谷城拜见长罗侯常惠，并立翁归靡与解忧公主的长子元贵靡为大昆莫，而封乌就屠为小昆莫，分别赐给他们印绶。破羌将军辛武贤没有出塞，带兵回国。

后来，乌就屠不愿放归乌孙国的翕侯和百姓，于是汉朝再次派长罗侯常惠带着三校尉前往赤谷调解，分别为元贵靡和乌就屠划定了地界和百姓人口数。大昆莫元贵靡统治六万人口，小昆莫乌就屠统治四万人口。不过，虽然汉朝主持进行了这样的划分，但乌孙国的大部分臣民，仍然心向着小昆莫乌就屠，因为乌就屠有智略，比元贵靡强硬。

此后，大昆靡元贵靡和他的同母异父弟鸱靡都病死。解忧公主于是向汉朝上书，说她的丈夫和儿子已死，自己也已经年老，非常思念故土，希望能够让她回到中原,葬在故土。刘询顿起怜悯之心,同意解忧公主回汉,并派人去迎接她。解忧公主于是带着她的三个乌孙国孙子、孙女回到了长安。这一年是汉宣帝甘露三年(公元前51),也就是匈奴的呼韩邪单于降汉的这一年。此时的解忧公主已经七十岁了。刘询赐给她田宅、奴婢,给予她非常优厚的待遇,朝见时仪比公主(因为解忧公主的实际身份是郡主,当初以公主名义远嫁乌孙,所以此时享受与真正的公主同等的待遇)。两年之后,解忧公主死,她的三个孙辈因此留在汉朝,为她守墓。

解忧公主与翁归靡的次子万年做了莎车国(今新疆喀什地区莎车县)国王,三子大乐为乌孙国右大将,长女嫁龟兹王为妻,小女是若呼翕侯的妻子。她的这些子女,在乌孙、莎车和龟兹,都是举足轻重的人物。

解忧公主和细君公主一样,为发展民族间的经济文化交流,密切民族关系,促进民族融合,做出了积极的贡献,她们将永远被爱好和平的人们所怀念、记忆。

再之后,乌孙国大、小昆莫两个王统都是内讧不断,变乱频繁,汉王朝和西域都护为了协调他们内部的矛盾并维护乌孙的安定,可说是费尽了心血,几乎没有过过一年的太平日子。

汉哀帝元寿二年(公元前1),乌孙国大昆莫和匈奴单于同时前来朝见汉朝皇帝,汉朝对此深以为荣。

公元5世纪初,乌孙国因蠕蠕(柔然汗国)入侵,西迁葱岭山中,不久被其所灭。

那么在此时郅支单于派使者前来联络乌孙国之时,乌孙国是哪一位昆莫呢?

正是大昆莫元贵靡与小昆莫乌就屠并立之时。

而郅支单于派人前去联系的,是强悍的小昆莫乌就屠。

乌就屠是个枭雄,他看到汉朝支持呼韩邪单于,而郅支单于却在流亡,于是决定打击郅支单于以取悦于汉朝。他杀死了郅支单于的使者,然后把使者的头送到了汉朝西域都护那些,并派出入千骑兵迎击郅支单于。

郅支单于见小昆莫乌就屠兵强马壮,而自己派出去的使者没有返回,知道乌就屠不愿与自己联合,于是就率军攻打乌就屠,将乌就屠打得大败。

公元前49年,郅支单于又率军北上攻打乌揭,乌揭投降;又发兵向西打败坚昆,向北征服了丁零,并兼并了这三个国家。这三个国家当时大体活动在现今的俄罗斯贝加尔湖、叶尼塞河上游至我国新疆阿勒泰地区一带。其中坚昆部落的居民，是现今中亚的吉尔吉斯斯坦共和国吉尔吉斯族和我国柯尔克孜族的先民，"吉尔吉斯"和"柯尔克孜"是中外不同的音译名称。

此后，郅支单于又多次派兵攻打乌孙，都取得了胜利。郅支单于所兼并的坚昆，东距匈奴单于的王庭有七千里，南到匈奴控制的车师有五千里，所以相对来说非常安全，于是郅支单于就在那里建都，并留了下来。后郅支单于又与汉朝发生多次冲突，这是后话，后面再讲。

第三十七节　西域入版图、赵充国定西羌

在汉朝联合乌孙攻败匈奴并使匈奴归降的这一段时间里，对西域的控制也逐步加强。

西域自汉匈相争以来，就是两国的第二战场。西域本来在匈奴的控制之下，最初匈奴设置僮仆都尉驻扎在焉耆一带，统辖西域各国。汉武帝派张骞通西域并击败大宛，声威远播西域，汉朝也派使者屯田渠犁。此后汉、匈两国在西域展开争夺战，双方你来我往进行拉锯，斗争非常激烈。汉武帝后期，因派遣李广利征伐匈奴失败，所以降罪己诏，罢轮台屯戍，因此对西域的控制有所减弱。

当时，楼兰、龟兹等国依仗匈奴支持，多次击杀汉朝使者。汉昭帝时期，傅介子接受诏令，出使楼兰、龟兹国，斥责两国的国王唆使匈奴击杀汉使的罪过。后来征得大将军霍光同意，傅介子用财物将楼兰王安归诱至边境并杀死，并将楼兰国名改为鄯善，将都城从蒲昌海（今罗布泊）西岸迁到南岸的伊循城（今新疆若羌县，鄯善国后来又有一次迁都，从伊循城迁至今鄯善县）。一时之间，汉将的威名传遍西域。

刘询即位初年，汉朝和匈奴大致以天山为界，天山以南为汉朝的势力范围，而天山以北，则为匈奴的控制区域。

车师国属于北道，在匈奴的控制范围内，所以对汉朝很不友好。公元前68年，霍光死后，刘询亲政，于是派遣在渠犁屯田的郑吉，征发西域各国兵马一万多人，以及屯田的一千五百名汉军，击败车师并使之归降汉朝。

匈奴派兵来救，郑吉发兵迎战，两军相遇，匈奴兵退走。之后，郑吉派遣

三百名汉军屯驻车师。

此前的郑吉身份是侍郎，此时因立功被升为卫司马，受命监护鄯善以西的南道。

莎车国处于南道，莎车国国王万年是乌孙国翁归靡和汉解忧公主的儿子，所以亲附汉朝。他的弟弟呼屠徵对他亲汉不满，于是趁匈奴人前来救援车师之际杀了万年和汉朝的使者奚充国，并自立为王。呼屠徵因此在西域各国扬言，说北道的各国已全部被匈奴控制，煽动南道的各国共同背叛汉朝，南道自鄯善以西因此不通。

其时，冯奉世接受前将军韩增的举荐而出使西域，持节护送大宛等国的使者。到达伊修城（今新疆巴音郭楞蒙古自治州若羌县一带）的时候，都尉宋将告诉了他莎车国变乱的事情。这个时候，郑吉和司马意等人都在北道各国，冯奉世来不及和他们接洽，于是和副使严昌商议说，如果不趁此机会攻打莎车，等呼屠徵羽翼丰满，西域的局势将一发而不可收拾。于是持皇帝符节，矫诏令西域各国发兵，南北道各国共一万五千人攻打莎车。最终莎车城被攻破，呼屠徵走投无路之下，自杀而死。冯奉世命人将呼屠徵的首级一路传送到长安，并报告平定莎车变乱的经过。

西域各国都被平定，汉朝威震西域。之后，冯奉世按照之前的出使任务，前往大宛，大宛国王在接见冯奉世之时，表现得对他格外敬重。冯奉世完成出使任务，并带着大宛国名叫"象龙"的名马回国。

刘询对冯奉世的功绩非常满意，他召见韩增说："恭贺将军向朕举荐了如此出色的人才。"之后，特意下诏让大臣们讨论该怎样封赏冯奉世。

大臣们都说："《春秋》上的大义，卿大夫离开国土，只要所做的事情有利于国家安定，就可以自专。冯奉世的功劳非常显著，应该加封爵位和食邑。"

但少府萧望之却提出了不同意见，他认为冯奉世奉旨出使有他特定的任务，却擅自假借皇帝命令违背旨意，征发诸国兵马，虽然有功劳，但不可以用他做后人的榜样。如果要封赏冯奉世，就开了以后出使的人的方便之门，谁都照冯奉世的样子去做，争相发动军队，邀功求赏于万里之外，在夷狄各族中为国家滋生事端。此例不可开，冯奉世不应受到封赏。

刘询考虑再三，采纳了萧望之的意见，任命冯奉世为光禄大夫、水衡都尉。

冯奉世是战国时赵国上党郡守冯亭的后代，冯唐是他的祖父，最终官至光禄勋。

在公元前60年，匈奴日逐王先贤掸降汉之时，屯田的郑吉征发渠犁、龟兹等国的兵马五万前去迎降，路上有逃亡的，郑吉一律追杀之，于是将先贤掸等人一路护送到长安。

郑吉前破车师，后降匈奴日逐王，威震西域。担任匈奴僮仆都尉的日逐王投降之后，北道也处于汉朝的控制之下。于是刘询下诏，表彰郑吉的功劳，并封他为安远侯，食邑千户，命令郑吉兼护车师国以西的北道。因为此时郑吉总领南、北两道，所以称之为"都护"（护是带兵监护之意，都护就是全部都护，总监护，与内部的护军意义近似）。

都护这一职位，是加于其他官号上的职称，多以骑都尉领此职，名义上相当于内地各郡掌管军事的郡尉，实际上，相当于是各郡的郡太守兼郡尉，为西域最高军政长官，东汉时，演变为单任官职，即不再由骑都尉兼领，都护就是都护。郑吉是第一任西域都护。

郑吉于是在西域的中心修筑乌垒城，设置西域都护的幕府，代表西汉政府统辖西域三十六国（后增至五十国）。辖境包括自玉门关、阳关以西的天山南北，直到现今哈萨克斯坦东南巴尔喀什湖、费尔干纳盆地和帕米尔高原以内的区域。

西域都护府既是汉王朝的一个军事驻防区，也是一个特殊的行政区。一方面，它与内地的正式行政区不同，不设置郡、县，而是管理许多个国。西域都护府一般不干预这些国家的内部事务，却掌握它们的兵力和人口等基本状况。另一方面，都护代表朝廷掌管这些国家的外交和军事权，可以调动它们的军队讨伐叛国，征集他们的粮草，决定它们的对外态度，任命一些重要官吏，必要时直接废立他们的国君，甚至兼领某一国等。

西域都护府的设立，不仅是西汉历史上的大事件，更是中国历史上的一个大事件。汉朝和匈奴在西域争战七十多年，自此夺取了西域的绝对控制权。从此以后，天山南北西域各国的广大疆域纳入了中国的版图，中国的号令正式在西域颁行。这一伟大目标，始自于张骞，终之于郑吉，经过武、昭、宣三世不懈的努力，最终得以实现。

在西汉政府设置西域都护府的前一年，西羌也发动了叛乱，在平定西羌叛乱的过程中，名将赵充国因此而被更多的人所熟知。

赵充国，字翁孙，陇西上邽人（今甘肃省天水市），后移居金城令居（今甘肃省兰州市永登县）。

赵充国最初是骑士，因为擅长骑射，而以良家子身份补入羽林军。他为人沉稳、勇敢，有大谋略，年轻时就喜爱将帅的法度，又学习了兵法，通晓四方邻国的事情。

公元前99年，汉武帝时期，在那场著名的战事中，赵充国以代理司马的身份跟随贰师将军李广利进攻匈奴，被匈奴大军团团包围。汉军断粮好几天，死伤的将士非常之多。眼见汉军有全军覆没的危险，于是赵充国就与七百多名勇士组成敢死队，带领大队往外突围。他和这些勇士们最终攻破敌阵，杀开了一条血路，李广利赶快带领大军紧随其后，汉军这才解围而出。

赵充国身上受了二十多处战伤，回朝之后，李广利把他的情况报告给汉武帝，汉武帝下诏让赵充国入宫觐见。汉武帝在宫中亲自接见了赵充国，并察看了他的伤势。看了之后感叹称赞，于是拜赵充国为中郎，升任车骑将军长史。

汉昭帝时，武都郡的氐人造反，赵充国以大将军护军都尉的身份率兵前去平乱，平定叛乱之后，升任为中郎将，率兵驻守上谷，回朝后担任水衡都尉。

攻打匈奴之时，由于他俘获了匈奴西祁王，被提任为后将军，仍然兼任水衡都尉。

再之后，因为与大将军霍光共同拥立刘询，被封为营平侯。

在公元前72年联合乌孙进攻匈奴的那场战事中，赵充国担任蒲类将军，只斩杀俘虏了数百个匈奴人，班师后担任后将军、少府。

后匈奴单于出动十万骑兵准备入边，刘询派赵充国率四万骑兵驻扎在缘边的五原、朔方、云中、代郡、雁门、定襄、北平、上谷、渔阳九个郡。匈奴单于得知汉朝有防备，只好带兵退去。

当时，居住在现今青海省境内的羌族，经常侵扰汉朝的边境。匈奴也想联合羌人共同攻打汉朝。之前的汉武帝就想痛击羌人，但因为羌患并不严重，派去的军力又不足，所以并没有击退羌人。

在这个时候，朝廷派光禄大夫义渠安国到羌族出使。义渠安国到了那里之后，羌族的先零部落酋长向他表示，他们希望随时北渡湟水（今青海省东部流经西宁市的湟水），到汉民不种田的地方去畜牧。

义渠安国吃不准这件事情，不知道是否该答应，于是就向朝廷报告这个情况。赵充国得知消息后非常生气，弹劾义渠安国作为大汉的使者严重失职，当时就应该严词拒绝羌人的要求。

果不其然，自那以后，羌人依照他们之前所说的话，擅自渡过湟水，到汉朝的区域内放牧，汉朝的当地郡县长官根本无法禁止。

汉宣帝元康三年（公元前63），先零部落与各个羌族部落酋长两百多人"解仇交质"，订立盟约，打算共同侵扰汉朝地区。

刘询接到报告后，知道赵充国熟悉羌人的情况，于是就问赵充国该如何处置。

赵充国对刘询说，羌人各部落之间本来相互攻击，较于控制，但现在却"解仇交质"共同反汉，情况已经起了很大的变化；之前匈奴就多次想与羌人联合，现在也并没有打消这个念头，况且羌族还有可能与其他种族联合，所以朝廷一定要早做军事准备。

过了一个多月，小月氏部落的羌侯狼何果然派人到匈奴借兵，打算攻击鄯善、敦煌，以切断汉朝前往西域的通道。

赵充国敏锐地察觉到，狼何本是小月氏部落的人，在阳关的西南，凭他的实力，根本不可能做出这样的决定，他怀疑匈奴的使者已经到了羌中，和先零部落等联络，到秋季马肥的季节，就一定会联合起来进攻汉朝。于是赶快向朝廷上书，建议让边境加强军事防备力量，并派使者前往羌族各部落，打探清楚他们的预谋。

朝廷接受了赵充国的建议，于是再次派义渠安国前往羌人各部落，了解各部落的情况。

义渠安国到达之后，召集先零三十多个部落首领，把其中特别凶暴狡猾不驯服的全杀了。之后又放纵士兵屠杀羌人部落，杀死一千多人。

义渠安国这些不妥当的策略立即激化了矛盾，那些投降汉朝的羌族和归义羌侯杨玉等人既害怕又愤怒，认为汉朝不信任他们，于是就抢掠小部落，背叛汉朝，侵犯边塞，攻打城池，杀害汉朝的地方官吏。

义渠安国以骑都尉的身份率领三千骑兵驻守防备羌人，到达浩门（今青海省大通河东岸），被羌人所袭击。汉军大败，损失了很多辎重武器车辆。义渠安国败退到令居，把情况报告了朝廷。这时是神爵元年（公元前61）春天。

刘询接报之后，打算选派将军前去镇压。这时的赵充国已经七十多岁了，刘询觉得他年龄已经很大了，没打算让他带兵，但考虑到他对羌人的情况特别熟悉，于是就派御史大夫丙吉去征求他的意见，让他推荐一个带兵的将领。

谁知赵充国却说："若论平定羌患的将领，没有哪个能够超过老臣我的。"

刘询于是问他说："你估计羌患怎么样？需要用多少军队？"赵充国回答说："百闻不如一见。战争很难在远方估计，我希望尽快赶到金城，把作战方案向陛下奏来。羌人不过是小敌，平定他们无须多久，希望陛下把这件事情交给我，不要担心。"刘询笑着同意了他的要求。

赵充国到达金城（今甘肃兰州）后，准备等兵力结集满一万骑兵后渡过黄河，又担心被羌人截杀，于是就在夜里安排三校骑兵先行渡河，渡过之后就立即列阵扎营，到天明时分，全部渡河完毕。其后集结的军队也安全地渡过了黄河。

有数十百骑敌兵到，在汉军的阵旁出入。赵充国认为不值得为了这些小股敌兵而消耗军力，于是命令大军不要理睬，并派骑兵侦察狭中，结果发现羌人没有戒备。于是赵充国立即率领汉军推进至落都（今青海省海东市乐都区）。

进驻落都之后，赵充国对各校的司马们说："我就知道羌人不会用兵。如果他们调几千人把守险要的狭中，我们的军队哪里能够进入呢？"随后率汉军顺利进驻西部都尉府（今青海省西宁市湟源县东南）。

赵充国在大军扎营之后，经常把侦察兵派出很远，以防止敌军偷袭。他体恤下属，爱护士卒，每天用好酒好食供应将士，因此士卒都乐于为他所用。但羌人多次挑战，赵充国却坚守不出。

羌人首领见无法和汉军交战，于是互相责备说："告诉你们不要反叛，你们不听，现在汉天子派赵将军来，八九十岁了，非常善于用兵。现在想和汉军决一死战，哪行啊？"

其时赵充国的儿子右曹中郎将赵卬也率领羽林骑兵，作为侧翼部队到达令居。汉军的粮道被敌军所断绝，赵卬将情况报告朝廷后，又与金城太守等人搜捕敌人，修复了粮道。

当初，罕羌、开羌部落的一个贵族前来向汉朝都尉报告说，先零羌想要造反，过不多久，先零果然发动了叛乱。于是都尉就把这个贵族扣作了人质。赵充国认为这个贵族无罪，于是就释放了他，让他回去给其他的羌人传话，想通过策略招降他们，瓦解他们。之后等他们疲惫时再攻打他们。

而在这个时候，刘询已经下令征调了长安的罪犯，三河、颍川等郡的军官，金城、陇西等郡的骑兵，与武威、张掖、酒泉各郡的屯兵，共计六万人，准备协助赵充国平叛。而赵充国坚守不出，自然与朝廷的战略意图产生了严重的分歧。

酒泉太守辛武贤见赵充国按兵不动，于是向朝廷上书，认为边境各郡的军队都被调来，边境各郡空虚，必须迅速决战，让将士们带上三十天的口粮，分兵出击。就算是不能打败羌人，也一定会夺取他们的牛羊和百姓，如此一来，一定会给羌人造成相当大的震慑力。

刘询觉得辛武贤说得有理，于是把辛武贤的奏折交给赵充国，让他和将士们商议。赵充国认为辛武贤的策略不切合实际，汉军骑兵带着三十天的口粮出击，没办法追击敌军。况且羌人听说汉军出击，也一定会躲入山林，如果汉军要深入搜索，就会被羌人截断退路，连返回都不可能。最好的办法还是招降安抚。

刘询又把赵充国的上书交给大臣们商议，大臣们都认为先零的军队强盛，又有罕羌、开羌等部落相助，如果不先打败罕羌、开羌，又怎么能打败先零呢？

刘询采纳了大臣们的意见，于是拜乐成侯许延寿（许广汉之弟）为强弩将军，辛武贤为破羌将军。并赐给辛武贤玺书，对他提出表扬并采纳了他的计策。

同时，刘询下诏责备赵充国，说边境各地米价飞涨，畜草也非常紧缺，他不趁秋天水草丰茂的时候进攻羌人，不考虑国家的花费，想用多年的时间来取得微小的胜利。并挖苦他说，如果采用这样的方式打仗，哪个将军不喜欢？之后下令赵充国务必进军策应其他几路军队的行动，不得再有怀疑。

赵充国被刘询责备后不为所动，他认为将在外，君命有所不受，如果固守有利于国家，那就应该固守。

赵充国于是向刘询上书告罪，并再次陈述他这么做的理由。

赵充国认为：最初想要造反的是先零羌，而不是罕羌和开羌，现在放过先零羌而攻打罕羌、开羌，是释放叛贼而诛杀无辜。

当初先零羌为了发动叛乱，所以与罕羌、开羌化解仇恨，缔结了盟约，但是内心却非常担心汉军到来后罕羌和开羌背叛他们。所以先零羌最希望发生的事情就是汉军攻打罕羌和开羌，然后他们再援助罕羌和开羌，这样一来，罕羌和开羌就会坚定地站在他们一边。

现在正值敌人秋马肥壮的时候，粮食也很充足，在这个时候攻打羌人，恐怕难以取得胜利，还反而让先零向开羌施予了恩惠。

羌族部落如果联盟巩固，内部团结，那么他们的精兵就有两万多人。他们用这样强大的武力去威胁其他的小部落，那么被迫依附他们的人就会越来越多。这样一来，敌人的力量就会越来越强大，想要打败他们，就需要花费好几倍的气力，我担心国家的忧患，恐怕会有十多年，而不是两三年。

先诛杀先零，那么罕羌、开羌等这些部落根本不需要我们动兵，就会自动归降。如果先零已灭，罕羌和开羌还不服，那么过了正月就进攻他们，也正好符合朝廷的计策。现在如果强行进兵，没有一点好处，请陛下圣裁。

刘询收到赵充国的奏书，立即豁然开朗。赵充国的奏书六月二十八日到达，七月五日刘询就批准了他的计划。

七月，赵充国率军推进至先零羌所在的地区。羌人屯兵已久，戒备松懈。忽见汉军大兵来临，慌忙抛弃车马辎重，想要渡湟水逃走。由于道路狭窄，赵充国担心逼迫太急，会使羌军走投无路回头死战，于是命令汉军缓慢追击。羌军掉入河水溺死者数百人，投降及被汉军斩杀者五百余人，缴获马、牛、羊等牲畜十万余头，车四千余辆。

汉军追至开羌驻地，赵充国命令大军不许焚烧羌人的村落、房屋和田中的牧草。开羌人见状，高兴地说："汉军本来就不想攻打我们！"

他们的首领靡忘派人来说："希望能够返回故地。"赵充国向朝中报告此事，还未得到批复。

靡忘前来自动归附，赵充国赐给他酒食，让他回去向部族人讲明情况。护军以下的军官都向赵充国诤谏说："这是个叛贼，不能轻易让他回去。"赵充国说："各位只想照章办事，以求自安，没有为国家忠心策划。"

正在这个时候，朝廷的批复到了，命令将靡忘按赎罪处理。后来，开羌最终未经汉朝动用军队，就自动归附了。

秋天的时候，赵充国不小心病倒了。刘询听了之后非常担心，赶快赐给他书信，建议让辛武贤前去给当副手（意即赵充国万一死了，就让辛武贤接替他），并在十二月份进攻先零羌。

当时向赵充国投降的羌人已有一万多，赵充国估计先零羌一定会自动瓦解，打算让骑兵解散，步兵屯田，等待敌人出现失误。

奏书写好后，还没有上奏，刘询命令进兵的玺书却到了。赵充国的儿子赵卬非常恐惧，于是就派人去劝父亲说："如果出兵后军队会被击溃，将领会战死，国家会危亡，那么您固守就是应该的。现在根本不存在这样的情况，您为什么要上书争辩呢？一旦惹恼了皇帝，派御史前来责备您，您的性命尚且不能自保，哪里还有国家的安危呢？"

赵充国斥责儿子说："怎么能说出这么不忠的话来呢？当初要是采纳了我的意见，羌患能发展到这个地步吗？那时推荐可以先巡行诸羌的人，我举荐辛武贤，可是丞相、御史大夫却奏明皇上派了义渠安国，终于酿成了祸乱。现在战争好久不能结束，四方蛮夷一有风吹草动，就会乘机而起，即使是智者也不能想出善后的好计策，哪里只是担忧羌患呢？我坚决死守，对于圣明的君主，可以忠言直告。"

于是赵充国上书，请求屯田。

刘询的回复很快到来，他认为屯田不一定能解决羌患，而之前归附汉朝的大开羌、小开羌在恐惧之下，倒是有可能与先零联合，要求赵充国认真考虑后再次报告。

赵充国于是再次上书陈述他的理由。

赵充国的报告每次送到朝廷，刘询都交给大臣们议论。刚开始，赞成赵充国的计策的人不过十分之二三，到了中期，达到一半，再后来，达到十分之八，前面说他办法不好的人，到后来都变得非常服气，连丞相魏相都开始称赞他。

刘询于是同意了赵充国的屯田之计，但因为辛武贤、许延寿多次建议出击，又担心赵充国屯田可能受到侵扰，于是采取折中办法，"两从其计"，诏令辛武贤、许延寿和赵卬等人出击。

许延寿出兵降服羌人四千人，辛武贤斩首两千级，赵卬斩首及降服者也是两千多人。而赵充国没有出兵，却再次降服了五千人。两相对比，刘询觉得还是赵充国的计策对国家更有利，于是下令汉军撤回，只留下赵充国负责屯田。

公元前60年五月，赵充国经过判断形势，认为羌人已无力再与汉朝抗衡，于是上书说："羌人本来大约有五万兵力，汉军共斩首七千六百级，投降的有三万一千二百人，在黄河、湟水淹死的、饿死的有五六千人，逃跑的不过四千人。至于羌人靡忘等，我保证一定能得到他们，请求解散屯田军队。"

他的奏折递上去之后，马上就被批准了，赵充国率军班师回朝。

与赵充国关很好的浩星赐去迎接赵充国，他劝赵充国说："大家都认为辛武贤、许延寿二位将军出击，斩杀了很多敌人，敌人因此溃败。但是稍有判断力的人都知道敌人已经是穷途末路了，即使不出兵，也一定会自行归附。将军马上就要见皇上了，应该归功于二位将军的出击，不是自己能比得上的。这样一来，将军的计策也算没有落空。"

赵充国说："我年纪这么大了，爵位已经达到巅峰，我怎么能为了避嫌或夸耀一时之事来欺骗明主呢？战争是国家的大事，必定会为后世所效法。我不在余年向陛下明确陈述用兵的利害关键，不定哪一天仓促死去，又有谁会帮我说出这些呢？"最终还是按照自己的想法把整个战争的情况向刘询讲了。

此时的刘询完全肯定了赵充国的做法，于是免去了辛武贤的破羌将军职务，让他仍旧回到酒泉郡担任太守，赵充国则继续担任后将军、卫尉。

当年秋天，羌人若零、离留、且种、儿库部落共同斩杀了先零大首领犹非、杨玉，与各首领靡忘等一起率领剩余的四千多人投降了汉朝。

这些首领分别被封为王、侯、君，并首次设置金城属国来安置投降的羌人。

羌人投降，刘询非常高兴，于是下令让大臣们推举可以监护羌人的校尉。当时赵充国有病，没有来得及发表意见，结果四府推荐了辛武贤的小弟弟辛汤。

赵充国听到后赶快带病上奏说："辛汤有酗酒的毛病，不能主管蛮夷。不如辛汤的哥哥辛临众。"当时辛汤已被任命，刘询于是赶快下诏改任为辛临众。

后来辛临众因病免官，五府又推荐辛汤。结果辛汤上任之后，多次喝醉酒之后向羌人耍酒疯，最终致使羌人反叛，正像赵充国预料的那样。

可是，为朝廷屡立功勋的赵充国却在年老垂暮之际，迎来了一场大的打击。

之前的时候，辛武贤在军中曾与赵充国的儿子赵卬闲聊，赵卬一时口快，就把当年刘询猜忌张安世，想要杀掉张安世，最终因赵充国求情而得以幸免的事情说了出来。

等到此时辛武贤因刘询认可赵充国的策略而被免去破羌将军之职，仍旧回酒泉担任太守一职，他立即对赵充国充满了怨恨。他在边疆仗没少打，苦没少吃，也取得了一些胜利成果，满指望着能够以此封侯，谁知道却被赵充国几句话轻轻断送。于是辛武贤向朝廷上书，告发赵卬泄露宫禁之中的秘密。赵卬最终以别的罪名被下狱治罪，他在狱中自杀。

儿子的死对赵充国的打击非常大，于是他上书请求辞职。刘询赐给他安车和四匹驾车的马，黄金六十斤，免职回家。

不过，朝廷每有四方邻国大事讨论，刘询还是请他参与制定策略。公元前52年，赵充国去世，享年八十六岁，赐谥号壮侯。

一年后，因呼韩邪单于来临，刘询命人将十一名有功之臣的画像挂在未央宫，让臣民们瞻仰、纪念，其中赵充国名列第四。汉成帝时，因为西羌发生军情，汉成帝思念将帅之臣，于是追念表彰赵充国，又命黄门侍郎扬雄在他的画像旁题诗赞颂他。

刘询在位期间，在政治上和军事上都大获成功，在经济上也颇有建树，他多次下诏减免田租，轻徭薄赋，劝课农桑，国内经济繁荣，农业连年丰收，谷价创出了汉代的最低价。刘询在经济上的一个创举是，他接受大司农中丞耿寿昌的建议，在边郡设立了"常平仓"。在谷价低时国家加价把粮食籴入，而谷价高时则降价粜出，这样一来，不仅避免了"谷贱伤农"，也防止了"谷贵伤民"，借助国家强大的财力，达到了稳定粮价，保护百姓，巩固政权的目的。

公元前49年冬，刘询得病，到十二月时，病情越来越重，于是他任命侍中、乐陵侯史高为大司马、车骑将军，太子太傅萧望之为前将军、光禄勋，少傅周禄堪为光禄大夫，共同辅佐太子。几天后，刘询病死于未央宫，太子刘奭即位，是为汉元帝。

刘询在位二十五年，寿四十三岁，谥号为孝宣皇帝，庙号为中宗。刘询在位期间，朝廷政治清明，社会稳定太平，经济繁荣昌盛，史书上记载称"吏称其职，民安其业"，他的任期被称之为"宣帝中兴"（也有一些历史学家将他的任期与前任合并，称之为"昭宣中兴"，但有争议）。许多历史学家评论说，在刘询统治时期，是汉朝武力最强盛，经济最繁荣的时期。在以制定庙号、谥号严格著称的西汉历史中，刘询是四位拥有正式庙号的皇帝之一，他是中国历史上有名的贤君。

第三十八节　萧望之误人子弟

汉元帝刘奭，是汉宣帝和他的原配皇后许平君所生的唯一的儿子，公元前71年，许平君被霍显伙同淳于衍毒死的时候，刘奭年仅四岁。公元前67年，刘奭被立为太子之后，更是差一点儿被继母霍成君毒死。所以说幼年时的刘奭虽然生在帝王之家，但他却并不比其他那些生在普通百姓之家的儿童生活得更幸福。

或许是从小缺乏母爱，所以刘奭仁养成了慈柔弱的性格。刘奭成年之后，喜好儒家学说。那时候汉宣帝重用执法严苛的官吏，经常用刑罚惩治大臣，比如赵广汉、韩延年、杨恽、盖宽饶等，这些大臣在朝野享有非常高的声望，却都被汉宣帝诛杀了。

刘奭认为父亲的做法有些过分，于是在有一天父子闲谈之时，就劝汉宣帝说："陛下使用刑罚太重了，应该多多重用儒生。"

谁知道汉宣帝听了之后，立即变了脸色。他斥责刘奭说："我们汉朝自有汉朝的制度，本来就是'霸道'和'王道'兼而用之，怎么能单纯地使用'德政'，用周朝的制度呢？更何况那班俗儒不能学用结合，喜欢厚古薄今，使人迷惑于'名''实'，不知道究竟该如何决定，怎么能交给他们以治理国家的重任呢！"于是叹息说："将来败乱汉家基业的，一定是太子啊。"

从此以后，汉宣帝疏远了刘奭，转爱淮阳王刘钦。他常常对人说："淮阳王明于观察，喜好法律，适合继承皇位。"而刘钦的母亲张婕妤也更为汉宣帝所宠幸。

汉宣帝想要废去刘奭的太子之位，用刘钦代之，但因为他年轻微贱时依靠许氏，和许皇后一起过过许多苦日子，是真正的患难夫妻，所以最终不忍背弃许氏。刘奭的太子之位，才算是保留了下来。

汉宣帝所说的王道，就是儒家提出的以仁义治天下的政治主张，而他所说的霸道，则是用武力、刑法和权势等统治天下的政策。通俗来讲，王道就是行仁政，而霸道就是行暴政。单纯行仁政，就会被大臣所欺，为什么？有的大臣大错不犯，小错不断，你要机械地套用儒家的那些教条，根本就奈何不了他，那么久而久之，谁都不会再怕皇帝，那这个皇帝还怎么驾驭臣下？所以要兼用霸道，用权谋之术惩治臣下，让所有的大臣都战战兢兢，如履薄冰。感觉天威难测，才会认为皇恩浩荡，否则，皇帝的权威从何而来？

刘奭即位后的所作所为，被汉宣帝不幸言中。而其中最具代表性的一件事情，则无疑是当时较有名望的大臣萧望之的屈死。

之前萧望之因为上书攻击霍氏而得到汉宣帝的青睐，再加上处理政务符合汉宣帝的心意，所以一年之内就被提拔了三次，级别升到了二千石级。

霍氏被灭之后，汉宣帝亲政，他即位前来自民间，非常了解吏治好坏对百姓的影响，所以非常重视对地方的治理，特意选拔那些熟悉政务的博士、谏大夫到地方任职。萧望之因为通政事，被选任为平原太守。

但这显然与萧望之的期望值存在很大的差距，萧望之满以为以他的才学，完全可以留在朝中担任更高级别的职务，但现在要让他远离朝廷去做郡守，他内心很不乐意，于是就在任上向汉宣帝上书说：

"陛下怜悯百姓，担心德化不能遍于天下，所以放出全部的谏官去补郡吏，这是忧其末而忘其本的做法。朝中没有谏诤之臣就不知过失，国内没有通达之士就听不到好的建议。希望陛下选择通晓经术、能温故知新、精于策划的士人作为内臣，参与政事。各地诸侯听到之后，就知道朝廷重视接纳意见且忧虑政事，一定会勤于政事，没有遗漏。照这样下去，就可实现周朝成、康那样的太平盛世。外郡即使不治，也不必忧虑。"

萧望之所说的这些，何尝不是汉宣帝心中所想？但他想要重用萧望之，却因为萧望之缺乏地方工作的经验，担心萧望之将来施政不切实际，所以才选派他到地方去锻炼，但萧望之却没有理解。

不过既然萧望之上书了，汉宣帝也不能让人家因为等的时间过长而失去信心，于是，萧望之的奏章递上去之后，汉宣帝就征召他入朝，担任九卿之一的少府。

汉宣帝经过考察，发现萧望之确实通晓经术，办事稳重，擅长发表论议，把道理辩解清楚，按照他的才能，完全可以任丞相，但确实因为萧望之在地方工作时间太短，所以为了进一步考察他处理政事的能力，于是就任命他为左冯翊，让他在天子脚下当地方官，看他究竟水平如何。

这一次，萧望之仍然没有理解汉宣帝的深刻用意。九卿是中二千石的级别，转任为二千石的左冯翊，级别一下子低了两级（中间还有真二千石），换了任何一个人，恐怕都无法接受，又没有犯错误，哪有不升反降的道理？再者，当地方官事务杂，风险大，萧望之担心处理政事万一不符合汉宣帝的心意，又会遭到贬谪，于是立即上书称病。

汉宣帝见萧望之闹情绪，于是派亲信的侍中金安上前去给他做思想工作："陛下做出这样的决定，是想通过治民来考察你的政绩，你之前担任平原太守的时间太短，所以现在任用左冯翊是在试用你，而不是想听到你有什么过失。"

萧望之这才明白了汉宣帝的真实用意，马上开始积极地处理政事。

公元前64年，西羌叛乱的时候，汉宣帝派赵充国去讨伐。当时的京兆尹张敞担心战争会导致粮食供应不足，于是上书建议让罪犯通过缴纳一定数量的谷物来赎罪。

汉宣帝召集大臣们讨论这件事情的时候，萧望之引经据典，明确表示反对，认为这样会使富人得生，穷人得死，穷人家的子弟为了筹钱为亲属赎罪，就一定会去偷、去抢，从而滋生新的犯罪。一来破坏了法律的公平性严肃性，二来带坏了社会风气。

张敞反对说，国家之前就曾经这么做过，战争时期，让罪犯缴纳粮食赎罪而不增加百姓的赋税，这对广大的百姓来说是好事，对那些因无意之中犯罪的人也是好事，再说又不允许那些犯有杀人、抢劫等严重罪行的人通过这种方式自赎，怎么会带坏社会风气呢？

萧望之继续反驳张敞，他举了汉武帝天汉年间的一次赎罪事例，那次是允许犯有死罪的人通过缴纳五十万钱来减免死罪一等，结果导致许多官吏豪强放高利贷、罪人家属去做盗贼等恶果，甚至出现了长时间的匪患。所以萧望之认为，这都是允许让犯有死罪者赎罪带来的后患，坚决不同意张敞的做法。

而实际上，汉武帝时期因为连年征战，粮食奇缺，不仅军粮供应不足，大部分百姓家中也无余粮，通过缴纳粮食赎免死罪，引发更严重的社会问题是必然的。而汉宣帝时期社会太平，百姓大多殷富，让罪犯通过缴纳粮食而赎罪，大部分人都可以做到，况且张敞也并不同意让杀人犯等犯有严重刑事犯罪者赎罪，所以根本不会出现萧望之担心的那种情况。

但最终大臣们讨论的结果却是，朝廷采纳了萧望之的意见。因为丞相魏相和御史大夫丙吉认为西羌马上就会平定，没必要实施张敞的策略。

萧望之在左冯翊任上三年，政绩非常显著，京师的人都称赞他，升任为大鸿胪，位列九卿。

当初乌孙国翁归靡派人前来为元贵靡请求和亲的时候，萧望之表示反对，认为乌孙人没有信义。但那个时候乌孙刚帮汉朝大败匈奴，所以汉宣帝没有采纳他的意见。但在汉朝使者前去送亲的途中，很不巧，翁归靡死了，元贵靡没有被拥立为昆莫，所以萧望之立即再次上书。于是汉朝迎回公主，不再与乌孙和亲。

三年后，原御史大夫丙吉出任丞相，萧望之接任为御史大夫，位至三公。

汉宣帝五凤年间，匈奴国内因握衍朐鞮单于死后呼韩邪单于等人争位而内乱不断，汉朝许多大臣都认为以往匈奴侵害汉朝不断，建议趁匈奴内乱发兵消灭匈奴，但萧望之却反对说，趁人家发生内乱而去讨伐不仁义，并列举了春秋时伐范宣子不愿伐丧的事例，认为汉朝也不应该乘人之危，而是派遣使者前去慰问，并帮助呼韩邪单于平定匈奴。汉宣帝采纳了他的意见，最后出兵帮助呼韩邪单于，并最终迎来了呼韩邪单于的降汉。

当时，大司农、中丞耿寿昌提议设置常平仓。当时的实际情况是，从关东地区往京师长安漕运粮食，需要动用关东的漕卒六万人，所产生的费用非常惊人。耿寿昌建议在边郡和京师多修筑粮仓，就近购买三辅及弘农、河东、上党、太原等郡的粮食，就完全可以满足京城的需要，而且还可以节省将近一半的漕卒员额。并且国家出钱在丰收年间高价收进粮食，在饥荒年间平价卖出，既保证了国家的军粮，又稳定了粮价，保护了绝大多数百姓的利益，可说是一个非常好的政策。当然，耿寿昌也建议将海租（水产税）增加三倍。对于这个建议，刘询非常赞同。

结果萧望之上书反对，认为增加海租会打击渔民的积极性，使渔业不景气。汉武帝时把渔业收归官营，结果打不出来鱼，后来让渔民自己去打，才又恢复正常，所以不应该增加海租；且设立常平仓让国家出一大笔钱，修仓造船，弄不好会给百姓带来灾难。他还讥讽耿寿昌是个喜欢斤斤计较的商人，不应该委以重任。

汉宣帝时期经济上的繁荣富足已与汉武帝时期的百业萧条大不一样，况且让官府的人下海去打鱼，打不出来鱼实属正常，要打出来鱼那才算不正常，因为打出来鱼和打不出来鱼拿同样的俸禄，那人家为什么要下海去冒险？萧望之拿这个来反驳，让汉宣帝越发认为他根本不了解国家的真实情况（即汉宣帝训斥太子时所说的"俗儒不达时宜"）。

事实证明，耿寿昌设立常平仓非常有效果，且这种做法为其后许多朝代所沿用，甚至直到今天仍在用。

而且，随着萧望之的官越做越大，他为人也越来越傲慢，他竟然会看不起丞相丙吉。

丙吉的人品道德，那在整个中国历史上都是公认的。况且他因为对汉宣帝有私恩，所以汉宣帝非常尊敬他。

萧望之上书影射丙吉说：有些百姓贫困，有的地方出现盗贼，二千石一级的官员大多才能低下，说明三公不是合适的人。当然了，他自己作为三公之一，也有责任。

萧望之的奏章一递上去，汉宣帝当即就怒了，就是傻子也能看出来他是在指摘丞相丙吉，于是汉宣帝命令金安上、杨恽等人前去责问萧望之，萧望之态度非常倨傲，脱下帽子放在一边对答。汉宣帝心里很不高兴。

后来，丞相司直繇延寿（繇，通繁）上书弹劾萧望之说：

"侍中谒者良接受皇帝的命令前去告诫萧望之。但萧望之只是拜了两拜而已。良和萧望之说话，萧望之故意伏地不起，却上下其手对御史说：'良的礼节不周。'

"按照之前的惯例，丞相生病之后，御史大夫在当天就要去探望病情；上朝奏事与丞相相会于庭中，应该走在丞相后面，当丞相谦让时，御史大夫才可以稍稍往前一点，并且拱手施礼。如今丞相屡病，而萧望之却不去探问病情，在庭中与丞相相逢，竟然与丞相并驾齐驱。和丞相商议国事，经常有不合他心意之处，他就对丞相说：'您的年龄确实比我大，但能和我的父亲一样大吗？'

"萧望之知道身为御史大夫有权不能擅自使用，但他却多次让守史私乘车马，到杜陵去照顾他的家事。少史戴着法冠，为他的妻子在前面导车；又派下属官吏，为他的家里购买物品，下属官吏因此私下里用公款贴补给他家，总计有十万三千。应该说，萧望之身为朝廷重臣，精通经术，位在九卿之上，是本朝臣民所敬重的人，不应该到不奉法自修、倨傲不谦让的地步，而受贿所属牢狱的赃款达二百五十万以上，请求把他逮捕囚禁起来审讯。"

汉宣帝看到这封奏章之后，立即对萧望之感到了前所未有的失望。

这个时候，他想起了因萧望之弹劾而被处死的韩延寿，想起了因萧望之反对而没有封侯的冯奉世，想起了萧望之反对建立常平仓，想起了西羌叛乱时反对让罪犯缴粮赎罪，想起了反对与乌孙国和亲，想起了匈奴内乱时反对出兵，总而言之，朝廷做什么他都反对，理由看上言之凿凿，不容置辩，以显示他比别人高明，但事实证明却未必尽然。听了萧望之的，未必见得就有利处，而不听萧望之的，却件件都有好成效。

当初萧望之弹劾犯罪行为在大赦之前的韩延寿，使忌讳臣下僭越擅权的汉宣帝一怒之下处死了韩延寿。韩延寿行刑之日，京城数千百姓奔赴刑场自发为韩延寿送葬，怎不令汉宣帝内心有所反思？现在怎么样？你萧望之就很清廉吗？怎么会派下属去办私事，让朝廷的官吏为你的妻子开道？去假公济私贪污，去监守自盗受贿？你自己也不过如此，那么当初为何要没事找事弹劾本可以被赦免的韩延寿？

冯奉世当初在出使过程中，如果不是当机立断采取果断措施攻打莎车国，那么西域的局势将会变得异常糟糕。立下如此大功，萧望之却反对冯奉世封侯，理由是以后的使者会照着冯奉世去做，在外国争相发动军队，在夷狄国家生事。当时刘询忌讳冯奉世矫诏，所以就采纳了萧望之的意见。如今想起，越想越觉得不对劲。使者在外如果在非紧急情况下发动军队无事生非，朝廷自有法律惩治，而在遇到紧急情况时碍于成规不采取措施，那造成的损失将会不可估量，如果每一个使者都照萧望之的规矩去做，那么这些使者都将会成为汉武帝时的博士狄山第二，被人家砍了脑袋都不知道是怎么回事！照萧望之来看，宁可做墨守成规的庸官，也不能做开拓创新的能吏！

西羌叛乱时，张敞建议让罪行轻微的罪犯缴粮自赎，如果不是萧望之反对，或许可以因此让许多无辜的罪人恢复自由，这可是大功德。怎么不想想当初的汉宣帝本人是怎么活下来的？

汉朝想要与西域各国建立关系，联合起来攻打匈奴，为此整整努力了数十年，如今依靠乌孙的协助将匈奴打得落花流水，萧望之却反对与乌孙和亲。

匈奴内乱之时，如果不是萧望之反对，汉朝可以抓住时机痛击匈奴，消灭匈奴有生力量，使匈奴永无再与汉朝抗衡之力。萧望之要让汉朝对匈奴讲仁义，那么之前汉朝贫弱之时，匈奴动辄入侵杀掠边民，讲仁义了吗？

所以汉宣帝越想越生气，越想越失望，对萧望之彻底失去了信心。此时的萧望之,在他心目中就是一个名符其实的"俗儒"。所以他对太子刘奭所说的那番话,可说是句句都是针对萧望之的:"俗儒不达时宜,好是古非今,使人眩于名实,不知所守,何足委任?""不达时宜",许多事情,萧望之根本不了解真实情况,却夸夸其谈;"好是古非今",动不动就汉武帝时如何如何,现在如何如何;"使人眩于名实,不知所守",他说的话真是让人难以分辨真假,弄不好就会做出错误的决策,造成重大失误;"何足委任",这样的人,有什么可值得重用的呢?

所以汉宣帝下诏责备萧望之说:"有司上奏说你责难使者礼节不周全,遇到丞相却没有礼节,听不到你廉洁的名声,却为人傲慢不谦逊,在辅政过程中没有有益之举,没有为百官做出表率。你没有好好地思考你的行为,导致出现这样的结果,我不忍心处理你,派光禄勋杨恽传达我的命令,降职让你做太子太傅,授给你太傅印。你交还御史大夫的印绶给杨恽,不必进宫谢恩,可直接前去赴任。希望你能秉持正确的道理,阐明孝道,亲附、结交正直之士,竭尽其意不要再有过失,也不要再向我上书辩解什么。"

萧望之被降职之后,黄霸代为御史大夫,几个月后,丙吉死,黄霸代为丞相,黄霸死后,于定国代为丞相,都没萧望之什么事情。他继续当他的太傅,用《论语》《礼服》教授太子刘奭。

呼韩邪单于归降汉朝之时,汉宣帝下诏,让大臣们讨论应该以什么样的规格来接待他。丞相黄霸和御史大夫于定国认为,圣王的制度,施予恩德执行礼仪,京师为尊,其次是华夏各诸侯国,再次为夷狄即外国。对待单于的规格应该比照中原的诸侯王,位次在诸侯王之下。

萧望之却认为:"匈奴单于不是汉朝天子建国时加封的,是和汉朝地位相等的国家,不应该以臣下之礼相待,位次应该在诸侯王之上。匈奴是兄弟之邦,他们叩头承认自己是汉朝的藩属国,中国谦让而不以臣下之礼相待,这正是笼络交好藩国的态度,是谦和的美德。这些国家,离中国非常遥远,恍惚无常,就算是他们的子孙以后不来朝贡了,也不算是汉朝的叛臣。信用和谦让行于这些蛮夷之族,赐福于遥远无穷之地,这是万世长策。"

汉宣帝采纳了萧望之的意见,下诏说:"听说五帝三王教化不到的地方,也不在那里执行政策法令。如今匈奴单于自称是汉朝北面的属国,前来朝拜我国,我做得有不周到的地方,恩德未能遍及那里。用客礼接待他们,让单于位在诸侯王之上,谒见时只称臣不呼名。"

萧望之的主张，在一定程度上引发了汉宣帝的共鸣，二人又有了共同语言。

汉宣帝病重之时，他开始为继任者刘奭物色辅政大臣。这一想，就想到了萧望之。虽然萧望之迂腐，不达时宜，使人眩于名实不知所守，但萧望之绝对忠诚可靠，他守规矩的程度，在大臣们之中，应该是无人可及。他也有缺点，但他绝对不会胡来。

如果儿子刘奭能像自己这样精明强干，那么他就绝对不会为儿子选择萧望之。但遗憾的是，刘奭太仁弱了，又没什么见识。那么他就需要萧望之这样的人帮着他守规矩，守摊子。

举个例子，皇帝就像是一个车夫，国家就像一辆马车，那么萧望之无疑就是一块又臭又硬的石头。如果车夫驾车的技术足够高超，那么这块石头就会成为马车飞速前进的阻碍，马车想要跳过一道沟壑，但因为石头的重量根本跳不起来。这个时候，这块石头就马上会被丢弃；但如果车夫的驭术很不理想，那么这块石头的重要性就凸显了出来，虽然马车可能跑不快，但因为有这块石头在，却能保证其稳定性，至少不会车覆人亡。

汉宣帝临死之前选择萧望之辅政，很大程度上就是出于这样一个考虑。但遗憾的是，他这个选择最终被证明是错的。

汉宣帝在识人的能力上，远远比不上他的曾祖父汉武帝，所以哪个大臣能够胜任什么样的事务，他把握得并不是很准确，只能慢慢地通过试用来观察。比起东汉末年的孙策来，更是有很大的差距。

孙策临死之前，给继任的弟弟孙权留下遗嘱说：外事不决问周瑜，内事不决问张昭。识人之明，令无数后人叹服。回到此时的萧望之上，萧望之就是一个张昭式的人物，如果问他国家的礼仪典章制度，估计朝中很少有人能胜过他；但若论如何治国，如果施政，如何作战，萧望之显然不是个合适人选。汉宣帝通过长期的考察发现了这一点，但在这个时候，他已经没有了别的选择。因为他的继承人的禀赋已经无法更改，他只能量体裁衣，按照儿子的资质来为他选择合适的辅政大臣。

刘奭不是建议自己任用儒生吗？那么萧望之正好就是大儒，是儿子喜欢的人。让萧望之辅政，刘奭也乐意，这样君臣交泰，团结一心，应该可以确保汉家的江山无虞吧。在做出这样的人事安排之后，汉宣帝永远地闭上了眼睛。

刘奭即位之初，受诏辅政的大臣除了萧望之还有两位，分别是史高和周堪。

史高是史良娣的侄子，史恭之子，汉宣帝的表兄弟。之前丞相黄霸曾经举荐史高担任太尉，触怒汉宣帝，差一点儿被下狱。而现在汉宣帝临死之前，史高终于毫无悬念地被任命为大司马、车骑将军，并领尚书事。

萧望之的身份由太子太傅转为前将军、光禄勋、领尚书事。其中前将军是内朝的职务，担任此职可以自由出入禁中，光禄勋即郎中令，掌宫廷的警卫。

周堪由太子少傅转任为光禄大夫，掌议论。也领尚书事。

萧望之和周堪之前本来就是刘奭的老师，所以此时在刘奭当了皇帝之后，更受尊敬和信任。刘奭经常宴请两位老师，和他们谈论国家大事。

萧望之又向刘奭推荐了宗室出身，通晓经术，担任散骑、谏大夫的刘更生，加官为给事中，让他可以出入禁中，与侍中金敞一起在刘奭身边担任机要秘书。

刘更生这个人，在历史上非常有名，只不过，他为人们所熟知的名字，却并不是这个名字，而是叫刘向。

刘向是刘邦异母弟刘交的四世孙，在汉成帝时改名为刘向。他是西汉著名的经学家、目录学家、文学家。他所撰的《别录》，是我国最早的图书公类目录。他编著的《新序》《说苑》《列女传》《战国策》，以及与他的儿子刘歆共同编订的《山海经》，在历史上都非常有名。

《新序》是一部以讽谏为政治目的的历史故事类编，采集上自舜、禹，下至汉代的一些历史和传说。记载了相传是宋玉对楚王问的话，其中著名的典故有叶公好龙、阳春白雪、下里巴人等。

《说苑》又名《新苑》，是一部古代汉语杂史小说集，记述了春秋战国至汉代的一些逸闻轶事，其中以记述诸子言行为主，不少篇章中有关于治国安民、家国兴亡的哲理格言，具有一定的史料价值和文学价值。

《列女传》是一部介绍中国古代妇女事迹的传记性史书，也有观点认为该书是一部中国古代妇女史。所编的一百零五个妇女故事，多为表彰美善，歌颂古代妇女高尚品德、聪明才智及反抗精神之类。著名的如"孟母三迁"、齐国无盐氏钟离春、赵括之母等。

《别录》是中国第一部有书名、有解题（目录学术语，相当于简介）的综合性的分类目录书，共二十卷。汉成帝时，刘向受命参与校理宫廷藏书，校完书后写了一篇简明的内容提要，后来汇编成《别录》。

《战国策》是战国末年和秦汉间人编辑收集的一部历史著作，也是一部重要的散文集。最初有《国策》《国事》《短长》等名称，经刘向整理编辑，编定为三十三篇，定名为《战国策》。主要记述了战国初年至秦灭六国之间各国游说之士的政治主张和言行策略。《战国策》虽被归为历史著作一类，但与许多史实有出入，虽然书中所记的历史和说辞不可尽信，但仍是研究战国时期社会状况的重要史料。

《山海经》在《夏朝》一章中已有专门介绍，此处不再详述，但它最终经过刘向、刘歆父子编校，才形成传世书籍。

萧望之推荐起用这样一个很有学养的大儒，辅政的力量得到了很大的加强，辅政的四位大臣之中，儒生就占到了三位，并且三个人还很有共同语言，理论上说，这样一个辅政班子，应该是非常理想的。

可事实并非如此。

最初，史高、萧望之、周堪、刘向四人可说是同心协力，毫无嫌隙，一起辅佐刘奭，并没有出现大的问题，但随着时间的推移，问题渐渐地出现，并且越来越严重。

问题的根源，第一来之前的汉宣帝，第二来自刘奭，第三就来自萧望之。

汉宣帝生前，不怎么喜欢儒术，而是重用刑法吏，中书由宦官当权。不过，汉宣帝毕竟是贤君，他虽然任用宦官，但并没有给他们放权，所以宦官虽然在机要机构任职，却并没有造成大的危害。但这一切，随着汉宣帝的死而出现了变化。

宦官弘恭和石显，年轻时都因为犯罪而被处以腐刑，担任中黄门，后被选为中尚书。汉宣帝时，担任中书官。弘恭能够熟练运用法律，熟悉案件判例，善于奏请，很有才能。当时弘恭为中书令，石显为仆射，都是中书主管，负责传令宣诏等机要事务。

刘奭的身体不好，无力亲理政事，并且那时正热衷于音乐，他觉得石显和弘恭长期在中书任职，熟悉政务的处理，并且他们作为宦者，没有骨肉亲人，没有婚姻之家，可以专心于政务，也完全可以信任他们，于是就把政事全部委任于石显等人。事无大小，全部以石显等人报告的为准。石显因此贵幸无比，权势倾朝，朝中的大臣们都非常畏惧他。石显为人机灵而聪明，非常熟悉政事，并且，他能准确地揣摩到皇帝的心思，内心非常狠毒，常常持诡辩来阴谋陷害别人，睚眦必报，凡是别人和他有小仇小怨，他都会想方设法用法律来报复，并且让人挑不出毛病。

当然了，石显等人也知道，自己只是个宦官，就算是皇帝再信任，如果不与掌握兵权的外戚交好，壮大自己的势力，那么总有一天会被别人除掉。于是他非常注重与大司马、车骑将军史高处好关系。而相应地，史高也知道石显等人在皇帝身边，地位非常重要，如果不与他们搞好关系，那么保不准哪天人家在皇帝面前吹个风进个谗，那就什么样的事情都有发生的可能。

所以石显、史高等人在这样的共识之下，自然而然地走在了一起，结成了一个阵营。而萧望之一方，则被孤立，虽然他们人数多。

针对一些政事，萧望之的意见建议经常与史高、石显等人相左。出现这样的情况不奇怪，看看之前萧望之做过什么事情就知道。他所发的议论，都是儒家经典上的观点，都是理想化的，都是按着本本来的，而不管实际情况是什么样的，并且还要独树一帜，显得自己与众不同，这可就要命了，你和众人的观点都不相同，还要别人都服从你，这怎么行？恐怕就是皇帝也很难做到这一点。

所以，史高、石显等人反对萧望之，并不完全因为萧望之就是正确的，而他们是错误的，萧望之就高尚，他们就卑鄙，而是因为萧望之的观点太理想化，太过于正统，不切实际。

而别人一旦不服从自己，萧望之就认为这些人是奸邪之人。

并且，萧望之这个人的毛病，或者说是儒生的通病，那就是什么人他们都看不起，只觉得自己是真理的化身，只觉得儒生可用，其他人都不可用。

萧望之之前连大贤丙吉都看不起，可想而知他对石显、史高等人持什么态度。萧望之认为太监是刑余之人，外戚大多奢侈骄横，这些人一律不应该在显要机构任职。于是他向刘奭上书，矛头对准了太监，说中书是一个国家的政事之本，主管中书的人员应该从贤明的人中选拔，而自从汉武帝时重用宦官开始，改变了国家的旧制，也违反了自古以来皇帝不近刑余之人的大义。所以，这些人应该一律被罢黜，然后选拔儒生士人来代替他们。

实际上，外戚和太监未必天然坏，儒生和士人未必天然好。历史上有许多为国家和民族做出贡献的外戚和太监，也有许多给国家和民族造成重大损失的儒生和士人。所以说，这个不能一概而论。

萧望之书读得确实多，学问做得确实好，这个毋庸置疑，但若论政治素养，水平明显存在很大的差距。政治斗争就是双方力量的博弈，哪一方的力量大，哪一方就会获胜，所以，无论哪一方想要获胜，就必须争取第三方的力量以孤立另一方，这才是取胜的关键。但萧望之不是这么做的。他既看不惯外戚，也看不惯太监。所以，他既不团结史高来打击石显，也不团结石显来打击史高，而是想凭一己之力打倒这两个人。

刘奭接到奏章，自然是不同意。为什么？这样的事情换了任何一个皇帝，哪怕是天下最圣明的皇帝，也不会同意。政治自有政治的法则，政治讲究共存、包容、妥协，该揣明白的时候揣明白，该装糊涂的时候装糊涂，似是而非，拉扯不清，看起来是敌人，实际上未必，看起来是朋友，实际上也未必，就看具体遇到的是什么样的利益，是要化敌为友还是要反目成仇，所以绝对不能搞一刀切，绝对不能整齐划一，绝对不能泾渭分明，这才好留有余地，这才好回旋转圜，这才好釜底抽薪，这才好一击必中。政治要那么简单明了容易操作，不就谁都可以黄袍加身改朝换代了？

更何况，刘奭作为一个皇帝，并不精明强干，他离不开石显、史高这些人，现在萧望之要让他罢黜这些人，这怎么能行？

不过，这一次萧望之仅仅是针对中书的太监，打击面暂时还不大，大司马、车骑将军史高还没有被扯进来，所以史高选择了保持中立并骑墙、观望。人家萧望之建议换太监，那么换了谁掌中书不是掌，关他史高什么事？

由于刘奭不同意更换中书人员，所以萧望之的建议自然是久议不决。最终，刘向被任命为宗正（九卿之一），主管皇室内部事务。表面上看起来，萧望之达到了部分目的，士人确实被任命到了显要机构，但事实真的如此吗？

事实完全相反！断人财路，坐家祸来，断人官路，血光之灾。不给别人留活路，那么别人就会跟你死磕。萧望之的上书，彻底激怒了石显、弘恭等人，他们决定反击萧望之。从此以后，石显等人与萧望之之间的矛盾越来越尖锐，越来越对立。之前他们反对萧望之，或许还是出于不同政见，但现在，只要是萧望之赞成的，他们就必须反对；只要是萧望之反对的，他们就必须赞成，处处跟萧望之唱反调。

但萧望之和周堪对局势的变化却缺乏足够的认识，他们没有扳倒中书的宦官，却又将枪口对准了保持中立的史高。

萧望之、周堪多次推荐名儒做谏官。有个从会稽郡来的儒生，名叫郑朋，他暗中打算依附萧望之，于是揣摩萧望之的心思，上书揭发车骑将军史高派遣门客到各郡国进行奸利活动，还说到许章、史高子弟的罪过。郑朋把奏章给周堪看了，周堪于是叫郑朋在金马门待诏。

郑朋还在他的奏章上赞颂萧望之，他说，在萧望之的身上，真正体现了周公、召公的德行，萧望之能够担任前将军辅政，普天下的老百姓都非常高兴，认为朝廷选对了人。但就是不知道萧望之想要达到管仲、晏婴那样一个程度就停止呢？还是想达到周公、召公那样一个程度才收手？如果只是想达到管仲、晏婴那样一个程度，那么他郑朋就会回乡种田，老死在乡里；但如果萧望之想要取得像周公、召公那样的成就，那么他郑朋就一定会竭尽全力为朝廷做一些微薄的贡献。

萧望之看到这封奏章，一来发现这个郑朋与自己的政治主张完全一致，二来觉得这个郑朋这么"尊敬"自己，于是就非常高兴，接纳了郑朋，准备推荐他任职。

郑朋为了达成所愿，多次称赞萧望之，并说史高的坏话，谈论许氏、史氏子弟的过失。

萧望之高兴了没几天，结果才发现郑朋这个人是个品行极端恶劣的人，于是就与他断绝了来往。当初郑朋与大司农史李宫一齐待诏，所以周堪只上书推荐了李宫一个人出任黄门郎。

郑朋非常怨恨，于是转而去投靠许氏和史氏，他对许氏和史氏说："之前我说的那些，都是周堪和刘更生教我的，我是关东人，哪里知道这些事情？"把污水一下子泼到了萧望之等人的头上。

侍中许章于是接见了郑朋，郑朋出来之后，立即扬言说："我见侍中时，说了前将军（萧望之）的过失五条，大罪一桩。中书令就在旁边，他知道我说的情况。"

萧望之听说这件事后，于是就去问弘恭、石显。

弘恭、石显担心萧望之上书替自己申诉，把事情交给其他的官吏去处置，于是立即收买郑朋和待诏的华龙。

华龙在汉宣帝朝就在待诏，因为行为污秽而不被引荐，想投入周堪等人的门下，但周堪等人不接纳，所以他就与郑朋勾结在了一起。

弘恭、石显指使郑朋、华龙，让他们二人上告萧望之等人图谋罢黜车骑将军史高，并斥退许氏、史氏子弟的罪状。然后专门等了一个萧望之出宫休沐的日子，让郑朋、华龙上奏刘奭。

刘奭接到奏折，于是就派弘恭前去查问萧望之。没想到萧望之老老实实地回答说："外戚在位多奢侈淫乱，我是想匡正国家，并不是想干不正当的坏事。"

萧望之的坦诚真是让弘恭等人感到惊讶！

弘恭、石显于是向刘奭禀告说："萧望之、周堪、刘更生结成党羽，互相恭维推举，屡次诬陷控告大臣，诽谤离间皇亲国戚，想要专权擅势，为臣不忠，诬蔑君上不道，请谒者招致廷尉。"

因为萧望之之前面对弘恭的查问，已经承认了想要罢黜外戚的想法，所以此时石显等人报告，刘奭是毫不怀疑。但刘奭还是想再问清楚，自己的老师萧望之到底是不是真想这么做？于是就批准了弘恭和石显的建议。

孰料，刘奭这一批准，就办下了一桩历史上天大的冤案。

原来，刘奭竟然不知道"请谒者招致廷尉"这句话是什么意思，他以为是派太监去把萧望之等人叫来，然后让廷尉问一问。而孰不知这句话的真正意思是：派谒者太监把萧望之等人抓起来，然后关进监狱。

历史跟萧望之开了一个天大的玩笑，他是当世的名儒，他教出的学生，竟然连这样一个最基本的政务术语都看不懂，真不知道是谁的悲哀。

刘奭刚刚即位之时，待诏郑朋举荐张敞担任太子的老师，但萧望之却看不上张敞，认为素有"画眉"之风流的张敞为人轻薄，不适合当太子的老师。可是现在看看，他这个作风严谨的老师，教出的学生却明显与现实脱节。

汉宣帝之前说"俗儒不达时宜"，在这一刻果真神奇地应验了。当太子的老师，至少应该教会太子将来当皇帝时运用的一些最基本的东西，试问连最基本的政务都不懂，满腹经纶又有什么用呢？萧望之误人子弟，最终误了自己。

于是萧望之、周堪、刘向全都被关进了监狱。

后来有一天，刘奭想要召周堪、刘向议事，结果却发现二人不在大臣的班列，萧望之也不在，一问，说是被关进了监狱。

刘奭大惊失色，马上责问弘恭和石显："不是只让廷尉问一问吗？"

这下就该着弘恭和石显面面相觑了，怎么，您老人家原来是不懂什么叫"请谒者招致廷尉"啊？但这两个人都是人精，不像萧望之那样迂腐，他们说什么也不会当着大臣们的面说皇帝不懂业务，让皇帝下不了台，于是赶紧叩头认错，以显示自己蒙蔽了皇帝。实际上这两个人有错吗？这两个人一点错都没有，上奏折是他们的民主权利，而最终批准做出决定的却是皇帝，所以，这个后果要由皇帝来承担。以古代区分明君和昏君的标准来衡量，刘奭显然是个十足的昏君。

刘奭说："让他们出狱，官复原职。"

弘恭、石显于是让史高去劝刘奭说："陛下刚刚即位，还没有以德化闻于天下，就先把老师关进了监狱，天下人谁都以为关他们是有足够理由的。所以现在既然已把他们关进了监狱，就不应该马上释放并让他们复职，否则，就等于是承认皇帝办错了事情，影响皇帝的威信，应该根据情况再赦免他们。"

刘奭一听，还真是这么回事。于是下诏给丞相御史说："前将军萧望之给朕当了八年师父，没有别的罪过，现在事情也过去很久了，有些事情已经记得不是太清楚了，可赦免萧望之的罪过，收回前将军、光禄勋的印绶，和周堪、刘更生都免官为百姓。"

萧望之、周堪、刘向都被免为庶人，而品行不端的郑朋却做了黄门郎。

罢免萧望之等人，毕竟不是刘奭的本意，所以刘奭时刻难以忘却这件事情。

过了几个月，刘奭觉得有了这段时间的缓和，也足以淡化那件事情带来的影响了，于是下诏给御史大夫说："国家将要兴盛，就要尊敬师长并重用师父。前将军萧望之做朕八年师父，用经术教导朕，他的功劳非常突出，可以赐给萧望之关内侯的爵位，食邑六百户，加给事中，每月初一、十五朝见，座位次于将军。"

此时的刘奭，准备要起用萧望之做丞相。但谁知这个诏令一下达，却彻底断送了萧望之。

萧望之的家人和萧望之一样，也没有政治头脑。本来之前萧望之入狱，谁都明白不是皇帝的本意，是冤狱，却谁都说不出口，因为下命令的是皇帝。什么人都可以认错，但就是皇帝不能认错。而且这个错还不同于一般的错，皇帝要是认了，就等于向天下人宣告自己小学没有毕业，他会干吗？所以遇上这种事情，如果是个政治家，就要咽下这口窝囊气；如果咽不下这口气，那就干脆不要涉足政治。

而这个时候萧望之的儿子萧伋见皇帝下了这样一道诏书，知道父亲之前是无辜的，于是上书替父亲鸣冤，要求朝廷为萧望之恢复名誉，还以清白。

萧伋的奏章被交给有司处理，有司的官员也诧异了，于是上奏说："萧望之之前所犯的罪行非常清楚明白，并没有谁诬陷控告他。可是他却不服罪，教唆他的儿子上书喊冤，称引无辜之诗，有失大臣体统，想把脏水泼在陛下身上，请允许逮捕他入狱。"

弘恭、石显等知道萧望之素来清高，很有气节，不愿屈受侮辱，所以他们知道，逼死萧望之的机会来了。

于是他们向刘奭建议说："萧望之前为将军辅政，想排斥疏退许章、史高，独揽大权，侥幸没有判罪，又赐爵封邑，让他参与政事，陛下对他已经是非常仁慈了。可是他不知道悔过服罪，却深怀不满，教唆儿子上书，想把过错全部推给天子，他倚仗自己是陛下的师父，以为陛下终究不会把他怎么样，所以有恃无恐。如果不把他关进牢狱狠狠地杀一杀他的傲气，堵塞他不满的心情，那么圣朝就无法再施予他恩泽了。"

刘奭还是了解自己的老师的，他说："萧太傅素来刚直，怎么肯接受吏人的逮捕呢？"

石显等说："人的性命是最可贵的，萧望之前面坐了一次监狱都没有出现任何问题。这次犯的又是说错了话的小罪，一定不会有什么闪失的。"

刘奭于是批准了他们的奏请。

石显等人把诏令密封起来交给谒者，告诉他们见到萧望之后亲手交给他，之后命令太常急派执金吾车骑迅速包围了萧望之的府邸。

朝廷的使者到了萧府，召见萧望之。萧望之想要自杀，他的夫人劝阻了他，认为这不是天子的意思。萧望之于是问他门下的学生朱云该怎么办，他的这个学生也是个宁折不弯的性格，非常推崇有节操之人，于是他劝萧望之自杀。

萧望之听了朱云的话，仰天长叹说："我曾经担任将相，现年迈六十有余，老了入狱，苟求活命，不也太庸俗了吗？"说着呼唤朱云的字说："游，赶快配制毒药来，不要耽误我死去。"然后饮鸩自杀。这一年是公元前47年，离汉宣帝之死还不足两年。

刘奭听到萧望之自杀，非常震惊，他以手拍案说："当初我就怀疑他不肯进牢狱，现在果然害死了我的贤师！"

这个时候，太官刚刚上了午餐，刘奭拒绝吃饭，为萧望之死而哭泣流泪。左右都陪着他掉眼泪。

刘奭召来石显等人，拿讨论不周全这个罪行来责问他们。石显等人全都脱下帽子请罪，一直过了好长时间，刘奭才作罢。

萧望之自杀而死，在朝廷的法律上来说是畏罪自杀，所以有司请示剥夺他的爵位和封邑。刘奭下令加恩，封萧望之的长子萧伋为关内侯。之后，刘奭非常怀念萧望之，每年派使者祭奠萧望之的坟墓，一直到他死时为止。萧望之有八个儿子，除长子萧伋外，其他几个儿子萧育、萧咸、萧由都官至二千石级的大官。西汉后期，因为国家动乱，萧氏迁回老家东海兰陵，为当地名门望族，南北朝时，建立齐、梁二朝的萧道成和萧衍，据称都是萧望之的后代。

萧望之之死，多被人看成是士大夫集团与宦官集团及外戚势力政治斗争的牺牲品。萧望之是当时著名的大儒，在朝野非常有名望，为人刚正不阿，清正廉洁。但他身为皇帝的老师，以前将军、光禄勋之职总领尚书事，却没能斗过两个中书宦官，真是让人唏嘘叹息。一句话，萧望之和他的学生刘奭一样，眼高手低，基本功不扎实，不懂宫廷政治的基本要领，被擅长操纵政治的石显等人一步步送进了监狱，并为此被逼自杀。

萧望之死后，周堪、刘向都被废黜，不得担任要职。士大夫集团与宦官外戚势力的斗争，以士大夫集团失败而告终。

在历史上绝大多数的评价中，士大夫总代表正的一方，而宦官和外戚，总代表邪的一方。所以，萧望之等人此番失败，许多人为之感到惋惜。因为像萧望之这样的士大夫，注定是不能被历史否定和遗忘的人物。虽然他们迂腐古板，不知变通，但世界却不能缺少这样的人，因为如果没有这样的人，世上将不再会有公平和正义。他们虽然迂腐，但他们却可以最大限度地遵守制度，替绝大多数的人维护利益。

在中国历史上，士大夫这个阶层，是勇担重任的一个群体，但也是屡经磨难的一个群体，他们的重要性，在和平年代表现得不是太明显，但在国家和民族遭受大难的重要关头，就会立即凸显出来。"鞠躬尽瘁，死而后已。"（诸葛亮）"位卑未敢忘忧国。"（陆游）、"先天下之忧而忧，后天下之乐而乐。"（范仲淹）、"人生自古谁无死，留取丹心照汗青。"（文天祥）、"天下兴亡，匹夫有责。"（顾炎武）、"苟利国家生死以，岂因祸福避趋之。"（林则徐）等，都是他们的真实写照。

最早提出"士"的理论标准的是孔子，在《论语·泰伯章》中有："士不可以不弘毅，任重而道远。仁以为己任，不亦重乎？死而后已，不亦远乎？"

荀子对士提出的要求更为明确，即"从道不从君"，服从于真理，但不屈从于皇帝的权力。

作为士大夫阶层，他们有着显著的共性特征：遵守道德礼法，重视道德操守，严于律己，忠君爱国，有风骨，有气节，大多有独立的人格，"富贵不能淫，贫贱不能移，威武不能屈"，有崇高的道德使命感，有理想，有追求，为了维护正义，不惜付出生命的代价！他们常常以殉道者的身份出现，他们的所作所为，有时候固然让人感到不可思议，但他们却是最值得钦佩和赞颂的一群人，他们的生命在某一时刻会戛然而止，但他们的浩然正气，却是长存于天地之间。

人们常常为他们在国难当头所表现出的大义凛然、忠贞不屈、慷慨赴死的勇气所钦服，但也为他们在某些时候执着于一些无谓之争不知转圜白白牺牲而感到惋惜，总是希望他们能够在该勇敢的时候勇敢，该抗争的时候抗争，该不屈的时候不屈,而在该包容的时候包容,该妥协的时候妥协,该退让的时候退让,但事实却不以任何人的意志为转移,这就是中国的士大夫,江山易改,秉性难移。他们有优点,就必定会有缺点,甚至于,有时候缺点还大于优点,但就是这些优缺点交织的特征,形成了一个国家和民族长久以来的精神支柱,是中流砥柱,是民族脊梁,激励着无数仁人志士为了维护真理而不懈奋斗。

之前的杨恽是,盖宽饶是,现在的萧望之也是,还有之前和之后为了维护制度、正义、真理而牺牲性命的仁人志士都是!他们是一群最不该被忘却的人。

因为萧望之非常有名望,所以他的死引发了朝廷内外的纷纷议论。人们都纷纷指摘是石显谗杀了萧望之。

石显知道舆论的力量,如果不加以引导,自己弄不好就会死无葬身之地。当时,来自琅琊郡的名士贡禹因为明经有操行而担任谏大夫,于是石显派人向贡禹示好,刻意拉拢贡禹,交好贡禹,然后把贡禹推荐给了刘奭。

贡禹先后担任九卿,并最终当上了御史大夫,而石显自始至终对贡禹恭恭敬敬,礼节非常周全。这样一来,儒生们反倒被迷惑了,他们反过来纷纷称颂石显,说他能够举荐贤能,认为之前的萧望之之死,根本不是石显谗害的结果。石显狡猾奸诈的程度和他自我保护的能力,以此表现得淋漓尽致。

第三十九节　奸宦石显、明犯强汉者虽远必诛、陈汤有功无赏

萧望之死后，刘奭非常悔恨，为了安抚另一个老师周堪，于是任命周堪为光禄勋，周堪的学生张猛（张骞之孙）为光禄大夫，给事中。

弘恭和石显非常忌恨周堪和张猛，与许章、史高等人多次攻击他们。刘奭信任周堪和张猛，但为了缓和君臣之间的关系，接受长安令杨兴的建议，把周堪外放为河东太守，任命张猛为槐里县令。

三年后，刘奭又下诏拜周堪为光禄大夫，领尚书事，张猛为太中大夫、给事中。周堪不久病死，石显等人开始抓住一切机会攻击张猛。

张猛后来作为汉朝使者护送呼韩邪单于的侍子回匈奴，在匈奴，按照当地的风俗和呼韩邪单于歃血为盟，订立了汉、匈世代友好的盟约。谁知回来之后，石显却借此攻击张猛，说张猛在外擅自做主与匈奴结盟，张猛迫不得已，在公车府自杀而死。

魏郡太守京房、御史中丞陈咸、待诏贾捐之（贾谊的曾孙）等人都曾上书揭发石显，立即招来了石显的疯狂报复，京房和贾捐之被弃市，陈咸虽然保住了一条性命，却被施以髡刑（剃去头发），罚为城旦（在脸上刺字并发配到边疆，白天站岗放哨，晚上做苦工）。与贾捐之相善的长安令杨兴，也被减罪一等，施以髡钳之刑，罚为城旦。郑县县令苏建得到石显的私信，把它上奏给刘奭，结果最后被石显以其他的罪名判处死刑。

自此以后，公卿大臣都非常畏惧石显，再也不敢轻易跟石显叫板。

石显和中书仆射牢梁，少府五鹿充宗结为党羽，依附他们的人，全都被提任

到显要位置。民间有歌谣说:"牢邪石邪,五鹿客邪!印何累累,绶若若邪!"牢梁啊石显啊,五鹿充宗啊这些人,他们身上的官印是那么多,绶带是那么长啊!用歌词来形容石显等人把持朝政,势力很大。

被石显所谗害的,还有名将冯奉世的儿子冯野王、冯逡及大名鼎鼎的陈汤、甘延寿等人。

冯奉世杀了莎车王在西域立下大功之后,因萧望之反对,没有被封侯。刘奭刚刚即位,冯奉世被任命为执金吾。常惠死后,冯奉世继任为右将军、典属国,几年之后,担任九卿光禄勋。

公元前42年秋,陇西羌人造反,冯奉世主动请缨前去平叛,最终大败羌人。回京之后,升任左将军(内朝职务),仍然担任光禄勋(外朝职务)。赐爵关内侯,食邑五百户,黄金六十斤。屡立功勋的冯奉世,此时才刚刚有了爵位。

公元前40年,冯奉世病死。他是杀敌卫国的勇将,所立的功勋仅次于赵充国。

冯奉世有九个儿子,四个女儿。长女冯媛被选入后宫,最初为长使,几个月后升为美人。公元前42年生下儿子刘兴,被封为婕妤。其时,冯奉世升为右将军、光禄勋,冯奉世的长子冯野王担任左冯翊,父子并居朝廷,但人们都认为他们父子二人是凭他们的才干而得到了那个职位,并不是因为依靠了冯媛得宠的关系。

当时,刘奭身边有一个比冯媛还要得宠的妃嫔,叫傅瑶。她最初是上官太后的才人,刘奭当太子的时候,她得以进幸。刘奭即位之后,封她为婕妤,非常受宠。傅瑶为人很有才略,非常善于和他人相处,宫里的宫人们都为她祝酒祭地,祝她长寿。傅瑶为刘奭生下一子一女,女为平都公主,男为定陶恭王刘康。刘康很有才艺,刘奭非常喜欢他。

刘奭非常宠爱傅瑶,也很宠冯媛。

公元前38年的一天,刘奭前往虎圈,观赏野兽搏斗,妃嫔们都陪他坐在一旁。孰料,一只熊突然跳出圈外,攀着栏杆想上大殿。刘奭左右的侍从、大臣,包括傅昭仪在内的人,全都惊慌逃命。只有冯媛站了出来,挡在刘奭面前。这个时候,侍卫们赶来杀死了熊。

惊魂初定的刘奭问冯媛说:"熊攀上栏杆,人人恐惧,你为什么上前去挡熊?"

冯媛说:"猛兽只要抓着了一个人,就会停止攻击,我担心熊会扑向陛下,所以起身拦挡它。"

刘奭叹息之余，对冯媛倍加敬重。而傅昭仪等人都为之深深地感到惭愧。从此，傅昭仪对冯媛产生了很深的怨恨。

第二年，冯媛的儿子刘兴被封为信都王。

这个时候的傅昭仪和冯媛，因为儿子都被封王，所以都是王太后了，但因为刘奭还活着，不能称她们为王太后，而刘奭却想提高她们俩在后宫的身份，与其他的妃嫔有所区别，于是在妃嫔的等级里面，在皇后之下、婕妤之上，增加了昭仪一级，称她们为傅昭仪、冯昭仪，并赐给她们印绶。

因为傅昭仪的儿子刘康和冯昭仪的儿子刘兴分别是此后汉哀帝和汉平帝的父亲，所以在此处略微交代一下。

冯奉世的长子名叫冯谭，冯奉世率军出击西羌之时，冯谭以校尉身份从军，随父立下军功，但还没有来得及按受封赏，就病死了。

冯野王是冯奉世的次子，字君卿，曾经跟随博士学习，精通《诗经》。年轻时因为父亲的原因，任为太子中庶子。十八岁时，向皇帝上书愿意试任长安令。汉宣帝对此感到非常惊奇，于是问丞相魏相，魏相认为不行。后来，冯野王被任命为当阳县令，陆续升迁为栎阳县令、夏阳县令，刘奭即位之后，升任陇西太守，因为政绩突出，入朝任为左冯翊。

过了一年多，池阳县令并（"并"是这个县令的名字）素来贪污，他轻视冯野王是年轻的外戚，所以不把冯野王放在眼里，继续我行我素，贪污怠政。冯野王派督邮赵都前去查办他，查明并犯有监守自盗十金的罪行，于是准备将他逮捕。并在拒捕的过程中被赵都格杀。并的家属上书喊冤，控告冯野王，案件被交给廷尉审理。赵都前往查案的官吏面前，自杀以证明冯野王的清白。京师的人都称颂冯野王很有威信，冯野王于是升任为大鸿胪。

石显见冯奉世、冯野王父子非常有才能，做官很有威信，特别受人尊敬，并且冯昭仪又很受刘奭宠爱，心里特别想跟冯家结好关系，于是就在刘奭面前推荐冯奉世的三子冯逡，说冯逡为人非常谨慎小心，做事很守规矩，非常适合在宫中任职。

刘奭一听非常高兴，于是就下诏召见冯逡，准备让他担任侍中。

可谁知冯逡见了刘奭之后，却让刘奭屏退左右，说石显专权，希望刘奭能够明察并防备他。

刘奭因为非常信任石显，听了冯逡的话立即勃然大怒，让冯逡退了下去，再也不提他任职的事情。

要说刘奭作为一个皇帝，大臣提醒自己注意谁，防备谁，不论这个大臣说得是对还是错，是忠言还是谗言，总应该下功夫去核实一下，就算不愿去核实，那也不应该把这个人卖掉，这应该是作为一个人君最基本的资质。可是刘奭却没能做到这一点。

当石显从刘奭那里得知冯逡说自己的坏话时，立即对冯家人恨之入骨。自己好心想要交好冯家，并大力举荐冯家子弟，冯家人不领情倒也罢了，还反过来在皇帝面前揭他的短，真是是可忍孰不可忍！石显决意寻找机会报复。

过了几年，御史大夫李延寿病死任上，朝中的大臣们大都推举担任大鸿胪的冯野王出任御史大夫。刘奭让尚书从二千石级别的官员中选拔，冯野王无论是品行还是能力都排在第一位。

刘奭也觉得冯野王合适，于是就征求他最为信任的石显的意见。

石显终于等到了报复冯家人的机会！他不说冯野王不好，也并不反对冯野王当三公，而是列举了一条足以让刘奭放弃冯野王的理由。他说："九卿之中，再没有谁能够胜过冯野王。但冯野王是冯昭仪的亲哥哥，如果陛下任他为御史大夫，那么我担心后世的人提起这件事情，必然会说陛下不任用其他的贤才，而是任人唯亲，任用后宫妃嫔的近亲为三公。"

刘奭听了之后，觉得石显说得实在是太对了，于是对石显说："对啊，我没有看到这一点。"

刘奭对大臣们说："我如果任命冯野王为御史大夫，那么后人都会拿冯野王举例子，说我偏向后宫的妃嫔。"于是下诏说："刚强坚固，确实没有私欲，要数大鸿胪冯野王；能言善辩，可以出使四方，要数少府五鹿充宗；廉洁节俭，要数太子少府张谭。任命少傅张谭为御史大夫。"

刘奭这个糊涂蛋，被石显这个宦官摸准了心思牵着鼻子走，还想在大臣们面前装高明，从而成为历史的笑柄。汉武帝专门重用宠妃的近亲，也没见得哪个人说汉武帝任人唯亲，提起他来反而最先想到的一个评价就是"雄才大略"。刘奭的这个水准，比起他的老祖宗来，实在差了不是一星半点。

刘奭避嫌而不用冯野王，表面上看是因为他是冯昭仪的哥哥，实际上却是遭受了石显的报复。冯野王不明就里，叹息说："别人都因为女眷受君王宠幸而尊贵，而我们兄弟却独独因此而卑贱。"

冯野王虽然没有出任三公，却很被器重，在当时非常有名望。

甘延寿字君况，是北地郡郁郅县人（今甘肃省庆阳市庆城县）。他年轻时因为善于骑射，被选拔到羽林军中。甘延寿的力气特别大，投石块、举重物一般人都赶不上他。他的轻功也非常好，曾经非常轻松地攀越御林军驻地的亭楼。因为这些出色的优点，他被任命为郎官。在一次格斗考试中，甘延寿成绩优异，被任命为期门，皇帝尤其看重他的武艺和气力，不久就升任他为辽东太守，但因事被免官。

后来，车骑将军许嘉（许广汉弟弟许延寿的儿子）在刘奭面前推荐甘延寿，甘延寿因此被任命为郎中、谏大夫。后来，甘延寿被任命为西域都护、骑都尉。

陈汤字子公，山阳瑕丘人，年轻时喜欢读书，学识渊博通达事理，善于写文章。

但是，陈汤的家境非常贫寒，常常靠乞讨借贷为生。也因为此，人们觉得陈汤没有节操，所以州里那些有名望的人，很少有人称赞他推荐他。陈汤于是西去长安求官，最终谋了个太官献食丞的职务（皇家御厨房里专管为皇帝进献膳食）。几年后，富平侯张勃（张安世之孙）偶然间同陈汤交往，发现他很有才能，非常佩服他。

汉元帝初元二年（公元前47），刘奭下诏，要求列侯推荐人才，张勃便向朝廷推荐了陈汤。可是很不幸的是，在等待任职期间，陈汤的父亲死了。陈汤久历贫困，不容易得到这个机会，所以不想失去，就没有回家奔丧。

在那个极为重视孝道的时代，陈汤父死不奔丧，自然饱受他人的指责。司隶上书弹劾陈汤，说他缺乏起码的道德品质，不遵守常规，陈汤因此被拘捕入狱。举荐他的张勃也因此受到牵连，朝廷认为他举荐人才不实，削减了他的二百户食邑。此时正赶上张勃死去，就给了他"缪侯"的恶谥。

后来，陈汤因为有才能，再度被人推荐为郎官。他多次请求出使外国，因为熟悉外国事务，几年后被任命为西域都护府副校尉，与甘延寿一齐前往西域任职。

那么此时，西域各国的情形又是怎样的呢？

汉宣帝时期，因为匈奴内乱，五单于争位，最后得到汉朝支持的呼韩邪单于胜出。郅支单于向西兼并了呼揭、坚昆、丁零三个国家，并在坚昆之地定居。郅支单于怨恨汉朝拥护呼韩邪单于而不帮助他，于是就扣留汉朝使者江乃始等人，并百般折辱他们。

初元四年（公元前45），郅支单于派使者进贡，顺便要求带走他在汉朝入侍的儿子，表示愿意归附朝廷，实际上，此时的郅支单于，已决定与汉朝决裂。

汉朝商议派遣卫司马谷吉护送郅支单于的侍子前往西域。御史大夫贡禹、博士匡衡认为《春秋》上有这样的记载："对夷狄的要求不能一一都满足。"现在郅支单于趋向教化的心还不彻底，所在的地方又非常遥远，最好是让使者把他的儿子送出边塞就返回。

即将被派出的谷吉上书，他认为汉朝把郅支单于的儿子养了十年，恩泽已经非常深厚了，如果只送出边塞就返回，这就表示汉朝不愿再与郅支单于保持友好。最好还是把侍子一直护送到他的王庭。如果郅支单于敢于行凶，那么他就一定会怀有负罪之心，从此远离汉朝边境，就算是牺牲我谷吉一个人，而能让国家和百姓安宁，那也是值得的。

刘奭把谷吉的奏书交给大臣们讨论，贡禹等人还是反对，认为谷吉前去一定会遭遇不测，并为国家带来祸患。但右将军冯奉世却支持谷吉，他认为汉朝强大，郅支单于不敢把汉朝的使者怎么样。刘奭最终采纳了冯奉世一方的意见，批准了谷吉的奏请。

谷吉护送侍子到达郅支单于的王庭后，果如贡禹等人预料的那样，竟然被郅支单于杀死。

由于汉朝与坚昆地区相隔较远，所以谷吉被杀之后，汉朝根本无法得知他的确切消息，而一些前来投降的匈奴人则说，边界的瓯脱（少数民族屯戍或守望的土室，或在土室屯戍的人）都说，谷吉已被杀害。

那个时候正碰上呼韩邪单于的使者来朝，于是汉方就急切地责问呼韩邪单于的使者，呼韩邪单于的使者不知详情，被责之后，一时无法答复汉朝。

第二年，汉朝派车骑都尉韩昌和光禄大夫张猛护送呼韩邪单于的侍子回匈奴，又追问谷吉的下落，却申明与呼韩邪单于无关，免得呼韩邪单于起疑心。

韩昌和张猛看到呼韩邪单于一方的民众越来越多，而汉、匈边境地区的禽兽也差不多猎取光了。依当时呼韩邪单于的力量，他足以自卫，没有必要再畏惧郅支单于。

韩昌、张猛听到呼韩邪单于的大臣常劝他回归北方的故地，二人担心呼韩邪单于北去之后，汉朝难以约束他，于是就与呼韩邪单于订下盟约说："从今往后，汉与匈奴合为一家，世世代代不得互相欺诈、互相攻伐。发现盗贼，要互相通报，并予以诛杀，偿还所盗财物。如有敌人侵犯，双方都应发兵相助。汉朝与匈奴，无论谁敢首先违背盟约，必将受到上天的惩罚。让我们双方世世代代的子孙谨守这一盟约！"

韩昌、张猛与呼韩邪单于及其大臣一起登上匈奴诺水（今内蒙古乌拉特中旗境）边的东山，杀白马，呼韩邪单于专门拿出当年老上单于攻破大月氏后，用大月氏国王头盖骨做的饮酒器，与韩、张二人饮血酒盟誓。

韩昌和张猛回朝之后，把他们出使的经过上奏。石显等人认为："呼韩邪单于作为保卫汉朝边塞的藩国，虽然想回北方，但还不至于危害汉朝。韩昌、张猛擅自以汉朝世代子孙的名义与夷狄结盟起誓，让单于得以恶言上告苍天，实在是有辱国家的威名。应该派遣使臣前去告知匈奴，并祭祠上天，与他们解除这样的盟约。韩昌、张猛出使有辱君命，犯了大逆不道之罪！"

但刘奭觉并不认为韩昌和张猛的罪过有多么严重，下诏对他们以赎罪论处，也不要与匈奴解除盟约。但尽管如此，张猛还是被逼自杀。

其后，呼韩邪单于带领他的部众回归北部王庭，匈奴百姓逐渐归附，国内安定了下来。

郅支单于杀了汉使谷吉，知道自己做了有负汉朝的事情，又听说呼韩邪单于日益强盛，担心呼韩邪单于联合汉朝来攻打自己，于是准备向更远的西部地区迁徙。

其时的康居王，因为多次遭到乌孙国攻击，经过与他手下的翕侯商议，认为匈奴是大国，乌孙一向臣服于它，现在郅支单于困厄在外，可迎来安置在康居国的东面，和他联合起来讨伐乌孙，让他在那里立国，那么康居国此后就永远不受匈奴的威胁了。

康居王计议已定，于是派使者到坚昆去传话给郅支单于，郅支单于这些年来一直生活在惶恐不安之中，又与乌孙有仇，听了康居王的话后非常高兴，于是与康居结盟，之后带兵西迁。

康居王听说郅支单于愿意前来，于是派出国中的贵人，带着骆驼、驴、马数千匹前来迎接他们。

谁知郅支单于和他的部众的迁徙的过程中遇上极寒天气，大部分的人在路上被冻死，到达康居国时，只剩下三千人。

康居王钦佩郅支单于的勇略，于是把女儿嫁给他做阏氏。为了巩固与康居王的关系，郅支也把女儿嫁给了康居王，二人互为翁婿。

康居王结好郅支单于后，于是倚仗他的威名来胁迫周边各国。而郅支单于则更为直接，多次向康居国借兵攻打乌孙，深入赤谷城，杀掠百姓，抢夺畜产，乌孙国不敢追击，西部为之空虚，有方圆千里的地区，没有人居住。

其时由于呼韩邪单于降汉，所以在西域各国的眼里，郅支单于一度成为强横的匈奴人的代表。郅支单于也以为自己所代表的匈奴是大国，且自己征服坚昆、丁零、呼揭三国，声名显赫，所以越来越骄横。

康居王无法忍受郅支单于的骄横，于是不再礼遇他。郅支单于愤怒之下，杀了康居王嫁给他的女儿和康居国的贵人、百姓数百人。残忍的郅支单于，甚至将他们中的一些人进行了肢解，将他们的肢体投到了都赖水（今哈萨克斯坦南部江布尔州塔拉兹附近的塔拉斯河）中。

郅支单于又征发百姓为他修筑都城（今江布尔州塔拉兹），每天用五百人做工，一直修了两年才修完。他依仗武力，派遣使者前往阖苏（奄蔡）、大宛等国，要求他们每年向自己进贡，这些国家慑于匈奴的威名，不敢不给。

汉朝连续派遣三批使者到康居国，向郅支单于索要谷吉等人的尸体，但郅支单于却扣留汉朝使者并羞辱他们，不肯听从汉朝的诏令。反过来，他却通过西域都护向汉朝上书说："我处在困苦危难之中，愿归附强大的汉朝，送儿子来做人质。"借此戏弄汉朝，毫无诚意。

陈汤与甘延寿就是在这种局势下前往西域的。

陈汤这个人，为人沉着勇敢，极有谋略，善于策划事情，常常希望能建立奇功，每次经过都城小镇，高山大川，他都要登高观望，在心中谋划排兵布阵、行军作战的方略。

此次陈汤与甘延寿共同前往西域，他就和甘延寿商量说："这些夷狄部落，通常都是畏惧服从比他们更强大的部落，这是他们的天性。西域本来臣服于匈奴，现在郅支单于在西域威名远播，侵犯欺凌乌孙、大宛等国，常替康居出谋划策，想要降服这两个国家。如果郅支单于兼并了这两个国家，就一定会向北攻打伊列（今哈萨克斯坦境内巴尔喀什湖以北），向西攻取安息，向南排济月氏、山离乌弋（今伊朗、阿富汗、巴基斯坦交界的锡斯坦盆地一带），几年之内，西域各国，将尽为郅支单于所有。况且郅支单于剽悍善战，数战皆胜，如果长期纵容他，就一定会成为西域的大患。

"郅支单于虽然居住地方非常遥远，但他没有坚固的城墙和强劲的弓弩来防守，如果发动屯田的官兵，率领乌孙的军队，一直打到他们城下，他想逃亡却没有可去的地方，坚守又不能自保，千载大功，就可以一朝而成。"

甘延寿非常认同陈汤的看法，于是就准备向朝廷上奏请示这件事情。陈汤阻止他说："国家大事都会让公卿大臣们讨论，非凡的策略根本不是那些庸碌之人所能想到的，如果上奏请求，朝廷一定不会准许。"

甘延寿非常犹豫，没有听从陈汤的话。而在那段时间里，甘延寿正好生了病，日常事务由副职陈汤主持。于是陈汤假传朝廷的命令，征调西域各国的军队，以及车师国戊己校尉屯田的官兵。

甘延寿在病中得知陈汤矫诏发兵，非常惊慌，赶快从病床上爬起来，想要阻拦陈汤。

陈汤大怒，他按剑叱责甘延寿说："大部队已经集结完毕，你小子想坏大家的事吗？"

甘延寿见陈汤发怒，知道自己如果不顺从，那就会被陈汤所杀，于是只能同意了。

二人部署出征的军队，增设了扬威、白虎、合骑三个校尉，汉兵和西域各国的军队加起来总共有四万多人，兵力上很占优势。

甘延寿和陈汤于是向朝廷上书，一边就矫诏的事情向朝廷请罪，一边报告军队的情况。

奏折上报的当天，甘延寿就和陈汤率领大军出发了。大军共分为六支部队，其中三支从南道出发，越过葱岭，取道大宛；其余三支由他们二人亲自率领，从温宿国（今新疆阿克苏地区温宿县、乌什县一带）出发，由北道进入赤谷城，取道乌孙，进入康居境内，直达阗池（今吉尔吉斯斯坦伊塞克湖）西面。

这个时候，康居国的副王抱阗正率领几千骑兵侵犯赤谷城东部，杀死抢掠乌孙国大昆莫部一千多人，赶走了很多牲畜。康居兵从后面赶上了汉军，又劫掠了不少汉军辎重。

陈汤发现这一情况之后，于是指挥胡人军队进攻抱阗，死杀四百六十人，夺回乌孙国被抢掠的百姓四百七十人，交还给乌孙国大昆莫，夺回的马、牛、羊则用来供给军队食用。抱阗的贵族大臣伊奴毒，也被汉军擒获。

大军进入康居国东部边境之后，陈汤宣布了严明的军纪，命令军队不得抢掠。同时暗中召来康居国的贵族大臣屠墨，向他宣讲汉朝的威势与诚信，与他饮酒盟誓之后才让他离开。之后，陈汤和甘延寿率军前进，在距离郅支单于的都城塔拉兹六十里左右的地方，安营扎寨。

在这个时候，汉军又擒获了康居大臣贝色的儿子开牟，让他当汉军的向导。贝色的儿子就是屠墨母亲的弟弟，他们都非常怨恨郅支单于，因此汉军很快掌握了郅支单于的具体情况。

第二天，甘延寿、陈汤率军继续前进，在距离都城三十里处扎下营寨。

郅支单于见汉军前来，知道是自己之前的行为惹怒了汉朝，现在汉朝派兵前来问罪。但他还是假装糊涂，派遣使者前来询问汉军说："汉军为什么要来这里？"

陈汤等人派使者回复他："单于您之前不是向朝廷上书，说您居住的地方非常艰难，想要归顺强大的汉朝，并亲自入朝朝见天子吗？现在天子非常怜悯您，知道您抛弃大国，在康居国寄人篱下，所以派都护将军前来迎接您和您的妻子儿女。恐怕您受惊，所以不敢到达城下。"

玩文字游戏，郅支单于显然不是文化博大精深的中原人的对手！

郅支单于明白，此时如果再不给汉方一个合理的解释，那么恐怕他就要遭受大难了。之前他总觉得坚昆之地距汉朝非常遥远，无论他怎么开罪汉朝，汉朝也无法派兵到达这里，所以一直有恃无恐。现在好了，西域都护率领四万多军队到了这里，郅支单于立即傻眼了。作为郅支单于本人来说，他倒并不畏惧战争，因为他的骁勇善战是出了名的，但双方的实力摆在眼前，汉军有四万多人，而自己只有几千人，兵力极为悬殊，就是再怎么善战的人，恐怕也会心生畏惧之情。

在这个时候，郅支单于仍希望能够通过他毫无诚意的言辞，尽量说服汉军不要攻打自己，于是多次派出使者，与汉方周旋。但双方的使者在多次往返之后，甘延寿和陈汤怒了。

甘、陈二人斥责郅支单于说："我们远道而来，都是为了单于您，但是这么长时间过去，直到现在也没有一个有名姓的亲王贵人前来见我们，接待我们，单于您怎么在大计策上如此疏忽，丧失主人接待宾客的礼节呢！我们的军队远道而来，人畜都疲乏到了极点，粮食也快吃完了，恐怕没有办法自己返回，希望单于与大臣认真考虑一下该怎么办？"

汉方的回书在一定程度上麻痹了郅支单于，他以为汉军真的疲困至极，缺粮少食。所以他坚信自己能够拖赢汉军，于是决定与汉方开战。

第三天，甘延寿和陈汤指挥汉军前进到郅支单于都城的都赖水边，离城三里扎营布阵。远远望见郅支单于的都城上树立五彩旗帜，几百人身披战甲登城防守，并出动一百多名骑兵在城下往来驰骋，一百多名步兵在城门两旁布鱼鳞阵，操练武艺。

城上的人看见汉军在城下扎营，轮流向汉军喊话说："来打我们呀，来打我们呀！"之后，一百多名骑兵冲向汉军营寨，汉军都张开弓弩对准骑兵，这些骑兵见状，向后退去。

汉军远道而来，不利久战，双方的战火已经引燃，就必须速战速决。

于是甘延寿和陈汤增派了射手，一齐向郅支单于城下的骑兵和步兵放箭，汉军的弓弩十分厉害，这些骑兵和步兵只得退回城中。

甘延寿、陈汤于是下令总攻，命令全体将士，在听到进攻的鼓声时，一齐逼近城下，四面围城。不同的小队和将士都有不同的分工，有人穿越深沟，有人封堵城门，大盾牌在前防护，持甲之士在后进攻，并仰射城中楼上的敌人，汉方兵多，郅支单于一方招架不住，城楼上的人纷纷下楼躲避。

在土城之外，还有一座木结构的城，郅支单于的士兵从木城中射箭，射死很多的西域军士。西域军士点燃柴草焚烧木城，想要拔掉这个据点。天黑之后，木城内的几百名骑兵想要突围而出，但全部被汉军迎面射死。

郅支单于一方的败势已是无可挽回。当初汉军刚来之时，郅支单于想要逃走。但他怀疑康居王怨恨自己，会给汉军做内应，又听说乌孙各国的军队全都跟着汉军出动了，想来想去，觉得没有地方可逃。当时他已经带人出城，却又返了回来。

他说："还是不如坚守的好。汉军远道而来，怎么能坚持那么长时间呢。"

郅支单于于是披挂铠甲登上城楼，他的几十位阏氏夫人都用弓箭射击攻城的胡人。胡人的射手射中了郅支单于的鼻子，他的夫人大多战死。郅支单于下楼骑马，转战内宫。夜半时分，木城被攻破，宫中的人进入土城，登上城楼呼喊。

当时，前来救援郅支单于的康居国的军队，共一万多名骑兵分为十余队，四周环城，与登城的宫中人遥相呼应。夜里，康居兵数次冲击汉军营寨，但都没有得到便宜，只好退却。天亮时分，四面火起，汉军官兵大喜，趁势高呼着追逐敌人，钲声鼓声震天动地，康居军队退走。

汉军四面推着大盾牌，同时攻入土城之中。郅支单于以及一百多男女逃进内宫。汉军纵火攻击，官兵奋勇争先，郅支单于在战斗中受伤而死。军侯代理丞杜勋斩下了他的首级，并找到了汉朝使臣的两根节杖与谷吉等使者带来的帛书。

此一役，以汉方的大胜，郅支单于一方的全军覆没而告终，所有的俘虏和缴获的财产，都分给了擒获他们的将士。

战后统计，一共斩杀阏氏、太子、名王以下一千五百人，生擒一百四十五人，一千多人投降。他们都被分给了出动军队的西域各国的十五位国王。

陈汤与甘延寿的这次征战，斩杀了郅支单于，结束了匈奴南北分裂的局面，稳定了汉朝对西域的统治，为汉朝立下了奇功一件，在历史上占有非常重要的地位。这一年，是汉元帝建昭三年（公元前36）。

因为远征郅支单于主要是陈汤谋划的，所以甘延寿虽然是主将，但历史上仍然把这一桩大功归于陈汤名下，这是极为客观的。

直到这个时候，许多人才意识到，当初的张勃鼎力推荐而未去奔丧的陈汤，确实有着过人的才能，认为张勃有识人之能。

消灭郅支单于之后，甘延寿和陈汤向朝廷上书说："臣等听说天下的大道理，应当是天下一统，之前有唐尧和虞舜，如今有强汉。匈奴呼韩邪单于已向汉朝俯首称臣，只有郅支单于反叛对抗，没有受到惩罚，大夏以西的地方，都以为强大的汉朝不能使他们臣服。郅支单于残酷毒害百姓，罪大恶极通达上天。臣甘延寿、陈汤率领仁义的军队，替天诛伐，依赖陛下的神明，阴阳调和，天气晴朗明丽，冲锋陷阵打败敌人，斩了郅支单于的首级以及杀死了名王以下的人。请求把所砍的头颅悬挂在槁街蛮夷的官邸之间，用以昭示万里之外的人，让他们明白触犯强大的汉朝的，即使再远也一定要诛杀。"这就是陈汤名言"明犯强汉者，虽远必诛"的出处。这句话在很大程度上昭示着国家的强大和繁盛，透露出士人的豪迈和自信，极大地振奋了民族精神，抒发了民族自豪感，从而成为华夏史上维护国家尊严、抵御外侮的时代最强音！

甘延寿和陈汤的奏章递到朝廷之后，被交给公卿大臣们讨论。

丞相匡衡、御史大夫繁延寿认为："郅支单于以及名王的首级从这么远的地方传来，已经周游西域各国，蛮夷没有不知道的。《月令》上说，春天是'掩埋尸骨'的时候，他们的头还是不要悬挂为好。"

但车骑将军许嘉和右将军王商却认为："春秋时夹谷会盟，优施讥笑君主，孔子杀了他，当时正是盛夏，被斩的手和足仍然分不同的门运出。更何况现在是春天，应悬挂十天后再掩埋。"

刘奭非常高兴，于是下达诏令，采纳了许嘉和王商的意见。

但如何为立下旷世奇功的陈汤和甘延寿论功行赏，却出现了令人难以置信的一幕。

坏事还是坏在了石显这个宦官的身上。

早先的时候，身为中书令的石显非常钦佩武功高强的甘延寿，想把自己的姐姐嫁给他，但洁身自好的甘延寿却不想同石显这样的人走得太近，拒绝了他。丞相匡衡、御史大夫繇延寿都依附于石显，自然是不愿意替甘延寿和陈汤说好话。三公的态度如此，其他官员可想而知。

而遗憾的是，陈汤这个人虽然很有谋略，很有才能，但也许是年轻时穷怕了，所以显得比较贪婪。尽管那个时候的官员大多都贪腐，但如果超过一定的限度，就会被人抓住把柄。因为陈汤把这场战争中缴获的财物全部据为己有，进入汉界后没有依法上交。

司隶校尉于是给沿途的官员发去文书，下令逮捕那些出征的官兵，来审查这件事情。陈汤见状，上奏书说道："臣下同官兵一同前去征伐郅支单于，很幸运地消灭了他们，军队万里之外得胜归来，应该有使者在路上迎接犒劳。可是现在司隶校尉却反其道而行之，逮捕出征的将士审查，这是在为郅支单于报仇啊！"

刘奭接到陈汤的奏折，马上派出使者，命令沿途各县备好酒食犒劳路过的军队。

陈汤和甘延寿回到京师之后，刘奭下诏为他们论功行赏。

石显和匡衡援引之前冯奉世的旧例，认为之前冯奉世矫诏杀了莎车王，名臣萧望之也不同意封赏冯奉世。况且陈汤和甘延寿假借皇帝的命令，擅自征发西域各国的军队，不处罚就已经不错了，还怎么能封赏他们呢？如果再为他们封爵位赐食邑，那么以后奉命出使西域的官员都会都争先恐后地冒着危险以取得侥幸的成功，在蛮夷国家惹是生非，给国家带来灾难，这个头不能开。

谁是谁非，刘奭的心里还是非常清楚的。他对甘延寿和陈汤立下如此大功感到非常高兴，却不愿意违背匡衡、石显的意见，所以这件事情一直拖了很长一段时间也没有定论。

对于这些大臣的态度，陈汤在还没有出兵之前早就预料到了。现在打了胜仗他们都出言反对，可想而知他们发兵之前要是上书请示会是什么结果。

在这个关键时刻，因受石显毁谗而免官的原宗正刘向上书，陈述甘延寿和陈汤的功绩并替他们鸣不平说：

"被郅支单于囚禁、杀害的使者和官兵数以百计，事情传扬到外国，颇伤我大汉的威名，使得外国不再尊重我们大汉，各位大臣都为此感到忧虑。陛下赫然发怒，想要诛杀他，一直未曾忘怀。西域都护甘延寿、副校尉陈汤秉承圣明的旨意，倚靠神灵的保佑，统率百蛮的君主，带领有城镇之国的军队，出生入死，深入无人能至的绝地，踏平康居，攻破五道城墙，拔下拿侯的旗帜，斩下郅支单于的首级，悬扬旌旗于万里之外的地方，远播威名于昆山（即昆仑山）之西，洗刷了谷吉的耻辱，建立了卓越的功勋，万夷畏惧慑服，没有不震动的。

"呼韩邪单于看到郅支单于被杀，又喜又怕，向风慕义驱驰前来，稽拜表示归附，愿意镇守北藩，世代称臣。他们建立了千年的功业，保证了万代的平安，群臣中功勋没有比他们更大的了。之前周朝的大夫方叔、吉甫为周宣王诛杀了猃狁（古代北方少数民族）而使百蛮都来归顺。所以《诗经》上说：'车马喧喧，有如雷霆，高贵英伟的方叔，征讨猃狁，蛮荆也因畏惧威力而来臣服。'《易经》上说：'消灭敌首的人应该表彰，因为他可以擒获更多敌众。'这么做是为了赞美那些诛杀罪魁祸首的人，而使那些不愿归附的人都来归顺啊。

"如今甘延寿、陈汤诛杀郅支单于所带来的震动，即使是《易经》上所说的消灭首领，《诗经》上所说的有如雷霆也比不上啊。评论大功绩不应计较小过错，推举绝美的东西不应苛求小的瑕疵。《司马法》上说'赏赐军队不超过一个月'，就是希望立功的臣民能够迅速地得到他们行善事的利益。以军事武功为先，就要重用人才啊。吉甫凯旋，周王厚赐了他，《诗经》上说：'吉甫因为被宴请，所以非常高兴，他受到了那么多祝福，是因为他从镐地回来，功劳同日月一样长久。'千里之外的镐地还被认为遥远，更何况如今的万里之外呢，甘、陈二人的勤劳已是达到了极点！甘延寿、陈汤不仅没有受到接受祝福的回报，反而因九死一生取得功劳而受到委屈，长期受挫于刀笔小吏之前，这不是奖励有功之臣、鞭策远征将士的方法。

"以前的齐桓公先有尊周的功劳，后来又有灭项国的罪责，君子就以功劳掩盖过错而隐讳了他所做的错事。贰师将军李广利损失了五万人的部队，花去了亿万的费用，经历了四年的劳苦，却只获得了三十匹骏马，虽然斩下了大宛王毋寡的首级，也仍然不足以补偿汉军的耗费，而且他私下里的罪恶就更多。但孝武皇帝认为到万里之远的地方去征讨敌人，不应计较他的过失，最终封拜了两侯、三卿、二千石的官职爵位给一百多人。如今康居国强于大宛，郅支单于的名号重于大宛王，他们杀害汉朝使者的罪行大于大宛不愿献马的罪，而且甘延寿、陈汤没有烦劳汉朝的士兵，没有耗费汉朝一斗粮食，和贰师将军相比，功德胜于他百倍。而且常惠听从想要攻击匈奴的乌孙，郑吉迎接自己来归顺的日逐王，还都对他们进行了裂土封爵。所以说武功和辛勤劳苦大于方叔、吉甫，将功补过又优于齐桓公、贰师将军，他们所做事情的功劳又高于安远侯郑吉、长罗侯常惠，但大的功劳没有得到表彰，小的过失却到处传布，臣下深为痛惜！应及时解除悬案让他们自由出入，免罪不究，给予他们尊宠并封授爵位，用以奖励劝勉有功之人。"

丞相匡衡是大儒，但刘向则更是大儒。

匡家世代务农，但匡衡年轻时却非常喜欢读书。由于家境贫寒，夜间读书时家中没有蜡烛照明。隔壁的邻居家有灯烛，但光亮却照不到他家，于是匡衡就在两家的隔墙上凿了一个洞，让邻居家的烛光透过来，借着这些微弱的灯光苦读。同乡有个名叫文不识的大户人家，因为家里非常有钱，所以有很多藏书。匡衡就到他家去做佣工，提出不要报酬。文不识感到很奇怪，就问他原因，匡衡说："我想读遍主人家所有的书。"文不识听了，深为感叹，就把书借给他读。匡衡经过勤奋苦读，最终成了大学问家。匡衡对《诗经》的理解极为独特透彻，当时在儒生们之中有"无说《诗》，匡鼎来。匡说《诗》，解人颐"的赞誉，意思是说：不要讲《诗经》，匡衡马上就来了，听匡衡说《诗经》，能使人下巴舒展，心情舒畅。由此可见，匡衡对《诗经》的理解之深。

匡衡"凿壁偷光"（也叫凿壁借光）的读书故事，与春秋孔子的"韦编三绝"，战国苏秦的"悬梁刺股"，晋代车胤、孙康的"囊萤映雪"等，是历代青年人勤奋苦读的楷模。但匡衡却因为畏惧石显而阿谀顺从他，对有功的陈汤等人进行打压，从而饱受人们的非议。

提起匡衡，人们唯一能联想到的便是"凿壁偷光"；而提起刘向，人们则马上能联想到《列女传》《战国策》《山海经》等经典名著，刘向的知名度比匡衡大多了。

所以，若论故纸堆里掉书袋，刘向远胜匡衡，你和石显不是要引经据典吗？那我就引用一些圣人的古诗词给你们看！

刘向的奏章递上去之后，再没有哪个人能够驳得倒这封旁征博引的奏章，于是，刘奭最终如愿以偿，下达了封赏甘延寿和陈汤的诏令。

他说："匈奴郅支单于背叛礼义，扣留并杀害了汉朝的使者、将士，深违事理，我怎么能忘记呢？之所以犹豫不决不去征讨，是因为不想兴师动众，劳苦将帅，因此一直克制忍让而没有提起这件事。如今甘延寿、陈汤借助有利时机，集结西域各国，擅自假托皇帝命令用兵去征讨敌人，依靠天地和宗庙的神灵保佑，最终斩下了郅支单于的首级，以及阏氏、贵人、名王以下一千多人。虽然甘延寿和陈汤逾越了道义违反了法律，却没有烦劳国内一人服兵役，没有动用国库的一分钱，用敌人的粮食来供应部队的用度，建立功勋于万里之外，威震百蛮，名扬四海。为国家除去残暴，从源头上断绝了兵革之乱，使边境得以安定。然而他们却避免不了死伤的忧患，罪责应当在于遵守法令，朕深深地哀怜他们。赦免甘延寿、陈汤的罪过，不再治罪。"命令大臣们讨论该如何封赏甘延寿和陈汤。

参与讨论的大臣都认为，应该按照军法上捕杀匈奴单于的那一条来为甘、陈二人执行封爵。但匡衡、石显却认为："郅支单于本来是失国逃亡的人，在无人居住的地方盗用单于的名号，并非真的单于。"表示不应该按照斩杀单于的规格来封赏甘延寿和陈汤。

刘奭于是退而求其次，比照当初安远侯郑吉的旧例，想封他们千户食邑。匡衡、石显又争辩抗议。于是再降一个档次，封甘延寿为义成侯，赐给陈汤关内侯的爵位，每人食邑三百户，再赐给黄金一百斤。升任甘延寿为长水校尉，陈汤为射声校尉（都是二千石级的官秩）。

斩杀了一个匈奴单于，却仅得到一个食邑三百户的爵位，而且还费了那么大的周折。刘奭执政期间政治的腐败，由此可见一斑。观刘奭一生，石显就像一只魔掌，牢牢地掌控着他的心脏，只要他想发挥正常的功能，魔掌就会立即在他的心脏部位发难，让他身不由己。

石显依仗刘奭信任自己，总是这样毁谗别人，所以怨家非常多。他担心一旦有一天刘奭从其他人那里听到真相，就会疏远自己，于是就心生一计，先给刘奭打预防针。

有一天石显要到各官署去征收财物，去之前他就报告了刘奭，然后特意请求，他晚上回来得可能比较晚，到时候宫门就关闭了，所以请皇帝下诏，到时候让守门官吏给他开门。刘奭觉得这是一件小事，于是就答应了。

石显在晚上办完公事，故意又拖延到很晚才回来，对守门的官吏说他有皇帝的诏令，让放他进去。

第二天，果然有人上书弹劾石显，说石显假传皇帝圣旨，让守门官给他开门。刘奭看到这道奏章之后，笑着把奏章递给了石显。

石显趁机哭泣起来。他说："陛下过分偏袒小臣，把政事委任于我，群下没有哪个人不嫉妒陷害我的。像这样的事情，根本不是一件两件，除了明主您知道，还有哪个人能理解小臣呢？小臣我出身微贱，实在不能以一人之力让天下所有的人都称心快意，我愿意辞去这一重要职务，在后宫做些扫地洒水的差事，死了也就没有什么遗憾了，还请陛下哀怜我，保全我的性命吧。"

石显这么一哭，刘奭立即就觉得，石显确实遭受了许多的冤屈，于是非常同情石显，多次慰劳鼓励他，赏赐给他的钱达到一万万。从此更加信任他器重他，终刘奭一朝，石显的地位坚如磐石，无人可以撼撼。

甘延寿和陈汤被封侯，之前斩杀莎车王而没有被封侯的冯奉世马上被一些正直的人想了起来。

这时候，冯奉世死了已经四年，离他斩杀莎车王也近三十年，杜延年的儿子杜钦就向刘奭上书，认为冯奉世所立的功勋和甘延寿、陈汤一样，却没有得到封赏。相同的功劳但执行不一样的封赏会让功臣疑虑，相同的罪行却执行不一样的刑罚会让百姓迷惑，这样就会丧失一个公平的尺度，使国家的法纪紊乱，让臣民不知所从，长此以往，将会使国家陷于混乱。杜钦请求追封冯奉世的理由十分充分，不能不让人深深思考。

刘奭为了封赏活着的甘延寿和陈汤，都差一点和自己的宠臣石显闹翻，怎么会为了一个死去的人再动干戈呢？于是借口那是先帝任期内的事情，没有采纳杜钦的意见。

不过，甘延寿和陈汤虽然被封侯，但他们的处境却并没有因此而改观多少。

甘延寿运气好一点，升为城门校尉、护军都尉之后，就死在了任上，爵位和封号都得以世袭，而陈汤就远没有那么幸运了。

汉成帝即位之后，丞相匡衡再次上奏说："陈汤以二千石官员的身份奉命出使，在蛮夷之中擅自做主，不能严格要求自己，为部下做表率，反而盗取从康居夺得的财物，并警告下属官员说，极远地方的事情是无法核实清楚的。他所做的这些事情，即使发生在大赦以前，但还是不适合继续担任官职。"陈汤因此被免官。

后来，陈汤向汉成帝上书，说康居王送到汉朝来的侍子不是真正的王子。但汉成帝命人进行核实之时，却证实康居国送来的侍子是真王子。陈汤于是犯下诬告之罪，因此被逮捕入狱，按律将会被处以死刑。

太中大夫谷永是谷吉的儿子，谷吉之前被郅支单于所杀，汉朝一直没能把郅支单于怎么样，陈汤斩杀郅支单于替谷永报了杀父之仇，所以谷永心里对陈汤非常感激。

此时陈汤落难，作为大儒的谷永当然不会袖手旁观，于是他上书为陈汤辩冤说："臣下听说楚国有子玉得臣，晋文公因此坐不安席；赵国有廉颇、赵奢，强秦不敢窥兵井陉口；近汉有郅都、魏尚，匈奴就不敢向南越过沙漠。由此可见，胜敌的将领是国家得力的武臣，不能不重视。所以'君子听到军鼓声，就会想到能够率兵作战的大臣'。臣私下认为关内侯陈汤，以前以副都护身份出使西域，斩下了郅支单于的首级,报了汉朝十年没能诛杀他的仇怨,洗雪了边境将士历年的耻辱,威风震动了百蛮,武功远扬四海,汉朝自建立以来,征讨外国的将领,还未能实现如此大的功绩。现在陈汤因为所说的事情有误而犯法,被关在牢里很久了,很长时间还不能判决,执法的官员想将他处死。之前白起担任秦国将领,南面攻下鄢都,北面坑杀赵括,因为一点小小的过错,就被赐死于杜邮,秦国百姓为他哀痛,没有不流泪的。现在陈汤立下如此大的功绩,习武之士没有哪个不仰慕他的节义的。因为陈说事情而犯罪,并没有很大的罪恶。《周书》上说:'牢记别人的功劳,忘记他人的过错,就适合做君主了。'况且犬马为人劳苦了,还可以得到给它们盖窝棚的报答,更何况国家的有功之臣呢?臣担心陛下忽略了军鼓的声音,不能体察《周书》的含义,而忘了盖窝棚的恩施,以庸臣的标准来对待陈汤,最后听从了官吏的决议,让百姓也有像秦国百姓那样耿耿于怀的怨恨,这不是鞭策鼓励那些舍身赴难的臣子的方法。"

谷永的奏折递上去之后,汉成帝立即以削去陈汤爵位为代价,最终赦免了他。陈汤再次沦为普通的士兵。

几年后,西域都护段会宗被乌孙国兵马围攻,段会宗派快马前来,请求朝廷尽快发兵援救。丞相王商、大将军王凤及百官讨论了好几天,仍然没有结果。王凤提议说:"陈汤很有谋略,且熟悉外国事务,可以把他叫来问问。"

汉成帝于是立即召见陈汤。陈汤在当初攻击郅支单于时,因为塞外天气寒冷且长时间风餐露宿,最终落下了风湿病,两臂不能屈伸。他入见汉成帝时,汉成帝事先下诏,让他不用行跪拜之礼。然后把段会宗呈上的紧急求救信递给了他。

陈汤看到那道奏章,真不知道心里有多么悲凉。他为国家立下了那么大的功勋,可是这些大臣说这不合适那不合适,先是不愿给他封爵,后又以各种手段剥夺了他的爵位,又因为一点小事将他下狱,差一点将他处以死刑,怎么,现在有事了,解决不了了,就想起他来了?那么试问满朝文武,这些人是凭着什么身居高位的呢?

所以陈汤推辞说:"朝中的将相九卿都是很有才能的贤人,通晓事理,小臣我已经被免为庶人,再加上体弱多病,没有资格参与讨论如此重大的事务。"

就是傻子也能听出陈汤的话中有怨气,汉成帝只好给他赔不是说:"国家有急难,你就不要再推辞了。"

以陈汤的政治敏锐性,其实他已经觉察到汉成帝有起用自己的意思,于是就回答说:"臣下认为这件事根本不值得忧虑。"

汉成帝非常惊讶，问他为什么这么说。

陈汤回答："一般情况下，五个胡兵的战斗力相当于一个汉兵，因为他们的兵器原始笨重，弓箭也不锋利。如今听说他们掌握了许多汉军制造兵器的先进经验，有了较好的刀、箭，但他们的战斗力最多仍然是三个胡兵相当于一个汉兵。兵法上说：'外来进攻一方的兵力至少要是防御一方的两倍，而防御一方的兵力只需要对方的一半兵力，这样他们才算是势均力敌。'现在围攻段会宗的乌孙国兵马兵力不足以战胜段会宗，因此请陛下尽管放心。再者说了，轻骑兵平均每天行走五十里，重骑兵平均每天才行三十里，现在段会宗想要出动西域各国和敦煌的军队去解围，这需要很长一段时间才能到达，远水不解近渴，根本来不及。"

汉成帝问："那可怎么办？你说乌孙国兵马不足以战胜汉军，那么依你来看，汉军一定能解围吗？大概何时能够解围？"

陈汤知道乌孙军队都是乌合之众，不能持久进攻，战事不过就是几天时间。因此他回答汉成帝说："现在已经解围了。"说着他屈指算了算日期后说："不出五天，就会有好消息传来的。"过了四天，果然军书回报，说乌孙兵已经撤走了。

朝中大臣，无不为陈汤出色的才能所折服。大将军王凤非常佩服陈汤，因此向汉成帝建议，任用陈汤为大将军府中从事中郎，凡是涉及军中的事务，都由陈汤决断处理。

陈汤通晓军中的法令，善于利用发生的事情造势，又广泛采纳众人的意见，所以处理大将军府的事务，对他来说是游刃有余。

但一个人有什么样的优点，就会有什么样的缺点。优点有多突出，缺点就有多突出，陈汤的软肋，还是贪财。

他常常接受别人的贿赂，为这些人写奏章，最终因此而身败。

陈汤之前曾替骑都尉王莽（后来的新帝）上书说："他的父亲过早地去世，唯独没有得到封爵，他的母亲明君供养皇太后，尤其劳累辛苦，应当封赏。"王莽果然被封为新都侯。

后来皇太后同母弟苟参任水衡都尉，死后，他的儿子苟伋为侍中，苟参的妻子打算为儿子苟伋求取封地，陈汤接受了她的五十斤金子，答应按照旧例替他上奏。

弘农太守张匡因贪污百万以上，狡猾无道，下诏立即审问，张匡害怕进监狱，就派人向陈汤求助。许诺只要陈汤上书为他辩冤，使他能够顺利度过冬月

（只要过了冬月就会遇上大赦出狱），就送给他答谢的钱两百万。

陈汤收受他人贿赂，基本上都是这样一种情形。而这些事情都发生在大赦以前，也就是说，是可以不追究的。

但是，丞相和御史大夫都弹劾他，陈汤于是被充军到敦煌。

在西域威名卓著令胡人闻风而遁的陈汤成为一个普通的小卒，这不仅令那些曾经畏惧他的胡人感到吃惊。所以在敦煌过了一段时间，敦煌太守就向朝廷上奏说："陈汤以前亲自诛杀了郅支单于，在西域各国有很高的威望，他的充军之地，不适宜靠近边塞。"于是汉哀帝下令把他迁徙到安定。

议郎耿育于是上书为陈汤鸣冤说："之前甘延寿、陈汤为汉朝扬威雪耻，征服了极远地方不愿顺从的蛮君，制伏了万里之外难以制伏的敌人，这样的大功，没人能和他们相比，只有丞相匡衡不愿给他们记功，最终只封了他们几百户，这就是造成有功之臣和奋战之士失望的原因。

"陈汤现在已经年老，却被抛弃在边塞敦煌，而那里正好是前往西域各国的通道。这样一个威名赫赫令敌人闻风丧胆的名将，转瞬之间就成了我们汉朝自己的囚徒，还不够让那些活下来的郅支人耻笑的，想起来可实在是可悲。现在我们汉朝奉命出使到外蛮的人，没有一个不通过讲述诛杀郅支单于的功绩而宣扬大汉强盛的，可是我们拿陈汤立下的功劳来震慑敌国的同时，却把陈汤作为一个罪犯来使那些奸佞小人感到高兴，难道不让人感到痛心吗？

"陈汤所立的功勋，是没有人能及得上的，但陈汤所犯的罪行，却是人情所共有的。陈汤尚且如此，以后必定还会有许多为国尽忠的将士，他们在战场上艰苦征战，却免不了被奸邪之口所压制，被嫉妒他们的大臣所关押，这就是我为国家感到忧虑的原因啊。"

耿育的奏书递上去之后，汉哀帝于是下诏让陈汤回家，陈汤最终死在长安。

陈汤死后几年，王莽成为安汉公。他心里非常感激陈汤的旧恩，又想讨好皇太后王政君，就以讨伐郅支单于的功劳来尊汉元帝庙号为高宗。又因为以前陈汤、甘延寿的功劳大封赏薄，还有候丞杜勋根本就没有封赏，于是加封甘延寿的孙子甘迁一千六百户，封陈汤的儿子陈冯为破胡侯，为陈汤追加谥号为"壮"，即破胡壮侯，封陈勋为讨狄侯。

陈汤一生的不公正遭遇，只不过是西汉后期政治黑暗腐败的一个缩影。不过后人却记住了陈汤，记住了他所说的那句名言：明犯强汉者，虽远必诛！

毋庸置疑，陈汤贪财，但瑕不掩瑜，陈汤注定是中国历史上一个不能被忘却的人物。

唐朝名将侯君集对此有一句非常著名的评语，足以客观评价陈汤等人的功过："命将出师，主于克敌，苟能克敌，虽贪可赏；若其败绩，虽廉可诛。是以汉之李广利、陈汤，晋之王濬，隋之韩擒虎，皆负罪谴，人主以其有功，咸受封赏。"

就是说：派遣将帅带兵出征，主要的目的就是要打胜仗。如果他能击败敌人，就算是他有贪污敛财的毛病，也还是要封赏他；但如果他打了败仗，就算是他再怎么清正廉洁，也要将他军法处置。所以汉朝的李广利、陈汤，晋代的王濬（灭东吴），隋代的韩擒虎（灭陈），都有不轻的罪行，但皇帝因为他们立下大功，都对他们进行了封赏。

做一道简单的算术选择题，假如支撑一场战争需要十万金，问下列哪个方案更有效益？第一，让陈汤出征，花费了七万金，剩余三万金被陈汤贪污，但陈汤最终打了胜仗，解决了问题；第二，选派一名非常清廉的将领去，也花费了七万金，还剩下三万金，却吃了败仗（最好的结果，没有吃败仗，也没有获胜），朝廷为了解决问题，还需要安排第二次、第三次出征……请问，假如你是国君，你选谁？

答案是不言而喻的！

第四十节　昭君出塞

陈汤和甘延寿杀了郅支单于之后，呼韩邪单于听了既高兴又害怕，高兴的是长期以来与自己分庭抗礼的郅支单于被消灭，匈奴重新归于一统，自己独一无二的统治权威被树立，害怕的是自己如果一不小心惹怒了汉朝，弄不好汉朝也会派兵突袭，像斩杀郅支单于那样斩杀他。

于是他向汉朝上书说："我常想来拜谒天子，确实是由于郅支在西方，担心他会联合乌孙来袭击我，所以才没能来汉朝。现在郅支已经伏诛，我希望来朝见天子。"

公元前33年，呼韩邪单于第三次入朝。汉朝对他的礼遇和赏赐与第一次一样，此外赏赐的衣服、锦帛和丝絮，每样都是黄龙元年的一倍。

呼韩邪单于趁机向汉朝提出要求说，愿意做汉家的女婿，与汉家缔结姻亲，双方从此更为亲密。

刘奭于是下令，将后宫一个名叫王嫱的宫女嫁给呼韩邪单于。

那么王嫱是什么人，怎么会突然间嫁给匈奴单于呢？

王嫱是南郡秭归人（今湖北省宜昌市兴山县），生于公元前52年，出身于平民之家。刘奭在位期间，以良家子的身份被选入掖庭，成为一名普通的宫女。

此时呼韩邪单于上书向汉家求婚，刘奭不愿把宗室的公主嫁给他。因为在那个时期，宗室的公主离开繁华的中原前往荒凉的外邦，很大程度上都被看成是个人的悲剧，若非父兄犯有严重的罪行，一般的宗室女子是根本不愿意牺牲个人的幸福前去和亲的。于是刘奭下诏，挑选后宫中容貌出众的宫女嫁入匈奴。最终，入宫五年的王嫱被选中。

此时王嫱的身份只是个宫女,不是皇室宗亲,不能被封为公主,但与匈奴和亲却必须有一定的身份,于是汉朝以她具有"光明汉宫"的容貌和代表汉朝皇帝光照匈奴的政治使命而赐封她为"昭君"。这是"王昭君"这一流传甚广的名字的由来,所以王嫱又名王昭君。

后司马氏建立晋朝,司马炎追尊司马昭为文帝,为避司马昭的讳,王昭君被改为明君,后世称之为"明妃"。

呼韩邪单于得到美丽非凡的王昭君,喜得心花怒放,非常宠爱她,于是封她为"宁胡"阏氏,意谓可以为匈奴带来安宁和稳定。而相应地,汉朝为了纪念这一重大意义的和亲,也特意将这一年的年号改为"竟宁",和"宁胡"具有同样的政治寓意。王昭君出嫁的这一年,即为竟宁元年。

王昭君入匈奴和亲,在历史上非常著名,称之为"昭君出塞"。

王昭君嫁入匈奴,与此前的和亲一样,本是一件极为寻常的事情,却因为诸多的传说和许多文学作品的渲染,使得"王昭君"这个女子,成为中国历史上家喻户晓的一个人物。究其原因,只因为王昭君是民间女子,而不是汉家公主或郡主。

引发历朝历代文学家们丰富联想的源头,是皇帝刘奭对拥有倾城之貌的王昭君的态度。

如果王昭君是汉家公主,那么她与刘奭是血缘宗亲,无论她生得美丽不美丽,刘奭都不能有任何的暧昧态度,因为伦理不允许,文学家们也不能据此为噱头胡想乱写。那么王昭君也会像之前的细君公主、解忧公主一样,虽然远嫁胡地和亲,却并不会如此引人注意。

但因为王昭君是民间女子,又被选入后宫多年,容貌如此姝丽,刘奭本应该有非常便利的条件宠幸她,却没有宠幸,所以就引发了许多好事之人的疑问:王昭君为什么没有被刘奭宠幸?

伴随着这一疑问,许多丰富的想象便应运而生。

最先对这一段历史进行艺术化描写的,是东晋葛洪的《西京杂记》。书中这样记载:刘奭因为后宫的佳丽非常多,不知道哪一个更漂亮,于是就叫画师把她们的容貌一一画下来,然后把画像呈给他,由他看图召幸。佳丽们为了得到皇帝的召幸,于是纷纷贿赂画师,多者十万,少者五万,希望把自己画得更漂亮一点。但只有王昭君不肯这么做,因为她对自己的容貌非常自信,不相信皇帝看到她的画像之后不召幸她。

可是谁知，王昭君不贿赂画师，却立即招来了画师的卑鄙报复，画师于是把她的容貌画得非常丑。有一些艺术作品上说，画师在为王昭君画像时，在她的眼角下面点了一颗丧夫落泪痣，而丧夫落泪痣是象征着克夫的。所以，那些容貌比不上王昭君的宫女都得到了皇帝的召幸，而唯独容貌出众的王昭君没有被皇帝临幸。后来呼韩邪单于求亲，刘奭就按画像选了貌丑的王昭君。谁知道，在临别饯行时才发现王昭君仪态万方，有绝世姿容。刘奭心里非常后悔，但事情已无法挽回，只得眼睁睁地看着王昭君踏上胡地。呼韩邪单于带着王昭君走后，刘奭下令追查责任，这一追查，追查到了画师的头上，于是把毛延寿、陈敞等许多画师都砍了脑袋。

南朝刘宋的范晔在撰写《后汉书》的时候，显然受了《西京杂记》的影响，他在《后汉书·南匈奴列传》中这样写道：呼韩邪单于来朝之时，请求与汉朝和亲，刘奭下令将五个宫女赐给呼韩邪单于。王昭君进宫好几年，一直没有被皇帝临幸，连一面都没见着，所以心情悲伤哀怨，于是主动请求前往匈奴和亲。呼韩邪单于临行之前，刘奭设宴为他饯行，然后召来准备赏赐给他的五个宫女。本就容貌非常的王昭君盛装前来，立即惊动了宴席上所有的人。范晔在这里连用了四个形容词，形容王昭君的美丽动人："丰容靓饰，光明汉宫，顾景裴回，竦动左右。"她的容貌丰美，装扮靓丽，容貌辉映整个皇宫，神态顾盼徘徊，惊动了皇帝左右所有的人。刘奭见了大惊失色，想把王昭君留下来，但因为王昭君已经与呼韩邪单于见了面，堂堂大国天子，不好反悔失信，所以只好眼睁睁地看着她跟着呼韩邪单于去了匈奴。

范晔所著的《后汉书》，虽然是正史，但这一段记述却未必是事实，因为距离那段历史更近的《汉书》中根本没有提这些事情。不过，范晔对皇帝刘奭心理特征的描写，倒是有几分道理的：之前刘奭为什么没有召幸王昭君？实在是因为后宫的佳丽太多了，根本召幸不过来。天下的男人都是一个特性，如果漂亮女人就在他的身边，他就觉得习以为常，不屑一顾；可是如果一旦要失去，那就立即会感到不舍。试问刘奭又怎么能例外呢？

葛洪和范晔的这些描写，为后来的文学家们发挥想象提供了依据。

文人墨客纷纷发挥其天马行空的想象，开始吟诗作赋，咏哦抒怀。如北宋王安石《明妃曲》："归来却怪丹青手，入眼平生未曾有。意态由来画不成，当时枉杀毛延寿。"北宋欧阳修《明妃曲再和王介甫》："虽能杀画工，于事竟何益？耳目所及尚如此，万里安能制夷狄。"清代吴雯《明妃》："不把黄金买画工，进身羞与自媒同。"使得王昭君的故事，在民间广为流传。据统计，古往今来描写王昭君的诗歌有七百多首，与之有关的戏曲、小说四十多种，以王昭君为艺术原型创作文学作品的著名作者有五百多人，其中知名的大家就有李白、骆宾王、杜甫、李商隐、王安石、欧阳修、曹雪芹……现代演绎王昭君事迹的影视作品，则更是层出不穷。从而使这一艺术形象，焕发出无穷的魅力。

文人墨客大抵多愁善感，有一种与生俱来的"英雄救美"情结。现实中的无力感常常会让他们用手中的笔尖赋予自己强大的想象，以强烈的代入感来幻想假如自己生在那个时代（现代的所谓穿越），一定要以某种超自然的力量帮助某一位倾国倾城的女子免遭艰辛和苦难，并在对方感恩崇拜并以身相许之下与她结为神仙美眷，从而体现自己的英雄气概和侠骨柔情。而文人墨客一旦从虚妄的幻想中回到无情的现实，就会在一种油然而生的挫折感和失落感驱使下，倾注强烈的情感，持笔写下澎湃激烈的文字，或同情，或伤感，或赞美，或嗟叹，或不舍，或留恋，从而感染更多的读者并引发他们的共鸣。这就是文人墨客要纷纷吟咏这些红颜薄命的绝色佳人的主要原因。

王昭君与西施、貂蝉、杨玉环并称为中国古代四大美女，对她们有一个总括的评价，即"闭月羞花之貌，沉鱼落雁之容"。其中的"落雁"，就是代指王昭君。

据传王昭君前往匈奴的途中，一路上见黄沙滚滚、马嘶雁鸣，心情十分不平静，于是便在马上弹奏《琵琶怨》。王昭君的美貌和凄美的琴声，使南飞的大雁忘记了摆动翅膀，纷纷跌落于黄沙之上。这就是"落雁"的由来。后专以"落雁"代指王昭君。

汉元帝刘奭和呼韩邪单于，本来在历史上籍籍无名，却因为王昭君的缘故，而为更多的人所熟知。

呼韩邪单于娶到年轻貌美的王昭君后，心里非常高兴，于是向汉朝上书，表示愿意为汉朝守卫从上谷以西到敦煌的北部边塞，并且保证世世代代都这样做，请汉朝撤走守备边塞的将吏士卒，使天子的人民得以休养生息。

刘奭接诏之后，非常高兴，让大臣们讨论其可行性，其他的大臣都认为可行，但只有熟悉边境事务的郎中侯应认为不可。他说自周、秦以来，暴虐的匈奴就一直侵扰中原，汉朝建立后，更是深受其苦，北部边境草木茂盛，禽兽很多，有丰富的资源，所以绝对不能拱手让人。为了说服刘奭，侯应在他的奏章中总共列举了十条理由：

一是撤除边塞，就会把自汉武帝以来经过艰苦征战夺取的大片土地重新还给匈奴。

二是匈奴人的天性，在窘困时谦卑，在强盛时傲慢，汉朝应该居安思危，不能撤除边塞的烽障。

三是中国有礼义教化，还有严厉的刑罚，许多人尚且犯禁，更何况是蛮荒的匈奴人呢？单于无法保证所有的匈奴人都不造反。

四是修筑边塞不仅是为了防备匈奴，也是为了限制各属国的降民，不能让他们逃出国境。

五是如果让匈奴人守卫边塞，匈奴人就会抢夺西羌的牲畜和百姓，一旦激反羌人，受累的还是汉朝。

六是之前有一些将士在交战中逃奔了外国，如果撤除边塞，他们的子孙就会逃出去投奔他们。

七是边境人家的许多奴婢想要逃亡，但一直没有机会，一旦撤除边塞，这些奴婢就会逃亡，从而在边境引发混乱。

八是国内的盗贼犯法之后，如果遭到缉捕，他们就会逃出边塞，逍遥法外。

九是现有的边塞是经过无数代人修筑的，现在如果撤除，一旦日后出现突然变故，根本不可能在短时间内修复。

十是让单于守边，单于就会认为有功于汉朝，对汉朝的索求就会永无止境。如果不能满足他的需求，谁能保证单于不会生事？为了夷狄打开中国的大门，损害中国的稳固，绝对不可行。

侯应的奏折递上去之后，刘奭马上从喜悦中清醒了过来，于是下诏说："从今以后，再不要提撤除边塞的事情。"之后，派车骑将军许嘉前往匈奴，向呼韩邪单于口头传达汉朝皇帝的旨意说：

"单于上书希望汉朝撤除北方边塞，让屯戍的官吏将士休养，愿意子孙世代为汉朝保卫边塞。单于向往仰慕中原的礼义，所以为民众考虑得很多，这是一个长久的计策，朕十分赞赏。但是中国四方的边界都有水陆关卡和障塞，这并非只为防御外敌而设，也是用来防止国内的奸邪之徒逃窜，跑到境外去为非作歹，所以保留边塞是为了明确法度以统一人心。单于的好意，朕已尽知，并无疑心。担心单于不理解，所以派大司马车骑将军许嘉前来向单于说明。"

呼韩邪单于听了之后，才知道自己虑事不周给双方带来了难堪，于是向汉朝谢罪说:"我愚昧无知,不懂大计,多亏天子派大臣来教导我,实在是太幸运了。"

王昭君嫁入匈奴之后,与呼韩邪单于生了一个儿子,取名为伊屠智伢师,后来封为右日逐王。

公元前31年,在王昭君入胡两年后,在位二十八年的呼韩邪单于去世,其时王昭君年仅二十一岁。

起初,呼韩邪单于娶了呼衍王的两个女儿,大女儿封为颛渠阏氏,生了两个儿子,长子叫且莫车,次子叫囊知牙斯。小女儿封为大阏氏,生了四个儿子,长子叫雕陶莫皋,次子叫且麋胥,都比颛渠阏氏的长子且莫车年龄大,两个小儿子咸、乐(匈奴人本来没有一个字的名字,公元10年,王莽奏请皇太后批准,劝说匈奴单于将名字改为一个字,从此匈奴就出现了一个字的名字),又都比颛渠阏氏的次子囊知牙斯年龄小。

此外,还有其他阏氏所生的儿子十多个。

颛渠阏氏因为是正阏氏,她的地位最高,所以她的长子且莫车最受呼韩邪单于宠爱。呼韩邪单于病重将死之时,想让且莫车继位,但且莫车的母亲颛渠阏氏却谦让说:"匈奴动乱了十多年,虽然没有灭国,但就像一根头发丝那样危险啊,靠着汉朝的力量才得以恢复安宁。如今平定时间不长,人民创伤未愈,且莫车年纪还小,在百姓之中没有威望,恐怕又将危及国家。我与大阏氏是亲姐妹,两个人的儿子就像是一个人的儿子。不如立她的长子雕陶莫皋为好。"

妹妹大阏氏也谦让说:"且莫车虽说年少,但有大臣们共掌国事,现在如果舍弃亲贵的嫡长子而立低贱的庶子,那么后世必定会生乱。"

呼韩邪单于考虑再三,觉得匈奴仍然是一个以武力服众的国家,单于年幼确实不利于国内的稳定。于是听从了颛渠阏氏的话,立雕陶莫皋为继承人,但约定他将来必须传国于弟弟。

呼韩邪单于死后,雕陶莫皋即位,是为复株累若鞮单于,简称复株累单于。匈奴称"孝"为"若鞮",呼韩邪单于降汉之后,非常仰慕汉朝的皇帝谥号中都有"孝"字,所以此后单于的封号中都加了"若鞮"二字。

复株累单于继位后,派他的儿子右致卢儿王醯谐屠奴侯到汉朝入侍,以弟弟且麋胥为左贤王,且莫车为左谷蠡王,囊知牙斯为右贤王。

呼韩邪单于死后,根据匈奴的收继婚制,复株累单于准备娶王昭君为妻。王昭君对匈奴这种"野蛮"的制度感到难以接受,于是上书汉朝,请求返回中原。

其时刘奭已死，继任的汉成帝拒绝了她的请求，下诏让她"从胡俗"，即遵从匈奴的风俗。

王昭君无奈，只好又嫁给了复株累单于。王昭君和复株累单于生了两个女儿，长女为须卜居次（又名须卜居次云、伊墨居次云），小女为当于居次。居次是少数民族的公主的意思，须卜、当于均为匈奴贵族的姓氏，即她们成年后所嫁的丈夫的姓氏。须卜居次、当于居次，通俗地理解，就是嫁给须卜家的公主，嫁给当于家的公主。

复株累单于和王昭君共同生活了十一年之后死去，六年之后，年仅三十七岁的王昭君也死于胡地，最后葬在匈奴。

公元2年，王昭君长女须卜居次来到长安，进宫服侍王太后。公元18年，匈奴呼都而尸道皋若鞮单于（呼韩邪单于第五阏氏的儿子）为了将来传位给自己的儿子，决定废除兄终弟及的传位制度，杀死了王昭君的儿子伊屠智伢师，并将须卜居次及其家眷遣送到新朝宫廷。王莽立须卜居次的丈夫匈奴右骨都侯须卜当为须卜单于，导致匈奴和中原的关系彻底破裂。后来绿林军攻占洛阳，须卜居次和她的大儿子须卜奢都死于乱兵之中。

复株累单于死后，按照呼韩邪单于生前的遗嘱，他的四个弟弟且糜胥、且莫车、囊知牙斯、咸先后立为搜谐若鞮单于、车牙若鞮单于、乌珠留若鞮单于、乌累若鞮单于（乐未及即位病死）。

而在这几位单于在位期间，汉朝与匈奴都始终保持着呼韩邪单于时期的和平、友好状态，而这一切，与王昭君个人的牺牲是分不开的。

王昭君为汉匈和平做出了贡献，她和细君、解忧公主等人，将永远受到世人的怀念！

刘奭的一生，其实用三件事情足可以概括，屈死了一个大臣（萧望之），诛杀了一个单于（郅支），出嫁了一个宫女（王昭君），除此之外，刘奭别无建树。

公元前33年，即王昭君出嫁匈奴的那一年，享年四十二岁的刘奭病死，死后被谥为孝元帝，即汉元帝。

第四十一节　长寿皇后王政君、王氏专权、"日食"文章、牛衣对泣

汉元帝死后，太子刘骜即皇帝位，是为汉成帝。

刘骜的母亲是王政君。而王政君，也是来历不凡的一个人物。

王政君是战国时原齐国田氏的后代。

齐国最后一任国君齐王建有个孙子，名叫田安，被楚霸王项羽在灭秦之后封为济北王。后田安被田荣攻杀，国灭，因为他们家是世代帝王之家，因此齐地的老百姓都说他们是"王家"。田安的后人因此把自己的姓氏改为了王。田安的儿子（名字已经失传），因名为王始。

王始的儿子名叫王遂，是汉朝文、景朝的名士。王遂之子王贺，是汉武帝朝的绣衣使者。王贺奉命前去追捕魏郡群盗卢坚的党羽，那些因为捕盗不力的当地官吏，王贺都没有追究他们的责任，而是把他们放了。其他的绣衣御史如暴胜之等人，奏请诛杀的二千石级官员，以及直接诛杀的二千石以下的官吏，还有与盗贼有过交往、一起吃过饭的人，差不多有万人之多。王贺因此被弹劾为捕盗不称职、私纵罪犯，最终被免职。王贺叹息说："我听说能使上千人存活下来的人，他的后代子孙会被封侯，我现在存活的人超过万人，我的后代难道不会兴旺吗？"

王贺有两个儿子，长子叫王禁，次子叫王弘。

王禁年轻时在长安学习法律，后来担任廷尉史。王禁这个人，胸中有大志，却不修边幅，而且好酒好色，妻妾非常多。他有四个女儿，八个儿子。女儿分别是：长女王君侠、次女王政君、三女王君力、四女王君弟。儿子分别是：长子王

凤字孝卿，次子王曼字元卿，三子王谭字子元，四子王崇字少子，五子王商字子夏，六子王立字子叔，七子王根字稚卿，八子王逢时字委卿。

王禁的四女八子之中，王凤、王崇和王政君是一母同胞。他们的母亲姓李，本来是王禁的嫡妻，但因为王禁纳妾过多，所以在嫉妒之下，一怒离开王禁，改嫁给河内郡的苟宾，后来生了一个儿子叫苟参。

王弘有个儿子叫王音。

因为这些人物在西汉末期都是非常重要的政治人物，因此在此处略做介绍。

李氏当初妊娠王政君的时候，梦见月亮进入了她的怀中。等到王政君渐渐长大，待人非常温柔和顺，很守妇道。王政君最早被许嫁给一户人家，但还没有迎娶，她的未婚夫就死了；后来东平王求聘王政君为姬妾，但也是还没有嫁过去，东平王又死了。

这样的事情如果发生一次，谁都觉得没有什么，但如果连续发生两次，就不由得不让人往迷信的方向想。王禁非常奇怪，于是找来好几个相师，为王政君相面。

这些个相师看过王政君之后，都无一例外地说王政君日后会大贵，可说是贵不可言。生女大贵，怎样才能贵？当然是入宫了。于是王禁聘请名师教授王政君，又让她学习鼓、琴等乐器，熟悉宫廷的礼仪，在她十八岁时，将她献入宫中为家人子。

王政君入宫之后一年多，宫里便发生了一件很凑巧的事情。

当时的汉元帝刘奭还是太子，他有个非常宠爱的良娣姓司马，称之为司马良娣。司马良娣在这个时候病死了，临死之前，她对皇太子刘奭说："我并不是得了非死不可的病，而是后宫中的那些妃嫔因为嫉妒我，在背后诅咒我的结果。"

皇太子刘奭非常怜爱司马良娣，听了她的话之后，深信不疑。于是对其他的那些妃嫔非常痛恨，一个都不再亲近她们。

时间一长，汉宣帝知道了这件事情，知道太子因为怨恨而不愿再接近其他的那些姬妾，于是就让皇后在后宫中挑选合适的家人子，送到太子宫中。

皇太子前去朝见皇后的时候，皇后于是叫来精挑细选的包括王政君在内的五个宫女，让旁边的女官悄悄地问皇太子喜欢哪个。皇太子其实对这几个女子都不感兴趣，但又不想让皇后太过失望，于是勉强说："其中一个还算可以吧。"

当时因为王政君坐得离太子最近，且打扮并不妖娆，所以谁都以为太子属意王政君，于是就把王政君送到了太子宫中。当天晚上，太子临幸了王政君，而就这一次，王政君竟然怀孕了。

太子原本有姬妾十多个，但七八年来，没有一个怀孕生子的，如今王政君临幸一次就怀孕，汉宣帝等人的高兴程度，可想而知。

公元前51年，王政君如期临盆，为太子生下了一个儿子。这是太子的第一个儿子，也是嫡长子，所以汉宣帝非常高兴，亲自为这个嫡皇孙取名为刘骜，字太孙，经常让宫人们抱在他的身边，以示宠爱。

汉元帝刘奭即位之后，即立刘骜为皇太子，王政君被晋封为婕妤，王政君的父亲王禁被封为阳平侯。仅过了三天，王政君由婕妤进位为皇后，她的父亲王禁赐位特进（"特进"本来不是正式官名，后来逐渐演变为一种加官，主要赐给列侯中有特殊地位的人，在朝会时地位仅次于三公，在车骑将军之下）。王家因此权势大增，王禁的弟弟王弘被任命为长乐宫的卫尉。

王禁死后，他的长子、王政君的同母哥哥王凤嗣侯，担任卫尉侍中。

而王政君自从生下刘骜之后，就被汉元帝冷落。刘骜长大以后，为人虽然宽和，博学而谨慎，但汉元帝却并不喜欢他。后来刘骜喜欢饮酒作乐，汉元帝越发觉得他没有什么过人之处。

那个时候，傅昭仪正受汉元帝宠幸，她的儿子刘康被封为定陶王。刘康多才多艺，汉元帝非常喜欢他，与刘康坐则同席，行则同车，常想把他改立为太子。王政君、王凤和刘骜都感到非常忧虑，却不知道该如何保住刘骜的太子之位。

危急之时，深受汉元帝信任的史丹挺身而出，为太子刘骜去说情。

史丹是史高的儿子。汉元帝即位之后，史高作为大司马、车骑将军辅政五年，然后向汉元帝提出了辞呈，于是汉元帝对他厚加赏赐之后，批准了他的请辞。

史丹之前因为父亲的关系担任驸马都尉（这个时候的驸马都尉是个很正常的官职，但到得后来，皇帝的女婿常做这个官，所以驸马成了皇帝女婿的专用称呼）、侍中，汉元帝出行之时，史丹常常骖乘，很受宠信。汉元帝认为史丹是老臣，而且出自外戚之家，所以非常亲近信任他，诏令史丹护卫太子之家。因为这个缘故，史丹与太子刘骜结下了深厚的友谊。

汉元帝非常喜欢音乐，并且在音乐方面有非常高的造诣。他常常命令宫中的乐师们演奏音乐，然后把鼙鼓摆在殿下。乐师们演奏之时，他就倚在栏杆上，手里拿着铜丸往鼓上投，由此发出的鼓声竟然与乐师们敲出的鼓声节奏非常合拍。后宫那么多懂音律的人，却没有一个人能像汉元帝这样，除了定陶王刘康。汉元帝因此更加喜欢刘康，多次在大臣们面前当众称赞他的才艺。而太子刘骜，则更相形见绌。

史丹见状，于是就向汉元帝进谏说："人们通常所说的有才艺的人，是指敏而好学，温故知新，像皇太子这样的人。至于说用丝竹、钟鼓这些乐器来衡量一个人的才能，那么像陈惠、李微这些人，他们这方面的能力都比丞相匡衡要高，可以让他们担任相国。"言外之意就是说，像皇太子刘骜这样的才艺，就是帝王之才，而像定陶王刘康那样的才艺，最多是将相之才。于是汉元帝不语而笑。

后来，中山哀王刘竟（汉宣帝戎婕妤所生的儿子）死了，太子刘骜前去吊丧。刘竟是汉元帝最小的弟弟，小时候与刘骜一齐游学，一块长大，应该说，刘骜与刘竟的感情还是非常深的。汉元帝看见刘骜前来，禁不住想起刘竟，止不住悲伤流泪，但刘骜到了跟前，却显得并不哀伤。

汉元帝对此感到非常不满，他说："哪有不仁慈的人可以当皇帝的呢？"于是就在史丹面前发牢骚。史丹赶快脱下帽子向汉元帝谢罪说："我见陛下非常哀痛中山王，到了因感伤而伤身的地步。所以早上太子准备进见之时，我悄悄地嘱咐他不要哭泣，以免让陛下过度感伤。罪过在我，死罪在我。"汉元帝对史丹所说的话深信不疑，于是不再埋怨刘骜。史丹为刘骜所做的事情，大抵属于这一类。

公元前33年，汉元帝病重之时，傅昭仪和刘康常在他左右，而皇后王政君、太子刘骜却很少得到机会进见。汉元帝病情渐重之际，对废立太子一事念念不忘，多次拿汉景帝时立胶东王刘彻的旧事询问尚书。

王凤、王政君和刘骜得知情况后，虽然忧心如焚，但无计可施。而史丹因为是皇帝的亲密之臣，所以得到了侍奉探病的机会。等汉元帝屏退左右，一个人睡觉之时，史丹直入他的卧室之内，哭泣着向他叩头说："皇太子以嫡长立，至今已经十多年了，他的名号已被百姓所认可，天下没有不归心于他的。如见定陶王因为雅素而受宠幸，外间人都纷纷传言说，陛下将会废太子而立定陶王。如果真是如此，那么公卿大臣们必定会以死相争，不接受陛下的诏令。请陛下先赐死我，让那些准备要以死劝谏的大臣们看一看！"

汉元帝为人一向仁弱，一见别人流泪，他就很不忍心，又觉得史丹所说的话非常真诚，所以心里大为感动。他喟然叹息说："我的身体一天不如一天，而太子和两王年纪都还小，我心里经常想起这些事情，又怎么能不念叨呢？但我并没有废立太子的想法。皇后素来谨慎，先帝又爱太子，我怎么敢违旨呢！驸马都尉你是从何处听到这些话的呢？"

史丹于是叩头谢罪说："愚臣听信传言，罪该万死！"

汉元帝于是对史丹说："我的病越来越重，恐怕不会好了，你好好地辅佐太子，不要让我失望！"史丹于是嘘唏流泪而起。刘骜的太子地位，由此得以稳固。

刘骜即位之后，尊王政君为皇太后。王凤被封为大司马、大将军领尚书事，加封食邑五千户。自从公元前68年张安世坚辞大将军一职，这一职位空缺三十五年以来，再次被任命。自此，朝廷大权，尽归于王氏一门。王凤的弟弟王崇被封为安成侯，食邑万户，王凤其他几个异母弟王谭、王商、王立、王根、王逢时五人，全部赐爵关内侯，食邑。王氏八兄弟之中，只有老二王曼死得早，没有封侯。

当然，为他顺利即位而立下大功的史丹也没有被忘记，刘骜提任他为长乐卫尉，升任右将军，赐爵关内侯，食邑三百户，加任给事中，后调任左将军、光禄大夫。又过了十三年，刘骜再次下诏表彰史丹的功绩，封他为武阳侯，食邑一千一百户。但这跟毫无功绩就食邑万户的王崇等人比起来，仍然是天壤之别。至于立功西域的冯奉世、陈汤等人，则更是难以望其项背。

刘骜即位之初，王凤刚刚担任大司马、大将军，朝中的权力还没有完全被王氏所垄断，所以王凤为了专权，开始清除异己势力。

王凤等人最先盯上的，是汉元帝朝的权臣宦官石显。

石显这个人在汉元帝一朝权倾朝野，排斥陷害了不少忠义贤良，但因为他做事隐秘，手法高妙，所以尽管许多人对他不满，却没有抓到他的丝毫把柄。

虽然刘骜能够保住太子之位石显也出力不少，但刘骜不喜欢宦官，而是更器重外戚，所以刘骜即位后不久，就把石显升任为长信中太仆，享受中二千石的待遇。石显原来是中书令，虽然官职不高，但因为在皇帝身边工作，且深受汉元帝信任，所以就算是丞相匡衡，也要看他的脸色行事。如今虽然升任为长信中太仆，看上去官职升了，却离开了权力中枢，所有的大臣们都不再害怕他。刘骜用"明升暗降"的办法把石显从身边调开之后，红极一时的石显开始失势。

石显离开中书几个月，丞相匡衡和御史大夫甄谭联合起来弹劾石显，揭露石显和他党羽的种种罪恶，石显的党羽牢梁、陈顺等人都被免官。但因为找不到石显的明显罪证，只好将他和他的妻子遣送回原籍。路上，石显心情忧愤郁闷，吃不下饭，就在路上得病死掉了。他之前所结交的那些官吏，都被罢免。少府五鹿充宗被改任为玄菟太守，御史中丞伊嘉被改任为雁门都尉，都是边远地区。石显一党，基本上被肃清。长安城中有歌谣说："伊徙雁，鹿徙菟，去牢与陈实无贾。"伊嘉被改任到雁门，五鹿充宗被改任到玄菟，而牢梁和陈顺则被免官无所求取。

石显被弹劾免官，司隶校尉王尊反过来弹劾匡衡和甄谭，说他们身居三公之位，知道石显等人专权擅势，作威作福，是天下的祸害，却不在那个时候向皇帝报告并处罚，而是阿谀顺从，欺上瞒下，没有尽到辅政大臣的责任。现在弹劾石显等人的时候，却没有反思自己的不忠行为，反而宣扬先帝任用奸佞，有大逆不道之罪。并且，匡衡等人还有其他的种种不是之处。

刘骜因为刚刚即位，不愿惩罚大臣，再加上他知道，匡衡当初阿顺石显，也是情非得已，所以下诏不要弹劾匡衡等人。但匡衡却非常惭愧，上书向皇帝请罪，并请求辞职，呈上了丞相和乐安侯的印绶，但刘骜一直没有同意。后来，匡衡因为利用郡图之误，非法扩大封地四万多亩，犯了"专地盗土"的罪名。最终被免官成为庶人。

石显被清除了，接下来就轮到了车骑将军许嘉。

许嘉是汉宣帝的岳父许广汉之弟许延寿的儿子。

汉元帝即位之后，想起自己的母亲许平君没当几年皇后就被霍家毒死，心里非常哀伤，就想弥补许家，于是做主把许嘉的女儿许配给时任皇太子的刘骜。

从辈分上讲，许嘉的女儿是汉元帝的表妹，是刘骜的表姑，但那个时候的皇室，在这一方面并不是特别讲究，当年的张嫣尚且可以被许配给亲舅舅刘盈，现在刘骜娶表姑，根本不在伦理禁忌的范围之内。

由于许氏自小出身名门，所以不仅人长得漂亮，而且特别有才情，尤其擅长写文章，堪称是色艺俱佳。刘骜一见到她，就立即被她迷住了。

汉元帝派身边的亲近太监前去送亲，这些人回来之后，向汉元帝报告刘骜见到许氏女子的欢喜之状，汉元帝一听大喜，对左右说："你们赶快端酒来，好好地为我祝贺一番。"左右近臣们见皇帝如此高兴，都高呼万岁。

其时的许嘉，作为皇太子的岳父，因此被封为大司马、车骑将军。因为许广汉之前被处以宫刑，没有儿子，所以汉元帝封许嘉为平恩侯，继承许广汉的爵位，为许广汉奉嗣。

刘骜即位之后，备受他宠幸的许嘉之女被立为皇后。在这之前，许皇后已为刘骜生下一个儿子，但不幸的是，这个儿子没过多久就夭折了。此时许皇后又生一女，但仍然夭折了。不过，即使两个孩子都没了，许皇后的受宠程度仍然不减当年，在其后十多年的时间里，刘骜专宠她一个人，后宫的妃嫔很少能得到皇帝的御幸。

许嘉作为皇后的父亲，自汉元帝时担任大司马、车骑将军辅政，已经有八九年时间了。刘骜即位之后，王凤又被任命为大司马、大将军，与许嘉并列。虽然大将军的地位比车骑将军要高，但许嘉是国丈，而王凤却是舅舅，在皇权、相权、后权鼎立的古代，国丈的地位显然是舅舅无法比拟的。

于是，杜钦（杜延年之子）就向王凤出主意说："车骑将军非常显贵，您一定要特别尊重他才行，如果稍有不慎，不小心触怒了他，那就麻烦了。当年的大将军卫青，一天比一天显贵，怎么能是当舅舅的盖侯王信所能相比的呢？这都是近世之事，老人们直到现在还常常提起，请将军一定要留意。"王凤觉得很有道理，所以对许嘉非常谦让。

时间一长，刘骜就看出了问题，他想专任王凤，于是就下诏表彰许嘉，说他门第显赫，地位尊贵，不应该让他过于劳累。于是赐给他黄金二百斤，赐特进之位。免去了他的大司马、车骑将军之职。过了一年多时间，许嘉就死了，谥为平恩恭侯。

至此，王氏一门的权势更为显赫。

建始元年（公元前32）夏天，京城里发生了黄色的雾。刘骜于是就问谏大夫杨兴和博士驷胜等人是怎么回事。结果这些人都回答说："这都是由于阴气旺盛侵扰阳气所形成的。高祖时曾有约定，非功臣不得封侯，如今太后的弟弟们都是无功而封侯，不合乎高祖的约定，在所有的外戚世家之中，也是前所未有的。上天因此特意显示了灾异。"

大多数关心朝政的大臣们都对此持相同的意见。

王凤为此感到非常恐惧。大臣们对他不满他不怕，但上天要降罪，那可不是权力能够阻挡得了的。于是王凤赶快上书提出辞职。

但刘骜却并没有同意，他把责任揽在了自己身上，反而勉励王凤一定要做出成绩，一心一意地帮助他，不要有什么顾虑。

河平元年（公元前28），王凤之弟安成侯王崇死，他有个遗腹子王奉世，嗣位为侯，皇太后王政君很为他们感到哀伤。于是在第二年，刘骜把剩余的五个舅舅全部封了侯：王谭为平阿侯，王商为成都侯，王立为红阳侯，王根为曲阳侯，王逢时为高平侯。五个人在同一天被封侯，这在历史上可说是空前绝后，于是，当时的人们把他们称之为"五侯"。皇太后王政君的兄弟们除了王曼早死没有封侯之外,其他的都被封侯。王政君的母亲李亲,在王政君年轻时与原配王禁闹情绪,嫁给了苟家的苟宾,生了一个儿子叫苟参,苟宾死了之后,李亲寡居。于是王政君又让父亲王禁把李亲迎回了王家。王政君非常怜惜苟参这个同母异父的弟弟,想比照汉武帝母亲王娡的同母异父弟田蚡的旧例,为他封侯。但刘骜却没有同意,他说:"当初分封田氏,本来就名不正言不顺。"拒绝封苟参为侯,但为了妥协,任命他为侍中、水衡都尉。

一时之间,王氏子弟都成了公卿、大夫、侍中和各部门长官,分居要职,遍布朝廷。

因为当权的王凤是舅舅,所以刘骜处处谦让,但久而久之,他居然发现,无论大事小事他都做不了主了。

当初石显被赶走之后,刘骜想起了之前因受石显毁谗而被罢免的宗正刘向,于是召拜他为中郎,不久升任为光禄大夫。

刘向有个儿子叫刘歆,比刘向更为博学,他年轻时通习今文《诗经》《尚书》,后又研修今文《易经》和《穀梁春秋》等,学识渊博,又是古文经学的真正开创者。刘歆不仅在儒学上有很深的造诣,而且在校勘学、天文历法学、史学、诗等方面都是大家,他编制的《三统历谱》被认为是世界上最早的天文年历的雏形。另外,刘歆在圆周率的计算上也有贡献,他计算的圆周率常数,已经精确到了3.15471,只比现代科学界定的常数差了0.01,在那个计算工具远远无法跟现代相比的年代,能计算到这个程度,已经是非常了不起了。

刘骜身边的近臣们知道刘歆特别有学问,于是经常在刘骜面前称赞刘歆,赞扬他学识渊博,有非常突出的才能。刘骜也早就对刘歆有所耳闻,于是就召来刘歆,让他吟诗作赋,看他到底有多大才能。结果召来之后,刘歆的才艺当场就征服了刘骜。刘骜非常高兴,就想拜刘歆为中常侍。于是他命人取来官服和帽子,准备当场任命刘歆。

谁知在他将要任命之时,身边的近臣们却都说:"这件事情还没让大将军知道啊。"

刘骜说:"这不过是一件小事,何必要让大将军知道呢?"

但近臣们都叩头劝阻他。

于是刘骜派人把这件事情告诉了王凤,征求他的意见。王凤听了之后,果然表示不同意。这下子该着刘骜目瞪口呆了,任命刘歆一事,只好作罢。王凤就是如此专权，而刘骜对王凤就是如此畏惧。

恰好在那几年里，连续发生了四次日食，分别是公元前30年、前28年、前26年、前24年，都是每隔一年就发生一次。这样的天文现象，在整个汉代都被视为天象异常，各个不同派别的人特别喜欢拿这样的阴阳灾异来说事，借此攻击不属己方政营的政治派系。

朝中的大臣大都认为日食是由王凤专权引起的，在那几年的时间里，指摘王凤的声音就没有间断过。

而通晓儒家经典的大臣谷永（曾上书替陈汤辩冤）知道刘骜器重王凤，暗中想依附王凤，于是上书替王凤辩解，他认为日食是由于刘骜专宠许皇后引起的，建议刘骜不要专宠许皇后，而是要临幸后宫更多的妃嫔，只要与这些妃嫔生下子嗣，那么立即就会转祸为福。

刘骜觉得有理，于是下诏责备许皇后，并减少了后宫的开支。许皇后十分聪慧，尤其善于写文章，于是立即上书辩解，刘骜于是拿谷永等人奏折中的说辞答复许皇后。此后，许皇后渐渐失宠，而后宫的许多嫔妃得到了宠幸。

谷永上书替王凤解了围，王凤心里非常感激他，于是提拔他担任了光禄大夫，谷永也很感激王凤，专门写了封信感谢他。从此以后，王凤格外厚待谷永。

见谷永已成功帮助把阴阳灾异的枪口从自己身上移开，于是王凤也开始拿日食做文章。

王凤首先借日食说事的，是一直不阿顺他的乐昌侯王商。

这个王商与王凤的五弟成都侯王商同名，却并不是同一个人。王商字子威，是汉宣帝母亲王翁须哥哥王武的儿子，王武死后，继承王武的爵位为乐昌侯。

王商年轻的时候，仪表严肃恭敬，为人忠诚厚道。王武死后，王商把家财全部分给了几个异母弟，而自己毫无保留。大臣们因此上书推荐王商，认为他的品行足以成为所有大臣的表率。王商于是被升任中诸曹、侍中、中郎将。汉元帝时，王商担任右将军、光禄大夫，对维护刘骜的储君之位也曾出过大力。刘骜即位之后，非常敬重王商，升任他为左将军。

王商是外戚，但是若论与现阶段皇室的亲疏关系，王凤这一枝显然比王商更近。王商不满王凤专权骄横僭越，对王凤意见很大。王凤知道王商对他不满，所以也刻意对王商敬而远之。

公元前30年秋，京城长安城中起了一股谣言，官吏百姓听了之后全都惊惶失措，说是长安城中将会发大水。谣言传得非常厉害，以至于长安城中的吏民纷纷搬家迁徙，城中一片混乱。刘骜见这样下去将会引发动乱，于是召集大臣们商议对策。大将军王凤认为，宫中应该准备足量的船只，大水来时，皇太后、皇上及后宫的妃嫔都可以乘船，至于长安城中的百姓，可以让他们登上长安城墙避水。大臣们都认为王凤说得有理，纷纷附和王凤的意见，只有王商坚决反对。

王商大声说："自古以来，即便是最无道的国家，也没有大水漫过城郭的时候，况且如今天下太平，四海安定，长安城内怎么会突然间发大水呢？这一定是谣言，在这种关键时刻，绝对不能下令让百姓登上城墙，如果那样，就会无形之中助长谣言，制造更大的混乱！"

刘骜听了王商的话，仔细想了想之后，认为很有道理，于是采纳了王商的意见。其他的大臣们略一思考，也觉得长安城内不会无缘无故地发大水，于是也沉默并认同了王商的意见。

长安城里自然是没有发大水，所以没过多久，城里就渐渐安定了下来，经过调查，证实这是惑众的谣言。刘骜对王商的超凡见识非常赞赏，多次在大臣们面前称赞他。王凤为此十分羞惭，颜面扫地，从此以后，他对王商更为忌恨。

公元前29年三月，王商接替匡衡出任丞相，加封食邑一千户，刘骜非常尊敬器重他。由于王商很有威严，再加上他身高八尺（汉尺合今23厘米，约1.84米），体态高大，容貌异于常人，所以至少在体态相貌上，就能给人一种威慑感。公元前25年，匈奴复株累单于（王昭君的第二任丈夫）前来长安朝见汉天子时，被引见到白虎殿。当时王商坐在未央廷中，复株累单于上前拜谒他，王商起身还礼，离席与复株累单于交谈，由于王商身材高大，复株累单于仰望王商而心中畏惧，之后退了下去。刘骜听说之后，赞叹说："这真是扬我大汉朝国威的丞相啊！"

王凤有个姻亲名叫杨肜，担任琅琊郡太守，琅琊郡中连发十四起灾害，丞相王商安排调查，王凤于是派人向王商说情说："灾害这种事情，并不是人力所能为的。杨肜一贯表现不错，这次就不要追究了，以观后效。"但王商却没有理睬，而是上书请求罢免杨肜。

王凤领尚书事，见到王商的奏书之后，就扣了下来。他心里非常痛恨王商，于是派人暗中搜求王商的过失，然后指使另外一些官吏上书，上告王商家庭之中发生的一些事情。刘骜认为清官难断家务事，不应该拿这些事情来盘问大臣，但王凤坚持不让，刘骜只好把这些奏折交给司隶校尉去处理。

之前皇太后王政君曾经下诏，想让王商的女儿入后宫。正巧那个时候，王商的女儿病了，并且王商本人也有些犹豫，所以就借口女儿病了，没有让女儿入宫。此时王商被人上告，知道是王凤在恶意中伤自己，心里非常恐惧。此时的王商，才知道宫中有个内援是多么重要，于是就想通过刘骜新近宠幸的李婕妤，把女儿送入后宫。

这个时候正好发生了日食，太中大夫张匡为人谗佞，想要讨好王凤，于是就借机上书攻击王商。刘骜派左将军史丹前去调查，于是张匡就向史丹反映了王商的以下罪行：

王商与他父亲的奴婢通奸。另外，王商的妹妹与他人淫乱，王商家中的女奴暗中杀死了她的奸夫，这可能都是王商教唆的，应该要严查。大臣上书揭发王商的这些罪过，王商还有怨言。王商的儿子王俊是左将军史丹的女婿，也想上书揭发王商，王俊的妻子于是把他的奏折拿给史丹看。史丹怨恨王商父子不和，让自己的女儿离开了王家。之前皇太后想把王商的女儿送入后宫，但王商却以女儿有病推辞了，现在有人上书揭发他的罪行，王商又想把女儿送入后宫，他这是执左道以乱政，对天子不忠，所以发生了日食。《周书》上说："以左道事君者诛。"《易经》上也说：如果发生了日食，就要损折辅佐之臣。之前的丞相周勃，建汉时立下大功，诛灭诸吕时又立下大功，但因为一些小事怨恨孝文皇帝，所以上天降下日食以示警告。于是孝文皇帝下诏，让周勃退位前往封国，最终灾祸得以平息。现在王商没有尺寸之功，而有三世的荣宠，位居三公之位，宗族为列侯、二千石、侍中、诸曹、给事中，又与诸侯王联姻，权势再没有比这更大的了。他家里有淫乱、教唆杀人和怨恨天子的罪恶，应该要严厉地加以审问。之前的秦国丞相吕不韦，见秦王没有儿子，就想占有整个秦国，于是求娶美女作为自己的妻子，等她怀孕了之后再献给了秦王，生下了后来的秦始皇帝。楚国的春申君见楚王没有儿子，也把自己怀孕的小妾献给了楚王，最终生下了楚幽王。自汉朝建立以来，多次遭受吕氏、霍氏之祸，如今的王商，有残忍不仁的本性，又因为怨恨而想把女儿献入后宫，谁知道他心里怀着怎样的奸谋（言外之意，王商女儿是不是已经怀了其他人的孩子）？孝景皇帝时吴、楚七国造反，周亚夫说如果他们得到洛阳的剧孟，关东地区就不会为汉朝所有，如今王商的宗族势力极为强大，家财以万万来计算，家奴以千数，根本不是当年的剧孟这类匹夫能够和他相比的（言外之意，王商比剧孟还有势力，如果王商造反，就不仅是关东之地不会为汉朝所有的问题）。王商无道之极，众叛亲离，家庭淫乱，连他的儿子都起来攻击他，在这种情况下，如果还想让他继续当丞相，那不是非常荒谬的事情吗？

王商当了五年的丞相，没有丝毫恩德于百姓，却有损圣上的大德，有九鼎折足的凶兆。臣以为，陛下正值盛年，即位以来，还没有杀过一个奸臣立威，加上继位的后嗣还没有确立，各种怪异现象一齐出现，亟须诛罚不忠之臣，以遏制那些还没有发生的灾祸。法律惩办王商一个人，就可以使天下震动，奸邪之路就会被堵塞。请陛下考虑。

粗看张匡的这封奏章，那么王商就是自古以来天底下最为奸恶的大奸臣，第一家里淫乱，第二众叛亲离，第三想把有孕的女儿献给皇帝，第四大肆培养私人势力，真不知道他想干什么。

张匡的这封奏章，实在是恶毒至极，如果这些内容全部属实，那么王商被诛灭九族都是轻的。

左将军史丹因为与王商之子婚姻之事上的矛盾，所以与王凤等人站在了一边，在调查之后向刘骜上书，建议将王商下狱查办。

还好刘骜虽然昏聩，却也知道张匡此人言语十分险恶，再加上他素来敬重王商，知道王商不是那样的人，于是下诏不要治王商的罪。

但是王凤坚持不让，刘骜没有办法，只好下诏免去了王商的丞相之职。

王商被免职三日之后，想来想去想不通，一气之下大病一场，吐血而死。被别人诬蔑成这样，换了谁谁不吐血？

王商死后，被谥为"戾"，这是个恶谥。王商的亲属子弟，都被外放任职，再没有一个留在朝中任职的。王凤指使有关部门上书，说王商有罪未决而死，应该剥夺他的封国。但刘骜没有同意，而是下诏让王商的长子王安承嗣了乐昌侯的爵位，总算是没有被王凤赶尽杀绝。

第二个被王凤借日食开刀的，是刘骜的亲弟弟刘康。

刘骜即位多年，后宫的妃嫔一直没有为他生下一子半女，且身体经常有病。在定陶王刘康前来朝见他时，因为之前汉元帝非常喜欢刘康，且刘康的母亲傅昭仪很受汉元帝宠爱，所以王政君和刘骜对刘康也非常好，对他的赏赐常常十倍于其他的亲王，也丝毫不计当年的前嫌。从这一点上来看，刘康的命运比当年的赵王刘如意强了不知多少倍。王政君的宽宏大度，也比当年的吕后强了不知多少倍。

刘骜一直没有儿子，他萌生了想把皇位传给刘康的念头，并且这种念头一天比一天强烈。于是刘骜就把刘康留了下来，让他住在京城，没让他返回封国。

刘骜对刘康说："我没有儿子，人生无常，也没有什么不可以讲的。一旦发生意外，恐怕再也不能和你相见了。你就一直留下来陪伴我吧！"刘骜也非常真切地感受到了刘骜的挽留之意，于是留了下来。

此后，刘骜的病情逐渐好转，刘康便留在诸侯国在京城的国邸，日夜侍奉刘骜，刘骜对这个弟弟非常喜爱和器重。

如果将来刘骜去世，刘康继位，那么王氏手中的大权将会毫无悬念地转到刘康的母家傅氏手中。因此，王凤心里对刘康留在京城感到非常不安，总想找个理由让刘康回到他的封国去。

而这个时候的日食，就是最好的借口。

王凤认为，连续日食是由于刘康留在京城引起的。他说："日食是阴气太盛的迹象，是非同寻常的灾异。定陶王虽然与陛下很亲，但是，根据礼节他应当前去就藩，留在他的封国，现在他留在京城里，这是违背正理不合常情的，所以上天发出了警告。应该让定陶王回到他的封国去。"

刘骜根本不会相信发生日食是由于刘康留京而引起的，但来自王凤的压力非常大，刘骜拗不过他，只好同意了。刘康不得已，于是告辞离京，刘骜非常伤心，与他面对面哭泣着作别。而这一别，竟是他们之间的永别。公元前23年，刘康病死。

因为刘骜没有儿子，所以刘康留京或者将来嗣位则不仅是刘骜的愿望，更是除王氏之外的许多大臣的愿望。如今刘康被逼离京前往封国，激起了这些正直的大臣的愤慨。

既然王凤可以拿日食这一阴阳灾异说事，那么别人也可以。

京兆尹王章于是上书弹劾王凤。

王章字仲卿，泰山巨平人（今山东省泰安市）。年轻时以文学为官，渐渐升任为谏大夫，在朝中以敢于直言而闻名。汉元帝初，王章被提任为左曹中郎将，他与御史中丞陈咸关系非常好。他们两人看不惯专权的石显，于是上书攻击石显，结果反而被石显陷害，陈咸被判处死刑，后虽被免死，却被施以了髡刑，王章被免官。

刘骜即位之后，征召王章为谏大夫，后升为司隶校尉，公卿大臣和皇亲国戚都非常敬畏他。

原任京兆尹王尊（就是弹劾匡衡的那位）因为在皇帝的使者面前显得傲慢而被免官之后，接替他的人不称职。王凤于是推荐王章，让他出任了京兆尹。

王章是个非常正直的人，他虽经王凤举荐出任了京兆尹，但他却并不阿附王凤。王章见王凤先是害死王商，又将刘康赶出京城，心里非常气愤，于是也向刘骜上书，说要谈论日食发生的原因。

王章说："天道聪明，保佑善良者，降灾邪恶者，把祥瑞当作授命于天子的凭证。现在，陛下由于没有子嗣，把定陶王留在身边，目的就是续宗庙，重社稷，对上顺乎天意，对下安定民心。这本来是一件非常好的事情，应当有祥瑞，怎么会招致灾异呢？灾异的发生，都是由专权的大臣引起的啊。现在，听说大将军胡乱将日食的出现归咎于定陶王，建议将他送回封国，这是想让天子在朝中陷于孤立，他自己一个人独断朝纲，便于为自己谋私利啊，由此可见，王凤绝对不是一个忠臣。何况发生日食是由于阴气侵犯阳气，权臣窃用君权所引起的，现在，政事大大小小都由王凤决断，天子从来插不上手。王凤不从内心深处反省，反而归咎于好人，把定陶王排挤出朝堂，这实在是不应该啊。

"况且，王凤欺骗天子的情况，根本不止这一件事。之前，丞相、乐昌侯王商，身为先帝外戚，内有修养，外有威望，历任将相，堪称是国家的中流砥柱，王商操守正直，不肯屈节而阿附王凤，最终因为家中琐事被王凤罢免，王商忧愤至死，大家都很同情他。

"此外，王凤明知自己小妾的妹妹张美人曾经嫁过人，从礼仪上说，不应该配给至尊，但他却借口张美人适宜于生育，把她送进了后宫，他这么做是想让他的妻妹获宠啊。张美人自入宫之后，根本就没有怀孕分娩。而且，羌胡尚且有'杀首子'（第二章《三皇五帝》之中有专门论述）的做法，以便使丈夫的血统纯正，何况身为天子，却要亲近已经出嫁过的女子呢？这三件事都是大事，是陛下亲眼所见的，至于陛下没有亲眼见到的其他事，更是可想而知的了。

"再不能让王凤长时间专权了，应该将他辞退，让他回到自己的封国，选择忠诚贤德的人接替他。"

自从上次王凤提议罢免王商、又赶走了刘康之后，刘骜心里就一直为之不平。此时他听了王章这一番话，感到了前所未有的愤慨和畅快，于是当即就采纳了王章的意见。

刘骜动情地对王章说："如果不是京兆尹的直言，我简直听不到关乎国家社稷的大计！况且只有贤人才能了解贤人，你试着为我寻找可以辅佐我的人。"

王章于是向刘骜推荐冯野王。他说："冯野王在先帝时期先后担任过二卿，忠诚可靠，本质正直，特别有谋略。冯野王因为是亲王的舅父而离开朝廷，现在再凭贤德而进入朝廷，这正可以表明陛下乐意引进贤人啊。"

刘骜还是在做太子时，就多次听说冯野王是先帝的名臣，声望远在王凤之上，于是打算倚重冯野王，用他去取代王凤。

可谁知，事情还没有决定，就出了意外。

之前刘骜每次召见王章之时，都会屏退左右。但因为王凤的堂弟王音是侍中，可以躲在离皇帝不远的地方，所以此时刘骜和王章谈话，王音把他们谈话的内容全部偷听了去。

王音于是把王章对刘骜所说的话告诉了王凤。王凤听了之后，立即借口生病回到家里，然后开始想对策。

此时的王凤，可说是又惊慌，又恐惧，因为王章所说的都是事实。在王凤看来，接下来他能不能保住性命都是问题，更别说是继续当大将军专权了。窘急无奈之下，王凤就想到了一个非常有谋略的人，想让这个人来帮助自己，那么这个人是谁呢？

这个人就是杜钦！

杜钦出身于官宦世家，他的祖父杜周和父亲杜延年都曾位至三公，因此幼年时富裕的家境为他提供了得天独厚的读书条件，成年后，杜钦以学识渊博和智略出众而闻名长安。但美中不足的是，杜钦有一只眼睛瞎了，这为他走上仕途带来了一定程度的障碍。官当得小了，会被那些庸俗的小吏所取笑，而想当大官，又不可能一步登天。

茂陵有个名叫杜邺的人，字子夏，而杜钦的字也叫子夏。两个人同姓同字，又都非常有才能，在京城长安又都很有名气，所以人们为了区别他们两个人，就把杜钦称为"盲杜子夏"，即瞎了一只眼的杜子夏。

这个称谓令杜钦感到非常厌恶，他不想因为身体残疾而被人们取笑，所以就做了一顶尺寸小一些的帽冠，高、宽只有二寸，比一般士大夫们戴的帽冠都要小，日常出行戴在头上。有了这个改变，京师的士大夫们于是改称杜钦为"小冠杜子夏"，而称杜邺为"大冠杜子夏"。也就是戴小帽子的杜子夏，戴大帽子的杜子夏，这个称谓比起此前有"盲杜子夏"这个侮辱性称谓来说，显然文雅多了，于是杜钦接受了这个称谓。

王凤辅政之后，苦于他自己水平有限，于是就寻求贤能才智之士辅助自己。王凤的父亲王禁和杜钦的哥哥杜缓关系非常好，所以王凤很了解杜钦的才智，于是通过奏请刘骜同意，让杜钦担任了大将军武库令。

大将军武库令在和平年代，显然是一个很清闲的职务，而这样的职务，正是杜钦所梦寐以求的。平时公务不多，正好可以有更多的时间来进行思考。后来因为杜钦的侄子犯罪，所以杜钦辞去了这一职务，但没过多久，又被王凤征召到大将军幕府，担任王凤的高级幕僚。王凤遇到棘手的事情，常常向杜钦请教。

杜钦因受王凤赏识而为他出谋划策，但也不倚仗权势胡作非为；相反，杜钦利用他的智略，做了很多举荐贤才，抚恤功臣的事情，受到人们的称赞。如当时的名士王骏、韦安世、王延世等，就曾多次受到杜钦的推荐，一些名臣如冯野王、王尊、胡常等人在落难之时，杜钦也等多次替他们说好话，还有一些爵位被夺的功臣后代，杜钦也尽量想办法让他们重续爵位，汉元帝时，杜钦甚至上书替没有受封的冯奉世鸣不平，只是因为石显的缘故，才最终没能如愿。王凤辅政期间朝廷施行的一些善政，也多出自杜钦之谋。

杜钦自己在政治上保持低调，他也希望王凤能这么做。此前他见王凤专权太重，就劝诫王凤说："从前周公有圣人的德行，和周成王又有叔侄之亲，而且周成王非常圣明，不听谗言，但是管叔、蔡叔散布的流言，也足以使周公畏惧。穰侯是秦昭王的舅舅，在秦国手握重权，他威势使敌对的邻国都感到震恐，秦昭王幼年时，早晚趴在他的身上玩，从没想到会有人离间他与秦昭王的关系。范雎只不过是一个平民，从异国而来，秦昭王之前根本就没见过他，也对他并不信任，但是仅凭范雎的一次游说，就使穰侯交还权力回到了封国。

"离我们最近的还有武安侯田蚡，他被贬退之事，至今历历在目。这三件事情，虽然前后相隔各有数百年，但几乎是如出一辙，不能不让人留意。希望大将军采取周公的谦虚畏惧态度，减少像穰侯那样的威势，摒弃像武安侯那样的奢欲，不要让范雎之类的人用说辞离间您和皇上之间的关系。"

杜钦说过这些话没过多长时间，王章弹劾王凤专权的奏章就到了刘骜那里。刘骜也像当年的秦昭王见到范雎一样，马上被说动了，想要贬退王凤。

所以惶恐之中的王凤赶快找来杜钦，问他该怎么办？

杜钦是什么人，略一思考，马上就想出了主意。

论关系，王凤是刘骜的舅舅，和当年的穰侯与秦昭王同样亲密。论才能，王章比不上范雎，论执政才能，软弱无能的刘骜怎么能跟雄视六国的秦昭王相比？

有了这样一个比较，杜钦知道王凤该怎么做，就会立即置之死地而后生。于是，杜钦替王凤出主意说，马上上书谢罪，对于王章指控的罪名，一件也不否认、不辩解，不仅如此，还要态度坚决地请求辞职，用词一定要哀婉，要催人泪下。

王凤一向对杜钦言听计从，知道他很有智谋，于是就照着杜钦的建议，向刘骜上书请罪说："我本来才能有限，生来不聪明，因为是外亲属的缘故，兄弟七人都被封为列侯，全族蒙承恩泽，得到的赏赐真是不计其数。我辅政前后七年来，国家大事全部委任于我，凡是我说的话，都全部采纳，凡是我所推荐的人，都常常任用，我没有做过一件好事，所以导致阴阳不调，灾异多次出现，责任在于我任职毫无政绩，这是我应当退职的第一个原因。

"《五经》上的话，都是大师们所熟读陈说的，书中都认为出现日食是由于大臣所用非人而引起的，《周易》也说'如果发生了日食，就要损折辅佐之臣'，这是我应当退职的第二个原因。

"自河平年间（汉成帝刘骜年号，公元前28—前25）以来，我一直连年生病，多次离朝在外，旷工离职，白拿朝廷的俸禄，这是我应当退职的第三个原因。

"陛下由于皇太后的缘故，不忍心将我诛杀，但我自己明白我应当被远远地流放。可是我转念一想，我的兄弟和全族都得到了陛下无限的恩惠，绝对应该不惜粉身碎骨留在陛下身边效忠陛下，不应该因为自己无功便产生离开朝廷的念头，实在是因为这一年多以来，我不断受到疾病的折磨，病势一天天加重，无法实现效忠陛下的愿望啊。恳请陛下让我辞职回家休养，仰赖陛下神灵，我如果在一两个月之内能够有幸痊愈，就一定会重新为陛下效力，不然，我这把老骨头，就一定会丢在沟渠里的（古代委婉的说法，意思就是会死于非命）。

"我本来没有执政的才能，多亏了陛下厚爱才有今天，天下人都知道我得到的圣恩极为深重；我因病得以保全躯体回家，天下人都知道我蒙受了极大的恩泽，得到了天子的怜悯，实在是皇恩浩荡啊。我的退职，对国家大有好处，绝不会出现丝毫的非议。还请陛下能够哀怜我啊！"

王凤的这封奏书，可说是以退为进，写得极为悲伤，让不了解内情的人看见，还以为王凤得了什么不治的大病，马上就要一命呜呼似的。

果不其然，皇太后王政君听到这些之后，就伤心得哭了起来，连饭都吃不下去。

实在是跟伤心没有什么关系，而是关系到了权力。权力掌控在王家人的手中，王家的子孙后代都有富贵可享；权力如果掌控在冯家人的手里，谁知道王家会有什么样的结果呢？

王政君一不吃饭，刘骜立刻就动摇了。再加上他从小就亲近王凤，王凤如今如此可怜巴巴地写信哀求，于是立即起了恻隐之心，不忍心罢免他了。

一边是一个孤立无援的王章，跟自己非亲非故；另一边是势如中天的王氏，自己的母家外族，究竟该怎样选择？没了王章，自己的皇帝照当不误，但如果得罪了王家人，那么他刘骜就别想有一天安稳日子过。谁轻谁重，刘骜的心里立即有了明确的答案。

于是，刘骜写信向王凤道歉说："朕不善于处理政务，政事有很多缺失，因此来自上天的灾异多次发生，责任全在朕本人，将军却完全把过失的原因归到自己身上，想离开公务而退休，那么，朕还能靠谁呢？《尚书》不是说过吗：'你不要让我左右为难。'请务必打起精神，安心静养，保持节操，力求尽快痊愈，使朕能够心满意足。"诏令王凤继续执政。

这样的结果，可说是大出王凤的预料，在他看来，皇帝能够不怪罪自己让自己平安回家，就已经是一个相当不错的结局了，但谁能想到，惊喜之外还有惊喜。不仅丝毫没有降罪，反而让他继续辅政。

虽然都是擅权，但和之前的田蚡、霍光等人相比，王凤专横骄奢的程度，显然比田、霍二人要轻，王凤的自律程度，也远比田、霍二人要严。

所以，经王章这么一指责，王凤心里惭愧之余，退隐的念头非常强烈。

杜钦于是解劝王凤说："将军您把这些导致灾异的罪责全部揽在自己头上，大家都非常感伤。但你坚持要退职，这却并不是皇上所期待的，也不是您报答皇帝的做法。当年的周公虽然老了，却并没有离开京城，以表示自己不愿离开成周，不敢忘记王室。仲山父是个异姓大臣，跟周宣王没有任何亲缘关系，被封在齐国之后，尚且要叹息怀念，整夜徘徊，不忍心远离，更何况将军您跟陛下这样的亲密关系呢？想要让天下趋于安定，没有人能比得上将军您，皇上清楚地知道这一点，所以想尽办法挽留您，不让您到封国去。希望您不要被流言所吓倒而使皇上生疑，以巩固您在皇上心中的忠诚形象。"

杜钦毕竟是杜钦，几句话就讲明了利害关系，如果王凤执意闹情绪要退，那就正好说明他心里有鬼；如果他不愿意离开，那倒说明他心系汉家天下，任劳任谤，是个忠臣。有智略的人跟没智略的人，看问题真是不一样啊！

杜钦的话解开了王凤心里的疙瘩，于是王凤停止休病假，再次出来执政。

而在刘骜这边，为了安抚王凤，他必须处罚王章，给王凤一个交代。

刘骜于是派尚书弹劾王章说："你明知冯野王已经因亲王舅父的身份而离开朝廷，出任了外职，却私自推荐他，是想让朝中的大臣阿附诸侯；此外，你明知张美人已经侍奉了至尊,却狂妄地引用胡人杀首子纯正血统的例子,这不是做臣子的应该说的话。"于是下令免去了王章的京兆尹之职,并将他关进狱中。

之后,廷尉给王章加上了大逆不道之罪,说王章将天子比喻为夷狄,想断绝天子得到后嗣的渠道,背叛天子,私下里为定陶王刘康打算。

断绝皇帝的后嗣并交通诸侯,这一罪名可实在是不轻。这样的指控一出,就是想有大臣替王章讲请,恐怕也难以翻案了。

王章刚开始作为儒生在长安求学时,他的妻子也来到长安和他住在一起。那个时候的王章,经济上非常贫困,有一次他得了重病,浑身发冷却没有被子。重病之下的王章绝望之余,觉得自己可能活不下去了,于是就卧在牛衣(当时用草或乱麻编织的用来盖在牛身上替牛御寒的垫子)中,哭泣着和他的妻子作别。他的妻子生气地斥责他说:"仲卿(王章的字),长安城里那些做官的显贵之人,你看谁的学问能够及得上你呢?你现在生病困厄,不知道自我振奋,却反而流泪哭泣,你怎么能这么自甘堕落呢?"

这一段典故,在历史上非常有名,叫"牛衣对泣",形容夫妻共守贫穷,或寒士贫居困厄的凄凉状态。

后来,王章果然很快任职,并一直做到了京兆尹。他上书将要弹劾王凤之前,他的妻子就善意地劝他说:"人活着应该知足,你难道忘了当年牛衣对泣的事情了吗?"

王章对妻子说:"这不是你们妇道人家所知道的事情。"

结果王章的奏折递上去之后,他果然被下了大狱,他的妻子儿女都被关进了狱中。

王章的小女儿当时刚刚十二岁,非常聪明。有一天夜里,她突然大哭起来,一边哭一边说:"平常狱吏呼喊囚犯,都是九个人,可是今天喊了八个之后就停了下来。我的父亲素来刚直,先死掉的那个人一定是我父亲。"第二天一问,死掉的果然是王章。

王章被下狱之后,冯野王恐惧不安,很快病倒了。他先请了三个月的病假,但一晃就过去了,于是又续了假,带着妻子儿女回杜陵治病。

王凤指使御史中丞弹劾冯野王请假养病期间自作主张,持朝廷的虎符出界回家,是领了皇帝诏令却不敬重。

杜钦素来敬重冯野王父子的品行、才能,于是上书替冯野王说话,但这次王凤却没有听他的劝告,下令免去了冯野王的官职。

王凤因为私怨而打击报复冯野王，使得从此以后，郡国中二千石级别的官员没有赐告不能回家，成了一个惯例。

冯野王的职务被免，但他关内侯的爵位还在，所以生活还算有保障。几年之后，冯野王老死在家中，爵位由儿子继承，但没过多久，就因受到冯媛的牵连而被削夺。此是后话，后文讲。

王章死后，他的妻子儿女都被充军到合浦（今广东省湛江市海康县域，当时属蛮荒边地）。直到后来王凤之弟王商当了大将军，经向刘骜建议，才将王章的妻子儿女放回了原籍。王章的妻子儿女都活了下来，后来他们通过采集珍珠，积累了数百万家产。当时萧望之的儿子萧育是泰山太守，特许让王章的家属把原来的田宅赎了回去。

王章无罪被杀，当时的人们都认为他非常冤枉。王章死后，大臣们再没有人敢对王氏专权表示任何的异议。这也在客观上导致此后王莽的专权和西汉的灭亡。东汉建立后，许多人反思西汉的灭亡并开始追忆王章，认为他不畏强权冒着生命危险进谏，确实体现了士大夫身上那种忠君爱国、以天下为己任的可贵精神。王章并非忘记了"牛衣对泣"的苦日子，但他更明白自己肩上的使命所系，所以他不顾妻子的劝阻，义无反顾地走上了一条无法回头的路。如果人人都贪生怕死明哲保身不愿抗争，那么将会有更多的人长时间陷于黑暗之中。

一艘巨轮在黑夜的深海中行驶，船长昏睡不醒，大副二副借口修船在船舷上凿洞，有人看清了，有人没看清，看清的人要是上前劝阻，就会被扔下深海，还不被其他人所理解，可是不劝阻，就会与巨轮一起沉没大海。那么在这种情况下，到底是以生命为代价阻拦，还是假装没看见苟且偷生呢？

而王章，最终做出了与其他人不同的选择。所以，历史记住了王章，记住了他所做出的贡献，并给予了他应有的评价。王章与王尊、王骏，合称为"三王"，在西汉历史上有一定的地位。

发生了日食这一"灾异"，大臣们攻击王凤，王凤攻击王商、刘康，最终的结果是王商吐血而死，刘康被迫离京，王章横死狱中，王凤安然无恙，而许皇后则是躺着中枪，替王凤做了靶子。拿阴阳灾异来进行政治斗争，其结果真是让人大跌眼镜，唏嘘叹息。

第四十二节　王莽和淳于长、汉宫飞燕

逼死弹劾他的王章之后，王凤更加炙手可热，公卿大臣们见到王凤，全都侧目而视。各郡和各王国的太守、相国、刺史，基本上都出自他的私门。

王凤的堂弟王音，因为维护王凤地位的过程中起了非常大的作用，所以由侍中、太仆而升任为御史大夫，位列三公。

王家"五侯"的那些兄弟，都争相挥霍奢侈，全国各地的人都纷纷前去向他们奉送珍宝，贿赂他们。他们家中的姬妾，每家都有数十人，奴仆更是成百上千。府中钟、磬罗列，美女起舞，倡优表演，狗、马奔驰，要多浮华就有多浮华。他们又大肆修建宅第，建起土山、渐台，深门、高廊和阁道首尾相连，连绵不绝。京城的百姓因此传唱说："五侯初起，曲阳侯最骄恣，决开了高都水，又延及外杜，土山、渐台、西白虎。""五侯"的骄奢犯上，基本上就是这种情况。

不过，与许多贵族骄横奢侈不同的一面是，王氏兄弟人情世故都非常练达，他们都喜欢结交那些有才能的士人，并慷慨地出钱供养资助他们，以标榜自己不同流俗。也因为如此，王凤等人得到了一些知名士人如杜钦的鼎力相助。

王凤在辅政十一年之后，最终病倒了。公元前22年秋，王凤病重，刘骜几次亲自前去探望他，拉着他的手垂泪说："将军病成这样，万一出现不测，我就让平阿侯王谭接替你吧。"王凤叩头流泪说："王谭等人虽然是我的亲弟弟，但是他们的行为都极为奢侈，而且僭越犯上，他们无法为百姓做出好的榜样，不如御史大夫王音严谨持重，我愿意用性命来作保。"

王凤在临死时，上书向刘骜谢恩，又执意推荐王音接替自己，说王谭等五人一定不能重用。刘骜最终认可了王凤的意见，同意了。

　　王凤不愿意让亲弟弟接自己的班，而是极力推荐堂弟王音，一方面固然是王音谨慎持重，王谭等人行为奢侈，但还有一个更重要的原因，那就是他的这几个亲弟弟，为人都非常傲慢，并不愿意在他这个大哥面前低头。而王音却对王凤非常恭敬，在王凤面前谦恭得就像儿子一样，所以王凤在临死之前，推荐了王音。

　　王凤死后，刘骜亲自前去哀悼，并赠送宠爱之物以示恩礼，派出轻车甲士为他护送灵柩，军队从长安一直排列到渭陵，规格完全可以追比当年的霍去病、霍光等人。王凤的儿子王襄承袭了他的爵位，担任了卫尉。

　　御史大夫王音接替王凤，出任大司马、车骑将军，平阿侯王谭赐位特进，掌管城门卫兵。

　　谷永对王谭没能接替王凤执政感到不平，于是就劝说王谭，叫他上书推辞，不要接受城门领兵的职务，结果这样一来，王谭就与王音结下了怨仇。

　　皇帝的亲舅舅没有当上大司马，而自己作为堂舅却成了首辅，所以王音在意识到这一点之后，表现得越发小心谨慎，勤于职守。

　　过了一年多时间，刘骜特意下诏表彰王音，封他为安阳侯，食邑和"五侯"相同，都是三千户。

　　而与王音的小心谨慎形成鲜明对比的，则是其他五侯的穷奢极欲。

　　成都侯王商曾经有病，想要避暑，就向刘骜借了明光宫。后来，他又掘穿长安城，引进沣水，注入私宅中的大池塘，以便在水中行船。王商命人在船上竖起羽盖，张开帷帐，叫船工一边划桨一边唱越地的歌曲。有一天刘骜到王商家里做客，见他掘城引水，心里感到非常生气，却忍了下来，没有说出口。

　　后来又有一天，刘骜微服出行，路过曲阳侯王根的府邸，看见王根园中的土山渐台很像皇宫的白虎殿。刘骜非常生气，于是便责备王音没有尽到责任。

　　王商、王根兄弟听说之后，心里非常惊慌，犯下如此僭越的大罪，他们自思可能会大祸临头，于是想自己在脸上刺字、割鼻，然后跑到皇太后王政君那里去请罪。

　　刘骜听了更为生气，便派尚书前去责问司隶校尉和京兆尹："你们明知成都侯王商擅自掘穿帝都，决引沣水，曲阳侯王根骄奢僭越，竟然使用赤墀和青琐，红阳侯王立父子藏匿奸猾亡命之徒，宾客是大盗，你们作为司隶校尉和京兆尹，却一味阿顺，予以纵容，竟没有举报和奏请将他们正法！"司隶校尉和京兆尹吓得趴在官署外向刘骜叩头请罪。

其实也不怪大臣们不负责任，看看之前屈死的王章，刘骜又有什么理由好责备他们呢？

刘骜又赐给王音策书说："看看朕的这些外家，竟然做出这等招致死罪的事情，并且还想在自己脸上刺字割鼻，跑到太后面前动刀自辱，使我的慈母伤悲，以危险的事情扰乱国家！外戚家族强盛，我作为皇帝孤身一人，这样的局面不是一天两天了，今天将对你们一并进行惩处。你把他们都叫来，让他们在家中听候诏命。"

这天，刘骜诏令尚书，向他报告汉文帝时诛杀将军薄昭的事情（暗示他要逼王氏兄弟自杀）。

王音坐在枯草上请罪，王商、王立和王根都背着斧子在外请罪。

刘骜发了好一阵怒，但最终念在他们是自己的亲舅舅，不忍心杀掉他们，最终放过了他们，没有诛罚。

王氏八兄弟之中，除了已经死掉的王凤、王曼和王崇，唯一没有明显罪过的就剩下老三王谭了。但王谭也不长寿，在王凤死后不久死掉了。

平阿侯王谭死后，刘骜才突然发现，在王氏兄弟之中，王谭其实还算是一个相当不错的人，他后悔听了王凤的话对王谭有偏见而没有让他辅政，于是格外厚待健在的几个舅舅，赐给王商特进之位，让他统领城门卫兵，让他设置幕府，可以和将军一样自设属官。

杜邺见刘骜十分优待王商等人，于是就劝说辅政的车骑将军王音，叫他注意和王商搞好关系。

王氏家族的权势越来越显赫，但只有王音颇有修养，能够严格约束自己，并且多次进谏纠正过失，有着忠诚的节操。在辅政八年之后，公元前15年，王音死了。

王音死后，刘骜对他哀悼和赠物和标准，与之前的王凤相同。王音的爵位由其子王舜承袭，王舜担任了太仆、侍中。

特进、成都侯王商接替王音，担任大司马、卫将军，红阳侯王立赐位特进，统领城门卫兵。

王商在辅政四年后，因病请求退职，刘骜觉得有些亏对他，于是将他的职务提升为大将军，并将他的封邑增加了两千户，赐钱一百万，但王商还是无可阻挡地死了。这一年是公元前12年。

王商死后，按照王家人已经形成的这个兄终弟及的辅政次序，那么老六红阳侯王立应当辅政，但他却犯了罪，于是刘骜便任用老七，担任光禄勋的曲阳侯王根为大司马、骠骑将军，一年多后，为他增加了封邑一千七百户。老八高平侯王逢时平时没有什么才能和声望，也在王商死后的第二年死了。

这样一来，王政君的亲兄弟，便只剩下了辅政的王根一个人。

那么令人好奇的问题就来了，王根要是死了，又该谁来辅政呢？

一个在西汉历史上乃至中国历史上有着非常大的名声，并且有着非常大的争议的一个人，就在此时出现了。

这个人就是王莽！

王莽字巨君，是王政君二弟王曼的儿子。因为王曼死得早，没有被封侯，所以幼年丧父的王莽，日子过得非常贫寒。当他其他的那些堂兄弟穿着锦绣衣服，乘坐豪华的马车，沉溺于声色犬马、骄奢淫逸之时，王莽却不得不穿着粗布衣服在艰难困苦中勤奋学习。

或许是因为自幼家庭条件拮据，所以王莽知道自己无法跟那些堂兄弟相比，所以他加强了对自己道德品质的修造锻炼，他待人谦虚礼让，恭敬节俭，言行举止极为规矩。在这样一个人人傲慢骄横的权力世族之中，与其他那些王氏子弟形成鲜明对比的王莽，简直成了一个另类，也因为此，他给那些挑剔的士大夫留下了极为深刻而良好的印象。

王莽拜沛郡的大儒陈参为师，学习《礼经》，由于他刻苦勤奋，所以学识越来越渊博。而他的生活却一如既往地艰苦朴素，衣着打扮和儒生们一样简约。他无比恭敬地孝顺母亲，侍奉寡嫂，抚养哥哥的孤儿，行为谨慎而端正。与此同时，王莽在外结交那些京城之中的才俊之士，在内侍奉他那些掌权的叔叔伯伯，礼节极为周到、殷勤。

王凤病重之时，王莽作为侄子前去侍奉他，亲自尝汤药，连梳洗都顾不上，看上去蓬头垢面，几个月衣不解带，没有睡过安稳觉。

王凤至为感动，觉得这个侄子对待自己比自己的儿子还要周到，因此在临死之前，郑重地托付皇太后王政君和皇帝刘骜，请他们务必照顾好这个侄子。而平阿侯王谭、成都侯王商等人，也多次在刘骜面前夸奖这个堪称道德楷模的侄子王莽。

王凤死后，王莽被任命为黄门郎，不久升任射声校尉，成为二千石级的官员，但仍然没有爵位和封邑。这一年是阳朔三年（公元前22）。

王凤死后不久，王谭也病死，平阿侯的爵位由王谭的儿子王仁世袭。眼见得其他的这些侄子一个个都世袭了爵位，只有王莽没有爵位，皇太后王政君心里就很不是滋味。王曼的寡妻渠精心地侍奉着王政君，王莽自小就没有享受到其他王氏子弟那样的待遇。王政君对此非常不忍，常常向身边人及刘骜说起这件事情。

当时的成都侯王商就因此上书，表示愿意把他的封地分给王莽一部分，而长乐少府戴崇、侍中金涉、胡骑校尉箕宏、上谷都尉阳并、中郎陈汤等这些颇有声望的名士，也都上书为王莽求封。刘骜因此认为王莽非常贤德。永始元年（公元前16），刘骜下诏，追封王莽之父王曼为新都哀侯，食邑一千五百户。王莽的官职，升任为骑都尉、光禄大夫、侍中。直到这个时候，王莽才算真正享受到了和他的那些堂兄弟同等的政治、经济待遇。

王莽在宫中从事警卫工作，非常谨慎认真，他的地位越尊贵，他就显得越谦虚。王莽甚至把他的车马衣服都卖了，用来周济门下的那些贫寒宾客，家里没有多余的钱财。他收留了许多有才能却还没有得到任用的名士，结交了很多权高位重的将相卿大夫，所以身居高位的人都推荐他，那些游学的士人也为他到处宣扬，王莽的名声之大，已经远远地超过了他当年那些红得发紫的叔父。

对于王莽这些迥异于常人的行为，有人认为是矫揉造作，感到极不自然，而王莽却处之泰然，并不感觉到惭愧。

王莽的哥哥王永早年担任一般官吏，早死，留下一个儿子名叫王光。王莽对待这个侄子的态度，不像当初他的那些叔父对待他那样冷淡，而是非常照顾他，刻意把他送到博士门下去学习。或许王莽这样做的目的，也是对比和反衬他叔父们当年对他的冷遇和漠视吧！

有一天王莽碰上休沐日出行，于是他特意带着大批随员，驾着整齐的车马，前去侄子学习的地方，献上羊肉美酒慰问侄子的老师，并且恩惠遍及王光所有的同学。

侄子的同学们闻讯都来观看，对王光有这样一个叔父感到羡慕不已，在场的长者和老师们也对王莽这种尊师重教的行为感叹不已，认为王莽的礼节实在是太周到了。

王光的年纪比王莽的儿子王宇小，但王莽同时为他们张罗了妻室，在同一天为他们娶妻，前来贺喜的宾客坐满了整个屋子。王莽其时正在和宾客们欢饮，有个仆人上前来报告说他的母亲有点不舒服，需要服用某种药物，于是王莽立即丢下满屋子的客人，多次起身前去探望母亲，直到宾客全部散去。事后，王莽爱护孤侄和孝顺母亲的好名声传得更为广远。

王莽曾经悄悄地买了一个婢女，结果兄弟们之中有人知道了这件事情。王莽担心事情传出去之后坏了自己的名声，于是就找借口说："后将军朱子元没有儿子，我听说这个婢女善于生育，特地为他买来的。"当天就把这个婢女奉送给了朱子元，借此撇清了自己。不了解事实真相的人们听说这件事情之后，对王莽是愈加佩服。

照这个趋势下去，应该说，王根死后，堪为当时道德楷模的王莽辅政，可能性将会非常大。但事实上，当时还有一个比王莽更有资格的人，给王莽带来了非常大的竞争压力。那么这个人是谁呢？这个人就是淳于长。

那么淳于长又是什么来历呢？

淳于长是王政君的姐姐王君侠的儿子，和王莽、刘骜都是表兄弟。他当时担任九卿之一的卫尉，无论是资历，还是职位，都比王莽要老，要高。

淳于长的发迹，是伴随着刘骜后宫的血雨腥风一路走来的。

淳于长是魏郡元城人（今河北省邯郸市大名县东），年轻的时候，他因为王政君的缘故而担任了黄门郎。在那一段时间里，淳于长并没有表现出什么过人之处，自然也没有受到皇帝的宠信。

大将军王凤病重之时，除了王莽前去殷勤地侍病，淳于长也去了。这两个人，可说是心有灵犀一点通，政治嗅觉和政治水平丝毫不相上下（人品到底是好是坏这里不讨论）。淳于长和王莽一样，不分昼夜地侍奉病重的王凤，送汤递药，恭恭敬敬，表现得比王凤的亲生儿子还要孝顺。王凤因此非常感动，在临终之前，第一向王政君和刘骜推荐了王莽，第二就推荐了淳于长。

王莽升职之后，淳于长也被提任，职务晋升为校尉、诸曹，不久升任为水衡都尉、侍中，后又升任为卫尉。卫尉是九卿之一，掌管皇宫的禁卫，并统率皇宫的禁卫部队——南军。刘骜将如此重要的职务交给淳于长，可见其对淳于长的信任之深。

而淳于长做得更得刘骜信任的一件事则是，帮助刘骜册立了新的皇后。

刘骜的元配是许皇后，此前因连年出现日食而被谷永攻击，因此，刘骜也认为自己没有子嗣可能是专宠许皇后引起的，于是就将目光逐渐转移到了其他的妃嫔身上。

当时刘骜还有一个非常受宠的妃子是班婕妤，她就是《汉书》的作者，东汉著名史学家班固的姑姑。班婕妤在刘骜刚刚即位时被选入后宫，刚开始的等级是少使，后来大受宠幸，进位为婕妤。班婕妤早先为刘骜生下了一个儿子，但仅仅过了几个月就夭折了。

　　刘骜因为非常宠幸班婕妤，所以在一次后庭游玩时，就想跟班婕妤同乘一辆车。但班婕妤却推辞说："臣妾曾经看过古代的一些图画，上面的贤圣之君都有一些名臣陪在他们的身边，只有夏、商、周三代的亡国之君桀、纣、周幽王，他们的身边才陪乘的是嬖幸的女子妺喜、妲己、褒姒。臣妾如果跟陛下同乘一辆车，那不就跟她们一样了吗？那不就使人们误以为陛下是桀、纣、周幽王那样的人吗？"刘骜听了之后大受感动，觉得班婕妤深明大义，颇懂事理，于是就没再强求。

　　皇太后王政君听说这件事情之后，对班婕妤大为赞赏，她说："古代有向楚庄王进谏的樊姬，今天有向皇帝进谏的班婕妤。"

　　班婕妤特别有才情，也特别有后妃之德。经常诵读《诗经》中的一些名篇，每次前去觐见刘骜或是向刘骜上书，也都是按照非常庄重的古礼来进行的。

　　班婕妤并不恃宠而骄，也不好嫉妒，她知道后宫中的美人都没有为刘骜生下一子半女，于是把自己的侍女李平献给刘骜，李平也得到刘骜的宠幸，被封为婕妤。刘骜说："当年的卫皇后也起于微贱。"因此特赐李平姓卫，称之为卫婕妤。

　　但不论是班婕妤还是卫婕妤，她们最终都因一个人的出现而失宠。确切地说，是两个人，那就是赵飞燕姐妹。

　　赵飞燕出身于贫民之家，刚生下来时，他的父母见是个女婴，于是就把她抛弃到了野外，结果过了三天还没有死，于是父母又把她抱回来抚养。赵飞燕长大之后，以良家子的身份被送入宫中，在阳阿公主家学习歌舞。因为她舞姿轻盈，身轻如燕，因此人们就把她称之为赵飞燕。

　　刘骜有一次微服出行，路过阳阿公主家做客，阳阿公主让宫女们献舞助兴，刘骜一见到赵飞燕，马上就喜欢上了她，于是把她召入宫中，对她极为宠幸。刘骜和赵飞燕的相遇，跟当年的汉武帝跟卫子夫相遇的情境，真是极为相似。

　　刘骜年轻时就以好色而闻名，在专宠赵飞燕之后，听说她有个妹妹叫赵合德，也长得极为艳丽，于是将赵合德也召入宫中。姐妹二人都被封为婕妤，她们所受的宠幸，令后宫之中的其他妃嫔望尘莫及。

　　当然了，刘骜像他之前的前辈一样，不仅喜好女色，也喜欢俊俏的男人。

　　张安世有个曾孙名叫张放，他的父亲是张临，母亲是汉宣帝的女儿敬武公主。张放是个美少年，性格开朗不说，而且特别会察言观色，颇得刘骜的喜爱。张放的妻子也是许嘉的女儿，说起来，张放和刘骜还是连襟。张放婚娶之日，刘骜亲自出面，为他筹办了一场盛大的婚礼，赏赐给他许多的钱物，并号称是天子娶媳，皇后嫁女。后来张放被任职为侍中、中郎将，监平乐屯兵，设置了专门的幕府，规格就像将军一样。刘骜经常与他同吃同卧，就像夫妻一样，对他非常宠爱。

刘骜常常微服出行，外出的时候，常常自称是富平侯张放的家人，由此可见刘骜对张放的宠爱，也足见这个皇帝的荒唐。

王家人见刘骜喜欢张放这个男人，心里都非常不平，尤其是王政君，对张放更是很有意见。当时多有灾异发生，于是一些大臣就把这个罪过推到张放的身上，找了一些罪名弹劾他。

刘骜不得已，只好将张放任命为北地郡都尉。但没过几个月，就又把他召回来，任为侍中。王政君大怒，直接出面干涉，又将张放外任为天水属国都尉。张放被外任之后，刘骜经常写玺书慰问他。过了一年多，张放的母亲生病，刘骜于是赶快征召张放前来探视，二人又在一起。几个月之后，张放的母亲病好了一些，张放又被外任为河东都尉。刘骜虽然偏爱张放，但迫于王政君和大臣们的压力，所以每次都无奈将张放外任。再后来，张放又被征召为侍中、光禄大夫，但过了一年多，丞相翟方进又上书弹劾，张放被免官，遣送回了封国。刘骜死后，张放对他思慕不已，竟至于哭泣而死。

刘骜与张放之间的关系，就是如此令人瞠目结舌。

当然，一个男人再怎么受皇帝宠幸，最终掀起后宫风浪的，还是女人们。

在赵飞燕姐妹被专宠之后，许皇后、班婕妤、卫婕妤等人全部失宠。

如果不是发生了一件事情，那么许皇后等人虽然失宠，但也还不至于被废黜，但这件事情最终还是发生了，使她们无可避免地受到了牵连。

许皇后的姐姐，平安刚侯夫人许谒等人，因为许皇后失宠，所以用妇人媚道诅咒后宫怀孕的王美人及王凤。事情被发觉之后，赵飞燕姐妹趁机诬告陷害许皇后和班婕妤，说她们也用妇人媚道诅咒后宫，并咒骂皇帝。皇太后王政君闻讯大怒，下令将涉事人员全部关进狱中，严刑拷打，最终许谒等人被处死，许皇后被废去皇后之位，贬居昭台宫。许皇后弟弟的儿子许旦被勒令离开长安，前往封国。许皇后一共当了十四年的皇后，被废黜之后在昭台宫住了一年多，又迁到长定宫，后世称之为长定贵人。

许皇后和她的许多前辈一样，最初以来自外戚世家而得宠，但不久之后即失宠，而且因为没有儿子，最后落个极为悲惨的下场。如汉景帝之薄皇后、汉武帝之陈阿娇、汉宣帝之霍成君等，结局几乎如出一辙。

许皇后被废，官吏们又转而审问班婕妤。班婕妤义正词严地回答说："我听说死生有命，富贵在天。许多人修身正己，尚且得不到福报，更何况是用邪欲谋害他人的呢？如果鬼神可以辨别善恶，那么他们肯定不会听从那些害人的诅咒；如果鬼神没有辨别善恶的能力，那么在鬼神面前诅咒，又有什么用呢？所以我是不会做这种事情的。"

刘骜对班婕妤理智的对答非常赞赏，想起旧日情分，非常怜悯她，于是赐给她黄金百斤。班婕妤知道赵飞燕姐妹善妒，担心长期下去会被她们以其他的理由陷害，于是请求前去长信宫侍奉皇太后，离开了这块是非之地。

许皇后被废之后，刘骜想立赵飞燕为皇后。但王政君嫌弃赵飞燕，认为她出身寒微，所以没有同意。

在这个时候，善于察言观色、投人所好的淳于长立即开始发挥他这一独特的个人优势。王政君是他的姨娘，她在淳于长面前可说是无话不谈。趁着这个便利条件，淳于长不停地到王政君面前替赵飞燕游说，时间一长，王政君被渐渐说通了心思。于是淳于长立即将进展情况报告刘骜，刘骜不失时机地封赵飞燕的父亲赵临为成阳侯。那么这样一来，赵飞燕就成了出身于侯门之女的贵妃，而不再是出身于贫寒之家的平民。

又过了一个多月，赵飞燕如愿以偿地被立为皇后。刘骜非常感激淳于长，于是就找了个借口，赐给淳于长关内侯的爵位，不久封为定陵侯。

有了这个铺垫，刘骜更加信任淳于长，不仅如此，皇后赵飞燕也非常感激淳于长。一时之间，淳于长皇帝感激信任、皇后感激信任、太后亲密信任，立时成了朝中红得发紫的人物，再没有哪个人能够及得上他的权势。

在封建专制时期，当权者（有时并不是皇帝，还有权臣）的一时喜怒，将直接决定一个人的荣辱生死，有许多人就是因为无法得知皇帝的喜怒哀乐，不知道朝中的政治形势，从而在错误的时间说出错误的话或是做出错误的事情，最终触怒皇帝或是无端卷入政治旋涡，落个贬官丢命甚至全族被灭的下场，而许多人为了升迁晋职，也要千方百计地了解皇帝的好恶、意图或是让别人在皇帝面前美言引荐，而要想办到这些事情，皇帝身边人的重要性就立即凸显了出来。

而淳于长，恰好就是具备这个得天独厚条件的人。那些诸侯、郡守及大臣见状，纷纷与淳于长结交，送给他不可计数的金钱财物，淳于长因此收受的钱财，达到亿万之多。淳于长靠着这些不费吹灰之力得来的钱财，多娶美姬妻妾，留恋声色犬马，过着极为奢靡放纵的生活。

淳于长因此比王莽的职位高，也远比王莽富有，但他与王莽相距甚远的一点是，他既不具备王莽那样谦虚节俭的品德，也不具备王莽那样谨慎自重的修为。当然，不具备王莽那样深通诗书的才华在此倒显得次要。

而这样的缺陷，有时候显然是致命的。

当然，当时朝中的贵戚大臣，大部分都跟淳于长相差无几，如果淳于长不是做了另外一件极为恶劣的事情的话，或许他仍然在九卿的职位上待着，即便是不能辅政，位至三公是没有任何问题的。

淳于长所做的这件事情，和被废的许皇后扯上了关系。

许皇后被废之后，居住在长定宫。许皇后还有个姐姐，名叫许孊，因为丈夫早死寡居，于是就和权势赫赫的淳于长私通，被淳于长纳为小妾。

淳于长知道许皇后虽然被废，但她前后当了十四年的皇后，家里的珍宝财产可说是应有尽有，于是他就欺骗许孊说："我能在太后面前说情，把你被废的妹妹许皇后立为左皇后。"

许孊信以为真，于是就把这件事情告诉了妹妹，许皇后知道淳于长深得太后王政君、皇帝和皇后赵飞燕的信任，因此对他的话深信不疑，于是通过许孊送给淳于长许多财物，并多次写信，请求淳于长在王政君和刘骜面前代为美言，重新立她为婕妤，并进位为左皇后。

淳于长通过这种方式，前后诈骗了许皇后的金钱、车马、衣服等钱财一千多万。不仅如此，他在给许皇后的回信中，还非常傲慢轻薄，毫无敬意可言，什么话他都敢说。至于淳于长究竟说了什么话，史书上出于隐讳没有明言，但可以肯定的是，淳于长的信中绝对有调戏侮辱许皇后的语言。

皇帝的女人，即便他不要了，那别人也不能有丝毫垂涎，因为那关系到皇室的颜面和皇帝的尊严。其实不仅是皇帝，任何一个男人，只要有能力，都会有这样的心理反应。春秋时的齐桓公因为被他赶回老家的蔡姬被改嫁，不惜带领八国军队攻打蔡国，今天的汉成帝刘骜，能免俗吗？同样不能。

淳于长做出这样的事情，那只能说，他的死期近了。

王根在辅政数年之后，也因为衰老而病倒了，他自知自己将不久于人世，于是也像之前的几个哥哥一样，向刘骜上书请求退职。王根一旦退职，那么最有资格接替他的，毫无疑问将是炙手可热的淳于长。

但螳螂捕蝉，黄雀在后，有人早就觊觎上了即将空缺的大司马、骠骑将军之位，并且对其他竞争对手的情况做到了了如指掌，并知道该怎样做，才能将他们击败。

这个人就是王莽！

王根久病不起，王莽又像之前侍奉王凤那样，亲自前去为他侍疾。王莽趁机对王根说："淳于长见将军您病了，心里非常高兴，自以为一定能取代将军您辅政，他现在已经在家里穿着大司马的衣服，说一些封官许愿的话呢。"然后把淳于长私通许嫭并诈骗许皇后钱财的事情向王根和盘托出。

人老了是忌讳死的，并且最恨人走茶凉。现在他还没死，淳于长就敢这样，那么他死了之后呢？所以王根一听立即勃然大怒，他问王莽说："淳于长有这么多的劣行，你为什么不早点对我说呢？"

王莽说："我不知道将军您究竟对淳于长持什么态度，还以为之前您知道这些事情呢，所以一直没敢向您提起。"

王根听了更为生气，如果不把淳于长的这些行为报告太后和皇帝，那么他就会背着一个包庇——纵容淳于长的污点死去，永难翻身，于是他命令王莽说："你赶快把这件事情报告太后。"

王莽于是前往东宫求见王政君，详细地把淳于长骄横淫逸，想要替代王根，在长辈面前无礼（背朝着王莽母亲的面上车），与许皇后的姐姐私通，并诈取许皇后财物的事情讲了一遍，王政君一听，也是非常生气，她对王莽说，："没想到淳于长的品行竟然会如此低劣，你赶快前去，把这些事情报告皇帝。"

刘骜听了王莽的报告之后也很生气，但碍于淳于长有帮助他册立赵飞燕的功劳，所以并没有细究淳于长的罪行，只是免去了他的官职。淳于长的爵位也被保留，但按照诏令，他必须离开长安到他的封国去。

对王莽来说，免去了淳于长的官职，自己辅政之路的障碍已经扫清，就再没有必要对淳于长穷追猛打了，只要自己掌握了大权，淳于长稍敢轻举妄动，他就能举起手中的权力大棒，一下子把淳于长打得翻不起身来。但对淳于长来说，这样的结果却是他无法接受的。他费尽心机才爬到今天这个位置上，现在栽了一个重重的跟头，那就意味着权势、富贵已经彻底告别了自己，政治生命已经结束，虽然他还有封国，还有食邑，但这比起之前坐在家里日进斗金的欢愉来说，简直是天壤之别。淳于长很不甘心，他还想做最后的努力，但就是这一努力，加速了他的灭亡。

在王根辅政之前，本来按次序应该是王立辅政，但王立也因为罪行被人揭发而没有当上大司马，王立当时怀疑是淳于长在王政君和刘骜面前告了自己的黑状，因此非常痛恨淳于长，与这个外甥结下了很深的仇怨。

对王根和淳于长二人之间的矛盾，皇帝刘骜也非常清楚。

淳于长被免职并勒令前往封国，那么他之前所用的那些车马，自然而然就用不着了。王立的嗣子王融非常眼红淳于长的那些车马，于是就请求刘骜把那些车马赐给他用。这件事情可以想象，就如同现今高级官员乘坐过的高级名牌轿车，喜欢讲究排场的人哪个不喜欢呢？那可实在是一种身份身价的象征！

淳于长知道了这件事情，立即意识到这是一个帮助自己翻身的机会，于是他送给王融大量珍宝，通过王融贿赂王立，请求王立在刘骜面前代他求情。

真可以说是有钱能使鬼推磨，昔日的冤家对头，一看见白花花的银子，立即忘记了切齿之仇，变得亲密无间起来。王立于是到刘骜面前替淳于长讲情，希望刘骜能够收回成命，让淳于长官复原职。

要是换了别人为淳于长说情，刘骜也不觉得奇怪，但现在王立跑来为淳于长说情，可实在是太反常了，刘骜立即就意识到，这里面绝对有问题。于是刘骜命令司法部门，彻底调查这件事情，王立的儿子王融被捕下狱。

王立一见立即吓坏了，为了自保，他逼着儿子王融自杀以灭口。

王融自杀而死，刘骜越发觉得这里面有大奸恶，于是下令逮捕淳于长，让官吏们穷究其罪恶。

在重刑之下，淳于长交代了自己私通许氏、"戏侮长定宫（许皇后）"、想为被废的许皇后谋立左皇后等事情。按照当时的法律，所有参与谋立皇帝、太子、皇后的事情，都是大逆不道的重罪，淳于长因此被诛杀于狱中。

刘骜看完淳于长的供状，对许皇后的行为尤其感到羞耻，于是命廷尉孔光手持皇帝的符节前去，赐给许皇后毒药，让她自杀。

淳于长死后，他的妻子儿女遭到株连，被流放到合浦。淳于长的母亲被送回老家，红阳侯王立被勒令离开京城前往封国。因淳于长之事而连坐被罢免的将军、公卿、大夫、郡守有好几十人。后来，淳于长的母亲和儿子淳于酺被允许回到长安，但淳于酺后来犯罪，王莽毫不客气地杀了他，然后又把他们的家属再一次遣送回了老家。

淳于长被杀，使王莽获得了忠诚正直的好名声。王根因此请求退休，推荐王莽接替自己。于是刘骜拜王莽为大司马。这一年是公元前8年（绥和元年），王莽仅仅三十八岁。

王莽继他的四位伯叔之后辅政，更加注重自己的声誉，他对自己的要求更加严格，施政毫无倦怠之意，招聘那些素有贤名的士大夫做属官，太后、皇帝赏赐给他的钱物和他食邑内的收入，全都拿来出来供养贤士，而自己却过得更为清贫节俭。王莽的母亲病了，朝中的公卿列侯都派他们的夫人前去王莽府中探病，去了之后，王莽的妻子出来迎接，她穿的衣裳长不及地，围裙都是用布做的。这些夫人刚开始还以为她是用人，可是一个用人也不可能在大司马的府中前来接待她们这些贵妇人啊，于是她们在奇怪之下问询，当她们得知眼前这个穿着粗布衣服的妇人就是王莽的夫人之时，禁不住全都大惊失色。

这个时候的王莽，其道德品质言行举止已经完全符合了中国自古以来人们关于圣贤的要求和标准。难道不是吗？皇帝之下就是他了，但他权高位重却不骄傲，而是更加谦虚，更加节俭，更加尊重贤才，拿自己的钱财出来供养贤人，古书中所描绘的那些圣人也不过如此，人们还能对王莽提出更为苛刻的要求吗？

假如不是发生了后来的事情，那么王莽被后人追尊为圣人，那将是毫无悬念的事情。只可惜，时间是检验一切的试金石，王莽也在时间面前露了马脚。

刘骜即位二十多年，后宫受宠的妃嫔也不在少数，但就是没有一子半女。究其原因，其一是所生的子女就是活不长，许皇后先后为刘骜生下一子一女，但不久就夭折；班婕妤为刘骜生下一个儿子，但也很快夭折。从这一点上来看，被酒色所侵的刘骜，是不是患有某种不利于子嗣成长的隐性疾病亦未可知。其二，刘骜没有子嗣，新皇后赵飞燕及其妹赵合德难逃干系。

赵飞燕、赵合德姐妹自入宫之后，就深得皇帝刘骜的宠爱。赵飞燕体态轻盈，善于舞蹈，每当她迎风起舞之时，飘飘欲仙之状就像是要乘风登仙一样。据说刘骜很担心她被仙风带走，专门修建了一座"七宝避风台"，专供她跳舞时所用。赵飞燕在中国历史上是一个传奇女子，也是一个神话般的美女，宋代的苏轼曾经写过一首名为《孙莘老求墨妙亭诗》的诗品评书法艺术，其中有两句："短长肥瘦各有态，玉环飞燕谁敢憎。"借其后唐朝时的杨贵妃和此时的赵飞燕来说明，女子的体态胖瘦不同，她们带给人的美感也各不相同，不一定瘦的就好，胖的就不好，艺术作品也同样，风格虽然不同，但也是各有所长，会带给人不同的享受。后人从这句诗中化典出一个词语，叫"环肥燕瘦"，"环肥"指杨玉环，"燕瘦"则指赵飞燕，从而使赵飞燕成为一个家喻户晓的绝色美女。

相较之下，赵合德没有她姐姐的这般才艺，她能够让刘骜更宠爱她的主要原因，恐怕还属她无人能比的床上功夫。因此，好淫好色的刘骜完全被她迷住，以至于她说什么，刘骜就做什么，丝毫都不敢违逆她的意思。

但遗憾的是，赵飞燕姐妹专宠后宫九年时间，竟然也没有为刘骜生下一个孩子。据说赵氏姐妹为了达到长期迷惑刘骜的目的，把一种由麝香、高丽参、鹿茸等名贵中药配制而成的名叫息肌丸的药丸塞入肚脐，使她们的肌肤看上去雪白娇嫩，散发出一种令人难以抵御诱惑的体香，但这种药丸的副作用也非常大，那就是会导致女性不孕不育。所以赵飞燕姐妹得到了刘骜的盛宠，却一直没有生育。

赵飞燕姐妹不育，那么刘骜为了替刘家的江山社稷着想，就要想办法宠幸别的妃嫔。

刘骜曾经临幸一个名叫曹伟能（也叫曹宫）的宫女，后来曹伟能替刘骜生下了一个儿子。儿子生下来之后，赵合德担心她们姐妹将来的地位会受威胁，于是就逼迫刘骜杀掉这个孩子。刘骜实在是被赵合德迷惑得失去了理智，于是下诏让掖庭狱丞籍武去杀掉这个孩子。但籍武出于对皇室的忠心，没有执行诏令，而是向刘骜上书说："陛下一直没有儿子，而儿子是不分贵贱的，我请求陛下留下这个根苗。"奏书递上去之后，刘骜醒悟过来，于是派当时担任中黄门的王舜将孩子接来，然后找乳母照顾。

为了不让赵合德怀疑，刘骜甚至下诏赐死了曹伟能。但赵合德并不就此罢休，她派人召来知情的六个宫女，全部逼她们自杀。然后派人接走了这个孩子，之后暗害了他。

刘骜被废的许皇后有个侄女，也入宫成为刘骜的美人。许美人曾被刘骜多次召幸，后来也生下一个儿子。

赵合德知道之后，又开始对着刘骜大吵大闹。她在刘骜面前哭闹说："你常常欺骗我说，你不在我这里的时候，就在皇后那里，那么许美人的孩子是怎么来的？难道你想让许美人当皇后吗？"之后就开始呼天抢地，寻死觅活，用手击打自己的身体，用头撞击殿中的壁柱，然后从床上滚到地上，大哭大喊不愿吃饭。她对刘骜说："你要给我安排个地方，还是让我回老家去吧。"

刘骜向她解释说："我出于真诚，把许美人生下孩子的事情告诉你，你为什么反而要哭闹呢？你怎么能这么不讲道理呢？"也气得吃不下饭。

赵合德说："陛下既然认为自己没有错，那么为什么也不吃饭呢？你常对我说，永远只爱我一个人，可是现在许美人连孩子都生下了，你对我变了心，违背了自己的誓言，这又是为什么呢？"

刘骜向她解释说："我当时确实曾对你们许下诺言，要立你们赵氏姐妹为皇后，也确实没有立许氏。我绝对会让天底下再没有比你们姐妹更尊贵的女人，你不要再担忧了好不好？"

但赵合德仍是哭闹不止。刘骜没有办法，只好让宫人把许美人的孩子抱到宫里来，与赵合德一齐掐死了那个孩子。

刘骜如此昏聩，对宠爱的妃子如此毫无原则地迁就，也就注定了他没有子嗣。

刘骜也深知只要有赵合德在，其他的嫔妃就不能生孩子，生了孩子也会被弄死，可是他又深深地迷恋赵合德，似乎一刻也离不开她，那怎么办？那就只有让别人的儿子来继承皇位了。

之前，刘骜想让弟弟刘康来继承皇位。但刘康被王凤借日食攻击而前往封国之后，仅过了一年多时间就病死了，他年仅三岁的儿子刘欣继承了爵位。

公元前9年，刘欣和中山孝王刘兴同时入朝。定陶国的太傅、少傅、国相、中尉都随刘欣前来，而中山国只有太傅和少傅随刘兴前来。刘骜有些奇怪，于是问刘欣为什么带了这么多人？

刘欣回答说："朝廷有规定，诸侯王来朝，国内二千石级的官员应该一同前来。傅、相、中尉都是二千石级的官员，所以他们全都来了。"

刘骜又让这个侄子背诵《诗经》，刘欣不仅背得很熟，并且能说明其意义。

过了几天，刘骜又问刘兴："你前来入朝，只带着自己的师父，这是什么地方规定的？"

刘兴答不上来。

刘骜让他背诵《尚书》，也背得很不通顺。等到和他一起吃饭的时候，别人都吃完了，而刘兴还没有吃饱。最后准备要离席时，结果袜带子掉了下来。

刘骜因此对这个弟弟非常失望，而是认为刘欣这个侄子非常贤能，于是多次在大臣们面前公开称赞他。

当时刘欣的祖母傅太后也和刘欣一起入朝，她见刘骜没有儿子，想让自己的孙子当皇太子，于是用珍宝贿赂赵合德和辅政的王根，请求他们在刘骜面前说好话，立刘欣为皇太子。

而赵合德和王根见刘骜没有儿子，也想早日与有可能被拥立的王子结交而长保自己的荣华富贵，再加上他们见刘骜多次称赞刘欣，知道刘骜也喜欢刘欣，于是就多次在众人面前说刘欣的好话，并劝刘骜立他为皇太子。

刘骜之前就很喜欢刘欣的父亲，只可惜刘康早死，没有等到传位给他的那一天，此时又很喜欢聪明博学的刘欣，再加上赵合德和王根都没有反对，都在自己面前推荐刘欣，于是决意立刘欣为太子，就在宫中为他主持了成人冠礼，然后遣送刘欣回封国。这一年，刘欣十七岁。

第二年，刘欣被立为皇太子。

公元前7年春，楚思王刘衍、梁王刘立来朝，第二天早上将要辞行，刘骜于是睡在未央宫白虎殿中，以方便第二天为他们饯行。他打算封左将军孔光为丞相，已制作好相关的印信和文书。可谁知天有不测风云，第二天早上起床之后，刘骜刚刚穿上裤子袜子，还没有来得及穿上上衣，就说不出话来了（从现代医学的观点来看，应该是中风了），被召来的太医们赶快上前急救，但最终回天无术，没能救回刘骜的命。

刘骜在那一段时间里并没有什么大病，在头一天晚上也还好好的，但第二天早上就死了，于是人们全都把矛头指向了前一天晚上侍寝的赵合德。

王政君于是命令大司马王莽等人，查问刘骜暴死之前的起居、发病等情况。

赵合德知道自己已成为众矢之的，大臣们不会放过她，皇亲国戚们也不会放过她，为了避免给自己的家族带来祸患，于是自杀而死。这个愚蠢的女人，在逼着刘骜杀死那些孩子之时，有没有想到有朝一日刘骜死后自己会是什么下场呢？恐怕没有吧！

刘骜死后被谥为"孝成"皇帝，即汉成帝。庙号统宗（后在东汉时被光武帝刘秀删减）。

第四十三节　一朝四太后、王氏被黜、断袖之癖

刘骜死后，皇太子刘欣即位，是为汉哀帝。赵飞燕的弟弟侍中、驸马都尉赵钦被封为新城侯。王根因为拥立有功，和侄子王舜都被增加了食邑。

几个月之后，司隶校尉解光上书攻击赵氏，说之前汉成帝的宫人曹伟能和许美人都曾生下儿子，可是后来曹伟能的儿子被赵合德接去后失踪了，许美人的儿子被赵合德所杀，后宫怀胎后被逼服毒自杀的宫女，更是不计其数，赵合德所犯的罪行实在是太严重了。之前许谒犯了大逆不道之罪，她的妹妹许皇后都在连坐之列，如今赵合德的罪行比许谒还要严重，可是她的兄弟姐妹却还处在非常显贵的位置上，应该严加惩处。

刘欣于是下诏，废除赵飞燕之弟赵钦及赵钦之子赵䜣的爵位，将他们免为庶民，家属全部迁往辽西郡。

但解光上书的真正目的，却并不是赵钦等人，而是被尊为皇太后的赵飞燕。

可是赵飞燕在拥立刘欣的过程中曾经出过大力，现在要追究赵飞燕的责任，这让刘欣感到非常为难。

议郎耿育（曾为陈汤鸣不平）于是上书替赵飞燕开脱并替刘欣解围说："当年的吴太伯，知道季历是最合适的继承人，所以他作为长子却出走吴越，最终使王季成为一代圣王，为周朝的兴盛奠定了基础。汉成帝知道自己的妃嫔生不了儿子，即使在他晚年生下了儿子，在他驾崩之后仍然无法主持国政，权柄最终会落在女后的手里。女后年轻，就会骄横淫乱，少主幼弱，大臣们就不会信服，而我们却没有周公那样的辅佐幼主的良臣，那样就会导致国家大乱。汉成帝知道陛下

（已经即位的刘欣）有圣人之德，是个明君，所以才废了后宫的生育之路，绝了幼主祸难的根源，就是想让陛下安定社稷宗庙。解光等人在成帝在世的时候不能匡扶社稷，也不理解孝成皇帝的良苦用心，却在此时揭露孝成皇帝的隐私，诬蔑先帝有惑于赵氏的过错，实在是没有一点见识，也辜负了先帝的忧国之意。解光等人在之前不知道进谏劝君，但在先帝驾崩之后，新帝已经即位，新皇的尊号已经确立，却想大肆追查已经无法挽回的事情，这实在让人感到痛心。希望陛下赶快让大臣们讨论，让天下的臣民都知道先帝把尊位传给陛下的圣意，要不然，这些诽谤的话就会遍布海内，违背先帝把大业托付给陛下的意愿。"

耿育的这封上书，真可以说是一篇千古奇文，他在信中极力吹捧现任皇帝，说现任皇帝能够即位，就是因为汉成帝知道自己生不了儿子，即使生了儿子也不是人君之才，所以为了把国家托付给圣德贤明的刘欣，刻意不让自己的妃嫔生儿子。这可真是只有想不出，没有做不出啊。耿育这封掩饰汉成帝过失且取悦刘欣的奏章很令刘欣感到高兴，且迎合了现时政治的需要，于是刘欣不再追究解光所揭露的那些事情。

而傅太后因为赵飞燕在拥立刘欣为太子的过程中立下大功，也极力保护赵飞燕，所以赵飞燕得以安然无恙。

但这样一来，就惹怒了王家人。

刘欣不是汉成帝的亲生儿子，现在给人的感觉就是汉成帝被人谋杀了，汉成帝的儿子也全部被人谋杀了，但继承了汉成帝皇位的刘欣却不想替汉成帝主持公道。所以王政君及王氏家族的人都对刘欣及傅太后产生了很深的怨恨。

一朝天子一朝臣。之前汉成帝当皇帝的时候，重用王凤等诸位舅舅；现在刘欣当了皇帝，自然也不例外。

刘欣即位之后，朝中一时出现了四个太后。汉成帝的母亲王政君，是刘欣法律意义上的祖母，为太皇太后，因住在长信宫号称长信宫；汉成帝的皇后赵飞燕，是刘欣法律意义上的母亲，称之为皇太后；刘康虽然是刘欣的亲生父亲，但此时刘欣成了汉成帝法律意义上的儿子，所以他不能被追尊为先皇，因为他此前的谥号是定陶恭王，因此被追尊为恭皇；刘康的母亲傅太后被尊为帝太太后（后改称为皇太太后），刘欣的亲生母亲丁太后，被尊为帝太后。

这些礼制的称谓非常烦琐，为了行文方便，后文中继续称之为王政君、赵飞燕、傅太后、丁太后。

傅太后堂弟傅晏的女儿傅氏被立为皇后，傅晏被封为孔乡侯，傅家被封侯的有六个人，前后担任大司马的有二人，九卿及二千石级的官员六人，侍中、诸曹十多人。

傅太后被尊为皇太太后，皇帝又是自己的亲孙子，所以变得越来越骄横，开始不把王政君放在眼里，有时候与王政君说话，竟然把王政君称为妪（老太婆）。

另外，傅太后想起了此前冯太后冯媛与她的旧怨，于是开始陷害冯媛。

冯媛的儿子刘兴在刘欣被立为太子的那一年死去，刘兴的儿子、冯媛的孙子刘衎继承了中山王位。当时刘衎还不满周岁，患有惊风病，冯媛因此亲自照顾他。

刘欣即位之后，派中郎谒者张由带着医生去给刘衎治病。张由平常就有发狂的病，到了中山国之后，很不巧地发了病，然后没有完成使命就回了长安。朝廷的官员责问张由擅自离开中山国的理由，张由非常害怕朝廷会治他的罪，于是就诬陷说：冯太后在诅咒刘欣及傅太后。

傅太后本来就因为之前冯太后在汉元帝时舍身挡熊使自己难堪而对她深怀怨恨，此时见张由诬告，于是派御史前去审理此案，逮捕了中山王的官吏及冯太后的兄弟等一百多人。

这些人审了几十天也没有找到冯太后诅咒刘欣及傅太后的任何证据，傅太后非常不满，派中谒者令史立等人前去审理。史立想要迎合傅太后而封侯，就对冯太后的妹妹冯习和守寡的弟媳君之严刑逼供，重刑致死了几十个人。

在大刑之下，中山国的一个巫师和医生提供了虚假的证词，说冯习和君之在诅咒刘欣，想要让中山王当皇帝。于是史立就拿这些证词去审问冯太后。

冯媛说什么也不肯承认。史立讽刺她说："当年熊跑到殿上的时候，您是多么勇敢啊，现在怎么如此怯懦呢？"

冯太后一听，马上就明白了是傅太后在背后故意整她，她对左右的宫人说："当年我舍身挡熊的事情，只有宫中的近臣知道，而且这是宫中的机密事情。现在已经过去了好几代，史立是怎么知道的呢？这就是有人要陷害我的明证。"于是服毒自杀。

冯媛自杀之前，司法官员奏请刘欣诛杀冯媛，刘欣不忍心用刑罚对付冯太后，就下令将冯媛废为庶人，迁到云阳宫。此时冯媛自杀之后，一些官员又上奏刘欣，说冯媛死在被废之前，应该享受她应得的待遇。于是刘欣下诏按诸侯王太后的礼仪下葬了冯媛。冯媛最小的弟弟叫冯参，之前被封为宜乡侯，他和冯野王的孙子，以及君之、冯习等的丈夫、儿子都受到牵连，有的自杀，有的被处以死刑。冯家，可真是够冤屈的。

诬告冯太后的张由赐爵关内侯，史立升为中太仆。

刘欣的母亲丁太后有两个哥哥丁忠、丁明。丁忠早死，他的儿子丁满被封为平周侯，丁明被封为阳安侯。丁太后的叔父丁宪封为太仆、丁望封为左将军。

为了处好与新皇帝的关系，在刘欣即位之初，王政君就谦让妥协，下诏让王莽辞去大司马之职，好给刘欣的外戚让权。而这个时候，王莽仅仅当了一年多的大司马。

王莽知道在这种情况下，如果自己不识相，那他早晚会被傅家或丁家的人找个借口赶出朝堂。与其被动免职，还不如高姿态地主动请辞，于是他上疏请求退职。

刘欣觉得自己刚刚作为汉成帝的继承人当了皇帝，就要斥逐好名声遍布朝野，且在儒生之中有着崇高威望的王莽，恐怕会招致天下人的非议。自己要想坐稳皇位，一时还离不开王莽这些有名望的大臣，所以必须优待他们。

于是派尚书令给王莽下诏说："先帝把政事委托给您而离开了群臣，朕得以继承皇位，非常庆幸能够与您同心合意。现在您称病请求引退，显得朕不能听从先帝的安排，朕非常悲伤。朕已下诏给尚书，等待您来主事。"之后，刘欣又派丞相孔光、大司空（御史大夫，汉成帝绥和元年改名）何武、左将军师丹、卫尉傅喜前去向王政君报告说："皇帝听到太皇太后的诏令，感到非常难过。大司马如果不留任，那么皇帝也不敢主持朝政。"

王政君让王莽退职的诏书，很大程度上其实也是一个以退为进的姿态，现在既然皇帝这么说，那么王政君的目的也就达到了，于是她下诏让王莽重新辅政。

高昌侯董宏曾经建议给傅太后和丁太后上尊号，这在严格的礼仪制度上来说，是不行的，因为在法律上，傅太后和丁太后是藩属国的王后，和现任皇帝是没有关系的，有关系的只有王政君、赵飞燕。熟悉宫廷礼制的王莽为了维护王家的利益，于是和左将军师丹共同弹劾董宏。因为这个原因，王莽很快就招致了掌握实权的傅太后等人的仇视。

其后有一天，刘欣在未央宫设酒摆宴，内者令为傅太后设置了帷帐，座位在太皇太后王政君的座位旁。王莽在巡视时看见，斥责内者令说："定陶太后是藩国之妾，怎么能与至尊无上的太皇太后并坐呢？"于是下令撤去傅太后的帷帐，给她在别处另设座位。

傅太后听说之件事情后大怒，她拒绝赴宴，心里极度怨恨王莽。

王莽再次请求引退，刘欣知道王莽和傅太后之间发生这样尖锐的矛盾，已经无法挽留王莽，于是赐给王莽黄金五百斤，四匹马拉的安车，允许他离职回家。

王莽的退职令朝中的公卿大夫普遍感到失望，他们纷纷上书称颂王莽，刘欣为了安抚这些公卿大夫，再次增加对王莽的恩宠，派中黄门太监在王莽的家中供他差遣，每十天赐给一顿饮食。

刘欣又下诏表彰王氏说："曲阳侯王根之前执政的时候，提出了安定国家的大计（指为他当上太子立下大功）。侍中、太仆、安阳侯王舜过去曾佑护太子一家，辅佐过朕，忠诚专一，有旧恩。新都侯王莽为国家操劳，坚持正义，朕本来期望与他共同治理天下。但太皇太后却诏令王莽引退回家，朕非常同情他。现在加封王根食邑两千户，王舜食邑五百户，将黄邮聚（地名，'聚'是好几条河并流、交汇之意，黄邮聚在今河南省南阳市白河和唐河交汇处一带）三百五十户加封给王莽，赐位特进，加给事中，朔日望日（每月初一、十五）入朝进见，礼仪如同三公，朕车驾出行，王莽可乘绿车随从。"又下令让红阳侯王立返回京城。

刘欣很小的时候就知道王氏五兄弟非常势力宠大，非常骄横，心里很不高兴，但因为自己刚刚即位，所以不得不优待他们。一些大臣也不喜欢骄横的王氏，现在见王氏和掌权的傅太后水火不容，于是借机上书弹劾他们。

王氏受赏仅仅过了一个多月，司隶校尉解光就上奏说："曲阳侯王根家族势力很大，他本人也职位尊贵，前后三代把持朝政大权，有五个将军主持政务，天下车马竞相奔驰到王氏门下献媚。王根的行为贪婪而邪恶，贪赃的钱款累计达数万之多。为人横行霸道，极为放肆，大兴土木修建私宅，家里筑起了土山，设立了两个市场，大殿上装饰着赤墀，门户用青琐布置（这都是只有皇宫中才可以用的）；四处观览射猎，让家奴和随从披甲持弓，排成步兵队列；途中住进了天子的离宫，在上林苑里围猎，征发百姓修治大道，百姓深受他的重役之苦。他怀着奸邪之心，想操纵朝政，将自己的亲信、主簿张业举荐为尚书，蒙蔽圣上，阻塞下情，在朝廷以内隔断君臣联系，在朝廷以外交结诸侯，骄横奢侈，侵犯圣上的尊严，破坏了制度。按理说，王根身为皇家骨肉至亲、国家重臣，但在先帝逝世时，他却不悲哀不思念，先帝的陵墓还没有完工，他就公然聘娶了原掖庭女乐五官殷严、王飞君等人，设置酒宴，唱歌起舞，背弃忘记了先帝的大恩，违反了作为臣子的大义。王根哥哥的儿子、成都侯王况有幸以外戚身份，承袭他父亲的爵位成了列侯、侍中，不想着报答圣恩，也聘娶了原掖庭贵人为妻，他们都没有作为一个臣子的礼节，其行为真是大不敬、大不道。"

由于解光所奏的都是事实，刘欣也非常生气，于是下诏说："先帝对待王根、王况父子，可说是再没有比那更优厚的了。可是现在，他们却背忘了恩义。"但念在王根曾为他当太子立过大功，所以并没有追究他们的罪责，只是遣送王根前往封国。而王况则被免为庶人，遣送回老家。

王根、王况以及王况之父王商所举荐的那些官吏，全都被罢免。

又过了两年，傅太后获得了帝太太后的尊号，丁太后获得了帝太后的尊号。而她们所得的这个尊号，却是之前王莽和一些熟悉宫廷礼仪的正直官员都是极力反对的。

丞相朱博于是上奏说："王莽以前不知道尊重傅太后和丁太后，贬低她们的尊号，有损孝道，平阿侯王仁藏匿赵昭仪的亲属，大逆不道。他们本应该被诛杀，很幸运地遇到赦令，不应该再享受爵位和封地，请免去他们的官职和爵位，贬为平民。"

刘欣说："因为王莽与太皇太后有亲属关系，不便罢免，让他回封地去吧。"于是王莽和王仁也被赶出了京城。

至此，天下人都为王家人的遭遇感到不平。

谏大夫杨宣呈上一封密封的奏章说："孝成皇帝深刻地考虑到宗庙的重要性，称述陛下最有德行，以便陛下能继承大统，圣明的决策很深远，恩泽最厚。臣认为先帝的意思，不就是想让陛下接替他，以填补东宫的位子吗？太皇太后现在已经七十多岁的高龄了，多次经历悲伤，却还下令让她的亲属全部引退，以便回避丁氏和傅氏。即使路上的行人听到这件事情，也会为之垂泪，更何况是陛下呢？陛下经常登高远眺时，难道就不觉得愧对延陵里的先帝吗？"刘欣被杨宣这番话深深地打动了，他知道如果自己不对王家有所补偿，那就会被天下的舆论所包围，于是就将王商的次子王邑封为成都侯。

王莽是个政治上非常成熟的人，所以他回到封地之后，就闭门谢客，低调做人，依然非常谨慎自持。他的二儿子王获杀死了一个奴仆，王莽觉得王获败坏了自己的名声，于是严厉地斥责王获，令王获自杀。

王莽在封地待了三年，上书为王莽鸣冤的官吏就达到了上百人。

元寿元年（公元前2），因为发生了日食，贤良文学周护、宋崇等人所上的对策之中，都称颂王莽的功德。刘欣觉得天降灾异，必是有所警示，而王莽这样的大贤不在朝中任职，显然正是上天所要警告他的。于是下诏征召王莽、王仁，让他们以服侍太皇太后王政君的名义回京。而王根因为很不巧地死了，他的封国被废除。

当初王莽退职之后，最先接替王莽出任大司马的，是刘欣做太子时的太傅师丹。但因为之前师丹和王莽共同反对给傅太后和丁太后上尊号，并且反对为刘康在京城设立庙堂，所以不久就被免去大司马之职，由傅太后的堂弟傅喜接任。

但丁家的人和傅家的人都嫉妒傅喜，并且傅太后想取得太皇太后的尊号，可是傅喜和丞相孔光不同意，所以傅太后大怒，免去了傅喜的大司马之职，并将他遣送回原籍。

之后，丁明出任大司马、卫将军，后又升任大司马、车骑将军（之前的王莽、师丹、傅喜、傅晏等人只加号大司马）。

丁家封侯的人有二人，担任大司马的只有丁明一人，将军、九卿、二千石级的官员六人，侍中、诸曹也有十多人。

丁家和傅家在刘欣即位后的数年之间，家族势力急剧膨胀。不过刘欣对王氏在汉成帝时专权一事仍然心有余悸，所以并没有赋予丁、傅二家更多的权力，所以丁、傅两家的权势自然也不如王氏在汉成帝时期那样显赫。

在王莽被刘欣征召回朝的这一年，担任大司马的是董贤。

那么董贤又是谁的外戚呢？

董贤不是外戚，他是一个相貌异常俊美的男人。

董贤的父亲董恭担任御史，董贤因此成为太子舍人。刘欣当皇帝之后，董贤也因此而成为郎官。有一天，董贤在大殿里值勤，显得玉树临风、亭亭玉立，刘欣远远地望见，感觉非常喜欢他的容貌，于是就问他说："你是舍人董贤吗？"董贤因此上前与刘欣答话。刘欣非常喜爱他，于是拜他为黄门郎，从此非常宠幸他。男人爱男人，自汉朝建国以来，就成为一个家族传统。刘邦爱籍孺，刘盈爱闳孺，刘恒爱邓通，刘彻爱韩嫣，刘骜爱张放，刘欣爱董贤……

刘欣得知董贤的父亲董恭是云中郡的一个小官之后，当天就征拜为霸陵令，升为光禄大夫。

董贤所受的宠爱一天比一天深，官职也一天比一天高。担任驸马都尉、侍中之后，他出门就在刘欣身边参乘，回来就在身边侍奉，一个多月的时间，他所得到的赏赐就达到了亿万之多。董贤受宠的程度，让朝中的皇亲国戚及公卿大臣都感到分外震惊。

董贤经常和刘欣同睡同起，比夫妻还要恩爱。有一天午睡，董贤在熟睡之中压住了刘欣的袖子，刘欣想要起床，又不忍心叫醒董贤，于是拿刀割断袖子起身而去。他们之间的恩爱，竟然达到了这种程度。

刘欣的这一举动，在中国历史上非常有名，称之为"断袖之癖"。后世专以这个词汇来形容同性之间的爱恋。

刘欣对董贤非常好，董贤的性格也非常柔和，时时处处顺着刘欣，懂得如何通过取悦刘欣来稳固自己的地位。刘欣每每赐给他休沐假，董贤都不愿外出，而是留在刘欣的身边寻医问药照顾刘欣。刘欣因为董贤难以回家，于是下令给董贤的妻子办理了出入宫禁的凭证，让她居住在董贤的官舍内，就像官吏们的妻子住在官署的宿舍一样。又封董贤的妹妹为昭仪，地位仅次于皇后，把她所住的房舍命名为椒风。西汉时，皇后在未央宫的寝舍名为椒房（用花椒树的花朵制成的粉末和泥抹墙，象征着温暖、芳香、多子，所以称之为椒房），现在刘欣把董昭仪的寝宫命名为椒风，意在和椒房相对应，以此表示对董昭仪的爱宠。

董昭仪与董贤，还有董贤的妻子，就经常出入宫殿，在刘欣身边侍候。刘欣赏赐给董昭仪及董贤妻子的钱，也各有千万之多。董贤的父亲董恭又被升为少府，赐给关内侯的爵位，食邑，不久之后升任卫尉。董贤的岳父被任命为将作大匠（掌管宫室殿堂的修建，是个十足的肥缺），他的弟弟被任命为执金吾。

刘欣特意下令让将作大匠在北阙之下为董贤建造了一座极为巨大富丽的宅第，董贤家的奴仆所受的赏赐都不计其数，连武库中的兵器，还有皇家御用的珍宝，都在赏赐之列。各地上贡的特产物品，最好的都赏赐给董贤，而刘欣和皇室成员都用次一等的。刘欣又命将作大匠在他的陵墓义陵旁为董贤修建一座豪华的陵墓，以便在他死后也让董贤陪伴在他身边。

其他的人家都是因为养了女儿受到皇帝宠幸而跟着沾光，但董家却是因为养了一个俊俏的儿子而使门楣生烟，不能不说是历史上的一大奇观。

刘欣想要为董贤封侯，却一直没有找到一个借口。很凑巧地，待诏孙宠、息夫躬等人诬告东平王刘云（汉宣帝之孙、刘宇之子）的妻子伍谒在祭祀时诅咒皇帝，想让刘云当皇帝，司法官员经过审理，伍谒等人屈打成招，承认了自己的罪过。最终刘云被废为庶人后自杀，妻子伍谒等人被处死。

刘欣于是授意孙宠、息夫躬等人，说他们是通过董贤才告发东平王刘云的。以这个名义，刘欣封董贤为高安侯。当然，帮助董贤得以封侯的孙宠、息夫躬等人也跟着沾光，都被封了侯，食邑各一千户。过不多久，又加封董贤食邑两千户。

丞相王嘉本来就怀疑东平王刘云的案件有冤情，非常厌恶息夫躬等人，于是多次上书向刘欣进谏，认为董贤扰乱了国家的制度。但刘欣哪里肯听，王嘉竟然因为这件事情而被下狱，并最终死于狱中。

刘欣刚刚即位的时候，因为傅太后和丁太后都还活着，所以丁、傅两家非常尊贵，等到此时董贤受宠，丁、傅两家竟然先后失宠。男人在男人面前的魅力，有时候比女人还要有杀伤力啊。

大司马丁明对董贤得宠非常不满（只要是个正常的人，都不会感觉到正常），加上他对丞相王嘉之死非常同情，这就招致了刘欣的极度不满。刘欣早就想让董贤担任最高的官职，于是下了一道册书斥责丁明，说他在刘云的妻子诅咒之时，不仅没有起到大司马应有的作用，反而为这些人鸣冤叫屈，并暗中与丞相王嘉勾结，致使王嘉目无君上，本来司法部门建议将丁明处以重刑，但他念在丁明是他舅舅的分上，所以网开一面，不忍心杀死他。但丁明必须交出大司马、骠骑将军的印绶，然后罢官回家。

在美色面前，亲舅舅也没有丝毫的竞争力啊。

之后，刘欣任命董贤为大司马、卫将军，以接替丁明。

这一年的董贤只有二十二岁，这让学识渊博、礼贤下士、声名远播但二十四岁才当上黄门郎的王莽等人情何以堪啊？

此时的董贤，虽然位列三公，但常在殿中执事，掌管尚书，文武百官都通过董贤才能向皇帝奏事。

董贤认为他的父亲董恭不应处于卿位，于是改任他的父亲董恭为光禄大夫，享受俸禄中二千石。董贤的弟弟董宽信接替董贤出任驸马都尉。董家的亲属都以侍中、诸曹的身份在朝中担任要职，他们一家所受的宠幸，远胜丁、傅两家。

公元前1年正月，匈奴的乌珠留若鞮单于前来朝见汉朝皇帝，刘欣在宫中设宴招待他，汉朝的大臣们作陪。单于见汉朝的大司马非常年轻，心里感觉非常惊异，于是就问翻译是怎么回事。刘欣让翻译回报说："大司马年轻，因具有非常高的才能而得以担任如此高的官职。"

乌珠留若鞮单于见汉方这样回答，不明就里之下，于是起身拜见，恭贺汉朝得到了贤臣。

早先的时候，丞相孔光担任御史大夫，当时董贤的父亲董恭为御史，是孔光的下属。这个时候董贤当了大司马，与孔光并列三公之位。

董贤是因为男色而得到高位，与有真才实学的孔光自然不可同日而语，刘欣心里非常明白这一点，想要让董贤与孔光处好关系，于是嘱咐董贤私下里去拜见孔光。

孔光久历宦海，曾经因招致傅太后不满而被罢官回乡，因此为官非常小心谨慎。他心里知道皇帝想要让董贤更为尊宠，所以提前做好准备，等董贤来的时候，衣服穿戴整齐，恭恭敬敬地出去迎接，礼节非常谦恭谨慎，以表示自己不把董贤当普通客人看待，不敢与董贤平起平坐。董贤回去之后，向刘欣说起这起事情，刘欣非常高兴，于是马上拜孔光的两个侄子为谏大夫、常侍。

自此，董贤的权势，几乎已经跟皇帝没有什么两样了。

这个时候的王家，已经失势很久了。只有王谭的儿子王去疾，因为是刘欣当太子时的旧臣而得到宠幸，担任侍中、骑都尉。刘欣因为王家人没有在朝任职的，于是拜王去疾的弟弟王闳为中常侍。王闳的岳父萧咸，是萧望之的儿子，长时间担任郡太守，因为有病免官，担任中郎将。

董贤的父亲董恭非常仰慕有着美好声望的世族大家萧氏，想要与萧家结亲。于是就委托王闳到萧咸面前，为董贤之弟董宽信求娶萧咸的另一个女儿。

萧家是谨慎而懂得自我修持的一家人。此时的董贤虽然非常尊贵，但只要是稍有鉴别力的明眼人，早就可以预见他的未来。于是萧咸表示非常惶恐，不敢攀附这门亲事。他私下里对女婿王闳说："董公是大司马，之前皇帝拜他为大司马的时候，册书中曾有这样一句话，'允执其中'（坚持不偏不倚的中正之道），这可是当年唐尧禅位给虞舜时文书中所用的措辞，之前任命三公，从来没有过这样的先例。只要稍微上点年纪的人，听到这句话，就没有哪个不害怕的。这怎么能是我们这些平头老百姓能够受得起的呢？"

王闳也是个非常聪明有智略的人，一听岳父这么说，马上就心领神会，于是前去回绝董恭，委婉地说萧咸非常自谦，感觉配不上董家，不敢答应这门亲事。

董恭倒是有自知之明，他知道萧家不同意亲事的原因并不是萧家认为高攀不上自家，而是想畏祸自保，于是他叹息说："我们家也没有做过什么对不起天下百姓的事情啊，怎么会让别人如此畏惧呢？"心里很不高兴。

后来有一天，刘欣在麒麟殿摆酒设宴，董贤父子及董家的亲属都在座。王闳、王去疾兄弟都在一旁陪侍。刘欣几杯酒下肚，望着董贤笑着说："我想效法尧禅让舜，怎么样？"

王闳一听，立即上前正色说："天下是高皇帝的天下，不是陛下私有的。陛下继承了宗庙，应该传给子孙，直到无穷。皇统大业，至关重大，还请皇帝不要随口乱说。"

刘欣听了之后，语塞半天说不出一句话来，左右人员见状都惊恐不已。

刘欣于是将王闳赶了出去，以后不再让他侍宴，贬他到郎署任职。

王政君听到这件事情之后，心里非常害怕，于是专门为此事替王闳向刘欣道歉，刘欣才勉强同意召回王闳。但王闳回来之后，又向刘欣进谏批评董贤，惹得刘欣很不高兴。

如果刘欣的皇帝继续当着，那么照这个趋势下去，董贤会有两种结局：一种是继续受宠，而另一种则是色衰爱弛。

但事情的发展却偏偏出现了第三种结局，正值盛年的刘欣竟然只活了二十四岁就死了。关于刘欣的死因，史书上的说法是纵情声色而死，也有说法是服用春药过量而死。但无论如何，刘欣过于年轻就当上皇帝，在情色上不懂节制，猝死也是很有可能的。

刘欣在位七年，和他的前任刘骜一样，在政治上都没有什么建树。刘欣的谥号为孝哀皇帝，即汉哀帝。

汉哀帝没有儿子，所以在他死后，自然也就没有什么合法继承人。他生前虽然开玩笑说要禅位给董贤，但董贤却显然没有这个能力，并且，他也没有来得及留下要禅位给董贤的遗诏，只是在临死前把玉玺交给董贤说："不要把它交给别人。"

但这一切，都可能吗？

第四十四节　重返权力中心、赐号"安汉公"、女儿成皇后、加号"宰衡"、九锡之赏

皇帝死了，通常情况下，就要太后主持大局，召集大臣们讨论该立谁为新的皇帝。如果有权臣，就会由权臣暗中操纵原皇后发号施令。但遗憾的是，这些情况在汉哀帝死后都没有出现。他的母亲丁太后和祖母傅太后都死了，傅皇后又特别年轻，没什么见识，担任大司马的董贤又没有什么才能，那么这个重任就自然而然落在了仍然活着的太皇太后王政君身上。

这个时候的王政君已经七十二岁了，她经历了她公公汉宣帝的死，丈夫汉元帝的死，儿子汉成帝的死，以及现在没有血缘关系的孙子刘欣的死。她的这些丰富的人生阅历和长期以来积累的政治经验，足以使她驾轻就熟地应对和处理这一场事务。

王政君的娘家侄子王闳也在这个时候表现出了他一贯的勇武和忠诚、正直。

汉哀帝的死讯传来，王闳立即前去面见王政君，请求从董贤手中夺回皇帝的玉玺，王政君立即同意了。

于是，王闳带剑来到宣德殿的后门，举手大声叱责董贤说："皇帝驾崩，继承人还没有确立，你深受汉家厚恩，应该伏地哀号，为什么要长时间拿着玉玺等待祸事降临呢？"

董贤早就领教过王闳的厉害，他就是再年轻，也知道此时的王闳说这些话根本不是为了他好，而是为了玉玺而来，并且是抱着必死之心。董贤思虑半晌，知道拒绝王闳必定会被当场杀死，于是跪在地上，把玉玺印信全部交了出来。

随后，王闳拿着传国玉玺交给了王政君，满朝文武知道这件事情之后，都对

王闳非常敬佩。

王政君收取了皇帝的玉玺和所有印绶之后,她立即乘坐马车前往未央宫,然后召来大司马董贤,在东厢引见他,问他如何办理汉哀帝的丧事?

董贤这个美少年,哪里经过这种事情,估计他连他父亲的丧事该怎样办都不知道,又怎么会知道该怎样去办理一个皇帝的丧事呢?他的容貌给他带来了无与伦比的富贵,但就是这些至高无上的富贵,也在此刻为他带来了灾难。

董贤无法回答,只好脱下帽子向王政君请罪。王政君倒也没有为难他,而是说:"新都侯王莽之前担任大司马,他曾经为先帝办过丧事,知道该怎样安排,我让他来协助你。"

董贤听了就算是有百万个不情愿,但也没办法拒绝,于是他向王政君叩头,表示非常幸运。

于是王政君派使者快马前去征召王莽,然后下令给尚书,所有的发兵符节,百官奏事,中黄门、期门兵都由王莽管辖。

从公元前7年汉哀帝即位后王莽去职到这个时候,已经经过了整整六年。此时王政君能够第一个想到的可以依靠的,就是这个娘家侄子。而天下人能够想到的主持朝政大局的,也是王莽。

就这样,王莽在西汉的政坛上沉寂六年之后,再一次重返权力中心。

王莽接掌权杖之后,立即指使尚书弹劾董贤,说他在汉哀帝生病时没有亲尝汤药,服侍皇帝不周,不忠不孝,禁止董贤进入宫殿。

董贤实在是太年轻了,并且空有一张好看的脸,胸中实在是没有方略,他不知道该如何应对这种弹劾,也不知道该如何驾驭这种局面,只好脱掉帽子,光着脚到宫中向王政君谢罪。

而所有董贤不会的,王莽都会。

王莽命令谒者以太皇太后王政君的名义下册书给董贤说:"最近以来,阴阳不能调和,灾害屡次发生,百姓蒙受了许多的苦难。朝廷的三公,是社稷得以无忧的重要辅臣,高安侯董贤什么事情都不懂,作为大司马很让天下百姓失望,这根本不利于国家的长治久安。现在收回大司马的印绶,免官回家。"

这个时候,就是再怎么愚笨的人,也知道该何去何从了,选择早早结束自己的生命,或许还可以为家人留得一条生路,如果心存侥幸和幻想,那么弄不好就会送掉全族人的性命。当天,董贤和妻子选择了自杀。董家的人惶恐不安,连夜安葬了董贤。王莽怀疑董贤是装死,于是有关官员就奏请打开董贤的棺材验看。

王莽又暗示大司徒（汉哀帝元寿二年，即公元前1年，将丞相更名为大司徒）孔光上奏书弹劾董贤。于是董贤的父亲董恭、弟弟董宽信都被流放到合浦，董贤的母亲被遣送回老家，因为董贤而任职的官吏一律被免职。董家的财产都被拍卖，总共变卖了四十三亿钱。

董贤的棺材被打开之后，他的尸体裸露，因此被草草埋入狱中。董贤之前所亲厚的一个下属名叫朱诩，他自己上书弹劾自己，然后离开了大司马府，购买棺材和寿衣，为董贤收尸并安葬了他。王莽听说之后大怒，找个其他的罪名杀了朱诩。

董贤生前虽然没有什么德才，但也没做过什么大的坏事。疾风知劲草，朱诩在董贤覆亡之时能够抛弃官职站出来替他收尸，真是难能可贵。朱诩人品如此却遭诛杀，赢得了世人的同情和钦敬。朱诩的儿子朱浮到东汉时做了大官，位至大司马、司空，并封侯。这或许是上苍在冥冥之中对朱诩的一种认可和报答吧！

董贤死后，大司马一职空缺，于是王政君召集群臣，让他们推举大司马。大司徒孔光、大司空彭宣知道王政君属意何人，也知道大权掌握在谁的手里，于是都很知趣地推举王莽。而前将军何武和后将军公孙禄担心王莽专权，于是互相推举对方，想要阻止王莽掌权。

王莽已经达到了足以让天下人口服的推荐票数，于是王政君拜王莽为大司马，然后和他商议拥立新皇帝的事情。最终议定，征召中山王刘衎（刘兴之子）作为汉哀帝的继承人，让他来当皇帝。

安阳侯王舜是王莽的堂弟，为人和他的父亲王音一样，非常谨慎自律，并且王政君也非常信任他，王莽于是奏请王政君同意，拜王舜为车骑将军，然后让王莽到中山国去迎接刘衎。

其时刘衎刚刚九岁，王莽拥立这样一个小娃娃，意图非常明显，那就是为了方便控制。当初刘欣刚刚被立为皇帝之时，王莽被迫辞去大司马之职，王政君被傅太后辱之为老婆子的情景，至今历历在目。权力握在自己的手里，那就不应该轻易交出去。经历了这样一次宦海浮沉的王莽，可说是更加明白了最高权力的重要性，所以他必须牢牢地抓在手上。

刘衎年纪太小，当然不可能亲自执政，于是王政君就效仿当年的吕后临朝称制，然后把政事全部委任于王莽。

王莽因为大司徒孔光是知名的大儒，又做过三朝的丞相，为王政君所敬重，为天下人所信赖，于是也十分礼遇孔光，给予了孔光很高的待遇，并引荐孔光的女婿甄邯担任了侍中、奉车都尉。

对于那些自己不喜欢的汉哀帝的外戚和在位的大臣，王莽都搜罗他们的罪名，写好奏折，让甄邯拿给孔光。孔光虽然学问做得很大，但胆小谨慎，不敢不上呈王政君。奏折递上去之后，王莽自己再跑到王政君面前做工作，这些奏章就顺利地得到了批准。

前将军何武和后将军公孙禄在推举大司马时没有支持王莽，而是互相推举，他们以这个罪名被免官。没过多久，因为吕宽之事发作，何武被诬告与吕宽有牵涉，遭逮捕入狱后自杀。同时下狱被逼自杀的，还有曾经担任谏大夫而免官居家的名士鲍宣。

鲍宣能够名留青史，并不是因为他为官时敢于直谏、抨击时政，主要的原因有二：一是来自他的妻子，鲍宣的妻子是桓氏的女儿，名叫少君。鲍宣曾经在少君的父亲门下学习，少君的父亲对他出身贫寒却刻苦有志而感到惊异，于是就把女儿嫁给了他。陪送的嫁妆也非常丰厚。鲍宣见状很不高兴，于是就对妻子说："你自幼出生在富贵骄奢的环境之中，习惯于穿着漂亮衣服并佩戴华美的饰物，可是我实在非常贫穷，不敢承受这样的厚礼。"妻子少君说："我的父亲因为先生您有修养，品德高尚，信守承诺，所以才把我嫁给您，让我服侍您。既然我乐意嫁给您，那么我自然要听从您的意见。"鲍宣高兴地说："你能这样做，就绝对能和我同甘共苦一起生活。"于是少君把陪嫁的婢女及衣服首饰全部退了回去，改穿普通百姓穿的短布衣裳（当时贵族穿的衣服是长衫），与鲍宣一起拉着小车回到了鲍宣的家里。她在行了拜见婆婆的礼节之后，就提着水瓮出去打水。之后，少君恪守为妇之道，鲍宣家乡的乡邻都称赞她的品德和操行，并对她非常敬重。鲍宣之妻的事迹因此被收入《列女传》，受到世人传诵。浙江《龙溪鲍氏宗谱》中记载有这样一则小故事：汉成帝时，鲍宣被举荐为孝廉。他在应选进京的路上，遇到一位书生突然心口剧痛。鲍宣立即下车搀扶那位书生，并为他按摩心脏，试图缓解他的痛苦。但那位书生还没有来得及说一句话，就病发身亡了。鲍宣不知道这个书生的叫什么名字，也不知道他是哪里人，于是就打开他的随身包裹查看。包裹之中有丝绸帛书一卷，十饼黄金。鲍宣于是用一块金饼购置棺木，并雇人安葬了书生，其余的九块金饼放入棺中，并把帛书放在了书生的腹部。之后，鲍宣带着书生的马来到京城长安，在一户大户人家借宿。主人家的奴仆见到鲍宣所牵的马，发现正是自家公子所骑的马，疑心是鲍宣杀人越货，杀了公子后抢了随身财物，于是就把事情告诉了主人。这家的主人是个关内侯，他见鲍宣相貌端庄，气宇不凡，根本不像是做强盗的，于是就把鲍宣请进内室，问他那匹马的来历。鲍宣见问，知道自己遇着知情人了，于是就把路上遇到的情况详细地告诉了关内侯。关内侯听了大惊失色道："先生您遇上并埋葬的，正是我的儿子啊。"于是派人前去，按照鲍宣所说的地方，把公子的灵柩接回了家中。打开棺盖一看，剩下的九块金饼，以及帛书所放的位置，都和鲍宣所说的一模一样。关内侯在悲痛之余大为感动，他称赞鲍宣说："如此忠诚诚信之人，真是国家的栋梁之材啊！"于是，关内侯鼎力向朝廷举荐鲍宣，鲍宣由此声名大振。

王莽在逼死何武、鲍宣等人之后，仍然不解恨。他非常痛恨汉哀帝，并转而痛恨起当初拥立刘欣的那些人和丁、傅两家。于是他奏请王政君下诏说：皇太后赵飞燕姐妹当年残害汉成帝的皇子，危害汉家江山社稷，根本没有资格母仪天下，于是贬皇太后赵飞燕的尊号为孝成皇后，移居北宫。过了一个多月，再次下诏指责赵飞燕，废她为庶人，让她到汉成帝的陵园中去守墓。

人们都说："将相不辱。"也就是说，如果出将入相，那就不应该受到侮辱。将相都如此，更何况曾经母仪天下的皇后呢？于是就在当天，赵飞燕自杀而死。

当初赵飞燕得宠之时，京城之中有童谣传唱说："燕燕，尾涎涎，张公子，时相见。木门仓琅根，燕飞来，啄皇孙。皇孙死，燕啄矢。"这里的"燕燕"暗指赵飞燕；涎涎形容赵飞燕舞姿曼妙；张公子则暗指汉成帝，因为汉成帝之前常常和张放微服出行，对外都自称是富平侯张放的家人；木门是指皇宫的豪华大门；仓琅是青色的意思，根指铺首，因为古代大门外的铺首上面嵌着铜环，看上去像树根，所以，把铺首称之为根；啄皇孙暗指赵飞燕姐妹残杀皇子的行为；矢，通"屎"。这则歌谣，应该是出自冷眼旁观的智者之手，他们早早地就从赵飞燕姐妹盛极一时的荣华背后，看到了她们最终将要面临的凄凉结局。赵飞燕在汉成帝活着的时候，在中国历史上留下了一个惊人的传奇，但在汉成帝病死六年之后，差不多已被世人淡忘之时，却迎来了她的死亡，真是不能不令人感慨啊。

逼赵飞燕自杀之后，王莽又让有司弹劾丁、傅两家的罪行，全部免去了他们的官爵，贬傅太后皇太太后的尊号为定陶恭王母，贬丁太后的尊号帝太后为丁姬。

后来，王莽又说，当初傅太后与丁太后下葬的时候，坟堆和汉元帝的一样高，并且棺材里面放了皇太太后和帝太后的印绶，不符合礼法，应该把二人的坟墓掘开，取出印绶销毁，然后把傅太后和丁太后的坟迁到定陶。

王政君觉得这已经是过去的事情了，没必要挖人家的坟，但王莽力争，王政君只好同意了。

于是王莽派遣兵丁，掘开了傅、丁二后的坟墓。掘开坟墓之后，王莽再次上奏说，傅太后与丁太后之前安葬时规格太高，超越了礼制，她们的棺材当初都叫作梓宫，二人下葬时穿的衣服都是珠玉之衣，不是藩国的妾应该穿的，应该将棺材改为普通的木制棺材，扒掉珠玉衣，按照媵妾的规格安葬。王政君又同意了。

于是傅太后和丁太后的棺材都被打开，腐尸的臭味传了数里之远，原来高大的坟茔都被掘平。

丁、傅二氏败后，丁家人被迁回原籍，孔乡侯傅晏及家人被流放合浦，傅氏宗族也被迁回原籍。傅氏一族之中，只有当初反对过傅太后的傅喜一家得以保全。

随后，王莽又奏请王政君下诏，说当初傅太后和傅晏合谋，让傅太后窃取了尊号，于是下令废黜了汉哀帝傅皇后的名位。一个多月后，傅皇后与赵飞燕同时被免为庶人，各自前去看守丈夫的陵园，傅皇后也自杀而亡。

红阳侯王立，是王莽唯一活着的一个叔叔，他虽然没有担任官职，但因为是王莽的父辈，和王政君又是姐弟，所以招致了王莽的忌恨。王莽非常担心王立在王政君面前说自己的坏话，使自己的一些意图无法实现。于是就让孔光在王政君面前弹劾王立之前的罪行。说王立之前知道淳于长犯有大罪，却收受淳于长的贿赂，为淳于长说好话，扰乱了朝廷的秩序。后来又建议让官婢杨寄的私生子做皇子，导致众人说当年的吕氏和少帝的事情再次重现，使天下人纷纷怀疑，现在皇帝还太小，让王立这样的人留在朝中，恐怕不是一件好事。建议将王立遣送回封国。

王政君觉得有些过分，于就没有同意。王莽就去劝她说："如今汉家衰微，接连两代皇帝都没有子嗣，太后独自代替幼主统摄朝政，实在令人担忧，就算尽力秉公为天下人做表率，尚且担心天下人不服从，现在又以私人恩宠而违逆大臣的好建议，如果使大臣们离心离德，那么祸乱将会由此而起！不如让红阳侯暂且回到封地，等安定后再征召他。"王政君不得已，只好下令遣送王立回到封地。

王莽的堂弟王闳，是一个很有风骨、很有节操的名士，因之前谏阻汉哀帝禅位董贤而在朝中有很大的名声，王莽为此非常忌惮他。王闳的哥哥平阿侯王仁，性格和他的父亲王谭一样，刚强而正直，当年与王莽一齐被傅家人赶出京城，所以名声也非常大，王莽也非常忌惮他。于是王闳被外放，担任东郡的太守，王仁被遣送回封国。

后来王立和王仁被逼自杀之后，王闳非常担心这样的祸事会降临到自己头上，于是每天揣着毒药以备不测，但王莽却并没有对他下手，最终使王闳躲过一劫，一直活到了东汉。

就这样，王莽通过胁持下级，并在王政君面前软磨硬泡，成功地排除异己，并提拔了一大批顺从自己的人。他的堂弟王舜、王邑（王商之子）和他关系非常密切，王莽于是用他们为心腹。甄丰、甄邯主持刑狱诉讼，平晏掌管机密事务，刘歆主管起草典章文书，孙建充当爪牙，为得力干将。

刘歆在汉成帝时期担任黄门郎之时，王莽也担任黄门郎。那个时候，刘歆和王莽都出身贵族世家，学问都做得非常好，且在政治上都比较失意，于是结下了深厚的友谊。此时王莽发迹，于是刻意拉拢刘歆，在职务上多次提拔他，刘歆因此为王莽效力。

此外，甄丰的儿子甄寻、刘歆的儿子刘棻（音泛）、涿郡的崔发、南阳的陈崇等人，都以有才能而得到王莽的信任。

王莽这个人，面相看起来非常严肃，说起话来非常有条理，他为了达到更进一步的目的，就必须不时地展现他更加不同于常人的风采。围在他身边的这些人，只要王莽略有暗示，他们就照着王莽的意思向王政君上奏。之后，王莽再叩头流涕，再三推让，向上可以继续给王政君加深他非常谦让的好印象，向下可以向官吏百姓表明自己的忠诚守信。

那个时候，西南夷出产白雉（白色的野鸡），有别于众人所知的彩色的野鸡，而这种白雉中原很少有人知道。于是王莽就暗示益州的长官，让西南夷的少数民族向朝廷进贡白雉。白雉贡献来之后，王莽把它当成是一种难得的祥瑞，然后建议王政君下诏，用白雉祭祀宗庙。

大臣们因此向王政君上奏说："太皇太后将政事委任给大司马王莽，王莽制定国策，安定了国家。以前的大司马霍光有安定国家的功勋，天子为此给他加封了三万户食邑，使其子孙世代承袭他的爵位和封地，同萧相国的待遇一样。现在王莽也应该按照霍光的旧例对待。"

王政君于是问大臣们说："真是因为大司马有大功应该予以表彰呢，还是因为他是我家的亲戚而要特别对待呢？"

于是大臣们在王政君面前纷纷赞扬王莽："王莽的功德，招致了周公辅成王时曾出现的白雉这一祥瑞，千年之间，出现了同样的符瑞。按照古代圣王的法则，大臣如果建立大功，那么生前就应该加封美的称号，所以周公生前就加了尊号。王莽有安定汉家天下的大功，应赐号叫安汉公，增加封邑，让他的子孙后代世袭爵邑。这么做上可以符合古制，下可以树立榜样，以顺应天命。"

王政君见大臣们说得像煞有介事，于是就下诏尚书办理此事。

王莽见王政君同意了大臣们的奏请，于是就赶快上书推辞说："安定国家的政策，是我和孔光、王舜、甄丰、甄邯共同制定的。现在我希望只赏赐孔光他们，先把我放在一边，不要和他们一起接受赏赐。"

甄邯等人又建议王政君下诏让王莽不要推辞，但王莽却再次上书辞让。

王政君派近侍去宣召王莽，但王莽却称病不肯前来。就这样，经过三番五次的推辞，王政君最终不得不下诏封赏孔光等四人。太傅、博山侯孔光加封万户，封为太师；车骑将军、安阳侯王舜加封万户，封为太保；左将军、光禄勋甄丰封为广阳侯，食邑五千户，封为少傅。以上三人，都参与辅佐朝政，授予"四辅"的职位。他们的爵位和食邑可以世袭，各赐给一处府邸。侍中、奉车都尉甄邯封为承阳侯，食邑两千四百户。

这四个人受赏之后，王莽还没有上朝。于是大臣们就再次向王政君进言，说王莽虽然谦让，但朝廷仍然应该彰显他的功德，及时进行封赏，向天下明示他的首功，不要使百官及百姓失望。

于是王政君下诏，将召陵（今河南省漯河市召陵区）、新息（今河南省信阳市息县西南）两县的两万八千户加封给王莽，免除他后代的徭役，世袭爵邑，封赏比照当年的相国萧何。封王莽为太傅，为"四辅"之首，号为安汉公。把萧何之前的相国旧居作为安汉公的府第。

四个亲信都受到了封赏，于是王莽装出一副非常惶恐、迫不得已的样子，接受了策书。王莽接受了太傅和安汉公的称号，却又再次提出，希望能辞掉增加封邑和世袭爵邑的赏赐，表示愿意等到黎民百姓家家丰衣足食的时候，再来领受这些赏赐。

大臣们又向王政君谏净，于是王政君下诏曰："安汉公希望百姓家家丰衣足食后再领赏，这件事就照他的意思办。现在下令将安汉公的俸禄、私府的吏员、朝廷的赏赐都增加一倍。百姓生活丰足时，大司徒、大司空要及时上报。"

王莽仍然谦让不肯接受，并且建议说，应当加封诸侯王的后代和高祖以来功臣的子孙，大的封侯，或者赐给关内侯的爵位或食邑，然后是在位的大臣，各按等级次序封赏。对上尊崇祖先，增加宗庙的礼乐；对下施惠给士民及鳏寡孤独之人，使士人百姓都得到了朝廷的恩惠。

王莽的这些做法，使他再一次赢得了朝野的好感和吏民的拥戴。

王莽通过这些措施，得到了公卿大臣及天下百姓的好感，就想进一步加强手中的权力，以便专权擅势。他知道王政君年事已高，极不喜欢处理政务，于是就暗示大臣们上奏说："以前那些二千石级的官员和地方上推荐的秀才，大多不称职，应该让他们都来拜见安汉公并接受考核。另外，对于一些小事，根本不值得太皇太后亲自去过问。"

这些上奏都非常符合王政君的心意，于是王政君下诏说："皇帝年幼，我暂时统摄朝政，一直到皇帝加冠礼之后才停止。现在政事琐碎复杂，我年事已高，精力不济，恐怕不利于安养身体和抚育皇帝。所以选择忠臣贤良并任命了四辅，百官尽职，永葆康宁。孔子曾经感叹说：'伟大呀，舜和禹虽统有整个天下却不必事事干预。'从今以后，只有封爵的事情必须上报给我。其他的事情，由安汉公等四辅共同决断。地方州牧、二千石级的官员、举荐的秀才、新上任的官吏以及有事上奏的，都领到安汉公那里去考察询问，以便知道他们是否称职。"

于是王莽把这些人都找来询问，符合自己心意的，就赠给厚礼，关心、拉拢他们；不合自己心意的，就上奏予以免官。此时的王莽，权力几乎已经和皇帝没有什么区别了。

王莽又向王政君建议说，因为之前汉哀帝时丁、傅两家特别奢侈，所以许多百姓的生活还过得不好。希望王政君能够穿粗布衣服，减省膳食，为天下人做表率。王莽同时上书，愿意出钱百万，献出田地三十顷，交给大司农资助贫民。朝中的公卿大臣非常仰慕王莽的行为，于是也纷纷仿效。

之后，王莽又率领群臣上奏，说王政君年龄已经很大了，却长期带头穿素衣，减膳食，恐怕不利于保重身体，抚育皇帝，安定国家。大臣们多次叩头劝谏，却没有得到准许。现在幸赖太皇太后的恩泽，近年来风调雨顺，五谷丰登，希望王政君能够按照之前标准和规格穿衣服，进膳食。径直把王政君也吹捧成了一个天下人的楷模，王政君内心深处，自然是非常高兴。

每遇水旱灾害，王莽就带头吃素食，自然就有人把这些事情报到王政君那里。王政君非常感动，于是就派使者下诏给王莽说："听说安汉公吃素食，足见你忧虑百姓之深。今秋有幸获得丰收，安汉公勤勉职守，希望能时时吃肉，为国家爱惜身体。"

当时的西汉，因为王莽这样带头勤勉政事、吃用节俭（虽然后世许多人认为他虚伪做作），公卿大臣在他的影响和带动下，也纷纷效仿，所以一些社会矛盾得到一定程度的缓和，从而呈现出一派四海升平的景象。

　　国内太平安定，上书称赞王莽的人一天比一天多，但周边的那些少数民族国家却没有动作。王莽觉得缺一点什么，于是于公元2年派使者携带黄金、钱币和绢帛，前去大肆贿赂匈奴乌珠留若鞮单于，让单于上书说："听说中国人讥笑两个字以上的名字，我原来的名字叫囊知牙斯，现改名为'知'，以示仰慕圣朝的制度。"之后又派王昭君的女儿须卜居次入朝侍奉太皇太后。

　　通过这些手段，王莽使王政君无时无刻不感受到：她这个娘家侄子，治国理政确实有水平，不仅使国内得到了安定，而且使外国的蛮夷也受到了感化。从而使王政君越来越信任王莽，越来越器重王莽。

　　须卜居次前来侍奉王政君，所以在王政君身边的汉平帝刘衎经常能见到她。须卜居次本就长得仪态万方，且三十岁左右的已婚女子，正具有迷人的万般风情，而十二岁的刘衎也已是隐约懂得男女之事的朦胧少年了，于是就经常盯着须卜居次看。

　　刘衎的这些举动，使王政君和王莽马上意识到，该给小皇帝张罗婚事了。

　　王莽想把自己的女儿嫁给刘衎做皇后，以巩固自己的地位和权力。于是上奏说："皇帝即位三年，长秋宫（皇后的居处）还没有修建、掖廷内的嫔妃也没有配置。以往国家多难，根源在于没有后嗣，婚娶不当。请查阅研究五经，决定聘娶之礼，按照规定，应该给皇帝选配十二名嫔妃，以便增加子嗣。应该博采前两朝王族的后代和在长安做侯王的周公、孔子的后人的嫡亲女。"

　　王政君将这事交付相关的官署办理，呈上了一批女子的名单，王氏家族的女子多有选中的。

　　王莽担心这些女子会与自己的女儿竞争，就进言道："我自身没有德操，女儿的资质也很平庸，不可与别的女子同时挑选。"

　　王政君以为王莽非常真诚，于是就下诏说："王氏家族的女子，是我娘家的人，不得选取。"

　　这样一来，可就正中了王莽的下怀，因为他知道接下来会发生什么事情。果不其然，从此以后，每天前来上书的百姓、儒生、官吏几乎都有一千多人，他们都替王莽鸣不平说："安汉公取得了如此辉煌的伟大功绩，现在正当立皇后的时候，为什么偏偏不选安汉公的女儿呢？试问这叫天下人如何心服？希望以安汉公的女儿为国母。"

王莽派下属官员分头去劝阻那些上书的人，但上书的人却更多了。

王政君无可奈何，于是下令选娶王莽的女儿。

王莽见状，再次上书说："应该博选众女。"

公卿大臣们都争辩说："不应采选众女以乱正统。"

王莽说："既然如此，那么就请先见一下我的女儿，看是否符合采选的标准。"

事情到了这个程度，试问谁敢说王莽的女儿不符合采选的标准呢？王政君派长乐少府、宗正、尚书令前去定亲，送上定亲的礼物（当时称之为纳采），并顺便见了王莽的女儿。这些官员回来后上奏说："安汉公的女儿有美好的德行，有窈窕的仪容，非常适合承继皇室的世系，奉行宗庙祭祀。"

王政君又派大司徒、大司空策告宗庙，又进行卜筮。

刘歆是这方面的行家里手，于是说："卜兆遇金水王相，占卦遇父母得位，这正是所谓'康强'之占，'逢吉'之符。"

王莽女儿当皇后，至此成为板上钉钉的事情。

这时一些大臣进言，说古代天子赐给皇后父亲的封地有百里，而王莽的封地不符合古制，建议加封王莽两万五千六百顷，补足百里之数。

王莽谦逊地推辞说："臣王莽的女儿本不足以匹配至尊，现在又听众人议论，加封于臣。臣依靠皇亲获得爵位和封地，如果女儿确实是个称职的皇后，那么臣的封地也足以供给朝贡，不必再加封土地。愿意退掉增加的封邑。"

从客观上来说，加封王莽太多确实会有损王家的声誉，在一定程度上，王莽是真诚的。于是王政君就同意了。

主管的官员上奏说："按照惯例，聘娶皇后应赐黄金两万斤，折合钱币两万万。"

王莽再次坚决地辞让，只接受了四千万，而以其中的三千三百万分给另外的十一个嫔妃家，每家三百万，自己只留下七百万。

大臣们觉得不合适，又上奏说："现今皇后所受的聘礼，比起那些嫔妃侍妾来多不了多少。"言外之意就是降低了皇后的档次。于是王政君又下诏，再加赐给王莽两千三百万，给他凑了一个整数，总共三千万。

王莽又拿出其中的一千万分给家族中贫困的人。

陈崇当时任大司徒司直，他和张敞的孙子张竦关系很好。张竦和他的祖父一样，也是个学识渊博的人，于是他为陈崇起草了一篇奏文，称颂王莽的功德，最终由陈崇上奏。

在这篇奏疏之中，张竦从王莽最初担任学官时说起，说王莽处在一个很有权势的家族却能严格要求自己，艰苦朴素，品行高洁。淳于长犯罪的时候，王莽作为亲戚不敢偏袒，及时上奏进行诛杀，他的行为就像当年的周公杀管叔、蔡叔，季子鸩杀叔牙那样正义。当年傅太后想要窃取尊号，王莽极力阻止，真正维护了国家的尊严。等到丁、傅两家乱政，董贤等人结党，王莽以无人可挡的勇气迅速肃清了这些邪恶势力，安定了朝廷，迎立了现今的皇帝。王莽立下如此大的功绩，但他却一直非常谦虚，不肯接受过多的赏赐。赐给他的钱，他都分给那些贫穷的人，而自己却穿着粗布衣服，吃的是素食。大禹和后稷都难以做到这些，但王莽却始终如一地做到了。王莽的德行，足以成为天下人的楷模，王莽的功勋，足以为万世奠定基业。现在皇帝也知道，王莽有着和周公一样的功德，却没有实行周成王那样的赏赐，而是听信王莽的坚决辞让，这不符合《春秋》这样的圣人经典所阐明的道义。应该扩大王莽的封地，与当年的周公相当，并封立王莽的儿子，让他们与周公的儿子伯禽相当，所有赏赐的物品，也与周公一样，其他儿子的赏赐，也应该与周公的六个儿子一样。

张竦和陈崇的这篇奏书，有两千四百多字，这在行文简洁的古代，是并不多见的。在这篇奏书中，陈崇等人成功地把王莽塑造成了一个像周公那样的圣人，甚至在某些方面，如勤俭节约、严于律己等方面，比周公还要出色。

这一篇奏书，为宣传推广王莽造足了舆论，王政君于是召集大臣们研究讨论，以决定该怎样赏赐王莽，但不巧的是，在这个紧要关头，王莽家里却出了大事。

之前王莽为了便于自己专权，担心汉平帝刘衎的外戚也像丁、傅两家那样夺取自己的权力，所以就在奏请王政君之后，派甄丰将玺绶送给刘衎的母亲卫姬，拜她为中山孝王后，赐爵刘衎的舅舅卫宝、卫玄为关内侯，让他们都留在中山国，不得到京师来。

王莽的长子名叫王宇，他对王莽的这些做法很不认同，担心刘衎长大后会像当年的汉宣帝报复霍家一样报复自家，于是就私下派人与卫宝等通信，教他们让刘衎的母亲上书，揭露丁、傅两家的旧恶，并感谢王政君的恩德，以达到前来长安的目的。

王莽态度坚决，拒绝卫家人来京，只是在每次上书的时候，对他们厚加赏赐。

王宇和他的老师吴章，以及他的妻兄吕宽商议对策。吴章觉得王莽根本听不进去劝谏，却非常相信鬼神，不如做出一些怪异的事情吓唬一下他，然后趁机劝说，说不定王莽就会把权力让渡给卫家人。

王宇觉得这不失为一个好办法，于是就让吕宽在夜里拿着血洒在王莽的府门口。谁知道事情做得不够巧妙，被守门的官吏发觉了。于是王莽把王宇送进监狱，用药毒死了。

王宇的妻子吕焉当时正怀有身孕，于是将她关在狱中，等她生下孩子之后，再把她杀死。

如果是别人家发生了这样的事情，或许会悲伤得无法自持，但王莽却能转祸为福，他借此上奏说："王宇被吕宽等人所欺骗，流言惑众，与管叔、蔡叔同罪、臣不敢隐瞒，已将他处死。"

甄邯等人借这件事情再次做文章，让王政君下诏表彰王莽说：当年的唐尧有丹朱那样的儿子，周文王有管、蔡那样的儿子，唐尧和周文王都是圣人，但他们也拿不肖子孙没有办法，更何况是安汉公王莽呢？王莽诛杀王宇的行为，就像周公诛杀管、蔡的行为一样伟大。王莽不因亲情而妨害对皇帝的忠诚，非常令太皇太后和皇帝赞赏。当年周公杀了管、蔡之后，国家因此安定，刑法无处施行，希望王莽能够安心执政，期待天下太平。

王莽于是尽杀卫氏一家，卫宝的女儿是中山王后，被废黜后流放合浦，卫家人只留下刘衎的母亲卫后一个人。王莽穷追吕宽一案，借机牵连各郡国那些非议他的豪杰名士，还有敬武公主（汉宣帝之女，汉成帝男宠张放的母亲，她在王莽称安汉公时曾指责王莽）、梁王刘立（与卫氏关系密切）等政敌，以及红阳侯王立、平阳侯王仁等亲属，都逼他们自杀。受牵连而死的人数以百计，天下为之震动。

王莽的一个下属因此上奏说，王莽深思王宇犯罪的原因，写下了八篇文章，以训诫子孙。应该把这八篇文章颁布各郡国，让各地的学官教授学生们学习。

这件事情被交给大臣们讨论。大臣们一致请求，把天下能够背诵王莽这八篇文章的官吏登记备案，以后选拔官吏，就从这些人中选拔。王莽的八篇戒文，一时得以与儒家经典《孝经》并列。让全国的官吏和学生学习掌权者的著作，西汉末期的王莽是一个为数不多的典型代表。

公元4年四月，王莽的女儿王嬿被立为皇后，大赦天下。

王莽派大司徒司直陈崇等八人分别到全国各地，观察风俗，体察民情。

王莽的得力干将、太保王舜等人上奏说："《春秋》排列有功德的人的次序，分别是立德、立功、立言，只有大德大贤才能做到。像殷商的伊尹、周代的周公就是这样的人。"以伊尹、周公来比拟王莽，建议把伊尹的称号"阿衡"和周公的称号"太宰"合并为"宰衡"，作为王莽的称号，以表示王莽兼有这两位圣贤的功德。

民间百姓上书的也有八千人，都说："伊尹做阿衡，周公做太宰，周公的七个儿子都受封，超过了上公所享有的奖赏，应当像陈崇所说的那样封赏安汉公。"

奏章交付给大臣们商议，有关官员奏请将之前所加封给王莽而被辞让的两个县及黄邮聚、新野的田地赐给王莽，采用伊尹、周公的称号，加封王莽为宰衡，位居上公。王莽属吏的俸禄为六百石。三公在王莽面前陈述政事，都要称"敢言之"，以示恭敬。所有官吏不得与王莽同名，要避讳。王莽出行之时，有随从期门二十人，羽林军三十人，前后大车十辆。赐给王莽母亲"功显君"的称号，食邑两千户，佩红丝带金印。封王莽的儿子二人，王安为褒新侯，王临为赏都侯。增加皇后聘礼三千七百万，合为一万万，以表明大礼。太皇太后亲临前殿，主持封爵拜官的仪式。王莽跪拜于前，他的两个儿子拜于后，一切都按周公的旧例。

仍然和之前的套路一样，王莽照例叩头辞让、上书推辞封赏，表示只愿接受母亲的封号，归还王安、王临所授的印绶、封号、爵位和食邑。

但大臣们都不同意，最终王政君批准了大臣们的奏请。王莽加号为"宰衡"，母亲及两个儿子都被封侯。这一年是公元4年。

这一年，王莽上书请求建立明堂、辟雍、灵台等施行礼仪的场所，为求学的儒生修建一万间房舍，并开放集市，设置常满仓（国家仓库），规模非常盛大。又设立《乐经》，增加博士生员，每一经各增加五人，以增加儒生们做官的机会。征召天下精通各种学艺及专长的人才到长安，前后有好几千人来到京城。王莽此举，为有才华但家境贫寒的儒生解决了不少实际问题，因此受到天下儒生的大力拥戴。

大臣们因此上奏，说王莽的功绩就算是比唐尧虞舜发起举动、成周建造功业也不能超过。请求为王莽加"九锡"。"锡"通"赐"，是中国古代皇帝赐给有特殊贡献的诸侯、大臣的九种礼器。因为这些礼器通常只有天子才能使用，所以赐给臣子表示最高的礼遇。九锡通常是指：车马（指金车大辂）、衣服（指衮冕之服）、乐悬（指定音校音的器具）、朱户（指红漆大门）、纳陛（指专用通道）、虎贲（指虎贲之士三百）、斧钺、弓矢（红色弓矢一百，黑色弓矢一千）、秬鬯（祭礼用的香酒）。

公元5年正月，王莽主持在在明堂举行大合祭，来自全国各地的儒生及诸侯王二十八人，列侯一百二十人，宗室子弟九百余人，全部参加助祭。整场祭祀大典由儒学大师刘歆负责制定，场面之盛大，可说是前所未有。祭礼结束之后，封汉宣帝的曾孙刘信等三十六人为列侯，其余的都增加食邑或赐予爵位，金钱布帛各有赏赐。

当时，官吏百姓因为王莽谦让不接受新野县的田地而上书的，前后有四十八万七千五百七十二人，那些诸侯、王公大臣，见到王政君就叩头进言，请求应该立即加赏王莽。

但王莽的态度却依旧是谦让推辞。

于是王莽的亲信甄邯等人建议王政君，应该立即授予王莽九锡的特殊恩宠。

公元5年五月二十七日，太皇太后王政君亲自来到前殿，颁布诏书，隆重表彰王莽自入仕以来的各项功劳，为王莽加了九锡之赏。

至此，王莽距离天子之位只有一步之遥！

此时汉朝的最高权力，其实并不掌在小皇帝刘衎的手中，而是掌握在临朝称制的王政君手中，对此王莽有着非常清晰的认识。

王莽已经成功地控制了外庭的大臣们，使他们一切按着自己的意愿行事，不停地称颂自己，但由王政君掌握的内宫，也绝对不能小瞧。王莽知道只要自己赚哄好了这个姑妈，就没有什么办不成的事情。于是他想尽一切办法，不仅讨好王政君，也讨好她身边的侍从们，不停地向这些人行贿，送出的金钱达到千万之多。

王莽通过奏请，尊奉王政君的姐姐王君侠为广恩君，两个妹妹王君力为广惠君、王君弟为广施君，她们获得了汤沐邑，于是这几个姑妈也在王政君面前日夜不停地称赞王莽。

王莽知道王政君上了年纪，不喜欢长时间在深宫里久住，于是王莽就想方设法安排王政君出去游玩，以便换取更多的权力。

在王莽的安排下，王政君根据季节的不同，带着皇后及列侯的夫人、女儿们，外出游玩、采桑，乘车巡游京城四郊，抚恤那些寡妇、孤儿，表彰那些有贤行的节烈妇女，把钱、绢帛、酒肉赏赐给百姓，做些积德行善、令人感恩戴德的事情。

有一天，王政君感慨地对王莽说："当年我刚进太子家时，是在丙殿见到太子的，至今已经五六十年了，但我还记忆犹新，一点也没有忘记。"

当时因为太子宫空着，所以王莽顺势鼓动王政君说："太子宫恰巧很近，可以一起去看看，也谈不上辛劳。"于是侍奉王政君去了一趟太子宫。

五六十年过去，王政君已经从一个不谙世事的青涩小姑娘，慢慢成长衰老，成了一个饱经世事阅尽人间百态的老婆婆，当她看到那些熟悉的宫院、厢房、景观、物品，触景生情，马上就想起了初入太子宫时的那种紧张、羞涩、憧憬，以及初恋的美好。当站在权力的顶峰之时还能有闲暇重游热恋之地，重温年轻时的韶华青春，试问王政君怎么能不高兴、不激动呢？

王莽做的这件事情，真可以说是完完全全地抓住了王政君的心，讨取了她的欢心。王政君身边有个很讨她喜欢的丫环生了病，王莽也亲自前去探望慰问。总而言之，王莽不放过任何一个讨好王政君的机会，他做的事情也确实做到了王政君的心坎上，博得了王政君的高度认同。

这样一来，里里外外的人都在交口称赞，王莽的地位，可以说是更加坚如磐石。

这年秋天，被王莽派往全国各地观察风俗的陈崇等八名使者回朝，说经过王莽的教化，天下的风俗已经趋于淳厚并完全相同，他们伪造各郡国的歌谣，为王莽歌功颂德，篇幅达三万字。

王莽奏请制定明文法令，要求制定全国统一的物价、官府没有刑狱和诉讼，城镇没有盗贼，乡野没有饥民，路不拾遗，男女不得一起走路等制度，对于违犯者，一律实施象刑。

象刑是中国上古时期类似于画地为牢、竖木为吏的一种刑罚模式，是让受刑者使用带有某种象征"图象"的衣物或器具，从而达到惩罚犯罪者和警示其他人的作用。有别于东南亚等国的象刑——用大象的巨大力气肢解人犯的酷刑。

上古时期民风淳朴，刑律简洁宽缓，因此，百姓的自律程度相对较高，实施象刑或画地为牢可以起到惩戒的作用，但在私有制已经极度发达、土地兼并已经非常严重的西汉后期，实施象刑就只能是自欺欺人。

刘歆、陈崇等十二人因为帮助王莽修建明堂、宣扬教化，都被封为列侯。

在这个时候，表面上看起来天下太平，并且北方的匈奴归顺入朝，东边的东夷王渡海贡献了国宝，西南的赵裳氏（今越南）贡献了白雉，南方的黄支国（今印度国南部金奈西南的甘吉布勒姆）贡献了犀牛，只有西方还没有取得什么成绩。

当时的国内已经有东海郡、南海郡、北海郡，唯独缺一个西海郡，如果能建立一个西海郡，那么从字面上看来，就有"囊括四海"、降服四夷、一统天下的伟大功绩，也与一些儒家经典上所描绘的地界相吻合、适应。王莽对这件事情非常上心，于是派中郎将平宪等人带着大量黄金、钱币前去贿赂西羌的贵族，唆使他们上书向汉朝献地，表示愿意自愿归附西汉。

平宪等人返回之后上奏说：因为太皇太后圣明，安汉公王莽非常仁义，天下太平，五谷丰登，有的地方长出了一丈多高的谷子，有的一个谷秆上长出了三个谷穗，有的地方没有播种却长出了庄稼，有的地方蚕没有吐丝就结成了茧，甘露从天而降，甘泉自地而涌，凤凰飞来，神雀降临，所以羌人们生活得非常幸福，自愿想要归附汉朝。

这件事情交给王莽处理，王莽继续上奏，无非是重复声明，这些祥瑞与太皇太后的圣明密不可分，希望接受西羌贵族进献的土地建立西海郡。汉朝的版图比尧、舜二帝和夏、商、周三王的国土还要辽阔，共有十二州，但州名和地界多不符合经书的记载，所以希望用经书规定的原则重新勘定十二州的地名和州界，以便与礼法相合。

王莽的奏议被批准，西海郡被设立（郡治在龙耆城，今青海省西宁市民和县）。

于是王莽奏请增加了五十条法令，以便增加成千上万犯罪的人，以满足向西海郡移民的需要。

从实施象刑到增加五十条法令来让更多的人成为罪犯，王莽经历了一次彻底的变脸。他的这一做法招致了全国百姓的一致怨恨，下层人民开始对王莽感到不满。

但因为王莽设置了西海郡，他在政治上的声望却越来越高。泉陵侯刘庆受王莽暗示，因此上书说："周成王即位时年纪小，当初称为孺子，由周公统摄国政。现在皇帝比周成王年纪还小，应该让安汉公代行天子的事务，就如同周公一样。"

一切都已水到渠成，朝中的大臣，都是王莽的亲信，他们都赞成王莽摄政，不由得王政君不同意。

汉平帝元始五年（公元5），年仅十四岁的刘衎病重。关于刘衎的死，史书上有不同的说法，一种说法是病死，而司马光的《资治通鉴》中则说，王莽在向刘衎进献椒酒的时候，在酒中下了慢性毒药。

王莽见刘衎病重，于是也像当年的周公那样，写了一道策书，祈求上天让自己代刘衎生病或是去死。然后把这道策书藏在金属封着的匣子里，放在前殿，还告诫公卿大臣不得说出去。

元始五年十二月十六日（公元6年2月4日），年仅十四岁的刘衎病死。王莽征召通晓礼仪的宗伯凤等人一起商定：全国六百石级别以上的官员一律服丧三年。之后，王莽上书，尊汉成帝的庙号为统宗、汉平帝的庙号为元宗，得到了王政君的批准。

第四十五节　符命出现、翟义反莽、王莽代汉

汉平帝死后，汉元帝的后嗣就完全断绝了，要想立新的皇帝，就只能从汉宣帝的后嗣中选择。当时，汉宣帝的曾孙活着且被封王的有五个人，列侯有四十八个人。王莽厌恶他们都已成年，借口兄弟不能做兄弟的继承人，于是从汉宣帝的玄孙之中选了一个年纪最小的，即广戚侯刘显的儿子刘婴。刘婴当时年仅两岁，而王莽说经过占卜，立刘婴为新皇帝最吉利。

在设置西海郡的同年，王莽下令将京城的地方分出一部分，又成立了两个郡，分别命名为前辉光、后丞烈（如此怪异的名字与一些儒家经典的描述有关，后文出现不再一一解释）。

在刘婴被立为新皇帝的同月，担任前辉光的谢嚣上书说，武功县的县令孟通在疏通一口水井时，得到一块白石，石头形状上圆下方，上面有红色的文字，内容是："告安汉公莽为皇帝。"

这是中国历史上的一件大事，符命这种东西，就从这个时候开始，登上了历史的舞台。符命是预示帝王受命于天的符兆，比如此时写有字的这块白石，就是符命。经过了之前的凤凰来仪、一秆三穗等闹剧，此时的王莽，显然已经不再满足这类模糊不清的祥瑞，他需要一个能够明确表达天意的东西，于是写有文字的白石这种符命便应运而生！

王莽于是让公卿大臣们把这件事情报告给王政君，王政君一眼看穿了这个鬼把戏，她说："这是欺骗天下的行为，不能施行。"

王舜于是对王政君说："事情到了这个地步，已经没有办法了，要想阻止，

人力又难以做到。再说王莽也不敢有别的企图，只是想摄政以加重权威，镇服天下罢了。"

事情发展到这个地步，满朝大臣都是王莽的亲信，许多事情都已经由不得王政君了，只要不撕破最后一块遮羞布，那就还没有碰触到底线，王政君最终同意了。

王政君也很聪明，她在"告安汉公莽为皇帝"的"为"字上做了个文章，她认为，这个"为"字应该按"做事"来理解，而不能按"成为"来理解，是让你代着做皇帝该做的事情，而不是让你成为皇帝。于是她下了一道诏书，说她经过认真思考，认为"告安汉公莽为皇帝"的意思，就是让王莽代理皇帝处理政事。命令王莽暂居帝位代理国政，就像当年的周公那样。同时将武功县作为王莽的采邑，名为汉光邑。并让大臣们讨论并上奏王莽当摄皇帝的礼仪。

于是大臣们上奏礼仪：王莽做摄皇帝，穿皇帝穿的衣服，戴皇帝戴的帽子，面南背北接受群臣的朝拜，处理政事。王莽出入的时候，一律清道戒严，百姓和大臣在他面前都自称臣妾奴仆，一切都按照天子的制度办理；祭祀天地、宗庙、神明的时候，赞词中称他为"假皇帝"，大臣和百姓称呼他为"摄皇帝"，王莽自己称为"予"（还不能称朕）。批阅奏章决定政事的时候，常用皇帝的诏书形式，称之为"制"。在朝见太皇太后和帝皇后的时候，都要恢复臣子的礼节。他可以在他的宫中、府邸、封国、采邑内，独立自主地施政教化，按照诸侯的制度来办理。

大臣们的奏议被王政君批准。

为了纪念这一特殊的事件，第二年的年号被改为"居摄"。公元6年，即居摄元年。

居摄元年正月，王莽到南郊祭祀天神，到东郊迎春，在明堂举行大射礼，典礼举行得非常隆重，也非常成功。

三月，王莽立刘婴为皇太子，号为孺子，任命王舜为太傅、左辅，甄丰为太阿、右拂，甄邯为太保、后承。又设置四少官位，品级都是二千石。

王莽当上摄皇帝并立年仅两岁的刘婴为皇太子的举动，彻底暴露了他想要成为真皇帝的野心，一些有血性而冲动的刘氏宗族开始坐不住了。

安众侯刘崇禁不住气愤，和他的相国张绍商量说："王莽在朝中专权，必定会危及刘氏江山。天下人早就怀疑他居心叵测，但就是没有一个人敢先站出来，这真是刘氏宗室的耻辱。我带领我的宗族子弟率先出来反对王莽，天下人一定会群起而响应的。"

刘崇于是带着他的宗族子弟及下属一百多人进攻宛城，但连城门都没有攻进去就失败了。

张竦是张绍的堂兄，张绍和刘崇造反，按照法令，张竦自然在连坐之内。为了免祸，于是张竦赶快和刘崇的同族叔刘嘉前去向王莽自首。

王莽为了争取张竦等人，赦免了他们的罪过。

张竦获免之后，立即利用他的八斗之才，写了一篇颂扬王莽的文章，然后让刘嘉递了上去。

这篇文章的大意是：汉哀帝死后，刘家的江山差一点儿就要灭亡，刘氏的祭祀差一点儿就要断绝。幸亏有王莽匡扶社稷，才使刘姓宗室重新发扬光大。王莽分封了不少于一百名刘氏子弟为王侯，让他们来屏护汉室。天下人都异口同声地赞颂王莽，可是唯独刘崇心怀悖逆，图谋叛逆，危害刘氏宗庙，他是宗室的仇敌，国家的盗贼，天下的祸害，所以他的亲属也为此感到震惊，立即出来告发他的罪行，老百姓也不拥护支持他，所以他刚一叛乱就失败了。听说古代的叛逆之国，在被诛灭之后，都会挖掘他们的宫殿作为污池，名为凶墟，以后那里面就是长出野菜和蘑菇，也不会有人食用。天下人听说刘崇造反，都想争先恐后地拿刀来杀他，而他的宗族子弟就更为生气，因为他背叛了恩义，不知道尊重德行。现在刘嘉愿意带头把刘崇的宫殿掘为污池，希望大臣们讨论这件事情。

王莽看到张竦的奏章之后，心里非常高兴。

大臣们全部同意按照刘嘉上奏的执行，于是王莽在报告王政君之后，下诏表彰刘嘉和张竦。封刘嘉为师礼侯，食邑千户，七个儿子都赐爵关内侯。张竦被封为淑德侯。

出现这样一个结果，可真是令人瞠目结舌，所以长安城里盛传说："想要封侯，去找张竦，奋力战斗，不如巧言上奏。"

王莽又封赏了南阳郡为击败刘崇而立功的官吏和百姓一百多人，并派人把刘崇的府宅挖掘为排污的粪池。以后凡是因谋反而被定罪的，他们的宅室都被掘为粪池。

刘崇反对王莽，不仅没有取得任何的成效，反而为大臣们抬高王莽制造了更好的借口。大臣们因此上奏说："刘崇等人之所以敢谋反，就是因为王莽权势太轻。应当更加尊重王莽，以镇服天下。"于是王政君下诏，让王莽朝见她时称为"假皇帝"。

同时，大臣们又奏请增加王莽宫室及家中的官吏数量，并抬高他居处及府邸的称谓规格，也一律得到了允许。

　　王莽又奏请王政君下诏，加封王舜的儿子王匡、王林为同心侯、说德侯，孔光其时已死，他的孙子孔寿被封为合意侯，甄丰的孙子甄邯为并力侯，增加甄邯、孙建的食邑各三千户。

　　公元5年，王莽设立西海郡的时候，因收受贿赂而向王莽献地的西羌贵族名叫良愿，但到了公元6年，另外的一些西羌贵族庞恬、傅幡等人却不干了，他们怨恨王莽侵占他们羌人的地盘设置西海郡，于是起兵攻打西海太守程永，程永不敌逃回。王莽大怒之下，诛杀了程永，然后派护羌校尉窦况前去西羌平叛。

　　公元7年春，窦况击败了庞恬等人。

　　虽然西羌被平定，但中原的边境，却再也无法恢复到之前的宁静。宗室刘崇和西羌贵族的发难，只是众多反莽势力最初的发端。

　　公元7年五月，王莽下令更改币制，铸造了新的钱币，这一改，导致了一场极为严重的动乱。

　　九月，东郡太守翟义起兵，发动了一场旨在反对王莽的大规模武装行动。

　　那么翟义是什么人，他和王莽之间，有什么样的深仇大恨，需要他不惜冒着生命危险来起兵反莽呢？

　　翟义是汉成帝时丞相翟方进的儿子。

　　翟方进是汝南上蔡人（今河南省驻马店市上蔡县），和秦丞相李斯是老乡。翟家世代贫寒，到翟方进父亲翟公的时候，因为翟公好学，做了郡文学，所以翟家成了书香之家。但不幸的是，在翟方进十二三岁的时候，父亲翟公就死了，翟家重新陷入了贫困之中。年幼的翟方进和他的父亲一样，也非常好学。因为父亲早死，家中没有经济来源，翟方进于是到太守府里做了小史。

　　幼年时的翟方进，虽然好学，但不够机灵，办事非常迟钝，所以多次被太守府中的官吏们所侮辱责骂。翟方进非常自卑，于是就前去请教汝南的蔡父，问自己将来做什么合适。哪知蔡父见到他之后，非常惊奇于他的体形和相貌，于是对他说："你将来有封侯的骨相，应当从经术这方面进取，努力学习诸生的学问。"翟方进因为屡受太守府的官吏们责骂，已经厌倦了小史这份工作，听了蔡父的话之后，心里非常高兴，于是借口有病回家，辞别他的继母，要西行到长安去学经。

　　继母觉得翟方进年龄还太小，心里非常怜悯他，于是陪着他一齐到长安，靠给人家织鞋取得的收入来供翟方进读书。在长安，翟方进师从经学博士，认真研习学问，并从博士那里学习了《春秋》。经过十多年的苦学，翟方进的学问做得越来越深，徒众也越来越多，名气也越来越大，长安城中的儒生们，到处宣扬他的好名声。后翟方进以优异的成绩，射策甲科为郎，二十三岁时，因为明经而被荐举，升任议郎。

翟方进的学问和名声为他日后步步高升打下了良好的基础，职位也逐渐升为博士、朔方郡刺史、丞相司直、京兆尹。汉成帝永始二年（公元前15），翟方进升任御史大夫，不久，继薛宣之后出任丞相，赐爵高陵侯。

在西汉王朝的二百多年间，以儒生出身担任丞相的人不是很多，比较著名的有汉武帝时代的公孙弘，汉元帝时期的韦贤、韦玄成父子和匡衡，汉成帝时期的孔光，再就是翟方进。

这些儒生丞相大多是各学派儒家经典的领军人物，比如公孙弘是《公羊春秋传》学派的领军人物，韦贤、韦玄成父子是《礼》《尚书》和《诗》的领军人物，匡衡是《诗》的领军人物，翟方进是《春秋》的领军人物，孔光是《尚书》的领军人物。因为他们是学问大师，所以门徒和学生极多，当权之后便形成了一个盘根错节的庞大政治派系。

但这些儒生丞相最大的缺陷就是和萧望之一样，是迂腐的俗儒，根本不了解国家的真实情况，也不知道究竟该如何治理国家。所以自从汉元帝上任并重用儒生以后，西汉的社会状况便每况愈下，政治上越来越腐败，经济上越来越困窘。

当然，导致这种结果的原因是多方面的，不仅是这些儒生的问题。

而在那个时候，翟方进因为学问很大，教授的学生很多，被后世尊称为"儒宗"，与之前的叔孙通、董仲舒并列，在历史上有非常高的地位。

翟方进飞黄腾达之后，始终没敢忘记继母对他的养育之恩，对继母非常恭敬孝顺，亲自打理继母的饮食起居，不敢有丝毫怠慢，直到继母终老。继母死后，他服丧三十六日，才按照规定除去丧服，处理朝政。从翟方进奋斗的历程来看，翟母是一个伟大的母亲，而翟方进，也是一个称职的儿子。虽然他们不是亲生母子，但他们的嘉言懿行，却超越了许多人间亲情，这是永远值得尊敬、纪念和弘扬的！

不过翟方进这个人，颇有当年范睢"睚眦必报"的性格特征，换句话说，翟方进虽然贵为丞相，却没有宰相肚里能撑船的肚量，胸襟无法与之前的丙吉等人相比。翟方进为相廉洁自律，不徇私情，但用法也非常严苛，甚至心怀嫉妒。凡是得罪过他或是与他不和的人，翟方进都要想方设法搜求他们的罪过、抓住他们的把柄，然后弹劾罢免他们，在当丞相之前，他曾经创下连续弹劾罢免两任司隶校尉的纪录，令朝中大臣无比畏惧。

曾经与他关系较好的名臣陈咸、逢信等人，当年因为和他同时被推荐为御史大夫的候选人，在陈咸等人受到大臣的广泛赞誉之时，而翟方进却因为牵连到丞相薛宣的事情之中被别人指责，所以翟方进对此怀恨在心。陈咸等人和斩杀郅支立功西域的陈汤关系较好，所以在陈汤被匡衡等人攻击罢免并流放边地之时，翟方进也趁机攻击陈咸、逢信，将他们二人免官。两年后，王立举荐陈咸为光禄大夫给事中，翟方进再次弹劾，陈咸又被免官。

翟方进之前和淳于长关系非常好，淳于长事发之后，翟方进非常害怕，于是上书请求辞职。但因为汉成帝非常器重翟方进，所以就有意替他掩饰罪行并宽恕了他。翟方进为了表示将功赎罪，于是就上书弹劾与淳于长关系较好的京兆尹孙宝、右扶风萧育等，二千石以上的官员二十多人因此被免职。同时，翟方进上书弹劾与淳于长关系较好的右将军朱博、巨鹿太守孙闳，以及已被免官的陈咸等人，将他们全部遣送回老家。陈咸遭此接连不断的打击报复，最终忧死家中。

因为这个缘故，到了后期，翟方进在朝中可说是四面树敌。

在翟方进担任丞相的前后十年时间里，西汉王朝不断地走下坡路。汉成帝绥和二年（公元前7）春，出现了荧惑守心的异常天象。翟方进所信任器重的一个下属名叫李寻，他上书说：因为出现荧惑守心等异常天象，再加上各地发生了水灾、地震并闹兵乱，致使百姓生活困苦，上天已经发怒，提出了警告，必须想办法消除这个灾难，不然，上天一定会降下更重的惩罚。

翟方进看到李寻的这个奏章，感到非常忧虑，却想不出一个好办法。一个平时善于观察星象的郎官就上奏说，要想消除灾难，就必须主政的大臣代替皇上挡灾，才可以避免灾祸。

于是汉成帝立即召来翟方进，下给他一道册书，指责他担任丞相十年时间，百姓饥饿，盗贼四起，官吏残暴，灾害不断，想让他退位，却又不忍心那么做，派遣尚书令赐给他美酒十石、牛一头，让他自己考虑该怎么办。

翟方进以通晓经术而当上丞相，并屡屡借此攻击他人，现在，他也被别人用经术下了一个套，使他无法挣脱。如果他想推卸责任，那么他就会向天下人明示他是一个不忠不孝的人，并推翻他之前所说的所有的话。无奈之下，翟方进只好选择了自杀。

由于翟方进是以替皇帝挡灾的名义自杀的，所以汉成帝对他非常感激。在翟方进死后，汉成帝对翟方进的真正死因秘而不宣，反而赐给他丞相、高陵侯的印绶，让官方隆重地为他举行了高规格的丧礼，并亲自前去吊唁。高陵侯的爵位，由翟方进的长子翟宣继承。

而翟义，是翟方进的次子。

翟义字文仲，年轻时因为父亲的缘故出任郎官，逐渐升为诸曹，二十岁的时候，他就出任了南阳郡的都尉（辅助太守主管军事，相当于现今的省军区司令）。从京官的角度来看，二十岁担任郡尉并没有什么特异之处，但对地方来讲，都尉就已经是很大的官了。

当时，南阳郡郡治宛城县的县令是刘立，他和曲阳侯王根有姻亲关系。因为这个缘故，刘立在郡中也有非常大的势力。所以当二十岁的翟义上任之时，刘立根本没把这个年轻的上司放在眼里。

有一天，翟义受南阳郡太守委托，前去巡行各县。当到达宛城县衙的时候，从长安来的丞相史正好在传舍之中。因为来的是丞相的属官，所以熟谙官场规则的刘立自然是不肯放过这个机会，于是带着美酒菜肴前去拜见丞相史，然后与丞相史一起饮酒。

酒宴还没有结束，翟义到了。外面的县吏向刘立报告说郡尉翟义到了县里，但刘立却不慌不忙，饮酒如故。不一会儿翟义到了，通报姓名后直接进了传舍。刘立看见翟义，才赶快跑了下去。

翟义回到传舍之后，非常生气，假装以其他的事情召来刘立，然后以监守自盗十斤金子和残杀无辜之人的罪名，让部下夏恢等人把他抓了起来，然后传令送到邓县（今河南省南阳市邓州市一带）的监狱。

夏恢觉得宛城是郡治，刘立在县中很有势力，担心在押送的过程中会有人把他劫走，于是就建议翟义，不必另外派人将刘立送到邓县监狱，都尉您不是还要巡视其他的县吗？那么就让下属们押着刘立跟随着您，等您巡行到邓县，刘立不也就万无一失地送到邓县了吗？

翟义虽然年轻，但不傻，他一听就明白了是怎么回事，这不是变着法儿要让他亲自押送刘立吗？于是他发怒说："如果要让都尉亲自押送，那和没有收捕他有什么两样？"

于是将刘立装进囚车，绕着宛城的闹市转了一圈，然后命人将刘立押送到邓县。宛城县中的官吏百姓见状，没有一个人敢轻举妄动，翟义因此威震南阳郡。

刘立的家人见刘立被捕，于是骑快马抄近路从武关入京，把这件事情告诉了王根，王根又到汉成帝面前替刘立说情，于是汉成帝就召来时任丞相的翟方进，问他这件事情。

翟方进虽然贵为丞相，但在皇帝和内朝的大司马面前，显然还存在不小的差距，所以该遵守的官场潜规则，还必须得遵守。于是他派遣官吏下命令给翟义，让他赶快放了刘立。

宛城县令刘立被释放之后，派出的差吏回来向翟方进报告情况，翟方进说："小儿还不知道该怎么做官，也不清楚一些基本的政务，他以为把人送进监狱就会必死无疑，其实根本不是那么回事。"

后来，翟义因犯法被免官，但不久之后，又被直接起用为弘农太守，后调任河内太守、青州牧。翟义每到一处，都以敢作敢为而名闻郡中，跟他的父亲翟方进很有相似之处。再之后，翟义调任为东郡太守。

汉平帝死后，王莽居摄，处于皇帝之位处理政务。翟义非常厌恶王莽，于是对他姐姐的儿子陈丰说："新都侯王莽代理天子之位，号令天下，他有意选择刘家年纪很小的幼童当皇帝，仿效当年周公辅佐周成王的做法来试探天下人的反应，将来他一定会取代汉家天下。如今刘姓宗室衰弱，朝外也没有强大的藩属国，天下人都对王莽俯首帖耳，没有谁能奔赴国难。我很幸运，作为前丞相的儿子，又身为大郡的太守，父子都深受汉家的恩德，义当为国讨贼，以安定国家社稷。我想举兵向西，诛杀不应该代理皇帝行使职权的王莽，然后选立刘氏子孙当皇帝并辅佐他。假如我将来不能取得成功，为国难而死也可以扬名立万，并且在先帝面前也不会感觉到惭愧。现在我就要发兵了，你愿意追随我吗？"

此时的陈丰刚刚十八岁，年轻冲动加上健壮勇武，于是就答应支持翟义。

翟义见外甥陈丰支持自己，于是和东郡的都尉刘宇、严乡侯刘信、刘信的弟弟武平侯刘璜共同谋划这件事情。东郡有个名叫王孙庆的人，一向很有勇略，又深通兵法，当时被征召在京师。翟义想要让王孙庆为他效力，于是就谎称王孙庆犯了很严重的罪行，然后颁发文书传捕他。王孙庆到了之后，翟义觉得各项准备工作已经基本具备，于是加快了起兵的步伐。

当时有这样一个惯例，各郡中每年都要举行一次军事演习，称之为都试。年满二十三岁的男子，都要在郡中服役一年，而每年的都试，就是对这些类似于民兵武装作战能力的一种检验。都试之时，材官（山地或少马的地方的步兵）、车骑（平原或多马的地方的骑兵）等兵种云集，太守亲自主持，都尉和各县的令、长、丞、尉都要参加，仪式非常隆重。

到了九月都试之日，翟义斩杀了观县（今山东省聊城市莘县观城镇）的县令，趁机控制了一郡的军队，之后整理车仗辎重，招募郡中勇士，设置官吏将帅。

严乡侯刘信是东平王刘云的儿子，刘云被诬告杀害之后，刘信的哥哥刘开明继承了王位，刘开明死后无子，刘信的儿子刘匡又被封立为王。所以翟义举兵兼并东平之后，拥立刘信为天子。

翟义自封为大司马、柱天大将军，拜东平王太傅苏隆为丞相，中尉皋丹为御史大夫，之后传檄各郡国，说王莽用毒酒毒杀了汉平帝，自己占据帝位，想要断绝大汉的国统，如今天子已经拥立，希望各郡国共同执行上天的惩罚诛杀王莽。

关于汉平帝的死因，史书上有两种说法：一种流行于当时，说汉平帝是病死；而另一种流行于后世，说汉平帝是被王莽毒死，而后面这种说法，显然受了此时翟义的影响。

翟义说王莽毒死了汉平帝，在各郡国引起了巨大的震动。各地的吏民不明真相，再加上许多刘氏宗亲痛恨王莽，许多百姓不满王莽的改制（具体原因后面讲），所以许多人纷纷起来响应，等到翟义等人到达山阳郡的时候，他手下的将士已经有了十多万。

消息传到长安，王莽非常恐惧，连饭都吃不下去，他日夜抱着孺子婴，在郊庙中祈祷。又仿照周公当年所作的《大诰》作了一道策书，派谏大夫桓谭颁行天下，到处宣传说：王莽在孺子婴长大之后，将会还政于他。

同时，王莽拜他的同党亲信孙健为奋武将军、王邑为虎牙将军、王骏为强弩将军、王况为震威将军、刘宏为奋卫将军、王昌为中坚将军、窦况为奋威将军，带领关东的甲卒，前去迎战翟义。又命武让、刘歆、甄邯等人分别领兵驻屯函谷关、武关、宛城等军事重镇或战略要冲。

之前被翟义抓捕过的宛城令刘立，此时见翟义发动叛乱，于是立即向朝廷上书说，他愿意从军为国讨贼。而实际上，他是想报当年的一箭之仇。此时的王莽，迫切需要像刘立这样的人，于是升任刘立为陈留太守，封他为明德侯，借此希望更多的人站出来拥护自己，反对翟义。

但谁知事与愿违，三辅的人听说翟义起兵，从茂陵以西的二十三县盗贼并发，槐里男子赵明、霍鸿等人自称将军，起兵响应翟义。他们相互谋划说："朝廷的诸位将军都统率精兵全部向东，京师空虚，可以趁机进攻长安。"于是他们率众攻打官署，杀了右辅的都尉及砀县县令，抢劫官吏百姓，一时之间，聚集了大约十万人，他们放起的大火，甚至烧到了未央宫的前殿。

王莽越发惊恐，于是派将军王奇、王级领兵拒守。以太保甄邯为大将军，在高庙接受斧钺，率领军队，左持符节，右持斧钺，屯兵城外。王舜、甄丰带领郎官甲士，昼夜不停地巡行殿中。

王莽派出的大军向东到达陈留，与翟义的军队会战。翟义的大部分部队系临时集合起来的民兵性质的武装，怎么会是训练有素的朝廷精兵的对手，再者说，翟义仓促起兵，手下没有杰出的统帅之才，所以双方一经交战，翟义一方即大败，刘璜被杀。

捷报传到长安，王莽非常高兴，下诏封车骑将军孙贤等五十五人全部为列侯，命使者手持黄金印、红绶带、朱轮车，就在军中封侯拜爵，同时大赦天下。

重赏之下，必有勇夫。十二月，朝廷的精兵将翟义等人包围在圉城（今河南省开封市杞县南）并大破之，翟义和刘信大败，弃军脱身逃亡。

汉军追至固始地界，抓获翟义，在闹市中分裂了他的肢体。但刘信却一直没有抓到，从此下落不明。协助翟义起兵的勇士王孙庆则一直在逃亡。

朝廷军队击败了翟义，陈崇等人于是上书为王莽歌颂功德说：王莽是德配天地的君主，他一思考就会动摇风气，他一说话就会感动万物，他一施政就能达成教化。大臣们从诏书颁布那天起，就开始私下里计算时间，当王莽开始思考的时候，反叛者便连遭击破；诏文刚开始书写，反叛者便大败；诏书刚刚颁布，反叛者就全部被斩杀。众将的锋芒还来不及展露，大臣们还来不及进行思考，而所有的事情就已经解决了。

这马屁拍的，真可以说是登峰造极，无人能及。王莽看到之后，高兴得简直不知道怎么办才好，于是再次传令大赦天下。这个时候，已经是公元8年的春天了。

翟义失败之后，他的家人及宗族不可避免地受到了屠戮。他的哥哥翟宣及母亲都被处死，就像之前的刘崇一样，翟义的宅第也被毁为粪池。其父翟方进和翟家先祖在上蔡的坟墓都被挖开，王莽命人焚烧棺木，尸骨抛弃荒野，翟家被夷灭三族。同宗的许多后人，也被诛杀。翟家人的尸体被丢进一个大坑，和毒草荆棘一齐掩埋。

早先的时候，汝南郡内有一个大湖，周围的百姓依靠这个湖泊的资源，日子过得非常富饶。汉成帝时，关东发生了几次水灾，因此相应地，湖里的水也溢了出来，给周边的百姓造成了水灾。

当时翟方进是丞相，于是他和御史大夫孔光一齐派出下属去视察，书生的天性使他们天真地以为：把湖堤挖开放走湖水，不仅可以节省修堤防水的费用，还可以预防水灾，增加不少肥沃的良田。于是他们也没有召集一些水利专家进行论证，就那么做了。

等到此时翟家被灭族，乡里的人于是开始怨恨翟家，于是说当年翟方进之所以出主意把湖泊改造成田地，是因为他想得到湖下边的一块良田而没有如愿。

或许是因为当初破湖造田破坏了自然生态，到王莽时，这些改造的田地经常干旱无收。郡中的百姓追恨翟方进，于是编唱童谣咒骂他说："坏陂谁？翟子威。饭我豆食羹芋魁。反乎覆，陂当复。谁云者？两黄鹄。"陂（音悲），池塘之意，即湖泊。翟方进字子威。芋魁是指芋头。歌词大意为：是谁破坏了湖泊，是翟方进。害得我们用豆类做饭，用芋头做汤。世间的事情物极必反，毁坏的湖泊应该要恢复，是谁这么说的，是两只黄色的天鹅说的。

王邑等人击败翟义回到长安，又与王级等人合击赵明、霍鸿。二月，赵明等人被消灭，周边起事的各县都被平定。

王莽非常高兴，于是在白虎殿摆酒设宴犒劳诸将，并让陈崇等人核定诸将的功劳，并评定功劳的大小高下。

王莽向王政君呈上奏书，将准备封赏的爵位分为五个等次，即在公爵之下，设侯、伯、子、男四种爵位，共五种。封地定为四等。王政君一切照准。

大臣们又上书奏请，分封王莽的两个儿子王安为新举公、王临为褒新公，侄子王光为衍功侯，王莽的孙子王宗为新都侯，也得到了批准。

王莽消灭翟义之后，自以为自己的威信和声望越来越高，并且获得了上天的保佑，也获得了人民的爱戴，于是立马把翟义起兵之初抱着孺子婴祈祷太庙时说过的话抛到了脑后，他开始想做真正的皇帝了。但不巧的是，此时接连发生了两件家事，不得不让王莽放慢了当真皇帝的脚步。

九月，王莽的母亲死了，王莽不想在这个节骨眼上为母亲服丧而耽搁他登基的时间，于是就请求王政君下诏议定他服丧的礼仪。

因为王莽此时的身份是摄皇帝，他的两个儿子都是公爵，爵位都比他的母亲要高，所以刘歆等人与博士儒生七十八人为此向王政君上奏，在儒家经典中找了一大堆依据，力主不让王莽服丧。刘歆等人的奏疏大意为：王莽是受命于天的代理皇帝，不能为了私情而服丧。所以就算是王莽要为他的母亲服丧，也应该按照天子为诸侯服丧的礼仪来施行。因为王莽的孙子王宗继承了新都侯的爵位，所以应该让王宗来为王莽的母亲服丧。

最终，王政君批准了这个奏议。王莽作为摄皇帝总共前去吊唁了一次，与家属会面了两次，他的孙子王宗为他的母亲设立牌位，服丧三年。这样一来，王莽成功地从母亲的丧事中脱身，防止了大权旁落。

在这个时候，王莽的侄子王光犯了错误，被陈崇报告给了王莽。事情的起因非常简单，王光因为私怨，让执金吾窦况帮他杀一个人，结果窦况就把这个人抓进监狱，用法条处死了他。

王莽得知情况后大怒，严厉责备王光。

王光的母亲见状非常恐惧，她就对王光说："你能自视与王宇、王获相比吗？"

王宇和王获都是王莽的亲生儿子，王获因为杀死一个奴婢而被王莽逼迫自杀，王宇因为和吕宽图谋恐吓王莽而被下狱逼死。王光仅仅是个侄子，怎么能和他们相比呢？因此，王光和他的母亲都自杀而死，窦况也死了。

最初的时候，王莽因为孝顺母亲、奉养寡嫂、扶养侄子而被天下人所称道，等到此时王光等人犯了错，王莽又逼死他们以示自己的大公无私。他们活着的时候，为王莽赚取了好名声，死的时候，还是在为王莽赚取好名声。真可以说是为王莽而活，为王莽而死。或许是王莽真的大公无私，对家属要求非常严格，但更多的可能则是，谁要是阻挡王莽前进的脚步，谁就要为此付出惨重的代价，不管这个人是不是他的亲属！

王光死后，王莽让王光的儿子王嘉继承了他的爵位。

这两件家事办完之后，王莽加快了代汉的步伐。

这一时期，全国各地的各种符命接踵而来，不少公卿大臣纷纷上奏发现了符瑞，王莽来者不拒，把这些东西全部收了下来。

十一月二十一日，王莽向王政君上奏这些发现的符命说：

广饶侯刘京上书说，七月中，齐郡的临淄县昌光亭长辛当一晚上做了几次梦，梦见有人对他说："我是天公的使者，天公让我告诉亭长：'摄皇帝应当做真皇帝。'如果不相信我，请看这个亭中会出现一口新井。"亭长早晨起来后到亭中查看，果然有一口深井，井深将近一百尺。十一月初九，正是冬至，巴郡发现了石牛。十五日，雍县发现了有文字的石头，现都运到了未央宫的前殿。我与太保安阳侯王舜等人上前观看，结果天风大起，尘土迷漫，天空昏暗，风停之后，发现石头前有铜符和帛图，图上有文字说："上天告谕皇帝的符命，献者可以封侯。秉承天命，服从神令。"当时骑都尉崔发等人一同观看了铜符和帛图，并解说了这些文字的含意。这与以前孝哀皇帝下诏书改元的事情得到了印证。我请求从今以后，在祭祀神明、宗庙，上奏太皇太后及孝平帝皇后之时，我都自称假皇帝，而凡是号令天下，臣民们上奏言事的时候，都不再称"摄"（也就是说，以后王莽只在王政君等人面前自称是假皇帝，而在发号施令时，都以真皇帝的身份来施行）。将居摄三年（公元8）改为初始元年，改漏刻为一百二十度，以顺应天命。我精心抚养孺子婴，等他长大以后，就还政于他。

还是在王莽刚刚自称摄皇帝导致刘崇和翟义发动叛乱之时，王政君就说："人们对一些事情的看法，大体上是相同的。我虽然只是一个妇人，也知道王莽这样做必定会给自己招来灾祸，最终不会行得通。"

王政君对王莽的步步紧逼是越来越厌恶，但她却毫无招架之力，对于王莽的这道奏章，她也批准了。

期门郎张充等人对王莽的做法十分不满，密谋共同劫持王莽，立楚王为帝。但事情很快败露，张充等人被处死。

有一个梓潼人名叫哀章，长时间在京师长安求学，平素行为不端，好说大话，所以也没有哪个有名望的人举荐他，让他做官。哀章正道走不通，就开始走歪道。他见王莽想当真皇帝，并且非常看重符命这些东西，于是就制作了一个铜柜，放进两册图书，一册写上"天帝行玺金柜图"，另一册写上"赤帝行玺刘邦传予黄帝金策书"。在书中明确说明王莽是真命天子，赤帝子刘邦要把江山传给王莽，皇太后王政君应当顺应天命。此外，哀章为了谋取富贵，在图书上写了王莽八位大臣的名字，又编造了两个好听的名字，分别是王兴、王盛，并把自己的名字也加在里面，一共是十一个人，在后面都署明了他们的官爵，说这十一个人是王莽的辅臣。

哀章听说齐郡的新井、巴郡的石牛这些事情都已经开始宣传，于是就在当天黄昏，穿着黄衣捧着铜柜去了汉高帝刘邦的庙，然后把铜柜交付了仆射，仆射不敢怠慢，赶快上报给了王莽。

实际上王莽之前一直都在等这样的东西出现，却没有一个人能像哀章这样做得直白、彻底。所以王莽得到哀章所献的东西之后，立时大喜过望，然后把这两样符命报告给了王政君。

王政君看到王莽呈上的东西，禁不住大惊失色。在她看来，王莽说什么也会等到在她死后再做这些事情，为她留一点所剩无几的颜面。当等她死了之后，王莽不论怎么做，别人讨论起来，都不会跟她扯上任何关系。但她万万没有想到，王莽会这么性急。其实也不是王莽性急，而是哀章这个投机分子投其所好，献上了符命，从而加快了王莽代汉的进程。

王政君能够阻止得了王莽吗？不能，因为哀章所造的符命上写得清清楚楚，要让她顺应天命。王政君能说那些符命是假的吗？更加不能，因为谁都在演戏，谁想半路退场，谁就要承担造成的全部损失。

既然王政君没法反对，那么王莽的行动就变得毫无阻碍。

十一月二十五日，王莽到高庙参拜，并接受了那个明确表示禅让帝位的铜柜。之后，王莽头戴王冠，前去拜谒王政君，然后回来坐在未央宫前殿。下诏说：天帝用金柜策书把亿万百姓托付给他，高皇帝刘邦的神灵秉承天命传国给他，他非常敬畏，不敢不恭敬地接受。王莽在诏书中说十一月二十五日是一个黄道吉日，于是他戴上皇冠，做了真正的皇帝，改国号为"新"。同时修改历法，改变服饰的颜色，改变祭祀用的牲畜，制作和汉朝不一样的徽标和旗帜，变更器具的形制。把十二月初一这天作为建国元年（公元9）正月初一，从鸡鸣时分作为新一年的开始。服饰最尊贵的颜色为黄色，祭祀的牲畜用白色，使者所持的符节旄旗都用纯黄色。

此时为公元8年十一月，西汉灭亡，新朝建立。因为新朝系王莽所建，所以又称之为"新莽"。王莽就是新始祖，或称新朝建兴帝，简称新帝。"新"这个国号，来自王莽最初的封号"新都侯"。王莽代汉，有别于上古时的尧舜禅让，也有别于朝代更迭时的残酷战争，他开创了用符命这种东西搞禅让的先河。这在中国历史上，是非常独特的。

王莽在登基之时，派人到王政君那里去索要玉玺。

当初刘邦入咸阳，秦王子婴跪在轵道旁向刘邦投降。秦始皇命人用和氏璧雕刻而成的玉玺，也被子婴献给刘邦。刘邦击败项羽做皇帝之后，将玉玺随身佩戴。之后，玉玺便一代皇帝一代皇帝传了下来，称之为汉朝传国玺。

此时因为孺子还没有即位，所以玉玺被保存在长乐宫。

王莽派人来求取玉玺，但王政君却说什么也不肯把玉玺交给来人。王莽早就号准了王政君的脉，于是他派堂弟王舜去找王政君。

王舜在辈分上来讲，也是王政君的侄子，因为一向谨慎自爱，所以王政君非常喜爱并信任他。

此时王舜一来，王政君便立即明白，他是为王莽求玉玺来了。王政君愤怒地责骂他说："你们父子宗族世代蒙受汉家的恩泽，连续几代享有富贵，没有什么作为报答，现在接受了汉朝托付的孤弱幼子，却趁机夺取汉家江山，不再顾及恩义。像你们这样的人，就连猪狗都不愿意吃你们的残躯，天下怎么会有你们兄弟这样的人呢？再者说了，自己借口得到金匮符命当了新皇帝，改变了历法、服饰、制度，也应该自己做一个新的玉玺，一代一代地传下去，何必要沿用这枚亡国不祥之玺，还要向我索要它呢？我不过是一个汉家的老寡妇，早晚快要死了，我要和这枚玉玺一同埋葬，你们别想得到它！"王政君情绪激动，一边骂，一边哭，她身边的女官和侍婢见状，也都陪着她流泪哭泣。

王舜被王政君这么一哭骂，也悲伤不能自已，过了许久，他才抬起头来对王政君说："我们确实是已经无话可说。可是王莽一定要得到传国玺，太后您难道能始终不给他吗？"

王政君听出王舜语气非常恳切，担心王莽将会用别的手段胁迫她，转念一想也没有多大意思，于是取出传国玉玺，赌气扔到地上给王舜说："我已经老了，早晚将死，可是你们兄弟，马上就要灭族了！"

王舜得到传国玺后，立即拿去献给了王莽。因为王政君在抛掷玉玺的时候，玉玺被崩去了一个角。但这也并不影响玉玺的象征意义，王莽于是命工匠用黄金将那个缺角补了起来。传国玉玺，自此有了这样一个新的特征。

王莽得到传国玉玺，非常高兴，在未央宫渐台为王政君设宴，与大臣们纵情享乐，庆贺这一来之不易的胜利。

王莽虽然建立了新朝，但王政君还活着。如果王莽继续尊王政君为太皇太后，那么王莽这个真皇帝跟之前的摄皇帝其实仍然没有什么两样，因为遇到一些重要的事情，他还是要向王政君报告。这让权力欲极度膨胀的王莽感觉极不适应，他必须改变这个现状。

于是王莽想要更改王政君在汉朝的旧称号，变换她的玺绶，但又担心王政君不同意，一时找不到一个好的办法。

王莽有一个远亲名叫王谏，想要向王莽献媚，于是就上书说："皇天废掉汉朝并下令建立了新朝，太皇太后不适宜继续保留之前的尊号，应该随着汉朝而被废黜，这才算是真正接受了上天的命令。"

王莽于是乘车前往东宫，亲自将这道奏章讲给王政君听。

此时的王政君，已经是整整八十岁的老太太了。她虽然是一介女流，政治智慧可能无法跟一些帝王相比，但她的人生阅历却足以使她清楚地认识到，眼前的这个侄子是一个什么样的人物。你连人家的江山都篡夺了，改变一个称号还不容易？我老婆子连夫家的江山都没有守住，又何必在乎一个有名无实的称号呢？于是王政君讥讽地说："这道奏章说得很对啊。"

王政君的痛快反倒使王莽感觉不好意思了，他谦让习惯了，只要一次不谦让，他就感觉不舒服、不适应。于是他赶快向王政君道歉说："王谏是一个违背道德的臣子，按罪应该处死他。"

显然，将王政君的名号直接废黜是不合适的，总还得给人家一个名分。于是，冠军张永献上了显示符命的铜璧，上面的文字说："太皇太后应该称为新室文母太皇太后。"新室是指新朝皇室，文母的意思是文德之母，是古代对后妃的敬称。在太皇太后之前加了"新室文母"这四个字的定语，王政君的身份马上就变了，地位也随即被贬低，因为"太皇太后"这个称谓的外延已经缩小了，并且也有了更多的限制条件，中华文化博大精深，看来真是名不虚传啊。

这个称谓，显然比直接废黜王政君的名号或是继续保留太皇太后的尊号更恰当、更合适，在心理上也更易于为王政君及朝野臣民所接受。

于是王莽下诏，说他让大臣们看了那枚铜璧，大臣们都说铜璧上的字既不是刻的，也不是写的，而是天然生成的（以此表明是真的符命）。接着他又把王政君颂扬了一番，说汉哀帝时，民间就有传说，说是西王母要降临凡间，预示着有人会成为跨朝代的国母，这些祥瑞实在是太灵验了。所以他要选择一个黄道吉日，为王政君献上"新室文母太皇太后"的玺绶，以便顺应天意。

王莽好歹做得不算太绝，王政君于是接受了王莽更换的这个新名号。拍马屁没有拍到点子上的王谏被王莽用鸩酒毒死，而思虑周全的张永则被王莽封为贡符子。

始建国元年（公元9）正月初一，王莽率领公卿大臣捧着新室文母太皇太后的玺绶，进献给王政君，之后，按照符命废掉了汉朝的名号。

王莽原来被尊为安汉公时，为了取悦王政君，以陈汤斩杀郅支单于立下不世之功为借口，尊汉元帝的庙号为高宗。如果王莽没有代汉，那么将来王政君死后，将按礼仪在汉元帝的高宗庙配祭。但现在王政君的名号被更改，按照礼仪，与汉朝就断绝了关系，不能再到汉元帝的庙中配祭。

为了解决这个难题，王莽毁坏了汉元帝的庙，为王政君另建了庙，只留下元帝庙的旧殿，改造成王政君饮食的食堂，王政君的文母庙建成后，因为她还活着，不能称之为庙，而是命名为长寿宫。

王莽知道王政君喜欢外出游览，于是在长寿宫设下酒宴，将王政君请了过去。王政君去了之后，发现汉元帝的庙被毁坏得不像样子，禁不住大惊失色，她哭着说："这是汉朝的宗庙，里面都有神灵，和你有什么相干，你竟然毁坏了它们！况且，假若鬼神没有知觉，又何必建庙呢！但假若鬼神有知觉，我是人家的妃妾，怎能污辱先帝的灵堂，在这里设宴吃饭呢？"王政君非常不高兴，她私下里对自己的侍从说："这个人多次侮辱神灵了，怎么能长久地得到保佑呢！"这次宴席最终不欢而散，王政君和王莽姑侄之间，裂痕越来越大。

王莽自从代汉建新之后，知道王政君怨恨自己，于是想尽一切办法取悦王政君。因为王莽过于虚伪，他想办成某件事情，还要在表面上装出很无辜的样子，不想让别人怨恨他，可这一切又怎么能瞒得过世人的眼睛。所以王政君越来越不高兴，开始处处跟王莽对着干。

王莽更改了汉朝的黑貂服，穿上了黄貂服，更换了汉朝正朔（每月初一、十五），并在伏腊日（伏日指夏季入伏之日，腊日指腊月初八）进行夏祭、冬祭的日期。而王政君则下令自己的女官们仍穿黑貂服，每逢汉朝原定的正朔伏腊日，默默地和近侍面对面饮食，以示无声的抗议。公元13年二月，享年84岁的王政君衰老而死，死后与汉元帝合葬于渭陵。王莽诏令当时的著名辞赋家扬雄作了一篇诔文（祭文），以纪念王政君。

王政君是中国历史上寿命最长的皇后之一，她身居后位（皇后、皇太后、太皇太后）时间长达六十一年，仅次于在位长达六十三年的清朝孝惠章皇后（清世祖顺治帝第二任皇后）。王政君历汉朝四代皇帝，身居后位六十多年，她的几个弟弟轮流掌权，出了五个将军，十个侯爵，最终导致了王莽代汉。

后世的许多历史学家都说王莽最终代汉建新是因为王莽用虚伪欺骗了世人，那么，王政君难道就没有一点点的责任吗？仅仅是因为王政君过于长寿而替王莽代汉创造了条件吗？恐怕也不能这样简单地看待。

王莽代汉建新之日，立他的原配妻子王氏为皇后。他本来有四个儿子，分别是王宇、王获、王安、王临。但王宇和王获在之前先后被逼自杀，而王安神志不清，所以王莽便封他为新嘉辟（辟是王莽在侯爵之下所设的一种爵位），然后立王临为皇太子。长子王宇的六个儿子全部被封为公爵：王千为功隆公，王寿为功明公，王吉为功成公，王宗为功崇公，王世为功昭公，王利为功著公。之后全国大赦。

王莽取代汉朝建立了新朝，那么孺子婴该何去何从，也成了考验王莽政治智慧的一个试金石。对于孺子婴的去留，王莽早就有了成熟的考虑。他颁布了一道策书给孺子婴说：

"啊，刘婴，过去上天保佑你的太祖，传递了十二代，享国二百一十年，天命气数转向了我本人。《诗经》不是说过吗？'殷朝的后代作为诸侯而服侍周朝，可见天命无常。'封你为定安公，永远为新室国宾。唉，要尊重上天的美意，前去就任你的职位，不要违背我的命令。以平原、安德、漯阴、鬲、重丘五个县（今山东省德州市及周边县区）的居民共万户，地方百里，作为定安公国。定安公国可以建立汉朝祖宗之庙，和周朝后裔同等对待，使用自己的历法和车马、服饰的颜色。世世代代服侍你的祖宗，永远依靠崇高的德行和盛大的功绩，享受子孙后代的祭祀。以孝平皇后为定安太后。"

宣读完策书之后，王莽下阶亲自握着孺子婴的手，流着泪，哽咽着说："从前周公代理王位，最终能把明君的权力还给周成王，可是今天，我却迫于上天的威严命令，不能如我的本意！"说完流着泪哀叹了很久。中傅带孺子婴走下殿堂，北面称臣。文武百官陪同在旁，无不感动流泪：王莽，真的是太赤诚了，太仁慈了，上天非要逼迫他那么做，他也没有办法啊！

第四十六节　王莽改制

好戏剧终，大幕落下，就该为道具师及主创人员颁奖了。

按照哀章所造的那个铜柜，王莽开始册封十一个辅政大臣。

太傅、左辅、骠骑将军、安阳侯王舜为太师，封为安新公；

大司徒、就德侯平晏为太傅、就新公；

少阿、羲和、京兆尹、红休侯刘歆为国师、嘉新公；

来自广汉郡梓潼县（今四川省绵阳市梓潼县）的哀章为国将、美新公。

以上四人是四辅，级别为上公。

太保、后承、承阳侯甄邯为大司马、承新公；

丕进侯王寻为大司徒、章新公；

步兵将军、成都侯王邑为大司空、隆新公。

以上为三公。

大阿、右拂、大司空、卫将军、广阳侯甄丰为更始将军、广新公；

京兆的王兴为卫将军、奉新公；

轻车将军、成武侯孙建为立国将军、成新公；

京兆的王盛为前将军、崇新公。

以上四人是四将。

四辅、三公、四将，合起来总共是十一公。以上十一个人中，除了哀章、王兴和王盛，其余的八人都是在王莽代汉过程中立下大功的宿将。哀章因为进献符命且在铜柜图书上写下了自己的名字而被任命。而王兴和王盛，则完全是天降好运，因为哀章编造的这两个好听的名字和他们对上了关系。其中王兴是原城门令史，而王盛则是一个卖大饼的。王莽把他们找了来，任以官职，以显示符命的灵验。

在这一天，王莽任命卿大夫、侍中和尚书官员达数百人之多。所有刘氏宗亲担任郡守的，全部改任为谏大夫，因为担心他们会成为翟义第二。

把明光宫改为定安馆，由定安太后王嬺居住，把原大鸿胪府作为定安公的府宅，设置了门卫和使者，以监视刘婴的举动。王莽又特意下令给定安公的乳母，让她不得和刘婴讲话。这样做的结果是，刘婴在这种与世隔绝的环境中成长，长大后竟然叫不出六畜的名字，成了一个名符其实的傻瓜。王莽为了示以恩宠，把自己的孙女——长子王宇的女儿嫁给了他。

王莽顺利地成为真皇帝之后，便开始了一场前无古人、后无来者的大规模改制。之所以说是前无古人、后无来者，是因为在这之前和从那以后，从来没有哪一个王朝会在同一时间段内像王莽这样在政治、经济、对外关系等各个领域进行集中的改制。

王莽改制的初衷，是因为西汉政府自汉元帝以来，未能任用精明能干的官吏，导致国家越来越混乱，经济越来越凋敝，百姓越来越困苦，而贵族和官吏则越来越腐败，社会矛盾越来越尖锐。王莽在没有成为真皇帝之前，为了攫取最高权力，采取了一系列的措施，这些措施有的取得了一些效果，有的则没有。因为那个时候的王莽，毕竟还受到王政君和名义上的皇帝的掣肘，有些事情他不敢强行推行，因为强行推行就会有人提意见，有人提意见王政君就会对他有看法，王政君对他有看法他就不可能最终代汉建新。

而现在，王莽成了真正的最终统治者，他可以放心大胆地按照他之前的意图推行改制了。王莽所推行的改制，完全是按照西周时期的制度来进行的。王莽信奉儒家思想，认为只要将所有制度恢复到西周时期的那种社会制度，一切问题就可以迎刃而解。王莽所推行的这一场改制，历史上称之为"王莽改制"。

王莽推行的改制，内容分别如下：

第一是改官制。

王莽颁布策书，仿照《典诰》一类的文体，一一规定了百官的职责，比如说：月亮象征刑罚，太阳象征德政，北斗象征公平，那么与此相应的官职如大司马、大司徒、大司空，就要负责做好相应的军事、行政、管理等各项事务。

设立大司马司允、大司徒司直（丞相司直之前就有）、大司空司若，地位都是孤卿。

把大司农改为羲和（后改为纳言），大理改为作士（就是之前的廷尉），太常改为秩宗，大鸿胪改为典乐，少府改为共工，水衡都尉改为予虞，和司允、司直、司若，共同组成九卿，分别隶属于三公。

在九卿之下，每一卿设大夫三人，每一大夫之下，再设元士三人，共二十七名大夫，八十一名元士，分别承担京城官府的各种职责。

原九卿之中的三卿：光禄勋、太仆、卫尉，分别改名为司中、太御、太卫，地位下降。把执金吾改为奋武，中尉改为军正，又设立大赘官，掌管御用车辆、服装及各种用品（后来又管理军需物品）。司中、太御、太卫、奋武、军正和大赘官，地位都是上卿，号称六监。

把郡太守改为大尹，都尉为太尉，县令、县长改为宰，御史改为执法，公车司马改为王路四门。

又更改宫殿名称，把长乐宫改为常乐室，未央宫改为寿成室，前殿改为王路堂，京城长安改为常安。

更改各个不同品级的官秩俸禄名称，中二千石改为卿，二千石改为上大夫，比二千石改为中大夫，千石改为下大夫，六百石改为元士，五百石改为命士，四百石改为中士，三百石改为下士，百石改为庶士。

这样一来，新朝的官秩品级就清楚了，最高是四辅、三公、四将（十一公），接下来依次是孤卿、上卿、卿，上、中、下大夫，元、命、中、下、庶士。

这些官吏的车辆、服饰等，不同等级之间都有不同的差别。

又设立司恭、司徒、司明、司聪、司中大夫和诵诗工、彻膳宰，以督查过失。下令在王路堂（前殿）设置接纳善言的旌旗、听取批评的木牌和敢于进谏的鼓。四个谏大夫经常坐在王路门接见前来言事的人。

对于地方官职，王莽也进行了更改。王莽设置了州牧、部监二十五人，还有牧副、监副。部监的级别是上大夫，每个部监管理五个郡。王莽根据儒家经典《周官》和《王制》的经文，把太守改为大尹（或称卒正、连率）；把都尉改为太尉（或属令、属长），县令（或县长）改为宰等。其中区别是：公爵担任州牧，侯爵担任卒正，伯爵担任连率，子爵担任属令，男爵担任属长，全都世袭。没有爵位的太守，就称之为尹。

以上这些新改的官职名称，和接下来所改的地名一样，全都是王莽根据儒家经典修改的，有些可以理解，有些晦涩难懂，所以没必要一一记住，只需要有所了解就可以了。

第二，王莽进行了大规模的更改地名运动。

王莽颁布法令，将长安西都分为六乡，每乡设置一名帅，管理本乡政务；周围各县分为六尉，洛阳东都一带改为六州，周围各县改为六队，离东都、西都四五百里之内的改为内郡，之外的改为外郡；有要塞和边界的改为边郡。一些大郡，甚至被分成了五个郡。以亭为名的郡县有360个，以和符命上的字相对应。总体下来，全国分为125个郡，2203个县。

按照这样的改法，之前人们熟悉的南阳郡、河内郡、颍川郡、弘农郡、河东郡、荥阳郡就被改为了前队、后队、左队、右队、兆阳、祈隧（"隧"通"队"），行政长官改为大夫，实际上职务仍然是太守，军事长官改为属正，其实还就是都尉，河南郡大尹改称为保忠信卿……把南郡改为南顺、把犍为郡改为西顺、把右北平郡改为北顺（"顺"即归顺之意），琅琊郡为填夷、天水郡为填戎、长沙国为填蛮、雁门郡为填狄（"填"通"镇"，镇服之意，就是镇服东夷、西戎、南蛮、北狄），陇西郡为厌戎、代郡为厌狄（"厌"是压制、抵制之意，也可理解为一种迷信的方法，镇服或驱避可能出现的灾祸，或致灾祸于人），五原郡为获降、云中郡为受降、定襄郡为得降（"降"即降服匈奴），诸如此类，大多数地名被改得面目全非。

而且这种改名还不是改一次就定型，而是年年有变动，有的郡名甚至经过了五次改名，最后又改回原名。官吏和百姓实在不堪其扰，也根本记不住这么多地名。所以每次朝廷颁布诏书时，都要在新地名后面注上旧地名，比如："诏命陈留郡大尹、太尉：将益岁县以南划归新平郡。新平郡，就是原来的淮阳郡。将雍丘县以东划归陈定郡。陈定郡，就是原来的梁郡。将封丘县以东划归治亭郡。治亭郡，就是原来的东郡。将陈留县以西划归祈隧郡。祈隧郡，就是原来的荥阳郡。陈留郡已经不存在了，陈留郡的大尹、太尉都到皇帝所在地来。"

如此频繁改名，给正常的行政和官吏、百姓的生活带来了极大的不便，更是造成了巨大的浪费，光是更换印章、公文等项，耗费就异常惊人，官吏和百姓因此都从内心深处感到非常厌恶。

第三，王莽开始按照周朝的古礼进行分封。

按照周礼，过去为死去的亲属服丧，按照血缘和亲疏关系的远近，因此把亲属分为五等，由亲到疏分别是：斩缞、齐缞、大功、小功、缌麻。也就是服丧时孝服的轻重，最重的孝服斩缞，是未缝的粗麻布，穿这种孝服的人服丧三年；下来是齐缞，是指缝边的粗麻布，穿这种孝服的人服丧一年；大功、小功、缌麻依次是熟麻布、较细的熟麻布、稍细的熟布，服这三种孝服的人分别服丧九个月、五个月、三个月。这就是通常所说的"五服"，后来也指五辈人。

王莽此时下令，封应该为王家穿齐缞丧服的亲属为侯爵（因为穿斩缞丧服的都已经被封为公爵了），穿大功丧服的为伯爵，穿小功丧服的为子爵，穿缌麻丧服的为男爵，女子都被封为任爵（任爵在侯、辟之下，在附城之上）。

男子以"睦"、女子以"隆"为称号，都被授予印绶。比如王莽的次女王晔的称号是"睦修任"，三女王捷的称号是"睦逮任"。

下令诸侯都立太夫人、夫人和世子，也都授给印绶。

王莽认为，按照周朝的制度，天无二日，地无二王，所以诸侯王都不能再称之为王，应该改称为公，而所有的四夷邻国，他们的首领原来全都称为王，现在也要全部改为侯。

此外，王莽开始分封黄帝、少昊、颛顼、帝喾、尧、舜、虞等古代帝王的后裔。从理论上来说，这些古帝王的后裔显然太多，找不到一个有代表性的后嗣，所以王莽就认为，王家人是虞帝的后代，刘家人是尧的后代，然后开始封他的近亲属及幸臣来继承这些人的世系。

王莽封亲信的将军姚恂为初睦侯，继承黄帝世系；梁护为修远伯，继承少昊世系；孙子功隆公王千继承帝喾世系；刘歆为祁烈伯，继承颛顼世系；刘歆之子刘叠为伊休侯，继承尧的世系；妫昌为始睦侯，继承虞帝世系等。

周朝、殷朝、夏朝的后代，以及周公、孔子的后代都被分封（孔子被王莽追谥为褒成宣尼公，这是孔子的第一个封号）。

王莽自称是黄帝、虞帝的后代，所以他说，王家人的祖先，在虞舜时姓姚、在陶唐氏放勋时姓妫、在周代姓陈、在齐国姓田，到济南元城时改姓王。所以这五姓都是一家人，是同族，所以王家人不能和另外的四姓通婚，以区别宗族并防止近亲血缘婚的出现。王莽下令全国各地将这五姓的名册上报给秩宗，都作为宗室，世代免除他们的徭役。

同时，封陈崇为统睦侯，继承胡王的世系，田丰为世睦侯，继承敬王的世系。胡王是指周武王灭商后所封的虞舜后裔妫满，称之为胡公满、陈胡公；敬王是指田姓齐国的始祖田完（其谥号为"敬仲"）。

全国的州牧和太守，因为在此前的翟义、赵明等人起兵期间没有响应，所以王莽认为他们心怀忠孝，于是把州牧全部封为男爵，太守全部封为附城（就是之前的关内侯）。王莽的一些旧恩人的儿子，都被封为男爵。原刘氏宗室的名册全部被移交给京兆尹，依旧享有免除徭役的特权。

按照这样的周代古制，王莽分封了公爵十四人、侯爵九十三人、伯爵二十一人、子爵一百七十一人、男爵四百九十七人，共七百九十六人，九族的女子封任爵者八十三人，附城（关内侯）爵位一千五百一十一人。因为地图和户籍还没有规划好，所以许多受封者都没有得到国土，暂时让他们在长安的官署内领取俸禄，每月有几千钱。这样导致的结果是，一些胆大妄为、品行低劣的官吏开始大肆贪污受贿、搜刮民财，而那些清正廉洁、严格自律的受爵者则经济拮据、生活困难，许多人甚至替别人做佣工来赚取佣金维持生活。

第四，王莽进行了币制改革。

王莽的币制改革，其实早在他摄政时期就已经开始了。

王莽居摄二年（公元7），王莽下令更改货币，这是王莽的第一次货币改革。此次改币，新铸了三种大钱，与之前的五铢钱同时流通。一种叫错刀，类似于战国时的刀币，币面上明确铸有名称和币值"一刀平五千"，即一个错刀兑换五千枚五铢钱；第二种叫契刀，上面铸有"契刀五百"字样，即一枚兑换五百枚五铢钱；第三种叫大泉（就是大钱的意思），上面铸有"大泉五十"，即一枚兑换五十枚五铢钱。新发行的三种大钱与之前的五铢钱一样，材质都是铜，不过面值却非常高。

作为金属货币，它们有一个基本的特性，就是它们本身的价值和它们代表的价值应该基本相当。也就是说，错刀值五千钱，那么它的重量理论上来讲应该要达到一枚五铢钱的五千倍。但事实并不是这样。

当时流通最广的五铢钱，重量就是5铢（24铢等于1两，新莽及东汉时的1铢相当于现今的0.57克），5铢相当于现在的2.85克。而错刀的重量却只有80铢（盗铸的大约35铢），相当于现在的46克（盗铸的20克），而理论上讲，它的重量至少要达到1.43千克，也就是五铢钱的五千倍，才可以名实相符；契刀的重量是30铢，相当于现在的17克，理论上要达到143克；大泉的重量是12铢，相当于现在的6.85克，理论上要达到14.3克。这样才可以有效防止盗铸，因为盗铸之后钱不增值，加上还有人工、火炭和消耗，就没有人去做这个亏本生意（当然一些有能力直接用铜矿盗铸的诸侯除外）。

那么这样一来，问题就来了，同样都是铜铸的钱币，错刀值五千钱，但重量却只相当于16个五铢钱（盗铸的就更少，只需7个）；契刀值五百钱，重量却只相当于6个五铢钱，大泉值五十钱，重量却只相当于2个五铢钱。那个时候的防伪技术又没有现代这样精细，那些具备盗铸钱技术的富豪和贵族，有什么理由不盗铸钱呢？他熔化16个五铢钱就可以铸成1个错刀，熔化6个五铢钱就可以铸成1个契刀或是2个大泉，而钱的币值却一下子分别增加了4984钱、494钱、47钱，这样一本万利的事情，试问谁不愿意干呢？

人为指定的面值如果远远大于它们的实际价值，就必然会诱发很多人造假钱（盗铸），并最终破坏整个物资交换体系。这是一种什么样的景象呢？举个例子：

张三开了个绸布庄，这天，李侯爷的管家来他的店里买了一批绸缎，价值5000钱，李管家支付了一枚错刀，一手交钱，一手交货，走人。李管家走了以后，张三拿这枚刀币去官府缴税，结果却被告知，这枚钱是盗铸的，也就是说，是假钱，要立即没收。张三立即赶去向李管家索赔，但李管家死不认账，再加上李侯爷有权有势，地方官也不敢拿他怎么样，那么张三就只好自认倒霉。好了，张三吃了这一次亏，下次绝对不再收大面额的错刀，也不收契刀，大泉勉强可以收，因为面值不高，收一两个假的损失不算太大，最好是全部收五铢钱，虽然清点起来麻烦一点，却实实在在，不易掺假。张三财力雄厚，吃一次这样的亏吃得起，那么那些穷家薄业的老百姓呢？他们要是收到一枚盗铸钱会怎样呢？那就会直接倾家荡产。

同时会发生的另外一种情况是，盗铸的技术非常高，盗铸的钱跟真的相差无几，是高仿，官府也无法辨别，那么市面上流通的钱就会越来越多。比如原来每个百姓手中平均有160枚五铢钱，现在经过交换流通，全部被人盗铸成了错刀。即每个人手中平均都有10个错刀，值5万钱，人均货币拥有量一下子增值了300多倍，但社会实际财富却并没有增加，钱多物少，这就必然会导致通货膨胀，物价飞涨。比如原来李侯爷手中有5万五铢钱，这些钱可以买下一个绸布庄，经过盗铸，他有了1500万钱，可以把整条街都买下来。绸缎庄老板张三发觉不对劲之后，就赶快抬高绸缎的价格，让李侯爷的1500万钱仍然只能买他的一个绸缎庄，以避免损失。而贫民李四呢，他去年辛苦一年种出来的300斗谷子原来卖了3000铜钱，现在物价涨了300倍，他手中的铜钱居然只能买回来1斗谷子，他的财富一下子缩水了300倍。结果就是有能力盗铸钱的人大获其利，没能力盗铸钱的人手中的财富会被迅速榨干，接下来将会出现什么景象，还不难想象吗？富的人越来越富，贫的人卖儿卖女，衣食无着的人为了生存不得不去偷去抢，社会能不大乱吗？

这样发行大面额金属货币，最终导致的结果就是，通货膨胀，且大面额的钱谁也不愿意使用。许多王公贵族因此私下里用黄金交易，王莽早就料到了这一点，因此下令列侯不得私藏黄金，手中的黄金要全部交到官府按价兑换成新钱，但列侯们却谁也不愿意拿自己货真价实的黄金去兑换那些名不副实的铜币。

公元9年，就是王莽刚刚建立新朝的这一年，王莽又开始了第二次币制改革。这次改币，倒并不是王莽发现了之前的弊端要修正，而是认为之前是刘氏坐江山，而繁体的"刘"字拆开来是"卯金刀"三字，所以之前发行的错刀和契刀都不能再流通，并且，当时人们流行佩戴一种名叫"刚卯"的玉制饰物，王莽也禁止再佩戴，否则，看起来政权好像又要回到刘氏手中似的。于是，王莽下令废除刀币，重铸了一种小钱，重1铢，上面铸有铭文"小钱直一"，也就是说，这种只有五铢钱五分之一重的钱，居然和五铢钱是同样的面值。之后，让这种小钱与第一次发行的大泉五十同时流通，五铢钱被废除。

为了防止民间私铸，王莽下令禁止百姓私藏铜和木炭，违者视为盗铸。

老百姓都习惯了使用汉朝的五铢钱，都对王莽发行的新钱持怀疑态度。为什么？之前，全国都流通一种钱币，那就是五铢钱，现在一下子流通两种钱币，那个时候的老百姓大多不识字，短时间内根本无法辨识；二则，刚刚发行不到两年的刀币说废就废了，就算是老百姓之前再怎么抵触，总有人手里留有这种钱。现在说废就废，又不允许以旧换新，手里的财富转眼之间就蒸发了，作为政府，一点信用都没有，谁还敢相信发行的新钱？所以百姓私下里仍然用汉朝的五铢钱做交易。

并且，人们为了抵触新钱，都谣传说大泉也将被废除，所以谁都不愿意携带、使用。

王莽非常忧虑，于是再次下令：凡是私藏五铢钱，还有说大钱将要被废除的人，都将被流放到蛮荒边境。

此令一下，农民和商人大批量失业，百业荒废，甚至有相当多的人，在集市和街头痛哭。为什么？因为90%以上的百姓是没有能力盗铸钱的，你手上刚刚交易取得了500枚五铢钱，这就是你的全部身家，还没走出市场门，就突然被宣布作废了，你现在一无所有了，除了哭，还有什么办法可想呢？

算了，废了就废了，我的500枚五铢钱我要留下来，人们私下里不是仍然信任这种钱吗，说不定哪天还可以用得着。不料刚走了两步，市场里的差役马上就盯上了：

"呔，你竟敢私藏五铢钱！"

"小民没有私藏，这是刚刚卖东西得来的。"

"那你为什么不上缴？"

"我刚刚准备要去缴。"

"大胆刁民，还敢抵赖，抓起来，充军敦煌，妻子儿女没为官家奴婢！"

一个家庭瞬间被毁灭……

因此而被判罪的人，真可以说是不计其数。

好吧，既然五铢钱不能用，那就勉强用1铢的小钱和12铢的大泉五十吧。别着急，第三次币制改革又来了。

这一次，王莽的动作非常大。他发行了金、银、龟、贝、铜五种材质制作的六种货币，称之为宝货。

第一，黄金币，只有一种，重一斤，价值10000钱。

第二，白银币，有两种，都是重八两，一种是朱提银（古代非常著名的白银品种），值1580钱，另一种其他银，值1000钱。

第三，龟币（即龟甲），有四种，根据尺寸大小不同，分别值2160钱、500钱、300钱、100钱。

第四，贝币（即贝壳），有五种，根据尺寸大小不同，每两枚为一朋（朋是古代货币单位，每两贝为一朋），分别值216钱、50钱、30钱、10钱，不满一寸二分的，不得为朋，大约一枚值3钱。

第五，布币（铜铸的币），有十种，根据尺寸大小及轻重不同，值100钱到1000钱不等，其中最轻的小布，重15铢，值100钱；最重的大布，重24铢（1两），值1000钱。每个品级之间重量差是1铢，价值差是100钱。

第六，钱币（铜币），有六种。此前已经发行了重1铢的"小钱直一"和重12铢的"大泉五十"，现在又发行了4个品种，分别是重3铢的"幺钱一十"、重5铢的"幼钱二十"、重7铢的"中钱三十"、重9铢的"壮钱四十"，分别值1钱、10钱、20钱、30钱、40钱、50钱。

以上五种材质制作的六种钱币，共28个品种。

因为发行的这些货币实在是种类太多，再加上换算非常麻烦，所以老百姓实在不堪其扰，都不愿意使用这些货币，私下里仍然用五铢钱做交易，实在没有办法时要用新钱交易时，就勉强用发行较早的小钱直一和大泉五十，同时，盗铸钱的人越来越多，根本无法禁止。

王莽于是加重法律，明令一家盗铸，邻居五家连坐，将这些人全部罚为官家的奴婢。官吏和百姓出入，一律携带发行的布币作为通行证，谁要是不携带，饭店不允许吃饭，旅馆不允许住宿，关卡和渡口不允许通过。公卿大臣出入宫殿，也要携带布币。王莽想通过这种办法，让官吏百姓重视新钱并使其得以顺利流通。

但违反客观规律的东西，注定不会被人们所认可。没过多久，王莽知道百姓非常反感，于是只留下小钱直一和大泉五十，其他的龟币、贝币、布币暂且停止使用。

这些钱虽然流通不畅，但手中持有这几类钱币的仍然大有人在，这一宣布废除，不少人再一次蒙受了惨重的损失。另外，虽然龟币、贝币、布币停止流通，但给盗铸者仍然留下了不小的空间，小钱重1铢，值1钱，大泉重12铢，值50钱，用12个小钱就可以铸成1个大泉，净赚38钱，如果有能力盗铸，谁不盗铸呢？

五年之后，天凤元年（公元14），就在许多人差不多扔了当初那些像废品一样的龟币、贝币之时，王莽又开始了第四次币制改革。这一次，王莽下令重新起用金币、银币、龟币和贝币，同时废除小钱直一和大泉五十，新发行了两种布币。

这两种布币，一种叫"货泉"，重5铢，面值和之前的五铢钱一样；一种叫"货布"，重25铢，兑换25个货泉。这就又给盗铸者制造了市场。熔化5个货泉就可以铸成1个货布，可以净赚20个货泉，这么高的利润，怎么不令那些濒临破产边缘的人铤而走险呢？

同时，考虑到之前的大泉五十流通时间较长，相比之下，还算为百姓所乐于接受，所以官吏百姓持这种钱的人非常多。于是就下令百姓可以单独使用大泉五十，与新的货布、货泉同时流通，流通期限为六年，六年之后，大泉不再流通。这一次币改，王莽虽然没有将大泉直接作废，但大泉五十的价值却被贬了五十倍，原来值五十钱，现在只值1个货泉，即1钱。虽然贬值非常厉害，但这总算比前几次直接作废一文不值的好一点。

就这样，王莽的每一次币制改革，都会让一大批老百姓破产，让一大批老百姓犯法。盗铸钱的被抓获之后会被处死，非议币改的被流放到边远地区。因为犯法的非常多，刑罚实在执行不过来，于是就减轻处罚的程度。盗铸钱币的，与妻子儿女一起没入官府作为奴婢；官吏及邻居知情而不举报的，与盗铸钱者同罪；非议币改的，百姓罚做一年苦工，官吏免职。但犯法的人却丝毫没有减少，许多的地方，邻里五家全部连坐，都被没入为奴婢，所以所在的郡国就把他们打入囚车，钉上枷锁，押送到长安，一路上愁苦而死的，达到十分之六七。

王莽的币制改革，一次比一次混乱，一次比一次带来的危害大，差不多每次都是以小换大，以轻换重，钱越改越轻，价却越做越大，全国百姓的财富，就这样在一次又一次的币制改革之中被搜刮干净。

不过，王莽的币制改革虽然极其失败，但他发行的这些钱币，有一些却是古钱史上的精品，这些货币上的字体多用"悬针篆"，制作非常精美，其中第三次币改中发行的金币，上方有"国宝金匮"四字，下方有"直万"二字，被古钱币投资收藏者称之为"国宝金匮直万"，存世仅两枚，价值无可估量。

第五，王莽进行了土地改革。

当时，全国的土地所有制度是土地私有制，即土地在私人手上。如果土地均衡地掌握在每一个百姓手中，那么从理论上来讲，这样的社会就是公平的。但社会发展的规律证明，这样的公平是不可能长时间维持的。

从西周开始施行"井田制"这种土地制度以来，经过好长时间的发展，最终使经济停滞不前。回顾一下"井田制"，就是把一大块地分为"井"字形的九块，每块一百亩，中间一块归公家所有，周边八块归平民所有，分给平民的那块地，地里的收益归平民所有，中间的公田，由八家平民一齐耕作，收益归国家。这种制度刚开始非常好，但到了后来，就出现了问题。因为只要是人，就都会有私心，在自己的地里耕作，全都尽心尽力，但为公家耕作，就谁都不愿多出力气，所以公家的收益越来越少。到得后来，生产力的发展就受到了阻碍。所以到战国时，商鞅果断地废除了井田制，变土地国有制为土地私有制，结果秦国百姓的劳动积极性空前高涨，国力大增，经过几任国君的努力，一下子就灭掉了东方六国。

那么照此看来，土地私有制最能激发百姓的劳动积极性，应该就是最好的土地制度了吧？其实不然！如果每一个老百姓都无病无灾，国家也永远太平，这倒是有可能的，但事实证明，这只是一个理想化的假设。

遇到国家动乱，发生水旱灾害或是饥荒、疾病，家底厚实的家庭也许会凭着多年的积蓄渡过难关，但那些平时就生活困难、吃了上顿没下顿的家庭，就会立即陷入绝境。

这样的家庭为了使家庭成员继续生存下去，就必须采取以下几种措施。第一，卖儿卖女；第二，把土地卖给别人；第三，自卖为奴，给富人家或是官府当奴婢。这几种办法视遇到的困难程度大小而定，如果困难小，就卖儿卖女，土地留下，还可以继续耕作；如果困难大，就得三种办法一起想。而通常的情况是，一些富人或地主为了得到更多的土地和奴隶，往往会趁火打劫，故意制造灾难或是事端，然后借机兼并贫民的土地，并把贫民变为自己的奴婢。长此以往，土地兼并就会越来越严重，土地都到了大地主、大富豪手中，而自由民却越来越少，自由民手中的土地总量也越来越少。

而国家的税收是按土地的多少征收的。举个例子，比如大地主李四原来登记在册150亩土地，按照十五税一的税率，他每年需要将10亩土地的收入上缴给国家；同乡有10户平民，他们每人平均有15亩土地，每年需要将1亩土地的收入交给国家，国家在本乡的总收入是20亩土地的产出。后来发生了战乱，这些平民日子都过不下去，都把土地卖给了李四。这样，李四手中就有了300亩土地，但李四仍然只向国家上缴10亩地的收入，新买入的土地不向官府申报，不缴税，那么国家的税收就减少了一半。而那些平民的生活却一点也没有得到改善。

可以说，到了西汉后期，土地兼并和奴婢问题已经越来越严重，社会矛盾已经越来越尖锐，但凡是有识之士，都知道这样的现状如果不改变，那就只有等着亡国了。

而王莽显然就是这样的有识之士，他敏锐地观察到了这些问题，所以，他下决心要改革。

王莽下令说："在上古的时候，每八家设井田一处，一对夫妇耕种一百亩土地，缴纳十分之一的税，国家的收入很充足，百姓也很富庶，因此歌颂之声不断。这是唐尧、虞舜的治国之道，也是夏、商、周三代所遵行的制度。

"秦朝无道，加重赋税以增加自己的供应，滥用民力以满足他们的私欲，破坏了圣王的制度，废弃了井田，于是兼并出现，贪婪卑鄙之徒由此而生，强者占有的田地上千，弱者却没有立锥之地。又设置了奴婢市场，将奴婢和牛马同栏关押，扼制他们的自由，专断他们的生死。奸诈残暴之徒乘机牟利，甚至掳掠并出卖他人的妻子儿女，违背天意，不合情理，极不符合'天地之性人为贵'的大义。《尚书》上说'我将奴役或杀掉你们'，但只有不遵王命的人才会受到这样的惩罚。

"汉朝减轻田租，按三十分之一收税，但经常有代役税，连体弱多病者也要缴纳，又有豪强地主侵犯、欺凌百姓，出租土地，向租种者掠取地租。名义上按三十分之一收税，实际上按十分之五收税。一个家庭之中，父子夫妇终年耕耘，年终的收获却不足以养活自己。所以富人连犬马都有吃不完的粮食，骄横放肆；而穷人却连糟糠都不够吃，以致贫困潦倒，违法犯罪。百姓都陷于犯罪，所以刑罚就无法停止。

"我之前担任重要职务之时，开始下令把全国的公田按人口划为井田，当时就出现了嘉禾的祥瑞，因为遭遇叛贼作乱，所以暂时中止。现在，将全国田地改称为'王田'，奴婢改称为'私属'，都不许买卖。男丁不满八人而土地超过一井的家庭，将多出的土地分给九族亲属、邻居和乡亲。过去没有土地、现在应该受田的家庭，按制度受田。对敢于诽谤井田圣制、目无法纪、蛊惑民众的人，流放到四方边陲之地，让他们去抵御山神鬼怪，就像舜帝之前所做的那样。"

王莽施行王田和私属制度，初衷是想解决汉朝建立以来突出的土地和奴婢两大社会问题。王莽以为，将土地规定为国有，不允许私人买卖土地，也不允许买卖奴婢，那么农民手中的土地还在农民手中，农民仍然是自由民，自然而然就会抵制兼并，从根本上解决这一问题，但实际又不然，王莽想得太简单了。

土地私有制自战国后期确立，经过秦、汉两百多年的发展，已经被事实证明是一种先进的经济制度，王莽只看到了对老百姓不利的一面，却没有看到对老百姓有利的一面，所以王田制和私属制一经颁布，就遭到了几乎所有人的反对。

因为在农耕时代，土地是老百姓赖以生存的最根本的财产，最基本的生产资料，但凡还有一点余地，谁会出卖自己的土地？另外，人世间最宝贵的莫过于自由，只要还能想出一点办法，谁愿意去做别人的奴隶？

举个例子，王五的父亲病了，病得非常厉害，王五是个孝子，举债为父亲看病，但病仍然没有看好，最后父亲死了，家里也债台高筑，欠下了5万钱的债务，其中有一部分还是高利贷，利息高得吓人。为了还债，王五一狠心把女儿卖给李侯爷当婢女，得了5000钱，但还远远不够，没办法，王五又把15亩地也卖给了李侯爷，得了3万钱，但只凑了3.5万钱，剩余1.5万钱还没有下落，盘算了一下，王五又把自己和妻子、儿子也卖给李侯爷当奴婢，最终得到5万钱，还清了债务，安葬了父亲。王五失去了土地和一家人的自由，但家庭成员却全部活了下来，保住了性命。

在王莽的王田制、私属制颁布前，王五这么做是可以的。但在王莽的新制度颁布后，王五卖土地李侯爷不敢要，卖身为奴李侯爷也不敢买。王五没办法了，

第九章 西汉（下）

带着家人扑通一声跪在李侯爷的面前，声俱泪下地哀求，希望李侯爷能行行善，发发慈悲。李侯爷最后没了办法，心一软："唉，谁叫我是个大善人呢？乡里乡亲的，我总不能眼睁睁地看着你们一家人上吊吧。行了，我就帮你这一次，把你的地契送到管家那里，然后把卖身契签了。"

王五一听，立即起身，前去交了地契，签了卖身契，然后向管家请了几天假，去安葬自己的父亲。

还没下葬呢，官差来了："呔，竟敢破坏王田、私属圣制，给我抓起来，充军合浦。还有，李侯爵一家也全部抓起来！"……

因此而被判罪的，不可胜数。所以王莽的王田制和私属制刚一颁布，不少地主和官僚就开始举兵反抗。

在一个制度健全且监管到位的社会，一般情况下，土地兼并和奴婢买卖等现象不容易发生，因为一方面有制度的保护，普通老百姓不会轻易破产陷入绝境；而另一方面，由于制度的约束，作奸犯科者也找不到那么多鱼肉人民的机会。所以在某些社会阶段，如果社会问题极其严重，那原因不外乎两方面，要么是社会制度出了问题，要么是制度监管出了问题，根子则是政治上的黑暗腐败导致官僚体系崩溃，因为所有的官吏都不起作用了。所以要想从根子上解决问题，就必须确保政治清明，选拔任用贤明的官吏，之后从更改制度和加强监管这两方面同时着手。但王莽却没有意识到这个问题，他认为只要一改制度，就会所有问题都迎刃而解，孰不知任何制度都需要具体的人去执行，如果推行政策的官吏出了问题，那么即便是再好的政策，也会对人民造成伤害。所以任何一个朝代在灭亡之前，不是说制度不好，而是政治腐败透顶致使执行政策的官吏出了问题。

首先王田制度颁布之后，拥有土地的人都在抵制，不愿意交出土地。这些人大部分都是王莽的亲信，再就是之前的刘氏宗亲。地方官没有办法让王莽的亲信交出土地，只好去逼刘氏后人，而这一逼，这些人就开始造反。

其次，手中没有土地按规定应该受田的贫民，却得不到土地，因为连那些王莽刚刚分封的五等爵位和关内侯都没有分到土地，为了生存在替别人做短工，谁还会去理会这些无职无权的贫民呢？

最后，那些遇到困难不得不卖地卖身的贫民，这一来全没有了活路。

更改制度的初衷是替大部分人谋福利，但最终导致的结果却是谁都怨声载道，那这样的改革还会有民意基础吗？这样的改革还能再进行下去吗？答案显然是否定的。

中郎区博因此向王莽进谏说:"井田制虽然是圣王的制度,但废弃已经很久了。周朝的法度既然已经无法施行,所以老百姓也不再遵从。之前的秦朝知道顺应民心可以获得巨大的利益,于是废井田、开阡陌,最终雄霸天下。如今,没有一个人认为秦朝的这种制度不好。现在试图违背民意,重新恢复千百年前的东西,即使是尧、舜再现,如果没有上百年时间的过渡,也是不可能推行的。现在天下刚刚草创,万民刚刚归附,确实不应该施行井田旧制。"

区博说的都是事实,王莽不得不承认。于是,王田、私属制度,便在颁布两年多时间之后,不得不由王莽亲自下令废黜。

第六,王莽施行了经济"六筦"政策。

"筦"就是"管",也就是对国家的经济进行管理。

王莽始建国二年(公元10),王莽颁布诏令,设置了六项经济管理制度,称之为"六筦"。

具体内容是:第一,国家专营酒类;第二,国家专营食盐;第三,国家专营铁器;第四,国家专营铸钱;第五,收取山泽税,即凡是从事的劳动与山、河、湖、海有关系的,比如养蚕、纺织、工匠、医生、巫师、卜者、樵夫、渔民、猎户及商贩,一律征收山泽税;第六,实施"五均"及赊贷政策。

"五均"就是在首都长安及洛阳、邯郸、临淄、宛城、成都六个大城市设置五均官,原长安东市市令、西市市令以及洛阳等五城的市长(市场管理者),均更名为"五均司市师"。把长安东市称为京市,长安西市称为畿市,洛阳称为中市,邯郸为北市,临淄为东市,宛城为南市,成都为西市。

五均官的任务一是向工商业者征税,二是管理市场的物价。他们会在每季度中间的那个月评出当地各种货物的标准价格,称之为"市平",如果市面上的物价高于这个"市平",那么政府就将控制的物资低价出售,以平抑物价;而如果市场价格低于"市平",则由百姓自由买卖。

赊贷就是由政府向百姓提供贷款。百姓办理祭祀、丧事或是经营工商业没有资金,就可以向政府借贷。其中祭祀的借贷必须在十天内归还,丧事借贷在三个月内归还,以上两项的借贷不收利息。用于商业经营的贷款,每年缴纳不超过所赚利润十分之一的利息。

客观公正地说,如果"六筦"政策能够有效地实施,首先,随着国家垄断经济命脉,国家的财政收入会大幅增加;其次,可以缩小富豪阶层对中下层百姓的盘剥;再次,可以缩小贫富差距,缓和社会矛盾。政策不失为好政策,因为类似这样的政策，汉武帝之时的桑弘羊等人早就已经实施过，汉宣帝时的耿寿昌等人也实施过，已被事实证明是有效的。

但"六筦"政策在实施之初，就存在两个问题。

其一，王莽推行"六筦"政策，最重要的目的并不是为了广大的老百姓，而是为了替新王朝聚敛财富。王莽增加了许多税种，这些税种是根据《周官》这一典籍做出的：土地不耕种的为不生产，要缴三个劳力的税；城郭中住宅周围不栽树木果实及菜蔬的为不种植，要缴三个劳力的布帛；百姓游荡不从事生产的，交一匹布。其中交不出布来的人，就到政府做工，由政府供给衣食。商人凡是不如实申报上税的，全部没收劳动所得，再为政府劳动一年。

这些征税和处罚措施，其实就是罚款和强制劳动，名目之繁多，真是令人目不暇接。老百姓稍不注意，就会被课以各种罚款，如果去串个亲戚，弄不好就会被当作是无事游荡而被强制劳动一年。最终的结果是，许多人的地没法种，蚕没法养，不明不白就被抓去为政府义务劳动等，这些政策不仅损害了中下层劳动人民的利益，也损害了富贵阶层的利益，导致各阶层之间的矛盾和统治阶级内部的矛盾更加激化。

其二，六筦政策是典型的用国家权力干预、操控经济运行，并用权力攫取商业利润，是在与民争利。这样势必会破坏商品流通规律和价值规律，也会严重干扰正常的经济秩序，并随之产生假公济私、权力寻租等腐败现象。而且王莽所用非人，新王朝所派出的五均六管的官员，都是之前的一些富商，通俗地说，也就是一些奸商。如洛阳的薛子仲、张长叔、临淄的姓伟等人，坐着公家的驿车，到全国各地去为自己谋取利润，真正是自古以来再也没有哪个朝代能替他们提供如此便利的发财条件。他们与各地的官员相互勾结，多造假账，导致国家的仓库里储藏的物资与账面上的根本不相符，使百姓遭受了更严重的损失。

举个例子，邯郸的谷子秋季大丰收，邯郸郡的五郡司市师就勾结当地官员，评出了当地的一个谷价，每石二百钱。食盐、铁器农具等价格则高得离谱。老百姓当时就惊呆了：春、夏青黄不接的季节，不是一石五百钱吗，怎么现在跌价这么厉害？所以就谁都不卖谷子。但你不卖谷子，之前贷的贷款还不还？一些日常生活用品买不买？食盐吃不吃？还不信你们了！于是在等待观望几天之后，老百姓极不情愿却无可奈何地把谷子卖给了五均官。五均官实际上是以二百钱收的谷子，账上却写成四百钱或更多，余出的二百钱自然而然就落入了共同利益者的腰包……时间一长，经济秩序遭到严重扰乱和破坏，政府的公信力丧失，老百姓深受其害，社会矛盾更加尖锐。到了公元22年（新莽地皇三年），也就是六筦政策实施十二年之后，王莽不得不下令废除了六筦政策。

第七，王莽降低了周边国家的政治地位。

王莽在更改官制的时候说：天无二日，地无二王，是历代帝王不容改变的原则。之前许多诸侯都称王，所以四夷也跟着僭号称王，有违古制，不符合大一统的原则。所以把诸侯王都改为公爵，而把周边邻国的首领都改为侯。

这就意味着，原来和汉朝关系密切的这些周边国家，他们的政治地位都被王莽降了一个等次，由"王"降到了"侯"。

王莽始建国元年（公元9）秋，王莽派五威将王奇等十二人向各地颁布《符命》四十二篇。

《符命》的大体内容就是什么地方出现了黄龙，什么地方出现了祥瑞，以及当时出现的金柜策书等，大都是用来宣扬王莽理应取代汉朝而建立新朝这种神学思想的。

根据《符命》中的解释，汉朝属"火德"，所以后世许多人把汉朝叫作"炎汉""炎刘"等。现在刘氏火德已尽，传位于新室，按照五德始终的理论，新朝属于土德。

王奇等十二人拿着《符命》，带着新的印绶，从内部的王侯到各级官吏，以及所有需要更改官名的人员，直到匈奴、西域和边远的少数民族国家，都当场授给新室的印绶，同时收回原汉朝的印绶。

五威将拿着新朝的符节，称之为太一使者。五威将下设左、右、前、后、中五个帅，称之为"五帅"，号称五帝使者。这些使者分别前往东、西、南、北周边邻国，执行王莽的使命，更换这些国家的印绶和名号。

第四十七节　四面树敌

前往北方匈奴的新朝使者是王骏。

他带着甄阜、王飒、陈饶、帛敞、丁业等五威帅，带了很多金银锦帛，向匈奴的乌珠留若鞮单于送上厚礼，先是向他通报了王莽代汉建新的情况，然后为他授予了新的印绶，命令他上缴旧印。原来匈奴单于的印玺上面的印文是"匈奴单于玺"，大意为匈奴王的玉玺，现在王莽把上面的印文换成了"新匈奴单于章"，即新朝匈奴单于的印章。这样一来，不仅在表面上成了新朝的附属国，而且王庭的玉玺变成了私人的印章，一下子变得不值钱了。

之前呼韩邪单于窘困之时前来投汉，被一些历史学家称之为汉朝最为强盛之世的统治者汉宣帝，仍然把匈奴视为地位相当的大国，对他们以礼相待。汉朝授给匈奴单于的印绶，前面没有"汉"字，以示与匈奴的平等，对他们待以客礼而不是作为汉朝的臣属，只有单于以下的诸王，他们的印绶之上的印文才是"汉某某王"。现在王莽这么一改，匈奴单于的地位就与他之下的那些诸王没了区别。

当然，乌珠留若鞮单于事先是不知道这个情况的。他见新朝的使者前来，于是下拜受诏。翻译上前，想要解下旧印，乌珠留若鞮单于于是举起胳膊，准备让翻译解下来。

单于旁边的左姑夕侯苏是一个精明人，他对乌珠留若鞮单于说："还没有看新印文，暂时不要上交旧印。"乌珠留若鞮单于听了之后觉得有理，于是就放下了胳膊，没有交出旧印。

为了缓和气氛，单于请汉朝的使者到帐篷里坐下，然后准备上前向他们祝酒。五威将王骏说："旧印应该及时交还。"单于说："没问题。"于是再次举起手臂让翻译解。

苏再次阻拦说："没看新印文，暂时不要给。"

单于说："印文怎么会变更呢？"于是就解下旧印，交给了汉朝使者。乌珠留若鞮单于在这一点上确实是欠考虑，不如苏精细。如果印文没变化，那新朝的使者又何必带着厚礼千里迢迢前来更换呢？想一想都知道里面有问题。

匈奴方交还旧印，新朝使者于是把新印授予了单于，因为正在喝酒，所以单于也没有解开看印文，饮酒直到深夜才散。

回到馆驿之后，右帅陈饶对其他的使者们说："白天时姑夕侯就对新印文有所怀疑，几乎使单于不肯交出旧印，如果让他看了印文，发现其中的变更，一定要追讨旧印，这不是靠说几句话就能拒绝得了的。我们已经得到了旧印，如果再把它失去，将会严重有辱君命。依我之见，我们应该用铁锤把旧印击坏，以断绝祸根。"

其他的使者们犹豫不决，没人敢表态响应他。陈饶是燕国的勇士，果敢而强悍，立即拿起斧头锤子毁坏了旧印。

再说匈奴一方，乌珠留若鞮单于席散回去之后，兴冲冲地解下新印来看，这一看，立即惊得瞪圆了眼睛，他真是后悔没有听从苏的劝告。

单于气得一夜未眠，第二天一早，就派遣右骨都侯当前来对新朝使者说："之前汉朝赐给单于的印，是'玺'而不是'章'，前面也没有'汉'字，只有诸王以下的才加了'汉'字，称之为'章'。现在把印去掉'玺'字而加上'新'字，这和臣下的印没有两样，请把之前的旧印还回来。"

新朝使者把那个已经毁坏了的旧印拿出来给右骨都侯看，说："新朝皇室顺应天命制作了新印，所以旧印一到我们手中就自然毁坏了。单于应当秉承天命，遵奉新朝的制度。"

当没有办法，只好回去向单于报告。单于也深知事情已经无法挽回，况且又接受了新朝馈赠的厚礼，实在是没办法当场跟新朝使者翻脸。于是派他的弟弟右贤王舆带着牛马跟随新朝使者前往长安谢恩，并上书请求归还旧印。

旧印当然不可能归还，极力坚持毁坏汉朝印玺的主谋陈饶，还因此被拜为大将军，封为威德子。

乌珠留若鞮单于为此非常痛恨新朝。公元前8年他刚刚即位之时，那时汉方是汉成帝在位，汉成帝派中郎将夏侯藩到匈奴，向匈奴索要一块盛产箭杆和鹫羽的土地，结果夏侯藩事情办得不够巧妙，被乌珠留若鞮单于运用外交手段拒绝，令汉成帝非常难堪，乌珠留若鞮单于也因此与汉朝有了嫌隙。

匈奴有一段时间想向乌桓征税结果未能如愿，于是就掳掠了乌桓的许多民众。

这个时候新朝的使者在回国之时，途经匈奴左犁汗王咸的地方，看到很多乌桓民众，就问咸是怎么回事，咸就把之前的情况如实告诉了新朝使者。

新朝使者对咸说："之前的规约四条之中，有不得接受乌桓降者一条，请立刻将他们放还。"

咸说："这个事情我不敢擅自做主，请让我请示单于，得到他的允许之后，我就放他们回去。"

乌珠留若鞮单于接到咸的报告之后，心里立即有了主意，于是他派咸前去征求新朝使者的意见说："乌桓的这些民众，是应该送他们从塞内回去呢，还是从塞外回去？"意思就是从匈奴的地盘上送这些人回去，还是从新朝的地盘上送这些人回去？

新朝使者不敢做主，于是赶快上奏朝廷。王莽担心出现意外，于是下诏说从塞外走，也就是从匈奴的地盘上走。

但不论从塞外走还是从塞内走，乌珠留若鞮单于其实早就已经下了与新朝决裂的决心，因为王莽更改印文一事，已经超出了他的容忍限度。如果王莽答复说从塞内走，那他就正好派兵侵入边境，而现在王莽答复说从塞外走，那他就派兵前往匈、新边境，伺机入侵。

在匈奴这种既定的外交方针指导下，乌珠留若鞮单于派右大且渠蒲呼卢訾等十余人率兵一万骑，以护送乌桓民众回国为名，陈兵于朔方塞下。

新朝朔方太守见状，慌忙奏报朝廷。匈、新双方，大战一触即发！

再说新朝前往西方的使者到达西域之后，将当地的诸侯王全都降格为侯。西域各国也开始纷纷叛变。

车师后王须置离想要投降匈奴，西域都护但钦马上把他杀了。须置离的哥哥狐兰支带着人众两千多人，驱赶着牲畜，举国逃亡出降匈奴，乌珠留若鞮单于接纳了他们。之后，狐兰支与匈奴一起兴兵攻打车师，杀了后成国的君长，打伤了都护司马，然后又撤回匈奴。

当时，驻守西域的戊己校尉史陈良、终带，司马丞韩玄，右曲侯任商等人，眼看西域各国都要背叛中国，又听说匈奴已经陈兵边塞，准备大举入侵中原，担心他们都会在战乱中送命，于是决定投降匈奴。他们谋划劫掠了数百名边吏戍卒，一起将戊己校尉刀护杀了，然后派人与匈奴南犁汗王、南将军取得了联系。

南将军于是带着两千骑兵进入西域，亲自前去迎接陈良等人。陈良等人又将戊己校尉管辖区内所有男女民众两千多人胁迫到了匈奴。

韩玄、任商留在了南将军那里，陈良、终带则径直去了单于王庭，所带去的人众则分别被安置在零吾水一带垦田定居。单于封陈良、终带为乌桓都将军，留他们住在王庭，多次邀请他们一起宴饮，以示对他们的重视。

西域情势急剧恶化，西域都护但钦于是赶快向朝廷上书，把陈良等人投降匈奴及南将军左伊秩訾带领人马袭击掳掠西域各国的情况报了上去。

王莽听了之后大怒，于是下诏将匈奴单于的称号改为"降奴服于"，似乎这样一改，匈奴就会立即成为投降的奴隶，也会马上降服于新朝似的。但其实不然，王莽这样做只是在玩文字游戏，自欺欺人罢了。此后他类似于这样的举动还有很多。

王莽说："降奴服于知（乌珠留若鞮单于囊知牙斯，后改名为单字知），轻慢国家基本准则，背弃四条约定，侵犯西域，危及边境，成为百姓的祸患，罪当灭族。命令立国将军孙建等共十二位将军，兵分十路同时出征，共同执行上天的威严，惩罚知。念及他的先祖故呼韩邪单于稽侯珊世代忠孝，保卫边塞，不忍心因为知一个人的罪过而灭掉稽侯珊一族。现在将匈奴的国土和人民分为十五部，将稽侯珊的子孙十五人立为单于。派中郎将蔺苞、戴级前往塞外，召拜适合做单于的人。所有因违犯逆贼知的法规而受惩处的匈奴人，都予以赦免。"

中郎将蔺苞、副校尉戴级于是带领一万骑兵，带着许多珍宝来到云中塞下，招呼引诱呼韩邪单于的儿子们，想一个一个都将他们拜为单于。

蔺苞、戴级派翻译出塞引来了右犁汗王咸以及他的儿子登、助。等咸、登、助三人到了之后，蔺苞、戴级就强迫将咸拜为了孝单于，赐给他安车、鼓车各一辆，黄金一千斤，杂缯一千匹，戏戟十柄；拜助为顺单于，赐给他黄金五百斤。之后，将助、登二人用传车送到了长安，变相扣为人质。

蔺苞因此被王莽封为宣威公，拜为虎牙将军；戴级被封为扬威公，拜为虎贲将军。

匈、新双方的矛盾由此直接激化。

乌珠留若鞮单于听到这个消息，极为愤怒地说："先父单于受过汉宣帝的隆恩，我不能对不起汉家。但王莽并不是汉宣帝的子孙，他凭什么成为天子？"于是派左骨都侯、右伊秩訾王呼卢訾以及左贤王乐率领兵马侵入云中郡益寿塞，大肆杀戮官吏民众。

这一年是公元11年，王莽建国三年。此后，单于挨个儿通告左右两部的都尉及各边王，率兵入塞烧杀抢掠。于是匈奴骑兵多者上万，中者数千，少者数百，轮番入塞抢劫，杀了雁门、朔方太守、都尉，掳掠吏民畜产不计其数，整个边境由此遭受了非常大的损失。

之前的时候，王莽运用政治手段对付已经死去的傅太后、丁太后等人，除了贬低她们生前的名号，还将她们的尸体拖出棺木暴尸荒野，极尽侮辱之能事。之前的伍子胥为了替父报仇，攻破郢都后将楚平王掘墓鞭尸，他的朋友申包胥都说太过分了，现在王莽如此对付丁、傅，显然是过分之极。因为死者为大，入土为安，名号贬了就行了，再把已死的人拖出棺材，显然是做得太绝了，毕竟傅、丁二太后远没有罪大恶极到那个程度。但在当时的国内，王莽掌握着最高权力，所以他用国家机器对付他的政敌，他的政敌自然是没有丝毫的还手之力。政敌的沉默在一定程度上助长了王莽的嚣张和跋扈，他在中原为所欲为习惯了，自以为全世界都他说了算，他想怎么做就怎么做，他想把别人的名号贬低成什么就贬低成什么。但王莽实在是没有搞清楚一点，在他能够用武力掌控的范围内，他自然可以滥施淫威，而出了他的控制范围，这个办法就会失灵。王莽贬低匈奴单于等人的名号，只不过是他之前贬低丁太后傅太后名号这一手段的继续，只不过不同的一点是，四方的邻国可不像丁、傅两家那么好欺负，因为他们有自己的军队，他们完全可以站出来与王莽抗争！

原以为匈奴也会像国内的丁、傅两家那样服服帖帖，谁知匈奴不仅不如此，还敢站出来向他挑战，这对他王莽的权威无疑是极大的挑战，不把匈奴打下去，那么自此以后，不服他王莽的人就会越来越多。于是王莽决定借助武力树立威信，与匈奴开战。

王莽拜了十二部将帅，分别是：五威将军苗䜣、虎贲将军王况出五原郡，厌难将军陈钦、震狄将军王巡出云中郡，振武将军王嘉、平狄将军王萌出代郡，相威将军李棽、镇远将军李翁出西河郡，诛貉将军阳俊、讨秽将军严尤出渔阳郡，奋武将军王骏、定胡将军王晏出张掖郡。

又招募各郡国的囚徒、丁男和士兵三十万人，传令各郡转运将士的军服、冬装、兵器和粮食，由各县主要官员从近海的江淮一带运送到北部边境地区，使者乘坐驿站的快车督促，按战时法令行事，天下为之骚动。

为了确保集中优势兵力给予匈奴沉重的打击，王莽下令先期到达的将士全部屯集在边境各郡，等各地兵马全部到齐后一同出战。他打算等三十万大军到齐之后，就带足三百天的口粮，分成十路同时出塞，务必要穷追匈奴，把他们赶到丁零境内，然后把匈奴分为十五部，分别立呼韩邪单于的十五个儿子为单于。

自从周朝开始与北方的少数民族作战起，历经战国时的赵国及秦、汉二代，就从来没有运用过这样的作战方案，因为仗不是这么打的。哪里有万里之外出征，让军队带上三百天口粮深入腹地的？

对此，在长期的军事行动中积累了丰富经验的讨秽将军严尤马上向王莽进谏，他苦口婆心，向王莽陈述了周、秦、汉三代征伐匈奴的经验和教训，指出了王莽这种作战方案存在的五个方面的问题，希望王莽能够更改作战计划。

严尤说："我听说匈奴为害，从开始到现在已经好长时间了，没听说上古的帝王中有谁一定要征伐它的。周、秦、汉三代曾经征伐匈奴，但都未能得到上策。周朝只得到了中策，汉朝只能算是下策，而秦朝可说是无策。为什么这么说呢？

"周宣王时，猃狁侵犯中国，一直打到了泾阳，宣王命大将征讨，只将他们赶出边境就回师了。在周朝看来，戎狄侵犯，就好比蚊虫叮咬一样，根本不是心腹之患，把它们赶跑就行了。因此天下人都称之为'明'，这就是中策。

"汉武帝时挑选将领，操练士卒，轻装前进，深入敌境，发动攻击，虽然有克敌斩获之功，但匈奴也每每采取报复性军事措施，兵连祸结三十多年，以致中国民财耗尽，疲惫不堪，匈奴也受到重创。因而天下人称之为'武'，这就是下策。

"秦始皇不能容忍一点点耻辱而轻用民力，修筑坚固的长城，绵延万里，转输财物的队伍，从海边到内地络绎不绝，等到边疆安定，国内已完全枯竭，以致丧失了社稷，所以这叫作无策。

"现在国内久遭干旱，连年饥荒，西北部边境尤为严重。如果征发三十万大军，带足三百天口粮，必须东边从海、代，南面从江、淮等地调集，才能够备足。计算路程，恐怕一年之内还不能集合，如果军队先到了而不能作战，长时间露宿于野外，士兵疲苦，器械毁坏，就没有什么战斗力了，这是第一大困难。

"边境地区已经被匈奴抢掠一空，不能供应军粮，从内地郡国调运，又根本来不及，这是第二大困难。

"按一人带三百天口粮计算，每人须用粮十八斛（当时的1斛合现今200千克），不用牛力不能胜任，如果用牛，牛又要自带食料，再加二十斛，实在是太重了（1头牛要驮7.6吨重的粮草，怎么驮）。匈奴之地都是沙漠盐碱地，缺乏水草，从以往的经验看，出师不到一百天，牛就会全部死光，但余下的粮饷仍很多，人力又不堪重负，这是第三大困难。

"匈奴之地秋冬季节非常寒冷，春夏两季又常刮风，所以必须多带大锅和大量薪炭，更是沉重得不得了。吃干粮一定要喝水，这是一个常识，况且一年四季，军队之中难免会发生疾病、瘟疫，所以前世攻打匈奴，时间都没有超过一百天的，并不是不想久留，而是形势所迫、力所不能，这是第四大困难。

"如果辎重跟随大军行动，那么轻锐部队就会少，导致行军速度变慢，匈奴就算慢慢地逃跑，我们也赶不上他们；如果在大漠中与敌人偶然遭遇，又会为辎重所累，不能战胜他们；假如遇到险阻，部队只能单列行进，敌人一旦将我军前后斩断，其危险性真是不可预料，这是第五大困难。

"大规模地征用民力，还不一定能够成功，我感到非常担忧。现在既然已经发兵，应该派先到的部队先行出击，臣严尤等再率兵深入发动突袭，一定会给匈奴以沉重的一击。"

严尤的话，可说是基本的常识，但王莽就是听不进去。他仍然一意孤行，在全国范围内调动军队、转运粮饷。

因为各地办理军需、征召士卒的使者、官员都按照王莽的诏命，执行战时法令，所以把各地闹得天怒人怨，许多百姓纷纷逃亡，结伙为盗。王莽也担心各地的官吏会胡作非为，于是又派出许多的中郎将和绣衣使者到全国各地去监督这些奸恶行为，谁知这些人去了之后，不仅没有发挥应有的作用，反而比之前的那些官吏更坏。他们为非作歹，扰乱州郡，像做买卖那样公开索贿，想方设法敲诈百姓，天下人的怨恨更大。

事情被反映到王莽那里，王莽发布诏令，威胁说谁敢再违法乱纪，就要逮捕入狱并判刑，但这些人依旧我行我素，坏事照干不误。王莽无可奈何，因为他不可能把手下的官吏全抓光，他还需要这些人为他办事。

新朝一方的进展情况果如严尤所预料的那样，一部分军队到达了边境，而大部分军队还没有到达，粮草还在转运的路上，而每天的耗费却异常惊人。表面上看起来动员了三十万人，但实际上却连三万人的作用也没有起到，因为根据王莽既定的计划，三十万人马到不齐，是不能和匈奴开战的。

再说匈奴一方，咸被新朝强行拜为孝单于之后，预感大事不妙，于是火速赶到单于王庭,向乌珠留若鞮单于详细地报告了被新朝胁迫的情形,但咸的及时讨好并没有赢得乌珠留若鞮单于的信任;相反,他被新朝立为孝单于的既定事实招致了乌珠留若鞮单于的猜忌和憎恨,咸于是被单于改任为于粟置支侯,这是匈奴最为低贱的名号。对此,咸感到非常郁闷,却无可奈何。

后来,咸被新朝扣为人质的儿子助病死,王莽于是让咸的另一个儿子登取代助做了顺单于。

厌难将军陈钦、震狄将军王巡屯驻云中郡葛邪塞。那段时间匈奴兵屡次入边抢劫,杀死新朝的将士官吏,掳掠百姓,赶走的牲畜非常多。陈钦和王巡经过审问捕获的俘虏,都说孝单于咸的儿子角多次参与抢劫。陈、王将这一情况报告朝廷,王莽大怒,召集各蛮夷君长聚会,把顺单于登在长安斩首示众。

自汉朝宣帝时与匈奴建立友好关系以来,中原北部边境已经好几世看不到烽火警报,边境人口繁盛,牛马遍布原野。而到这个时候因为王莽无端挑起是非,激化与匈奴的矛盾,导致边境百姓被杀被虏者不可胜数,再加上十二部兵马长期驻屯在边境又不出击,官吏百姓越发疲敝,只几年时间,北部边疆就荒无人烟了,野外到处是无人掩埋的尸骨。

但这还不是最糟糕的,因为王莽不仅是与北方的匈奴闹僵了关系,而是与东、西、南、北四个方向的邻国都起了摩擦。

新朝向南的使者途经益州,将句町王(封地在今云南省文山州广南县一带)贬为侯。句町王邯对此非常怨恨恼怒,他拒不服从新朝的命令。地方州郡把这一情况报告朝廷,王莽于是授意牂柯郡大尹周歆诱杀了邯。

新朝官吏这种毫无信义的行为,激怒了句町贵族,邯的弟弟承见兄长被杀,于是起兵攻打并杀死了周歆。天凤元年(公元14),益州郡的土著居民杀死了益州大尹程隆,边境的部族都开始反叛。王莽见西南夷叛反,于是派平蛮将军冯茂率兵去征讨。

冯茂在前去攻打句町的过程中遇到了瘟疫,将士死者达十分之六七。为了取得胜利,冯茂在当地征收民财,每家搜取十分之五的收入,益州郡被弄得民财耗竭,战争一直持续到公元16年,还是没能取得胜利。

王莽于是将冯茂召回,下狱处死,改派宁始将军廉丹和庸部牧史熊攻打句町。廉丹和史熊屠杀了大量土著居民,取得了一定胜利。

王莽见征伐取得了胜利,于是诏命廉丹、史熊班师。但廉丹和史熊则希望王莽为他们增派兵将,务必取得全胜才回朝。在当时的情势下,王莽也迫切需要一场较大的胜利来鼓舞国人，威慑邻国，于是同意了廉丹、史熊的要求。

廉、史二人于是和之前的冯茂一样，也加大赋税。就都郡（原广汉郡）大尹冯英拒不供应兵员粮草，他向朝廷上书说："自从越巂郡遂久县仇牛和同亭郡邪豆等部叛乱以来，前后已有十年时间，郡县不断抗击。后来任用冯茂，他强制推行非常规措施。僰道以南，山险高深，冯茂大量驱赶百姓到偏远地方居住，耗费的资财数以亿计，遭遇毒气而死的官兵有十分之七。如今，廉丹、史熊因为担心在自己许下的期限内无法取胜，所以征调各郡的兵员和粮草，又搜取百姓十分之四的资财，导致梁州被洗劫一空，但战争还是没有取得胜利。最好能撤回军队，并进行屯田，公开悬赏以奖励功勋，这才是平复叛乱的最好办法。"

王莽非常生气，下令免去了冯英的职务。后来，王莽又意识到冯英是对的，于是说："冯英也无可厚非。"于是重新任命冯英为长沙郡连率。

廉丹等人讨伐益州最终未能取得预期的大胜，他们被征召回朝。西南夷的叛乱，一直持续到东汉初期才平息。

再说东方。新朝前往东方的使者，到达玄菟、乐浪、高句丽（今我国东北地区及朝鲜半岛北部，公元前37年由出生于玄菟郡高句丽县的扶余人朱蒙所建，主要有濊貊、扶余、汉人、靺鞨、古朝鲜遗民及三韩人）、扶余（今吉林省吉林市一带），将那里的诸侯王全部贬为侯。因为这些国家兵微国小，所以反抗并没有马上开始。

新朝与匈奴交恶之后，王莽向高句丽征兵，但高句丽百姓不愿服从。所在的州郡于是强迫高句丽百姓从军，百姓纷纷逃往塞外，犯法为寇。辽西郡大尹田谭追击这些作乱的百姓，却被他们杀死。

当地州郡把这些罪责全都归咎于高句丽侯驺（即朱蒙）。

素有远见的严尤认为这样下去不是办法，于是上奏说："貉人（指当时东北地区的少数民族，又叫秽貉，貉通貊，音莫）犯法，并不是由于驺而开始的，而是另有其他的原因，最好是下令州郡暂时安抚他们。现在一旦用严重的罪名逼迫他们，秽貉百姓也会发动叛乱，而扶余等部族必然也会起兵响应。现在匈奴还没有平定，而扶余、秽貉又起兵，这可实在是心腹大患。"

但王莽却不同意安抚，于是秽貉百姓开始叛乱，王莽命令严尤前去征讨。因为匈奴大敌当前，所以严尤只好采取诱捕的手段，欺骗高句丽侯驺前来，杀死了驺，并把他的首级传送到长安。时间是公元12年。

驺的死亡对于瓦解高句丽的叛乱起了一定的作用，王莽为此非常高兴，他下令将高句丽改名为"下句丽",并宣告天下。

高句丽百姓并没有因为新朝诱杀他们的首领并给他们更改一个卑下的国名而屈服,他们不断地侵犯边境,东北和西南夷都陷入了动荡之中。但王莽对此却非常乐观,认为消灭匈奴也不过是旦夕之间的事情。他不再把精力放在平定周边邻国的造反之上,而是策划着要去巡游。

再说西方。自从须置离、狐兰支兄弟倒向匈奴,戊己校尉史陈良、终带等人投降匈奴之后,西域的形势便越来越严峻。

建国五年(公元13),乌孙国的大、小昆弥分别派使者前来纳贡,这令王莽感到非常高兴。大昆弥是中原的外孙,但匈奴夫人所生的小昆弥却深得崇尚武力的乌孙人拥护。王莽见匈奴和边境各方同时入侵,西域形势又非常紧张,不敢再失欢于乌孙,于是就刻意取悦于小昆弥,让使者安排小昆弥的使者坐在大昆弥使者的上位。

保成师友祭酒满昌认为不妥,他上奏弹劾接待的使者说:"夷狄正是因为中原讲礼仪,才委屈地服从中原。大昆弥是君,小昆弥是臣,如今把臣使排在君使之上,负责接待的使者大不敬!"王莽非常生气,认为满昌不能体会他的良苦用心,于是免去了满昌的官职。

之前不顾后果降低了周边邻国的政治地位,导致周边邻国全部叛变,现在又毫无原则地颠倒尊卑次序,别说是周边的邻国无所适从,就是自己的臣子,也会感到无所适从啊。

自从王莽建新,西域各国不仅没有从王莽这里得到任何恩惠,反而被王莽降低了政治地位,并且王莽政府对周边邻国不讲信用,出尔反尔,缺乏大国气度,因此西域各国从此不再信服新朝和王莽。他们先是互相攻伐,后又相继发动叛乱。焉耆首先发难,杀死了西域都护但钦。

西域都护被杀,这是自西汉政府设置西域都护以来从未发生过的事件。如果不出面维护中原政府的权威,那么代表中原的新莽政府将会颜面扫地。天凤三年(公元16),王莽派五威将王骏、新任命的西域都护李崇率戊己校尉郭钦出使西域。

到达西域之初,西域各国都在郊外迎接新朝使者并向他们进献贡品。但因各国三年前杀害了都护但钦,所以王骏想袭杀他们报仇。王骏命令辅帅何封、戊己校尉郭钦等人另外在后面领兵。

王骏等人的想法被西域各国所察觉,焉耆国假装投降,之后设伏兵袭击王骏等，王骏及其部众全部被西域兵所杀。郭钦、何封后到，袭击了西域的老弱敌兵，取道车师国返回，进入塞内。

相比于全军覆没，这似乎已经是最好的结局了。王莽拜郭钦为镇外将军，封为剿胡子，封何封为集胡男。自此以后，西域成为绝地，中原失去了对西域的控制。

再说与新朝剑拔弩张的匈奴。

就在新朝大规模往边境集结兵马，准备与匈奴开战的这个时段，乌珠留若鞮单于却病死了。

乌珠留单于在位二十一年，死于王莽建国五年（公元13）。当时，匈奴掌权的大臣是右骨都侯须卜当，也就是王昭君长女须卜居次（也叫伊墨居次云）的丈夫。须卜居次的血管里，流淌着她母亲爱好和平的血液，王昭君为匈、汉和平所做出的牺牲和贡献，对须卜居次的影响是不容置疑的。因此，与中原和亲的想法，在须卜居次那里从来就没有停止过。

乌珠留单于死后，按照顺序，应该是他的弟弟舆先继位，接下来才能轮到咸。但须卜居次见王莽非常重视咸，多次将他拜为单于。于是就和丈夫须卜当越过舆，而将咸立为单于。咸就是乌累若鞮单于（简称乌累单于）。

乌累单于继位后，为了对舆有所补偿，于是封舆为左谷蠡王。

之前乌珠留单于的儿子苏屠胡本来是左贤王，又以他的弟弟屠耆阏氏的儿子卢浑为右贤王。乌珠留单于在位时，因为左贤王死了好几个，所以觉得这个封号不吉祥，于是就把左贤王的名号改为"护于"。那么按照匈奴的官制谱系，护于就是仅次于单于的最为尊贵的名号了。所以乌珠留单于把这一封号授给了自己的长子，准备将来传国于他。

咸即位之后，对乌珠留单于当初将他贬为于粟置支侯这个最低贱的称号十分怨恨，再加上乌珠留单于死前不想传位于咸，这让咸更为愤怒，所以等他继位之后，就将乌珠留单于的儿子护于贬为了左屠耆王。

须卜居次和丈夫都劝乌累单于和中原和亲。乌累单于也觉得与经济、军事实力强大的中原长期处于敌对状态对匈奴没有好处，于是就同意与新朝和亲。

王莽天凤元年（公元14），须卜居次夫妇派出的使者来到西河虎猛制虏塞（今内蒙古鄂尔多斯市伊金霍洛旗境内）下，告诉守塞将士说想要见和亲侯。和亲侯王歙是王昭君哥哥的儿子。

中部都尉马上将这一情况向朝廷进行了报告。

见匈奴方面提出了和亲,王莽自无不允之理,因为他在内外交困之下,也不想与匈奴大动干戈。于是就派王歙和他的弟弟骑都尉展德侯王飒出使匈奴。

王莽赐给乌累单于大量黄金、衣被、缯帛,一方面祝贺他荣登单于之位,另一方面欺骗他说他在新朝入侍的儿子登仍然活着,要给乌累单于送回去,条件是要用金钱购求中原的叛徒陈良、终带等人。

乌累单于贪图王莽的财物,于是把陈良、终带、韩玄、任商四个叛徒以及亲手杀死戊己校尉刀护的凶手芝音的全家二十七人全部抓了起来,用囚车装着交付使者,派厨唯姑夕王富等四十人护送王歙、王飒回国。

为了警告并震慑天下百姓,王莽用他新发明的"焚如"之刑(类似于商纣王的炮烙之刑),在长安城北将陈良等人活活地烧死,并命令官吏和百姓围观这一情景。

这一年,边境一带大饥荒,出现了人吃人的惨景。谏大夫如普巡视边境驻军返回后说:"军士长期屯驻边塞非常辛苦,边郡已经没办法再供给他们粮饷物资了。现在单于已请求与我们讲和,最好趁此机会罢兵。"

校尉韩威则进言说:"凭新室之威而吞并胡虏,无异于一口吞掉小小的虱子。臣愿带领勇猛之士五千人,不带一斗粮,饥饿了就吃胡虏肉,干渴了就饮胡虏血,横行无阻于大漠。"

王莽认为韩威的话非常豪壮,于是拜他为将军。但王莽最终还是采纳了如普的话,下令驻屯边疆的将领全部回师。免去陈钦等十八名将领的职务,又撤回了四关将军镇守都城、六尉的各部驻军,只保留了一个游击校尉。

但王莽刚刚撤军,匈奴方面却又开始抢掠。原因是匈奴的使者回去之后,乌累单于知道他的儿子登已经被王莽所杀,根本不是王莽所说的那样要活着给他送回去。乌累单于非常怨恨,但又贪图新朝的财物,不愿跟王莽撕破脸。所以他表面上装出非常顺从新朝的样子,而私下里却不断地派兵从左地入边劫掠。

王莽派使者责问乌累单于,乌累单于狡辩说:"这都是乌桓和匈奴的一些无赖奸民干的,就好比中国境内的盗贼一样。我刚刚继位治理国家,威信还很不高,我一定竭尽全力禁绝这些事情,不敢对中国有二心。"

王莽无可奈何,只好再次征发军队去驻守边疆。北部边境的流民无以为生,只好拥入内郡做了他人的奴婢,王莽于是下令:官吏百姓有胆敢私藏边民者,一律斩首弃市。

乌累单于请求新朝送回他的儿子登的尸体,王莽自觉理亏。想派使者送去,又担心乌累单于会因怨恨而杀死新朝使者，于是便拘捕了原来建议杀掉登的前将军陈钦，以其他罪名将他投入了监狱。陈钦也是个明白人，知道王莽要找人当替罪羊，于是说："这是要以我为借口向匈奴推卸责任啊。"在狱中自杀而死。

王莽精心挑选了口才和应变能力非常出众的济南郡儒生王咸，任命他为大使，与王歙等人带领伏黯、丁业等六人，为匈奴人送去了登的尸体，并顺便把之前来出使的匈奴使者厨威姑夕王护送回匈奴。

王莽交给王咸等人的出使使命是：第一，责令匈奴方面掘开单于知的墓，用荆条鞭尸；第二，匈奴将他们的关塞退移到漠北；第三，匈奴向新朝进献马一万匹、牛三万头、羊十万只；第四，匈奴将还活着的、被掠去的边民全部送回。

这样的使命，实际上根本就不可能完成，乌累单于就是再怎么痛恨乌珠留单于，也不可能将他掘墓鞭尸让自家人看笑话。王莽花费大量金钱出使的目的只是为了吹牛说大话，而不是为了解决一些实际问题，所以他最终的结局，也是可以预见的。

王咸等人走到塞下之时，与乌累单于所派的须卜当、须卜居次夫妇及他们的长子大且渠奢等人相遇，顺利到达匈奴王庭。

王咸见到乌累单于之后，在他面前大肆吹嘘王莽的威德，然后指责他违背盟约派人抢劫的罪行。新朝使者是带着大宗的财物前来出使的，目的只是说大话，话说完就会回去，并不追问实际结果，乌累单于对此一清二楚，所以不论王咸怎么指责，他都没有恼怒。

王咸责备完了之后，又向乌累单于传达了王莽的命令，乌累单于也不置可否。

再之后，王咸赐给乌累单于大量的金银珍宝，然后劝乌累单于更改名号，把匈奴改为"恭奴"，意为恭敬的奴仆，单于改为"善于"，意为和善的单于，并赐给印绶。又封须卜当为后安公，须卜当的儿子须卜奢为后安侯。

乌累单于是个讲实惠的人，管他名号改成什么，只要能得到好处，匈奴仍然是匈奴，单于仍然是单于，只有华而不实的王莽才过分注重这些，匈奴人天生在马背上打天下，谁还在乎那么多，况且"恭奴善于"总比之前的"降奴服于"要好听一些，所以乌累单于对王咸更改名号的建议，也是姑妄听之。

王咸、王歙又把购买叛徒陈良等人的金钱交付给须卜当夫妇，让他们论功行赏，之后返程回国。

王咸等人于天凤二年（公元14）五月出使，当年十二月返回。王莽听完王咸等人出使的过程，非常高兴，于是大加赏赐。王歙赐给金钱二百万，伏黯等人封为子爵。王咸在返程途中病死，他的儿子被封为伯爵。

新朝使者回去了，乌累单于之前干什么，接下来继续干什么。王莽送来的钱他一分不少地照单全收，王莽劝他改名号也随便改，但他派兵劫掠中原边境也是照劫掠不误。

乌累单于在位五年，于天凤五年（公元18）死去，他的弟弟左贤王舆继位，是为呼都而尸道皋若鞮单于，简称呼都而尸单于。

呼都而尸单于也非常贪恋王莽的财物和赏赐，他一边和他的前任一样，派兵侵扰边境，一边派使者前往新朝，装作非常恭顺的样子。

王莽为此非常生气。当呼都而尸单于所派的使者须卜奢和王昭君次女当于居次的儿子醯（音西）椟王带着贡品到达长安之后，王莽想出了一个主意。他想把对中原亲善的须卜当、须卜居次夫妇诱骗到长安来，立他为单于。

已经升任为大司马的严尤觉得这样做根本行不通，改立一个单于容易，但关键是要让全体匈奴人服从才是硬道理。于是他向王莽劝谏说："须卜当在匈奴右部，他的军队从来没有侵扰过中原边境，况且他在匈奴是实权人物，匈奴单于有什么动静，须卜当知道后马上就会通报我们，这对我们有非常大的帮助。如果我们把他接到长安来，那么他对我们来说，只不过是一个毫无作用的胡人罢了，不如把他留在匈奴更有利。"

但王莽却听不进去。

王莽派和亲侯王歙和前来朝贡的须卜奢一起到利房塞下，前去引诱须卜当夫妇。须卜当和须卜居次入塞之后，新朝军队趁机用军队胁迫，挟持须卜当、须卜居次夫妇返回长安。须卜当和须卜居次的小儿子在塞下趁机逃脱，跑回了匈奴。

须卜当到长安后，王莽强行将他拜为须卜善于后安公，想要派大军出塞，杀死呼都而尸单于后立他为单于。

王莽的过激行为彻底激怒了呼都而尸单于。连王昭君的女婿王莽都想立为单于，那么王昭君的儿子岂不是更具潜在的危险性，再者，王昭君与呼韩邪单于的儿子伊屠智伢师虽说与呼都而尸单于是同父异母的兄弟，但在匈奴人看来，母亲是中原人的伊屠智伢师显然也是中原人，是一个血统不纯的外人，所以绝对不能让单于之位落到他的手里。于是，呼都而尸单于杀了伊屠智伢师，然后把须卜居次的家眷全部遣送到了新朝宫廷。你王莽不是想立他们为单于吗？那你不必煞费心机诱骗了，我全都给你送过去，你爱立几个立几个！

匈奴和中原的关系至此彻底破裂。因为此前王莽下令将大军撤退回国，所以边塞疏于防守，匈奴的铁骑大肆攻打边塞，新朝的军队四面对敌不能集结，北部边境因此损失惨重。

王莽于是下令大量征集全国的男丁和死囚、官员百姓的奴婢，号称"猪突豨勇"，大致意思就是"野猪敢死队"，作为精兵。向全国所有的官员和百姓征税，收取其三十分之一的资财，把缣帛全都运送到长安。命令上至公卿、下至郡县佩戴黄绶的官员，都要按照不同的等级保养数量不等的军马。又在全国范围内广泛招募有特殊技能可以用来攻打匈奴的人，声称将为他们提供不低的爵位。

命令一下，自称有特殊本领前来长安的人达上万人之多。有人声称能渡水不用船，将人马相连，便能使百万军队一下子渡过大江大河；有人声称不带粮食，只靠服用药物，就可使三军不必挨饿；有人声称善飞，一日千里，可以侦察匈奴。

王莽当即测试了声称可以"善飞"的人，结果这个人用大鸟的羽毛作为两翅，在头和身体上都装上羽毛，浑身用环形的纽带缠绕，然后飞了起来，结果飞了几百步就掉了下来。

客观公正地说，这些人可说是中国古代的发明家，把鸟羽绑在人身上做翅膀，无疑是近代飞机的雏形。但关键是没有解决动力的问题，以人体的体力作为飞行的原动力，等体力不济的时候，自然就会掉下来。所以不能完全指责这些人是骗子。

当然了，在冷兵器时代行军作战，这种不成熟的发明显然是派不上用场的。

王莽知道这些人不可用，但为了借助他们的名声为军队壮胆，所以都把他们留了下来，任用他们为理军，赐给车马，等待出征的命令下达。

这一次，王莽准备派遣严尤和廉丹做主帅。他赐给二人"征"姓，号称"二征将军"，带兵讨伐匈奴。

严尤是个很有智略的人，他知道匈奴再怎么凶恶，对中原的危害不过是侵扰边境，而当时最严重的问题是：国内的起义军烽烟四起，已成星火燎原之势。所以不抵抗匈奴，顶多不过是边境几座城市被抢，而不镇压国内的起义军，那么王莽就有可能丧失政权。匈奴是疥癣之疾，而国内的起义军却是心腹大患！

他多次向王莽劝谏，但王莽却一次也没有听从。严尤于是写下战国名将乐毅、白起不被信任的往事和对边疆事务的建议，共三篇奏疏，然后呈给了王莽，想要向王莽讽谏。王莽看了之后非常生气，依然没有理会严尤的劝谏。

在朝会之上，严尤坚持认为对匈奴的作战可以暂缓，而当务之急是山东的盗贼。王莽大怒，向严尤下了一道策书说："严尤就职四年，对蛮夷侵犯中原不能镇服，对寇贼奸邪不能消灭，不惧天威，不奉诏命，相貌狠毒，还自以为是好人，固执己见，心怀异心，非议并破坏军事大计。我不忍心把严尤交给司法处理，命令交出大司马和武建伯的印绶，回老家去。"之后任命降符伯董忠为大司马。

这个时候，凤夜郡的连率韩博向王莽上了一道奏章说："有一位奇士，高一丈（汉代一尺合现今23.1厘米，一丈即2.31米），体大十围，来到臣的府邸，说想奋击胡虏。他自称叫巨毋霸，来自蓬莱东南、五城西北的昭如海滨（今河北省沧州市黄骅市境内），他身高体大，轺车容不下，三匹马拉不动。臣即日用四匹马的大车，竖着虎旗，载着巨毋霸前来朝廷。巨毋霸躺下时枕在鼓上，用铁筷子吃饭。这是皇天要用他来辅佐新室啊，请陛下做好大甲高车和孟贲夏育的衣服，派一名大将和百名虎贲之士在路上迎接。京师城门如果容不下他，请把门造得更高大些，以宣示百蛮，镇抚全国。"

这就是"巨无霸"这一名称的来历，最初是指这个名叫"巨毋霸"的巨人（比姚明还高5厘米），后来专指那些体形非常庞大的人、动物或物体。

因为王莽刚刚招募了那些会飞、会渡、不吃饭的奇人，想要借此扬名于匈奴，又将严尤解职，所以韩博上这道奏章，主要的意图是想借此讽谏王莽。

王莽看了之后，心里非常厌恶，下令将巨毋霸留在所到达的新丰县，不必前往长安，然后把他的姓改为巨母氏，说是文母太后王政君专门让这个人降生以便辅佐王莽完成霸业的。之后，心里有气的王莽召来韩博，将他投入监狱，以非所宜言罪（说了不该说的话），将他斩首示众。

新朝对匈奴的军队，终究未能发动。并且在这个节骨眼上，须卜当又死了。王莽于是把自己的庶女陆逮任嫁给须卜奢，对他非常尊宠，始终想要出兵立他为单于。

然而王莽的这一愿望终究未能实现，因为国内的形势，已经到了十万火急的地步。各地农民起义的烽火，已经烧到了长安城外。

第四十八节　烽烟四起、内外交困、众叛亲离

那么国内的老百姓又是什么原因造反的呢？也是因为王莽的改制！

王莽改官制、改地名，这些改制除了行政浪费、降低效率并使官吏们感到厌恶之外，对普通老百姓的实际影响还不算是太大，但王莽屡次更改币制，实施"王田""私属"制度及"六筦"政策等，却是实实在在地损害了全体老百姓的利益。王莽每更改一次币制，就会对老百姓的财富进行一次大规模的掠夺，使不少百姓或中产阶级陷入破产，"王田""私属"及"六筦"制度则不仅侵害了地主阶级的利益，更是将普通百姓逼上了绝路。在这些制度和政策遭到人们的反对之后，王莽不仅没有采取正确的方法修正弊病，反而采取严刑峻法强制推行，从而使上至王侯、大臣，下至平民百姓中的大多数人因犯罪而遭到重处重罚，这就严重影响了社会的稳定，加剧了社会动荡。再加上王莽对周边国家采取错误的外交政策并轻率地大规模用兵，不仅极大地加重了百姓的负担，还使成千上万的百姓白白送掉了性命。例如在征句町时，王莽征发吏民二十万，但因粮草供应不足，仅饥饿而死的士卒就有好几万。再加上那些年里旱灾、蝗灾、瘟疫、黄河决口等灾害频繁，人祸加天灾，使土地荒芜、物价飞涨，汉文帝时米价每石只有数十钱，但到王莽改制之时，竟然涨到了每石二千钱，最后甚至涨到了一万钱（黄金一斤），"人相食"的惨状不绝于书，试问在这样的情况下，老百姓怎么能不造反呢？

不说之前的刘崇和翟义，单说王莽建立新朝之后的造反，大大小小加起来，也在十数次之多。

公元9年四月，王莽刚刚建立新朝，徐乡侯刘快就在他的封国发动了起义。而此时距翟义起兵还不到两年。

刘快的哥哥刘殷之前是汉朝的胶东王，当时被王莽改封为扶崇公。刘快举兵攻打即墨县，刘殷关闭城门，自己把自己关进了监狱。当时因为王莽改制造成的危害还算不上严重，所以人们都不支持刘快的叛乱，当地的官吏百姓起来攻打刘快，所以刘快很快兵败死去。

王莽认为刘殷作为刘快的亲兄长却能坚定地站在他这一边反对刘快，所以特地赦免了刘殷，并将他的封国充实到一万户，土地增加到一百里。

真定国的刘都等人谋划起兵，但还没有举事就被发觉，刘都及其支持者全部被处死。

陵乡侯刘曾起兵反莽，被杀。

扶恩侯刘贵起兵反莽，被杀。

长安城中，有一个名叫碧的疯女子，有一天她跑到大街上，一边疯跑一边高声呼喊说："高皇帝刘邦大怒说，赶快归还我的国家，否则，到九月的时候，我一定杀死你！"王莽非常生气，命人把这个疯女子抓起来杀了。

有一个名叫武仲的长安人，拦在立国将军孙建的车前，自称是汉成帝姬妾的儿子，说刘氏将要恢复，让王莽赶快腾出皇宫。孙建将武仲拘捕，然后上奏将其灭族。

孙建据此建议王莽：将汉朝在长安城中的宗庙全部废弃，刘氏宗室中身为诸侯的，全部贬去封爵，编入新的五等爵位之中，凡是有官职的，一律免职，在家里等候听用。

这些建议王莽一律照准，除了国师公刘歆因为是王莽的亲信，以及其他一些向王莽进献符命，或是上奏攻击刘氏之人如刘龚、刘嘉等人，他们的官爵被保留并赐姓为王氏之外，其他的刘氏宗族都被褫夺官爵。

就连汉平帝的皇后——被改封为定安太后的王莽之女王嬿，此时也被改号为黄皇室主，以示与汉朝断绝了关系。王嬿的名号被更改为定安公太后之时，她刚刚十八岁，为人温婉而有节操。王嬿自从王莽代汉之后，常常称病不去参加朝会，以示无声的抗议。王莽对这个女儿非常敬畏，但又不想让她一辈子守寡。于是将她的名号改为黄皇室主，想让她改嫁。王莽对立国将军孙建的太子孙豫非常中意，于是让孙豫装扮成太医前去探望王嬿，并借机调情。王嬿大怒，又不想驳父亲的面子，于是命人鞭打身边的女官以示抗议，孙豫见状，只好灰溜溜地走了。王嬿大病一场，卧床不起。王莽知道女儿坚贞，于是不再勉强她。

王莽的这些做法，进一步激化了新朝与刘氏宗族之间的矛盾。那些之前尚在徘徊观望的刘氏宗族，这一来全部站到了王莽的对立面。

最初的这些反抗行动虽然微弱，却像点燃遍地柴薪的火焰，使反抗王莽的行动越来越多，越来越频繁。大火，慢慢地烧了起来！

公元16年，之前一直逃亡的翟义的同党王孙庆被捕获。王莽残忍地下令，让太医、尚方（制造器械的工匠）和那些技艺高超的屠夫共同把王孙庆活剐活剥，挖出了他的五脏，用器具称量大小轻重，用竹枝贯通他的经脉，了解经脉的走向，说这样可以治病。

许多史书上说，这是中国历史上记载最早的人体解剖，但事实上，这只不过是王莽刻意制造的精神恐怖主义罢了。王莽想用这样的恐怖手段，恐吓那些想要起兵反抗他的人，但对于广大活不下去的百姓来说，不造反也是死，造反也是死，那么为什么不起来造反呢？

王莽派往北方边境准备攻打匈奴的二十多万官兵驻屯在那里，粮食供应严重不足，士卒为了活命，于是就掳掠边郡的居民。五原郡、代郡等深受其害，那里的老百姓不堪其扰，纷纷起兵成为盗贼。他们常常是成百上千人聚集在一起，然后转战到邻近的郡县。王莽派捕盗将军孔仁率兵，与当地的郡县合力镇压，历时足有一年多时间方才平定，但边郡也就没有多少老百姓了。

天凤四年（公元17），临淮郡（治徐县，今江苏省宿迁市泗洪县）的瓜田仪等人起兵，据守在会稽郡的长州（今浙江省湖州市长兴县一带）。

琅琊郡有个叫吕母的妇女也集合了数兵人起兵。

吕母的儿子之前担任海曲县（今山东省日照市）的县吏，结果被县宰冤杀。吕母非常痛恨县宰，想为儿子报仇，于是就拿出家财，买来不少酒肉和大量的兵器，暗暗地施惠于县中的那些贫困少年。就这样，时间不长，吕母就得到了县中好几百年轻人的拥护。吕母请求这些年轻人为她的儿子报仇，这些年轻人都慨然应允，吕母于是带着这些人冲入海曲县，擒杀了县宰。吕母割下县宰的头，带去祭祀她儿子的坟墓。之后，吕母带着这些人躲入大海，追随她的人越来越多，后来竟发展到上万人。

天凤五年（公元18），赤眉军力子都和樊崇等，因饥荒聚众起兵于琅琊，流动抢劫，部众达万人。王莽派使者征发郡国的军队前去征讨，却没能击败他们。

地皇元年（公元20），巨鹿郡男子马适求等人谋划发动燕、赵地方的军队讨伐王莽，结果机事不密，被大司空士王丹发觉并上报到朝廷。王莽派三公大夫逮捕并查处了马适求的党羽，牵连到各郡国的豪强数千人，都被处死。王丹因此被封为辅国侯。

地皇二年（公元21），南郡的张霸，江夏郡（治西陵县，今湖北省武汉市新洲区）的羊牧、王匡等人在云杜县（治今湖北省荆门市京山县新市镇）的绿林（今京山县绿林镇）起兵，后转战南郡（今荆州市江陵县），号称下江兵，他们部众都达到一万多人。

公元21年，魏城郡大尹李焉与其手下占卜的方士王况密谋。王况鼓动李焉说他将会成为汉朝的辅佐，于是替李焉写了一部十多万字的谶书，预言新朝将灭亡，汉朝将要复兴，王莽的大臣们哪天死，都一一算出了日期。李焉让他手下的官吏抄写这部谶书，结果他手下的官吏逃走告发了他。王莽派使者逮捕李焉等人，将他们全部处死。

京城三辅也出现了为数不少的盗贼，王莽不得不设置捕盗都尉官，让执法谒者在长安城中追击。

……

诸如此类的起义，真是多得不可胜计。而最终，在这些遍布全国的起义军之中，南方的绿林军和北方的赤眉军成为两支力量最大的起义军队伍。

那么王莽对这些此起彼伏的农民起义，又采取了什么样的应对措施呢？

王莽所采取的措施，真可以说是令人瞠目结舌！

有一段时间，王莽派使者前去赦免那些做盗贼的百姓，一名使者回朝后向他如实禀报说："盗贼刚刚解散，马上又合拢起来。我问他们为什么要这样，他们都说：严苛而烦琐的法律、禁令让他们愁苦，举手投足之间都会招致牢狱之祸。辛勤耕作一年的收入，不足以交清赋税；闭门安分守己，又因为邻居铸钱、藏铜而被连坐，奸猾的官吏趁机残害百姓。百姓的日子实在过不下去，只好都起兵做盗贼。"

王莽听了大怒，认为这个使者在非议自己的诏令，于是将这个说实话的使者免职。

其他的使者见状，于是再也不敢讲实情。他们顺着王莽的心意说："百姓狡猾刁钻，应当严厉地诛杀他们。""只不过是这段时间恰巧这样，过不了多久盗贼就会自行消灭。"

王莽听了之后非常高兴，于是立即将他们加官晋爵。

长时间这样下去，被迫为盗的老百姓越来越多，而王莽却一点也了解不到实情，因为再也没人敢讲真话。

这一幕，与当年的秦二世之时是何其相似！

因为造反的人越来越多，所以王莽派出的镇压农民起义的军队，很少能取得胜利。况且，王莽也不可能把天下的老百姓全杀光。

王莽镇压和赦免不起作用，于是就开始采取迷信的手段，企图运用超自然的神力来诅咒起义的老百姓。

公元17年八月，王莽亲自到长安南郊，让工匠铸造了一个威斗。这个威斗用五色药石和铜制成，形状像北斗，长二尺五寸，而它的用途则是：用来诅咒各地造反的军队。

真实的历史并不是魔法师书写的，所以那些在魔法世界里流行的手段，在现实世界里一点作用也不会起到。

威斗铸好之后，王莽下令让司命官背着它，王莽出行的时候，司命就背着它走在前面，王莽回宫之后，威斗就放在他的身旁。

但王莽每天施法诅咒，造反的人却一点也没有减少，而是呈不断上升趋势。

天凤六年（公元19）春，王莽见做盗贼的老百姓越来越多，于是下令太史推算出三万六千年的历法，每六年改元一次，颁行全国。并把次年，即公元20年作为地皇元年，试图用这种方法来欺骗老百姓，给老百姓造成一种新朝至少会统治三万六千年的心理印象。这与当年的秦始皇想要将江山传至万世的想法又是何其相似！

人民动辄就会犯罪，辛勤劳作一年连肚子都吃不饱，到处是"人相食"的惨状，假如这样的社会状况要持续三万六千年，那岂不是人间地狱吗？

好在这个世界上没有神明，也没有魔鬼，否则王莽这样的诅咒如果应验，真不知道普天之下的老百姓还有什么活路可言？但换个思路来想，假如这个世界上真的有神明，神明也不会眼睁睁地看着这些无辜的生灵遭受如此的涂炭吧？

地皇元年（公元20）正月，王莽宣布全国大赦。他下诏说："现在正在出兵行师，如有胆敢快步奔跑，大声喧哗，违犯法律的，全部立即论斩，不必等到行刑季节。本命令执行到今年年底。"

自古以来的惯例是，秋冬时节是行刑的季节，官吏百姓除了犯有谋反等大罪需要立即处决外，其他死刑犯一般都要等到秋天才行刑，因为秋冬是树木凋零的季节，象征肃杀，在那个时候处决死囚，一则顺应天时，二则符合万物兴衰荣枯的规律和法则。如果秋冬季节没有来得及处斩，那到了第二年春季，往往就会遇上大赦，也体现了上天的好生之德。而春、夏季节正是万物萌发、生长的季节，如果在这样的季节行刑，则往往象征着少年夭亡、壮年暴毙，绝对是"逆天"的做法。

现在王莽下令随时处斩罪犯，是否逆天另当别论，但这在普罗大众的心理上，确实是很难接受的。

但王莽却并没有理会这些。所以诏令下达之后，出现了春、夏季节在大街上处斩囚犯的景象。老百姓极度恐惧，走在路上熟人见面，也只敢用眼睛来相互示意。

"道路以目"，此前在史书上明确记载的只有一次，那就是西周末年的周厉王暴政之时。最终国人暴动，周厉王被赶出国都。新朝刚刚建立就出现这样的情况，说明王莽步周厉王的后尘已经为时不远了。

王莽见天下做盗贼的老百姓越来越多，再次考虑用诅咒术制服他们。他下书说："我的先祖黄帝安定天下时，率领将士，担任上将军，竖起华盖，立起斗献，大本营设大将，外设大司马5人，大将军25人，偏将军125人，裨将军1250人，校尉12500人，司马37500人，候112500人，百长225000人，士吏45万人，士1350万人，与《易经》中的'弧矢之利，以威天下'相符。我接受了符命上所写的内容，考察了前人的做法，将逐条完善。"

于是设置了前、后、左、右、中五个大司马职位，赐给各州的州牧"大将军"称号，一郡的卒正、连率、大尹为偏将军，属令、长为裨将军，县宰为校尉。以期与传说中的黄帝时期的将官之数相当。

前去宣布这项命令的使者乘坐驿车途经各郡国，每天差不多有十批，仓库里没有现成的粮食供应他们，驿站的驿车驿马不够用，于是就拦住路上遇到的老百姓，征用他们的车马。

七月，大风吹坏了王路堂（前殿）。王莽于是又下了一道诏书，说之所以出现这样的灾变，是因为之前有符命，要求立他的两个儿子为王，其中王安为新仙王，王临为统义阳王。而那个时候，他担任摄皇帝、假皇帝，所以谦虚没敢接受，而是把王安、王临封为了公爵。后来根据金柜策文，王临做了皇太子。王临有哥哥却当皇太子，名位不正。孔夫子说：名不正，则言不顺，以致刑罚不当，百姓不知所措。现在上天降灾警告，主要的问题就是因为王安、王临的名位不正。于是下令立王安为新仙王，王临为统义阳王。

出现风灾并不奇怪，用迷信的思想解读也不奇怪，但之前的皇帝用迷信手段解除灾难的方法往往是自我惩罚，但王莽却是自我表扬，为自己的两个儿子封了王，这不能不说是一个创举，王莽实在是太有才了！

宫中专门望观云气的好几个人说，天上的云气象征着要大兴土木。王莽见各地盗贼很多，想对外显示自己是镇定自若、能建立万世基业的人，于是王莽颁布诏书，在长安城南新修一百顷的宫殿。为了做到身先士卒，率先垂范，王莽在前去巡视之时，还亲自举着工具筑了三下。大司徒王寻和大司空王邑手持符节，还有侍中常侍执法杜林等几十个人负责督建。

祭酒崔发、大长秋张邯劝王莽说："功德崇高的人讲究礼仪，应该把这项工程建得规模宏大，享誉全国，并使万代之后都无法超过它。"

王莽于是广泛征集全国的工匠前来修筑宫殿，并为他自称的九个直系祖先修筑九庙。分别是：黄帝庙、虞帝庙、陈胡公妫满庙、齐敬王田完庙、济北愍王田安庙、济南伯王王遂庙、元城孺王王贺庙、阳平顷王王禁庙、王莽之父新都显王王曼庙。

新建的这些宫殿和祖庙，极尽富丽奢华，穷尽了工匠的技巧。建筑全部建在较高的地方，周边较低的地方全部要用土方垫起来，工程耗费达数百亿，因劳累而死的奴隶和役夫有上万人之多。

有些方士说，当年的黄帝因为建了华盖而成仙升天，王莽于是就制造了一个九层的华盖，高八丈一尺（合今18.7米，约今六层居民楼高）。用黄金装饰车盖的构架，用鸟羽进行精美的装饰，用内设机械的四轮大车装载，套着六匹马，由裹着黄巾、穿着黄衣的三百名力士护卫，车上的人敲着鼓，拉车的人则大场呼喊"登仙"。王莽外出时，就让华盖在前面。心有不满的文武百官都私下议论说："这哪里是什么登仙的华盖，这分明就是灵车。"

当时全国战乱不断，水旱灾害频仍，许多地方颗粒无收，关东地区再次出现"人相食"的惨景。王莽于是派出许多大夫、谒者到全国各地，教老百姓把草、木煮成糊状，称之为"酪"，想让老百姓吃这个充饥。而木酪、草酪虽然外形上很像奶酪，但毕竟跟奶酪有着本质的区别，根本就不能食用。所以不但没有救活那些饥饿而死的百姓，反而造成了惊人的浪费。

因为全国极端缺粮，粮食异常昂贵，王莽没有其他的办法，于是又想用迷信的咒术来解决这个问题。他在大粮仓的门口设置卫兵，让卫兵两戟相交，称之为"政始掖门"（政治起始于宫廷之门），真是荒唐至极。

入关的流民有好几十万人，为了不让这些百姓活活饿死，王莽设置了养赡官，负责发放粮食给这些流民。但王莽所用非人，派去的使者与小吏相互勾结，自盗赈饥的粮食，结果导致十分之七八的流民被饿死。

早先的时候，王莽派中黄门王业监管长安的市场，王业品行低劣，常常倚仗权势向百姓低价收购商品，百姓遭受了惨重的损失却无可奈何。而王业却因为替朝廷节约了费用而立下功劳，被赐以附城（关内侯）的爵位。王莽听说城里的老百姓也吃不上饭，于是就向王业询问情况。王业说："那都是流民。"于是从市场上买来出售的精米饭和肉汁，拿到宫中给王莽看，他说："城里的居民现在都吃这些食物。"王莽相信了王业的鬼话，觉得城里的市民吃精米肉羹都说吃不上饭，真是要求太高了。

地皇四年（公元23）秋，当全国的农民起义已经如熊熊大火扑向长安，而新朝军队非败即降的时候，王莽又愁又惧，不知该如何应对。时任大司空的崔发出主意说："《周礼》及《春秋左氏传》记载，国家有大的灾祸时，用痛哭就可以镇服它（国有大灾，则哭以厌之）。因此，《易经》也说'先号咷大哭，然后欢笑'。应该呼喊，哀叹，禀告上天，以乞求援助。"

王莽无计可施，采纳了崔发的建议，然后率领群臣到长安南郊，举行哭天仪式。

王莽先向上天述说了新朝得到符命的经过，仰天说道："上天既然将天命授给臣王莽，为何不消灭天下的那些盗贼呢？假如臣莽有什么不对，那就请上天降下雷霆诛杀臣莽！"于是捶胸大哭，最后哭得实在哭不出声来了，就跪在地上叩头。

之后，王莽又写了祷告上天的策书，自陈自己的功劳。这道策书有一千多字，在讲求言简意赅的古时，这么多字数的策书也是并不多见的。

王莽见自己一个人痛哭效果不大，于是就把众儒生和平民集中起来，让他们从早哭到晚。而对于这些参加哭天仪式的人，朝廷的奖赏则是，为他们准备稀粥。这在当时已经是了不起的赏赐了，因为整个京城也缺粮，大哭一场就能得到食物，也不失为一种活命的办法，所以前来哭的人非常多。

而对于那些哭得非常悲哀的人和能够背诵策文的，就地任命为郎官，前后被任命为郎官的多达五千多人。打个不恰当的比方，这些人痛哭一场，就立马可以变成"中央国家机关的公务员"，试问谁不愿意哭呢？这些参与哭天的人专门由中常侍䃅恽率领、统管。

王莽应对农民起义所采取的荒唐措施，大抵如此。

在全国各地的诸侯和贫苦农民蜂拥而起反抗王莽的时候，王莽身边的亲信、近亲和大臣们也纷纷开始远离、背弃甚至是背叛王莽。一些正直有才能的大臣，因为坚持正确的主张而被王莽免职，而那些阿谀逢迎欺上瞒下的人，则受到重用，从而导致新朝面临的形势越来越严峻。

还是在汉哀帝即位后王莽受到丁、傅二家排挤离开长安回到封地新都之时，南阳太守因为王莽显贵，于是精心选择门下属吏、有美好德行的宛城人孔休担任王莽封国的相。孔休前去拜见王莽时，王莽礼节非常周到，亲自接待他，孔休也知道当时的王莽在朝野有着非常大的名声，于是便与他交往酬答。再之后王莽生病，孔休亲自侍候。王莽为了表达对孔休的感激，于是赠给孔休玉具宝剑，想以此与孔休结好。孔休不肯接受，王莽就说："确实是因为看到你脸上有瘢痕，而美玉可以祛除瘢痕，才想把剑上的玉饰送给你。"随即解下剑上的玉饰，孔休仍旧推辞。王莽说："你嫌它太贵重吗？"于是用椎击碎玉饰，亲自包裹起来送给孔休，孔休不得已，只好接受。等到公元前2年朝中的贤良极力颂扬王莽，汉哀帝不得不征召王莽到京的时候，王莽想见孔休，但孔休却称病没有见王莽，以示洁身自好，不愿攀附权贵。

王莽从执掌权柄的大司马一步步成为安汉公、宰衡、摄皇帝、假皇帝，直到替代汉朝建立新朝，成为真正的皇帝，全靠符命这种东西来欺骗大臣和老百姓。

既然王莽可以这么做，那么其他人也可以这么做。

王莽身边那些心术不正的钻营之徒，在帮助王莽当上皇帝的同时，也趁机制造有利于自己的符命文字，顺势提升自己的官职爵位，与王莽共享诈骗成果。

于是，一些人争相制作分封自己的符命呈献给王莽。王莽能够做皇帝靠的就是符命，在这个时候，他当然不能搞双重标准，选择性地说这些符命是假的。于是，许多人因此被封侯。

一些正直而不愿意这样做的大臣见面之后就相互戏谑说："唯独你没有天帝的任命书吗？"以此来讥刺新莽王朝的这种病态政治。

深受王莽器重、信任的大臣陈崇是个有远见的人，他向王莽进谏说："这些人用进献符命的方法封侯，开了奸邪之臣不择手段追求官爵名位的恶例，扰乱了天命，应该杜绝其根源。"

王莽也正对这些事情感到厌恶而无可奈何，经陈崇这么一说，王莽立即意识到，这种情形如果不禁绝，那么势必会引起天下大乱，如果人人都用符命封侯，那么天下将会变成什么样子,如果有张莽、李莽、赵莽制作了他们也要当皇帝的符命,那王莽又该如何?

于是王莽命令尚书大夫赵并去查处这些事情,如果不是五威将帅颁布的符命,那就全部下入狱中。因为按照之前的符命,五威将帅是天帝任命的使者,理论上来讲,只有他们发现的符命才是真的。

最初的时候,甄丰、刘歆和王舜等人作为王莽的心腹,积极为王莽掌权造势,替王莽歌功颂德,共同谋划为王莽取得了"安汉公""宰衡"等名位,并加封了王莽的母亲、两个儿子及两个侄子。作为回报,王莽对甄丰、刘歆、王舜等人的赏赐也是无以复加,多次为他们加官晋爵。甄丰等人富贵之后,并没有再往更高的层次想,也根本没想着让王莽摄政或当皇帝。

但这样的恶例一开,自然就会有人仿效。泉陵侯刘庆、前辉光谢嚣、长安令田终术等人于是萌发了让王莽摄政的想法,并制造了相应的符命。王莽其实也想摄政,这些人的做法,可说是正中王莽下怀。甄丰等人见状,于是赶快顺承王莽的心意,支持王莽做了摄皇帝。作为回报,王莽又对王舜、刘歆、甄丰等人进行了封赏。

甄丰等人的爵位在那个时候,已经达到了鼎盛,至少在他们自己看来,他们已经位极人臣,职位不能再高了;同时,他们也对刘氏宗亲和天下豪杰非常畏惧,生怕他们一旦起兵造反,就会使他们的富贵转眼消散。

而哀章这个人的所作所为,则彻底超出了甄丰等人的想象。他们以为只要他们不做这些事情,就没人会帮王莽再造符命。然而,他们想错了,在唾手可得的荣华富贵面前,没有人会无动于衷!

哀章制造了王莽当皇帝的铜柜符命,王莽于是据此做了皇帝,王舜、刘歆、甄丰等人除了在内心深处越发恐惧,已经没有了任何办法。

甄丰这个人素来性格刚强直率,不像王舜、刘歆那么有城府,所以他的疑惧马上就被王莽觉察到了。王莽于是将身为大阿、右拂、大司空的甄丰调职,假托符命任命他为更始将军,和卖饼汉王盛处于同一职务序列。

对于这个任命,甄丰感到非常生气,他为王莽出过大力,而如今却与一个未出过丝毫力气且鄙俗不堪的卖大饼的人毫无区别,这让他感到非常不平。

甄丰的儿子甄寻当时担任侍中、京兆大尹、茂德侯,他见自己的父亲被贬谪,于是就制作了符命,声称新朝应以陕县为界进行分封,以甄丰为右伯,太傅平晏为左伯,像周朝时的周公、召公那样。

甄丰制作的符命显然非常有水平，一来效法了周朝的制度，二来追慕了周、召两个圣人，而这些东西，都是王莽一直以来非常在意的。所以王莽没有表示任何异议，马上按照甄寻所做的这个符命，拜平晏、甄丰为左、右伯。

当甄丰将要述职西行、还没有动身之时，甄寻又制作了一个符命，说原汉平帝皇后黄皇室主是他的妻子。

什么叫画蛇添足，什么叫过犹不及，什么叫贪得无厌，什么叫自寻死路，甄寻此时的行为就是！他实在是缺乏作为一个出色演员知道该什么时候收手、什么时候戛然而止的精湛演技，演戏演过了头，照样会砸场子！

黄皇室主是什么人呢？黄皇室主是原汉平帝的皇后，王莽的女儿王嬿。人家好歹曾经是一国之母，甄寻是什么人，敢打这样的主意呢？并不是黄皇室主有多么的倾国倾城令甄寻一见钟情，甄寻真正想要做什么，王莽心里还不清楚吗？今天甄寻用符命娶了黄皇室主，明天他就会再造一个符命，让王莽把帝位让给他，到那个时候，王莽到底是听从还是不听从呢？

王莽自己本来就是靠欺诈的手段当上皇帝的，现在见甄寻做出这样的符命，心里立即怀疑大臣们是不是对他心怀不满，想用这种方法戏弄他，败坏他的名声和形象。正如陈崇所说，这样的做法如果再不禁绝，那谁知道还会不会有人制造出更加荒唐的符命？

王莽决定对甄寻等人还以颜色，以威慑那些蠢蠢欲动的大臣。他发怒说："黄皇室主本是一国之母，甄寻这么说，真不知道居心何在？"于是下令逮捕甄寻。

甄寻这才发现自己做过了头，于是赶快仓皇出逃，他的父亲甄丰恐惧之下，自杀而死。甄寻跟着一些方士去了华山，一年多以后被抓获。甄寻的供词之中，牵连到不少朝廷重臣，其中有国师公刘歆的儿子、侍中、隆威侯刘棻，刘棻的弟弟伐房侯刘泳，大司空王邑的弟弟掌威侯王奇，以及刘歆的学生侍中、骑都尉丁隆等人，此外受到牵连的公卿及其亲属、党羽及列侯以下的贵族，多达数百人。这些人最终都被处死。

因为这件事情受到牵连的，还有中国历史上大名鼎鼎的文学家、辞赋家扬雄。

扬雄字子云，蜀郡成都人。年轻的时候非常好学，博览群书，长于辞赋，但却有口吃的毛病。四十多岁的时候，扬雄游历到京师长安，因为文采而被见召，奏《甘泉》《河东》等赋，汉成帝时任给事黄门郎，王莽时任大夫，在天禄阁校理古籍。扬雄是继司马相如之后西汉最著名的辞赋家,有"歇马独来寻故事,文章两汉愧扬雄"之誉。刘禹锡的《陋室铭》中有"南阳诸葛庐,西蜀子云亭"句,"西蜀子云"就是指扬雄。

扬雄早年非常崇拜司马相如,曾模仿司马相如的《子虚赋》《上林赋》,作《甘泉赋》《羽猎赋》《长杨赋》,所以后世将他们并称为"扬马"。扬雄晚年对赋有了新的认识,他在他的《法言·吾子》中认为作赋乃是"童子雕虫篆刻""壮夫不为"(典故"雕虫小技"的由来)。扬雄还提出:"诗人之赋丽以则,辞人之赋丽以淫。"诗人(指屈原)的赋虽然华丽,却有一定的法度,不失讽喻意义;但辞人(指宋玉、枚乘等人)的赋却华丽得过分铺张,失去了讽谏的意义。把楚辞和汉赋的优劣得失区别开来。扬雄关于赋的评论,对赋的发展和后世对赋的评价有一定影响,并且对之后刘勰、韩愈的文论,也有一定的影响。

扬雄曾模仿儒家经典《论语》写了一部作品《法言》,意为作为准则而对事情的是非予以评判的言语。并模仿《易经》撰写了一部哲学著作《太玄经》,将源于老子之道的"玄"作为宇宙的根源和最高范畴,以"玄"为中心思想,构筑了宇宙生成图式,并探索了事物发展规律,强调如实地认识自然现象,认为"有生者必有死,有死者必有终",驳斥了阴阳家神仙方术的迷信。扬雄对古代汉民族"浑天说"这种宇宙观进行了发展(浑天说有别于盖天说,盖天说顾名思义就是天圆地方,天覆地载,天像一个穹庐盖着大地。浑天说是指地球就像蛋黄浮在蛋清上面一样,日月星辰都像蛋黄浮在蛋清这个"天球上",这与现代天文学天球的概念非常接近)。扬雄是汉朝道家思想的继承和发展者,对后世的影响非常大。

《法言》对董仲舒的哲学思想和当时流行的以谶纬经学为代表的神学目的论表示了怀疑和不满,反对方寸巫术、神仙不死等,对人类能否成为神仙并长生不老明确表示否定。扬雄对古代流行的天命五百岁一循环,五百岁有圣人出的神秘思想也不赞成。扬雄批判神学经学,目的是维护儒学的正统。他的这些思想,为后世的唯物主义哲学家所继承和发扬,促进了我国古代唯物主义哲学和无神论思想的发展。

当时的一些儒生,他们嘲笑扬雄不是圣人却作经,好比春秋吴楚国君僭越称王,应该是灭族绝后之罪。甚至当时非常有名望的刘歆都笑话他说:"现在的学者拿着俸禄,还连《易》都无法通晓,更别说是《玄》了,我怕后人会拿它去盖酱油坛子。"扬雄笑而不答。但与他同时而稍后的一位思想家桓谭却对他非常推崇，断定扬雄的著作将来一定会超过诸子。果然，在扬雄死后数十年的东汉，他的《法言》大行其道。

之前刘歆的儿子刘棻曾经跟着扬雄学写过奇字，所以他的供词中牵涉到了扬雄。当办案的使者前去抓捕扬雄之时，扬雄正在天禄阁上校书，他担心自己会陷入冤狱被杀，于是从阁上跳下，差一点儿摔死。王莽听说之后，诧异地说："扬雄一向不参与这种事情，为什么在此案中？"于是派人暗中查问，最终得知扬雄对甄寻等人所做的事情并不知情，于是下诏不再追究。

甄寻被杀之后，人们都盛传他的手纹中有"天子"字样，王莽割下他的胳膊到宫内仔细观察，看完后说："这是'一大子'，或者说是'一六子'。'六'就是'戮'的意思。这表明甄寻父子应当被杀戮而死。"（如果此时王莽不杀甄寻，那么甄寻娶了黄皇室主，之后再凭这个手纹做文章，他弄不好就会成为第二个王莽。）

王莽仿行当年的虞舜故事，把刘棻流放到幽州，把甄寻流放到三危，把丁隆杀死在羽山，都用驿车装载着他们的尸体送去。

史书上对王莽的相貌是这样描写的：他长着一张大嘴巴、短下巴、鼓鼓的金鱼眼，面色血红，声音大而嘶哑。因为身高只有七尺五寸（1.73米），所以经常穿着底子加厚的鞋，戴着高高的帽子，用硬的羽毛装饰衣服，昂首挺胸，居高临下，以显示他的威武和高大。

曾经有一个人因为具有特殊的技艺而在黄门待诏备用，有人就问这个人王莽长什么模样，这个人说："王莽正是人们所说的长着鹰的眼睛、老虎的嘴巴却发出豺狼声音的人，所以他能够吃人，最终也将被他人所吃。"

问话者听了之后就到王莽面前告发了这件事情，王莽大怒，处死了那个待诏之人，然后将告发者封爵。再之后，王莽常常隐蔽在云母屏面之后，亲信以外的人不能见到他。

王莽的堂弟王舜，在王莽建立新朝的过程中立下不小的功劳，因此王莽格外信任他，做皇帝之后，让王舜担任了太师。但王舜却在不久之后就患上了心脏病，病势加重死去。王莽没有忘记他的功劳，让他的长子王延继承了爵位，为安新公，次子王匡为褒新侯、太师将军。

此外，王莽又为太子设师友四人，称为大夫。分别是师疑、傅丞、阿辅、保拂这四师，胥附、奔走、先后、御侮这四友。

又设师友祭酒和侍中、谏议、《六经》祭酒各一人，共九名祭酒，级别为上卿。

王莽派使者携带安车、印绶，前去楚地拜汉朝的老臣龚胜为太子师友祭酒，但生性高洁的龚胜却不愿与王莽同流合污，他拒绝了王莽的征召。王莽再派使者和郡国的人前去威逼利诱，龚胜最终绝食而死。

王莽本人是靠欺诈的手段当上的皇帝，所以在他建立新朝之后，对手下的大臣戒备森严，处处限制、剥夺臣下的权力。大臣们之中，谁能主动攻击其他的大臣，谁就能得到重用。所以孔仁、赵博、费兴等人，由于敢于攻击大臣，最终得到王莽的信任，让他们担任了重要职务。

公卿大臣进入皇宫时，他们的随员不得超过一定限额。有一次，太傅平晏的随员超出了定额，掖门仆射严厉地责问平晏，口气非常不好。平晏的手下大怒，他的戊曹士将仆射逮捕并拘押起来。王莽得知这件事情后非常生气，派执法出动几百名车骑包围太傅府，逮捕了平晏的戊曹士，当场处死了他。

大司空王邑的一个士夜间路过奉常亭，亭长厉声盘问他，司空士将自己的官职告诉了亭长，亭长当时喝醉了酒，醉醺醺地说："这么说来，你有符命和通行证件啰？"司空士非常生气，用马鞭打了亭长，亭长大怒，把司空士砍伤后逃走了。郡、县开始追捕亭长。亭长的家属为此上书，王莽说："亭长是公事公办，不要追捕了。"大司空王邑只得忍气吞声，将自己的手下斥责一番，然后向王莽谢罪。

国将哀章本来就是个行为不端的人，因进献让王莽称帝的铜柜符命而飞黄腾达。江山易改，秉性难移，哀章富贵之后，之前的老毛病仍是一样不少。王莽为他选设了一个监督他的和叔，下令说："不仅要监护国将一家，还要监护他在西州的亲属。"朝中的大臣因此被王莽轻视、苛待，当然哀章是重点防范对象。

估计当时王莽的心里就在嘀咕：他怎么会跟这些品行低劣不成器的人在一起？可是王莽怎么不想想，要不是这些品行低劣的人顺着他的心思制造符命，他能取代汉朝建立新朝吗？

王莽认为制度一旦确定，天下自然就会安定，所以他把他的心思和精力都放在了怎样修改制度上，他追求的是言辞的优美，看是否符合儒家经典，而至于制度最终能不能施行，施行起来效果怎样，根本不做考虑或是考虑得很少。因为这个缘故，许多制度可说是几天一变甚至是一天几变。王莽所建的新朝，行政效率由此低得可怕。大臣们清晨入宫，一直到傍晚才能出宫，而一些事务却连年不决，根本没有时间去处理案件、为有冤情的百姓平反昭雪。

县里的县宰空缺的，连续几年由郡太守代理，所以贪赃枉法现象一天比一天严重。由朝廷派到各郡国的中郎将和绣衣执法，本来是监督各郡、县的奸邪之事的，可是这些人却倚仗权势，到处检举揭发，干些诬告陷害的事情。

另外，十一公的士到各地劝课农桑，发布季节性的政令，并检查各类制度的执行情况，他们的车马冠盖相望，在路上纵横交错，到了地方之后，就召集官、民问话，逮捕见证人，在郡县搜刮财物，层层索求贿赂，颠倒黑白，等候在朝廷诉苦鸣冤的多得不计其数。

王莽清楚地知道，自己以前是靠专权而夺取汉朝政权的，所以在他当皇帝之后，尽量独揽各项事务，朝廷的各部门只是按他的指令照办，得过且过。那些保管宝物、钱币、粮食等重要部门的官员，都由宦官担任；官吏、百姓有秘事上奏的，由宦官左右打开，尚书不得而知。王莽对大臣的戒备，就达到了这种程度。

王莽对下属官吏的行政干预也非常严重，本应该由下属官员办理的事，这些人总要反复请示后，才按他的指示去办，旧的还没有办结，新的规定又到了，下属只好又去请示，各种事务前后混杂，纠缠不清。而这样导致的结果就是，贵为皇帝的王莽常常熬油点灯忙到天亮，还是不能把事情处理完。

那些尚书见状，于是趁机把一些奏章扣下来拖着不办，许多上书后等待答复的人，连续几年不能离开长安，关在郡县狱中的人都要遇到大赦才能出狱，首都的卫戍士兵已有三年没有更换。

粮价一天比一天贵，那些被王莽派去讨伐匈奴、句町的将士数十万人，常常是粮草不继，衣装不齐，负责这些事情的官吏为此愁苦不堪。

在"六筦"制度施行期间，因为具体操作的官吏都是一些巨奸大猾，因此侵犯了平民百姓的利益，因违反法令被处死或判刑的人非常多。纳言冯常发现了其中的弊病，于是就向王莽进谏，王莽大怒，免去了冯常的职务。

大司马司允费兴被任命为荆州牧，王莽召见他，问他到荆州后该如何施政。费兴回答："荆州、扬州的百姓大多都凭借山泽，以捕鱼和采集为生。之前国家设六筦，收山泽税，妨害并侵夺了百姓的利益。我到那里之后，将颁布命令，通告盗贼，让他们回到田间，借贷犁、牛、种子和粮食给他们，放宽租赋，希望这样可以使盗贼们解散并得到安抚。"

费兴的方略，可说是当时能够安抚百姓的不二之选，如果真按费兴的办法去施政，各地的盗贼几乎都可以不剿而灭。可惜王莽听不进去，不仅不听，还在大怒之下将费兴免职。

全国的官吏因为得不到俸禄，都开始非法牟利，郡尹、县宰家里累积千金。王莽发觉这样现象后，下诏查办这些贪污受贿的官吏，并派使者到各地，动员下属检举揭发上级、奴婢告发主人，想借此禁止这股不正之风，但贪污之风却越来越盛。

王莽的孙子王宗，被封为功崇公。王宗认为自己的父亲王宇之前曾被立为太子，虽然后来被杀，但将来王莽死后自己继承皇位的可能性极大，于是就画了一幅自己的肖像，画像上身着天子衣冠，并刻了三枚僭越的印章，因此而犯下重罪。此外，王宗的舅父吕宽一家原来被流放到合浦，王宗暗中与他们交往，这些事情被发觉之后，王宗畏罪自杀。王莽非常生气，下诏责备死去的王宗有非分之想，并降低了他的爵位、名号。

王宗的姐姐王妨是卫将军王兴的夫人，她祈祷鬼神向婆母降灾，又杀死奴婢以灭口。事情败露，王莽派中常侍䃅恽对王妨进行责问，并以此斥责王兴，王兴、王妨夫妇全都自杀。事情牵连到司命孔仁的妻子，孔仁之妻也自杀。王兴死后，王莽任命直道侯王涉为卫将军。王涉是曲阳侯王根的儿子。王根在汉成帝时担任大司马，病重时举荐王莽接替他，王莽因此非常感激王根。王莽认为曲阳这个名字不好，看上去好像之前的王根不正直似的，于是就追谥王根为直道让公，让王涉继承了他的爵位。

地皇二年（公元21）正月，王莽的原配妻子死了，谥号为"孝睦皇后"。

王莽的妻子活着的时候，因为王莽接连逼死两个儿子王获、王宇，所以在长时间的哭泣之中导致双目失明。王莽于是让封为皇太子的第四子王临住在宫中，侍奉他的母亲。

王莽与他妻子的婢女原碧私通。而在王临前来侍奉母亲的这段时间里，王临也和原碧通奸。王临、原碧担心事情有朝一日败露会招来杀身之祸，为了自保于是一起谋划杀死王莽。

王临的妻子刘愔是国师公刘歆的女儿，她会占星术，于是告诉王临说："宫中将有丧事。"王临听了之后非常高兴，以为他和原碧的计划能够成功，于是就抓紧谋划此事。

结果因为意外，王莽将他任命为统义阳王，夺去了太子的名号，之后将他迁到宫外的住宅，王临因此非常恐惧。

王莽妻子的病越来越重，王临向他母亲写信说："皇帝对子孙要求非常严厉，以前，王宇和王获都是三十岁死的。我今年也刚好三十岁，实在担心一旦母后不在了，不知我会死在什么地方！"

王莽前去探望生病的妻子，看到王临的这封书信非常生气。王莽据此怀疑王临对他有恶意，于是不让王临参加他母亲的丧礼。

安葬妻子之后，王莽拘捕原碧等人审问。重刑之下，原碧承认了和王临通奸、并谋划杀死王莽的罪行。王莽又羞又恼，不想让这件事情传出去，于是派人杀死了审案的官吏和随从，并将他们埋在狱中，这些人的家属都不知道他们去了哪里。王莽赐给王临毒药，王临不愿喝毒药，用刀剑自刺而死。

王莽派人颁布策书，赐给王临"缪"的谥号，意思是名实不符。之后，王莽又下诏苛责国师公刘歆说："王临本来不知星象，事情都是因刘愔而起的。"于是王临的妻子刘愔也被逼自杀。

王临被杀没几天，他的哥哥新仙王王安也病死。这样一来，王莽正妻所生的四个儿子就全都死了。

之前王莽受封为新都侯时，宠爱三个侍婢增秩、怀能、开明。其中怀能为他生下一个儿子王兴，增秩为他生下一个儿子王匡、一个女儿王晔，开明为他生下一个女儿王捷。因为这几个子女都不是正妻所生，所以王莽将他们留在了新都封国内。

当王安病重之时，王莽意识到自己已经没有嫡子了，于是以王安的名义写了一封奏章，命人代他上奏说："王兴等人虽然母亲寒微，但他们的身份却是皇子，不能抛弃。"

王莽将这封奏书拿给大臣们看，大臣们都说："王安和兄弟友爱，等到春夏时节，马上为他们加上封爵。"于是朝廷派出使者，用公车迎来王兴等人，封王兴为功修公，王匡为功建公，王晔为睦修任，王捷为睦逮任。

王莽的孙子功明公王寿也在这个月病死，一月之内，王莽家就死了四个人。这在当时的一些人们看来，显然是王氏将要灭亡的不祥之兆。

公元21年，王莽派太师牺仲景尚、更始将军护军王党等人率军讨伐青州、徐州等地的赤眉军，但这些人不仅没能打败赤眉军，反而放纵军士沿途掳掠，百姓深受其苦。

因为之前魏城郡的方士王况替大尹李焉写了一部谶书，说"荆楚将兴起、李氏为辅佐"，王莽就想用迷信方法镇服这一谶言，于是任命侍中、掌牧大夫李棻为大将军、扬州牧，赐名李圣，派他率兵攻击扬州等地的盗贼。

可是旧的盗贼没有剿灭，新的盗贼却又陆续出现。

这一年，南郡造反的秦丰，他的部众也达到了上万人。平原郡有个女子叫迟昭平，也在黄河险要之处聚集了几千人。

王莽召集群臣询问擒贼的办法，大臣们都不敢说实话，而是欺骗他说："这些人只不过都是些行走之尸，过不了多久就会自行灭亡。"

前左将军公孙禄被召来参加会议，公孙禄毫不客气地说太史令宗宣把凶兆作为吉兆，扰乱了天文，贻误了朝廷；说太傅平化侯唐尊虚伪做作、沽名钓誉；张邯、孙阳提出的井田制使人民失去了土地产业；羲和鲁匡设立六筦，使工商业者无以谋生；说符侯崔发阿谀奉承，使下情不能上达，应该杀了这几个人以告慰天下。此外，公孙禄认为不应该与匈奴开战，而应该与匈奴和亲，他认为新朝的心腹之患并不是匈奴，而就在国内。

应该说，公孙禄所说的大部分内容是正确的。但是，只要是真话，在王莽看来，那就是对他诏令的强烈质疑，是对他权威的挑战。王莽非常生气，命令卫士把公孙禄架了出去。

但王莽也从公孙禄的话中意识到，老百姓确实对"六筦"之法感到不满，为了平息众怒，王莽于是让鲁匡当替罪羊，把他贬为了五原郡的卒正。

王莽改制导致天下大乱之初，各地的老百姓都是因为饥寒、穷困、受株连而去做盗贼的，他们平时聚集成群，但到了年成丰收的时候，便想回乡安居，毕竟绝大多数的百姓都是非常善良的，他们的要求也不高，只是想吃饱肚子而已。

所以，有些盗贼群体人数达到了上万人，却只是称巨人、从事、三老、祭酒，不敢攻占县城，只是游动地抢劫求食，只希望每天吃饱而已。若非万不得已，他们根本不敢杀死郡、县的官吏。但王莽对这些老百姓的性质，显然缺乏明确的认识。

这一年，大司马士前往豫州办案，路上被这些所谓的盗贼捕获，但盗贼们却并没有伤害他，而是把他送交给县衙。大司马士劫后重生非常感慨，回朝之后，上书说明了这一情况。他在对王莽的上书中说："我责问许多盗贼：'你们为什么要这么做？'这些盗贼都说：'因为贫穷饥饿。'最后，这些盗贼还护送我离开。"

王莽看了之后大怒不已，认为大司马士是在故意歪曲他的政策并羞辱他，下令将大司马士投入监狱。之后，王莽下诏斥责相关官吏，认为这些盗贼合谋结党达到成千上万人，这是严重的叛逆行为，根本不是什么因为饥寒而为盗。各郡、县的官吏如果还不齐心协力消灭群盗而说什么"饥寒起盗心"的，一律逮捕查办。

诏令一下，官吏们更加恐惧，谁也不敢报告当地盗贼的实情。朝廷又不准擅自发兵讨贼，盗贼从此更加无法制服。

但这里面有一个人例外，这个人就是翼平郡（今山东省潍坊市诸城市）连率田况。

田况这个人的初次亮相并不怎么光彩。公元19年，关东等地干旱数年，许多老百姓连吃饭都成问题，而田况却上奏说，郡县对百姓的财产估算不实。王莽见田况上奏，于是便按三十税一的税率，又征了一次税。

田况所说的情况，在某种程度上未必是假，因为郡、县对许多诸侯、地主的财产，当然估算不实。可是王莽多征一次税，受害更多的，却是平民百姓，所以老百姓没有一个不痛恨咒骂田况的。青州、徐州的大部分平民，都背井离乡开始逃亡，老弱者死在路上的不计其数，青壮年都去做了盗贼。而田况却被王莽赐钱二百万，爵位升为伯爵，理由是王莽认为田况忠心忧国。所以田况这个人熟悉地方的情况，也敢作敢为。

田况见盗贼横行，于是征发郡中十八岁以上的百姓四万多人，发给库存的兵器，让他们跟着他共同抗击盗贼。赤眉军听说之后，便不敢进入翼平境内。

对于自己擅自做主的这种行为，田况主动上奏弹劾自己。目的当然非常明确：自己虽然违反了王莽的命令，却立了功，形势已迫在眉睫，不这么做已经不行了。

王莽下书责备他说："我并没有赐给田况虎符，而田况却擅自发兵，这是弄兵，其罪行和贻误军机同等论处。鉴于田况声称一定能消灭盗贼，暂不追究罪责。"

田况的自我弹劾达到了他的预期目的，所以后来，田况又请求越过翼平辖境去攻打盗贼，所到之处都取得了胜利。

因为田况有这样的才能，于是王莽用玺书命令田况担任青州、徐州两州的州牧。

田况并不真正了解王莽的心意，他错误地以为王莽有重用他的意向，于是向王莽上奏说："盗贼刚刚起兵时，基础非常薄弱，单靠地方基层官吏和乡兵是无法擒获的。问题在于：县级主要官吏不在意，县里欺骗郡里，郡里欺骗朝廷，明明盗贼有上百人，却谎称只有十人；明明有上千人，却说只有百人。朝廷对此也不够重视，没有立即督查和严令，以致盗贼发展到横跨各州，这才派遣将帅、多发使者，乘坐驿车督促。郡县尽力讨好上司，对上司的问话巧言应付，提供酒食，准备用品，以逃脱自己的死罪，没有时间再去担忧盗贼、处理公务。将帅又不能亲自为官兵做表率，一作战就被盗贼打败，士气越发低落，白白消耗了民力财力。不久之前，朝廷下发了赦令，盗贼将要解散，可是有些官吏竟又对他们进行拦击，盗贼惊慌地逃进山谷，相互转告，这样，各地已经投降的盗贼都更加惊恐，他们担心被朝廷用欺诈的手段消灭，又由于处在饥荒中容易被煽动，于是十天之内又聚集了十几万人，这就是盗贼很多的原因。现在洛阳以东，一石米贵到了两千钱，就这还不一定能买到。我见诏书上说，将要派出太师和更始将军。这两人是朝廷的重臣，一定会多带随员，而一路上财力空竭，无法供给；如果随员太少，又不足以向远方宣示威力。应该赶快选择州牧、大尹以下的官员，明定赏罚，让他们将残破的乡村中的居民集中起来，把没有城郭的诸侯封地内的老弱者迁移到大城市中安顿，积藏粮食，合力坚守城池。盗贼来攻城，不能攻下来，所过之处又找不到粮食，势必无法继续群聚。这样一来，只要招降，他们必定来降；只要进攻他们，他们必定会被消灭。现在徒劳无益地大量派遣将帅，郡县为此苦不堪言，反而比盗贼还要可怕。应该赶快把派出的使者全部召回，让郡县得到休整并安宁。如果把平定二州盗贼的任务交给我，我一定平定他们。"

田况能够提出这样切合实际的办法，足证他有平定盗贼的能力。但田况的才能显然令王莽感到猜忌，不仅猜忌，而且厌恶。所以王莽不仅没有同意田况的作战方略，反而暗中命令他人前去取代田况，让使者赐给田况玺书。

使者抵达之后，见到田况，命令取代他的人接掌田况手下的军队。田况于是随使者前往长安，到达京城之后，田况被任命为一个闲职师尉大夫。

田况离开后，齐地随即被赤眉军所占领。

地皇三年（公元22）正月，太师牺仲景尚被赤眉军所杀，东方的形势越来越严峻、混乱。当年四月，王莽于是派太师王匡（王舜之子，不是王莽的庶子）和更始将军廉丹东征。

大军出行之日，王莽带领大臣们在京城门外为他们祭祀路神并饯行时，碰巧下起了大雨，把士兵们的衣服都淋湿了。一些上了年纪的老人因此叹息说："这是上天在为出征的军队哭泣啊！"

王匡和廉丹共率领十几万精兵，所过之处放纵士卒劫掠扰民。东方的老百姓非常痛恨他们，编唱歌谣说："宁逢赤眉，不逢太师。太师尚可，更始杀我。"宁愿遇到赤眉军，也不愿遇到太师王匡的兵，太师王匡的兵丁尚且可以应付，更始将军廉丹的兵卒却要杀死我们。

发生的事情,果如之前的田况所料!

其时,关东地区旱灾、蝗灾和饥荒接连不断,出现了人吃人的惨景,王莽于是派使者打开粮仓,救济贫民。但各地库存的粮食也非常有限,于是王莽又下令开放山泽,让百姓自由捕鱼、砍柴等,不再向他们征税,但为时已晚。

其时,南方的下江兵势力越来越大,新市(今湖北省荆门市京山县)的朱鲔、平林(今湖北省随州市随县东)的陈牧等再次聚集了他们的部众。王莽于是派大将军孔仁前去镇抚豫州,派纳言、大将军严尤和秩宗、大将军陈茂前去平定荆州。让他们各带随从官吏一百多人,到各自的军事管辖区之后再招募士兵。

严尤对王莽这样的做法非常不满,他在陈茂面前抱怨说:"派遣将军出征却不授给兵符,必须先请示之后才能行动,这就好比把名犬'韩卢'捆起来却要让它去捕兽一样啊。"

当年冬天,无盐县的索卢恢等人举兵占据县城反叛。廉丹、王匡攻克了县城,杀死一万多人。王莽获悉后非常高兴,派中郎将捧着玺书慰劳廉丹和王匡,把他们的爵位升为公爵,并封赏立下军功的十多名官吏将士。

其时,赤眉军将领董宪等人的部队数万人在梁郡活动。王匡想乘胜进攻他们,而廉丹则认为时机不成熟,他们刚刚攻杀索卢恢等人,士卒非常疲惫,需要进行休整后再进军,但王匡却不听。他是王莽的侄子,再加上年少轻狂,刚刚攻下了无盐县,所以根本不把赤眉军放在眼里,自然也听不进老将廉丹的话。

王匡见廉丹不同意出兵,于是独自带着本部兵马进发。廉丹虽然军事经验比王匡丰富,但无法节制王匡。他见王匡独自带兵前去,担心王匡有个闪失不好向王莽交代,只好带兵随后进军。

新兵与赤眉军在成昌(今山东省泰安市东平县西)相遇并交战,新兵大败,王匡逃走。廉丹派军吏带着自己的印绶前去交给王匡,并向他传话说:"小孩子可以逃走,我不能逃走。"于是迎战追击王匡的赤眉军,最终战死在阵中。

廉丹虽然在约束军队方面声名不佳,但毕竟是多年的老将了,并且常常纵容将士劫掠百姓而使他们得益,因此在军中得到了一些将士的支持。他战死之后,他的一些部下听到消息都非常伤感。校尉汝云、王隆等二十多人正在别处作战,惊闻廉丹战死,都说:"廉公已经死了,我们还为谁活着呢?"于是策马冲向赤眉军,最终全部战死。

廉丹战死的消息传到长安,王莽既感到忧惧,又感到悲伤,下诏赐给廉丹

"果公"的谥号。再之后，王莽派国将哀章前往山东，与王匡合力攻打赤眉军，又派大将军阳浚防守敖仓，司徒王寻率十几万人屯洛阳，镇守南宫，大司马董忠在中军操练士卒，大司空王邑兼三公之职。

　　大司徒王寻从长安出发，在霸昌宿营，结果不小心遗失了黄金斧钺。王寻手下有个名叫房扬的士人素来轻狂直率，于是他大哭说："这不就是经书上所说的'丢失了利斧'吗？"然后自我弹劾而去。王莽听说之后，非常懊恼，他素来对经典上的这些描述非常在意，几乎认为就是上天的昭示，如今房扬这么说，更让他认为上天已经预示着他要失败了。于是王莽在气急败坏之下，派人打死了房扬。

　　其时全国各地的农民起义军越来越多，势力越来越大，随便一路起义军，人数都在几万人上下。王匡等人多次与起义军交战，但都未能获胜。

　　王莽知道天下百姓已经不再信服于新朝，他已经穷尽所有的手段，但还是无法让天下安定，让百姓过上安稳日子。为了挽回败局，王莽于是派出风俗使者前往全国各地，宣布废除井田、奴婢、山泽等"六筦"的禁令，即位以来所有下发的对百姓不利的诏令，全部收回。

第四十九节　绿林赤眉、兵败昆阳、城破身死、重评王莽

王莽废除禁令显然是太迟了，遍地农民起义大火，已成无可遏制之势。南阳郡舂陵乡人（今湖北省襄阳市枣阳市）刘秀和他的哥哥刘縯，宛城的李通等人，率领舂陵子弟好几千人，联合新市、平林的朱鲔、陈牧等人，攻下了棘阳县（今河南省南阳市新野县）。

严尤和陈茂虽然打败了下江兵，但无法挽回新莽朝溃败的大局。

地皇四年（公元23）正月，绿林军联合之前被严尤、陈茂击败的下江兵首领王常等人，攻打前队大夫（南阳郡太守）甄阜和属正梁丘赐，把他们全部攻杀之后，消灭了他们的部队好几万人。新朝一方丧师失地，而绿林军一方则越战越勇。

最初，青州、徐州的老百姓因饥饿和刑罚等聚集起来造反之时，虽然人数有十几万人，但都没有文书、官号和旗帜等标志，京城的官吏百姓听说之后都感到非常奇怪。有一些好事者对王莽不满，知道王莽喜欢附会古代的制度，于是就说："这岂不是古代三皇治世之时没有文书、官号、谥号的那种情形吗？"

王莽心里也非常奇怪，于是就问大臣们是怎么回事。大臣们没有一个人能回答得上来，只有严尤回答说："这根本不足为怪，自黄帝、商汤、周武王指挥军队出征，都一定会有军队的建制和有别于他人的旌旗和号令。现在这些盗贼没有文书、官号和旗帜，说明他们确实是因为饥饿至极而相聚为盗，就像狗和羊群聚一样，他们根本不知道建立官号、宣传政见和树立旗帜的道理。"

王莽听了非常高兴，大臣们也非常佩服严尤的见识。严尤虽然在王莽面前诬

蔑被迫起义的饥民为犬羊，但他对整个起义军性质的把握，还是非常准确的，所以说，王莽如果要选任平叛的将军，严尤和田况这样的人应该是不二人选，只可惜，王莽根本不信任他们，所以，也就注定了新朝军队的屡战屡败。

到得后来，刘縯等人起兵之后，都号称为将军，攻城略地，杀死甄阜之后，都发布文书宣传他们的政见。这个时候的起义军，性质已经起了质的变化，他们不再是因饥饿而相聚的"犬羊"了，他们是有组织、有目标、有纲领的战斗集体了。

刘縯率兵大败南阳郡兵之后，趁胜包围了南阳治所宛城（今河南省南阳市）。

三月初一，绿林军三股势力平林兵、新市兵、下江兵首领王常、朱鲔等人，撇开舂陵兵中名望较高的刘縯、刘秀兄弟，共同拥立西汉宗室刘玄为帝，恢复汉朝的国号，改年号为更始，并任命百官。绿林军所建的更始政权，为了与之前的西汉和之后的东汉有所区别，被历史学家们称之为玄汉政权（因为更始帝叫刘玄）。因此，后文中就将玄汉政权的军队（包括刘秀刘縯等人的舂陵兵）称之为"汉"军，以与新莽朝的"新"军及北方的赤眉军相区别。

消息传到长安，王莽更加恐惧。为了对外显示自己的镇定，并稳住大臣们，王莽于是将自己的头发和胡须全部染黑，以显示自己越来越年轻，精力非常旺盛，还能控制整个天下和战争大局。而这个时候的王莽，其实已经六十九岁了。虽然他一直以来保持着清心寡欲、节俭勤勉的本色，但上天毕竟不会让哪一个人长生不老、青春永驻。

还是在王莽的妻子过世之时，有人就献上符命，建议王莽再立新皇后，并对他说当年的黄帝就是靠一百二十名女子而得道成仙的。王莽很想像黄帝那样成仙得道，于是就派谒者到全国各地去采选年轻貌美的女子到皇宫。

此时，王莽将这些征选来的美女全部引入宫中，立杜陵的史氏女子为皇后，送去黄金三万斤为聘金，车马、奴婢、各种绢帛和珍宝等数以亿计。

当年王莽的女儿王嬿被立为汉平帝皇后之时，按照礼节，皇后的聘礼为黄金两万斤，也就是两亿钱（一斤黄金兑换一万钱）。那个时候的王莽，不停地辞让，最终只接受了四千万钱，还把其中的三千万分给了其他的媵妃家，以显示他的淡泊、节俭、谦让。而这个时候的王莽自己娶皇后，却毫不吝惜地拿出了三万斤黄金。到底是当初节俭的王莽此时变得爱慕虚荣了，还是当年节俭谦让的王莽本来就比较虚伪，这确实是需要历史学家们认真考量的一个问题。

在新娶的皇后之外，王莽又设置了和嫔、美御、和人三人，爵位比照三公；嫔人九人，爵位比照卿；美人二十七人，爵位比照大夫；御人八十一人，爵位比照元士。这些妃嫔加起来，总共是一百二十人。

史皇后的父亲史谌被封为和平侯，任命为宁始将军，史谌的两个儿子都被任命为侍中。之后，王莽下令全国大赦，却明令不赦刘缤及其族人，还有亲手杀死廉丹、甄阜、梁丘赐的人。同时确定赏格，宣称凡是能捕获上述这些人的，都封爵上公，食邑万户，并赐宝货五千万钱。

王莽又诏令太师王匡、国将哀章、司命孔仁、兖州牧寿良、卒正王闳和扬州牧李圣迅速推进所率领的州郡兵三十万人，围剿青、徐二州的起义军（赤眉军）。纳言将军严尤、秩宗将军陈茂、车骑将军王巡、左队大夫（颖川郡太守）王吴迅速推进所率的州郡兵十万，追剿南面的汉军。王莽还恐吓说，大司空王邑之前东征也取得了胜利，西伐也取得了胜利，如果盗贼还不解散，就要派非常厉害的王邑率百万大军前去剿灭他们。之后，王莽派七公干士隗嚣等七十二人到各地宣传赦令。但隗嚣等人出了长安城之后，就全部逃亡了。隗嚣是天水成纪人（今甘肃天水市秦安县），后来在上邽（今甘肃省天水市）一带割据，《东汉》一章中讲。

公元23年四月，刘秀和王常等人率领另一支汉军进攻颖川郡，攻克了昆阳县（今河南省平顶山市叶县）、郾县（今河南省漯河市郾城区）和定陵县（漯河市舞阳县北）。王莽得知消息后更加恐惧，派大司空王邑前往洛阳，与司徒王寻调动各郡部队上百万人，号称"虎牙五威兵"，以期平定关东。

为了让王邑有更多的自主权，王莽给予了王邑、王寻自行封爵的权力，并将前线的军政大权完全交付王邑。

随后，王莽又任用征召而来的通晓六十三家兵法方略的人有一百多人，把他们都任命为军吏，让这些军事家跟随王邑赶赴山东战场。（从后来发生的情况看，王邑拒谏饰听，所以这些精通兵法的人，就算是确有真才实学，但所起的作用还不如一个最低级的参谋。）

同时，王莽把库藏的物资全都拿出来交给王邑，让他多带珍奇异宝和虎、象猛兽，试图以朝廷的富庶和军队的雄壮，震慑山东地区。

王邑到达洛阳后，各州郡分别选派精兵，由州牧、郡守亲自率领前来。截至昆阳大战前夕，与王邑会合的郡兵有四十二万人，其余的还在路上源源不断地前来，各路军队的旌旗和运送粮草辎重的车辆，绵延千里不绝。

那个来自昭如海滨的巨人巨无霸，此时被任命为守卫营垒的校尉。身材魁梧高大的他全副武装站在营寨门口，就像一尊天神一般。

此外，新军又把一些经过驯养的老虎、豹子、犀牛、大象集合起来，披挂整齐排列在大军阵前，这些猛兽和高大的巨无霸相互映衬，猛一看上去就像是天兵神将下凡一般。这样的效果，也确实就是王莽想要的。一直以来，他都追求这种特别能震慑别人的阵势，并试图通过这些表层的东西产生一种无坚不摧、无往而不利的神力，从而使他无敌于天下，并拥有别人无论如何也不能抗拒的权威。

新朝一方参与会战的战车、兵器、人马之盛，真是自古以来出兵很少有过的。

自古以来出兵很少有过这样的情形，那就说明新军的这种出兵模式不符合战争的规律！

五月，王邑与王寻从洛阳出发，想去宛城攻打刘縯，于是取道颍川郡，途经昆阳县。昆阳城此时已被刘秀等人攻克，由汉军驻守。

纳言将军严尤、秩宗将军陈茂与王邑、王寻会合，王邑下令大军将昆阳城团团包围。

严尤感到这种战法极为不妥，于是就劝王邑说："称尊号的人（指已经称帝的刘玄）在宛城，应该带领大军迅速向宛城进发。如果攻下宛城，其他城邑就可以不战自平。"

严尤毕竟是一名实战经验非常丰富的将领，非常明白擒贼擒王的道理，尤其是对已经称帝的义军首领，如果迅速擒获或是斩杀，对其他的义军来说，无疑是最为有力的震慑。

但王邑却说："我们率领百万雄师，所过之处，应该全部予以消灭，今天如果屠灭昆阳城，踏血前进，前面欢歌，后面起舞，难道不是很痛快吗？"从而否决了严尤的建议，之后以几十层兵力把昆阳城团团包围。严尤见王邑不采纳他的意见，只能暗暗叫苦。

面对大军压境，城中的汉军非常绝望，于是向王邑请降，却被王邑拒绝。

昆阳城中的汉军虽然不多，但昆阳城却非常坚固，很不容易攻克，而留给新朝将士的时间却并不是很多，因为长安城中的王莽已经焦头烂额，迫切需要一场较大的胜利来给自己和新朝的大臣们打气。

严尤知道这样下去新军将会失去战场的主动权，于是又对王邑说："兵法上讲，'对撤退的敌军，不要阻止，围城时，要留下一个缺口'，让城中的盗贼逃出城去，以震慑宛城。"严尤所说的话，在兵法上叫作："归师勿遏，围师必阙。"这都是至理名言，也完全符合昆阳城下两军作战的实际，可是王邑固执己见，还是没有采纳。

而在这段时间里，从昆阳城突围而出的刘秀等人发动了郾县、定陵县的全部士兵七千多人，前来增援昆阳。王邑、王寻非常轻视这些不足一万多人的援军，于是亲自率领一万多人巡视战阵。

王邑担心接仗之后其他的郡兵自乱阵脚，于是下令各营没有接到命令之前，都不得轻举妄动。之后，王寻率领一万多人独自上前迎击刘秀率领的援军。

从军事常识上来讲，王邑围城打援，这是没有错的。但是，身后四十多万的兵力闲着不用，只带一万多人上前与对手接仗，这就势必会给上阵的将士带来这样的心理暗示：反正后面还有那么多人，谁都不能太拼命，败了自有后面的人上来接着打。

而战场上，狭路相逢勇者胜，最怕的就是一方的将士抱着这样的心态。

结果，战斗一开始，一万多新军竟然被求生心切、士气高昂的汉军打得大败。其他各营将士又不敢擅自上前救援，王寻最终被汉军杀死。

昆阳城内的守军见新军战败，于是迅速出城，和刘秀带来的援军内外夹攻新军，新军立时大乱，王邑无法有效指挥这一支庞大的队伍，只得率领部下逃走。剩余新朝大军立时陷入更加无序的混乱之中。

其时狂风大作，大雨如注，新军士卒狂呼乱叫，随行的虎豹战栗乱窜，许多战马因此受惊乱奔，士卒四散奔逃。从各郡来的州郡兵，见朝廷兵马战败，为了避免同时遭到覆灭，于是各自回了自己所在的郡。大名鼎鼎的巨无霸，就在这一场著名的战斗中，死于昆阳城下的乱军之中。

当年的汉高帝刘邦，若论军事水平和实战经验，毫无疑问要比此时的王邑高出许多个层级，可是他在公元前205年五月率领五路诸侯五十六万大军攻占彭城之后，却被项羽所率的三万精兵打得大败，最后仅带数十骑狼狈逃回。所以说有时候两军对垒，并不是人数越多越好，而是看能够精确指挥的有效兵力究竟是多少。

当年韩信断言刘邦最多只能带十万兵力，这是个准确的定位，也是绝大多数的将领带兵的上限。一旦超出这个限度，主帅的指挥就会失灵，就会无法掌控局面。试问军事才能平庸的王邑怎么能不受这个规律的支配呢？

王邑战败，独自率领他带来的长安勇士数千人，回到了洛阳。

关中得知新军战败，全都震恐不已。王莽拿来恐吓"盗贼"的王邑，也不过如此，各地的起义军因为昆阳大捷而深受鼓舞，义军队伍因此越来越壮大。

王莽听到汉军在到处传扬，说当年是他用鸩酒毒死了汉平帝，心里更加惶恐。为了表明自己清白，于是他召集公卿以下的官员到前殿，打开当初汉平帝病重之时他所写的为汉平帝祈祷平安、藏在金柜中的策文，哭着给大臣们观看，以表示自己非常无辜。但事情到这个地步，黄泥巴掉进裤裆里，不是屎也是屎，就算王莽真的没有毒杀汉平帝，又有几个人会相信呢？

在这个时候，王莽已经没有了任何剿灭起义军的策略，只好寄希望于迷信的方法。他命令明学男张邯写文章赞颂他的功德，并四处传扬新朝代汉的符命之事。他们从经典中找到了一个可以牵强附会的说法："《易经》中有这样的话，'伏戎于莽，升其高陵，三岁不兴'。'莽'是皇帝的名字，'升'指刘伯升（刘縯字伯升），而高陵是指高陵侯翟方进之子翟义。这预示着刘縯、翟义在新皇帝时代发动叛乱，但最终会被消灭而无法兴起。"大臣们听了之后，于是都高呼"万岁"，向王莽庆贺。

为了蒙蔽更多的人，王莽下令东方之地用囚车押着几个人一路传送到长安，并沿途宣传说："刘縯等人都已被抓获，马上就会被处斩。"但老百姓根本就不相信王莽会抓获刘縯。

在昆阳，王邑所率的新朝政府军一败涂地，而在长安城内，也发生了一起非常严重的事件。这起事件的发生，足以使本就内外交困的新莽政权，更加日薄西山。王莽，已经是穷途末路，走投无路了！

早先的时候，卫将军王涉（王根之子）门下一直豢养着一个方士西门君惠。西门君惠平时就喜欢弄一些天文和谶语。他对王涉说："有闪耀的彗星扫过皇宫，预示着刘氏将复兴，国师公的姓名就是。"其时的国师公刘歆，他的名字已于公元前6年改为刘秀。一些方士都预言有一个名叫刘秀的人将会重建汉家政权，而当时的人们都普遍认为，这个刘秀就是指担任国师公的刘歆。

王涉非常相信西门君惠的话，于是把这件事情讲给大司马董忠听。并和董忠多次到刘歆在殿中的值班室谈论星宿，但刘歆听了他们的话之后，却并没有明确表态。

王涉见刘歆没有回应，于就找了个机会单独前去找刘歆，对着他痛哭说："我确实是想和您共同保护我们两个家族的安全啊，您为什么不相信我呢？"

刘歆见王涉的态度非常诚恳，于是和王涉谈起了天文与人事，说东方一定会成功。

王涉说:"新都哀侯(王莽之父)从小就得病,功显君(王莽之母)素来喜欢喝酒,我怀疑现在的皇帝王莽根本就不是我们王家的子弟。董忠掌管中军精兵,我率领宫廷卫兵,伊休侯主管殿中警卫官员,如果我们同心合谋,一起劫持皇帝,到东方归降南阳天子,就可以保全我们的宗族。否则,我们都会被灭族!"

伊休侯就是刘歆的长子刘叠,任侍中、五官中郎将,王莽一向非常喜欢他、信任他。

刘歆怨恨王莽杀死了他的三个子女,又担心大祸临头,便和王涉、董忠密谋,准备起事。不过他告诫王涉说:"应该等到太白星出现之时,才能行动。"

董忠想到司中、大赘、起武侯孙伋也掌军权,于是又和孙伋密谋。孙伋回家之后,脸上变了神色,吃不下饭。他的妻子感到非常奇怪,就问他怎么回事,孙伋就把情况告诉了妻子。孙伋的妻子把这件情况告诉了她的弟弟云阳县的陈邯,陈邯准备告发。

七月,孙伋和陈邯一同向王莽告发了这件事情,王莽于是派使者分头召集董忠等人。其时的董忠正在操练军队,护军王咸对董忠说,谋划已久而不付诸行动,恐怕秘密已经泄露,不如赶快把使者杀掉,然后带兵入宫。

董忠没有听从王咸的建议,而是按照使者的命令,和刘歆、王涉一齐前往会合。王莽让中常侍𬱖恽前去责问他们,事情到了这个地步,再否认也没有什么意义,所以,董忠、刘歆、王涉对密谋的事情全都供认不讳。

于是宦官们全部拔出刀来,将董忠等人押送到宫中的值班室。董忠知道自己最终会是死路一条,于是抽出剑来,准备要自刎。侍中王望在不远处看见,大声朝宦官们喊话说大司马要造反,于是宦官们持剑上前乱砍,将董忠活活砍死。

宫里的宫人们闻讯惊恐万状,纷纷议论这件事情。消息传到宫外之后,董忠所统率的士兵们极为愤怒,全部跑到郎官署,手持武器准备要为董忠报仇。王莽的新岳丈——宁始将军史谌巡行各郎官署,见郎官们全都剑拔弩张,于是大声地对郎官们说:"大司马有狂病,刚刚发作并胡乱伤人,已经被处死了。"之后命令郎官们放下了兵器。

王莽想用董忠来施行迷信之术以驱除灾祸,于是下令让力士用斩马剑把董忠刺碎之后盛在竹器中,大声呼喊说:"反贼出来了。"

为了避免引起更大的混乱并稳定宫人之心,王莽下书赦免大司马署中受董忠蒙蔽而参与谋反、还未被发现的官兵。之后，命人逮捕了董忠的族人，用酒精、浓醋、毒药、利刃、荆条等合成一个坑，然后埋葬了他们。

刘歆、王涉全都自杀而死。

王莽想到刘歆是元勋，王涉是至亲，对他们的背叛感到非常悲凉，他不愿意让人看到他们起了内讧，所以隐瞒了他们的死因，没有公开谴责他们。

伊休侯刘叠因为素来谨慎，刘歆自始至终没有把密谋告诉这个儿子，所以王莽网开一面，只是免去了他的侍中、中郎将职务，改任为中散大夫。

刘歆死后，某一天殿内假山的仙人掌旁，出现了一个须发皆白的老年青衣（青衣指得道之能人），见到他的郎吏私下里都说那是国师公刘歆。王莽的侄孙王嘉（王光之子）素来擅长卜卦，王莽就让他占卜青衣白头翁之事，王嘉说："要担心兵灾和火灾。"王莽自欺欺人地说："小孩子怎么学会了这种歪门邪道？这是我的皇祖叔父王子侨（传说中的成仙得道之人）要来迎接我。"

此时的王莽，其实已经是众叛亲离。大军在前线溃败瓦解，大臣在内部叛乱被诛，王莽的身边，已经没有几个可以信赖的人。自己的儿子王匡、王兴缺乏政治经验，难当大任，王氏近亲之中，确实没有哪个足以商议国家大事。在这个关键时刻，王莽想起了王邑，就想叫王邑回来和他商量后事。

崔发说："王邑一向小心谨慎，现在他刚刚损失了大军却征召他回朝，恐怕他会拘于名节而自杀，最好能有一个宽大的承诺，使他得到安慰并放心地前来。"

在这个一败涂地的时候，还能有什么承诺能让王邑感到更宽慰更放心呢？自己已经六十九岁了，一旦自己朝夕作古，两个儿子王匡、王兴显然不适宜在这个动乱的当口接班，就是接了也守不住，只要王家的江山在，政权早晚还有转到自己子孙手上的可能。而当下能够帮他守住王氏社稷的人，恐怕除了王邑再也找不到更合适的人了。先给王邑一个承诺吧，无论真假，在这个危急时刻，这个承诺足以使王邑放下思想包袱迅速赴京。江山如果守不住，那么就算是给王邑什么样的承诺也不过是空头支票，而万一能够平稳地度过这段危机，王邑还不一定就敢让他兑现这个承诺呢！

于是王莽便派崔发前去传诏王邑说："我年岁大了，没有嫡子，想把皇位传给王邑。我命令王邑不要再检讨自己的过失，见到我之后也不要再提这些事情。"

王邑不是三岁小孩，他并不百分之百地相信王莽所说的话。但眼下王氏有难，一荣俱荣，一损俱损，自家的兄弟，自己不帮谁帮？况且王莽能够说出这样的话，也足以透露出某种兄弟之间的情分，还有君臣之间的信任。什么也不说了，回京吧！

王邑回到长安，立即被任命为大司马，主持朝政大计。大长秋张邯被任命为大司徒，崔发被任命为大司空。司中寿容苗䜣担任国师，同说侯王林担任卫将军。

形势一点都没有好转，王莽忧愤不已，连饭都吃不下去，只是饮酒和吃鲍鱼。王莽没有军事才能，但他却幻想能从军书之中发现克敌制胜的奇谋妙计。当读军书困倦之时，他便靠着案桌打盹，连上床就寝的心思都没有。

寝食不安的王莽，把全部的希望都寄托到了迷信手段上。他平时喜欢选择吉日这种方术，当事情非常紧迫时，往往想用神力来镇服。他把将军称为"岁宿"，申水为"助将军"、还有右庚"刻木校尉"、前丙"耀金都尉"。又说："持大斧，伐枯木；流大水，灭发火。"诸如此类，不可胜数。

陇西成纪县的隗嚣逃回老家之后，他的叔叔隗崔兄弟一起劫持了成纪县的大尹李育，然后拥立他为大将军，并攻杀了雍州牧陈庆和安定郡卒正王旬，合并了他们的军队，向各郡传发檄文，声称王莽的罪恶万倍于桀、纣。

析县（今河南省南阳市内乡县）人邓晔、于匡率一百余人在南乡县（今南阳市淅川县西南）起兵。当时析县县宰率兵几千人屯驻鄢亭（今南阳市西峡县西坪镇一带），防守武关。邓晔和于匡对县宰说："刘氏皇帝已立，你为何还不知天命呢？"县宰于是向他们请降，邓晔、于匡得到了析县的全部军队。

邓晔自称辅汉左将军，于匡自称辅汉右将军，取析县、丹水县（今南阳市淅川县西），攻武关，武关都尉朱萌投降。邓晔等人又进攻右队大夫（弘农郡太守）宋纲，杀死了他，向西攻取了湖县。

王莽越发忧虑，在崔发建议之下，举行了历史上那场独一无二的"哭天大典"，却并没有出现任何奇迹。

只要是彻底的失败没有到来，任何人都会依靠有生力量做最后的努力，试图力挽狂澜、逆转形势，王莽自然也不例外。王莽任命了九名将军，都以"虎"为名号，称之为"九虎"，让他们率领北军精兵数万人，向东方进发。为了防止"九虎"逃跑，王莽把他们的妻子儿女全部留在皇宫里做人质。

其时，宫里每一万斤黄金储藏为一柜，还有六十柜。黄门、钩盾、藏府、中尚方等处，每处各有几柜。长乐御府、中御府和都内、平准库存储的钱币、绢帛、珠宝玉器等财物还有很多。

如果把这些钱财全部拿出来打赏将士，那么重赏之下，必有勇夫，说不定还可以赢得一线转机，但王莽舍不得出钱，只赏给九虎部队每名士兵四千钱。士兵们非常怨愤，没有丝毫斗志和战心。

"九虎"率领军队到达华阴县（今陕西省渭南市华阴县）回溪，扼守险要，北起黄河南岸，向南一直到崤山。

于匡率几千名弓箭手，登上风陵堆（今山西省运城市永济市南）挑战。邓晔带领两万多人，从阌乡县向南推进到枣街、作姑，击败了"九虎"的部分军队，然后向北绕到"九虎"的背后，发动了突然袭击。

新军猝不及防，被邓晔击败，"六虎"败走。史熊和王况回到朝廷，按律领死，王莽派使者责问他们死的人在哪里，两人全部自杀，其他"四虎"逃亡。剩余的"三虎"郭钦、陈翚（音灰）、成重收拢散兵，守卫京师仓。

其时更始政权的汉军已向西进发，邓晔表示服从更始政权，于是打开武关迎接汉军。更始政权的丞相司直李松，率领两千多人到达湖县，和邓晔等人共同攻打京师仓，却没能攻克。守卫京师仓的是新莽朝的"三虎"，实力也不一般，因此，京师仓前注定是一场恶仗，也是一场持久战，不是急切间就能攻打下来的。于是邓晔任命原弘农郡掾王宪为校尉，让他率领几百人北渡渭水，进入左冯翊郡境内，攻城掠地，制造影响。李松则派遣偏将军韩成等人径直西进，到达新丰县，与王莽的波水将军作战，波水将军战败逃走。韩臣等人追赶败逃的新军，一直追到了长门宫。

王宪向北到达频阳县，所过之处，人们都迎接他的军队并望风归降。周边的一些世家大族，如栎阳县的申砀、下邽县的王大等人，都率领部众跟随王宪。三辅的属县陑县（今陕西省咸阳市杨陵区）的严春、茂陵县的董喜、蓝田县的王孟、槐里县的汝臣、周至县的王扶、阳陵县的严本、杜陵县的屠门少等人，他们手下都有好几千人，于是全都号称是汉朝的将军。

李松和邓晔经过商量，觉得小小的一座京师仓尚且不能攻下，那么长安城就更难攻打下来，所以想等更始帝的大军到来再说。于是他们领兵到华阴县，置办攻打长安的器具。长安周边的地方武装从四面八方会集城下，当时传言说天水郡隗家的部队将要到达，于是这些人全都争着想要率先攻进城去，一方面想抢得入朝的头功，另一方面想借机在朝中抢掠财物。

而实际上，王莽在派出"九虎"之后，京城长安就处于兵微将寡的空虚状态并陷于躁动不安的混乱之中。邓晔和李松判断失误，所以给了周边的这些地方武装以可乘之机，也因此葬送了王宪！

见长安城下聚集了大量的武装力量，王莽于是派使者分别赦免城中各监狱的囚徒，全部发给他们武器，然后和这些囚犯杀猪饮血，和他们立誓说："有不为新室效力的人，土地神把他记录下来！"之后让宁始将军、国丈史谌率领他们前去抵抗准备攻城的起义军。可是这些囚犯在渡过渭桥之后，却全都四散逃走，史谌只好一个人回来了。

城外的武装力量掘开王莽的妻子、儿子、父亲及祖父的坟墓，放火焚烧他们的棺椁以及王莽新建的九庙、明堂、辟雍等，火势很大，城里的人都可以看到火光。

而在这个时候，城里又出现了意想不到的情况。有人对王莽说，守城门的士兵是东方人，不可信任。王莽听了也觉得确实是这样，于是改派越地的骑兵担任守卫，每个城门设六百人，分别有一名校尉。

公元23年十月初一，城外的军队从宣平城门攻入城中，宣平城门也就是民间所说的都门。大司徒张邯巡视城门，结果被攻城的军士当场杀死。王邑、王林、王巡和䃺恽等人分别率兵在北阙下抵抗。

城外的士兵之中，企图得到杀死王莽的重赏而奋战的，有七百多人。双方一直激战到天黑，城里的王公大臣以及市民百姓差不多全都趁乱逃走，长安城内，差不多成了一座空城。

十月初二，城里的年轻人朱弟、张鱼等人担心城破后被乱兵抢劫，于是也加入了反莽的行列。他们奔跑呼喊，放火焚烧了尚方作坊的门，并用斧子劈开敬法殿的小门，高喊说："反贼王莽，为什么不出来投降？"大火一直烧到了掖庭的承明殿，也就是前汉平皇后黄皇室主居住的地方。王莽为了避火，一直转到宣室前殿，但火随后就烧了过去。

城内一片混乱，那些宫娥和妃嫔乱成一团，不停地哭闹喊叫："我们该怎么办哪！"而王莽却强装镇定说："上天赋予我统治天下的权力，汉兵能把我怎么样？"形势颇为紧急，王莽连饭都顾不上吃，精神状态越来越差。

十月初三，早上天刚亮，群臣扶着王莽，从前殿向南走下宫中大道，向西走出白虎门，和新公王揖备好车等在门外，王莽于是乘车前往渐台，想以池水作为最后一道防线。他怀里依然抱着符命和威斗，跟随他的公卿大夫、侍中、黄门郎等随从官员，还有一千多人。

王邑已经连续奋战了好几个昼夜，实在是疲困已极，他手下的将士也已死伤殆尽。王邑策马入宫，辗转到渐台，发现他担任侍中的儿子王睦脱下官服想要逃跑，王邑大声呵斥儿子，命令他转回来，父子俩一齐守护王莽。

明知父子俩都将会为王莽殉葬，但王邑仍然选择了坚守，因为王莽给了他一个承诺，他必须对得起这个承诺。这个承诺是真是假已经不重要了，重要的是关键时刻的信任，急难之时的担当，还有兄弟之间的亲情！就算王莽千夫所指、万般不是，但王邑并不想在这个令人绝望的时刻抛弃他。虽然王邑没有过人的才能，但他绝对具备过硬的人品。王邑，是个真汉子，真英雄！疾风知劲草，板荡识诚臣！王邑的忠诚，应该会令许多比他更具才华的大臣感到汗颜吧！

破城的军士攻入殿中，大声叫喊："反贼王莽在哪里？"有美人出房说："在渐台。"军士们于是追往渐台，将渐台围了足有数百重之多。

守卫渐台的新军将士在台上用弓箭射击进攻的军士，进攻的军士也用弓箭和他们对射，一时矢下如雨，死伤不计其数，进攻者的攻势减弱，渐渐向后退却。

但渐台上的物资和军械毕竟有限，时间不长，箭就用完了，双方开始短兵相接。王邑父子、硩恽和王巡全部战死，王莽进入内室躲避。

申时（下午三时至五时）过后，渐台上的士卒全部战死，攻城的军士占领渐台，王揖、赵博、苗䜣、唐尊、王盛和中常侍王参等人全部死于渐台之上。

商人杜吴进入内室杀死王莽，并取下了他的玺绶。校尉、来自东海郡的公宾就，是原大行治礼郎，见到杜吴所带的玺绶，就赶忙问玺绶的主人在哪里。

杜吴说："在室内西北角。"公宾就入室一看，确认是王莽的尸体，于是斩下了他的首级。周边的士卒们得知那是王莽，立即蜂拥而上，争夺王莽的尸体。最终王莽的尸体被肢解，四肢关节、肌肉和骨骼都被割碎，因争夺王莽尸身而自相残杀者有数十人之多。这一幕，与当年项羽自刎后的那一幕，又是何其相似！只不过，项羽之死引发了许多人的同情，而对王莽，民间鲜有同情之词。

公宾就得到王莽的首级之后，立即带着它前去拜见王宪。王宪接受王莽的首级之后非常得意，觉得自己立下了不世之功，于是自称汉朝大将军，号令管辖城中的数十万士兵。之后，得意忘形的王宪住在了东宫，然后把王莽后宫的妃嫔作为自己的妻妾，让她们为自己侍寝，出行时就乘坐王莽所乘的车子，并穿用王莽的衣服。因为宫中再没有王宪的上级，所以王宪的这些僭越行为，没有被及时劝导和制止，导致王宪走上了不归路。

王莽被杀之后，军士放火焚烧未央宫。王莽的女儿，汉平帝皇后，即黄皇室主王嬿叹息说:"我还有什么面目再见汉家之人呢?"于是自投火中而死。像王嬿这样一同在混乱之中死掉的,还有王昭君的女儿,即来自匈奴的须卜居次,以及须卜居次的儿子须卜奢。王莽想要扶持须卜奢成为单于的想法,直到这个时候也没有实现。

十月初六,李松和邓晔率军进入长安,将军赵萌和申屠建也率兵到达。因为王宪得到玺绶不立即上交,且留宿在王莽的后宫,私藏宫女,使用天子的旗鼓,于是将他逮捕处死。之后,派人把王莽的首级传送给更始帝,悬挂在宛城的闹市示众。老百姓纷纷用石块瓦片击打王莽的头颅,有人甚至切下他的舌头吃掉,认为他用谎言欺骗世人实在是太厉害了。

新莽政权于公元9年建立,公元23年被推翻,享国十六年。王莽既是开国皇帝,又是亡国之君。新朝灭亡之后,王莽的头颅被历代皇室所收藏,到公元295年晋惠帝时,洛阳武库发生大火,王莽的头颅也在那场大火中被焚毁。

长期以来,王莽在中国历史上备受争议。传统的历史观,一般都对通过武装革命夺取政权的方式表示心服,但对王莽这种通过带有欺诈性质的符命禅让称帝的方式感到分外鄙弃,王莽因此被称之为伪君子、篡位的"巨奸"。"周公恐惧流言日,王莽谦恭下士时。向使当初身便死,一生真伪复谁知。"唐代白居易这首著名的《放言》,被历代文人士子在批判巨奸大猾时频繁引用,真可以说是将王莽置于了万劫不复的境地。

但这样评价王莽,公平吗?

毋庸置疑,王莽是一个有着杰出才能的人,无论是修养、学识还是辩才,比起西汉中末期的几任皇帝,诸如汉元帝、汉成帝,甚至是中国历史上的许多庸碌之主,显然都是远胜于斯,而像汉平帝、汉哀帝之流,则根本无法与他相提并论。王莽取得皇位的方式固然可鄙,但也并不值得大肆批判,因为历史上还有比王莽所用更阴险、更狡诈、更残酷的夺权方式,而很显然,王莽夺权的过程还不至于罄竹难书、擢发难数。王莽的许多言行看起来确实虚伪,但他在当了皇帝之后,却还能坚持始终如一,对家人和近臣严格要求,这真是难能可贵的,在整个中国历史上也并不多见。

王莽在辅政期间,他勤劳为国,公道办事,受到了上至王公大臣,下至黎民百姓的广泛拥戴和赞誉,这个时候的王莽,对于这些称颂,完全可以说是当之无愧的。对于这一点,就连王莽的政敌也没办法否认。东汉的班固在《汉书》中这样评价说:"及其居位辅政,成、哀之际,勤劳国家,直道而行,动见称述。"

这在王莽被视为"逆臣"的东汉，这样的表述虽是在证明王莽的"伪"，但也从另一个方面证明了王莽的才干优长。

情况在王莽居摄并做了真皇帝之后，发生了质的变化。王莽清醒地看到了西汉末期土地兼并、奴隶买卖所带来的严重社会弊病，并试图进行改革。但是，王莽的改革却遭遇了彻彻底底的失败。究其原因，主要是王莽的改革严重地违背了客观规律，开了历史的倒车。比如土地改革、币制改革。土地改革还有消除土地兼并的初衷，出发点值得肯定，而他所推行的币制改革，恢复早已被历史淘汰的原始货币，则是直接违反货币发展规律的一场闹剧。与民争利、敲骨吸髓式的经济政策，使社会经济迅速为之崩溃。地名改革和官名改革，则纯属无事生非，而针对边疆少数民族的一系列错误政策，则更是令人备感痛心和惋惜。

王莽的政策不能实施，就采取严刑峻法予以强制推行，结果导致不可胜计的黎民百姓犯法获刑甚至丧生，致使王莽失去了最广泛的社会基础，人民不再支持他。政策强制对于客观规律是无效的，所以到得后来，不论王莽运用何等残酷的刑法，仍然无法使他的政策得到推行。国内的官吏反对，百姓反对，四周邻国也是战火不断，王莽陷入内忧外患、四面楚歌之中，最终导致国灭身亡。

王莽的许多做法，比如仿照《周礼》，实施井田制、五均六管等，其实都是先秦以来许多仁人志士为之努力奋斗的理想和愿望，是人人平等友爱、家家安居乐业，无处不均匀、无处不饱暖的"世界大同"。只是其他人没有机会和平台实现这一抱负，而王莽则依靠手中掌握的国家公器，进行了全面的实践。从这一点上看，王莽固然是一个理想主义者，但也是一个好大喜功的野心家，这个野心并不是指他的政治野心，而是他想成为"圣人"的思想野心。因为王莽如果仅仅具有政治野心，那么在他夺取政权之后，就完全可以按照符合客观规律的方式来治理国家，可他没有选择转型和转轨，而是在掌握最高权力之后，一切按照"圣贤"的经典来行事，他希望通过实践那些圣人的理论，从而实现天下大同，让普天之下的儒生千秋万代都传颂他实现了"圣人"治国。只可惜，这是一个梦想。古圣人的理论也被王莽充分证明，这些理论需要与时俱进而不是生搬硬套。理论如果严重脱离了实际，就必定会产生荒诞的结局。到底是王莽没有认识到这些制度与实际的差异之处，还是王莽认识到了却想强制推行为自己博取名声，答案恐怕还属前者。因为王莽深信，制度一定则天下安，圣法一行则四海平！那么这样看来，王莽显然还是一个政治才能远低于学问识见的"书生式"皇帝，他跟刘邦、刘恒、刘询这些帝王相比，还存在相当大的差距。刘邦、刘恒、刘询等人并不是看不懂圣人的经典，也并不是不想施行圣人的制度，而是他们清醒地认识到，那些"圣人"所描绘的东西，其实都是未经实践检验的理想程式，或是虽经检验却早已过时，可以把这些东西当作治国理政的蓝本高高举起，而在实际操作中加以修正使其符合现实，却绝不能不顾实情教条实行，否则就会误国贼民。刘邦、刘恒、刘询能够认识到这一点，所以在他们的任期内国家越来越稳定，百姓越来越安泰，所以他们就是大政治家；而王莽没有认识到这一点，所以在他的任期内国家越来越混乱，百姓越来越离乱，所以他连个政治家都算不上。基于此，王莽改制失败的责任应该由他个人来负责，而不是由那些自先秦以来追求大同理想的仁人志士所共担。坚持理想的人无论何时都是可敬的，但在错误的时间采取错误的方式为天下人带来灾难，则是不可原谅的。据统计，公元2年之时，西汉平帝时中国的人口有5900多万，但到公元57年，经过东汉多年的休养生息，中国的人口才达到2100多万，高达65%的人口在王莽引发的天下大乱中丧生。王莽的罪孽，实在是太深重了。

过分地贬低王莽显然不够公平公正，但给予王莽过高的评价同样是不可取的。近代的胡适认为王莽是1900年前的社会主义皇帝，这个说法有待商榷。无论何时何地，不能因为某人提出了过度超前的口号而与数千年后的情况类似，就认为某人具有远见卓识和非凡的才干。至少有两种情况还是要严加区分：我们一万分地赞成提出某种大幅超前的思想，比如孔、孟、老、庄，这些人可以称之为思想家，直到今天他们的思想仍有可取之处。但我们坚决反对在条件不具备、时机不成熟时运用不切实际、脱离实际的手段去强制推行过度超前的政策，因为这是好高骛远！这么做除了失败的必然，还会给国家、民族和人民带来深重的灾难。要知道，时刻以天下苍生为念而不去推行表面上看起来正确而实质上脱离实际的政策，这才是最大的圣贤！就像面对一个生命垂危的绝症病人，医生甲经过认真全面的诊断，发觉该病人已经癌细胞扩散全身，各种器官衰竭，凭他现有的医术，根本没办法治好病人，如果盲目动刀，病人不但要承受前所未有的痛苦，而且还会立即休克死亡，经过综合的风险评估之后，于是他建议病人服用某种药物保守治疗，最后该病人在并不十分痛苦的情况下度过一两年之后死去，将痛苦和损失降到了最低。而医生乙面对同样的病人，也经过了全面的诊断，也确诊了病人身患绝症，但他自负其能，盲目乐观，觉得自己的医术天下无敌，没有经过系统的风险评估，就草率地将病人送上了手术台。而最终的结果是，病人在遭受了极其难忍的痛苦之后，又引发了一系列的并发症，在备受病痛和手术的双重折磨之后，不仅生命提前走到了尽头，而且耗尽了为数不多的家财，人财两空之下，给家属留下了深重的灾难和心灵创伤。对于这样的医生，恐怕已经不能简单地用"庸医"二字来定性，甚至完全可以说是医德欠佳。而王莽，显然就是后一种医生，志大才疏、眼高手低、学艺不精，是个"庸医"！

西汉时期，儒生大多信奉阴阳家"五德终始"之说，非常推崇"天运循环、贵贱无常"的说法。在汉昭帝、汉宣帝之世，就有儒生相信"汉历当终、新王将兴"，怂恿当时的皇帝禅让，"虎臣"盖宽饶还为此送掉了性命。汉哀帝也曾开玩笑说要像尧、舜那样禅位给董贤。到了西汉末期，谶纬神学盛行，儒生们附会董仲舒之说，喜欢谈论阴阳灾异、祥瑞符命，常常用自然现象来附会人事的祸福，鼓吹禅让、改元、易号以更始。汉哀帝深信不疑，于是将建平二年（公元前5年）改元为太初元将元年，结果因为没有祥瑞应验，于是杀了进言的夏贺良等人，重又将年号改为建平二年。到王莽之时，谶纬之说达到高峰，最终被王莽加以利用取得了帝位。

对阴阳家的这些说法，当时就有人表示了怀疑，扬雄就是其中之一。他在《法言》和《太玄》中对此进行了驳斥。

王莽改制成为中国文化史上的一次重大转折，他的改制失败代表了儒家复古思想的彻底破灭，也使汉末儒生变法禅让的政治理论至此消失，逐渐演变成为帝王万世一统的思想。在那之前，儒生但凡谈论政治，都根据先秦诸子的理论，希望通过改革的手段来矫正社会病态，以建立大同世界。但到王莽失败之后，许多人都认识到，按照古礼改革社会的方式根本行不通，他们对经学、谶纬之学以及三纲五常普遍感到厌烦，都想寻求一种新的思想栖息之地，于是玄学和佛学应运兴起，取代先秦诸子的思想地位。从此以后，人们都开始强调通过自身修炼来适应社会，而不是通过社会改革来适应个体本身。

王莽死后，新室的扬州牧李圣、司命孔仁在山东兵败，李圣在格斗中战死，孔仁率部投降，但他随即叹息说："我听说吃人家的饭，就要为人家尽忠死节。"于是拔剑自杀而死。

曹部监杜普、陈定郡大尹沈意、九江郡连率贾萌等人，都据守本郡不投降，被汉兵攻杀。赏都郡大尹王钦和郭钦守卫京师仓，听说王莽已死，于是向汉军投降。刘玄认为他们有节义，于是封他们为侯。太师王匡和国将哀章在洛阳投降，被传送到宛城斩杀。

严尤和陈茂在昆阳城下战败后，逃到沛郡谯县，自称汉将，召集官吏和百姓聚会。为了得到地方官吏百姓的信任和拥护，严尤向官吏百姓宣讲王莽篡位、天时让他灭亡和神圣的汉朝复兴的情形。谁知陈茂听了之后，却十分悲伤地伏在地上哭泣。他们听说前汉朝钟武侯刘圣（又叫刘望）在汝南聚众自称皇帝，于是前去投降了刘圣。刘圣拜严尤为大司马，任陈茂为丞相。但十多天后，刘圣就被更始政权的刘信击败，严尤、陈茂全部被杀。

其余郡县全部举城向汉军投降，自此，天下归于刘玄的更始政权。

早先的时候，申屠建曾经师从崔发学习《诗经》。此时申屠建到达长安，崔发于是向这个曾经的学生投降。虽然崔发是王莽的重臣，但申屠建因为与他有师生之谊，所以没有为难他。但崔发不知自重，后来又宣扬王莽代汉的事情，申屠建知道自己已经无法保住崔发了，并且也对崔发的所作所为感到愤怒，于是让丞相刘赐将崔发斩首示众。

史谌、王延、王林、王吴和赵闳等人全部向汉军投降，但不久也被杀死。

攻打长安之前，那些自立名号的人都指望着击败王莽后能够封侯。但申屠建在杀掉王宪之后，却扬言三辅民众狡猾，于是杀掉了他们的主将，想要独揽消灭新朝的大功。三辅的官吏、百姓因此惶恐不安，于是在所属各县拥兵割据。好不容易出现的和平局面，再次出现动荡。申屠建等人无法平定他们，只得派人骑快马前去报告更始帝刘玄。

更始二年（公元24）二月，更始帝刘玄率部到达长安，下诏大赦，除王莽的子女之外，其他人全都赦免其罪责。王氏宗族，因此得以保全。

这一宽大的措施，让三辅官民迅速安下心来，三辅因此完全平定。但刘玄在长安住了一年，他的政令也没有在全国通行，更始政权发生内讧。公元25年夏，赤眉军樊崇率几十万人进入关中，立西汉宗室刘盆子为帝。赤眉军进攻更始帝，更始帝向赤眉军投降。赤眉军焚烧长安的宫室和街道，并杀死了刘玄。百姓饥饿到人吃人，死者达数十万，长安成了废墟，城里难见行人的踪影。汉朝的宗庙和陵寝都被掘开，只有霸陵和杜陵幸免于难。

公元25年六月，刘秀自立为皇帝，延续了"汉"的国号，并陆续平定全国各地，于公元36年统一全国。西汉与东汉合称为汉朝，是继秦朝之后的第二个大一统封建王朝。"汉"这一国号，来自汉朝开国皇帝刘邦最初的封号"汉王"。西汉从公元前202年开始，到公元9年为止，享国211年，历14个皇帝。享国16年的新朝因为时间太短，所以长期以来王莽被封建士大夫视为乱臣贼子，他所建立的新朝也不被承认，相关历史也被记载在西汉之后，作为汉史的一部分，就像武则天所建的周朝一样，通常只作为唐朝的一个历史阶段。

西汉王朝空前地强盛，使中国人至此被称之为"汉人"，中华民族的主体民族直到今天仍被称之为"汉族"。西汉时期也是中国历史上经济社会发展、文学艺术鼎盛、科学技术发达的一个光辉灿烂的黄金时期，对中国两千多年的封建社会和世界历史进程产生了非常深远的影响。直至今日，人们仍然对"汉唐"盛世追慕不已，憧憬不已，并以此作为自豪、自信、自励、自强的不竭精神动力源泉。